Uni-Taschenbücher 255

D1629393

# UTB

Eine Arbeitsgemeinschaft der Verlage

Birkhäuser Verlag Basel und Stuttgart
Wilhelm Fink Verlag München
Gustav Fischer Verlag Stuttgart
Francke Verlag München
Paul Haupt Verlag Bern und Stuttgart
Dr. Alfred Hüthig Verlag Heidelberg
J. C. B. Mohr (Paul Siebeck) Tübingen
Quelle & Meyer Heidelberg
Ernst Reinhardt Verlag München und Basel
F. K. Schattauer Verlag Stuttgart-New York
Ferdinand Schöningh Verlag Paderborn
Dr. Dietrich Steinkopff Verlag Darmstadt
Eugen Ulmer Verlag Stuttgart
Vandenhoeck & Ruprecht in Göttingen und Zürich
Verlag Dokumentation München-Pullach
Westdeutscher Verlag/Leske Verlag Opladen

E. Vollmer

# Lexikon für Wasserwesen, Erd- und Grundbau

Deutsch — Englisch

2. Auflage

52 Abbildungen und 33 Tabellen

Gustav Fischer Verlag · Stuttgart · 1973

Anschrift des Verfassers:
Oberingenieur E. Vollmer, Institut für Wasserbau an der Universität Stuttgart, Versuchsanstalt, 7 Stuttgart-Vaihingen 80, Pfaffenwaldring 61

ISBN 3-437-20055-0
© Gustav Fischer Verlag · Stuttgart · 1973
Alle Rechte vorbehalten
Satz und Druck: Bücherdruck Wenzlaff KG, Kempten
Einband: Sigloch, Stuttgart
Printed in Germany

# Inhalt



# Contents

# Vorwort

Der Austausch wissenschaftlicher Erkenntnisse über Sprachgrenzen hinaus hat heute schon ein Stadium erreicht, das diesen Austausch unentbehrlich macht, auch wenn dafür oft mehrere Sprachen notwendig sind.

So ist es nur zeitgemäß, daß heute für die Bearbeitung von wissenschaftlichen und praktischen Aufgaben neben den einschlägigen DIN-Vorschriften und den dem Fachgebiet entsprechenden Handbüchern noch Fachwörterbücher als Hilfe für das Studium des internationalen Schrifttums hinzukommen. Dabei hat man aber schon festgestellt, daß sowohl für die Praxis als auch für das Studium ein Wörterbuch nicht mehr genügt. Die wissenschaftliche Ausbeute ist meistens mit Unsicherheit verbunden und unwirtschaftlich, wenn nicht ein bestimmtes Maß an praktischer Erfahrung in dem Fachgebiet und in der fremden Sprache vorhanden ist. Weiterhin ist es bei internationaler Zusammenarbeit notwendig, von beiderseits bekannten Begriffsbestimmungen ausgehen zu können.

Mit diesem Buch wurde es erstmals unternommen, die im deutschen Sprachgebiet angewandten und die von entsprechenden deutschen Fachausschüssen empfohlenen Fachausdrücke und Begriffsbestimmungen im Wasserwesen, Erd- und Grundbau zu sammeln und dem Fachausdruck in der deutschen Sprache den äquivalenten Fachausdruck in der englischen Sprache gegenüberzustellen. Damit soll erreicht werden, den Ausdruck der Fremdsprache plastisch erscheinen zu lassen, um die im Gebrauch notwendige Unterscheidung der fremden Ausdrücke treffen zu können. Weiterhin soll das Buch eine Hilfe bei Übersetzungen sein.

Das Buch besteht aus zwei Hauptteilen. Im ersten Teil sind ca. 4000 Begriffsbestimmungen in Deutsch und die gleichbedeutenden Fachausdrücke in Englisch wiedergegeben. Im zweiten Teil wurden ca. 7500 im englischen und deutschen Sprachgebiet verwendete Begriffe in ein alphabetisches Wörterverzeichnis aufgenommen und entsprechend übersetzt. Nach der Einführung folgt ein Überblick über die behandelten Fachgebiete sowie ein alphabetisches Verzeichnis der Bezeichnungen, Zeichen und Einheiten im Wasserwesen, Erd- und Grundbau. Ein Anhang enthält die Umrechnungsfaktoren für alle im Wasserwesen, Erd- und Grundbau verwendeten Maße und Einheiten.

Der Verfasser und der Verlag hoffen, daß das Buch jedem Benützer, insbesondere aber dem Lehrer und Studierenden, dem wissenschaftlich oder praktisch tätigen Ingenieur sowie dem Übersetzer und Dolmetscher eine Hilfe sein wird.

Stuttgart, im Juli 1973

E. VOLLMER

Institut für Wasserbau
Universität Stuttgart

# Überblick über die behandelten Fachgebiete

## I. Wasserwesen

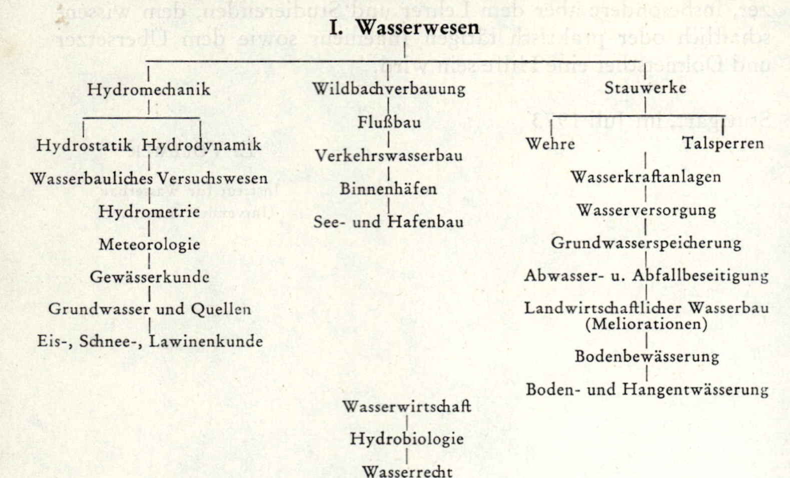


## II. Erdbau

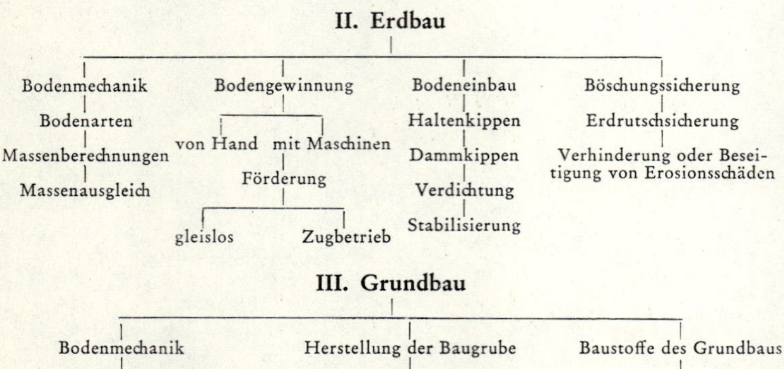


## III. Grundbau

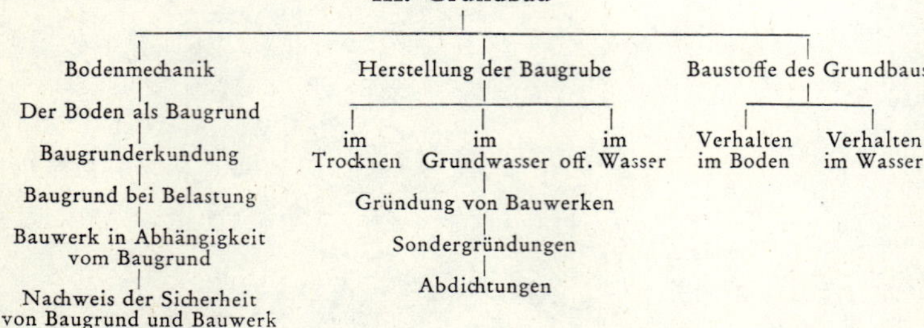

# Outline of subjects

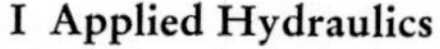

## I Applied Hydraulics

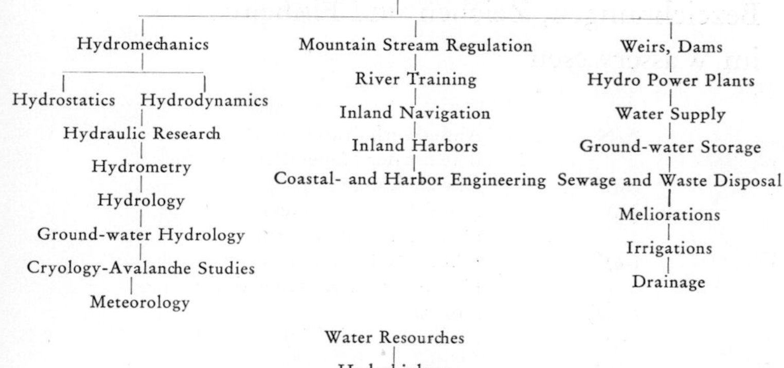


## II Soils Engineering

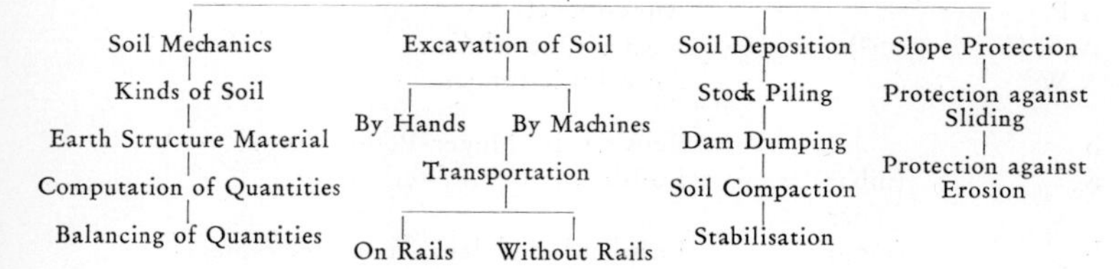


## III Foundation Engineering

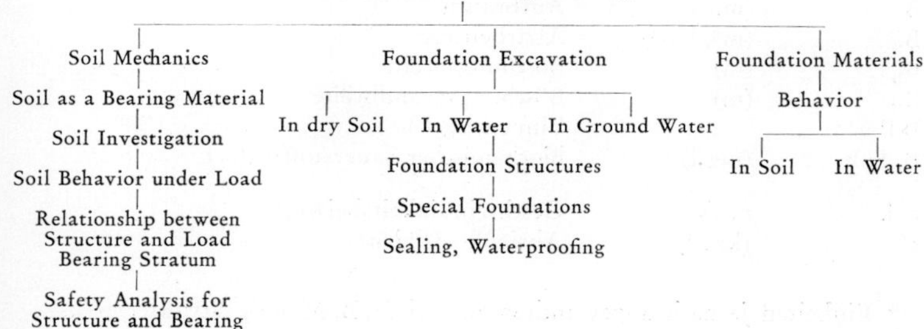

# Bezeichnungen, Zeichen und Einheiten im Wasserwesen

| Zeichen | Einheit | Bezeichnung |
|---|---|---|
| a | A/N | Abflußverhältnis |
| a | | Beiwert der Meyer-Peter-Formel |
| a | (m) | Überdeckung |
| $a_a$ | (m) | Höhe des Manometers über dem Austrittsquerschnitt |
| $a_e$ | (m) | Höhe des Manometers über dem Eintrittsquerschnitt |
| A | (mm) | Abflußhöhe |
| A | (kp) | Auftrieb (statischer) |
| A | ($m^2$) | Fläche |
| $A_a$ | ($m^2$) | Austrittsquerschnitt der Turbine |
| $A_e$ | ($m^2$) | Eintrittsquerschnitt der Turbine |
| $A_r$ | (kWh) | Rohenergie |
| $A_D$ | (kWh) | Arbeitsdargebot |
| $A_{DJ}$ | (kWh) | Jahresarbeitsvermögen |
| $A_{Dm}$ | (kWh) | mittleres Jahresarbeitsvermögen |
| $A_{Ds}$ | (kWh) | Speicherarbeitsvermögen |
| A P | | Außenpegel |
| A, S, F | ($m^2$) | Fläche, Querschnitt |
| A W | | Anschlußleitungen |
| b | | Beiwert der Meyer-Peter-Formel |
| $b_e$ | (mbar) Torr | Luftdruck am Aufstellungsort |
| $b_{ow}$ | (mbar) Torr | Luftdruck auf dem Oberwasserspiegel |
| $b_w$ | cal/g | Benetzungswärme |
| B | (mm) | Aufbrauch |
| $B_a$ | ($m^3$, $hm^3$) | Abarbeitung |
| $B_b$ | (m) | Böschungsbreite |
| $B_g$ | (m) | Böschungsgrundbreite |
| B P | | Binnenpegel |
| B. S. B. | (mg/l) | biochemischer Sauerstoffbedarf |
| c, k | m*/s | Geschwindigkeitsbeiwert |
| c′ | ($km^{-1}$) | Abriebkoeffizient |

* Einheiten je nach angewandter Formel (z. B. Mannig-Strickler $m^{1/3}/s$)

| | | |
|---|---|---|
| $C_A$ | | Auftriebsbeiwert |
| $C_M$ | | Momentenbeiwert |
| C. S. B. | mg/l | Chemischer Sauerstoffbedarf |
| $C_W$ | | Widerstandsbeiwert |
| | | |
| d | (cm) | Nenndurchmesser |
| $d_h$, $D_h$ | (cm) | hydraulischer Durchmesser |
| $d_m$ | (cm) | lichte Weite |
| $d_m$ | (cm) | maßgebender Korndurchmesser |
| $d_w$ | (mm, cm) | wirksame Korngröße |
| D | (cm) | Außendurchmesser |
| | | |
| $e_o$ | (m) | Regnerabstand im quadratischen Verband |
| $e_o$, $f_o$ | mm QS, g/m³ Torr | Sättigung der Luft mit Feuchtigkeit |
| $e_l$, $e_r$ | (m) | Regnerabstand im Dreieckverband |
| E | (m) | Dränabstand |
| E | kWh | Energie |
| E | (kp/m²) | Elastizitätsmodul |
| E | | Energielinie |
| $\dot{E}$ | (m kp/s) | Energiestrom |
| $E_a$ | (m) | Energiehöhe im Austrittsquerschnitt d. Turbine |
| $E_e$ | (m) | Energiehöhe im Eintrittsquerschnitt d. Turbine |
| $E_u$ | | Euler-Zahl |
| $E_ü$ | (kWh) | Überschußenergie |
| E G W | | Einwohnergleichwert (eines Abwassers) |
| | | |
| f | (mm²) | Düsenquerschnitt |
| f | (m²) | Fläche |
| $f_a$ | | Flußausbaugrad |
| $f_e$ | | Flußerfaßbarkeit |
| $f_h$ | (ha/h) | stündliche Flächenleistung |
| $f_l$ | (g/m³) | absolute Luftfeuchtigkeit |
| $f_v$ | | Flußverfügbarkeit |
| $f_{\upsilon}$ | (m²/s) | Geschwindigkeitsfläche |
| F, A | (m²) | Abflußquerschnitt |
| $F_b$ | (m²) | Böschungsfläche |
| $F_r$ | | Froude-Zahl |
| $F_w$ | (m²) | wirksame Beregnungsfläche |
| $F_B$ | (ha) | Beregnungsgebiet |
| $F_E$ | (ha, km²) | Einzugsgebiet |
| $F_{Ez}$ | (ha, km²) | Teilgebiet |
| $F_N$ | (km²) | Niederschlagsgebiet |
| | | |
| g | (m/s²) | Erdbeschleunigung |
| $g_s$ | (kp/m · s) | Geschiebetrieb unter Wasser |
| $G_f$ | (g) | Frischgewicht |

| | | |
|---|---|---|
| $G_t$ | (g) | Trockengewicht |
| G I Q | ($m^3/s$) | gleichwertige Abflüsse |
| G I W | (cm) | gleichwertige Wasserstände |
| G W | | Verbrauchsleitungen |
| | | |
| $h_a$ | (m) | Austrittsverlust |
| $h_b$ | (m) | Verlust bei Einbauten |
| $h_d$ | (m) | dynamische Druckhöhe |
| $h_e$ | (m) | Eintrittsverlust |
| $h_f$ | (m WS) atü | Förderdruck |
| $h_f$ | (m) | Verlust bei plötzlicher Querschnittsänderung |
| $h_j$ | (m) | Joukowsky-Stoß |
| $h_k$ | (m) | Kapillardepression |
| $h_k$ | (m) | kapillare Steighöhe |
| $h_k$ | (m) | Krümmungsverlust |
| $h_{geo}$ | (m) | geodätische Höhe |
| $h_{ges}$ | (m) | Gesamtförderhöhe |
| $h_r$ | (m) | Reibungsverlusthöhe |
| $h_s$ | (m) | Saughöhe |
| $h_s$ | (m) | Stauhöhe |
| $h_s$ | ($kp/m^2$) | Wassersäulendruck |
| $h_{st}$ | (m) | statische Druckhöhe |
| $h_v$, $h_c$ | (m) | Geschwindigkeitshöhe |
| $h_D$ | (m) | Druckhöhe |
| $h_E$ | (m) | Gesamtverlust |
| H | (m) | Fallhöhe der Turbine |
| H | (cm, $m^3/s$, 1/s $km^2$, °C) | oberer Grenzwert |
| $H_g$ | (m) | Rohfallhöhe |
| $H_{geo}$ | (m) | geodätische Förderhöhe |
| $H_{ges}$ | (m) | Gesamtfallhöhe |
| $H_k$ | (cm) | Kapillaritätswert (Porensaugwert) |
| $H_k$ | (m) | Kraftwerksfallhöhe |
| $Hk_a$ | (m) | Ausbaufallhöhe |
| $H_{man}$ | (m) | manometrische Förderhöhe |
| $H_s$ | (m) | Saughöhe |
| $H_u$ | (m) | Umleitungsfallhöhe |
| $H_ü$ | (m) | Überfallhöhe |
| $H_v$ | (m) | Verlusthöhe |
| $H_w$ | (m) | Fallhöhe des Wasserspiegels |
| $H_E$ | (m) | Energiehöhe |
| $H_N$ | (m) | Nennfallhöhe der Turbine |
| H W | | Hauptleitungen |
| | | |
| i | (mm/min) | Regenstärke, Regendichte |
| $i_m$ | (mm/min) | mittlere Beregnungsdichte |

| | | |
|---|---|---|
| I | (kp · s) (kg · m/s) | Impuls |
| J | | Gefälle |
| $J_e$ | | Energieliniengefälle |
| $J_i$ | ($m^3$, $hm^3$) | Speicherinhalt |
| $J_p$ | | Druckgefälle |
| $J_r$ | | Reibungsgefälle |
| $J_s$ | | Sohlgefälle |
| $J_s$ | ($m^3$, $hm^3$) | Speichermenge, Rückhalt |
| $J_v$ | (m WS/km) | spezifischer Druckverlust, spez. Druckabfall |
| $J_w$ | | Wasserspiegelgefälle |
| $J_N$ | ($m^3$, $hm^3$, $km^3$) | Nutzraum, Speichernutzraum, nutzbarer Speicherraum |
| $J_R$ | ($m^3$, $hm^3$, $km^3$) | Speicherraum |
| $J_S$ | ($m^3$, $hm^3$) | Hochwasserschutzraum |
| k | (mm) | Rauhigkeit |
| $k_f$ | (m/s) | Durchlässigkeitsbeiwert des Bodens |
| $k_{f\,10^0}$ | (m/s) | Durchlässigkeitsgrundwert des Bodens (10° C) |
| $k_m$ | (mm) | Mittlere Rauheitshöhe |
| $k_r$ | ($m^{1/3}/s$) | Rauhigkeitskoeffizient der Flußsohle |
| $k_s$ | (m) | absolute Rauheit |
| $k_s$ | ($m^{1/3}/s$) | Rauhigkeitskoeffizient nach Strickler |
| K | (l, $m^3$, $hm^3$) | Wassermenge |
| K | (kp, Mp) | Kraft |
| l | (m) | Mischungsweg |
| $l_a$ | (%) | Lufthaltevermögen, Luftkapazität |
| $l_r$ | (mm) | Rohrlänge |
| $l_v$ | (%) | Luftgehalt |
| L | | Lattenpegel |
| L | (m) | Stauweite |
| m | | ctg des Neigungswinkels der Böschung |
| m | l/s | Massenstrom |
| M | | einfaches arithmetisches Mittel |
| Ma | | Mach-Zahl |
| M H | (cm, $m^3/s$, $l/skm^2$, °C) | mittlerer oberer Grenzwert |
| M N | (cm, $m^3/s$, $l/skm^2$, °C) | mittlerer unterer Grenzwert |
| M Q | ($m^3/s$) | Mittelwasser |
| M $Q_e$ | ($m^3/s$) | mittlerer erfaßbarer Zufluß |
| M W | (m) | Mittelwasserstand |

| | | |
|---|---|---|
| $n$ | 1/Jahre | Regenhäufigkeit |
| $n_d$ | U/min | Durchgangsdrehzahl |
| $n_e$ | | möglicher Flußnutzungsfaktor |
| $n_{max}$ | U/min | größte Drehzahl bei Abschaltung |
| $n_o$ | U/min | Leerlaufdrehzahl |
| $n_u$ | U/min | Vollastdrehzahl |
| $n_1$ | U/min | Ausgangs-Beharrungsdrehzahl |
| $1 : n$ | | Böschungsneigung |
| $n_N$ | U/min | Nenndrehzahl |
| $n_T$ | | tatsächlicher Flußnutzungsfaktor |
| N | kW (PS) | Antriebsleistung eines Pumpwerks |
| N | (mm) | Regenhöhe, Niederschlagshöhe |
| N | (cm, $m^3/s$, $l/skm^2$, °C) | unterer Grenzwert |
| NN | (m) | Normal-Null |
| O | ($cm^2/cm^3$) | spezifische Oberfläche |
| O P | | Oberpegel |
| O W | | Oberwasser |
| O, $P_N$ | kW | Teilleistung der Turbine |
| $p$ | $kp/m^2$ | Wasserdruck |
| $p$ | % | Porengehalt |
| $p_a$ | $kp/cm^2$ | Druck im Austrittsquerschnitt der Turbine |
| $p_d$ | $kp/m^2$ | dynamischer Druck |
| $p_e$ | $kp/cm^2$ | Druck im Eintrittsquerschnitt der Turbine |
| $p_{emax}$ | $kp/cm^2$ | größter Druck bei Abschaltung |
| $p_{eo}$ | $kp/cm^2$ | Ruhedruck, statischer Druck |
| $p_o$ | % | spannungsfreier Porengehalt |
| $p_p$ | $kp/cm^2$ | Porenwasserdruck |
| $p_{st}$ | $kp/m^2$ | statischer Druck |
| $\frac{10 \cdot p_a}{\gamma}$ | m | Druckhöhe im Austrittsquerschnitt der Turbine |
| $\frac{10 \cdot p_e}{\gamma}$ | m | Druckhöhe im Eintrittsquerschnitt der Turbine |
| $p_D$ | $kp/cm^2$ | Dampfdruck |
| pH | | pH-Wert |
| $p_{Ma}$ | $kp/cm^2$ | Manometerablesung für Austrittsquerschnitt der Turbine |
| $p_{Me}$ | $kp/cm^2$ | Manometerablesung für Eintrittsquerschnitt der Turbine |
| P | kp, Mp | Kraft |
| P | | Pegel |
| $P_a$ | kW | Ausbauleistung |
| $P_n$ | % | nutzbarer Hohlraumgehalt |
| $P_{max}$ | kW | größte Turbinenleistung |

| | | |
|---|---|---|
| $P_E$ | kW | Engpaßleistung |
| PN | | Pegelnull |
| $P_N$ | kW | Turbinen-Nennleistung |
| | | |
| q | $m^2/s$ | Abfluß pro Meter Breite |
| q | l/s ha, l/s $km^2$, $m^3/s$ $km^2$ | Abflußspende |
| q | l/min | Regnerergiebigkeit |
| $q_r$ | l/s ha | Regenwasserabflußspende |
| $q_s$ | l/s ha | Schmutzwasserabflußspende |
| Q | l/s | Quellschüttung |
| $Q_a$ | $m^3/s$ | Ausbauzufluß |
| $Q_e$ | $m^3/s$ | Erfaßbarer Zufluß |
| $Q_g$ | $m^3/s$ | Gesamtabfluß |
| $Q_n$ | $m^3/s$ | Genutzter Zufluß |
| $Q_o$ | l/s | Abflußleistung |
| $Q_o$ | $m^3/s$ | im Tidegebiet der von oberhalb der Tidegrenze stammende Abfluß |
| $Q_r$ | l/s, $m^3/s$ | Regenwasserabfluß |
| $Q_s$ | l/s, $m^3/s$ | Schmutzwasserabfluß |
| $Q_ü$ | $m^3/s$ | Überschußabfluß |
| $Q_v$ | $m^3/s$ | Verfügbarer Zufluß |
| $Q_K$ | $m^3/s$ | Triebwasser |
| $Q_N$ | $m^3/s$ | Nennwasserstrom (Turbine) |
| $Q_O$ | $m^3/s$ | Leerlaufwasserstrom (Turbine) |
| $Q_T$ | $m^3/s$ | Turbinendurchfluß |
| $\Sigma Q$ | $m^3$ | Abflußsumme |
| | | |
| r | mm, l/$m^2$ | Regenabgabe |
| r | l/s ha | Regenspende |
| $r_a$ | mm | Jahres-Regenabgabe |
| $r_f$ | p/$cm^3$ | Frischraumgewicht |
| $r_t$ | p/$cm^3$ | Trockenraumgewicht |
| R | l/s, $m^3/s$ | Regenleistung |
| R | % | relative Luftfeuchtigkeit |
| R | mm | Rücklage |
| R, $R_h$ | m | hydraulischer Radius |
| $R_e$ | % | relative Luftfeuchte |
| Re | | Reynoldsche Zahl |
| $\Sigma R$ | $m^3$ | Regensumme |
| | | |
| s | mm | Wanddicke |
| S | mm QS Torr | absoluter Sättigungsfehlbetrag der Luft (Dampfdruck) |
| S, $\tau_s$ | kp/$m^2$ | Schleppspannung, Schubspannung |
| S | | Schreibpegel |

| | | |
|---|---|---|
| S | kp | Schub, Schubkraft |
| S | m | Sohlbreite |
| S = R – B | mm | Vorratsänderung |
| $S_a$, $\tau_a$ | kp/m² | Grenzschleppspannung (Geschiebebewegung endet!) |
| $S_d$ | | Druckluftpegel |
| $S_e$ | | elektrischer Schwimmerpegel |
| $S_l$ | % | relativer Sättigungsfehlbetrag der Luft (Dampfdruck oder Wasserdampfgehalt) |
| $S_o$, $\tau_o$ | kp/m² | Grenzschleppspannung (Geschiebebewegung beginnt!) |
| $S_r$ | | Strouhal-Zahl |
| $S_s$ | | mechanischer Schwimmerpegel |
| S H | mm | Sohlhöhenunterschied eines Pegels |
| $S_L$ | g/m³ | absoluter Sättigungsfehlbetrag der Luft (Wasserdampfgehalt) |
| S Q | m³, hm³, km³ | Abflußsumme |
| SSI | % | Sauerstoffsättigungsindex |
| t | min, h | Dauer einer Regengabe, Standdauer eines Regners |
| t | m | Dräntiefe |
| t | m | Wassertiefe |
| $t_f$ | s, min | Durchflußzeit |
| $t_f$ | s, min | Fließzeit |
| $t_{gr}$ | m | Grenztiefe |
| $t_i$ | m | Wassertiefe bei schießendem Abfluß |
| $t_m$ | m | mittlere Querschnittstiefe |
| $t_{ö}$ | m | Wassertiefe bei strömendem Abfluß |
| $t_s$ | m | Senkungstiefe |
| $t_u$ | h, Tg | Umlaufdauer |
| T | h | Betriebsdauer |
| T | m | Grabentiefe |
| T | kp/m | Kapillarkonstante, Grenzflächenspannung, Oberflächenspannung |
| T | s, min, h | Regendauer |
| T | m²/s | Zirkulation |
| $T_e$ | s | Laufzeit (einer Druckänderung) |
| T h b | cm | Tidehub |
| T h w | cm | Tidehochwasser |
| T m w | cm | Tidemittelwasser |
| T n w | cm | Tideniedrigwasser |
| $T_w$ | s | Wellenperiode |
| T ½ w | cm | Tidehalbwasser |
| $u_Q$ | | Flußnutzung |

| | | |
|---|---|---|
| U | m | Benetzter Umfang |
| U P | | Unterpegel |
| $U = N - A$ | m | Unterschiedshöhe |
| U W | | Unterwasser |
| | | |
| v, u, w | m/s | Komponenten der Geschwindigkeit |
| v, u, w | m/s | Volumenstromdichte |
| $v_e$ | m/s | Eintrittsgeschwindigkeit |
| $v_{gr}$ | m/s | Grenzgeschwindigkeit |
| $v_m$ | m/s | Mittlere Querschnittsgeschwindigkeit |
| $v_o$ | m/s | Oberflächengeschwindigkeit |
| $v_s$ | m/s | Schubspannungsgeschwindigkeit |
| $\frac{v^2}{2g}$ | m | Geschwindigkeitshöhe |
| V | $cm^3$ | Bodenraum |
| V | mm | Verdunstungshöhe |
| $V_P$ | mm | Wasserverbrauch (der Pflanzen) |
| $V = Q/F$ | m/s | Durchgangsgeschwindigkeit (Filtergeschwindigkeit) |
| | | |
| w, a | m/s | Wellenschnelligkeit (Fortpflanzungsgeschwindigkeit der Welle) |
| $w_a$ | % | Wasserhaltevermögen (Wasserkapazität) |
| $w_a$ | | Werkausbaugrad |
| $w_h$ | % | Hygroskopizität |
| $w_n$ | % | Pflanzenphysiologisch nutzbares Wasser |
| $w_s$ | l/E Tg | Schmutzwasseranfall |
| $w_R$ | m | Wurfweite eines Regners |
| W | cm | Grundwasserstand |
| W | cm | Wasserstand |
| W | kp | Widerstand, Widerstandskraft |
| We | | Weber-Zahl |
| | | |
| x | m, km | Ortskoordinate |
| | | |
| y | m, km | Ortskoordinate |
| Y | $m^2/s^2$ | Spezifische Strömungsarbeit |
| | | |
| z | m, km | Ortskoordinate |
| $z_a$ | m | Höhenlage des Austrittsquerschnitts einer Turbine |
| $z_e$ | m | Höhenlage des Eintrittsquerschnitts einer Turbine |
| $z_{ow}$ | m | Höhenlage des Oberwasserspiegels |
| $z_{uw}$ | m | Höhenlage des Unterwasserspiegels |
| $(z_a - z_{uw})$ | m | Freihang |

| | | |
|---|---|---|
| $z_{Ma}$ | m | Höhenlage des Manometers über dem Austrittsquerschnitt |
| $z_{Me}$ | m | Höhenlage des Manometers für Eintrittsquerschnitt |
| Z | cm, $m^3/s$, $l/s\ km^2$, °C | Zentralwert |
| Z W | | Zubringerleitungen |
| $\alpha$ | | Ausflußzahl |
| $\alpha$ | (°) | Strömungswinkel |
| $\alpha$ | | Verbauungsverhältnis |
| $\beta$ | | Beiwert für Kontraktionserscheinungen |
| $\beta$ | $m^{1/2}$ | Rauhigkeitsbeiwert (Kutter'sche Formel) |
| $\beta$ | 1/°C | Raumausdehnungskoeffizient |
| $\beta$ | (°) | Strömungswinkel |
| $\gamma, \tau, \sigma$ | (kp/m) | Grenzflächenspannung, Oberflächenspannung, Kapillarkonstante |
| $\gamma$ | $p/cm^3)$ | spez. Gewicht, Artgewicht, Wichte |
| $\gamma_s''$ | $(Mp/m^3)$ | spez. Gewicht des Geschiebes unter Wasser |
| $\Gamma$ | $m^2/s$ | Zirkulation |
| $\gamma_w$ | $(Mp/m^3)$ | spez. Gewicht des Wassers |
| $\delta$ | m | Grenzschichtdicke |
| $\delta$ | m | Sandrauheit |
| $\delta, \delta_1$ | m | Verdrängungsdicke der Grenzschicht |
| $\delta_2, \vartheta$ | m | Impulsverlustdicke der Grenzschicht |
| $\delta_3$ | m | Energieverlustdicke der Grenzschicht |
| $\delta_{th}$ | m | Dicke der thermischen Grenzschicht |
| $\delta_0$ | | Beiwert, abhängig von Pfeilerform |
| $\delta_D$ | m | Dicke der Diffusionsgrenzschicht |
| $\varepsilon$ | | Gleitzahl |
| $\varepsilon$ | | relative Rauheit |
| $\varepsilon$ | | Zusammendrückung des Wassers |
| $\zeta$ | | Widerstandsziffer, Widerstandszahl |
| $\eta, \mu$ | $kp\ s/m^2$ | dynamische Zähigkeit (Viskosität) |
| $\eta_a$ | % | mittlerer planimetrischer Wirkungsgrad |
| $\eta_b$ | % | Wirkungsgrad einer biologischen Kläranlage |
| $\eta_g$ | % | mittlerer gewichteter Wirkungsgrad |
| $\eta_{g1}$ | % | mittlerer arithmetischer Wirkungsgrad |
| $\eta_{ges}$ | % | Gesamtwirkungsgrad |
| $\eta_m$ | % | Durchschnittswirkungsgrad |

| | | |
|---|---|---|
| $\eta_m$ | % | mechanischer Wirkungsgrad |
| $\eta_m$ | % | Wirkungsgrad einer mechanischen Kläranlage |
| $\eta_M$ | % | Wirkungsgrad eines Motors |
| $\eta_P$ | % | Wirkungsgrad einer Pumpe |
| $\vartheta$ | Winkelgrad | Randwinkel |
| $\vartheta$ | m | Impulsverlustdicke der Grenzschicht |
| $\varkappa$ | | Modellmaßstab der Kräfte |
| $\varkappa$ | | Drucksteigerungsverhältnis |
| $\varkappa_s$ | | Isentropenexponent |
| $\lambda$ | | Modellmaßstab der Längen |
| $\lambda$ | | Reibungszahl |
| $\lambda$ | | Widerstandszahl |
| $\mu$ | $kg(m \cdot s)$<br>$kp \cdot s/m^2$ | dynamische Viskosität |
| $\mu$ | | Überfallbeiwert |
| $\mu$ | | Korrektionsfaktor |
| $\nu$ | $m^2/s$ | kinematische Viskosität, kinematische Zähigkeit |
| $\varrho$ | $kg/m^3$ | Dichte (spezifische Masse) |
| $\varrho$ | $kg \cdot s^2/m^4$ | Dichte des Wassers |
| $\varrho$, w | $kp \cdot s/m^3$ | Massenstromdichte |
| $\varrho_T$ | | Anlaufzeit – Laufzeit – Verhältnis |
| $\sigma$ | $kp/m$ | Grenzflächenspannung, Oberflächenspannung, Kapillarkonstante |
| $\sigma$ | | Thoma'sche Kavitationszahl |
| $\tau$ | $kp/m^2$ | Schubspannung |
| $\tau$ | | Modellmaßstab der Zeiten |
| $\varphi$, $\Phi$ | $m^3/s$ | Potentialfunktion, Geschwindigkeitspotential, komplexe Potentialfunktion |
| $\psi$ | | Abflußbeiwert |
| $\psi$ | $m^3/s$ | Stromfunktion |
| $\omega$ | $s^{-1}$ | Winkelgeschwindigkeit |

# Bezeichnungen, Zeichen und Einheiten im Erd- und Grundbau

In der folgenden Zusammenstellung sind die Dimensionen der durch die Formelzeichen ausgedrückten Größen im cm-g-sec-System gegeben. Wenn bei einem Formelzeichen keine Dimension angeführt ist, stellt es eine Zahl dar.

| | | |
|---|---|---|
| a | (m) | Abstand der Pfahlmitten, Länge |
| a | (cm) | Amplitude (einer Schwingung), Länge |
| $a_v$ | ($cm^2/kg$) | Verdichtungsbeiwert ($a_{vc}$) oder Schwellbeiwert ($a_{vs}$) (der zweite Index wird meist nicht geschrieben) |
| a b | | Strecke ab; Bogenlänge ab |
| $A_r$ | | Flächenverhältnis bei Entnahmestutzen |
| b | (cm) | Breite |
| c | ($kg/cm^2$) | Kohäsion in der Coulomb'schen Gleichung |
| $c_a$ | ($kg/cm^2$) | Adhäsion (zwischen Stützwand u. Hinterfüllung) |
| $c_{erf}$ | ($kg/cm^2$) | erforderliche Kohäsion |
| $c_{krit}$ | ($kg/cm^2$) | kritische Kohäsion (Standsicherheit der Böschungen) |
| $c_v$ | ($cm^2/sec$) | Verfestigungsbeiwert ($c_{vc}$ bei Zusammendrückung, $c_{vs}$ bei Schwellung) |
| C | | Integrationskonstante |
| C | (kg/cm oder kg) | resultierende Kohäsion |
| $C_a$ | (kg, kg/cm) | resultierende Wandreibung |
| $C_b = \frac{P_s}{s}$ | ($kg/cm^3$) | Bettungszahl |
| $C_{bh}$ | (kg/cm) | waagerechte Bettungszahl |
| $C_c$ | | Kompressionsbeiwert im ungestörten Zustand |
| $C'_c$ | | Kompressionsbeiwert im gestörten Zustand |
| $C_d$ | ($kg/cm^3$) | dynamische Bettungszahl |
| $C_f$ | (kg/cm) | Federkonstante |
| $C_{fd}$ | (kg/sec/cm) | Dämpfungsbeiwert (einer Schwingung) |
| $C_p$ | (kg/cm) | Pfahlwiderstandsziffer |
| $C_s$ | | Schwellbeiwert |
| $C_w$ | | reduzierter Sickerwegquotient |
| CBR | | CBR-Wert |

| | | |
|---|---|---|
| $d, d_s$ | (mm, cm) | Durchmesser; Korngröße; Schichtdicke |
| $d_{10}$ | (mm) | wirksame (bei 10 % vertretene) Korngröße |
| $D = \frac{n_0 - n}{n_0 - n_d}$ | | Lagerungsdichte |
| $D_r = \frac{\varepsilon_0 - \varepsilon}{\varepsilon_0 - \varepsilon_d}$ | | bezogene Lagerungsdichte |
| e | | Basis des natürlichen Logarithmus |
| e | (Coulomb/ $cm^2$) | elektrische Ladung je Flächeneinheit |
| $e_a$ | ($kg/cm^2$), ($t/m^2$) | Einheit des Erddruckes |
| $e_o$ | ($kg/cm^2$), ($t/m^2$) | Einheit des Erdruhedruckes |
| $e_p$ | ($kg/cm^2$), ($t/m^2$) | Einheit des Erdwiderstandes |
| E | ($kg/cm^2$) | Elastizitätsmodul |
| E | (Volt) | elektrischer Spannungsunterschied |
| $E_a$ | (kg/m) | angreifender Erddruck |
| $E_{ag}$ | (kg/m) | Ruhedruck unter Berücksichtigung der Gewölbewirkung (Baugrubenaussteifung) |
| $E_{an}$ | (kg/m) | Normalkomponente von $E_a$ |
| $E_{at}$ | (kg/m) | Tangentialkomponente von $E_a$ |
| $E_o$ | (kg/m) | Ruhedruck |
| $E_p$ | (kg/m) | Erdwiderstand |
| $E'_p$ | (kg/m) | Anteil des Erdwiderstandes aus dem Raumgewicht des Bodens |
| $E''_p$ | (kg/m) | Anteil des Erdwiderstandes aus Kohäsion und Auflast ($E''_p = E_c + E_q$) |
| $E_{pc}$ | (kg/m) | Resultierende aus $E_p$ und der zwischen Wand und Boden wirkenden Adhäsion |
| $E_s = \frac{A\sigma}{s'}$ | ($kg/cm^2$) | Steifezahl |
| $E_v$ | (kg/m) | Energieverlust (Pfahlrammung) |
| $E_v = 1{,}5 \cdot \gamma \frac{P_s}{s}$ | ($kg/cm^2$) | Verformungsmaß |
| f | ($sec^{-1}$) | Frequenz (Schwingung) |
| $f_o$ | ($sec^{-1}$) | Eigenfrequenz (Schwingung) |
| $f_s$ | | Sicherheitsfaktor |
| F | ($cm^2$) | Fläche |
| g | ($cm/sec^2$) | Fallbeschleunigung |
| G | (kg oder kg/cm) | Gewicht, Gewicht pro Längeneinheit |

| | | |
|---|---|---|
| $G$ | ($kg/cm^2$) | Schubmodul |
| $G$ | (kg, t) | ständige Last; Eigengewicht |
| $G_a$ | (kg oder kg/cm) | unter Auftrieb stehendes Gewicht |
| $G_l$ | | Luftanteil |
| $G_p$ | (kg) | Pfahlgewicht |
| $G_B$ | (t) | Gewicht des Rammbären |
| $h$ | (cm) | Höhe |
| $h_a$ | (mm, cm) | Anfangshöhe der Probe |
| $h_f = (1-n)h_a$ | (mm, cm) | Höhe der Festmasse der Probe |
| $h_k$ | (cm) | kapillare Steighöhe |
| $h_{krit}$ | (cm) | kritische Böschungshöhe |
| $h_r$ | ($kg/cm^2$) | relativer Dampfdruck |
| $h_w$ | (cm, m) | hydrostatische Druckhöhe |
| $H$ | (cm, m) | Höhe, Fallhöhe des Rammbären |
| $H$ | (kg, t) | Waagerechte Einzellast |
| $i = \frac{h_w}{l}$ | | Druckhöhengefälle |
| $i_{krit}$ | | kritisches hydraulisches Gefälle |
| $i_p$ | ($g/cm^2$) | Druckgefälle |
| $I$ | ($cm^4$) | Trägheitsmoment des Balkens |
| $J_s$ | | Einflußwert der Setzung |
| $J_\sigma$ | | Einflußwert der Druckspannung |
| $k$ | (cm/sec) | Durchlässigkeitsbeiwert (Darcy'sches Gesetz) |
| $k_h$, $k_v$ | | Koeffizienten für die Berechnung des Erddrucks auf Stützmauern |
| $k_1$ und $k_2$ | (cm/sec) | Durchlässigkeitsbeiwert parallel und senkrecht zu den Schichtebenen |
| $k_r$ | (cm/sec) | Durchlässigkeitsbeiwert für durchgeknetete Proben |
| $k_w = \frac{wf-w}{wfa}$ | | Zustandszahl (früher Konsistenzzahl) |
| $K$ | ($cm^2$) | physikalische Durchlässigkeit |
| $l$ | (cm) | Länge, Sickerweg |
| ln a | | natürlicher Logarithmus von a |
| log a | | Brigg'scher Logarithmus von a |
| $L$ | (kg m/sec) | Leistung |
| $m$ | | Anzahl der Durchflußstreifen i. Stromliniennetz |
| $m$ | (kg/sec/cm) | Masse = Gewicht/Fallbeschleunigung |
| $m$ | | Querdehnungszahl |

| | | |
|---|---|---|
| $m_v$ | $(cm^2/kg)$ | Verdichtungsziffer |
| $m_{vs}$ | $(cm^2/kg)$ | Schwellziffer |
| M | (kg/cm oder kg/cm/cm) | Gesamtmoment oder Moment pro Längeneinheit |
| $M_c$ | (mkg) | Moment der Kohäsionskräfte |
| | | |
| n | | Anzahl der Potentialdifferenz i. Stromliniennetz |
| n | | Porenanteil, Porenraum, bezogen auf den Rauminhalt der gesamten Probe |
| $n_a$ | | Verhältnis zwischen der Höhe des Erddruckangriffspunktes und der Wandhöhe |
| $n_d$ | | Porenanteil für dichteste Lagerung |
| $n_g$ | | Quotient aus der durch ein Erdbeben verursachten Beschleunigung und der Fallbeschleunigung |
| $n_o$ | | Porenanteil für lockerste Lagerung |
| $n_s$ | | Stoßziffer (Pfahlrammung) |
| $n_w$ | | mit Wasser gefüllter Porenanteil |
| $n_l$ | | mit Luft gefüllter Porenanteil |
| N | | Anzahl der Schläge auf die Rammsonde beim Standard Penetration Test |
| N | | Verstärkungsfaktor in der Theorie der erzwungenen Schwingungen |
| $N_c$ | | Tragfähigkeitsbeiwert infolge Kohäsion |
| $N_g$ | | Tragfähigkeitsbeiwert infolge seitlicher Auflast |
| $N_s$ | | Stabilitätsfaktor bei Böschungen |
| $N_\gamma$ | | Tragfähigkeitsbeiwert infolge Eigengewicht |
| | | |
| p | $(kg/cm^2)$ | Flächenlast, Druckspannung |
| p′ | (kg/m) | Linienlast |
| $p_a$ | $(kg/cm^2)$ | Luftdruck (atmosphärischer Druck) |
| $p_g$ | $(kg/cm^2)$ | Grenztragfähigkeit je Flächeneinheit |
| $p_k$ | $(kg/cm^2)$ | Kapillardruck |
| $p_n$ | $(kg/cm^2)$ | gegenwärtiger Konsolidierungsdruck im Feld |
| $p_o'$ | $(kg/cm^2)$ | maximaler Konsolidierungsdruck im Feld |
| $p_s$ | $(kg/cm^2)$ | Untergrundreaktion |
| $p_s$ | $(kg/cm^2)$ | Bodenpressung |
| $p_{szul}$ | $(kg/cm^2)$ | zulässige Bodenpressung |
| $p_u$ | $(kg/cm^2)$ | hydrostatischer Überdruck, Porenwasserüberdruck |
| $p_w$ | $(kg/cm^2)$ | Porenwasserdruck; hydrostatischer Druck; neutrale Spannung |
| P | (kg, t) | Einzellast; Gesamtlast; resultierender Druck |
| $P_g$ | (kg/cm) | Grenztragfähigkeit eines Streifenfundamentes mit der Gründungstiefe t pro Längeneinheit. Besteht aus drei Teilen, einem von der Kohäsion |

| | | |
|---|---|---|
| | | ($P_c$), einem der Auflast neben der Gründungssohle ($P_p$) und einem vom Rammgewicht abhängigen Teil ($P_\gamma$). |
| $P_{gr}$ | (t) | Grenztragfähigkeit der Sohle eines Pfeilers |
| $P_M$ | (t) | Tragfähigkeit aus der Mantelreibung oder Wandreibung |
| $P_{smax}$ | (kg/cm²) | Grenzbelastung |
| $P_{Sp}$ | (t) | Tragfähigkeit aus dem Spitzenwiderstand |
| $P_{zul}$ | (t) | zulässige Belastung eines Pfahles |
| $q_g$ | (kg/cm²) | Zylinderdruckfestigkeit der gestörten Probe |
| $q_u$ | (kg/cm²) | Zylinderdruckfestigkeit |
| Q | (cm³/sec) | Wassermenge |
| r, R | (cm, m) | Radius |
| $r_o$ | (cm, m) | Radius des Reibungskreises bei Böschungsuntersuchungen |
| s | (cm) | Setzung |
| $s' = \frac{\Delta h}{h_a}$ | | Bezogene Zusammendrückung |
| $s_t$ | (cm) | Setzung in der Zeit t |
| $s_w = \frac{n_w}{n}$ | | Sättigungsgrad |
| $S = \frac{q_u}{q_g}$ | | Empfindlichkeit (Sensitivität, Sensibilität) |
| S | (kg oder kg/cm) | Scherkraft |
| $S_{vc}$ | (kg/cm²) | Steifeziffer |
| t | (cm) | Tiefe, Gründungstiefe |
| t | (sec) | Zeit |
| $t_z$ | (cm) | Tiefe von Zugrissen |
| u | (kg/cm²) | Strömungsdruck, hydrostatischer Überdruck |
| U | | Konsolidierungsgrad in % |
| U | | Ungleichförmigkeitsgrad $d_{60}/d_{10}$ |
| v | (cm/sec) | Filtergeschwindigkeit |
| $v_s$ | (cm/sec) | Sickergeschwindigkeit |
| V | (cm³) | Volumen |
| $V_p$ | (cm³) | Porenvolumen |
| w | | Wassergehalt in Prozenten des Trockengewichtes |
| $w_a$ | | Ausrollgrenze |

| | | |
|---|---|---|
| $w_f$ | | Fließgrenze |
| $w_{fa}$ | | Bildsamkeit (früher Plastizitätszahl) |
| $w_k$ | | Klebegrenze |
| $w_n$ | | natürlicher Wassergehalt |
| $w_p$ | | günstigster Wassergehalt der einfachen Proctordichte |
| $w_s$ | | Schrumpfgrenze |
| $w_{vp}$ | | günstigster Wassergehalt der verbesserten Proctordichte |
| $W$ | (kg/cm) | resultierender Wasserdruck |
| $W_{dyn}$ | (t) | dynamischer Eindringungswiderstand eines Pfahles |
| $x, y, z$ | (cm) | Längen in den Koordinatenrichtungen |
| $z$ | (mm) | elastische Zusammendrückung eines Pfahles |
| $z$ | (cm) | Tiefe unter einer Bezugsebene |
| $Z_e$ | (mm) | Eindringung |
| $\alpha, \beta$ | (°) | Winkel |
| $\alpha_a$ | | Erddruckfaktor |
| $\alpha_s$ | | Stabilitätsfaktor |
| $\alpha_t$ | | Tiefenfaktor |
| $\gamma$ | (kg/cm³) | Raumgewicht |
| $\gamma_a$ | (kg/cm³) | unter Auftrieb stehendes Raumgewicht |
| $\gamma_g$ | (t/m³) | Raumgewicht eines wassergesättigten Bodens |
| $\gamma_p$ | (t/m³) | Einfache Proctordichte (Trockenrohwichte nach dem einfachen Verdichtungsversuch) |
| $\gamma_s$ | (kg/m³) | Stoffgewicht des Bodens |
| $\gamma_t$ | (t/m³) | Raumgewicht des trockenen Bodens |
| $\gamma_{vp}$ | (t/m³) | verbesserte Proctordichte (Trockenrohwichte nach dem verbesserten Verdichtungsversuch) |
| $\gamma_w$ | (kg/cm³) | Stoffgewicht des Wassers = 1 g/cm³ |
| $\delta$ | (°) | Wandreibungswinkel |
| $\Delta$ | | Zuwachs, Änderung |
| $\Delta h$ | (mm, cm) | Zusammendrückung (der Probe) |
| $\Delta s$ | (cm) | Eindrückung eine Pfahles unter einem Rammschlag |
| $\varepsilon$ | | lineare Verformung in der Wirkungsrichtung von $\sigma$ |
| $\varepsilon = \frac{n}{1-n}$ | | Porenziffer = Porenvolumen pro Volumeneinheit der Festmasse |

| | | |
|---|---|---|
| $\varepsilon_d$ | | Porenziffer für dichteste Lagerung |
| $\varepsilon_{krit}$ | | kritische Porenziffer |
| $\varepsilon_l$ | | lineare Verformung rechtwinklig zur Wirkungsrichtung von $\sigma$ |
| $\varepsilon_n$ | | Porenziffer bei natürlicher Lagerung |
| $\varepsilon_o$ | | Porenziffer für lockerste Lagerung |
| $\eta$ | (g sec/cm²) | Viskosität, Zähigkeit |
| $\eta$ | | Sicherheitsgrad, Sicherheit |
| $\vartheta$ | (°) | Winkel der ebenen Gleitfläche zur Waagerechten |
| $\vartheta$ | (°) | Zentriwinkel |
| $\lambda$ | (sec⁻¹) | Dämpfungsfaktor |
| $\lambda$ | | Verhältnis der horizontalen zur vertikalen Druckspannung an einem Punkt in einer Bodenmasse |
| $\lambda_a$ | | Erddruckbeiwert (Quotient aus der Normalkomponente des Erddruckes bei einer kohäsionslosen Masse auf einer ebenen Fläche und dem entsprechenden Flüssigkeitsdruck bei hydrostatischer Druckverteilung) |
| $\lambda_o$ | | Ruhedruckbeiwert (Quotient aus den Normalspannungen in einer lotrechten und einer waagerechten Ebene durch einen gegebenen Punkt einer Bodenmasse im elastischen Zustand) |
| $\lambda_p$ | | Erdwiderstandsbeiwert eines kohäsionslosen Bodens |
| $\lambda_p$ | | $tg^2 (45° + \varrho/2)$ = Kritisches Hauptspannungsverhältnis |
| $\mu$ | | Poisson-Ziffer; Mikron = 0,01 mm |
| $\mu = tg\,\varrho$ | | Reibungsbeiwert |
| $\nu$ | | Konzentrationsfaktor (Druckausbreitung) |
| $\varrho$ | (°) | Winkel der inneren Reibung od. Scherfestigkeit |
| $\varrho_a$ | (°) | Winkel der inneren Reibung für nicht wassergesättigten Ton |
| $\varrho_b$ | (°) | Winkel der inneren Reibung beim Bruch |
| $\varrho_g$ | (°) | Winkel der inneren Reibung beim Gleiten |
| $\varrho_l$ | (°) | Winkel der inneren Reibung aus langsamen Scherversuchen |
| $\varrho_{sk}$ | (°) | Winkel der inneren Reibung aus Schnellversuchen mit voller Konsolidierung |

| | | |
|---|---|---|
| $\sigma$ | ($kg/cm^2$) | Normalspannung |
| $\sigma$ | ($kg/cm^2$) | wirksame Normalspannung |
| $\sigma_h$ | ($kg/cm^2$) | horizontale Druckspannung a. vertikale Flächen |
| $\sigma_o$ | ($g/cm^2$) | Oberflächenspannung von Flüssigkeiten |
| $\sigma_v$ | ($kg/cm^2$) | vertikale Druckspannung a. horizontale Flächen |
| $\sigma_I$, $\sigma_{II}$ u. $\sigma_{III}$ | ($kg/cm^2$) | größte, mittlere und kleinste Hauptspannung |
| $\tau$ | ($kg/cm^2$) | Scherspannung |
| $\tau$ | (sec)1 | Schwingungsdauer (Schwingungen) |
| $\tau$ | ($kg/cm^2$) | Summe aus Reibung und Adhäsion zwischen dem Boden u. einem Pfahl oder Pfeiler |
| $\tau$ | | Zeitfaktor bei der Konsolidierungstheorie |
| $\tau_b$ | ($kg/cm^2$) | Scherfestigkeit (Bruch) |
| $\tau_g$ | ($kg/cm^2$) | Gleitfestigkeit (Gleiten) |
| $\tau_s$ | ($kg/cm^2$) | Scherfestigkeit |
| $\tau_v$ | ($\tau_o$) | Zeitfaktor (Porenwasserströmung) |
| $\varphi$ | | relative Luftfeuchtigkeit |
| $\varphi$, $\psi$ | ($^\circ$) | Winkel |
| $\Phi$ | | Geschwindigkeitspotential im Stromliniennetz |
| $\omega$ | ($sec^{-1}$) | Winkelgeschwindigkeit |
| $\zeta$ und $\xi$ | (cm) | Verschiebungskomponenten in zwei verschiedene Richtungen |

# Begriffserklärungen in deutsch und gleichbedeutende Fachausdrücke in englisch

**Aalleiter, Aalpaß · eel ladder, eel pass.** Vorrichtung für den Aufstieg der Aale vom Unterwasser zum Oberwasser und für den Abstieg vom Oberwasser zum Unterwasser.

**Abarbeitung · draw-off quantity.** Wassermenge, die in einem bestimmten Zeitabschnitt einem Speicher entnommen wird.

**Abbauleistung · capacity of decomposition.** Abgebauter Teil der Raumbelastung.

**Abbaustufen · decomposition stages.** Abbau der organischen Stoffe in lufthaltigem Wasser geht in zwei Zeitstufen vor sich. Erste Stufe baut hauptsächlich Kohlenstoffverbindung ab, beginnt sofort und endet bei 20° nach etwa 20 Tagen. Zweite Stufe baut vorwiegend Stickstoffverbindungen ab, beginnt bei 20° erst nach 10 Tagen und dauert lange. Für Abwasserbehandlung nur erste Stufe von Bedeutung. Beide Stufen wichtig für offene Gewässer mit Schlammführung.

**Abdampfrückstand · evaporation residue.** Die gelösten nichtflüchtigen Stoffe einer filtrierten Wasserprobe nach Eindampfen und Trocknen.

**Abdichtung · sealing off, packing.** 1. Maßnahmen gegen das Eindringen von Feuchtigkeit, Zugluft, Schnee, Staub, Rauch usw. in Bauwerke und Bauteile. 2. Maßnahmen gegen den Zutritt von Luft und Wasser an stählerne Bauteile. 3. Maßnahmen gegen das Austreten von Flüssigkeit, Gas, Wärme usw. aus Bauwerken, Behältern usw.

**Abdichtung, Dichtung, Dichtungsschicht · diaphragm, blanket.** Schicht zur Abdichtung eines Bauwerks gegen das Durchsickern von Wasser.

**Abdichtungsstoff · sealing material.** Stoffe zum Abdichten von Bauteilen: gestampfter Ton und Lehm, Bitumen und Teergut und Gemische beider als Anstrich und Schutzpasten, sowie Kitt und Überzug, Kunststoffe als Anstrich oder fertig aufgelegte Schicht, Metallüberzug, Ölanstriche, Chlorkautschuk, Gummi usw.

**Abessinierbrunnen · Abyssinian well.** Veraltete Bezeichnung für Rammbrunnen.

**Abfallbeseitigung · waste disposal.** Sichert einen hygienischen Zustand, der durch reine Luft, reines Wasser und reinen Boden bedingt ist. A. geschieht durch Abfluß und Abfuhr.

**Abfallboden · spillway floor.** Bei Schuß- und Sturzwehren unterhalb des eigentlichen Staukörpers befindliche, auf kurzes Stück befestigte Flußstrecke, die nach unten hin meist durch Energievernichter abgeschlossen ist und in der Beruhigung des abstürzenden Wassers erzielt werden soll.

**Abfallast · dump energy.** Energie, die außerhalb der Stunden und über die Leistungsansprüche des regelmäßigen und höherwertigen Netzbedarfs hinaus, meist auch ungesichert, verfügbar ist (z. B. bei Kleinspeicherwerken die nächtliche Überschußenergie bei höherer Wasserführung).

**Abfallmauer · drop wall.** Senkrechter Abfall in der Sohle einer Kammerschleuse, der den Übergang vom Oberhaupt zur Schleusenkammer bildet (früher auch Abfallboden genannt).

**Abfallstoffe (Abfälle) · refuse, waste.** Alles, was in der menschlichen Wirtschaft als am Entstehungsort nicht verwertbar «abfällt». Flüssige A.: menschliche Ausscheidungen, durch den häuslichen, gewerblichen oder industriellen Gebrauch verunreinigtes und von Niederschlägen abfließendes Wasser; feste A.: Tierkadaver, Schlachthofabgänge, Stalldung, Haus- und Straßenkehricht.

**Abfallwand · spillway dam.** Vom überfallenden Wasser mit oder ohne Berührung verdeckte Luftseite einer Stauanlage.

**Abfluß · discharge.** Wassermenge, die in der Zeiteinheit einen Abflußquerschnitt durchfließt.

**Abflußbeiwert · coefficient of discharge; runoff coeffient.** 1. Wechsel in den hydraulischen Eigenschaften eines Wasserlaufes, gekennzeichnet durch Grundriß- und Querschnittsgestaltung, Bettrauhigkeit, Geschiebebewegung, Wassertemperatur und sonstige Einflüsse, werden in hydraulischen Formeln durch einen Abflußbeiwert erfaßt. 2. Verhältniswert Abflußspende zu Regenspende.

**Abflußfläche bei Abflußbestimmungen · discharge-area diagramm.** Flächige Darstellung des Abflusses. Breite des Wasserspiegels als Grundlinie, Geschwindigkeitsflächen als Ordinaten in den Meßlotrechten.

**Abflußganglinie · discharge hydrograph.** Ganglinie der (täglichen, stündlichen oder augenblicklichen) Abflußmengen.

**Abflußhöhe · runoff rate.** Abflußsumme einer Gebietsfläche in einer anzugebenden Zeitspanne, unter Annahme gleichmäßiger Verteilung als Wasserhöhe ausgedrückt.

**Abfluß-Inhaltslinie · mass discharge diagramm.** Inhaltslinie der Fläche zwischen der Abflußganglinie oder der Abflußdauerlinie und ihrer Abszissenachse.

Liefert in den Ordinaten Abflüsse und in den zugehörigen Abszissen die bis zur Abflußordinate reichende Abflußsumme des ganzen Zeitraums.

**Abflußjahr · flow year.** Einjähriger, nach hydrologischen Gesichtspunkten festgesetzter Zeitraum.
In Deutschland vom 1. November bis zum 31. Oktober des folgenden Kalenderjahres; zu bezeichnen mit nur einer Jahreszahl, und zwar des Kalenderjahres, dem die Monate Januar bis Oktober angehören; Winterhalbjahr (Wi) also vom 1. November bis zum 30. April, Sommerhalbjahr (So) vom 1. Mai bis 31. Oktober.

**Abflußkurve · discharge curve, rating curve.** Bezugskurve zwischen den Wasserständen und den zugehörigen Abflüssen.

**Abflußleistung · discharge capacity.** Rechnerischer Abfluß eines Kanals (einer Leitung) bei voller Füllung, wenn die Spiegellinie im Kanalscheitel liegt.

**Abflußmengendauerlinie • flow-duration curve.** Verbindungslinie von Punkten in rechtwinkligem Achsenkreuz, wo Abszisse gleich Anzahl der Tage, an denen Abflußmenge eines Wasserlaufes eine bestimmte Größe Q m3/s unterschreitet, und Ordinate gleich Q ist.

**Abflußmeßstelle • measuring section.** Stelle eines Wasserlaufs, an welcher der Abfluß durch Messung bestimmt wird.

**Abflußmessung • discharge measurement.** Bestimmung der abfließenden Wassermenge, meistens indirekt durch Geschwindigkeitsmessungen mit Meßflügeln, Venturikanalmesser, Salzlösungen, Schwimmern u. ä. oder mit Meßüberfällen in offenen Gerinnen oder Wasserläufen, durch Meßdüsen, Meßblenden, Venturirohr und dgl. in Rohrleitungen.

**Abflußquerschnitt • discharge cross section.** Von abfließendem Wasser erfüllter kleinster lotrechter Schnitt.

**Abflußrohr • drain pipe.** Rohre für Grundstücksentwässerungsanlagen in Gebäuden und Grundstücken für Anschluß-, Fall-, Sammel-, Grund- und Grundstücksanschlußleitungen.

**Abflußspende • runoff per unit area.** Abfluß, bezogen auf die Flächeneinheit des Einzugsgebietes.

| Einzugsgebiet vorwiegend | Abflußspende für *MNQ* in 1/sek. ha | Abflußspende für *MQ* in 1/sek. ha |
|---|---|---|
| Flachland | 0,5–2 | 4–8 |
| Hügelland | 1–2 | 5–12 |
| Mittelgebirge | 2–4 | 6–16 |
| Hochgebirge | 4–10 | 10–30 |

*Schätzungswerte von Abflußspenden*

**Abflußsumme • summation discharge.** Für eine bestimmte Zeitspanne summierter (integrierter) Abfluß.

**Abflußsummenlinie • discharge hydrograph.** Summenlinie der Fläche zwischen einer Abflußganglinie und ihrer Abszissenachse.
Die Ordinaten liefern die Abflußsummen für die zugehörige Abszisse als Zeitspanne.

**Abflußtafel • discharge table.** Tabellarische Zusammenstellung der Koordinaten der Abflußkurve.

**Abflußverhältnis • runoff ratio.** Abflußhöhe, geteilt durch Niederschlagshöhe.

**Abflußvermögen eines Gebietes • runoff capacity.** Inbegriff aller Eigenschaften eines Gebiets, durch welche die Beziehungen zwischen Niederschlagshöhe und Abflußhöhe bedingt sind.

**Abgeschirmtes Grundwasser • confined ground water.** Ungespanntes Grundwasser unter einer Grundwasserschirmfläche.

**Abhorchgerät • leakage detector.** Schalldose mit angesetztem Metall- oder Bambusstab oder elektrisches Gerät (Geophon) zum Aufsuchen von Rohrleitungsschäden. Aufgesetzt wird Abhörgerät auf Schlüsselstangen der Schieber, Entlüftungen, Schlammkästen, Hydranten, wobei kein Wasser aus Anschlußleitungen entnommen werden darf.

**Abladetiefe · draught.** Einsenktiefe des vollbeladenen Schiffes. A. in Fahrt größer als in Ruhe, und zwar wird Selbstfahrer durch Schraube hinten herabgezogen, während Schleppkahn nach vorn einsinkt.

**Ablagerung · deposition.** Vorgang dauernden Stoffabsetzens auf dem Festland, in Flüssen, Seen und im Meer.

**Ablagerung in Rohrleitungen · deposition in pipes.** Infolge der Schwerkraft abgesetzte (sedimentierte) Stoffe.

**Ablagerungsbecken · sedimentation basin, settling basin.** Dient zum Absetzen von im Wasser mitgeführten Sinkstoffen durch Beruhigung derselben und durch Erniedrigung der Wassergeschwindigkeit. A. kommt u. a. im Wasserbau vor Eintritt von Wildbächen ins Haupttal, bei Wasserkraftanlagen in Verbindung mit Wasserschloß und bei Speisegräben für Schiffahrtskanäle zur Anwendung.

**Ablaßvorrichtung · outlet.** An Behältern und Gerinnen zur Reinigung und Durchführung von Reparaturen, ferner im Wasserbau als Grundablaß bei Talsperren, Kraftwerken, Wehren und Schleusen. Bei Kolmotionsflächen als Überfall.

**Ablation · ablation.** Die Abschmelzung der Gletscher an ihrer Oberfläche infolge von Sonnenstrahlung, warmer Luft und Regen.

**Ablauf · drain, gutter.** Bestandteil einer Entwässerungsanlage zur Aufnahme des von Straßen, Dächern, Höfen usw. ins Leitungsnetz ablaufenden Wassers. Je nach Lage des A.s unterscheidet man: Straßen-, Keller-, Bad-, Hofablauf usw. Der Aufnahmekörper wird aus Beton, Steinzeug oder Gußeisen fabrikmäßig hergestellt. Die Roste – Schlitze parallel oder senkrecht zur Straßenachse – sind genormt. Die Bezeichnungen «Regeneinlauf», «Sinkkasten», «Gully» usw. sind zu vermeiden.

**Ablauftiefe · launching depth.** Die vor einer Helling für Stapellauf eines Schiffes notwendige Fahrwassertiefe.

**Ablesevorrichtungen · vernier.** Ablesevorrichtungen in der Vermessungstechnik dienen hauptsächlich zur genauen Ablesung der Kreisteilungen des Theodolits. Am gebräuchlichsten sind: Nonius, Strichmikroskop, Schraubenmikroskop, Skalenmikroskop und optisches Mikrometer.

**Ablösung · separation of flow.** Abweichung der Randstromlinien von der Randbegrenzung und Ausbildung neuer Randbedingungen, wobei sich zwischen Wand und Stromlinien ein mit Wirbeln durchsetzes «Totwassergebiet» bildet.

**Abmessung · measurement, dimension.** 1. Die Ausdehnung eines Körpers in einer oder in mehreren Richtungen, z. B. Höhe, Breite oder Länge.
2. Betrag solcher Größen in Maßeinheiten ausgedrückt.
3. Der Abstand zweier Geraden oder Flächen.

**Abnutzung · wear and tear, corrosion.** Oberbegriff für die mechanische Einwirkung (Verschleiß), die chemische bzw. elektrochemische Einwirkung (Korrosion) sowie thermische und sonstige Einwirkungen.

**Abrasion · abrasion.** Abschleifung oder Abhobelung eines sinkenden Festlandes durch die eindringende Brandungswoge des Meeres, wodurch eine ausgedehnte Einebnungsfläche geschaffen wird.

**Abraum · overburden, overlay.** Abraum werden in einem Tagebaubetrieb die über der Lagerstätte liegenden Bodenmassen genannt, welche zur Ausbeutung des Lagers oder Flözes von Hand oder maschinell zuvor «abgeräumt» werden müssen. Geringer A. in Steinbrüchen (nur Mutterboden und Verwitterungsgestein), in Kies- und Sandgruben, in Ton- und Lehmgruben, große A.stärke bis zu 100 m zur Freilegung der Braunkohlenflöze.

**Abraumbagger · overburden dredge.** Bagger zur Beseitigung von Abraum.

**Abrieb · abrasion.** Substanzverlust des Geschiebes bei der Bewegung.

**Abscheider (Grundstücksentwässerung) · seperater, interceptor.** Hält aus dem Abwasser die Stoffe zurück, die nicht in die Entwässerungsleitung gelangen sollen, z. B. Sand-, Schmutz-, Fett-, Benzin-Abscheider.

**Abschreibung · depreciation.** Abschreibung stellt bei den Gerätekosten eine Rücklage dar, welche bis zum Ablauf der Gerätenutzungsdauer denselben Betrag einbringt, wie ihn der Geräteneuwert auf Zinseszins angelegt ergeben würde. Die lineare Abschreibung erfolgt über die betriebsgewöhnliche Nutzungsdauer in gleich hohen Jahresquoten, die degressive Abschreibung mit von Jahr zu Jahr fallenden Beträgen (aus der Erkenntnis, daß die wirtschaftliche Überalterung einer Maschine oder eines Gerätes in der Regel sehr viel schneller eintritt als der technische Verschleiß).

**Absenkmethode · lowering method.** Nach Ausschachten oder Ausbaggern des Bodens bis zum Grundwasser wird Schachtbrunnen aufgemauert und unter gleichzeitigem Aushub des Bodens bis zur erforderlichen Brunnentiefe abgesenkt.

**Absenkziel · lowest operating level.** Niedrigster zulässiger Oberwasserstand.

**Absetzanlage · sedimentation basin.** Becken oder Behälter zum Ausscheiden absetzbarer Stoffe aus dem Wasser.

**Absetzbare Stoffe · settling solids.** Feststoffe, die sich in einer Wasserprobe in einer bestimmten Zeit zu Boden setzen.

**Absetzbecken · settling tank, settling basin.** Einrichtung zum Abscheiden der absetzbaren Stoffe des Abwassers.

**Absetzbrunnen · imhoff tank.** Behälter mit trichterförmiger Sohle, dessen Tiefe im Verhältnis zur Oberfläche groß ist und der in aufsteigender Richtung vom Abwasser durchflossen wird.

**Absetzglas · imhoff glass.** Meist trichterförmiges, 1 l fassendes Gefäß von 40 cm Höhe, dessen Spitzende eine Meßskala enthält; dient zur Bestimmung der Raummenge der während gewisser Zeit (bei Flußwasser nach 4-, bei Abwasser nach 2stündigem ruhigem Stehen) absetzbaren Schwebestoffe in $cm^3/l$.

**Absetzverfahren · settling method, settling process.** Bei Wasserversorgung: nach Zurückhaltung grober Schwimm- und Sinkstoffe durch Rechen, Sieb, Sandfang u. ä. einfachste Form der Ausscheidung ungelöster Schwebestoffe und sonstiger Trübstoffe im Oberflächenwasser durch Ruhe oder geringe Wassergeschwindigkeit in Stau- und Ausgleichbecken, künstlichen Absetzbecken (Ruhebecken, Becken mit mechanischer Schlammausräumung), Ausfällbecken und Einwirkungsbecken für adsorptive Vorgänge.

**Absetzwirkung · settling efficiency.** Absetzwirkung eines Absetzbeckens spielt sich so ab, daß von den im Einlaufquerschnitt zugeführten Sink- und Schwebestoffen die Korngrößen im Absetzbecken abgelagert werden, deren Sinkgeschwindigkeit $V \geqq \frac{u \cdot h}{l}$, wo u die Fließgeschwindigkeit, h die Wassertiefe und l die Länge des Klärbeckens ist. Die Absetzwirkung ist neben der richtigen Anordnung des Absatzbeckens abhängig von Art und Menge der Sink- und Schwebestoffe im Wasser oder Abwasser und ist näherungsweise feststellbar im Absetzglas.

**Absolute Feuchtigkeit · absolute humidity.** Die absolute Feuchtigkeit f gibt die in Gramm (g) gemessene Masse des Wassers in der Volumeneinheit ($m^3$) feuchter Luft an.

**Absolute Luftfeuchtigkeit · absolute humidity of the air.** Wasserdampfgehalt der Luft.

**Absolute Rauheit · absolute roughness.** Gleichwertige Rauheit an der Rohrinnenwand, ausgedrückt durch die Sandrauheit.

**Absolute Strombahn · path line (absolute).** Weg, den ein Wasserteilchen, bezogen auf ein ruhendes Koordinatensystem, zurücklegt.

**Absoluter Sättigungsfehlbetrag · absolute saturation deficit.** An der Sättigung fehlender Betrag des Dampfdrucks oder des Wasserdampfgehalts.

**Absorption (Aufzehrung) · absorption.** Einsaugen eines Stoffes in das Innere eines anderen ohne chemische Vereinigung.

**Absperrorgan · stop valve.** Je nach Bauweise und Betriebsaufgabe verschiedenartige Einrichtung, um Wasserzu- oder -abfluß im Zuge von Leitungen oder an Behältern von Hand oder mechanisch ganz abzusperren oder beliebig zu regeln (Absperr- und Regelungsverschluß).

**Absperrschieber · gate valve, sluice valve.** Vorrichtung zum Abschließen und Öffnen des Durchflusses in Rohrleitungen, besonders als Keilschieber mit flachem, ovalem oder kreisrundem unter Wasserdruck stehendem Gehäuse mit Muffen- und Flaschenverbindungen.

**Absperrventil · shut-off valve, stop valve.** Absperr- und Drosselorgan, bei dem das Verschlußstück durch Abheben vom Sitz bewegt wird und – im Gegensatz zum Absperrschieber – sowohl den Durchflußquerschnitt als auch die Durchflußrichtung ändert.

**Abspiegeln · pipe inspection by use of a mirror.** Feststellen der Innenbeschaffenheit nicht begehbarer, beleuchteter Abwasserleitung von der Straße aus mit einem durch Einstieg-, Lüftungsschacht oder Lampenloch hinabgelassenen, unter 45° stehenden Spiegel.

**Abstandsgeschwindigkeit der Grundwasserteilchen · velocity-distance value.** Rechnungswert, bestimmt aus dem Abstand zweier in der Bewegungsrichtung gelegener Punkte, geteilt durch die Zeit; der Wert streut für die einzelnen Grundwasserteilchen z. B. durch Färb- oder Salzungsversuche bestimmbar.

**Absturz · cascade.** Eine oder mehrere Gefällestufen (Kaskaden) in offener oder geschlossener Freispiegelleitung zur Gefällermäßigung und Vernichtung der lebendigen Kraft des Wassers.

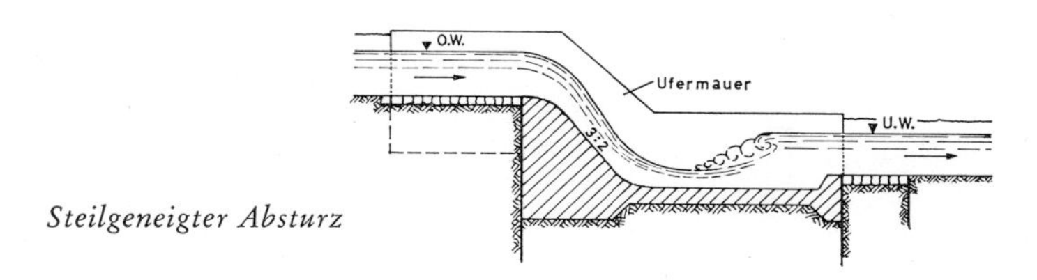


*Steilgeneigter Absturz*

**Absturzschacht · shaft spillway.** Gewöhnlich senkrecht angelegter Schacht mit einem oder mehreren Abstürzen zur Gefällsermäßigung und Energievernichtung des Wassers. Bei Rohrleitungen ordnet man A. zur Vermeidung zu tiefer Grabungen oder unzulässiger Geschwindigkeiten an.

**Abteufpumpe · sinking pump.** Pumpe zur Wasserhaltung während des Schachtabteufens. A. als mehrstufige Vertikal-Kreiselpumpe ausgeführt, mit E-Motor zusammen in Gerüst eingebaut und mit Aufhängevorrichtung versehen, kann mittels Aufzugs leicht in den Schacht eingebracht werden.

**Abtrag, Aushub · excavation.** Die zur Herstellung eines Bauwerkes zu beseitigende Erdmasse. Beurteilung der Bodenarten für den A.: Sande, Kiese, und Geröll aus wetterfesten Gesteinen ausgezeichnet. Ton wegen Ausbildung von Rutsch- und Abrißflächen ohne Schutz gegen Wasser und Witterungseinflüsse bedenklich, ebenso Löß wegen Erweichen und Ausfließen. Torf muß gegen Brand geschützt werden.

**Abtragung (Denudation) · denudation.** Alle mechanischen und chemischen Erscheinungen, die auf Zerstörung, Auflockerung und Weiterbeförderung der Gesteine im Sinne der Einebnung der Erdoberflächenformen hinzielen.

**Abtreppung · chain of cascades.** Eine Kette von Sohlenabstürzen, die in kleinen Wasserläufen eine Abtreppung des ursprünglichen Gefälles derselben ergeben. Bei starken Gefällen nimmt diese Abtreppung die Form von Kaskaden an, andernfalls handelt es sich um einen stufenförmigen Ausbau eines Baches u. dgl. mit Absturzbauwerken.

**Abwasser · sewage, waste water.** Durch häuslichen, gewerblichen oder industriellen Gebrauch verunreinigtes und von Niederschlägen aus dem Bereich von Ansiedlungen abfließendes Wasser. In erster Linie unterscheidet man:

a) Schmutzwasser
b) Regenwasser
c) Mischwasser (a und b gemischt)

Zur näheren Erläuterung der Herkunft des Schmutzwassers sind Benennungen wie «häusliches Abwasser», «gewerbliches Abwasser», «industrielles Abwasser» usw. anzuwenden.

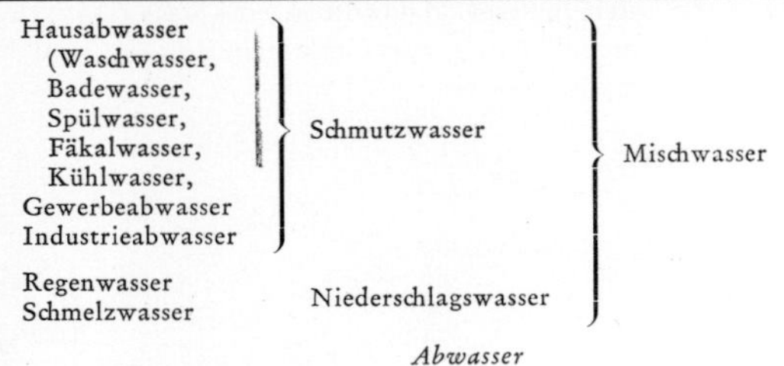

*Abwasser*

**Abwasserbakterien · sewage bacteria.** Bakterien, die im Abwasser und in abwasserbelasteten Vorflutern vorkommen, weil sie dort günstige Lebensbedingungen finden.
Sie sind an der Selbstreinigung maßgeblich beteiligt.

**Abwasserbelüftung · sewage aeration.** Vergrößert die Sauerstoffaufnahme aus der Luft und bewirkt damit Frischhalten und Reinigung des Abwassers.

**Abwasserbeschaffenheit · sewage condition.** Hängt ab von Zusammensetzung des betreffenden Trink- und Brauchwassers, den in dieses gelangenden Abfallstoffen (menschlicher Kot und Harn, häuslicher Spülicht, Seife, Öle des Kraftfahrbetriebs) und den Wandlungen, die diese Abfallstoffe im Abwasser durchmachen (mechanische, chemische und biologische Veränderungen).

**Abwasserbeseitigung · sewage disposal.** Fortleiten des Abwassers durch Kanalisation nach dem Misch- oder Trennsystem (je nachdem, ob das Schmutzwasser und Niederschlagswasser gemischt oder getrennt fortgeleitet werden) und Zuführung des Abwassers an Kläranlagen, Verrieselung, Einleitung in Vorfluter.

**Abwasserchlorung · sewage chlorination.** Vielseitiges Verfahren der Abwasserreinigung, um durch Einführen von Chlor rohes oder gereinigtes Abwasser zu entkeimen.

**Abwasserentkeimung · sterilization of sewage.** Maßnahme zur Vernichtung aller im Abwasser enthaltenen lebendigen und fortpflanzungsfähigen Krankheitskeime, um schädliche Auswirkungen beim Einleiten der Abwässer in Vorfluter zu verhüten.

**Abwasserfett · sewage grease.** Sind die vom Abwasser mitgeführten Öl- und Fettstoffe (z. B. aus Schlachthöfen, Wollwäschereien), die unschädlich zu machen und zurückzugewinnen sind.

**Abwasserfischteich · sewage fish pond.** Teich zur biologischen Reinigung organisch verschmutzter Abwässer mit Fischereinutzung.

**Abwassergase · sewage gas.** Abwassergase entstehen durch Verdampfen flüssig in die Entwässerungsleitungen eingeleiteter Stoffe, durch Zersetzungsvorgänge im Abwasser, durch Zusammentreffen gewisser Sulfide mit sauren Wässern oder Säuren sowie von sauren Wässern mit Eisen oder Metallen, durch Einströmen oder Diffusion von Gasen und Dämpfen. Abwassergase enthalten Methan, Schwefelwasserstoff, Azethylen, Leuchtgas, Dämpfe von Benzin, Benzol, Xylol, Toluol usw.

**Abwassergenossenschaft · sewage district.** Gesetzlich gebildete Körperschaft des öffentlichen Rechtes, der im Einzugsgebiet eines überwiegend von der Industrie in Anspruch genommenen Wasserlaufes dessen Reinhaltung und Regelung durch Abwasserbeseitigung und -behandlung obliegt.

**Abwasserklärung · sewage treatment.** Ausscheiden von Schmutz- oder Abfallstoffen aus dem Abwasser auf mechanischem, biologischem oder chemischem Wege.

**Abwasserlast · pollution load.** 1. Abwasserlast ist die Zahl der an Ortsentwässerungen angeschlossenen Einwohner und der dazu gehörigen Einwohnergleichwerte der Industrie, die auf 1 l/s der mittleren Niederwasserführung des als Vorfluter dienenden Flusses kommen.
2. Belastung eines fließenden Gewässers mit Abwasser auf die sauerstoffzehrenden organischen Schmutzstoffe bezogen und ausgedrückt durch die Zahl der Einwohnergleichwerte, die an der Einleitungsstelle auf 1 l/s des aufnehmenden Flusses bei, falls nicht anders angegeben, mittlerem Niedrigwasser (MNQ) kommen.

**Abwassermengenwert · sewage economy.** Das Verhältnis der Bau- und Betriebskosten einer Abwasserbehandlungsanlage zu der Abwassermenge, die sie verarbeiten kann. I. a. gibt man die Kosten an, die auf eine tägliche Leistung von 1000 $m^3$ Abwasser entfallen. Der Abwassermengenwert gibt im wesentlichen nur Vergleichszahlen zur Beurteilung der Wirtschaftlichkeit verschiedener Verfahren der Abwasserbehandlung.

**Abwasserorganismen · microorganisms in sewage.** Die pflanzlichen und tierischen Kleinlebewesen des Abwassers, deren Tätigkeit bei den biologischen Reinigungsverfahren die ausschlaggebende Bedeutung zukommt.

**Abwasserpilze · sewage fungus.** In Wasserläufen, die mit organischen Stoffen verunreinigt sind, häufig auftretende Pilze oder Bakterien, die fellartige Überzüge am Ufer (Pilzzotten) und treibende Flocken im Wasser (Pilztreiben) bilden, z. B. Sphaerotilus (Fadenbakterie), Leptomitus (echter Abwasserpilz).

**Abwasserprobe · sewage sample.** Zur Feststellung der Beschaffenheit eines Abwassers zu einem bestimmten Zeitpunkt oder der Schwankungen seiner Zusammensetzung durch geeignete Geräte entnommene Wassermenge.

**Abwasserpumpe · sewage pump.** Muß Schlamm, Sand und kleinere sperrige Stoffe mitfördern. Daher u. a. notwendig: Zuverlässigkeit, Unempfindlichkeit gegen wechselnden Zufluß und Betriebsdruck, große, rasch zugängliche und ersetzbare Ventile, die nur am Schluß ihrer Bewegung gesteuert sein dürfen, gute Reinigungsmöglichkeit. Bei kleiner Abwassermenge und Förderhöhe vielfach Membranpumpe, sonst schaufellose Kreisel- oder Kolbenpumpe.

**Abwasserrechen · sewage screen.** Vorstufe jeder Art von Abwasserreinigung zum Zurückhalten größerer Schwebestoffe (Küchenabfälle, Obstreste, Kotstoffe, Korken, Lumpen, Holzstücke, Papier usw.).

**Abwasserreinhaltung · sewage purification.** Die aus hygienischen und wirtschaftlichen Gründen gebotene, z.T. durch gesetzliche Vorschriften erzwungene Reinhaltung der an die Vorfluter, d.h. das System der öffentlichen Gewässer abgeführten Abwässer.

**Abwasserreinigung · sewage treatment.** Die Entfernung von Schmutz- und Abfallstoffen, d.h. organischen und anorganischen Bestandteilen des Abwassers, insbesondere des Schmutzwassers, deren Zufuhr in die Vorfluter, d.h. in die öffentlichen Gewässer aus Gründen der Hygiene unerwünscht, durch besondere Vorschriften verboten oder aus wirtschaftlichen Gründen erwünscht ist, durch Abwasserklärung, d.h. mechanische, biologische oder chemische Abwasserbehandlung in besonderen Abwasseranlagen (Kläranlagen).

**Abwasserteich · sewage pond.** Teich zur biologischen Reinigung organisch verschmutzter Abwässer ohne Fischereinutzung im Unterschied zum mechanisch arbeitenden Klärteich.

**Abwasseruntersuchung · sewage analysis.** Stellt die für Abwasserbehandlung und Vorfluter wichtigen Eigenschaften des Abwassers und Schlammes auf physikalischem, chemischem, biologischem und bakteriologischem Wege fest.

**Abwasserverregnung · broad irrigation.** Regenartig feine Verteilung des in Druckrohrleitungen auf die zu bewässernde Fläche geförderten Abwassers.

**Abwasserverwertung · utilization of sewage.** Nutzbarmachen der im Abwasser enthaltenen Stoffe in Form: a) der mittelbaren Erzeugung von Wertstoffen durch das Abwasser, z.B. als Dungstoffe Kali, Phosphorsäure, Stickstoff, Humus und Bodenbakterien, als Viehfutter bei den Molkereien und Käsereien oder in Fischteichen, als Wachstumsförderer; b) der unmittelbaren Gewinnung von Wertstoffen aus dem Abwasser (z.B. Rückgewinnen von Benzin und Benzol aus den Leichtflüssigkeitsabscheidern, von Ölen, Fetten, Kohlenschlamm, Phenol, Faulschlamm, Faulgas usw.); c) der Wiederverwendung des Abwassers in dem Ursprungsbetrieb (z.B. in der Zucker- und Spinnstoffindustrie).

**Abwasserwesen · sanitary engineering.** Gesamtheit der mit dem Abwasser zusammenhängenden Fragen und Aufgaben. A. umfaßt technische (Abwassertechnik), wirtschaftliche (Abwasserwirtschaft), chemische (Abwasserchemie), biologische (Abwasserbiologie), volksgesundheitliche (Abwasserhygiene), rechtliche und organisatorische (Abwasserrecht) Fragen, die dauernd ineinander übergreifen.

**Abwasserzone · sewage outlet area.** Der von einer Abwassereinleitung überwiegend beeinflußte und in der Regel gütemäßig stark verschlechterte Teil eines Gewässers.

**Abzweigrohr · branch pipe.** Formstück, das in Rohrleitung eingebaut ist, um Durchflußmenge selbsttätig auf zwei Stränge unter verschiedenen Winkeln zu verteilen (Wasserkraftnutzung, Bewässerung, Wasserversorgung) oder Seitenzufluß aufzunehmen (Ortsentwässerung).

**Abzweigungsbauwerk · branch structure.** Dient der Gabelung oder Vereinigung von zwei oder mehreren Entwässerungsleitungen mittels Schächten.

**Achterkanal · secondary trunk sewer.** Ein parallel zum Hauptentwässerungskanal führender Kanal zweiter Ordnung, in den kleinere Entwässerungsgräben (Achterwieke) münden. Vor allem im holländischen Hochmoorkulturenbau üblich.

**Ackerkrume · top soil.** Meist mit dem Pflug bearbeitete Bodenkrume.

**Adhäsion · adhesion.** 1. Die Kraft, die sich der Trennung zweier sich berührender Körper widersetzt, falls nicht andere Hindernisse den Trennungswiderstand erklären. 2. Haftkraft, mit der ein Anstrichfilm auf einem völlig glatten Untergrund haftet. Haftfestigkeit von Anstrichen bedingt durch A. und mechanische Verankerung auf porösem oder rauhem Untergrund.

**Adsorption · adsorption.** Kraft, mit der eine Oberfläche sie umgebende Gase oder Flüssigkeiten an sich zieht und damit anreichert.

**Aerob · aerobic.** Bezeichnung für Stoffwechsel-Vorgänge bei Anwesenheit von freiem, gelöstem Sauerstoff.

**Aggressive Kohlensäure · aggressive carbon dioxide.** Über das Kalk-Kohlensäure-Gleichgewicht hinausgehende freie Kohlensäure ($CO_2$) mit angreifenden Eigenschaffen für Bau- und Werkstoffe.

**Aggressivität · aggressivity.** Eigenschaft des Wassers, Bau- und Werkstoffe anzugreifen.

**Aggressivwasser · active water.** Grundwässer, die den Beton angreifende chemische Bestandteile enthalten.

**Ähnlichkeitsgesetze · laws of similarity.** Ähnlichkeitsgesetze der hydraulischen Modelle umfassen das Reynoldssche, Froudesche und Webersche Modellgesetz. Sämtliche drei Gesetze gelten für Strömungen, die von den Trägheitskräften beeinflußt werden; darüber hinaus wird das erste aber auch von der Zähigkeit, das zweite von der irdischen Schwere und das dritte von den Oberflächenspannungen beeinflußt.

**Aktiver Erddruck · active earth pressure.** Kräfte, die der steiler als unter natürlicher Böschung anstehende Boden durch einen Gleitkörper auf eine ihn abstützende Wand ausübt, wobei sich der Boden gegen die Wand bewegt.

**Alaun · alum.** Eines der gebräuchlichsten Fällungsmittel in der Wassertechnik, das in zwei- bis fünfprozentiger Lösung dem Wasser zugesetzt wird, um allerfeinste Trübteilchen, die im Absetzbecken durch die Schwerkraft allein zu langsam oder infolge der Brownschen Bewegung überhaupt nicht absinken, zur Ausscheidung zu bringen. A. bildet in nicht zu weichem Wasser einen gallertartigen Niederschlag, der die schwebenden Teilchen umhüllt und zu Boden reißt.

**Algen · algae.** 1. A. und Moose sind Baustoffschädlinge, an ihren Wurzeln organische Säuren abspaltend. Dabei werden Gestein und Mörtelstoffe aufgerauht und der Zerstörung anheimgegeben. Abhilfe durch Schutzanstriche.

2. Im Wasser vorkommende pflanzliche Lebewesen (blütenlose Pflanzen, Cryptogamen), die stets ein Hinweis für organische Substanz im Wasser sind und, wie die Eisen-, Mangan- und Schwefelbakterien sowie andere Bakterienarten und Pilze, u. a. bei der Aufbereitung des Trinkwassers eine große Rolle spielen.

**Alkalität · alkalinity.** Eigenschaft des Wassers, gemessen als Verbrauch an ml 1,0 n Säure bei Verwendung der Indikatoren Methylorange (m-Wert) bzw. Phenolphthalein (p-Wert) in 1 l Wasser.

**Allerhöchster Tidehochwasserstand · highest high water level.** Oberster Grenzwert der Tidehochwasserstände.

**Allerhöchster Tideniedrigwasserstand · highest low water level.** Oberster Grenzwert der Tideniedrigwasserstände.

**Allerniedrigster Tidehochwasserstand · lowest high water leve.** Unterster Grenzwert der Tidehochwasserstände.

**Allerniedrigster Tideniedrigwasserstand · lowest low water level.** Unterster Grenzwert der Tideniedrigwasserstände.

**Alluvium (Alluvion) · alluvium.** Zeitbegriff in der Geologie, mit dem die in der geschichtlichen Zeit und Gegenwart vor sich gehenden Gesteinsbildungen und geologischen Erscheinungen bezeichnet werden. In der Bodenkunde bezeichnet man mit A. die Flußablagerungen der Gegenwart: Flußschlamm, -kies, -schotter, Strandablagerungen, Dünen. Sand, Kies, Marschen- und Wattenbildung, Torf, Moor, Humus usw.

**Altarm · old branch, old bed.** Durch natürliche oder künstliche Einwirkung abgeschnittene, für die gewöhnliche Wasserabführung nicht mehr nutzbare Flußstrecke.

**Altern, künstlich · artifical ageing.** Das Herbeiführen von Eigenschaften eines Werkstoffes, die sich sonst nach längerer Zeit einstellen (natürliches Altern).

**Altwasser (Altarm) · bayou.** Entlang neuer Flußstrecken, in denen die Hauptströmung verläuft, sich hinziehender alter, meist gekrümmter Flußarm, der von mehr oder weniger Wasserdurchfluß und vom Gundwasser Drängewasser) gespeist wird. A. für normale Wasserführung nicht mehr verwendbar. Verlandet durch Verbauung und Anlage von Grundschwellen.

**Ambursenwehr · hollow dam.** Aufgelöstes festes Wehr, bestehend aus dreieckförmigen Stützpfeilern und Stauwand aus Stahlbeton. Stützpfeiler ruhen bei weniger gutem Baugrund auf gemeinsamer Stahlbetonplatte. Pfeiler sind bei größeren Wehrhöhen durch Stahlbetonbalken gegenseitig abgesteift. Wasserseitige Böschung von A. 38 bis 45°. Materialaufwand halb so groß wie bei Schwergewichtswehr, jedoch höherer Einheitspreis infolge vieler Schalflächen. A. vor allem günstig bei Stauhöhen über 5 m. Je nach dem ob an Luftseite Abschlußplatte angeordnet oder nicht, spricht man von geschlossenem oder offenem Ambursenwehr.

**Ambursenstaumauer · ambursen dam.** Aufgelöste Staumauer, Pfeilerstaumauer mit kleinem Pfeilerabstand. Gegen Pfeiler lehnen sich Platten von etwa 30 cm Dicke aus Stahlbeton. Nur für kleinere Staumauern verwendbar. Bei größeren Staumauern statt Platten Gewölbe.

**Amplitude · amplitude.** Weite einer Schwingung. Beispiel: Beton wird zur Verdichtung durch Rüttler in Schwingungen versetzt, wobei A. der Schwingung etwa 0,5 mm oder mehr.

**Amsterdamer Pegel · reference gage of Amsterdam.** In der Zuidersee aufgestellter Pegel, an dem seit 1701 fortlaufend Wasserstandsbeobachtungen ausgeführt wurden. Der Nullpunkt des A. Pegels dient als Ausgangsfläche der nivellitischen Höhenangaben für Holland und war bis zur Einführung eines Normalhöhenpunktes für Deutschland auch für Nordwestdeutschland in Gebrauch.

**Anaerob · anaerobic.** Bezeichnung für Stoffwechsel-Vorgänge in Abwesenheit von freiem, gelöstem Sauerstoff unter Verwendung von gebundenem Sauerstoff oder einem anderen Stoff als Wasserstoffakzeptor.

**Analyse · analysis.** Chemische Zerlegung eines Stoffes zur Ermittlung seiner Elementarbestandteile. Qualitative Analyse ermittelt die Art der Bestandteile, quantitative Analyse Art und Menge.

**Andel · atropis maritima.** Auch Strand-Salzschwaden genannt (atropis maritima); zur Familie der Gräser (Gramineae), Gattung Salzschwaden, gehörende Pflanze, die als erste Grasart dem Queller folgt und einen dichten Salzgrasrasen bildet.

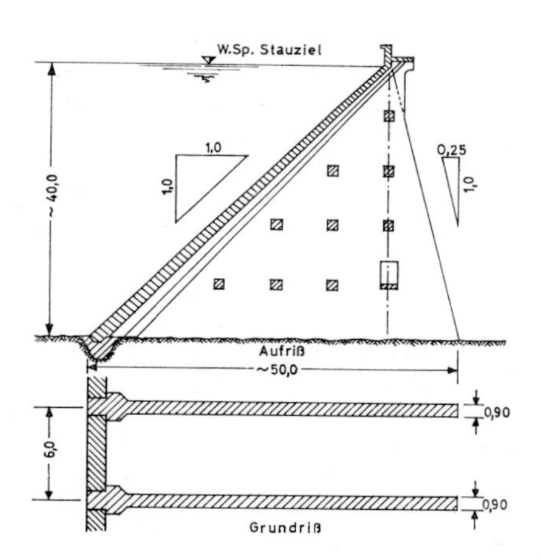


*Ambursen-Staumauer*

**Andesit · andesite.** Jungvulkanisches Gestein in mannigfaltiger Zusammensetzung, hellgrau bis schwarz, unterschieden als Glimmer-, Hornblende- und Pyroxenandesit.

**Anemostat · wind break.** Gerät, das große Luftmengen für Lüftungszwecke durch kleine Austrittsöffnungen in einen Raum einführt. Der Luftstrom wird dabei in mehrere Teilströme zerlegt und durch trichterförmige Leitbleche nach allen Richtungen des Raumes gleichmäßig verteilt, wobei die Luftgeschwindigkeit sehr stark herabgesetzt wird.

**Aneroid · aneroid (barometer).** Federbarometer, zur groben Feststellung von Höhenunterschieden durch barometrische Höhenmessung als leichtes Reiseinstrument für technische Erkundungen, Forschungsreisen u. ä. Wirkung beruht auf Messung der Luftdruckschwankungen folgenden Formänderungen eines durch Feder gespannten Deckels einer nahezu luftleeren

Dose. Höhenunterschied von 1 m entspricht einer Änderung des Barometerstandes um etwa 0,1 mm und einer Bewegung des Aneroiddeckels von etwa 0,0005 bis 0,001 mm. Bewegung wird mechanisch oder optisch vergrößert und als Zeigerausschlag auf der Barometerskala abgelesen.

**Anfeuchtende Bewässerung · partial irrigation.** Zuführen von Wasser oder Abwasser in einer Menge, die ohne Bodenschädigung zu einer gedeihlichen Entwicklung der Pflanzen erforderlich ist.

**Anhydrit · anhydrite.** Natürliches Gestein, wasserfreies Calciumsulfat; geht durch Aufnahme von Wasser in Gips über.

**Ankerboje · ancher buoy.** Boje, die anzeigt, wo sich ein Schiffsanker befindet.

**Ankergelenk · anchor hinge.** Bewegliche Anschlußkonstruktion des Ankers an die Spundwand oder den Verankerungskörper. Das Ankergelenk ermöglicht eine Drehung des Ankers in einer oder zwei Richtungen.

**Anlagerung in Rohrleitungen · deposition in pipes.** Infolge Reaktion im Wasser ohne oder durch Mitwirkung des Rohrwerkstoffes entstandene und an der Innenwandung haftende Stoffe.

**Anlandevorrichtung · wharf, quay.** Kai, wenn genügende Wassertiefe am ausgebauten Ufer vorhanden ist, oder Landungsbrücke, wenn seichtes Wasser überbrückt wird.

**Anlandung · alluvial deposit.** Sich am Ufer bildendes Land.

**Anlaufwert · initial value.** Der Anlaufwert (Anlauf) eines zählenden Meßgerätes (Zählers) ist diejenige Belastung, bei der es erst zu zählen beginnt, gleichgültig wie groß der Fehler der Anzeige des Meßgerätes bei dieser Belastung ist.

**Anlaufzeit · acceleration time.** Zeitdauer, innerhalb der sich die Wassermenge in einer Rohrleitung von der Gesamtlänge L unter der Druckhöhe $h_{st}$ bei Öffnen eines Regelorgans auf die Geschwindigkeit v beschleunigt.

**Anlieger · resident.** Eigentümer eines an eine Straße angrenzenden Grundstückes.

**Anmachwasser · mixing water.** Beim Mischen von Mörtel und Beton zugegebenes Wasser.

**Ansaat · protective seeding.** Durch Einsäen von geeigneten Grassaatmischungen entsteht nach vorherigem Aufbringen einer mindestens 10 cm dicken Schicht von Mutterboden ein geschlossener Graswuchs als Schutz frisch geschütteter oder von Einschnittsböschungen gegen Auswaschen durch Regen und fließendes Wasser.

**Ansaugmenge · actual volume of the cylinder.** Ansaugmenge eines Verdichters ist das Ansaugevolumen in der Zeiteinheit bezogen auf den Ansaugezustand.

**Anschlußdeich · connecting dike.** 1. Auf der Böschung und der Berme des Hauptdeiches liegende Strecke eines in diesen einbindenden Vor- oder Binnendeiches.

2. Strecke des Hauptdeiches, die diesen mit dem höher gelegenen Binnenland (z. B. Geest) verbindet.

**Anschlußleitungen · service pipes.** Wasserleitungen von der Versorgungsleitung bis zum Wasserzähler oder bis zum Hauptabsperrorgan im Grundstück.

**Anschnitt • cut and fill.** Ein im geneigten Gelände so hergestellter Verkehrsweg oder Wasserlauf, daß er im Querschnitt aus Ab- und Auftrag besteht. Die Böschung des Abtrags kann steiler als die des Auftrags gehalten werden. Bergseitig ist Graben nötig.

**Anschüttung, Auftrag • fill.** Eine im Erdbau durch Aufbringen neuer Erdmassen gebildete Geländeerhöhung (Eisenbahn-, Straßen-, Kanaldamm).

**Ansoden • plantation of gras.** Aneinandersetzen von viereckig ausgestochenen Rasenstücken auf planiertem und mit Mutterboden überdecktem Untergrund zur schnellmöglichen Schaffung einer tragfähigen Grasnarbe im Gegensatz zum Besäen. Beim Startbahnbau auf Flughäfen zur schnelleren Erreichung einer Berollbarkeit der Übergangsflächen vielfach angewandt.

**Antriebsleistung eines Pumpwerks • drive power.** Zur Wasserförderung benötigte Leistung an der Antriebswelle des Motors.

**Anzeige • indication.** Die Anzeige ist der an einer Skala abgelesene Stand der Marke. Die Anzeige kann als Zahlenwert oder je nach der Beschriftung in Einheiten der Meßgröße, in Skalenteilen, in Längeneinheiten oder in Ziffernschritten angegeben werden. Es gibt Meßgeräte mit mehreren Skalen, die längs des Weges der Marke nebeneinander oder hintereinander liegen können.

**Anzeigebereich • indication range, measuring range.** Der Anzeigebereich ist der Bereich der Meßwerte, die an einem Meßgerät abgelesen werden können. Bestimmte Meßgeräte, z. B. Thermometer mit Erweiterungen, können mehrere Teilanzeigebereiche haben.

**Anzeige-Fehler • indication error.** Für anzeigende Meßgeräte gilt: Fehler der Anzeige gleich Istanzeige minus Sollanzeige.
Istanzeige ist die am Meßgerät abgelegene Anzeige. Sollanzeige ist die Anzeige, die ein fehlerfreies Meßgerät angeben würde («richtiger» Wert, praktisch ermittelt z. B. durch Vergleich mit einem Normal).

**Aquädukt • aqueduct.** Oberirdisch führende Wasserleitungsbrücke.

**Aräometer (Senkwaage) • areometer.** Dient zur Messung des spezifischen Gewichtes fester Körper und Flüssigkeiten nach dem archimedischen Prinzip, zur Bestimmung der Kornverteilung von Böden und anderen Mineralien.

**Arbeitsdargebot, Arbeitsvermögen, Energiedargebot • maximum energy output.** Mit dem erfaßbaren Zufluß und den zugehörigen Fallhöhen in einem bestimmten Zeitabschnitt bei jeweils bestmöglichem Wirkungsgrad höchstens erzeugbare elektrische Arbeit.

**Arbeitsfuge (bei Beton) • construction joint.** Bei umfangreichen Betonarbeiten die Fuge an der Stelle, an der der Betoniervorgang unterbrochen und am folgenden Tage fortgesetzt wird.

**Arithmetisches Mittel • arithmetic mean.** Sind bei einer Meßreihe n voneinander unabhängige Einzelwerte $X_i \,..\, X_i \,...\, X_n$ gemessen worden, so gilt als Ergebnis üblicherweise das arithmetische Mittel aus diesen n Einzelwerten, kurz Mittelwert $x_M$ genannt.

**Arkade · arcade.** Reihe von Bogen auf Säulen oder Pfeilern, z. B. als Begrenzung entlang der Straße, als Schmuck der Fassade (an Stelle der Bogen auch gerade Stürze).

**Armatur · fittings.** Armaturen sind Ausrüstungsstücke für Maschinen-, Kessel-, Rohrleitungsanlagen, Schalt- und Meßgerätetafeln, insbesondere Absperr- und Drosselvorrichtungen für Rohrleitungen, wie Schieber und Hähne, Ventile und Klappen, jedoch auch Brausen und Regler u. ä., sofern die Teile zum festen Einbau bestimmt sind. Bei Beleuchtungskörpern bezeichnet man die Teile, die die Lampen gegen Beschädigung schützen und die Lichtstrahlen lenken bzw. streuen, ebenfalls mit Armaturen.

**Artesischer Brunnen · artesian well.** In gespanntes Grundwasser hinabreichender Brunnen, aus dem das Wasser (unter Umständen nur zeitweise) von selbst über Flur ausläuft.

**Artesisches Wasser · artesian water.** Grundwasser, das mit artesischen Brunnen gewonnen werden kann. Das artesische Wasser ist eine Sonderform des gespannten Grundwassers; aufsteigendes Grundwasser wird nicht zum artesischen Wasser gerechnet.

**Asbestzement · asbestos cement.** Zement (Beton) mit Zusatz von Asbestfasern.

**Asbestzementrohr · asbestos cement pipe.** Rohr aus Asbest und Portlandzement, hergestellt durch nahtloses fortlaufendes Aufwickeln eines Asbestzementflors, läßt sich schneiden, bohren, drehen, feilen und meißeln.

**Äschenregion · salmen region.** Flußbereich unterhalb der Forellen- und oberhalb der Barbenregion, Sauerstoffgehalt und Fließgeschwindigkeit geringer als in Forellenregion.

**Asphalt · asphalt.** Gemisch hochmolekularer Kohlenwasserstoffe mit geringen Mengen Sauerstoff-, Schwefel- und Stickstoffverbindungen. Natürlicher Asphalt: entstanden durch Verdunstung der leichtflüssigen Bestandteile der Öllager und Polymerisation der zurückbleibenden hochmelokularen Bestandteile.
Künstlicher Asphalt: hergestellt durch Oxydation der Rückstände der Erdöldestillation mit der Luft.

**Asphaltbeton · asphaltic concrete.** Gemisch aus Kies oder Splitt, Natur- oder Brechsand, Steinmehl und Bitumen (je nach Korngröße der Zuschläge Fein- oder Grobbeton).

**Asphaltgesteine · asphaltic rock.** Naturasphalte mit hohem Gehalt an Mineralstoffen (Asphaltkalksteine und Asphaltsande).

**Asphaltite · asphaltite; gilsonite.** Naturasphalte von größerer Härte mit sehr niedrigem Gehalt an Mineralstoffen (z. B. Gilsonit und syrischer Asphalt).

**Assimilation · assimilation.** Umwandlung von Nährstoffen in lebende Körpersubstanz; im engeren Sinne Aufbau organischer Substanz aus Kohlensäure durch autotrophe Organismen unter Einfluß der Lichtenergie bei Abgabe von Sauerstoff.

**Atmosphärischer Niederschlag · atmospheric precipitation.** Aus der Lufthülle in flüssiger oder fester Form ausgeschiedenes Wasser; Hauptformen: Regen und Schnee.

**Atterbergsche Grenzen · Atterberg consistency limits.** Mit abnehmendem Wassergehalt geht bindiger Boden vom flüssigen in den bildsamen (plastischen) und schließlich in den festen Zustand über. Die Übergänge von einer Zustandsform in die andere sind von Atterberg festgelegt worden und werden daher als Atterbergsche Grenzen (Zustandsgrenzen) bezeichnet. Die Fließgrenze $w_f$ entspricht dem Wassergehalt am Übergang von der *flüssigen* zur *bildsamen* Zustandsform, die Ausrollgrenze $w_a$ dem Wassergehalt am Übergang von der *bildsamen* zur *halbfesten* Zustandsform.
Die Bildsamkeit ($w_{fa}$) ist der Unterschied zwischen Fließgrenze und Ausrollgrenze. Sie gibt den Bereich an, in dem der Boden knetbar ist.

**Aufbereitung · conditioning, treatment.** Behandlung des Wassers, um seine Beschaffenheit dem jeweiligen Verwendungszweck anzupassen.

**Aufbrauch · operating capacity, reduction of water storage expressed in mm of height.** 1. Wassermenge, die in einem bestimmten Wasserhaushaltsabschnitt einem Speicher entnommen wird. 2. Verkleinerung des gesamten (ober- und unterirdischen) Wasservorrats eines Gebiets für eine bestimmte Zeitspanne, unter Annahme gleichmäßiger Verteilung als Wasserhöhe ausgedrückt.

**Aufgelöste Bauweise · divided section-construction methode.** Schöpfwerksbauweise, bei der das Schöpfwerk aus drei Bauteilen besteht: dem Einlaufbauwerk, dem Maschinenhaus und dem Auslaufbauwerk. Sie liegen getrennt voneinander, und zwar hinter, auf und vor dem Deich; sie schneiden nicht wesentlich in ihn ein und sind durch Rohrleitungen verbunden.

**Aufgelöste Rohrleitung · alternating pipe supports.** In Einzelstrecken aufgeteilte Rohrleitung mit je einem Festpunkt und einer Stopfbüchse in jeder Einzelstrecke.

**Aufkaden, Aufkasten · rise of dike elevation.** Erhöhen der Deichkrone bei Überströmungsgefahr durch Auffüllen von Erde, Mist oder dgl. zwischen Bretterwänden oder durch Aufpacken von Sandsäcken oder Rasensoden.

**Auflandung, Kolmation · aggradation.** Auflandung tiefliegender Flächen durch Aufleiten sinkstoffreichen Wassers.

**Auflaufender Strom · flood current.** Stromaufwärts (landeinwärts) gerichtete Strömung im Mündungsgebiet eines Wasserlaufes.

**Aufriß · elevation.** Zeichnerische Darstellung eines senkrechten Schnitts im Bauwerk.

**Aufsatzrohr (beim Brunnenbau) · intermittent casing.** Rohre, die auf das Filter aufgesetzt und mit ihm verbunden werden.

**Aufschleppe · hauling-up slip, inclined plane.** Geneigte Ebene mit Schleppwagen auf einer Schienenbahn zum Herausziehen der Schiffe aus dem Wasser. Herstellung als Quer- oder Längsaufschleppe.

**Aufschlickung · aggradation, colmation.** Auflandung bei Überschwemmungen durch Absetzen mitgeführter Sink- und Schwebestoffe infolge verminderter Geschwindigkeit des Wassers oder künstlich durch sog. Kolmation, d. h. durch Einleiten von Wasser auf größere Flächen.

**Aufsteigendes Grundwasser · artesian water.** Grundwasser in Aufwärtsbewegung an Stellen, wo die Deckschicht fehlt.

**Auftrieb · uplift.** «Auftrieb» ist der senkrecht gerichtete Wasserdruck, der auf die Sohle eines Bauwerkes wirkt. Seine Größe ist gleich der Druckhöhe des Grundwassers unmittelbar unter der Bauwerkssohle.

**Auftrieb, statischer · buoyancy.** Lotrecht nach oben gerichtete Mittelkraft aller vom ruhenden Wasser auf einen in ihm ruhenden Körper ausgeübten Kräfte.

**Aufwuchs · offspring.** Wasserorganismen, die auf anderen Organismen festsitzend leben.

**Ausbauart · scheme of development.** Gesamtanordnung einer Wasserkraftanlage, bestimmt durch die Aufteilung und Gliederung der Ausbaustrecke. Ausbauart und Ausbaugröße sind Hauptstücke der Planung.

**Ausbaufallhöhe · design head.** Die beim Ausbauzufluß mögliche größte Kraftwerksfallhöhe.

**Ausbaugröße · design capacity.** Sammelbegriff für die neben der Ausbauart bestimmten Grundwerte: Ausbauzufluß, -fallhöhe, -leistung, -grad.

**Ausbauleistung (eines Kraftwerks) · total capacity.** Mit dem Ausbauzufluß bei der Ausbaufallhöhe mit dem zugehörigen bestmöglichen Wirkungsgrad erzielbare Gesamtleistung.

**Ausbaumaß · finished dimension.** Ausbaumaße sind die Maße für den fertigen Bau, z. B. lichte Maße oberflächenfertiger Räume und Öffnungen, Stellflächenmaße, Geschoßhöhen.

**Ausbaustrecke · development reach.** Flußstrecke, die den Kraftanlagen zugeordnet ist, z. B. der Abschnitt zwischen den Stellen im Fluß oberhalb und unterhalb der Kraftanlage, an denen sich der beeinflußte und der unbeeinflußte Wasserspiegel bei mittlerem Niedrigwasser berühren.

**Ausbauwassermenge · design capacity.** Diejenige Vollwassermenge, auf welche die Hauptteile der WKA ausgelegt werden. Bei den Turbinen: diejenige Vollwassermenge, die bei abnehmender Fallhöhe gerade noch die Dauerleistung der Stromerzeuger sicherstellt (s. Ausbaufallhöhe).

**Ausbauzufluß · design inflow.** Größtwert des erfaßbaren Zuflusses, für dessen Verarbeitung ein Wasserkraftwerk ausgelegt ist.

**Ausbeutelinie · load yield graph.** Schaubild als Einflußlinie, welche die erfaß- oder nutzbare Energie eines Kraftwerks in Abhängigkeit von seinem Werks- und Speichernutzungsgrad zeigt.

**Ausblühung · efflorescence.** Das Heraustreten von Salzen an der Oberfläche von Mauersteinen usw.

**Ausbuchtendes Ufer (konvexes Ufer) · konvex bank.** Dasjenige Ufer, das vom Gewässer aus gesehen konvex ist.

**Ausdehnung · expansion.** Die Volumenzunahme von Baustoffen

1. Bei Temperaturerhöhungen (Wärmedehnung aller Baustoffe).
2. Bei Wasseraufnahme (Quellen von Holz, Beton, Naturstein usw.).
3. Durch chemische Wandlung (Treiben des Zements) und durch physikalische Vorgänge.

**Ausdeichung · drainage.** Abtrennung und Trockenhaltung (Polderung) unter Stauziel liegender Teile des Beckengeländes.

**Ausfällung · flocculation.** Ausfällung durch Zusatz bestimmter Salze von Säuren und Basen des Aluminiums, Eisens, Calciums, Natriums, Kaliums, Baliums und Ammoniums, ferner von Säuren, Basen und Oxydationsmitteln wie Chlor, Kaliumpermanganat, Wasserstoffsuperoxyd u. a. zu dem Zweck hervorgerufen, alle schwer absetz- oder abfilterbaren Stoffe aus dem Wasser zu entfernen oder sie der Filterung zugänglich zu machen.

**Ausfluß · rate of outflow.** Wassermenge, die in der Zeiteinheit aus einer Öffnung ausfließt.

**Ausflußzahl · coefficient of discharge for outlet.** Beiwert für den Druckverlust beim Austritt aus Öffnungen.

**Ausfugen · pointing.** Bei unverputzt bleibendem Mauerwerk oder bei Fliesenbelägen und dgl. das Auskratzen und anschließende Füllen der Fugen.

**Ausgleich · water- work- or energy balance.** Angleichen des Dargebots an den Bedarf.

**Ausgleichbecken · balancing reservoir.** Speicher zum Umformen eines stark schwankenden Zuflusses in einen wenig schwankenden oder gleichmäßigen Abfluß (Gegenteil: Schwellbecken).

**Ausgleichslinie · compensation line.** In der Belastungsgang- oder Dauerlinie: die Waagerechte in Höhe der mittleren Leistung der betreffenden Belastungsfläche (oder Belastungsteilfläche).

**Aushilfskraftwerk · supplementary power station.** (Winter- und Sommerkraftwerk) bestimmt zur Deckung des durch Energiemangel bei anderen Kraftwerken entstehenden Dargebotsausfalles (s. Ergänzungskraftwerk).

**Aushub · excavation material.** Abtrag, der Teil eines anzulegenden (z. B. Graben-) Querschnittes, der entfernt werden soll, auch Bezeichnung für die auszuhebenden Bodenmassen selbst.

**Aushubquerschnitt · excavation area.** Diejenige Fläche eines Geländequerschnitts, aus welcher der Boden zu entfernen ist.
$F_a = (S + n \cdot T) T$

**Auskleidung · lining.** 1. Das Auskleiden eines Stollens mit Beton, Stahlbeton, Mauerwerk.
2. Das Auskleiden z. B. von Betonbehältern für wertvolle Flüssigkeiten gegen Zutritt von Wasser durch die Behälterwand mit Metall, Kunststoff usw.

**Auskolkung (Kolk) · scour.** Durch das fließende Wasser hervorgerufene Vertiefung der Flußsohle oder die bei einem Deichdurchbruch entstandene Bodenausspülung. Oft unterhalb von Wehren.

**Auslaß · outlet.** Seitenöffnung an Kanälen, Mühlgräben usw. mit Verschlußvorrichtung.

**Auslaufender Strom · ebb current.** Seewärts gerichtete Strömung im Mündungsgebiet eines Wasserlaufs.

**Ausmündungsbauwerk · outlet structure.** Sonderbauwerk einer Ortsentwässerung bei der Einleitung des Abwassers in den Vorfluter (ungeklärtes Abwasser des Hauptsammlers, Kläranlagenabfluß, Regen- oder Notauslaßausmündung) zwecks gründlicher Mischung des Abwassers mit dem Fluß-, Hafen- oder Seewasser.

**Ausmündungsstück · outlet.** Formstück aus Beton, Hartholz, Eisen oder gebranntem Ton für die Ausmündung eines Sammlers in den Vorfluter mit nach außen aufschlagendem Gitter oder Klappe zum Schutz gegen das Einkriechen von Tieren.

**Ausrollgrenze · plastic limit.** Der Wassergehalt einer Bodenprobe bindigen Bodens, bei dem der Boden sich eben noch plastisch, d. h. ohne Volumenvergrößerung, verformen kann. Bei der Ausrollgrenze wird der auf Fließpapier zu 4 mm starken Drähten ausgerollte Boden bröckelig.

**Ausschachtung · excavation.** Das Herstellen der Baugrube usw. In Fels und festem Geröll in lotrechter Begrenzung, in lockerem Boden mit geböschten Wänden, bei Platzmangel sowie im und am Wasser mit lotrechten, z. B. durch Spundwände gesicherten Umfassungen.

**Ausschalen (Betonbau) · stripping.** Das Entfernen der Schalung einer Betonkonstruktion.

**Ausschalfrist (Betonbau) · stripping time.** Mindestwartezeit vom Ende des Betonierungsvorganges bis zum Ausschalen des Bauteiles nach genügender Erhärtung.

**Außenberme · outer berm.** Teil des Vorlandes eines Deichs, an äußere Deichböschung anschließend und oft durch Außenbermengraben abgegrenzt.

**Außenböschung (bei Deichen) · outside slope.** Die dem Gewässer zugekehrte Böschung.

**Außendeich · outer dike.** Land zwischen Deichfuß und Meeresufer. Soll zum Schutz des Deiches möglichst breit sein. Aus A. wird Boden für Deicharbeiten genommen.

**Außendruck · outside pressure.** Außendruck auf Rohrleitungen durch Erdeindeckungen und Verkehrslasten ist bei handelsüblichen Eisenrohren nur ausnahmsweise zu untersuchen. Bei Steinzeug-, Beton- und Stahlbetonrohren sowie Stahlrohren lichte Weite 800 mm ist Querschnittsberechnung auf A. selten zu umgehen.

**Außendurchmesser · outside diameter.** Arithmetisches Mittel aus dem größten und dem kleinsten Außendurchmesser jedes der beiden Rohrenden.

**Außenfleet (Außentief) · outer drain, tidal slough.** Kanal oder Graben, durch den Wasser aus Siel zum Meer läuft. A. soll so kurz wie möglich sein, um bei Ebbe durch Siel abfließendes Binnenwasser mit großem Gefälle wegführen zu können.

**Außenpegel · sea gage.** Pegel im Außenwasser.

**Außenvorsiel · outer bay drain.** Liegt unbedeckt in Außenböschung des Deichs und bildet als Übergang vom Hauptsielkörper zum Sieltief eine trichterförmige Erweiterung des Hauptsiels. Binnenvorsiel liegt in gleicher Weise an Binnenseite des Dreichs.

**Außenwasser · offshore water area.** Die seewärts eines Deiches, Sieles oder einer Schleuse gelegene Wasserfläche.

**Außergewöhnliches Absenkziel · extreme drawdown level.** Bei außergewöhnlichem Zuflußmangel zugelassenes tiefstes Absenkziel.

**Äußerstes Absenkziel · maximum drawdown level.** In Sonderfällen (Entleerung) technisch mögliche Absenkung.

**Aussteifen · bracing.** Das Sichern eines Bauwerkes oder Bauteiles gegen Umfallen, Zusammenstürzen, Zusammendrücken, Knicken, Beulen usw. durch druckfeste Streben, Stiele, Pfeiler, Wände, z. B. des Stegbleches eines Blechträgers gegen Ausbeulen.

**Austrocknung · drying up.** 1. Natürliche Austrocknung eines Bauwerkes: Überschüssiges Wasser in frischem Mauerwerk, Beton, Putz und in Holz wird von der vorbeistreichenden Luft allmählich aufgenommen.
2. Künstliche Austrocknung eines Bauwerkes durch warme, rasch durchstreichende Luft; sie kann infolge höherer Temperatur erheblich Wasser aufnehmen.

**Ausufern · overflow.** Übertreten des Wassers aus dem Gewässerbett.

**Ausuferungshöhe · overflow head.** Wasserstand beim Ausufern.

**Auswaschung · wash-out.** Auswaschung des Bodens (Podsolierung) ist eine Erscheinung der Erosion und liegt vor, wenn tiefe Gräben, Kehlen ausgefressen werden.

**Autotroph · autotrophic.** Bezeichnung der Ernährungsweise, bei der die Körpersubstanz nur aus anorganischen Stoffen aufgebaut wird.

**Avantfluat · silicated water-bound surfacing.** Wasserglaslösungen, als Voranstrich auf kalkfreiem Stein bei folgender Fluatierung. Bildet mit Fluaten Silikat und Kaliumsilikofluorid, beides wetterfeste Stoffe. Gibt harte Schale und haftet deshalb nur auf porigem Gestein.

**Azidität · acidity.** Eigenschaft des Wassers, gemessen als Verbrauch an ml 1,0 n Lauge bei Verwendung der Indikatoren Methylorange (Minus m-Wert) bzw. Phenolphthalein (Minus p-Wert) in 1 l Wasser.

**Bach · brook.** Kleiner Wasserlauf.

**Bachkläranlage · settling pond.** Sickerbecken oder Auflandungsteich an der Mündung eines Baches in einen Fluß zur Fernhaltung der vom Bach mitgeführten absetzbaren Stoffe vom Fluß.

**Bachräumung · brook clearing.** Bachräumung gehört zu den Unterhaltungsarbeiten an Sohle und Ufern eines Baches. Man versteht darunter nicht nur die Räumung von Feststoffen, sondern auch die Entkrautung.

**Bachschwinde · interrupted stream, lost reach.** Stelle eines Wasserlaufs, wo der ganze Abfluß ständig oder zeitweise als Sinkwasser verschwindet.

**Backbord · port.** In Schiffahrt übliche Bezeichnung für die in Fahrtrichtung gesehen linke Seite. Rechte Seite wird mit Steuerbord bezeichnet.

**Badegewässer · waters suitable as public swimming grounds.** Gewässer, die auf Grund ihrer bakteriologischen, biologischen, chemischen und physikalischen Beschaffenheit den hygienischen Mindestforderungen genügen und ästhetisch einwandfrei sind, so daß sie für öffentliche Badezwecke freigegeben werden können.

**Bagger · dredge.** Baumaschine zum Löschen und Laden von Boden. Unterschieden werden:

1. Nach der Arbeitsweise: Aussetzbagger, Dauerbagger.
2. Nach der Einsatzmöglichkeit: Trockenbagger, Schwimm- oder Naßbagger.

**Baggerpumpe · dredging pump.** Kreiselpumpe zum Fördern von Baggergut beim Saugbagger.

**Baggerung · dredging.** Betriebsart beim Einsatz eines Baggers. B. bei Schwimmbaggern s. dort. Löffelbagger arbeiten in Seiten-B. oder in Schlitz-(Kopf-)B. mit tiefer oder mit hoher Gleislage.

**Bahngeschwindigkeit eines Grundwasserteilchens · effective velocity of ground water.** Wahre Geschwindigkeit eines Wasserteilchens auf seinem krümmungsreichen Weg.

**Bai · inlet, bay.** = Bucht.

**Bake · beacon tower.** Auf dem Lande stehendes festes Zeichen zur Bezeichnung der Fahrrinne.

**Bakentonne · beacon.** Tonne mit bakenartigem Aufbau. Dazu gehören Leuchttonnen, Heultonnen und Glockentonnen. Sie werden dort ausgelegt, wo der Punkt besonders hervorgehoben werden soll, z. B. für Ansteuerungspunkte, Untiefen, Mittelgründe, Abzweigungen.

**Bakterien · bacteria.** Gruppe aus der Klasse der Schizomyceten. Mikroskopisch kleine, kugel-, stäbchen- oder schraubenförmige Organismen, die sich überwiegend durch Querteilung vermehren. An Stelle eines echten Kerns haben sie Kernäquivalente.

**Bakteriologische Untersuchung · bacterilogical analysis.** Feststellung der als feinste schwebende Teilchen im Wasser enthaltenen Spaltpilze und des Colititers zur hygienischen Beurteilung des Wassers.

**Bakteriophagen · bacteriophages.** Viren, die artspezifisch in lebende Bakterien eindringen, sich in ihnen vermehren und diese dabei auflösen.

**Balje, Ley, Loch, Priel, Seegat, Tief · tidal slough.** Begrifflich nicht streng voneinander zu scheidende Bezeichnungen für das Rinnennetz der Wattgebiete, auch örtlich verschieden gebräuchlich.
Im allgemeinen bezeichnet man als Priel und Ley die letzten, bei Tideniedrigwasser im wesentlichen trocken fallenden Verästelungen dieses Rinnennetzes – Hafenpriel, Schleusenpriel – Zugänge zu den kleinen Schiffahrts- und Vorflutanlagen an der Küste, als Balje und Loch ihre im allgemeinen auch von der Schiffahrt benutzten Fortsetzungen nach See zu und als Tief oder Seegat die Ausmündungen des ganzen Rinnennetzes in die See. Gat –niederdeutsche Bezeichnung für Loch, Öffnung (im Diminutiv Gatje – kleines Gat) – Bezeichnung für Stromarme im Strommündungsgebiet an der Nordsee, besonders in Nordwestdeutschland.

**Balkensiel · beam construction dike-lock.** Aus Balken gebildetes Siel, wobei Balkenlage an Sohle und Decke quer, an Seiten parallel zur Sielrichtung angeordnet.

**Bandförderer · belt conveyor.** Fördergerät mit endlosem Band als transportierender Teil (Gurtförderer mit Gummi- oder Baumwollgurten oder stählernen Bändern, Gliederförderer aus einer oder zwei stählernen Gliederketten die Stahlplatten oder Blechkästen tragen).

**Bandmaß · measuring tape.** Mit einer Skala (Längeneinheiten) versehenes, aufrollbares Stahl- oder Leinenband.

**Bandmaßpegel · tape gage.** Ein ebenfalls durch einen Schwimmer betätigter Pegel ist der Bandmaßpegel. Bei ihm wird als Schwimmerschnur, die wie üblich über eine obere Umlenkrolle (Schwimmerrad) geführt ist, ein Bandmaß verwendet. An dem die Gegenmasse tragenden herabhängenden Teil wird an einer Marke der Wasserstand abgelesen.

**Bandstraße · sectional ground conveyor.** Entsteht aus einer Reihe hintereinandergeschalteter Gurtförderer. In steigendem Maße im Baubetrieb auch in Deutschland verwendet zum Erdtransport z. Z. bis etwa 3000 m, für Betontransport bis etwa 400 m Förderlänge.

**Bank · bank.** Wesentlich über den Meeresgrund aufragende, aber die Nähe der Meeresoberfläche nicht erreichende Erhebungen.

**bar · bar, unit of pressure.** Das Millionenfache der Einheit dyn = $10^6$ dyn/cm$^2$ = 1 bar, oder umgekehrt: 1 dyn/cm$^2$ = 1 Mikrobar = 1 $\mu$ bar. 1 Millibar ist das Tausendstel des bars. 1 Millibar = 1 mbar = $10^3$ dyn/cm$^2$.

**Bär · drop hammer.** Fall- bzw. Schlaggewicht bei Rammen und Schmiedemaschinen.

**Barbenregion · carp region.** Flußbereich unterhalb der Äschen- und oberhalb der Brassenregion, größere Temperaturamplitude und beginnende Eutrophierung.

**Barometrische Höhenmessung · barometrical height measurement.** Zur groben Feststellung des Höhenunterschiedes zweier Punkte durch Messung ihres Luftdruckunterschieds mittels Aneroid oder Siedethermometer, hauptsächlich bei technischen Vorarbeiten, Erkundungen, Forschungsreisen u. ä. für lange Profile, auch Flächenaufnahmen. Abhängigkeit von Höhe und Luftdruck gegeben durch Barometerformel. Mittlerer Fehler der B.H. = + 1 bis 2 m bis 300 m Höhenunterschied, bei größeren Höhen rasch wachsend.

**Barre · shoal.** Sand- oder Schlickbank (Untiefe).

**Basalt · basalt.** Schwarzes bis dunkelgraues, basisches (relativ wenig Kieselsäure enthaltendes), junges Ergußgestein; dicht bis feinkörnig. Von vielen Arten werden die grobkörnigen als Dolerit bezeichnet.

**Basenaustauscher · base exchange.** Siehe Ionenaustauscher.

**Bau · construction.** Bauwerk, Planungsaufgabe, Arbeitsstelle, vor allem in Wortverbindungen verwendet, z. B. Hochbau, Wasserbau, Holzbau, Städtebau, Baumeister.

**Bauaufsichtsbehörde · building inspection.** Behörde für Ordnung des Bauens, Anlage der Orte und Ortsstraßen einschließlich Be- und Entwässerung, Erteilung von Genehmigungen für Herstellung oder Abbruch von Gebäuden und damit zusammenhängenden baulichen Anlagen sowie von baulichen Änderungen an diesen, ferner Überwachung der Bauausführung und der Gebäudeunterhaltung.

**Baudock · dry dock.** Flaches Trockendock zur Herstellung von Schiffen. B.

wird während Bau durch Verschlußpontons vom Außenwasser abgeschlossen.

**Baufach · building trade.** Sammelbegriff für die Aufgabengebiete im Bauwesen (z. B. Städtebau, Siedlungswesen, landw. Bauwesen, öffentliche Bauten, Industriebau; Hoch- und Tiefbau; Entwurf, Berechnung, Ausführung, Bauleitung, Abrechnung; Bauverwaltung, Baupflege usw.).

**Baugrube · excavation pit.** Vertiefung zur Freilegung des tragfähigen Baugrunds oder zur Gründung eines Gebäudes, Kanals, einer Rohrleitung usw. im tragfähigen oder frostfreien Erdreich mit freistehenden Böschungen oder mit künstlichen Umschließungswänden.

**Baugrund · subsurface.** Bodenschicht, auf der die Fundamente eines Bauwerks, auch die Unterlagen von Verkehrswegen, aufgesetzt werden. (Nach dem Ergebnis der Baugrund- und Bodenuntersuchung und der festgestellten zulässigen Baugrundbelastung unterscheidet man guten, mittelguten, schlechten und sehr schlechten Baugrund).

**Baugrundentwässerung · foundation drainage.** Verfahren der Baugrundverbesserung, die in Grundwasserabsenkung, Elektroentwässerung, Austrocknung durch Wärme und ungelöschten Kalk bestehen. Absenkung der Grundwasseroberfläche findet je nach Bodenmaterial und örtlichen Verhältnissen mit Entwässerungsgräben, -schächten, Dränrohren, Filterbrunnen usw. statt.

**Baugrunduntersuchung · soil investigation.** Bodenuntersuchungen zur Beschaffung von Unterlagen für eine zuverlässige Vorausbestimmung der gegenseitigen Einwirkung von Bauwerk und Baugrund.

**Baugrundverbesserung · artifical soil stabilisation.** Maßnahmen zur Erhöhung der zulässigen Baugrundbelastung wie mechanisches Verdichten der Bodenschichten, Verdichten und Verfestigen der Bodenschichten mit Injektionen, elektrochemisches Verfestigen usw.

**Bauhygiene · building hygiene.** Dient der gesundheitstechnischen Vervollkommnung der Wohnungen und der Verbesserung der Wohnform, d. h. der Wechselbeziehungen zwischen Wohnung und deren Umgebung.

**Bauindustrie · construction industry.** Industriell organisierte Betriebe für Hoch- und Tiefbau.

**Baukalk · lime.** Aus Kalksteinen gebrannter und gelöschter Kalk. Baukalke werden vorwiegend zur Bereitung von Mauer- und Putzmörtel verwendet. Handelsformen: Stückkalk, Feinkalk, Kalkteig, Kalkhydrat.

Kalkarten: Luftkalke (Weißkalk, Dolomitkalk, Karbidkalk), hydraulisch erhärtende Kalke (Wasserkalk, hydraulischer Kalk, hochhydraulischer Kalk, Romankalk).

**Baukran · construction crane.** Besonders für Bauzwecke entwickelter Kran. Unterschieden werden Portalkran, Drehkran, Masten- oder Derrickkran, Turmdrehkran, Brückenbaukran, Schwimmkran usw.

**Baulehm · loam.** Tonhaltige Erden. Gemische von Ton mit feinsandigen bis steinigen Bestandteilen.

**Baumaschine · construction equipment.** Baumaschinen sind Aufzüge, Bagger, Krane, Laufbänder, Mischer, Pressen, Pumpen, Walzen und dgl.

**Bauplan** · **construction drawing.** Maßstäbliche, zeichnerische Darstellung einer geplanten baulichen Anlage oder ihrer Teile als Unterlage für die Bauausführung oder als Bauvorlage.

**Baupolizeiliche Bestimmungen** · **building code.** Die Baupolizei erläßt Bestimmungen, die der Berechnung und der Bauausführung entsprechender Bauteile bindend zu Grunde gelegt werden müssen. Diese Bestimmungen sind in den Bauordnungen und den DIN-Normen aufgeführt.

**Baurampe** · **construction ramp.** Behelfsmäßige Zufahrt zu Baustellen, Notanschlußstelle für Autobahnen.

**Bausand** · **sand.** Natursand (Fluß-, Gruben- oder Moränensand) und Brechsand (aus gebrochenen Gesteinen) bis 7 mm Korngröße.

**Baustatik** · **structural engineering.** Wissenschaftlicher Sonderzweig aus dem Gebiete der Mechanik, der sich mit der Festigkeitsberechnung von Bauwerken beschäftigt.

**Baustelleneinrichtung** · **site layout of construction facilities.** Gesamtheit der zur Durchführung eines Bauvorhabens auf der Baustelle getroffenen Einrichtungen, wie Zufuhr- und Verbindungswege und -gleise, Betriebsbaulichkeiten, Werkstätten, Maschinenanlagen, Ausstattung mit Fördergeräten, Wasser- und Stromversorgung usw.

**Baustoff** · **building material.** Allgemeine Bezeichnung für Stoffe zur Ausführung eines Bauwerks (Sand, Steine, Zement usf.), auch für kleine Bauelemente (Werksteine, Mauerziegel, Balken).

B.e im Sinne der Preisbildung: Stoffe, die für die Durchführung einer Bauteilleistung unmittelbar gebraucht werden und im Bauwerk bleiben (z. B. Mauersteine, Zement, Eisen, Zuschlagstoffe, Rammpfähle usw. einschließlich fertiger einzubauender Bauteile (z. B. Türen, Fenster, Träger usw.).

**Bauzeit** · **construction time.** 1. Zeit zur Durchführung eines Bauvorhabens. Gesamte Bauzeit = Zeit für Einrichten und Räumen der Baustelle + reine Bauzeit. Reine Bauzeit = Grundzeit, während der gearbeitet wird, z. B. Bagger läuft, + Verlustzeit, während der nicht gearbeitet wird, z. B. Bagger steht. Verlustzeit hat unvermeidbare sowie vermeidbare Verlustquellen persönlicher und sachlicher Art. Aufgabe der Betriebsorganisation, Verlustzeit durch weitgehende Ausschaltung der vermeidbaren Verlustquellen zu verkürzen.

2. Bauzeit im Hochbau vom Bauherrn aus gesehen von der Baustelleneinrichtung bis zum möglichen Bezug aller Räume, im Tiefbau bis zur Inbetriebnahme des Bauwerks.

**Bazillen** · **bacilli.** Bezeichnung einer Familie stäbchenförmiger Bakterien, die unter ungünstigen Umweltbedingungen widerstandsfähige Dauerformen, sog. Sporen, hervorbringen, aus denen bei günstigen Lebensbedingungen wieder je ein neuer Bazillus auskeimen kann.

Synonym: Sporenbildner.

**Bazin, Henry.** Bedeutender französischer Hydrauliker, der 1877 die nach ihm benannte Geschwindigkeitsformel aufstellte.

**Beaufort-Skala** · **Beaufort scale.** Von der Meteorologenkonferenz 1913 zur allgemeinen Annahme empfohlene Skala zur Schätzung der Stärke des Win-

| Windstärke | Bezeichnung | Geschwindigkeit m/s | Auswirkungen der Windstärken im Binnenland | auf See |
|---|---|---|---|---|
| 0 | still | 0,0-0,2 | Windstille, Rauch steigt gerade empor. | Spiegelglatte See. |
| 1 | leiser Zug | 0,3-1,5 | Windrichtung angezeigt durch Zug des Rauches, aber nicht d. Windfahne. | Kleine, schuppenförmig aussehende Kräuselwellen ohne Schaumkämme. |
| 2 | leichte Brise | 1,6-3,3 | Wind am Gesicht fühlbar, Blätter säuseln, Windfahne bewegt sich. | Kleine kurze Wellen, aber ausgeprägter. Kämme sehen glasig aus, brechen aber nicht. |
| 3 | schwache Brise | 3,4-5,4 | Blätter u. dünne Zweige in Bewegung. Wind streckt einen Wimpel. | Kämme beginnen zu brechen, Schaum überwiegend glasig, ganz vereinzelt kleine weiße Schaumköpfe. |
| 4 | mäßige Brise | 5,5-7,9 | Hebt Staub u. loses Papier, bewegt Zweige und dünnere Äste. | Noch kleine Wellen, werden aber länger. Weiße Schaumköpfe treten schon verbreitet auf. |
| 5 | frische Brise | 8,0-10,7 | Kleine Laubbäume beginnen zu schwanken. Auf Seen Schaumköpfe. | Mäßige Wellen mit ausgeprägter langer Form. Überall weiße Schaumkämme. Vereinzelt kann schon Gischt vorkommen. |
| 6 | starker Wind | 10,8-13,8 | Starke Äste in Bewegung. Pfeifen in Telegraphenleitungen. | Bildung großer Wellen beginnt. Kämme brechen sich und hinterlassen größere weiße Schaumflächen. Etwas Gischt. |
| 7 | steifer Wind | 13,9-17,1 | Ganze Bäume in Bewegung, fühlbare Hemmung beim Gehen gegen Wind. | See türmt sich. Der beim Brechen entstehende weiße Schaum beginnt sich in Streifen in Windrichtung zu legen. |
| 8 | stürmischer Wind | 17,2-20,7 | Bricht Zweige von den Bäumen, erschwert erheblich d. Gehen gegen Wind. | Mäßig hohe Wellenberge mit Kämmen von beträchtlicher Länge. Von den Kanten der Kämme beginnt Gischt abzuwehen. Schaum legt sich in gut ausgeprägten Streifen in Windrichtung. |
| 9 | Sturm | 20,8-24,4 | Kleinere Schäden an Häusern. Rauchhauben und Dachziegel werden abgeworfen. | Hohe Wellenberge, dichte Schaumstreifen in Windrichtung. «Rollen» der See beginnt, Gischt kann die Sicht schon beeinträchtigen. |
| 10 | schwerer Sturm | 24,5-28,4 | Entwurzelt Bäume, bedeutende Schäden a. Häusern. | Sehr hohe Wellenberge mit langen überbrechenden Kämmen. See weiß durch Schaum. Schweres, stoßartiges «Rollen» der See. Gischt beeinträchtigt die Sicht. |
| 11 | orkanartiger Sturm | 28,5-32,6 | Verbreitete Sturmschäden. | Außergewöhnlich hohe Wellenberge, durch Gischt herabgesetzte Sicht. |
| 12 | Orkan | 32,7-36,9 | | Luft mit Schaum und Gischt angefüllt. See vollständig weiß. Sicht stark herabgesetzt, keine Fernsicht. |
| 13 | | 37,0-41,4 | | |
| 14 | | 41,5-46,1 | | |
| 15 | | 46,2-50,9 | | |
| 16 | | 51,0-56,0 | | |
| 17 | | über 56,0 | | |

*Beaufort-Skala [1927]*

des. Zwischen B. und der Windgeschwindigkeit besteht folgende Beziehung:

| B.-Skala | 1 | 2 | 3 | 4 | 5 | 6 | 7 | 8 | 9 | 10 | 11 | 12 |
|---|---|---|---|---|---|---|---|---|---|---|---|---|
| m/s | 1,7 | 3,1 | 4,8 | 6,7 | 8,6 | 10,7 | 12,9 | 15,4 | 18,0 | 21,0 | 26,0 | 35,0 |

und darüber. Siehe ebenfalls Beaufort-Skala 1927.

**Bebrütungstemperatur · incubation temperature.** Temperaturen, die für die Vermehrung von Bakterien in künstlichen Kulturen optimal sind.
In der Wasserbakteriologie sind üblich 20 bis 22° C für apathogene Wasserkeime, 37° C für mesophile Bakterien aus Mensch und Tier, 45° C für die Differenzierung von sog. Warmblüter- und Kaltblüter-Colibakterien.

**Becherwerk · bucket conveyor.** Dauerförderer aus einer endlosen Reihe hintereinandergeschalteter Gefäße (Becher) zum Zwecke der Aufwärtsförderung von Schüttgut.

**Beckenbewässerung · basin irrigation.** Überstauung in kleinen Becken, die durch niedrige Dämme begrenzt werden.

**Bedarf · demand of water, work or energy.** In einem Zeitabschnitt oder zu einem Zeitpunkt benötigte Menge oder Größe, z. B. an Zufluß, Arbeit, Leistung.

**Beetberieselung · check or furrow irrigation.** Aufbringen von Abwasser auf die Beetstücke der Rieselfelder. B. findet entweder vor der Land- und Feldbestellung durch Überstauung der gesamten Beetfläche (Stauberieselung) oder auch nach der Bestellung, also während des Pflanzenwachstums durch Furchenbewässerung statt, bei der das Abwasser nur den über das Beet gezogenen Furchen zugeleitet wird und mit den sichtbaren Teilen der Pflanzen nicht in Berührung kommt.

**Beetgraben · ditch.** Kleiner Entwässerungsgraben von nur örtlicher Bedeutung.

**Befeuchtungszahl · wetting index.** Zahl, die angibt, wie oft die für die Wachstumsmonate April bis September einer möglichst langen Reihe von Beobachtungsjahren berechneten N-S-Quotienten durchschnittlich innerhalb von 10 Jahren bestimmte Grenzwerte unterschreiten.

**Begleitende Wellen · wave train.** Begleitende Wellen, z. B. Schiffswellen, werden durch einen im Wasser sich bewegenden Körper verursacht, bilden in ihrer Bewegung mit dem Körper einen Winkel, der von der Bewegungsgeschwindigkeit abhängt und verlaufen meist parallel zueinander.

**Begrüppeln · ditch building and ditch cleaning for reclamation of land.** Herstellen von Schlick-Absetzgräben und zeitweises Ausheben des in ihnen abgelagerten Schlicks, der zur schnelleren Aufhöhung der zwischen ihnen liegenden Felder auf diese (Beete) aufgebracht wird.

**Behälter · tank.** Von Boden, Wänden und Decke umschlossener Hohlraum zur Aufnahme von Flüssigkeiten oder Schüttgütern. Kann im Grundriß quadratisch, rechteckig, kreisrund oder als Vieleck ausgebildet werden. Im Bauwesen z. B. Flüssigkeitsbehälter für die Trinkwasserversorgung in Stahl- oder Spannbeton (Hoch-, Wasser- und Speicherbehälter). Einrichtung zur Aufspeicherung des Wassers 1. um die Schwankungen im Zufluß und Verbrauch auszugleichen und dadurch die Einzelteile einer Wasserversorgungsanlage unabhägig voneinander zu machen, 2. um gleichmäßigen Versorgungsdruck zu erzielen, 3. um Versorgung bei Betriebsstörungen in den Zuleitungen und Pumpenanlagen aufrechtzuerhalten.

**Beharrungszustand bei der Grundwasserentnahme · pumping level.** Unter Berücksichtigung der natürlichen Grundwasserstandsschwankungen der Zustand, wo bei gleichbleibender Entnahme die Grundwasserabsenkung nicht mehr fortschreitet.

**Behelfswehre · temporary weirs.** Behelfswehre sind feste durchlässige Wehre mit beschränkter Lebensdauer, die aus Steinen, Holz mit Steinen oder Buschwerk gebaut sind. Anwendung bei Wildwasser- oder Flußregelung.

**Beiläufer · parallel main ditch.** Gleichlaufend zum Hauptgraben, aber mit kleinerem Gefälle geführter Graben, der für einen Nebengraben einen tieferen Vorflutpunkt erschließen soll.

**Beileitung, Überleitung · diversion canal or diversion conduit.** Künstliches offenes oder geschlossenes Gerinne zur Zuleitung von Fremdwasser in das betrachtete Einzugsgebiet.

**Beiwert · coefficient.** Beiwerte finden vornehmlich in der technischen Hydraulik bei der Berechnung von Abflußvorgängen Anwendung.

**Belag · flooring, slabbing, pavement.** Oberste Schicht auf Fußböden, Wänden, Straßen, Brücken.

**Belastung · load.** Belastung (z. B. Stromstärke, elektrische Leistung, Durchfluß) ist diejenige Größe, aus der sich die Meßgröße durch Integration über die Zeit ergibt.

Unter dem Belastungsbereich versteht man den Bereich der Belastungen, für den der Fehler der Anzeige innerhalb von angegebenen oder vereinbarten Fehlergrenzen bleibt.

**Belastung eines Gewässers · pollution charge.** Volumen oder Masse eines einem Gewässer innerhalb eines Zeitabschnittes (s. h. d) zugeführten Verschmutzungsstoffes, z. B. $m^3$ Faserstoffe/d (Faserlast) oder kg Chloride/s (Chloridlast) oder ausgedrückt als BSB/d.

**Belastungsganglinie · load diagram.** Ganglinie der Leistung eines oder mehrerer Kraftwerke.

**Belastungsgrad · load factor.** Verhältnis des mittleren zum höchsten Leistungsbedarf eines Betriebsabschnittes (meist Jahr), auch: mittlere Belastungsdauer, wenn in h/J ausgedrückt.

**Belebter Schlamm · activated sludge.** Der beim Belebungsverfahren entwikkelte Schlamm.

Benennungen wie «Belebtschlamm», «aktivierter Schlamm» sollen nicht mehr verwendet werden.

**Belebungsverfahren · activated sludge process.** Abwasserreinigung, bei welcher das Abwasser durch Schmutz abbauende Kleinlebewesen besiedelt wird. Benennungen wie «Belebtschlammverfahren», «Schlammbelebungsverfahren sollen nicht mehr verwendet werden.

**Belüftung des Überfallstrahls · nappe areation.** Belüftung des Überfallstrahls ist im Wehrbau bei Klappen- und Schützenverschlüssen erforderlich, um Schwingungen, die den Verschlußaufbau gefährden können, zu vermeiden.

**Belüftung des Wassers · aeration to cause precipitation.** Hauptsächlich zur

Enteisenung angewandtes Aufbereitungsverfahren, wodurch das im Wasser gelöste Eisen in die unlösliche Form des dreiwertigen Hydroxyds übergeführt wird. Das in braunen Flocken ausfallende Eisenhydroxyd wird durch Schnellfilter entfernt.

**Belüftungsverfahren · aeration methods.** Verfahren zur Belüftung des Abwassers in Belebungsbecken. Man unterscheidet: 1. Oberflächenbelüftung durch Paddel (Haworth-Rinnen, Hartley-Paddel, Erfurter Paddelräder), durch Umwälzen und Verspritzen des Abwassers (Bolton-Kreisel, Hartley-Umwälzer, Kessener-Bürste, Frank-Imhoff-Verfahren, Franke-Verfahren, Kremer-Luftumwälzer); 2. Druckluftbelüftung (Furchen, Hurd- und Umwälzbecken); 3. Druckluftbelüftung mit mechanischer Umwälzung (Kessener Becken).

**Bemessungstafeln · design tables.** Für oft wiederkehrende Rechenoperationen zur Bemessung von Querschnitten gebrauchte Tabellen oder Kurventafeln.

**Benetzter Umfang · wetted perimeter.** Der von der Flüssigkeit benetzte Teil des Umfanges eines offenen oder geschlossenen Gerinnes.

**Benetzungswärme · wetting heat.** Wärmemenge, die je g eines bei rund 105° C bis zur Gewichtskonstanz getrockneten Korngemisches frei wird, wenn es mit einer Flüssigkeit benetzt wird.

**Benetzungswasser · pellicular water.** Durch die Anziehungskräfte der Oberfläche fester Bodenteilchen in dünner Schicht verdichtetes Wasser in der lufthaltigen Zone oder im Grundwasser.

**Benthal · benthal.** Region des Gewässergrundes.

**Benthos · benthos.** Lebensgemeinschaft des Gewässergrundes.

**Bentonit · bentonite.** Hochquellfähige Spezialtone (Aluminiumsilikate), die mit Wasser bis zum Zehnfachen ihres Volumens quellen können. Werden teilweise im Bauwesen verwendet, um im Baugrund vorhandenes Wasser unter Bildung von Sperrschichten zu binden.

**Benzinabscheider · gasoline separator.** In die Grundstücksentwässerungsleitung eingebaute Auffangvorrichtung für Benzin usw.

**Beobachtungsrohr · observation pipe.** Zur Beobachtung des Grundwasserspiegels in der Umgebung von Brunnen in den Boden eingetriebenes gelochtes Rohr.

**Berasung · gras protection.** Uferdeck mittels Ansaat (wirkt langsam und wenig sicher) oder durch Rasenziegel zur Erzeugung eines geschlossenen Graswuchses als Schutz der Böschung an neuen Wasserläufen gegen Wasserangriff.

**Berechnungsregen · design storm.** Regen bestimmter Häufigkeit, Spenden und Dauer, welcher der Berechnung zugrunde gelegt wird.

**Beregnung · sprinkler irrigation.** Regenartig feine Verteilung des in Druckrohrleitungen auf die zu bewässernde Fläche geförderten Wassers durch Regner.
Merke: Der Boden wird beregnet, das Wasser wird verregnet, daher Feldberegnung, Beregnung mit Abwasser, Beregnungsverband, nicht Verreg-

nungsverband, aber Abwasserverregnungsgenossenschaft, nicht Abwasserberegnungsgenossenschaft.

**Beregnungsdichte (i mm/min) · rate of irrigation.** Mittlere Beregnungshöhe in der Zeiteinheit während der Regengabe auf einer Beregnungsfläche.

$$i = \frac{r}{t} = \frac{q}{F_W} \text{ (in mm/min; l/m}^2\text{min)}$$

**Beregnungsfläche (eines Regners) · sprinkler area.** Die von einem einzelnen Regner beregnete Fläche.

**Beregnungsgebiet · irrigation area.** Die in die Beregnung einbezogene Fläche.

**Berglehm, Gehängelehm · mountain loam.** Lagert auf den Gesteinen, aus denen er entstanden ist, oder an den Hängen darunter. Das Mineralgerüst besteht vorwiegend aus kantigen Gesteinstrümmern verschiedener Körnung, die je nach dem Grad der Verwitterung oder der Zusammensetzung des Ursprungsgesteines bei den einzelnen Lagerstätten unterschiedlich ist.

**Berieselung · broad irrigation.** Bewässerungsart, bei der das Wasser in dünner Schicht über eine geneigte Bodenoberfläche geleitet wird.

**Berme · berm.** Im Wasserbau (Bankett). Horizontaler oder schwach geneigter 1–2 m breiter Absatz in Damm- oder Einschnittsböschung zu dem Zweck, Böschung für wirtschaftliche Nutzung zugänglich zu machen, durch Verbreiterung des Dammes bessere Dichtung im unteren Teil zu ermöglichen.

**Bernoulli, Daniel.** Geb. 1700 in Groningen als Sohn von Johann I. Bernoulli, gest. 1782 in Basel, bedeutender Gelehrter der mathematischen Physik und Förderer der Newtonschen Lehren, 1725 an die neue Akademie in Petersburg berufen. 1733 Professor in Basel. 1738 erschien sein Hauptwerk, die Hydrodynamik.

**Beruhigungsrechen · staggered bars screen.** Mehrfacher Grobrechen versetzter Grundrißanordnung am Einlauf von Absetzbecken zur Klärung des Abwassers und von Wasserkraft-Entsandungsanlagen zur gleichmäßigen Verteilung der Strömung über den Beckenlängs- und -querschnitt. Abstand der Rechenstäbe so groß, daß Eintrittsgeschwindigkeit des Wassers möglichst klein bleibt.

**Beschicken · feed, charge.** Die Arbeit des Einbringens der zu verbessernden Stoffe in eine Vorrichtung. B. des Tropfkörpers bedeutet die feine, gleichmäßige Verteilung des im Absetzbecken entschlammten Abwassers über die Oberfläche des Tropfkörpers durch feste oder bewegliche Verteilungseinrichtungen. B. auch = Aufgeben.

**Beschlag · precipitation of atmospheric moisture.** Beschlag tritt sowohl in der flüssigen als auch in der festen Form des Niederschlags auf. Er bildet sich, wenn warme und sehr feuchtreiche Luft an abgekühlten oder kalten Gegenständen vorbeistreicht und Wasserdampf in Form winziger Tröpfchen kondensiert (Taubeschlag) oder als reifähnlicher Niederschlag in Form kleiner Eisnadeln (Länge 1 bis 2 mm) oder amorpher Eiskügelchen ausgeschieden wird (Frostbeschlag).

**Beschleunigung · acceleration.** Die Beschleunigung ist der Quotient aus der

Geschwindigkeitszunahme und der Länge der Zeit, in der sie erfolgt.

**Beschleusung · drainage.** Unterirdische Ableitung von Abwässern durch Leitungen und Vorfluter.

**Besichtigungsgang (-stollen) · inspection gallery.** Begehbarer Hohlraum im Innern der Staumauer oder im Kern eines Staudamms, der der Überwachung des Bauwerks, der Ausführung von Messungen im Innern des Bauwerks, der Abführung des Sickerwassers usw. dient.

**Beton · concrete.** Gemisch aus Bindemittel, Zuschlagstoff, Anmachwasser.

**Betonanstrich · protective coating.** Schutzanstrich der Oberfläche des Betons gegen chemische Angriffe.

**Betonfabrik · concrete mixing plant.** Betrieb zur Lieferung von Frischbeton (Transportbeton) an Baustellen.

**Betonfestigkeit · concrete strenght.** Festigkeit des Betons bei Druck-, Zug- und Biegebeanspruchung.

**Betonförderung · concrete placing.** Förderung des gemischten Betons vom Mischer zum Bauwerk.

**Betongründung · concrete foundation.** Gründung, bei der Fundament des Bauwerks in Beton oder Stahlbeton gebildet wird.

**Beton-Güteklassen · concrete grades.** Es werden unterschieden:
B 120 mit einer Würfelfestigkeit $W_{28}$ von mindestens 120 $kg/cm^2$
B 160 mit einer Würfelfestigkeit $W_{28}$ von mindestens 160 $kg/cm^2$
B 225 mit einer Würfelfestigkeit $W_{28}$ von mindestens 225 $kg/cm^2$
B 300 mit einer Würfelfestigkeit $W_{28}$ von mindestens 300 $kg/cm^2$
Die Würfelfestigkeit ist hierbei der Mittelwert aus den Bruchspannungen der zusammengehörigen Würfel.

**Betonkies · concrete gravel.** Kies mit Korngrößen über 7 mm als Betonfeinkies (Kies mit Korngrößen 7 mm bis 30 mm).
Betongrobkies (Kies mit Korngrößen über 30 bis 70 mm).
Betonkiessand (Gemenge von Betonsand und Betonkies).

**Betonmischung · concrete mixture.** Das Mischen der Betonzuschlagstoffe mit Bindemittel und Anmachwasser zur Betonmasse erfolgt nur für kleinste Mengen von Hand, sonst in der Betonmischmaschine (Leistungs- und Gütesteigerung). Leistung der Trommel oder des Troges bei einem Arbeitsspiel der Mischmaschine als «Betonmischung» bezeichnet.

**Betonnester · concrete pockets.** Hohlräume im Beton, die auf ungenügende Verdichtung oder falsche Kornzusammensetzung des eingebrachten Frischbetons zurückzuführen sind.

**Betonnung · buoyage.** Gesamtheit der Tonnen, die der Schiffahrtssicherung in einem bestimmten Bereich dienen.

**Betonpfahl · concrete pile.** Bewehrter oder unbewehrter Pfahl zur Übertragung von Bauwerkslasten in den Baugrund bei nicht genügend tragfähigem Untergrund; als fertiger Rammpfahl aus Stahlbeton oder als Ortpfahl, der an Ort und Stelle im Boden betoniert wird.

**Betonpumpe · concrete pump.** Liegende, einfach wirkende Kolbenpumpe zum Fördern plastischen Betons von der Anmachstelle zur Verwendungsstelle durch Druckrohrleitung.

**Betonrohr** · **concrete pipe.** Rundes oder eiförmiges Rohr aus unbewehrtem Beton (gegebenenfalls mit Transportbewehrung). Runde Rohre mit oder ohne Fuß, mit Falz und Nut oder mit Muffe; eiförmige Rohre nur mit Fuß und Falz. Formstücke als Bogen, Seitenzulauf, Scheitelöffnung, Übergang.

**Betonschädliche Wässer** · **active waters.** Sind Wässer mit freien Säuren, Sulfaten, Magnesiumsalzen, Ammoniumsalzen in unzulässiger Menge, auch chemisch fast reine Wässer.

**Betonschutz** · **concrete coating.** Zum Schutz von Beton gegen aggressive Einflüsse dienen hauptsächlich Schutzanstriche aus gelösten oder emulgierten Bitumina oder Pechen. Dickere Schutzschichten durch Aufbringung schmelzflüssiger bituminöser Stoffe, meist mit mineralischen Zusätzen. Gegen starke chemische Einflüsse bewähren sich vor allem Chlorkautschukanstriche und andere Spezialkunstharzlacke. Auch Fluate können Schutzwirkung ausüben.

**Betonsplitt** · **crushed gravel.** Gebrochenes Gestein mit Korngrößen 7 bis 30 mm.

**Betonstahl** · **concrete reinforcing steel.** Glatter, gezackter oder gerippter, runder, oder vierkantiger Bewehrungsstahl.

**Betonsteife** · **concrete consistency.** Je nach dem Wassergehalt ergibt sich:
1. Steifer Beton (muß mindestens so feucht sein, daß beim Kneten mit der Hand an der inneren Handfläche Zementleim haften bleibt).
2. Weicher Beton (enthält so viel Wasser, daß die Masse teigartig wird).
3. Flüssiger Beton (wird mit so viel Wasser angemacht, daß er breiig fließt).

**Betonzuschlag** · **concrete aggregate.** Betonzuschläge sind Betonsand, Betonkies. Betonkiessand ist das Gemenge von Betonsand und Betonkies. Als Betonzuschläge gelten u. a. auch Hochofenschlacken geeigneter Zusammensetzung, wie zerkleinerte Hochofenstückschlacke, zerkleinerte Hochofenschaumschlacke, ferner zerkleinerte Lavaschlacke, Bimssand und Bimskies.

**Betriebsauslaß** · **operation outlet, service outlet.** Auslaß, der zur Wasserabgabe im natürlichen Betrieb benutzt wird.

**Betriebsdauer** · **duration of irrigation per day, month, year.** Die Zeitdauer vom Beginn bis zum Ende einer Beregnung an einem Tage, in einem Monat, in einem Jahre (z. B. die tägliche Beregnungsdauer beträgt durchschnittlich 8 Stunden).

**Betriebsdruck** · **working or service pressure.** Druckhöhe, die im Versorgungsgebiet vorhanden ist und entsprechend den jeweiligen Entnahmeverhältnissen in gewissen Grenzen schwankt. Über den höchstmöglichen Betriebsdruck siehe Druckstoß.

**Betriebswasser** · **industrial and domestic water.** Gewerblichen, industriellen, landwirtschaftlichen oder ähnlichen Zwecken dienendes Wasser mit unterschiedlichen Güteeigenschaften, sofern dafür keine Trinkwassereigenschaft verlangt wird.

**Bett** · **bed; base.** 1. Bezeichnung für künstliches oder natürliches Gerinne von Flüssen (Flußbett). 2. Der waagerechte Unterbau von Werkzeugmaschinen (der senkrechte heißt Gestell).

**Bettbildender Wasserstand** · **bed building stage.** Der bettbildende Wasserstand ist im allgemeinen der Mittelwasserstand. Das Mittelwasser entspricht bei den meisten Flüssen auch der betterhaltenden Wasserführung, so daß bei einer Flußbettregelung als Wasserstand die Mittelwasserregelung bevorzugt wird.

**Bettbreite · width of river bed.** Die Bettbreite ist abhängig von der natürlichen oder künstlichen Querschnittsform eines fließenden Gewässers und von den für das Gewässerbett typischen Wasserständen. Im wesentlichen werden die Bettbreite bei Niedrig-, Mittel- und Hochwasser unterschieden.

**Bettungsziffer, Bettungszahl · bedding value.** Das Verhältnis des Flächendruckes zur Einsenkung.

**Bevölkerungsdichte · density of population.** Einwohnerzahl, bezogen auf 1 ha Einzugsgebiet bzw. Teilgebiet.

**Bewässerung · irrigation.** Ober- oder unterirdische Zuführung von Wasser oder Abwasser zum Zwecke der Ertragssteigerung. Auch Grabeneinstau und Grabenanstau werden zur Bewässerung gerechnet.

**Bewässerung im Umlauf (Rotation) · rotating irrigation.** Bewässerung der einzelnen Abteilungen des Bewässerungsgebiets nacheinander mit der ganzen für das Gebiet zur Verfügung stehenden Wassermenge, um für die Flächeneinheit eine größere Wassermenge bereit zu haben und dadurch das Wasser gleichmäßiger verteilen zu können, sowie um trotz ununterbrochenen Wasserbetriebs ein zeitweises Trockenlegen der einzelnen Abteilungen und damit einen regelmäßigen Wechsel der Einwirkung von Wasser und Luft auf den Boden zu erzielen.

**Bewässerungswehr (Wässerwehr) · irrigation weir.** Wehr in einem Wasserlauf, das der Entnahme von Bewässerungswasser dient.

**Bewegliches Wehr · movable weir.** Wehr, das bewegliche Teile zur Regelung des Oberwassers hat.

**Bewegung des Wassers · movements of water.** Bewegung des Wassers in offenen Gerinnen (Flüsse, Kanäle usw.), geschlossene Leitungen (Rohrleitungen, Stollen usw.) und den Hohlräumen der Erdrinde (Grundwasserströmung) vollzieht sich im Beharrungszustand (zeitlich unveränderliche oder stationäre Bewegung, z. B. beim Ausfluß aus Gefäßen und Öffnungen, Überfall über Wehre) und im zeitlich veränderlichen Zustand (nichtstationäre Bewegung z. B. Hochwasserwellen, Schwall- und Sunkbildung, Druckänderungen in Rohrleitungen). S. Hydraulik, Hydrodynamik, -mechanik, -statistik.

**Bewegungsfuge · expansion joint.** Fuge, die eine Bewegung der Bauwerksteile gegeneinander gestattet und gegebenenfalls besonders abgedichtet ist.

**Bewegungsrichtung des Grundwassers · direction of ground water flow.** Allgemeine Verschiebungsrichtung des Grundwassers rechtwinklig zu den Grundwasserhöhenkurven.

**Bewuchs · growth.** Wasserorganismen, die auf unbelebten festen Unterlagen, z. B. Steinen, festsitzend leben.

**Bezirkswassermesser · district water meter.** Großwasserzähler zur Messung der Durchflußmengen in den Hauptverteilungsleitungen und zur Bekämpfung der Wasserverluste in den Rohrnetzen.

**Bezugskurve · related curve.** Kurve paarweise zusammengehöriger Beobachtungswerte.

**Biegung, Biegen · bending.** Ein Bauteil heißt auf Biegung beansprucht, wenn mindestens eine seiner eigenen Achsen gekrümmt wird.

**Bier · beer.** Wirkt betonschädlich wegen seines hohen Gehalts an Kohlensäure und organischen Säuren.

**Bildsamkeit (Plastizitätszahl) · coefficient of plasticity.** In der Bodenmechanik wird der Wert $w_{fa} = w_f - w_a$ Bildsamkeit oder Plastizitätszahl genannt. Dabei bedeuten $w_f$ Wassergehalt an der Fließgrenze und $w_a$ Wassergehalt an der Ausrollgrenze.

**Bims · pumice.** 1. Naturbims: sehr poröses, vulkanisches Gestein von heller Farbe. 2. Hüttenbims: zerkleinerte, geschäumte Hochofenschlacke.

**Bimsbeton · pumice concrete.** Beton mit Bims (Natur- oder Hüttenbims) als Zuschlagstoff.

**Bimskies · pumice gravel.** Bims mit Korndurchmesser über 7 mm.

**Bimssand · pumice sand.** Bims mit Korndurchmesser bis 7 mm.

**Bindiger Boden · cohesive soil.** Die Zustandsform eines bindigen Bodens ist durch die Lage seines natürlichen Wassergehaltes zu dem Wassergehalt der Schrumpf-, Ausroll- und Fließgrenze gekennzeichnet; der natürliche Wassergehalt wird an ungestörten und vor dem Verdunsten geschützten Bodenproben bestimmt.

**Binnenberme · inner berm.** 2 bis 6 m breiter horizontaler Streifen an Binnenseite größerer Deiche, um Durchquellen von Wasser durch den Deich zu erschweren und bei hohem Außenwasser sicher zum Deich zu gelangen. Daher oft auch öffentlicher Weg. B. ist mitunter niedriger Vordamm, der 1 bis 2 m über dem Binnenland liegt (sog. Fußdeich). Letzterer zweckmäßig bei Auslagen in Verbindung mit Kuverdeich, der Kolk umschließt.

**Binnenböschung (eines Deiches) · inner slope.** Die dem Polder zugekehrte Böschung.

**Binnendeich · inner dike.** Deich, der einerseits an den Winterdeich, andererseits an hochwasserfreies Gelände anschließt, wodurch zwei oder mehrere Abteilungen im Polder gebildet und die Schäden bei einem etwaigen Deichbruch begrenzt werden.

**Binnenfleet (Binnentief) · tidal slough.** Sammelgraben von Kanälen und Gewässern, die zur Entwässerung eines Polders dienen. B. liegt dicht am Siel und muß groß und tief sein, um bei geschlossenem Siel alle Wasser für bestimmte Zeit aufnehmen zu können, ohne daß das Land überschwemmt wird. Kann bei künstlicher Entwässerung als Pumpensumpf dienen. Geht Schiffahrt durch Siel, dient B. als Hafen.

**Binnenhafen · inland harbor.** Hafen für Binnenschiffe im Gegensatz zu Seehafen.

**Binnenpegel · inland gage.** Pegel im Binnenwasser.

**Binnenschiff · inland craft, barge.** Für Binnenwasserstraßen gelten folgende Schiffsabmessungen:

| | Länge m | Breite m | Tiefgang m | Tragfähigkeit t |
|---|---|---|---|---|
| Finowkahn | 40,20 | 4,60 | 1,40 | 170 |
| Gr. Finowkahn | 41,00 | 5,10 | 2,00 | 300 |
| Saalekahn | 51,00 | 6,20 | 2,00 | 450 |
| Westdeutsches Kanalschiff (Plauer Kahn) | 67,00 | 8,20 | 2,00 | 750 |
| 1000-t-Flußschiff | 80,00 | 10,50 | 1,60 | 1000 |
| 1000-t-Kanalschiff | 80,00 | 9,00 | 2,00 | 1000 |
| Donauschiff | 72,00 | 10,00 | 2,30 | 1200 |
| Rhein-Herne-Schiff | 78,00 | 9,45 | 2,50 | 1300 |

**Binnentief · pond behind a dike.** Teichartige, binnendeichs gelegene Erweiterung eines Entwässerungsgrabens vor einem Siel oder Schöpfwerk zur Speicherung des zufließenden Wassers.

**Binnenvorsiel · inner dike lock.** Bildet Übergang vom Hauptsiel zum Binnentief und liegt an Innenseite des Deichs.

**Binnenwasser · inland water.** Die landwärts eines Deiches, Sieles oder einer Schleuse gelegene Wasserfläche.

**Biochemischer Sauerstoffbedarf (BSB) · biochemical oxygen demand (B.O.D.).** Menge an gelöstem Sauerstoff, die zum völligen oxydativen biologischen Abbau organischer Stoffe im Wasser benötigt wird.

**Biogene Entkalkung · decalcification.** Calciumcarbonatabscheidung im Wasser infolge Kohlensäureentzug durch Assimilation von Pflanzen.

**Biologische Abwasserreinigung · biological sewage treatment.** Natürliche b.A. bedient sich zum Abbau der Schmutzstoffe der reinigenden Kräfte von Erdboden und Wasser sowie der auf und in ihnen befindlichen pflanzlichen und tierischen Lebewesen. Künstliche b.A. faßt die Vorgänge der natürlichen b.A. in einer Kläranlage zusammen und unterstützt sie durch zweckentsprechende Maßnahmen.

**Biologische Wasseruntersuchung · biological analysis.** Biologische Wasseruntersuchung befaßt sich mit der Bestimmung der suspendierten Stoffe, soweit sie nicht für die bakteriologische Untersuchung in Betracht kommen.

**Biologischer Körper · biological filter, bacteria filter.** Aus Sand, Kies, Schlakke, Koks, Ziegel- oder Gesteinsbrocken aufgeschichteter Körper, in dem die im hindurchfließenden oder hindurchtropfenden Abwasser befindlichen organischen Schmutzstoffe durch Kleinlebewesen abgebaut werden. Der Abbau erfolgt so, daß der klebrige Überzug (biologischer Rasen) der Füllgutbrocken die Schwebestoffe adsorbiert, während die im Rasen angesiedelten Kleinlebewesen (vorwiegend Bakterien und Urtierchen) diese Schwebestoffe nebst den gelösten organischen Stoffen zersetzen.

**Biotop · biota.** Lebensraum einer Biozönose.

**Biozönose · biological association.** Lebensgemeinschaft verschiedenartiger Organismen, durch die Umweltbedingungen und durch die Beziehungen zueinander bestimmt.

**Bitumen · bitumen.** Sind die bei der schonenden Aufarbeitung von Erdölen gewonnenen dunkelfarbigen, halbfesten bis springharten, schmelzbaren, hochmolekularen Kohlenwasserstoffgemische und die in Schwefelkohlenstoff löslichen Anteile der Naturasphalte.

**Bitumenband · strip of bituminous burlap.** Bitumenband als Rohrdichtung. Fertiggelieferte Bitumenbänder verschiedener Abmessungen je nach den örtlichen Verhältnissen mit fäulnissicheren imprägnierten Hanfstricken als Einlage (Bewehrung) für Rohrdichtungen aller Typen anstatt Kitte, Vermörtelung und dgl., z. B. Flexiband der Plastiment GmbH. Lieferbar in Rollen von 10 m oder in Stücken nach Maß bzw. Wunsch. Leichte Verarbeitung. Sicherer Schutz gegen höchste Drucke. Wurzelfest.

**Bitumenemulsionen · bitumen emulsion.** Mit Hilfe von Emulgatoren erzielte Aufschlämmungen von fein verteiltem Bitumen in Wasser.

**Bitumengewebe · bituminous burlap.** Dichtungsbahnen aus mit Bitumen getränktem Jutegewebe.

**Bitumenkies (Asphaltkies) · asphaltic gravel.** Gemisch aus Kies – gegebenenfalls unter Zusatz von Sand – und Bitumen mit oder ohne Steinmehl.

**Bitumenlösungen · residual asphalt.** Lösungen von Bitumen (destillierte Bitumen, geblasene Bitumen) in Lösungsmitteln, vorwiegend für Anstrichzwecke.

**Bitumenmörtel · bituminous motar.** Mörtel mit Bitumen als Bindemittel.

**Bitumenpappe · bituminous paper.** Eine mit Bitumen getränkte Isolierpappe zum Schutz von Mauerwerk gegen aufsteigende Feuchtigkeit.

**Bitumensand (Asphaltsand) · asphaltic sand.** Gemisch aus Sand und Bitumen mit oder ohne Steinmehl.

**Bitumenschotter (Asphaltschotter) · asphaltic coarse gravel.** Gemisch aus Schotter – gegebenenfalls unter Zusatz von Kies, Splitt oder Sand – und Bitumen mit oder ohne Steinmehl.

**Bitumensplitt · bitumen-coated chippings.** Gemisch aus Splitt – gegebenenfalls unter Zusatz von Sand – und Bitumen mit oder ohne Steinmehl (je nach Korngröße Fein- oder Grobsplitt).

**Bituminös · bituminous.** Bezeichnung für Stoffe, die Bitumen, Teer und (oder) Pech in irgendeinem Prozentsatz enthalten. Bituminöse Stoffe kommen entweder in der Natur vor oder werden technisch hergestellt. Bituminöse Erzeugnisse sind dadurch gekennzeichnet, daß Bitumen, Teer und (oder) Pech zu ihrer Herstellung maßgeblich verwendet werden.

**Blähschlamm · bloating sludge.** Krankhaft aufgeblähter, stark wasserhaltiger Schlamm, der sich an Stelle des gesunden Belebtschlammes beim Belebungsverfahren bilden kann, wenn die Reinigungsanlage überlastet oder unterbelüftet wird. Der Blähschlamm hat gegenüber dem gesunden Belebtschlamm von 98,5 % Wassergehalt einen solchen von mehr als 99,0 bis 99,75 %.

**Blänke des Grundwassers · ground-water pond.** Vertiefte Stelle im Gelände, die eine mit dem Grundwasser ausgespielte Wasseransammlung ohne oberirdischen Zu- und Abfluß enthält.

**Bleichsand · bleach sand.** Durch die nach unten gespülten sauren Humusstoffe der Heidedecke stark ausgelaugte, nährstoffarme, in feuchtem Zustand graue bis graublaue Sandschicht unter dem Rohhumus der Heideböden.

**Bleiregion (Brassenregion) · sar region.** Unterlauf größerer Flüsse bis zur Brackwasserregion, geringere Fließgeschwindigkeit und mäßige bis stärkere Eutrophierung.

**Blindflansch · blank flange, blind flange.** Deckel, der ein Rohr abschließt.

**Blinkfeuer · beacon.** Weißes oder farbiges Leuchtfeuer an Schiffahrtsstraßen, bei denen Pausen völliger oder nichtvölliger Dunkelheit (festes Feuer) mit Blinken oder Blinkgruppen (Gruppenblinkfeuer) abwechseln.

**Blockbauweise · block-construction method.** Schöpfwerksbauweise, bei der Einlaufbauwerk (Binnensumpf), Maschinenhaus und Auslaufbauwerk (Außensumpf) zu einem zusammenhängenden Bauwerk vereinigt sind, das den Deich zerteilt.

**Blockfundament · concrete-block footing.** Fußartige Verbreiterung einer Stütze in Form von aufeinandergesetzten unbewehrten Betonblöcken, in welchen sich die Stützenlast unter einem Neigungswinkel von 45 bis 60° bis zum Baugrund hin ausbreitet.

**Blockgründung · concrete-brock foundation.** Offene Gründung im Wasser, bei der große, an Land hergestellte Betonblöcke unter Wasser durch Hebezeuge versetzt werden.

**Blockwandwehr · timber dam.** Dichtes, festes Wehr, dessen Stauwand aus übereinanderliegenden Kanthölzern besteht. Kanthölzer lehnen sich gegen senkrecht stehende Hölzer, die gegen Bohlenbelag des Sturzbodens abgesteift sind. Wehrhöhe bis zu 1,50 m. B. ist Sturzwehr. S. auch Spundwandwehr.

**Boden · soil.** Aus festen Einzelteilchen bestehende obere Schicht der Erdrinde, die in ihren Hohlräumen Wasser und Luft oder eines von beiden und im oberen Teil meist noch Kleinlebewesen und Pflanzenwurzeln enthält.

**Bodenanzeigende Pflanzen · soil indicating plants.** Es gibt etwa 60 verschiedene typische Arten von Pflanzen, die an eine bestimmte Beschaffenheit des Bodens gebunden sind, z. B. Kupfer-, Salz-, Soda-, Eisenpflanzen usw., Pflanzen auf saurem Boden, kalkfeindliche und kalkliebende Pflanzen. Aus der Abhängigkeit der Pflanzenarten von der Bodenbeschaffenheit können praktische Folgerungen gezogen werden, z. B. für die Anpflanzung rutschsüchtiger Lehme, für die Aufforstung lawinengefährdeter Gebiete usw.

**Bodenarten (als Baugrund) · kinds of soil.** Die als Baugrund in Frage kom-

| Bodenart | Korngröße (mm) | Bodenart | Korngröße (mm) |
|---|---|---|---|
| Steine, Blöcke | >63 | Sand | 0,06 –2 |
| Kies (Grand) | 2–63 | Grobsand | 0,6 –2 |
| Grobkies | 20–63 | Mittelsand | 0,2 –0,6 |
| Mittelkies | 6–20 | Feinsand | 0,06 –0,2 |
| Feinkies | 2–6 | Schluff | 0,002–0,06 |
| | | Ton | <0,002 |

Wenn die betreffende Bodenart nur als Beimengung vorhanden ist, wird sie als kiesig, mittelsandig usw. bezeichnet.

*Bezeichnung der Hauptbodenarten (nach DIN 4023)*

menden Bodenarten verhalten sich gegenüber Bauwerklasten verschieden. Es werden drei Gruppen unterschieden:
1. Nichtbindige Böden (z. B. Sand, Kies, Geröll und ihre Mischungen);
2. Bindige Böden (z. B. toniger Schluff, Ton und seine Mischungen, auch mit nichtbindigen Bodenarten, wie sandiger Ton, Lehm, Mergel);
3. Sonstige Böden, z. B. Fels, organische Böden wie Torf und Faulschlamm, Aufschüttungen. Siehe ebenfalls Bezeichnung der Hauptbodenarten (nach DIN 4023).

**Bodenaufschwemmung · soil suspension.** In einer Flüssigkeit aufgeteilter Boden.

**Bodenbelüftung · soil aeration.** Für Pflanzenwuchs ist Versorgung der Kulturböden mit atmosphärischer Luft notwendig entweder durch Dränung und Entwässerung oder bei schweren Ton- und Torfböden durch strohigen Dünger und Sand. Sonst Bearbeitung durch Hacken usw. oder durch tiefe Zwischenfurchen (Pflügen).

**Bodendruck · soil pressure.** Der Bodendruck einer Flüssigkeit ist nur von der Höhenlage der freien Oberfläche abhängig, nicht aber von der Form des Gefäßes oder der eingeschlossenen Wassermenge.

**Bodenerosion · surface erosion, soil erosion.** Bodenerosion liegt vor, wenn gleichzeitig ein großes Gebiet durch Einwirkung von Sonne, Wind und Wasser abgetragen wird. S. Denudation, Seitenerosion, Tiefenerosion.

**Bodenfeuchte · soil moisture.** Anteil der im Boden vorhandenen Wassermenge als Trockengewichts- oder Porenanteil.

**Bodenfilter · soil filter.** Bis 0,4 ha große, gedränte, gleichmäßig eingeebnete Bodenfläche, die unter Verzicht auf landwirtschaftliche Nutzung mit in Absetzbecken vorgereinigtem Abwasser beschickt wird, um es durch die Filter- und Bakterienwirkung des Erdbodens zu reinigen.

**Bodengefüge (Bodenstruktur) · soil structure.** Anordnung der Bodenteilchen zueinander.

**Bodenhorizont, Bodenband · soil horizon.** Durch Sicker- und Grundwasser im Zusammenwirken mit Pflanzenwuchs, Klima, Bodenverlagerungen und Bodeneinlagerungen bedingte Gliederungseinheit des Bodenprofils.

**Bodenkörnung · grain-size distribution.** Kornzusammensetzung des Bodens.

**Bodenkrume (Mutterboden) · surface soil.** Oberste, Humus und Kleinlebewesen enthaltene Bodenschicht.

**Bodenkundliche Karten · soil investigation charts.** Kartographische Darstellung der Ergebnisse der Bodenuntersuchung.

**Bodenluft · ground air.** Die im Boden enthaltene Luft.

**Bodenmechanik · soil mechanics.** Wissenschaftliche Erforschung der physikalischen, chemischen und mechanischen Eigenschaften des Bodens und ihrer technischen Verwertung in der Baupraxis für den Boden als Baugrund, Grundwasserträger und Baustoff.

**Bodenphysik · soil physics.** Ist der Teil der Bodenmechanik, der sich mit den physikalischen Eigenschaften der Böden befaßt, zwecks Bestimmung der Bodenart und hinsichtlich der Eignung des Bodens als Baugrund und als Baustoff.

**Bodenpressung · soil pressure.** Beanspruchung des Baugrundes unter der Fundamentsohle.

$N$ = Anzahl der Rammschläge auf je 30 cm Eindringungstiefe der Standardsonde,
$p_{zul}$ = vorgeschlagene zulässige Bodenpressung in kg/cm².

| Lagerungsdichte des Sandes | locker | mittel | dicht | sehr dicht |
|---|---|---|---|---|
| $N$ | < 10 | 10–30 | 30–50 | > 50 |
| $p_{zul}$ | Verdichtung erforderlich | 0,7–2,5 | 2,5–4,5 | > 4,5 |

Die Werte gehen von einer Maximalsetzung von 5 cm aus.

*Vorschlag für die zulässigen Bodenpressungen bei Plattengründungen auf Sand*

| Beschaffenheit des Tones | $N$ | $q_u$ | $p_{g\infty}$ | $p_{gQ}$ | $p_{zul}$ Quadrat $1{,}2\,q_u$ | $p_{zul}$ Streifen $0{,}9\,q_u$ | $p'_{zul}$ Quadrat $1{,}8\,q_u$ | $p'_{zul}$ Streifen $1{,}3\,q_u$ |
|---|---|---|---|---|---|---|---|---|
| sehr weich | < 2 | < 0,25 | < 0,71 | < 0,92 | < 0,30 | < 0,22 | < 0,45 | < 0,32 |
| weich | 2–4 | 0,25 bis 0,50 | 0,71 bis 1,42 | 0,92 bis 1,85 | 0,30 bis 0,60 | 0,22 bis 0,45 | 0,45 bis 0,90 | 0,32 bis 0,65 |
| mittel | 4–8 | 0,50 bis 1,00 | 1,42 bis 2,85 | 1,85 bis 3,70 | 0,60 bis 1,20 | 0,45 bis 0,90 | 0,90 bis 1,80 | 0,65 bis 1,30 |
| steif | 8–15 | 1–2 | 2,85 bis 5,70 | 3,70 bis 7,40 | 1,20 bis 2,40 | 0,90 bis 1,80 | 1,80 bis 3,60 | 1,30 bis 2,60 |
| sehr steif | 15–30 | 2–4 | 5,70 bis 11,40 | 7,40 bis 14,80 | 2,40 bis 4,80 | 1,80 bis 3,60 | 3,60 bis 7,20 | 2,60 bis 5,20 |
| hart | > 30 | > 4 | > 11,4 | > 14,8 | > 4,80 | > 3,60 | > 7,20 | > 5,20 |

$N$ = Anzahl der Schläge für 0,30 m (1 Fuß) Eindringungstiefe beim Standard-Sondenversuch,
$q_u$ = Zylinderdruckfestigkeit in kg/cm²,
$p_{g\infty}$ = Grenztragfähigkeit unendlich langer Streifenfundamente in kg/cm²,
$p_{gQ}$ = Grenztragfähigkeit für quadratische Fundamente in kg/cm²,
$p_{zul}$ = vorgeschlagene normal zulässige Beanspruchung in kg/cm² ($\eta = 3$)
$p'_{zul}$ = vorgeschlagene maximal zulässige Beanspruchung in kg/cm² ($\eta = 2$)
$\eta$ = Sicherheitsgrad gegen Grundbruch.

*Vorgeschlagene zulässige Bodenpressung für Ton*

**Bodenprobe · soil sample.** Entnahme von Boden an Ort und Stelle zur Feststellung der natürlichen Bodenbeschaffenheit. Man unterscheidet: ungestörte Bodenprobe (Lagerungszustand und Wassergehalt wurden durch die Probenahme nicht verändert.

Gestörte Bodenprobe (Lagerungszustand und Wassergehalt wurden durch die Probenahme verändert).

Die Untersuchung der Bodenprobe dient der Feststellung der Zusammendrückbarkeit, Rutschgefährlichkeit, Frostgefährlichkeit, Prüfung des Bodens auf chemische Eigenschaften.

**Bodenprofil · soil profile.** Ein senkrechter Schnitt durch den Boden mit der zeichnerischen Darstellung der durchbohrten Bodenschichten.

**Bodenraum · soil volume.** Der von den festen Teilchen und den Hohlräumen einer Bodenprobe eingenommene Raum.

**Bodenreinigende Bewässerung · soil conditioning irrigation.** Zuführen von Wasser in einer Menge, daß die im Boden befindlichen pflanzenschädlichen Stoffe aufgelöst und ausgewaschen oder die tierischen Schädlinge im Boden vertilgt werden.

**Bodenschicht · soil strata, layer.** Durch Ablagerung entstandener gleichartiger Teil des Bodenprofils.

**Bodenschweiß · ground sweat.** In geringen Mengen verteilt zutage tretendes Wasser im Gegensatz zur Quelle (= Quetschwasser nach Reichle).

**Bodentextur · soil texture.** Korngestaltung des Bodens.

**Bodentypen · types of soil.** Bodentypen kennzeichnen die für die Bildung des Bodens maßgebenden Faktoren wie Klima (Wasser, Temperatur, Wind), physikalische, chemische und biologische (Pflanzen und Tiere) Faktoren. Man unterscheidet:

| Bodentyp | wirksame Kräfte |
|---|---|
| Verwitterungsböden | Verwitterung an Ort und Stelle |
| Diluvialböden | Eis |
| Schwemmböden | Wasser |
| Wind- und Lößböden | Wind |

**Bodenuntersuchung · soil investigation.** Teil der Baugrunduntersuchung, Feststellung der physikalischen, chemischen und damit der mechanischen Eigenschaften eines Bodens durch Feld- und Laboratoriumsversuche.

**Bodenverdichter · soil compacting machine.** Maschine zum Verdichten angeschütteten Bodens, auch von Straßen- und Gleisschotter, sowie zur Untergrundverdichtung.

**Bodenverdichtung · soil compaction.** Künstliche Erhöhung der Lagerungsdichte durch Walzen, Stampfen und Rütteln. Bei bindigen Böden ist die B. vom Wassergehalt abhängig. Einbau mit optimalem Wassergehalt ist anzustreben. Die B. bewirkt eine Erhöhung der Scherfestigkeit und verringert die nachträgliche Setzung von Dämmen, Grabenverfüllungen u. ä.

**Bodenverdunstung · soil evaporation.** Unmittelbare Verdunstung vom Boden, also ohne Pflanzenverdunstung.

**Bodenverfestigung · soil stabilization.** Maßnahmen zur Erhöhung der Festigkeitseigenschaften des Bodens im gewachsenen oder gestörten Zustand, z. B. Injektionen von Suspensionen (Zement), Lösungen (Wasserglaslösung) und Emulsionen (Bitumen); elektrochemische Behandlung: Gefrierverfahren.

**Bodenversteinerung · soil petrifacation.** Umwandeln des Baugrundes zu einem zusammenhängenden Gesteinsblock durch Zementinjektionen oder Einpressen von Kieselsäure-Gel in ein Netz von Einpreßlöchern.

**Bodenwasser · subsurface water.** Das im Boden unabhängig vom Grundwasser auf schwer durchlässigen Schichten aus den Niederschlägen zeitweilig sich bildende ungespannte und nur der Schwere unterworfene Wasser.

**Bogen · arch; beam.** In der Baukonstruktion: gewölbtes Tragwerk, das eine Öffnung überspannt. In der Baustatik: Träger, der bei senkrechten Lasten nach außen gerichtete Stützkräfte auf die Auflager überträgt.

**Bogengewichtsmauer (Staumauer) · arch-gravity dam.** Vereinigt in statischer Wirkung reine Gewichtsstaumauer und dickes Gewölbe (hat gegenüber Gewichtsstaumauer geringeren Mauerinhalt).

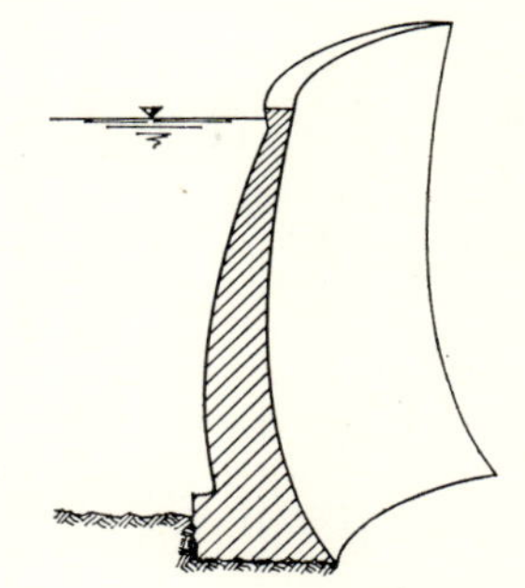

*Bogenstaumauer*

**Bohle · plank.** 40 bis 100 mm dickes, mindestens 120 mm breites Schnittholz, besäumt oder unbesäumt.

**Bohlwand (Bohlwerk, Bollwerk) · sheet piling.** Leichte, senkrechte oder annähernd senkrechte Stützwand aus Pfählen und Bohlen oder Platten zur Begrenzung des Erdreichs im Trockenen oder am Wasser.

**Bohlwerk, Bollwerk · bulkhead.** Leichte, in der Regel senkrechte Stützwand aus Bohlen und Pfählen oder aus Platten bei Erdeinschnitten und Uferbefestigungen aus Holz, Stahl, Stahlbeton.

**Bohrbrunnen · drilled or bored well.** Durch Bohren hergestellter Brunnen.

**Bohrdiagramm · drilling chart.** Zeichnerische Darstellung des Arbeitsfortschrittes und der Arbeitsweise beim Bau eines Brunnens. Von Tag zu Tag eine Schaulinie in einem Koordinatennetz eingetragen, waagrechte Teilung in Tagen, senkrechte Teilung nach Tiefen. Ruhetage, Reinigungsarbeiten und Störungen machen sich durch eine waagrechte Linie bemerkbar.

**Bohrfähigkeit eines Gesteins · resistance to drilling.** Größe und Art des Widerstandes, den das Gestein dem Angriff des Bohrers entgegensetzt. B. abhängig von Druckfähigkeit, Härte und Struktur des Gesteins. Für die Auswahl des in jedem Fall (Stollen- oder Tunnelbau, Baugrubenaushub, Steinbruchbetrieb) günstigsten Bohrgeräts werden zur einwandfreien Feststellung der B. zweckmäßig Probebohrungen durchgeführt.

**Bohrloch (senkrechte Belastung) · drill hole load test, (vertical load).** Während bei den Sondierungen nur der Widerstand gegen das Eindringen der Sonde, also der Bruchwiderstand des Bodens gemessen wird, prüft man bei der senkrechten Belastung im Bohrloch sein elastisches Verhalten durch Belastung eines Stempels mit plattenförmiger Spitze.

**Bohrloch (waagerechte Belastung) · drill hole load test, (horizontal load).** Bei der waagerechten Belastung im Bohrloch wird das elastische Verhalten des Bodens gegen seitlichen Druck nach Entfernung des Bohrrohres untersucht. Neuere Verfahren arbeiten außerdem mit einer Torsionsbeanspruchung in der Sohle des Bohrloches.

**Bohrlöffel · drilling spoon.** Löffel aus Stahl mit winkelrechter Löffelfläche, zum Entfernen des Steinmehls aus Bohrlöchern.

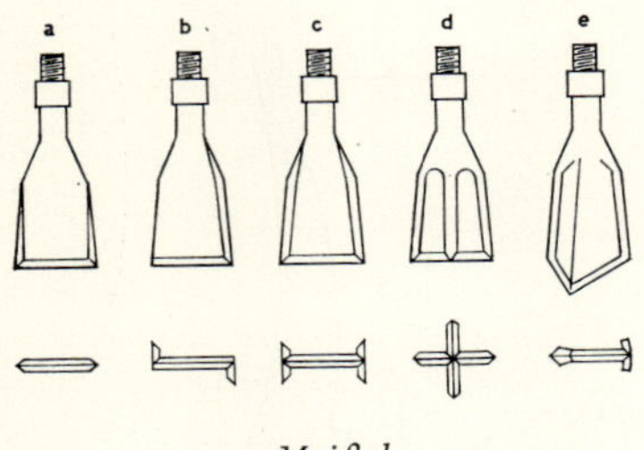


*Meißel*

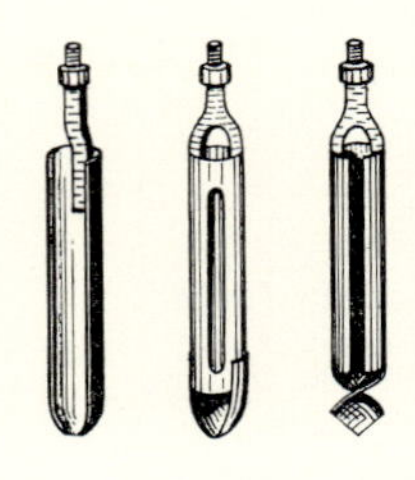

*Bohrlöffel*

**Bohrmehl · boring material.** Entsteht durch das Bohren in einem Bohrloch, seine Beseitigung für den Bohrbetrieb von ausschlaggebender Bedeutung. Sie erfolgt je nach Richtung des Bohrloches: 1. durch die eigene Schwerkraft, 2. durch eine Transportschnecke in Gestalt des Schlangen- und Schwertstahlbohrers, 3. durch Wasserspülung, 4. durch Luftspülung, 5. durch Bohrlöffel, s. dort.

**Bohrpfahl · drilled pile.** Bohrpfähle sind Ortbetonpfähle, bei denen das Vortreibrohr im Bohrverfahren eingebracht wird.

**Bohrprobe · drilling sample.** Dem Baugrund durch Bohren in verschiedenen Tiefen entnommene Bodenprobe.

**Bohrregister · boring log.** Betriebsbericht des Bohrmeisters einer Brunnenbaustelle auf Grund der Eintragungen im Bohrdiagramm.

**Bohrrohr · well casing.** Stahlrohr zum Bohren von Brunnen. Zur Verhütung des Zusammenstürzens der Bohrlöcher bleiben die B.e bis zur Fertigstellung des Brunnens als Mantelrohr sitzen.

**Bohrturm · drilling derrick.** Förder-(Bohr-)Gerüst einer Tiefbohrung als Drei- oder Vierbock aus Holz oder Stahl, als verschalter oder unverschalter B.

**Bohrwagen · drilling platform.** Fahrbares Gerüst zur gleichzeitigen Herstellung mehrerer Bohrlöcher, vor allem im Tunnel- und Stollenbau, indem Bohrhämmer und Bohrmaschinen statt einzeln aufgestellt in dem Gerüst entsprechend der vorgesehenen Bohrrichtung gelagert sind.

**Boje · buoy.** Verankerter tonnenförmiger Schwimmkörper aus Holz, Eisen, Kork oder dgl. für Schiffahrtszwecke z. B. als Seezeichen.

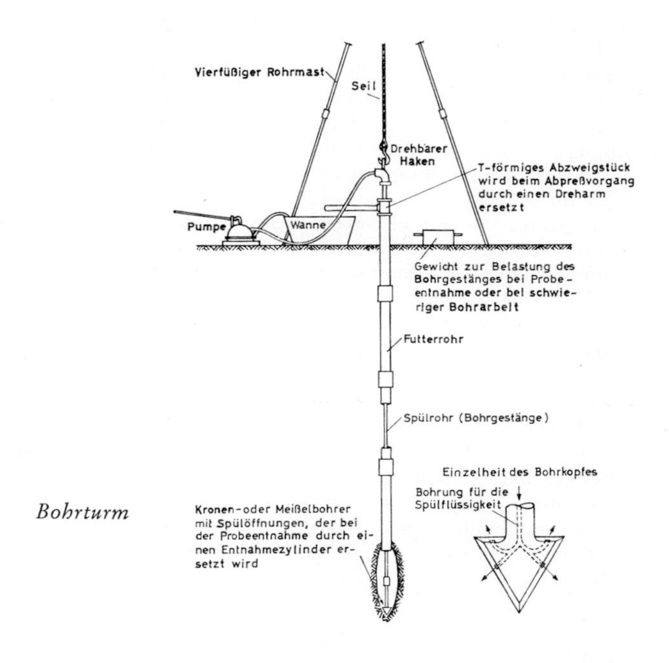


*Bohrturm*

**Bojenreep · mooring cable of a buoy.** Tau zur Verbindung der schwimmenden Boje mit auf Grund liegendem Anker oder Stein.

**Bore · bore.** In Flußmündungen aufwärtswandernde Flutwelle (Füllschwall, Stauschwall) mit fast senkrechtem Kopf. Besonders ausgeprägt bei nach aufwärts sich verengenden Mündungen.

*Bore*

**Böschung · slope.** Geneigte Begrenzungsfläche im Auftrag und im Einschnitt von Erdbauwerken.

**Böschungsbreite · width of bank.** Breite einer Böschungsfläche in Richtung der kürzesten Böschungslinie.

**Böschungsbruch · slope failure.** Böschungsbruch tritt auf, wenn die Böschungsneigung steiler ist, als Festigkeit und Belastungsverhältnisse es gestatten. Die angreifenden Kräfte sind Eigengewicht, Auflast und Strömungsdruck. Der Bruch erfolgt nach der ungünstigsten Gleitfläche mit dem geringsten Schubwiderstand.

**Böschungsfläche · area of embankment.** Böschungsbreite mal Böschungslänge. $F_b = B_b \cdot L$.

**Böschungsflügel · wing wall.** Bei Kreuzungsbauwerken von Dämmen (Durchlässe, Brücken u. ä.) Stützmauer, die senkrecht oder schräg zur Dammachse angeordnet mit ihrer Oberkante in der Böschungsfläche liegt.

**Böschungsgrundbreite · base width of embankment.** Grundriß (Horizontalprojektion) der Böschungsbreite.
$Bg = n \cdot T$

**Böschungslänge · length of embankment.** Länge einer Böschungsfläche in der Grabenrichtung.

**Böschungsneigung · inclination of slope.** Tangens des Böschungswinkels $\alpha$; Verhältnis der Grabentiefe T zur Böschungsgrundbreite Bg; man spricht von der Böschungsneigung 1 : n oder auch von einer n-fachen Böschung.

**Böschungspflaster · paved slope.** Zum Schutz gefährdeter Böschungen mit rohen Bruchsteinen von 20 bis 25 cm Stärke in Sand verlegt. Böschungsneigung 1 : 1 und steiler, entlang von Gewässern durch Böschungsfuß zu sichern.

**Böschungsschutz · slope protection.** Sicherung des Erdkörpers gegen die Einwirkungen der Luft, des Wassers, des Frostes, der Verwitterung.

**Böschungswinkel · angle of slope.** Der «Böschungswinkel» ist der Neigungswinkel der Böschung eines frisch geschütteten Bodens gegen die Waagerechte. Bei den nichtbindigen Böden kann er als eine unveränderliche Bodeneigenschaft angesehen werden. Seine Feststellung kommt deswegen nur für diese in Betracht.

**Bossen · bossage.** Roh bearbeitete, absichtlich unregelmäßig gelassene Ansichtsfläche eines Naturstein-Werkstückes.

**Boussinesq ,V. J.** Geb. 1842, entwickelte 1872 in seinem «Essai de la théorie des eaux courantes» die Bewegung des Wassers in offenen Betten und Rohren, behandelte u. a. die ungleichförmige Bewegung, wie sie bei Hochwasser und bei der Einwirkung von Ebbe und Flut eintritt.

**Brackwasser · brackish water.** Eine Mischung von Süß- und Salzwasser im Tidegebiet eines Flusses.

**Brackwasserregion · brackish water region.** Mischbereich von Süß- und Meerwasser.

**Brandkultur · cultivation by burning.** Veraltetes Verfahren der Hochmoorkultur, bei dem das notdürftig entwässerte Moor in der obersten Schicht gebrannt und bis zu seiner Erschöpfung an Pflanzennährstoffen 6 bis 8 Jahre ohne jegliche Düngung primitiv genutzt wird. Nach etwa 30 Jahren der Ruhe kann erneut mit der Brandkultur begonnen werden.
Verbotene Nutzungsweise!

**Brandungswelle · breaker.** Wellenbewegung mit waagerechtem Transport von Wassermassen.

**Brauchwasser · polluted water; industrial water.** 1. Benutztes Wasser aus den Gebäuden, wie Küchenspülwasser, Waschwasser, Abortspülwasser usw.; 2. nicht zum unmittelbaren menschlichen Genuß, sondern für die Versorgung von Betrieben bestimmtes Wasser, das hygienisch nicht einwandfrei zu sein braucht, zum Sprengen von Straßen und Gärten, Feuerlöschen, Waschen und Sortieren von Kohlen.

**Brauchwasserversorgung · industrial water supply.** Von der Trinkwasserversorgung vollständig getrennte Wasserversorgung. Die Wassergewinnung der B. stützt sich häufig auf Oberflächen- und Flußgrundwasser. Im allgemeinen ist die Anlage einer Brauchwasserversorgung im Bau und Betrieb teurer als ein Anschluß an die Trinkwasserversorgung.

**Braunkohlenteer · brown-coal tar.** Teer, der bei der Schwelung oder Verkokung von Braunkohlen gewonnen wird.

**Breccie, Brekzie · breccia.** Trümmersedimentgestein aus eckigen Gesteinsbruchstücken, die tonig, kalkig oder kieselig verkittet sind.

**Brechen von Emulsionen · breaking of emulsions.** Vereinigung der emulgierten Phase, z. B. bei Anstrich- und Straßenbauemulsionen die Bildung des Films aus den emulgierten Bindemitteltröpfchen unter Ausscheidung des Emulsionswassers.

**Brechpunkt · rupture point; change of slope.** 1. Temperatur bituminöser Stoffe, bei der Plastizität verschwindet und Probe bei Biegebeanspruchung bricht. 2. Punkt an dem sich die in längeren Strecken, Straßen usw. gleichmäßige Neigung ändert.

**Brechsand · crushed sand.** Sand aus gebrochenen Gesteinen bis 7 mm Korndurchmesser.

**Breiiger Boden · pappy soil.** Boden, der in der geballten Faust gepreßt, zwischen den Fingern hindurchquillt.

**Brennpunkt · ignition point.** Niedrigste Temperatur einer brennbaren Flüssigkeit, bei der sich – in einem Apparat vereinbarter Bauart – oberhalb des Flüssigkeitsspiegels mit solcher Geschwindigkeit Dämpfe bilden, daß sie im Gemisch mit der über dem Flüssigkeitsspiegel ständig hinzuströmenden Luft schon bei kurzer Einwirkung einer Zündflamme weiterbrennen.

**Bruchbelastung · breaking load.** Belastung eines Probekörpers bis zum Bruch.

**Bruchdehnung (eines Probestabes) · permanent elongation.** Die nach einem Zerreißversuch gebliebene Verlängerung, bezogen auf die ursprüngliche Meßlänge.

**Bruchgrenze · ultimate stress.** Die Druckspannung im Beton bzw. Zugspannung im Stahl, die den Bruch verursacht.

**Bruchlast (eines Bauteiles) · breaking load, failure load.** Last, die überschritten werden muß, um einen Bruch herbeizuführen.

**Bruchstein · quarry stone, quarry rock.** Unbearbeiteter, lagerhafter, im Steinbruch gewonnener Naturstein.

**Bruchsteinmauerwerk · quarry-stone wall.** Aus natürlichen, lagerhaften Steinen (Bruchstein, Feldstein, oder Findling) mit Mörtel hergestelltes Mauerwerk.

**Bruchzustand · state of failure.** Dabei wird die Festigkeit des Materials überwunden, d. h. die Grenze des inneren Gleichgewichtes ist erreicht.

**Brücke · bridge.** Bauwerk zur Überführung eines Verkehrsweges, bestehend aus dem Unterbau (Pfeiler, Widerlager, beide mit Gründungen und Auflagen) und dem Überbau (Tragwerk mit darüber, dazwischen oder darunter liegender Fahrbahn).

**Brückenfähre · bridge ferry.** Hochliegende stählerne Brückenkonstruktion mit fahrbar angehängten Körben aus Stahlkonstruktion von rechteckigem Grundriß zur Aufnahme von Personen und Fahrzeugen, die darin in Höhe der am Ufer endenden Zufahrtsstraßen von einem Ufer zum anderen gefahren werden (ähnlich den Schiffsfähren).

**Brückenpfeiler · bridge pier.** Unterbau und Stütze für den Überbau der Brücke als End- oder Uferpfeiler, Mittel- oder Zwischenpfeiler. Landpfeiler steht im Trockenen. Strompfeiler im Wasser.

**Brückenstau, Pfeilerstau · backwater at bridge pier.** Stau, hervorgerufen durch Einbauten im Wasserlauf.

**Brunnen · well.** Künstlich hergestellter, lotrechter Aufschluß zur Gewinnung von Grundwasser. Quellen, Sickerstollen und Wasserzapfstellen sind keine Brunnen.

**Brunnenausrüstung · well facilities.** Besteht aus Filterboden, Schlamm- oder Sandfangrohren, Filterrohr aus Metall mit Filtergewebe, Steinzeug, Holz, Porzellan, Glas, Kunstharz mit umhüllender Kiesschüttung oder -packung, dem darüber befindlichen Aufsatzrohr bis zur Erdoberfläche oder Brunnenschachtsohle, dem Einhängesaugrohr, dem Brunnenkopf mit Krümmer und Meßvorrichtungen, Absperrschieber, Peilrohr.

**Brunnenbohrung · well drilling.** Herstellen von tiefen senkrechten Bohrlöchern (Brunnen) für Wasserhaltungs- und Wassergewinnungszwecke.

**Brunnenergiebigkeit · yield of a well.** In der Zeiteinheit entnommene Wassermenge bei einer bestimmten im Dauerbetrieb gleichbleibenden Absenkung des Wasserspiegels im Brunnen (Wasserandrang).

**Brunnengründung · cassion foundation.** Brunnengründung gehört zu Schachtgründung. Oben und unten offener Hohlkörper meist kreisrunder, aber auch beliebiger Grundrißform, wird auf Erdboden aufgesetzt und durch Abgraben des Bodens in seinem Innern und Herausbefördern desselben bis auf tragfähigen Baugrund durch nicht tragfähige Bodenschichten hindurch abgesenkt. Anschließend erfolgt Ausfüllen des Brunnens mit Sand, Steinen, Mauerwerk oder Beton. Bodenaushub im Trockenen, mittels Greifbagger oder Spülpumpen unter Wasser.

**Brunnenhöchstergiebigkeit · maximum well discharge.** Größte Wassermenge, welche die Wandungen eines Brunnens in der Sekunde einzulassen vermögen, wenn der Brunnen fast oder ganz leer gepumpt wird.

**Brunnenkopf · well top.** Oberer Abschluß eines Bohrbrunnens zum Zwecke der Abdichtung und Bedienung.

**Brunnenkranz · lower well casing.** Unteres Anschlußstück eines Senk-(Schacht-)Brunnens, auf das Brunnenwandung aufgesetzt wird. Früher aus Holz, heute meist aus Stahl oder Stahlbeton. Querschnitt des Kranzes zwecks leichteren Eindringens in Boden möglichst keilförmig.

**Brunnenleistung · well capacity.** Größtmögliche Entnahmemenge in der Zeiteinheit, abhängig von Abmessung und Bauart des Brunnens sowie der Durchlässigkeit des Untergrundes (Fassungsvermögen).

**Brunnenpfeife (Rangscher Spiegelmesser) · well whistle.** Zur Messung des Grundwasserspiegels in Brunnen oder Beobachtungsrohren dienendes, an Rollbandmaßstab aufgehängtes Gerät mit achsialer Bohrung, die am oberen Ende mit kleinem Pfeifenschlitz aufgeschlossen ist, durch den die eingeschlossene Luft beim Absenken entweicht und hierbei wahrnehmbaren Ton gibt. Die Eintauchtiefe wird nach den mit Wasser gefüllten kleinen Bechern bestimmt.

**Brunnenreihe · series of wells, well field.** Brunnenreihe besteht aus mehreren (maximal 8 bis 12) Brunnen, die durch Saug- oder Heberleitungen zu Brunnengruppe zusammengefaßt werden, wenn ein Einzelbrunnen nicht mehr ausreicht.

**Brunnenrohr · well casing.** Gelochtes (geschlitztes) Rohr zur Wasseraufnahme, meist mit Kiesschüttung (oft Brunnenfilter genannt) oder vollwandiges Rohr (Sumpfrohr, Zwischenrohr, Aufsatzrohr).

**Brunnenziegel · well brick.** Keilförmiger Mauerziegel zum Bau von Brunnen mit kreisrundem Querschnitt.

**Brustmauer (Brustwehr) · parapet wall.** Am Rande von Molen und Wellenbrechern gegen Überschlagen der Wellen aufgebaute Mauer.

**Brüstung · balustrade.** Als niedrige Mauer hergestellter Schutz für Fuhrwerke und Fußgänger an Ufern und auf Brücken sowie im Hochbau bei Balkons, Terrassen und Dachaltanen. Normalhöhe 90 cm, bei sehr hohen Bauwerken wegen Schwindelgefahr höher.

**$BSB_n$ · biochemical oxygen demand for «n» day's.** Menge an gelöstem Sauerstoff, die zum oxydativen biologischen Abbau organischer Stoffe im Wasser in n Tagen (üblicherweise n = 2, n = 5) bei 20° C benötigt wird.

**Buhne · groin.** Dammartiges, quer zur Flußrichtung liegendes Regelungsbauwerk im Flußbau zum Einengen des Wasserlaufquerschnitts. Baustoff: Faschinen, Steine, Sand mit Steinbedeckung.

**Buhnenfeld · groin field.** Wasserfläche zwischen zwei Buhnen, die im Laufe der Zeit verlanden soll.

**Buhnenkammer · groin bay.** Am Ufer hergestellte Baugrube zur Aufnahme der Buhnenwurzel, in der zum Halten der ersten Faschinenlage Buhnenpfähle eingeschlagen werden.

**Buhnenkopf · groin head.** Flußseitiges Ende einer Buhne.

**Buhnenpfahl · groin pile.** Zugespitzter Pfahl zum Befestigen von Faschinenwürsten auf Packwerk, Spreutlage oder Rauhwehr. Länge von B. bis zu 1,50 m, Durchmesser 5 bis 7 cm.

**Buhnenwurzel · groin root.** Landseitiges, in das Ufer eingebundenes Ende einer Buhne.

**Bülte (Kaupe) · rush.** Mit zähen Wurzeln und Halmen durchsetzte Horste von Gräsern, Halbgräsern (Seggen) und Binsen, auch kleine von Heidekraut durchwachsene Torfmooshügel.

**Bunkerde · top layer of moor.** Ehemals obere, etwa 50 cm mächtige Schicht der Hochmoore, die nach der technischen Ausbeutung des Torfs später als Kulturboden (Leegmoorkultur, Fehnkultur) dient.

**Buschdeich · dike with brush revetment.** Deich, zu dessen Schutz an Außenseiten Rasen, Rohr, Stroh, Buschwerk usw. verwendet werden.

**Buschwehr · brush weir.** Wasserdurchlässiges festes Wehr einfachster Art, bei dem Sinkwalzen quer ins Flußbett übereinander gelegt werden.

**Busenschöpfwerk · pumping station.** Schöpfwerk, welches das Wasser eines großen Binnenvorfluters hebt, dem selbst weitere kleinere (Polder-)Schöpfwerke das Wasser der Niederung zuleiten.

**Calciumbicarbonat · calcium bicarbonate.** Calciumkarbonat löst sich in kohlensäurehaltigem Wasser unter Bildung von Calciumbicarbonat $CaH_2(CO_2)_3$ auf. Ursache der vorübergehenden Härte, da durch Kochen angelagerte Kohlensäure wieder ausgetrieben und unlösliches Calciumkarbonat zurückgebildet wird.

**Calciumchlorid · calcium chloride.** Chlorcalcium $CaCl_2$, zieht begierig Wasser an und wird für Raumtrocknung und Gastrocknung verwendet. Setzt Gefrierpunkt des Wassers herab, deshalb als Frostschutzmittel für Zementmörtel angeboten. Wirkt erhärtungsbeschleunigend und ist Hauptbestandteil vieler Schnellbindemittel.

**Calciumkarbonat · calcium carbonate.** Kohlensaurer Kalk ($CaCO_3$), in der Natur als Kalkstein, als Marmor und Kreide; auch Kesselstein und Tropfstein sowie weiße Ausscheidungen an Arbeitsfugen im Beton aus Calciumcarbonat.

**Calciumsulfoaluminat · calcium aluminum sulphate.** Entsteht durch Einwirkung sulfathaltiger Stoffe auf Zement. Bildet nadelförmige Kristalle mit hohem Kristallwassergehalt und verursacht dadurch Treiben und Zerfall des Betons. Wird fälschlicherweise Zementbazillus genannt.

**California-Bearing-Ratio · california bearing ratio, (CBR).** Die «California-Bearing-Ratio», abgekürzt «CBR-Versuch» genannt, ist ein empirisches Maß zur Ermittlung der relativen Tragfähigkeit des Untergrundes, das durch ein in den USA genormtes Verfahren bestimmt wird.

**Caporit · caporit.** Reines Calciumhypochlorit mit 75 % aktivem Chlor, ein gutes Wasserentkeimungs- und Algenbekämpfungsmittel.

**Cauchy Zahl · Cauchy's number.** Die Cauchy-Zahl ist die Kennzahl für die dynamische Ähnlichkeit zweier Fließvorgänge bei Berücksichtigung der Trägheits- und Schwerekräfte unter gleichzeitiger Beachtung der Elastizität. $C = \frac{V}{\sqrt{\frac{E}{\varrho}}}$

**Ceresit · ceresit.** Beton-Zusatzmittel zur Erzielung einer größeren Wasserdichtigkeit. Wird in flüssiger Form dem Anmachwasser, in Pulverform dem Zement beigegeben.

**Chemische Klärung · chemical sewage treatment.** Ausflocken und Ausfällen der im Abwasser befindlichen Schwebestoffe durch chemische Zusätze (Eisensalze u. a.); Entkeimung durch Chlor u. a.

**Chemischer Sauerstoffbedarf · chemical oxygen demand.** Menge an gelöstem Sauerstoff, die für chemische Oxydationsvorgänge, vor allem anorganischer Verbindungen, im Wasser benötigt wird.

**Chlamydobakterien · chlamydobacteria.** Bakterien, die durch die Eigenart gekennzeichnet sind, fadenförmige Hüllen (Scheiden) auszubilden, z. B. Sphaerotilus.

**Chlordiagramm · chlorination table.** Chlordiagramm zeigt die für die Entkeimung eines bestimmten Wassers von bestimmter Temperatur nötige Chlorzugabe an.

**Chlorgasverfahren · chlorine gas method.** Das billigste, einfachste und fast überall anwendbare Mittel zur Trinkwasserentkeimung. Der wirksame Bestandteil Chlor liegt als unterchlorige Säure HOCl vor:

$$Cl_2 + H_2O = HCl + HOCl$$

Die unterchlorige Säure ist im Wasser löslich und zerfällt in Salzsäure und Sauerstoff: $$HOCl = HCl + O$$

Der entstehende Sauerstoff übt die keimtötende Wirkung aus. Bei gewöhnlichen Wässern beträgt die zur Entkeimung notwendige Chlormenge etwa 0,1 bis 0,3 mg/l. Bei Wässern mit hohem Chlorbindungsvermögen, d. h. solchen mit hohem Gehalt an organischen Stoffen oder an Kalk- und Magnesiahärte oder an Keimen, sind größere Chlormengen nötig.

**Chlorung · chlorination.** Zusatz von Chlor zum Wasser in Form von Chlorgas oder oxydierend wirkenden Chlorverbindungen zum Zwecke der Entkeimung des Wassers, aber auch der Zerstörung oder Oxydation unerwünschter Inhaltsstoffe. Die Zusatzmenge richtet sich nach dem jeweiligen Zweck. Der mitunter gebrauchte Ausdruck «Chlorierung» bezeichnet einen anderen chemischen Vorgang, er ist deshalb nicht anzuwenden.

**Colibakterien (Bact. coli) · escherichia coli.** Gebräuchlicher Name für escherichia coli.

**Colikeimzahl · coli bacterial count.** Anzahl der nach Anwendung des Verdunstungs-, Schichtguß- oder Membranfilterverfahrens bei 37° C (45° C) in 24 Stunden gewachsenen Kolonien von escherichia coli.
Das Verfahren ist anzugeben.

**Colititer · coli titer.** Kleinste Wassermenge, in der noch escherichia coli nachweisbar ist.

**Corioliskraft · coriolis force.** Sie ist das doppelte Vektorprodukt des axialen Vektors der Erddrehung und des polaren Geschwindigkeitsvektors.

**Coulomb, Charles Auguste de.** Geb. 1736 in Angouléme, gest. 1806 in Paris als Generalaufseher des öffentlichen Unterrichts; gab u. a. wertvolle Untersuchungen zur Mechanik der Reibung und der Festigkeit der Körper (Erddrucklehre).

**Coulombsche Theorie des Erddruckes · Coulomb's theory.** Setzt kohäsionsloses Material und ebene Gleitflächen voraus. Sie geht davon aus, daß eine Stützwand nachgibt und im Boden dadurch eine Gleitfläche entsteht, auf der der darüberliegende Erdkeil abrutscht und so einen Druck auf die Stützwand ausübt.

**Culmann, Karl.** Geb. 1821 in Bergzabern, gest. 1881 in Zürich. Professor am Polytechnikum in Zürich; bekannt vor allem durch sein Buch «Die graphische Statik».

**Culmannsche E-Linie · Culmann's method.** Graphisches Verfahren zur Ermittlung des größten aktiven Erddruckes und des kleinsten passiven Erddruckes (Erdwiderstand).

**Dachrinne · gutter.** Dachrinnenteile und Dachrinnenzubehör: Rinnenboden, Rinnenstutzen, Rinnenkasten (Rinnenkessel, Rinnenerweiterung); Rinnenhalter, Federn, Traufstreifen (Traufstück, Rinneneinhang).

**Dachwehr · bear-trap weir, roof weir.** Doppelklappenwehr, bestehend aus zwei Klappen, die sich dachförmig gegeneinanderlegen und durch den Druckunterschied zwischen Ober- und Unterwasser bewegt werden.

**Dalben · dolphin.** Pfahlbündel zum Festmachen von Schiffen oder zur Führung von einfahrenden und auslaufenden Schiffen oder zum Anlegen (Schwimmpontons).

**Damm · embankment, dam.** Im Straßenbau:
Ältere Bezeichnung für Fahrbahnen, auch für ganze Straßen (z. B. Kurfürstendamm).
Im Wasserbau: Bezeichnung für gemauerte Stauwerke.
Im Erdbau: Aufgeschüttete Erddämme (Erdkörper) mit Böschungsneigung entsprechend der Bodenart.

**Dammbalken · stop log, flashboard.** Balken aus Holz, Stahl oder Stahlbeton, die in Mauerfalze (Dammpfalze) eingelassen waagerecht liegend als Staukörper oder Notverschluß dienen.

**Dammbalkenverschluß · stop log.** Verschluß durch waagerecht liegende Balken aus Holz, Stahl oder Stahlbeton, die in Falze der Pfeiler und Wehrwangen eingelassen sind und herausgenommen werden können.

**Dammbalkenwehr · stop log weir.** Bewegliches Wehr, dessen Verschluß aus einzelnen Balken besteht, die ähnlich den Fallen des Schützenwehres in lotrechten Führungsnuten übereinandergelegt werden.

**Dammbaustoffe · dam construction material.** Dammbaustoffe für Staudämme sind je nach Bauart derselben sowohl Erd- als auch Steinmaterial. Man spricht daher von Erddämmen, Steinschütt- und Steinsatzdämmen. Erddämme werden aus Erd- bzw. Kies- oder Sandmaterial erstellt, Steindämme aus gebrochenem Felsmaterial, natürlich anstehendem Schotter usw.

**Dammpfalz · groove, recess.** Siehe Dammbalken.

**Dampfpumpe · steam pump.** Mit Dampfmaschine zusammengebaute Pumpe. Dampfmaschinen- und Pumpenzylinder liegen auf einer Achse und haben gemeinsame Kolbenstange.

**Dampfstrahlpumpe · ejector, injector.** Meist zur Speisung von Dampfkesseln (Injektor) und von Tendern aus Brunnen- und Wasserläufen (Ejektor). Dampf strömt mit hoher Geschwindigkeit aus einer Düse und reißt dabei Wasser aus einem seitlichen Stutzen mit. So gelangt Dampf mit Wasser vermengt in den Kessel. Ähnliche Wirkungsweise wie bei Wasserstrahlpumpe.

**Danaide-Verfahren · danaide method.** Es besteht aus einem Behälter, dessen Boden eine Anzahl von Ausflußöffnungen mit genau gleichem Durchmesser aufweist, wodurch die gesamte Durchflußmenge entsprechend der Zahl der Öffnungen geteilt wird. Wegen der Gleichheit der einzelnen Ausflußöffnungen genügt meist die Mengenmessung eines Ausflußstrahles mittels einer Dezimalwaage. Die Anwendung ist auf kleine Durchflußmessungen beschränkt.

**Darcy, Henri-Philiber-Gaspard.** Geb. 1803 in Dijon, gest. 1858 in Paris, machte 1848 bis 1851 Versuche über die Bewegung des Wassers in Rohren und begründete 1856 die Lehre von der Grundwasserbewegung (Filtergesetz von Darcy), die auch für die Niederschlagsversickerung Anwendung findet.

**Darcy'sches Gesetz · Darcy's law.** Gesetz über die Fließ- und Filtergeschwindigkeit des Grundwassers bei laminarer Strömung. Siehe Filtergesetz.

**Darg · mixture of sand, reed and peat.** Mit Feinsand und Schlick durchsetzter Schilftorf.

**Dargebot · availability.** Von Natur oder künstlich einer Betriebsanlage zur Verfügung stehende Menge oder Größe, z. B. Zufluß, Wassermenge, Arbeit, Leistung.

**Dauer einer Regengabe · duration of irrigation.** Die Dauer der Beregnung in einer Regnerstellung.

**Dauerleistung · permanent load.** Einer Maschine oder einem Kraftwerk ohne nachteilige Nebenerscheinungen auf längere Dauer entnehmbare Leistung.

**Dauerlinie · flow-duration curve.** Zeichnerische Darstellung statistisch gleichwertiger Einzelbeobachtungen in der Reihenfolge ihrer Größe.
Summenlinie der Häufigkeitsfläche im gleichen rechtwinkligen Koordinatensystem.

**Dauerniederschlag · continuous rain.** Dauerniederschläge, in Form von Regen als Dauerregen oder Landregen bezeichnet, sind lang anhaltende (ohne Unterbrechung!) und verhältnismäßig weit verbreitete, d. h. über größeren Gebieten auftretende Niederschläge.

**Dauerzahl · index number.** Zahl, die angibt, von wieviel statistisch gleichwertigen Beobachtungen ein bestimmter Wert einer Beobachtungsreihe unterschritten oder überschritten wird.
Abszisse der Dauerlinie.

**Deckfläche eines Grundwasserleiters · impermeable layer above the water table.** Grenzfläche eines Grundwasserleiters gegen eine darüberliegende schwer- bis undurchlässige Bildung. Der Wasserdruck an der Deckfläche ist höher als der Druck der freien Luft.

**Deckgebirge · overburden.** Bodenschicht über den Lagerstätten von Kohle, Ton, Mineralien usw.

**Deckkultur · cultivation by applying sand.** Verfahren zur landwirtschaftlichen Nutzung der Niedermoore durch Aufbringen einer 5 bis 15 cm, ausnahmsweise bei Rübenanbau 20 cm dicken Sanddecke; das Niedermoor muß vorher gut entwässert und die obersten 20 bis 30 cm Torfe müssen wenigstens mittelmäßig zersetzt sein.

**Deckwerk · bank protection.** Siehe Uferdeckwerk.

**Dehnung · elongation, expansion.** Das Verhältnis der Längendehnung zur ursprünglichen Länge. Wenn die Dehnung nach Entlastung zurückgeht, heißt sie federnd oder elastisch, wenn sie bleibt, plastisch.

**Dehnungen, Spannungen · expansion, extension, strain, stress.** Die in den einzelnen Teilen des Bauwerks infolge der äußeren Kräfte auftretenden Zug- und Druckspannungen können gemessen werden, wenn es möglich ist, die Dehnungen der betreffenden Fasern des Baustoffes zu bestimmen. Das ist fast immer nur an der Wandung möglich.

Die Verbindung zwischen Spannung und Dehnung ist durch das Hookesche Gesetz gegeben: $\Delta l = \sigma \frac{l}{E}$

Da die Länge l und der Elastizitätsmodul E (Baustoff) der gemessenen Faser bekannt sind, läßt sich die Spannung berechnen, solange die Formänderungen $\Delta l$ der betreffenden Faser so klein bleiben, daß für sie das Hookesche Gesetz gilt.

**Dehnungsfuge · expansion joint.** Bleibende Fuge in einem Baukörper (Staumauer, Krafthaus) zur Verhütung von Rissen infolge Schwind- und Setzbewegungen der durch die Fugen voneinander getrennten Baublöcke.

**Dehnungsmesser · extensometer.** Gerät zur Bestimmung der gesamten bleibenden und federnden Verlängerungen eines Baustoffes an irgendeiner Fläche eines Bauteils.

**Dehnungsmeßstreifen · strain gage.** Meßeinrichtung zur Bestimmung der gesamten bleibenden und federnden Verlängerungen eines Baustoffs an irgendeiner Fläche eines Bauteils.

**Deich · dike.** Erddamm zum Abhalten (Kehren) der Überflutung von Gelände durch Hochwasser.

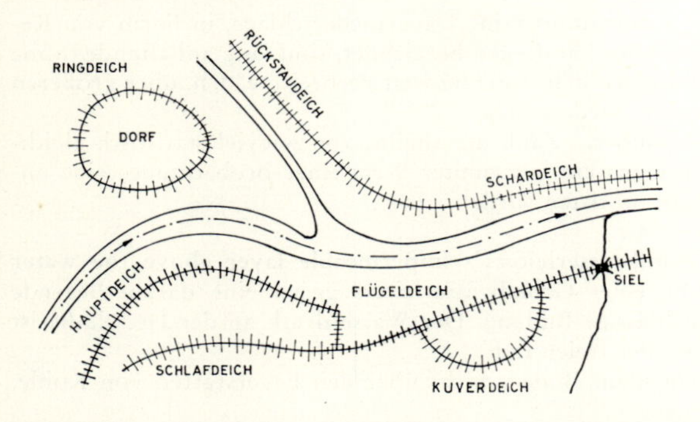


*Deicharten*

**Deichberme, Deichbankett · berm.** Waagerechter oder schwach geneigter Absatz in der Deichböschung, bisweilen als Fahrweg ausgebaut (Außenberme, Binnenberme).

**Deichbruch · dike failure.** Bei gewöhnlichem D. wird oberer Teil fortgerissen. Sog. Kappsturz geht D. voraus. Am häufigsten ist Grund- oder Strombruch, wobei Vorland mit zerstört wird, wobei auch bei mittlerem Wasserstand Wasser in Binnenland eintreten kann und wobei sich infolge des einströmenden Wassers oft Kolke bis zu 10 m und mehr Tiefe bilden.

**Deichfuß · toe of dike.** Grenzlinie zwischen Deichböschung und Gelände (außenseitiger und binnenseitiger Deichfuß).

**Deichkrone · crest of dike.** Obere waagerechte oder schwach nach außen geneigte Fläche eines Deiches.

**Deichscharte · dike opening with gate.** Verschließbare Unterbrechung zum Durchführen eines Weges oder zum Ein- oder Auslassen von Hochwasser.

**Deichschleuse · dike lock.** Dasselbe wie Siel.

**Delmag-Ramme · Delmag pile driving plant.** Firmenbezeichnung für eine leichte, rasche bewegliche Rohrgerüstramme mit Dieselbär.

**Delta · delta.** Die Mündungsform stark Sinkstoffe führender Ströme in flachen Meeresteilen ohne oder mit Tide, ist ihrer Form entsprechend nach dem griechischen Buchstaben Δ benannt. Sie entsteht dadurch, daß sich die schweren von der Strömung mitgeführten Sinkstoffe beim Eintritt ins freie Wasser mitten vor der Mündung des Flusses oder eines seiner schon früher entstandenen Arme absetzen und die Strömung nach beiden Seiten hin ablenken. Dadurch entsteht eine Stromspaltung («Bifurkation»).

**Denitrifikanten · denitrifier.** Bakterien, die ihren Energiebedarf unter gleichzeitiger Reduktion von Nitraten bzw. Nitriten decken.

**Denudation · denudation.** Entblößung der Festlandsoberfläche durch Verwitterung und Wasser (unter Ausschluß der verschiedenen Arten der Erosion), i. w. Sinn für Abtragung gebraucht, jedoch ohne Abrasion.

**Depression · depression.** Landsenke, Festlandgebiet, das unter der Höhe des Meeresspiegels liegt (Jordantal vom See Tiberias bis zum Toten Meer; das Gebiet des Kaspischen Meeres).

**Derrick · derrick crane.** Aus einem Standmast (Standbaum) und einem verstellbaren Ausleger (Schwenkbaum) bestehender Drehkran.

**Desinfektion · desinfection.** Abtöten von Erregern übertragbarer Krankheiten.

**Destillation · destillation.** Verdampfen einer Flüssigkeit und Wiederkondensieren ihrer Dämpfe. Dadurch Möglichkeit der Abtrennung von nicht flüchtigen Stoffen und Verunreinigungen. Bei der fraktionierten Destillation werden die Destillate nach verschiedenen Siedebereichen getrennt aufgefangen.

**Destillierte Bitumen · residual asphalt.** Destillierte Bitumen sind die bei der Destillation gewonnenen weichen bis mittelharten Bitumen.

**Detergentien · detergents.** Synthetische Netz- und Waschmittel, als grenzflächenaktive Substanzen bezeichnet. Detergentien verändern die Beschaffenheit städtischen Abwassers erheblich und erschweren oder verhindern den biologischen Klärprozeß in der städtischen Kläranlage. Nahezu unverändert passieren sie sowohl Belebtschlamm- als auch Tropfkörperanlagen und führen in den Vorflutern zu enormer Schaumbildung sowie Vergiftung von Fischen und Fischnährtieren.

**Detritus · detritus.** Überwiegend aus Organismenresten bestehende Schweb- und Sinkstoffe des Wassers.

**Deutsche Hochmoorkultur · cultivation of peat bog.** Kultivierungs- und Nutzungsverfahren der nicht abgetorften Hochmoore, bei der das Moor nach Entwässerung in seiner Oberflächenschicht gründlich bearbeitet, eingeebnet, durch Kalkung entsäuert und durch eine angemessene Düngung mit den fehlenden Pflanzennährstoffen versorgt wird.

**Diabas · diabase.** Dunkelgrüne oder schwarzbraune Eruptivgesteine, Abarten des Granits.

**Dichte · density.** Dichte eines Stoffes: der Quotient aus der Masse und dem Volumen.

**Dichte des Wassers · water density.**

$$\varrho = \frac{\text{spez. Gewicht (Wichte)}}{\text{Fallbeschleunigung}}$$

| $T$ °C | $\varrho/\varrho_0$ – | $T$ °C | $\varrho/\varrho_0$ – | $T$ °C | $\varrho/\varrho_0$ – | $T$ °C | $\varrho/\varrho_0$ – |
|---|---|---|---|---|---|---|---|
| 0 | 0,999 868 | 8 | 0,999 876 | 17 | 0,998 801 | 35 | 0,994 06 |
| 1 | 0,999 927 | 9 | 0,999 808 | 18 | 0,998 622 | 40 | 0,992 24 |
| 2 | 0,999 968 | 10 | 0,999 727 | 19 | 0,998 432 | 50 | 0,988 07 |
| 3 | 0,999 992 | 11 | 0,999 632 | 20 | 0,998 230 | 60 | 0,983 24 |
| 4 | 1,000 000 | 12 | 0,999 525 | 22 | 0,997 797 | 70 | 0,977 81 |
| 5 | 0,999 992 | 13 | 0,999 404 | 24 | 0,997 323 | 80 | 0,971 83 |
| 6 | 0,999 968 | 14 | 0,999 271 | 26 | 0,996 810 | 90 | 0,965 34 |
| 7 | 0,999 929 | 15 | 0,999 126 | 28 | 0,996 259 | 100 | 0,958 38 |
| | | 16 | 0,998 970 | 30 | 0,995 673 | | |

*Dichteänderung des Wassers mit der Temperatur*

**Dichtigkeitsgrad (von Naturstein) · grade of density, grade of porosity.**
1. Der Dichtigkeitsgrad «d» ist der Rauminhalt der festen Masse in der Raumeinheit.
2. Die wahre Porosität «P» oder der Undichtigkeitsgrad ist der Rauminhalt der Hohlräume in der Raumeinheit.

**Dichtschluß · contact surface.** Die Fläche (im Grundriß: die Linie) im oder am Körper einer Stauanlage, die lückenlos zusammenhängend den wasserdichten Umriß des abzustauenden Talquerschnitts allseitig berühren muß.

**Dichtung · packing, washer.** Abdichtender Teil an ruhenden oder beweglichen Trennflächen von Maschinen, Apparaten, Rohrleitungen, Armaturen, Kesseln und Behältern, gleicht Unebenheiten zwischen abzudichtenden Flächen aus, da sie in Unebenheiten plastisch eingepreßt werden.

**Dichtungsbahn · sealing material.** Fabrikfertig (zur Abdichtung von Bauwerken gegen Bodenfeuchtigkeit) Einlage aus Rohfilzpappe oder Jutegewebe oder Glasgewebe oder Kupfer- oder Aluminiumfolie; Deckschicht (beiderseits) aus Bitumen oder Steinkohlenteer-Sonderpech, gleichmäßig mit feinen Mineralstoffen bedeckt.

**Dichtungsbalken · sealing beam.** Balken (meist aus Stahlbeton), der sich unter Wasserdruck quer vor die meist mit Bitumen vergossenen Ränder einer Bewegungsfuge legt und die Fugendichtung bewirkt.

**Dichtungskern · core.** Im Innern eines Staudammes befindlicher abdichtender

Bauteil aus Lehm, Ton, Beton, Stahlbeton oder anderen dichtenden Baustoffen, Spundwänden oder dgl.

**Dichtungsschild · sealing shield.** Am Rande eines Wehrverschlusses angebrachte Blechtafel mit Dichtungsleiste aus Holz, Gummi oder Metall. Zweck wie Federblech.

**Dichtungsschleier · curtain wall.** Künstliche Verdichtung des Untergrundes an einem Staubauwerk durch Einbringen von Dichtungsstoffen in Einpreßlöcher zur Verhinderung der Unterläufigkeit.

**Dichtungsstreifen · sealing strips.** Streifen aus Gummi, Filz oder federndem Metall, die zur Abdichtung gegen Staub, Zugluft und Lärm in die Falze von Türen und Fenstern eingelegt werden.

**Differential-Kammer-Wasserschloß · differential surge chamber.** Kammerwasserschloß mit drosselnden Anschlüssen der Kammer (meist nur der Oberkammer) an den Steigschacht und seiner Hochführung bis nahe an den höchsten Wasserspiegel in der Oberkammer.

**Differentialwasserschloß, Steigrohrwasserschloß · differential surge tank.** Drosselwasserschloß zusätzlich ausgestattet mit einem durch das Wasserschloß hochgeführten, unten unmittelbar durch eine weite Durchtrittsöffnung an die Triebwasserzuleitung angeschlossenen engen Steigrohr.

**Differenzpegel · differential gage.** Pegel zur Messung des Unterschiedes zwischen zwei Wasserständen.

**Diffusion · diffusion.** Ist die durch Molekülbewegung verursachte Mischung von Gasen und Flüssigkeiten, selbst durch feinporige Scheidewände hindurch. Die meisten Baustoffe sind porös und lassen deshalb Diffusion zu. In der Hitze können auch feste Stoffe diffundieren, so z. B. der Kohlenstoff im Stahl beim Ausglühen.

**Dimensionierung · dimensional analysis.** Rechnerische Ermittlung der Querschnittsabmessungen eines Bauteils aus zuvor ermittelten Biegemomenten, Längskräften, Querkräften und Drillmomenten.

**DIN (ursprünglich Abkürzung für «Deutsche Industrie-Norm», später «Das ist Norm») · German standard specifications.** Durch freie Vereinbarung festgelegte Form, Güte und Abmessung von Baustoffen, so daß bei wirtschaftlicher Herstellung leichte Austauschbarkeit, schnelle Liefermöglichkeit und einfache Vorratslagerung gegeben. Die Normung erstreckt sich auch auf technische Begriffe wie Benennungen, Formelgrößen, Zeichnungsformate, auf technische Grundwerte wie Gewinde, Schlüsselbreiten, Passungen usw.

**Diorit · diorite.** Vortertiäres Gestein, im Schwarzwald, Odenwald, Fichtelgebirge, Harz usf. Mittlere Rohwichte etwa 2,8 bis 3,0 kg/dm$^3$, Druckfestigkeit etwa 1700 bis 3000 kg/cm$^2$.

**Dispersion · dispersion.** Zerteilungsgrad eines Pulvers an sich oder in einer Flüssigkeit bzw. eines emulgierten Stoffes in einer Emulsion. Feindispers ist gleichbedeutend mit feinkörnig, grobdispers mit grobkörnig. Dasselbe gilt für Emulsionen und Anstrichfarben.

**Dispersoid · dispersiod.** In feine Teilchen zerfallener oder zerteilter Stoff.

**Dissimilation · dissimilation.** Abbau organischer Substanz unter Sauerstoffaufnahme und Kohlensäureabgabe, vor allem zur Energiegewinnung.

**Dissoziation · dissociation.** Beim Auflösen zahlreicher chemischer Verbindungen in Wasser auftretender Zerfall der elektrisch neutralen Moleküle in entgegengesetzt elektrisch geladene Teilchen, die sog. Ionen. Solche Lösungen leiten den elektrischen Strom.

**Dock · dock.** Bauwerk zum Bau oder zur Aufnahme von Schiffen zu Instandsetzungszwecken, und zwar: Trockendock – kammerartiges, festes, gegen das Wasser abschließbares Bauwerk, das nach Aufnahme des Schiffes leergepumpt und vor Ausfahrt des Schiffes wieder mit Wasser gefüllt wird – und Schwimmdock – trogartiges, zweiseitig offenes, durch Tore verschließbares Schwimmgefäß, das zur Aufnahme und Ausfahrt des Schiffes durch Wasserballast abgesenkt und nach Aufnahme des Schiffes durch Auspumpen des Ballastwassers gehoben wird.

**Dockhafen · dock harbor.** Geschlossener Hafen mit Abschluß durch einhäuptige Schleuse (Dockschleuse), der also nur bei ausgespiegeltem Außen- und Binnenwasser für Schiffe zugänglich ist.

**Dockhaupt · dock entrance.** Feste Umrahmung der Einfahrt zu einem Trokkendock einschl. der Verschlußvorrichtung und der erforderlichen Nebenstelle.

**Dockkammer · dock chamber.** Hauptteil eines Trockendockes, der für die Aufnahme der Schiffe bestimmt ist.

**Dockschleuse · tide lock.** Eine nur aus einem Haupt bestehende Einfahrtsschleuse zu einem Dockhafen, als Seeschleuse bei Ebbe und Flut gebräuchlich, in diesem Fall mit doppelt kehrenden Toren, nur benutzbar bei gleichen Wasserständen innen und außen.

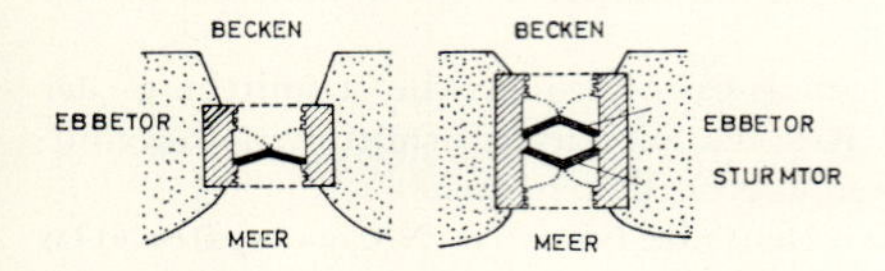


*Dockschleuse mit einfachem und doppeltem Tor*

**Docksohle · floor of dry dock.** Feste Sohle in einem Trockendock.

**Dockverschluß · dock gate.** Verschlußvorrichtung in dem Dockhaupt, die einen bestimmten Wasserstand zu halten ermöglicht.

**Dockvorhafen · forebay.** Wasserfläche zwischen dem Dockhaupt und dem Fahrwasser der Wasserstraße bzw. des Hafens mit Festmache- und Leitvorrichtungen und genügender Tiefe, damit die Schiffe hier warten und zur Dockung bereitliegen können.

**Dockwand · dock wall, side wall.** Seitenwand eines Trockendocks mit Treppen, Rutschen und Galerien ausgestattet.

**Dole · drain, culvert.** Überdeckter Ablaufgraben. D. wird regional häufig auch in anderem Sinn, z. B. für Sickergruben, Straßenabläufe, Teile des Entwässerungsnetzes u. a. gebraucht.

**Dolomit · dolomite.** Gestein aus 54,2 % $CaCO_3$ (kohlensaurer Kalk) + 45,8 % $MgCO_3$ (kohlensaure Magnesia), vor allem in den Alpen und im Fränkischen Jura. S. auch Kalkstein und Baukalk.

**Drahtwalze · wire mesh fascine.** Sinkwalze mit Hülle aus Drahtgeflecht, falls Faschinen nicht vorhanden. Geflecht besteht aus 2½ bis 4 mm dickem verzinktem Draht mit 5 bis 12 cm Maschenweite. Gefüllte Walze wird mit Draht vernäht. Drahtgeflecht ist gegen Geschiebetrieb empfindlich und daher zweckmäßig mit Steinwurf zu überdecken.

**Drän · drain.** Unterirdischer Leitungsstrang zur Entwässerung des Bodens.

| Lichte Weite | Wanddicke | Rohrlänge |
|---|---|---|
| 40 mm | 7,5–11 mm | 333 mm |
| 50 mm | 8,0–12 mm | 333 mm |
| 65 mm | 8,8–14 mm | 333 mm |
| 80 mm | 9,5–16 mm | 333 mm |
| 100 mm | 10,5–18 mm | 333 mm |
| 130 mm | 12,0–20 mm | 333 mm |
| 160 mm | 14,0–23 mm | 333 mm oder 500 mm |
| 180 mm | 15,0–24 mm | 333 mm oder 500 mm |
| 200 mm | 16,0–26 mm | 333 mm oder 500 mm |

Als Dräne dienen vorwiegend scharf gebrannte Tonrohre mit oben stehenden genormten Längen und Durchmessern:

*Dräne*

**Dränabstand · drain spacing.** Achsenabstand der Dränstränge.

| | Dräntiefe | Dränabstände |
|---|---|---|
| Lehmböden ohne sandige Zwischenschichten | 2–4 m | 80– 200 m |
| lehmiger Boden ohne sandige Zwischenschichten | 2–4 m | 200– 300 m |
| lehmiger Boden mit sandigen Zwischenschichten | 2–4 m | 400– 500 m |
| leicht wasserdurchlässige Böden | 2–4 m | 500– 600 m |
| kieshaltige Zwischenschichten | 2–4 m | 600–1600 m |

*Dräntiefen und Dränabstände*

**Dränabsturz · drop drain.** Senkrecht stehender Teil eines Sammlers an der Kreuzung mit einem kurzen Steilhang aus Beton- oder Steinzeugrohren, die unten mit einem vertieften Sturzbett aus Beton versehen und oben mit einer Stein- oder Betonplatte abgedeckt sind.

**Dränabteilung · arterial drainage.** Gesamtheit aller Dräne, die das Wasser nach einer gemeinsamen Ausmündung leiten.

**Dränanstau · drain pipe impounding.** Verhinderung des Bodenwasserabflusses aus einer Dränung durch eine Stauvorrichtung.

**Dränbewässerung · irrigation using drain pipes.** Bewässerung durch Einleiten von Wasser in den mit Stauverschlüssen ausgestatteten Sammler einer als Querdränung angelegten Dränabteilung.

**Drängewasser · seep.** Wasser, das durch einen Deich, seinen Untergrund oder auf beiden Wegen in eine Niederung eindringt.

**Drängrabenmaschine · mole plow.** Maschine zum Ausheben von Drängräben.

**Dränmaschine · kjellmann-franki machine.** Maschine zum Herstellen von Dränsträngen.

**Dränrohr · drain pipe.** Meist 33 cm langes, an den Enden senkrecht zur Achse abgeschnittenes, im Querschnitt kreisrundes Rohr aus gebranntem Lehm oder Ton oder aus Beton.

**Dränschacht · drain shaft.** Prüfschacht an der Vereinigung mehrerer Sammler größerer Entwässerungsgebiete, am Übergang eines starken Sammlergefälles in ein wesentlich schwächeres oder in einem sehr langen Sammler; eine Vertiefung der Sohle kann als Sand- und Schlammfang dienen.

**Dränschicht · filter layer.** Dränschicht im Straßenbau. Vgl. Dränung. Anwendung einer Steinpackung (s. auch Rigole) als Dränung zur Entfeuchtung des Untergrundes von Straßen an Stelle von Dränrohren.

**Dräntiefe · depth of drainage.** Abstand der inneren Dränrohrsohle von der Geländeoberfläche, gleich Tiefe der Drängrabensohle unter Geländeoberfläche vor Herstellung der Sohlrinne.

**Dränung · drainage.** Entwässerung des Bodens durch Dräne, die den Zweck haben, pflanzenschädliche Bodennässe zu beseitigen und das Gefüge, die Durchlüftung und die Erwärmung des Bodens zu verbessern.

**Dränwasser · drainage water.** Aus Dränung kommendes Wasser.

**Drehstrahlregner · rotating sprinkler.** Regner, durch den Wasser in einem weitreichenden, ständig umlaufenden Strahl verteilt wird.

**Drehtor · turning lock gate.** Einflügeliges oder zweiflügeliges Schleusentor mit senkrechter Drehachse ohne Stemmwirkung.

**Drehzahl des Regners · revolutions per minute of sprinkler.** Anzahl der Umdrehungen des Regners in der Minute.

**Dreiaxial-Druck-Gerät · triaxial compression cell.** Dient zur Bestimmung der Scherfestigkeit von Erdstoffen. Zum Dreiaxial-Druck-Gerät gehört eine Druckzelle, in der die Erdstoffprobe belastet wird, und eine Belastungseinrichtung.

**Dreieckϋberfallwehr · triangular weir, v-notch weir.** Meßwehr oder Meßüberfall mit scharfkantiger Schneide in Dreieckform, die beidseits der durch die Dreieckspitze gegebenen Symmetrieachse ansteigt, im Gegensatz zum sog. Rehbocküberfall. Der Vorteil des Dreiecküberfallwehres gegenüber den Rechtecküberfällen mit waagerechter Schneide besteht darin, daß auch sehr kleine Durchflußmengen exakt gemessen werden können.

**Drempel · sill.** Schwelle im Torboden einer Schleuse, gegen die sich das geschlossene Schleusentor stützt.

**Drosselklappe · butterfly gate.** Absperrvorrichtung für Rohrleitungen, bestehend aus gußeisernem Gehäuse mit eingebauter, um eine Achse drehbarer Klappe, die von Hand, elektrisch oder durch Fallgewicht betätigt werden kann.

**Drosselwasserschloß · throttle surge chamber.** Schachtwasserschloß mit verengtem Anschluß an die geschlossene Triebwasserleitung, der auf den Wasseraustausch zwischen Wasserschloß und Triebwasserleitung drosselnd wirkt.

**Druck (Flüssigkeitsdruck) · fluid pressure.** Die von der Flüssigkeit auf die betrachtete Flächeneinheit ausgeübte Kraft (auch spezifischer Flüssigkeitsdruck genannt).

Druck im allgemeinen $p$

statischer Druck (b. Ruhe) $p_s$
dynamischer Druck (b. stationärer Bewegung) $p_d$ kg/cm²
Druckänderung $\triangle p$ t/m²

**Druckabfall · pressure drop.** Differenz der statischen Drücke zwischen zwei Meßstellen.

**Druckbeanspruchung · compressive stress.** Krafteinwirkung auf einen Werkstoff, die in ihm Druckspannungen hervorruft.

**Druckdifferenzmessung · differential metering.** Wird zur Ermittlung von Durchflußmengen in Rohrleitungen angewandt. Durchflußmenge Q ist immer gleich dem Produkt aus dem Rohrquerschnitt F und der Geschwindigkeit c.

**Druckfläche · piezometric surface area.** Fläche, bis zu der Wasser in etwa vorhandenen Standrohren aufsteigt, insbesondere aus gespanntem Grundwasser.

**Druckgefälle · hydraulic gradient.** Gefälle der Drucklinie.

**Druckhöhe · pressure head.** Druck, ausgedrückt durch die Höhe einer auf der betrachteten Fläche stehend gedachten Wassersäule, in mWS.

**Druckhöhenverlust · loss of head.** Abnahme der Druckhöhe in der Fließrichtung. Der Gesamtverlust besteht aus Eintritts-, Reibungs-, Krümmungs-, Querschnittsänderungs- und Austrittsverlust.

**Druckkraft · compressive force, thrust.** Bei festen Körpern entspricht die äußere Druckkraft dem Oberflächendruck oder Preßdruck, die innere Druckkraft der Druckspannung.

**Druckleitung · pressure pipe, penstock.** Vollaufende, unter Innendruck stehende Wasserleitung (Rohr, Stollen, Schacht).

**Drucklinie · pressure gradient.** Verbindungslinie der Druckhöhen aufeinanderfolgender Abflußquerschnitte.

**Druckluftgründung · caisson foundation.** Schachtgründungsverfahren, bei dem eine unter Wasser befindliche, unten offene Arbeitskammer (Caisson, Taucherglocke) aus Holz, Stahl, Stahlbeton durch Überdruck wasserfrei gehalten und durch Abgraben der Sohle bis auf den tragfähigen Baugrund abgesenkt wird.

**Druckluftpegel · recording pressure gage.** Schreibpegel, bei welchem der Wasserstand durch Druckluft auf das Schreibgerät übertragen wird.

**Druckluftschreiber · recording pressure gage.** Bei dieser Methode wird durch einen langen Gummischlauch, der am Ende offen ist und an der Sohle schleift, Preßluft gegeben, deren Druck der am Schlauchende wirkenden Wassersäule entspricht. Der Druck wird an einem auf Wassertiefe geeichten Manometer abgelesen.

**Druckpfahl · compression pile.** Auf Druck beanspruchter Gründungspfahl, dessen Tragfähigkeit sich aus dem Spitzenwiderstand und der Mantelreibung zusammensetzt.

**Druckregler · governor.** Auslaßverschluß, der, hydraulisch oder elektrisch gesteuert, selbsttätig die Drucksteigerung vor einem schnell schließenden Triebwasserdurchflußregler (z. B. der Leitapparat einer Turbine) verhütet oder begrenzt, indem er die Gesamtdurchflußmenge annähend unverändert bestehen läßt.

**Druckschacht · pressure conduit.** Druckleitung in Form eines senkrechten oder schrägen Schachtes (auch Steigleitung als Druckschacht, z. B. bei manchen Dükern).

**Druckschlauch · pressure hose.** Schlauchleitung, die zur Aufnahme von hohen Wasserdrücken besonders eingerichtet ist (z. B. durch verstärkte Wandungen, Spiralbewehrungen u. ä.).

**Druckspeicher · boiler.** Druckloser Speicher → Heißwasserspeicher.

**Druckspiegel · level of pressure head.** Grundwasserspiegel bei gespanntem Grundwasser.

**Drucksteigerungsverhältnis · ratio of pressure increase.** Verhältnis der größten dynamischen Drucksteigerung während eines Druckstoßes zum statischen Druck (bei Ruhe).

**Druckstollen · pressure tunnel, penstock.** Stollen, der im planmäßigen Betriebe voll und unter Scheiteldruck läuft.

| Kraftwerk | | Rohrdurchmesser $d$ [m] | Triebwassermenge $Q$ [m³/sec.] | Fallhöhe $H$ [m] | Leistung $N$ [PS] |
|---|---|---|---|---|---|
| Freiliegendes | *Chandoline (Dixence)* | 1,50–0,99 | 10,3 | 1750 | 200 000 |
| Druckrohr | *Malgovert* | 2,20 | 25 | 750 | 205 000 |
| | *Cimego* | 3,00 | 34 | 739 | 300 000 |
| Verschalter | *Fionnay-Dixence* | 3,00–2,80 | 45 | 870 | 450 000 |
| Druckschacht | *Kemano* | 3,36 | 64 | 762 | 600 000 |

*Einige kennzeichnende Richtwerte für Leistungen von Druckstollen*

**Druckstoß · water hammer.** In geschlossenen Leitungen infolge plötzlicher Änderung der Fließgeschwindigkeit auftretender Druckanstieg.

**Druckwasser · foreign water.** Unterirdisches Fremdwasser, das aus einem dem Gelände gegenüber hoch liegenden künstlichen Wasserlauf stammt.

**Druckwasserschloß · pressure chamber, surge chamber.** Wasserschloß am Ende einer Druckzuleitung.

Bauarten:

a) Schachtwasserschloß, einfach oder gedrosselt,

b) Kammerwasserschloß,

c) Steigrohrwasserschloß.

**Druckwindkessel · pressure control tank.** Geschlossener, in das Wasserleitungssystem eingebauter Wasserbehälter mit Luftpolster für die Aufrechterhaltung eines Druckbereichs, auch zur automatischen Steuerung von Pumpanlagen.

Für Druckwindkessel wurde früher auch der Ausdruck «Hydrophor» gebraucht.

**Druckzwiebel · bulb of pressure.** Die Schar der Flächen gleichen, lotrechten Druckes (Isobaren) im Braugrund unter einem Lastkörper wird wegen ihrer charakteristischen Form als Druckzwiebel bezeichnet.

**Dubuat, Louis Gabriel.** Entwickelte 1786 Gesetze der Wasserbewegung in Kanälen, Flußbetten und Rohrleitungen und begründete die Schleppkrafttheorie auf Grund von Arbeiten an der Rhone.

**Ductube-Schlauch · duct tube.** Gummischlauch, der im aufgepumpten Zustand einbetoniert wird. Nach Erhärten des Betons wird die Luft abgelassen und der Schlauch herausgezogen. Man erhält dadurch Kanäle im Beton von kreisrundem Querschnitt.

**Duile, Josef.** Empfahl 1826 die Verbauung der Wildbäche in seinem Buch «Über Verbauung der Wildbäche in Gebirgsländern». Seinen Vorschlägen folgte zuerst Frankreich und die Schweiz, 1870 das Allgäu und 1882 Tirol.

**Düker · siphon, sag pipe.** Druckleitung zum Unterführen eines offenen Gerinnes unter einem Geländeeinschnitt (Wasserlauf, Straße, Eisenbahn) oder einem Bauwerk.

**Dunbar, William Philips.** (1863 bis 1922), Professor Dr. med., Direktor des staatlichen hygienischen Institutes in Hamburg (1893–1922). Seine zahlreichen Schriften umfassen die wissenschaftliche und praktische Hygiene, insbesondere die Wasserenteisenung, die Abwasserdesinfektion, die Flußwasserverunreinigung und die Kaliabwasserfrage. Verf. des für die Entwicklung der deutschen Abwassertechnik grundlegenden Werkes «Leitfaden der Abwasserreinigungsfrage». Langjähriger Herausgeber und Schriftleiter der Zeitschrift «Gesundheitsingenieur».

**Düne · dune.** Durch Wind aufgeworfener, paralleler, aus lockerem Flugsand bestehender Hügel oder Wall. Sie entsteht, wo lose Sandmassen ohne Pflanzendecke vorhanden sind.

**Dünenwasser · dune water.** Eingesickertes Wasser, das in Dünen- und Geestgebieten im Bereiche der Nordsee und der Ostsee infolge seines spezifisch leichteren Gewichtes auf dem schwereren Salzwasser schwimmt.

**Dungwert · fertilizing value.** Die das Pflanzenwachstum fördernde Kraft des Abwassers; hängt in erster Linie mit der Anfeuchtung, dann aber auch mit dem Gehalt des Abwassers an Pflanzennährstoffen, wie Stickstoff, Phosphorsäure und Kali, zusammen, durch den der eigentliche D. bedingt ist.

**Düngende Bewässerung · fertilizing irrigation.** Bewässerung, die dem Boden größere Mengen Pflanzennährstoffe zuführt.

**Dünung · swell.** Zu den stehenden Wellen gehört die Dünung. «Wenn der Wind ganz aufhört und Wellen einer bestimmten Größe sich selbst überlassen sind, so tritt eine Veränderung ihrer Gestalt ein, in dem die zusammengesetzten, unregelmäßigen Formen sich in einfache, regelmäßige Formen auflösen, die kurzen Wellen erlöschen zuerst und es bleiben nur solche von größerer Amplitude und Länge bestehen, das ist dann die Dünung.»

**Durchbiegungen · bending.** Durchbiegungen kommen nur an Bauwerksteilen mit geringer Steifigkeit vor. Ihre Messung beruht auf der Ermittlung der unterschiedlichen lotrechten und waagerechten Bewegungen an verschiedenen Punkten des Bauwerks längs einer Kante oder Fläche. Ist die Zahl der über- oder nebeneinanderliegenden Meßpunkte groß genug, so kann aus den erhaltenen Unterschieden die Biegelinie konstruiert werden.

**Durchfahrkraftwerk · constant load power station.** In einem Verbundnetz, insbesondere an einem Fluß mit Fernspeicher: Kraftwerk, das auch bei schwankender Netzbelastung möglichst gleichmäßig mit fester Teil- oder Vollast gefahren wird.

**Durchfluß · discharge; rate of flow.** Wassermenge, die in der Sekunde einen Rohrquerschnitt durchfließt.

**Durchfluß (bei Wasserturbinen und Pumpen) · discharge, rate of flow.** Wie Abfluß, meist bei geschlossenen Querschnitten angewandt.

**Durchflußgeschwindigkeit · velocity of flow.** (v in offenen, c in geschlossenen Querschnitten, m/sec), Weg in der Zeiteinheit. D. in Wasserleitungen mit 1–2 m/sec normal. Nicht über 3 m/sec, da sonst leicht starke Leitungsgeräusche auftreten.

**Durchflußmenge (Q $m^3$/sec) · discharge.** Dasselbe wie Abflußmenge.

**Durchflußquerschnitt · discharge cross section.** Dasselbe wie Abflußquerschnitt, im besonderen bei geschlossenen Querschnitten.

**Durchflußwächter · flow governor.** Besteht aus einem mit Quecksilber gefüllten Ringwaage-Meßwerk, das durch den von der Wassergeschwindigkeit abhängenden Differenzdruck (Wirkdruck) gedreht wird und bei einer einstellbaren Wassergeschwindigkeit die Auslösung einer Rohrabschlußeinrichtung, z. B. einer Drosselklappe, bewirkt. Der Wirkdruck kann durch einen Venturieinsatz oder durch Staurohre erzeugt werden.

**Durchflußzeit · time of passage.** Verhältnis des Rauminhaltes zum Zufluß in der Zeiteinheit.

**Durchgangsdrehzahl · speed under transition loading.** Höchste, bei der größten Fallhöhe im Betrieb mögliche Drehzahl; tritt auf im Leerlauf, meist bei voller Turbinenöffnung, bei Kaplanturbinen bei einer bestimmten Zwischenstellung von Leitrad- und Laufradschaufeln.

**Durchlaß · culvert, aqueduct.** Bauwerk zum Durchleiten eines offenen Gerinnes durch einen Damm (Straße, Eisenbahn); zum Unterschied vom Siel nicht verschließbar.

**Durchlässigkeit · permeability.** Fähigkeit eines Gesteinskörpers, Flüssigkeit oder Gas durchzulassen. D. des Bodens ist das Durchströmen von Flüssigkeiten und Gasen durch die offenen Querschnitte einer Bodensäule. Sie ist abhängig von der Größe und Art des Zusammenhanges (Textur) der einzelnen Hohlräume, Zähigkeit, Temperatur, Chemismus der Flüssigkeit, Wasserfilmgröße um das Bodenkorn, mineralogischen Zusammensetzung des Bodens.

**Durchlässigkeitsbeiwert des Bodens · coefficient of permeability.** Durchgangsgeschwindigkeit (Filtergeschwindigkeit), geteilt durch das Grundwassergefälle, bei laminarem Fließzustand, z.B. $1{,}3 \cdot 10^{-3}$m/s; Beiwert in der Formel von Darcy. $Q = k_f \cdot J \cdot F$. Darin bedeuten Q den Durchfluß eines Grundwasserquerschnitts, J das Grundwassergefälle, F den vollen Querschnitt $= H \cdot B$, wobei H die Mächtigkeit und B die Breite der durchflossenen Schicht bedeuten.

**Durchlässigkeitsgrundwert des Bodens · coefficient of relative permeability.** Durchlässigkeitsbeiwert, auf destilliertes Wasser von 10° C bezogen.

**Durchlaufspeicherung · continuous storage.** Speicherbetrieb der Wasserkraftanlage einer zusammenhängenden Haltungstreppe mit einem oberen Haupt-Schwellbecken und mit oder ohne unterem Ausgleichsbecken, wobei alle Kraftwerke im Gleichklang arbeiten und die zwischenliegenden Haltungen nicht als Speicher, sondern nur als Durchlaufbecken dienen.

**Durchlüftungsdränung · aeration drainage.** Dränung, bei der Sauger (Saugdrän) am oberen Ende Verbindung mit Außenluft hat, um Luftwechsel im Dränstrang zu haben.

**Durchschnittswirkungsgrad · average efficiency.** Gewogenes arithmetisches Mittel der in einem bestimmten Zeitabschnitt auftretenden Wirkungsgrade.

**Durchsichtigkeit · transparency.** Schichthöhe einer Wasserprobe, bei der eine bestimmte genormte Schrift gerade noch lesbar ist.

**Durchsichtigkeitsgrad · degree of transparency.** Maß für die Durchsichtigkeit des Wassers.

**Durchstich · river cut-off.** Künstliche Wasserlaufstrecke, die eine oder mehrere hintereinander liegende Krümmungen abschneidet.

**Durchtrittsverlust (Eintrittsverlust) · contraction coefficient.** Bleibender Verlust an Energiehöhe infolge Querschnittswechsel. Beiwert, der Einschnürung und Widerstand bewertet.

**Dürrehäufigkeit · frequency of dry periods.** Die aus einer möglichst langen Reihe von Beobachtungsjahren auf einen Zeitraum von 10 Jahren umgerechnete Zahl von Dürremonaten.

**Dürremonate · dry month.** Diejenigen Wachstumsmonate, in denen die Niederschlagshöhe unter einer bestimmten Grenze bleibt (für deutsches Klima April und September unter 50 mm, Mai bis August unter 60 mm).

**Düse · sprinkler nozzle.** Öffnungsstück an einem Regler, aus dem das Wasser austritt.

**Düsendruckhöhe · manometric head at the nozzle.** Manometrische Druckhöhe am Strahlaustritt.

**Düsenflügel · sprinkler pipe.** Bewegliche Rohrleitung, deren Rohre oder Kupplungen in geringen Abständen mit Düsen oder Brausen ausgerüstet sind, von denen gleichzeitig eine Anzahl einen Geländestreifen beregnet.

**Dy · muck, mud.** Bräunlicher, lockerer, an Humuskolloiden reicher Schlamm.

**Dynamische Ähnlichkeit · dynamic similarity.** Ähnlichkeit der Bewegungszustände in zwei bewegten, geometrisch ähnlichen Systemen, bei denen Drücke, Schwer-, Reibungs- und Trägheitskräfte in entsprechenden Punkten der beiden Systeme in jeweils gleichen Verhältnissen stehen.

**Dynamische Belastungen · dynamic load.** Dynamische Belastungen von entstehenden oder fertigen Bauwerken äußern sich in plötzlichen oder in langandauernden Erschütterungen, die im Bauwerk selbst entstehen oder vom Baugrund auf das Bauwerk übertragen werden.

**Dynamische Untersuchung · dynamic test.** Die dynamische Bodenuntersuchung prüft die Fortleitung von künstlich erzeugten periodischen Erschütterungen im Braugrund. Gemessen wird die Fortpflanzungsgeschwindigkeit $v_T$ der Transversalwellen (Scherungswellen) in m/s, um die Beschaffenheit und die Mächtigkeit der obersten Bodenschicht zu bestimmen. Erfaßt werden kann eine Tiefe von höchstens 20 m.

**Dynamische Zähigkeit · dynamic viscosity.** Widerstand, den die Moleküle ihrer Verschiebung entgegensetzen.

**Dynamischer Druck · dynamic pressure.** Differenz aus Gesamtdruck und statischem Druck. Für inkompressible Fluide gleich dem kinetischen Druck.

**Dystroph · distrophic.** Bezeichnung für durch Humusstoffe braungefärbte organismenarme Moorgewässer mit relativ niedrigem pH-Wert.

**Ebbe · ebb.** Das Fallen des Wassers vom Tidehochwasser zum folgenden Tideniedrigwasser.

**Ebbedeich · ebb dike.** Deichstrecke, die senkrecht zur herrschenden Ebbeströmung liegt.

**Ebberinne · ebb channel.** Rinne im Mündungsgebiet eines Flusses oder im Watt, die vorwiegend vom Ebbestrom durchflossen wird.

**Ebbestrom · ebb current.** Ist der Strom, der während der Ebbe zu laufen beginnt und meist auch nach Eintritt von Niedrigwasser, also zu Beginn der Flut, noch andauert.

**Ebbe- und Flutwellen · tidal waves.** Die Ebbe- und Flutwellen entstehen durch die Einwirkung der Anziehungskraft der Sonne und des Mondes auf die Seeoberfläche und stellen eine besondere Art von Wellen mit außerordentlich großer Länge (sie wird immer größer, je tiefer die See ist, z. B. im Nordmeer bis 200 m Tiefe 1920 km Länge), ganz geringer Steilheit und sehr großer Fortpflanzungsgeschwindigkeit (z. B. bis 200 km pro Stunde) dar. Als Wellen sind die Ebbe- und Flutwellen nur aus Registrierungen selbstschreibender Pegel zu erkennen.

**Echolot, Echograph · echo sounder.** Die Wirkungsweise des Echolotes beruht darauf, daß ein von einem in geringer Entfernung unter dem Wasserspiegel angebrachten Geber ausgesandter Schall von einem in der gleichen Höhe wie der Geber befindlichen Empfänger aufgenommen und die Zeit zwischen Aussendung und Empfang gemessen wird.

**Eckventil · angle valve.** Ventil, bei dem die Ablaufrichtung um 90° gegen die Zulaufrichtung gedreht ist.

**Ehmann, Karl von.** Dr. h. c., geb. 1827, gest.1889, Leiter großer Industriebetriebe und Wasserversorgungen in England und USA, seit 1857 Zivilingenieur für Wasserversorgung in Stuttgart, später im Staatsdienst. Schuf Albwasserversorgung in 9 Gruppen mit 101 Ortschaften und 40 000 Einwohnern.

**Eichen · calibration.** Die amtliche Prüfung und Bestätigung des Eichamts über die Richtigkeit verwendeter Maße und Meßgeräte (Waagen, Gewichte, Meßketten, Gefäße, Tachometer).

**Eichpfahl · storage capacity marker.** Bei Wassertriebwerken wird das höchste zulässige Stauziel durch einen Eichpfahl festgesetzt.

**Eigenbedarf · self consumption of plant.** Leistungs-(Energie-)Bedarf (-Verbrauch) eines Kraftwerks für die notwendigen Hilfsbetriebe einschließlich Antrieb der Turbinenregler.

**Eigenfeuchtigkeit der Zuschlagstoffe · inherent moisture content of concrete aggregate.** Sand und Kies werden größtenteils feucht an der Baustelle angeliefert. Der im Zuschlagstoff enthaltene Wassergehalt ist festzustellen und bei der Dosierung des Wassers zur Festlegung des Wasserzementfaktors in Abzug zu bringen.

**Eigenfrequenz · natural frequency.** Eigenschwingungszahl eines Körpers in der Sekunde.

**Eigen-(Selbst-)Verbrauch · own use of water.** Eigen-(Selbst-)Verbrauch des Wasserwerkes für Betriebszwecke, wie zum Spülen der Filter und Straßenleitungen, zur Sandwäsche, zur Aufbereitung des Wassers, zum Einschlämmen neu verlegter Leitungen u. a. m.

**Eigentliche Schneegrenze · permanent snow line.** Die wirkliche (eigentliche) Schneegrenze entspricht der im Spätsommer erreichten höchsten Lage der temporären Schneegrenze.

**Eigenwasser · the water derived from a drainage basin.** Vom Oberflächenwasser und dessen Versickerung stammendes ober- und unterirdisches Wasser eines Entwässerungsgebietes, das sich aus den innerhalb des Gebiets gefallenen Niederschlägen gebildet hat.

**Eigenwasserversorgung · private water supply.** Wasserversorgung, die nicht der Allgemeinheit dient und die mit eigenen Anlagen betrieben wird.
Der Ausdruck «private Wasserversorgung» soll hierfür nicht mehr angewendet werden.

**Eimerketten-, Eimerbagger · bucket dredge.** Seitenschütter, wenn Fördergleis hinter dem Bagger liegt, Portalbagger (Eintor-, Doppeltor-, Großtorbagger), wenn die Fördergleise zwischen den Baggerstützen hindurchführen. Das Grabwerkzeug ist eine endlose Kette mit offenen, auf der ganzen Böschung zum Oberturas hin schneidenden Eimern. Die Kette wird geführt in der Eimerleiter, die in dem heb- und senkbaren Ausleger aufgehängt ist.

**Einbuchtendes Ufer (konkaves Ufer) · concave bank.** Dasjenige Ufer, das vom Gewässer aus gesehen konkav ist.

**Eindeichung · part of the storage basin above the operation level.** Dauereinstau über Absenkziel liegender Teil des Beckengeländes, z. B. zum Zwecke der Vermeidung landwirtschaftlicher oder hygienischer Mißstände.

**Einfaches arithmetisches Mittel · arithmetic mean.** Summe von Meßwerten ($X_1$, $X_2$, usw.), geteilt durch ihre Anzahl n.

**Einflußlinie · line of influence.** Zeichnerische Darstellung der Abhängigkeit der Grund- und abgeleiteten Werte (Wassermengen, Fallhöhen, Leistungen) vom Ausbaugrad einer Wasserkraft oder Speicheranlage.

**Einkornbeton · concrete of uniform grain-size material.** Leichtbeton aus annähernd gleichkörnigem Zuschlagstoff ohne wesentliche Eigenporigkeit (der Feinsandanteil soll möglichst gering bleiben).

**Einlaßbauwerk · inlet structure.** Einlaßbauwerke an Schiffahrtskanälen sollen das Wasser eines Baches oder Hochwasserentlasters ohne Störung des Schiffahrtsbetriebes oder Auskolkung des Kanalbettes einleiten. Bei größerem Höhenunterschied der Wasserspiegel dienen Kaskaden zur Energievernichtung und ein breiter Einlauf zur Verteilung der Wassermenge.

**Einlaßsiel, Einlaßschleuse · drainage sluice.** Siel zum Einlassen von Bewässerungs- oder Hochwasser.

**Einlaufender Strom · flood current.** Landwärts gerichtete Strömung im Mündungsgebiet eines Wasserlaufs.

**Einlaufschwelle · inlet sill.** Unter Stauziel liegende, die Flußsohle überragende Schwelle an der Abzweigung einer Zuleitung oder am Einlauf eines Kraftwerkes zur Erschwerung des Eintritts von Geschiebe in die Triebwasserleitung.

**Einmündung · junction.** Einmündung im Wasser- und Flußbau ist eine Mündung von Nebenflüssen, künstlicher Gerinne u. dgl., gleich ob in Form von Druck-, Freispiegelstollen oder von Kanälen. Die Einmündung bedarf stets einer sorgfältigen Gestaltung in Hinblick auf den meist vorliegenden Zusammenfluß zweier Strömungen.

**Einmündungsstück · branch drain pipe.** Formstück zur Verbindung der Sauger mit den Sammlern und der Sammler unter sich, wie Haken-, Loch-, Ast- und Kragenrohr.

**Einpreßgut · injection material.** Eine pumpfähige Mischung (Lösungen, Emulsionen, Suspensionen, Pasten, Mörtel) zum Füllen von Hohlräumen im Untergrund und in Bauwerken.

**Einpreßloch · graut shaft.** In den Untergrund oder den Baukörper gebohrtes oder durch Einbringen von Futterrohren frei gehaltenes enges zylindrisches Loch zum Einpressen von Dichtungsstoffen (Zement, Bitumen, Chemikalien).

**Einschnitt (Abtrag) · cut.** In die Erdoberfläche eingeschnittenes Erdbauwerk.

**Einschnürungszahl · contraction coefficient.** Verhältnis des engsten Querschnitts eines Strahls zum Austrittsquerschnitt.

**Einschwimmen · to float into position.** Am Ufer eines Wasserlaufs zusammengebauter Brückenteil wird, auf Lastkähne verladen, an die Einbaustelle «schwimmend» herangebracht, der Kahn verankert, durch Wasserzulauf gesenkt und dabei der Brückenteil auf seine Lager abgesetzt.

**Einstauen, Einstauung · ponding.** Durch Schaffung von Gräben, Teichen oder Stauseen wird bezweckt: Ablagerung der von Flüssen mitgeführten Sinkstoffe (Geschiebe, Sand und Schlamm), Aufhöhung und Verbesserung von Niederungen, Zurückhalten von Wasser für Wasserkraft, Trinkwasserversorgung, Eisgewinnung, Fischzucht usw.

**Einstechen oder Verstechen der Drängräben · blinding.** Überdecken der Dränrohre nach dem Verlegen mit einer 20 bis 30 cm hohen Schicht krümeligen, durchlässigen Bodens, der von dem Krumenbereich der Grabenwände abgestochen oder dem abgelagerten Mutterboden entnommen wird und dazu dient, das Verschlammen der Rohre bei Regen vor dem Verfüllen und ihr Verschieben oder Beschädigen beim Einfüllen der Drängräben zu verhindern sowie das Zusickern des Bodenwassers zu den Rohren zu erleichtern.

**Einsteigschacht · manhole.** Schacht über unterirdischem Raum, als Zugang zu Kanälen, Schieberkammern usf. mit Leiter oder Steigeisen oder eingemauerten (einbetonierten) gebrannten Körpern (für Griff und Tritt), oben mit verkehrssicherer Abdeckung. E. im Straßenbau für Abwasserkanäle, Rohrleitungen usf., beschlupfbarer Schacht zur Vornahme von Revisionen, zum Reinigen und Lüften von Leitungen unter Straßen, an Knickpunkten, Straßenkreuzungen, beim Zusammentreffen mehrerer Leitungen und auf freier Strecke alle 50 bis 100 m. Querschnitt im allgemeinen rund (Betonringe). Abdeckung mit abnehmbarem gußeisernem Deckel. Steigeisen.

**Eintrittsgeschwindigkeit • entrance velocity.** Ideelle Geschwindigkeit, bestimmt aus Wasserdurchfluß (geförderte Wassermenge in $m^3/s$), geteilt durch die zugehörige benetzte Außenfläche (in $m^2$) der gelochten bzw. geschlitzten Brunnenrohre.
Bei Kiesschüttungsbrunnen ist die Außenfläche durch den Außenumfang der Kiesschüttung bestimmt.

**Eintrittsverlust (he, m) • entrance loss.** Energiehöhenverlust, der beim Eintritt in eine Rohrleitung entsteht.
($he = \zeta \frac{c^2}{2g}$) $\zeta$ = Eintrittsverlustbeiwert, abhängig von der Form des Einlaufes; c = Geschwindigkeit; g = 9,81 (Beschleunigung).

**Eintrittswiderstand • entrance head loss of a well.** Strömungsverlust beim Eintritt des Grundwassers in den Brunnen, ausgedrückt als Unterschied des Wasserstandes am äußeren Kiesmantel und im Brunnenrohr (Vertikalprojektion der Sickerstrecke).

**Einwohnergleichwert • population equivalence.** Maßzahl für den Schmutzgehalt eines Abwassers je Tag im Vergleich mit den Normalwerten eines häuslichen Abwassers; wenn nicht anders angegeben, immer nur auf den $BSB_5$ des Abwassers eines Einwohners bezogen.

**Einzelwasser-Versorgung • individual water supply system.** Wasserversorgung, bei der das Wasser nicht durch ein Rohrnetz verteilt wird und die nur einem kleinen Verbraucherkreis dient.

**Einzugsgebiet • catchment area.** In der Horizontalprojektion gemessenes Gebiet, dem der Abfluß in einem bestimmten Abflußquerschnitt oder eine abflußlose Wasseransammlung entstammt.

**Eisaufbruch • breaking up of ice.** Aufbrechen einer Eisdecke oder Eisbarre.

**Eisblänke • area bare of ice.** Eisfreie Fläche in sonst geschlossener Eisdecke.

**Eisbrecher (an Brücken) • ice guard.** Bauliche Vorkehrung an oder vor Brükkenpfeilern zum Schutz der Pfeiler gegen Eisgang.

**Eisbrei • ice slush.** Durch Schnee oder kleine Eisteilchen im Wasser entstandene bewegliche Eisanhäufung.

**Eisdecke • ice cover.** Eisschicht an der Wasseroberfläche über den Rahmen von Randeis hinaus, entstanden durch Eisbildung an Ort und Stelle oder an anderer Stelle mit anschließender Verlagerung und folgendem Zusammenfrieren.

**Eisdruck • ice ridge.** Streckenweises Zusammenschieben der Eisdecke in einem Wasserlauf, ohne daß es zum Aufbruch oder Eisgang kommt.

**Eisenbakterien • iron bacteria.** Bakterien, die ihren Energiebedarf durch Oxydation von wasserlöslichen zweiwertigen zu schwerlöslichen vierwertigen Eisenverbindungen, die abgelagert werden, zu decken vermögen.

**Eisenhydroxyd · ferric hydroxide.** Die durch biologische Oxydationstätigkeit der in Wiesengräben und anderen kleinen Gewässern massenhaft vorkommenden Eisenbakterien erzeugten rotbraunen flockigen Ablagerungen, deren Betriebsstörungen durch zweckentsprechende chemische Aufbereitung des Wassers vermieden werden können.

**Eisenkarbonat · iron carbonate.** Vermag Kohlensäure anzulagern zum Eisenbikarbonat (in manchen Mineralwässern enthalten). An der Luft zersetzt sich diese Verbindung zu rostfarbigem Eisenhydroxyd (rostbraune Ablagerungen in Höhe des Wasserspiegels deuten darauf hin) und Kohlensäure, welche Beton angreift. Abhilfe durch bituminöse Schutzanstriche.

**Eiserner Bestand · water storage below the operating level.** Teil des Speicherraumes, der für Betriebszwecke im allgemeinen nicht in Anspruch genommen werden darf. Nur aus besonderem Anlaß ist Inanspruchnahme zulässig.

**Eisfrei · free of ice.** Zustand des Gewässers, wenn Eis noch nicht oder nicht mehr vorhanden ist.

**Eisgang · floating ice.** Massenhaftes Abschwimmen von Eis, das vorher in Ruhe war.

**Eisklappe · ice gate.** Klappe auf einem Wehr oder Wehrverschluß, die in erster Linie zur unschädlichen Abführung des Eises dient (dient auch zur Feinregelung des Oberwasserstandes).

**Eispressung · pile up of ice.** Aufschieben des Eises auf einen Widerstand, z. B. Ufer, Buhne, Mole, Seezeichen usw.

**Eisregen · supercooled rain.** Meteorologisch: unterkühlter Regen, beim Auffallen zu einer Eisschicht gefrierend. Praktisch, wenn Erdboden und evtl. untere Luftschichten Temperaturen um oder unter 0° aufweisen. Andernfalls reicht unterkühlter Regen nicht aus, zusammenhängende Eisschicht zu bilden. Wenn Eisschicht zustande kommt, nähert sich Vorgang Glatteisbildung auf gefrorenem Boden. Abhilfe durch wiederholtes Streuen geringer Salzmengen.

**Eisschütz · crest gate.** Ein im obersten Teil von festen oder beweglichen Verschlußkörpern zum Ablassen von Treibeis vorgesehene Konstruktion, deren Höhenlage den Schwankungen des Winterwasserstandes angepaßt werden kann.

**Eisstand · ice blanket.** Zustand, wenn das Treibeis in fließenden Gewässern von Ufer bis Ufer zum Stehen gekommen und zusammengefroren ist.

**Eisstoß · forming of pack ice.** Besondere Erscheinungsform von Eisversetzung, wenn zuschwimmendes Eis sich unter eine ruhende Eisdecke schiebt.

**Eisversetzung · blocking ice.** Zusammengeschobenes Eis, das den Abflußquerschnitt eines Wasserlaufs stark einengt.

**Eiszeit · glacial period.** Geologischer Zeitraum; Europa mehrere Male teilweise mit Gletschereis überdeckt, das sich von Skandinavien und den Alpen her ausbreitete.

**Ekonomiser · economizer.** Apparat zur Vorwärmung des Kesselspeisewassers in Dampfkraftanlagen durch die Rauchgase.

**Elastisch · elastic.** Eigenschaft eines Körpers oder einer Masse, welche die unter dem Einfluß einer äußeren Kraft angenommenen Formveränderungen nach Aufhören dieser Kraft wieder rückgängig macht, also, zurückfedernd, in die ursprüngliche Form zurückkehrt.

**Elastizitätsgrenze · elastic limit.** Die Spannung, bis zu der keine bleibenden Formveränderungen auftreten.

**Elastizitätsmodul · modulus of elasticity; young's modulus.** Das Verhältnis der Spannung zur Dehnung.

**Elektrischer Schreibpegel · automatic recording gage.** Schreibpegel, bei welchem der Wasserstand elektrisch auf das Schreibgerät übertragen wird.

**Elektrisches Klärverfahren · electrical sewage treatment method.** Beruht auf der Gewinnung von Eisensalzen als Fällungsmittel durch Elektrolyse aus metallischem Eisen. Schwierige Behandlung des anfallenden, sehr grobflokkigen eisenhaltigen Klärschlammes (98 bis 99 % Wassergehalt gegenüber 95 % bei mechanischer Klärung); Fäulnisfähigkeit an organischen Stoffen reichen Abwassers wird nicht beseitigt, so daß oft biologische Reinigung nachgeschaltet wird.

**Elektro-Osmose-Verfahren · electro-osmotic-method.** Wasserreinigungsverfahren, beruht darauf, daß die im Wasser gelösten Salze und Beimengungen unter dem Einfluß des elektrischen Stromes zu den Elektroden (Stromzuführungen) wandern und dort durch vorgelegte porige Scheidewände (Diaphragmen) zurückgehalten werden. Das Verfahren hat für gewisse technische (chemische Industrie, Kesselspeise- u. Brauwasser) und medizinische Zwecke Bedeutung.

**Element · element.** Chemischer Grundstoff. Beispiele: Sauerstoff, Wasserstoff, Schwefel, Zink, Eisen usw. Bekannt sind etwa 100. Vielfältige Verbindungsmöglichkeiten geben große Zahl chemischer Verbindungen.

**Empfindlichkeit · sensitivity.** Die Empfindlichkeit eines Meßgerätes (unter Umständen an einer bestimmten Stelle seiner Skala) ist das Verhältnis einer an dem Meßgerät beobachteten Änderung seiner Anzeige zu der sie verursachenden (hinreichend kleinen) Änderung der Meßgröße.

**Empfindlichkeit, Endempfindlichkeit · limit of sensitivity.** Ist die Empfindlichkeit längs der Skale nicht konstant, so muß jeweils die Anzeige, für die sie gelten soll, oder der zugehörige Wert der Meßgröße angegeben werden. Insbesondere kann zwischen Anfangsempfindlichkeit und Endempfindlichkeit unterschieden werden.

**Empfindlichkeit, Gesamtempfindlichkeit · total sensitivity.** Besteht eine Meßanordnung aus mehreren Gliedern, so kann unterschieden werden zwischen den Empfindlichkeiten der einzelnen Glieder und der Empfindlichkeit der Meßanordnung, die häufig Gesamtempfindlichkeit genannt wird.

**Empfindlichkeit, Längenmeßgeräte · sensitivity of measuring instruments.** Bei Längenmeßgeräten ist die Empfindlichkeit gleich dem Verhältnis des Weges des anzeigenden Elements, z. B. des Zeigers, zum Weg des messenden Elementes, z. B. des Meßbolzens (Endweg zum Anfangsweg).
Ein Feinzeiger mit dem Übertragungsfaktor 1000 : 1 hat die Empfindlichkeit 1 mm/0,001 mm, wenn sich bei einer Änderung der Meßgröße um 0,001 mm die Anzeige um 1 mm ändert.

**Emscherbrunnen · emscher tank, imhoff tank.** Abwasserkläranlage mit Absatzbecken und darunterliegendem Faulraum, der den Schlamm aufnimmt.

**Emulsion · emulsion.** Ein feindisperses, milchig aussehendes System aus zwei oder mehreren Flüssigkeiten, die nicht ineinander löslich sind.

**Endmoräne · terminal moraine.** Vor dem Gletscher, Eisfächer oder Inlandeis abgelagerte, durch das Eis herbeförderte Schuttmassen, meist grobblokkig und geröllreich, Feindbestandteile meist ausgespült, oft als bewaldete, girlandenförmige Wälle sich über das umgebende Gelände erhebend.

**Endschwelle · end sill.** Schwelle, auch Zahnschwelle am Ende eines Schußbodens zur Sicherung und Verbesserung der Strömungsform und zum Kolkschutz.

**Energiefallhöhe · slope of hydraulic grade line.** Höhenunterschied zwischen 2 Punkten der Energielinie.

**Energiegefälle · energy gradient.** Gefälle der Energielinie.

**Energiehöhe · energy head.** Abstand der Energielinie von einem Nullhorizont als Maß für die jeweils vorhandene Gesamtenergie.

**Energielinie · energy line.** Verbindungslinie der Endpunkte von Lotrechten, die gleich der Summe von geodätischer Höhe, Druckhöhe und Geschwindigkeitshöhe sind.

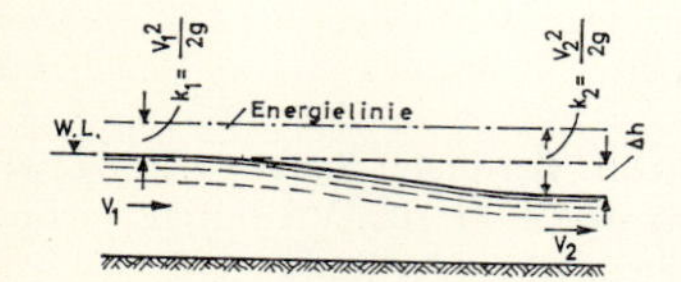


*Energielinie*

**Energieverzehrer · energy dissipator.** Vorrichtung zum Verzehren der überschüssigen lebendigen Kraft im Unterwasser.
Es werden Wasserwalzen erzeugt, in denen sich die Energie verzehrt, z. B. durch besondere Formgebung des Wehrbodens oder durch Quermauern, Schwellen, Zahnschwellen, Störkröper, Floßfedern.

**Engels, Hubert.** Geb. 1854, Geh. Hofrat, Dr.-Ing. ehr., Professor an der Technischen Hochschule Dresden; Erbauer der Brücke über die Norderelbe bei Hamburg, richtete 1898 das erste ständige Flußbaulaboratorium an der Technischen Hochschule Dresden ein.

**Engpaßleistung · minimum load.** Durch den leistungsschwächsten Anlageteil eines Kraftwerkes begrenzte höchste ausfahrbare Leistung.

**Enteisenung · iron removal.** Bezweckt die Ausscheidung des Eisens aus dem Wasser durch Oxydation (Belüftung) infolge Umwandlung des im Wasser löslichen Eisenoxyduls (Ferrobikarbonat) in zunächst noch gelöstes Eisenhydroxyd (Hydrosol), das allmählich in Hydrogelform übergeht und sich dabei in Flocken ausscheidet, die durch Schnellfilter aus dem Wasser entfernt werden.

**Entfärbung · decoloring.** Ist überwiegend bei salzarmen Wässern mit ihrem hohen Lösungsvermögen für organische Stoffe (Zuflüsse aus Mooren), weniger bei salzreichen Wässern nötig, bei denen sie auch technisch schwieriger ist. Rohwasser, das gelöste oder kolloidale Farbstoffe pflanzlichen Ursprunges oder aus industriellen Abwässern enthält, kann nur durch chemische oder adsorptive Behandlung vor oder nach der Filterung gereinigt werden.

**Entfettung · degreasing.** Entfettung von Abwasser soll die mitgeführten Öl- und Fettstoffe einerseits unschädlich machen, anderseits zurückgewinnen.

**Entgasung · degassing.** Verfahren zur Kesselspeisewasser-Aufbereitung zur Beseitigung der im Wasser enthaltenen Gase, insbesondere des Sauerstoffs und der Kohlensäure, um Korrosionsschäden zu verhüten.

**Enthärtung · water softening.** Besteht gewöhnlich in der Überführung der im Wasser gelösten Calcium- und Magnesiumbikarbonate und – bei Oberflächenwasser, das salzhaltige Abwässer aufgenommen hat – der mitsprechenden Chloride und Sulfate durch chemische Zusatzmittel wie Kalk, Ätznatron, Soda, Trinatriumphosphat in unlösliche Verbindungen (Fällungsverfahren).

**Entkeimung · sterilization.** Abtöten oder Abscheiden der Mikroorganismen – vor allem der Bakterien – durch physikalische oder chemische Mittel.

**Entlastungsanlage · spillway overflow.** Anlage, die eine Überschreitung bestimmter Wasserstände verhindern oder nach Überschreitung den jeweilig angestrebten Wasserstand wiederherstellen soll.

**Entlastungsgraben · inundation canal.** Leitet die von Entlastungsanlage abgegebene Wassermenge zu tiefergelegenen Aufnahmestellen.

**Entlastungskanal · flood-relief canal.** Tritt bei Hochwasser zur Entlastung enger Flußstrecken in Wirksamkeit. Abschluß durch Wehr.

**Entlastungsschacht · spillway shaft.** Abfallschacht im Gebirge im Anschluß an einen Überfall oder Ablaß.

**Entlastungsturm · spillway shaft.** Abfallturm im Anschluß an einen Überfall über seinen oberen Rand, auch mit Ablässen verbunden.

**Entlüften · ventilate.** 1. Von Rohrleitungen durch selbsttätige Vorrichtungen (Entlüftungsventile), durch welche die angesammelte Luft, die eine höhere als die atmosphärische Pressung hat, aus den oft unvermeidlichen Hochpunkten und «Luftsäcken» abgelassen wird. 2. Von Entwässerungsnetzen ist notwendig, um die auftretenden Gase zu entfernen, das Abwasser frisch zu halten und um zu verhüten, daß plötzlicher Regenwasserzudrang Preßluftpolster erzeugt, durch die Schachtabdeckungen herausgeschleudert und das Leitungsnetz beschädigt werden können.

**Entlüftungsventil · ventilation valve.** Vorrichtung zum selbsttätigen Entlüften von Rohrleitungen.

**Entmanganung · manganese removal.** Ausscheidung des Mangans aus dem Wasser auf chemisch-mechanischem (Oxydations- und katalytische Wirkung durch Rieselung und Sandfilter) oder biologischem Wege.

**Entnahmebreite · drawing width of a well.** Bei Grundwasserfassungen Breite des Grundwasserstromes, der durch Wasserentnahme beeinflußt wird.

**Entnahmetrichter · drawdown cone.** Trichterförmige Eintiefung der Grundwasseroberfläche oder Grundwasserdruckfläche um eine Entnahmestelle.

Im Grundriß durch Grundwasserhöhenkurven, in Vertikalschnitten durch Verbindungslinien der Grundwasserspiegel dargestellt.

**Entphenolung · phenol removal.** Bezweckt die Gewinnung der Phenole aus dem Gaswasser (Ammoniakrohwasser) und Schwelwasser der Kokereien, Gasanstalten, Braunkohlenschwelereien und Hydrierwerke.

**Entsandungsanlage · desilting works.** In Flußläufen im Gebirge vor Wasserkraftanlagen erstellte Anlagen, die Sand und Gerölle zurückhalten sollen.

**Entsäuerung · deacidification.** Entsäuerung des Wassers ist notwendig, um Angriffe des im Wasser enthaltenen Sauerstoffes und der Kohlensäure auf die bei Wasserwerksanlagen verwendeten Bau- und Werkstoffe (Metalle, Mörtel, Beton usw.) zu verhindern. Die Notwendigkeit zur Entsäuerung ergibt sich aus der Kenntnis des pH-Wertes und der Karbonathärte.
Enthärtung ist nötig, wenn bei einer

| Karbonathärte von | der pH-Wert kleiner ist als |
|---|---|
| 0 bis 3° DH | 8,0 |
| 3 bis 4° DH | 7,9 |
| 4 bis 5° DH | 7,8 |
| 5 bis 6° DH | 7,7 |
| 6 bis 7° DH | 7,6 |
| über 7° DH | 7,5 bis 7,4 |

**Entwässerungsleitung · sewer pipe.** Im Boden verlegt, besteht im allgemeinen aus fabrikmäßig hergestellten Steinzeug-, Beton- oder Stahlbetonrohren.

**Entwässerungsnetz · drainage system.** Entwässerungsnetz ist die Gesamtheit der zur Entwässerung eines Gebietes dienenden miteinander verbundenen Leitungsstränge.

**Entwässerungsschacht · drainage well.** Schacht zur Aufnahme des Oberflächenwassers einer Straße im Zuge eines Entwässerungsgrabens oder einer Entwässerungsleitung.

**Entwässerungsverband · sewage district.** Körperschaft des öffentlichen Rechts mit der Aufgabe, Grundstücke zu entwässern sowie Abwässer abzuführen, zu verwerten, zu reinigen und unschädlich zu machen.

**Epilimnion · epilimnion.** Wasserschicht stehender Gewässer oberhalb der Sprungschicht.

**Erdarbeiten · earthwork.** Unter diesem Begriff versteht man die in bautechnischen Betrieben durchgeführten E., welche die Veränderung von Erdkörpern nach Form, Lage und Lagerungsdichte bezwecken.

**Erdauflast · earth load.** Der Druck, den der über einer Leitung liegende Erdboden auf die Leitung ausübt, hängt ab von der Bodenart, der Überschüttungshöhe und der Grabenbreite.

**Erdbecken · earth reservoir.** Zwischen Dämmen oder in Geländesenken hergerichtete Becken, die meist behelfsmäßig, gegebenenfalls aber auch dauernd als Absetzbecken (durchflossene Faulräume), Nachfaulräume, Schlammteiche, Abwasserteiche und Auflandungsteiche dienen können.

**Erddamm · earth dam.** Aus Bodenmassen geschütteter Damm, im Gegensatz zum Steindamm.

**Erddruck · earth pressure.** Die waagerechte Kraftwirkung im Boden; die Kräfte, die der gewachsene Boden auf eine ihn abstützende Wand ausübt.

**Erde · earth, soil.** Als bautechnischer Stoffbegriff umfaßt alle Bodenarten der Erdkruste. Zwischen den Bezeichnungen Erde, Boden, Gestein, Gebirge wird in der technischen Bodenkunde oft kein Unterschied gemacht.

**Erdgas · natural gas.** Natürlich vorkommendes brennbares Gas, meist zusammen mit Erdöl in Gesteinsschichten eingeschlossen. Besteht vorwiegend aus Methan.

**Erdoberfläche · surface of the earth, earth crust.** Die Begrenzungsfläche zwischen dem Luftmeer und der festen bzw. flüssigen Erdoberfläche wird physische Erdoberfläche genannt. Sie ist das eigentliche Forschungsobjekt der Geodäsie.

**Erdrutsche · landslides.** Entstehen bei starker Durchfeuchtung toniger Schichten zusammen mit Untergrabung des Hangfußes. Sie werden oft durch Erschütterungen ausgelöst.

**Erdtemperatur · soil temperature.** Temperatur der oberflächennahen Bodenschicht. Für die Erwärmung des Bodens ist thermische Leitfähigkeit der verschiedenen Gesteine maßgebend. Nasse Böden leiten die Wärme weniger gut und schnell als trockene und durchlüftete. Bis 1 m Tiefe unter der Oberfläche sind die täglichen Schwankungen der Lufttemperatur, bis zu 7 bis 10 m die Monatsschwankungen, bis zu 20 m die jährlichen Temperaturschwankungen nachweisbar.

**Erdwiderstand · passive earth pressure.** Passiver Erddruck. Bewegt sich eine Wand unter dem Einfluß äußerer Kräfte gegen den Boden, so entsteht ein Gleitkörper im Boden, der der Wand einen Widerstand entgegensetzt. E. oder passiver Erddruck.

**Erfaßbarer Zufluß · operating capacity.** Verfügbarer Zufluß, soweit er von einer Kraftanlage oder einem Kraftwerk zur energiewirtschaftlichen Nutzung jeweils aufgenommen werden kann.

**Ergänzungskraftwerk · auxiliary power plant.** Bestimmt zur Deckung des auch bei voller Darbietung der anderen Werke eines Netzes noch verbleibenden ungedeckten Bedarfs an Spitzenleistung (s. a. Aushilfskraftwerk). Aushilfe und Ergänzung können auch von einem und demselben Kraftwerk (oder einer Gruppe von solchen) übernommen werden, z. B. wenn deren Wasserdargebot im Jahreslauf oder auch im Ablauf einer Jahresreihe stark schwankt.

**Ergiebigkeit · yield of a well.** Die künstlich beeinflußte Quellschüttung oder die Fördermenge eines Brunnens in der Zeiteinheit. Wenn möglich, ist der Angabe der Ergiebigkeit die Angabe des gleichzeitigen künstlich beeinflußten Wasserstandes beizufügen.

**Ergußgestein · volcanic rock.** An der Erdoberfläche unter geringem Druck ausgeflossene und schnell erstarrte Eruptivgesteine: z. B. Basalt, Porphyr.

**Erhebungswinkel (des Strahls) · angle of jet.** Winkel, den die Düsenachse mit der Waagerechten bildet (Vollkreis 360° oder $400^g$).

**Erosion · erosion.** Von der Oberfläche ausgehende Zerstörung von Werkstoffen durch mechanische Wirkung, vor allem bedingt durch Festkörperteilchen enthaltende strömende Gase, Dämpfe oder Flüssigkeiten oder durch Flüssigkeitsteilchen enthaltende strömende Dämpfe oder Gase.

**Erosionstäler · erosion valleys.** Erosionstäler sind die durch die schürfende Tätigkeit des Wassers gebildeten Täler.

**Ersatzdüngung · replacement of fertilizer.** Ersatz für die Nährstoffe, die durch die Ernten verbraucht sind.

**Erstarrungsgestein · igneous rock, primary rock.** Gestein, das sich beim Erstarren des Magmas bildete, z. B. Basalt, Melaphyr, Diabas, Granit, Syenit, Diorit, Gabbro, Porphyr.

**Erstfiltrat · prime filtrate.** Erstes vor Einarbeitung eines Filters nach jeder Spülung oder Reinigung gewonnenes Filtrat.
Das Erstfiltrat ist in seiner Beschaffenheit noch nicht befriedigend.

**Erwärmende Bewässerung · warming up irrigaion.** Zuführen von warmen Quell-, Bach- oder Abwasser zur Förderung des Pflanzenwuchses.

**Escherichia coli · escherichia coli.** Bakterienart aus der Familie der Fäkalbakterien (abgekürzt: E. coli).
Wichtiger Anzeiger für eine fäkale Verunreinigung des Wassers.

**Estrich · flooring plaster.** Fugenloser Bodenbelag aus Bindemitteln und Zuschlägen; je nach Art des Bindemittels als Zementestrich, Gipsestrich usw.

**Euler, Leonhard.** Geb. 1707 in Basel, gest. 1783 in Petersburg, gilt als einer der größten Mathematiker; gab u. a. wertvolle Beiträge zur Mechanik fester Körper. Seine Arbeiten erstreckten sich weithin von der Mathematik in die theoretische Physik, Technik, Astronomie und Philosophie.

**Eupalinos von Megara.** Baute im 6. Jahrhundert v. Chr. für die Wasserleitung der Stadt Samos einen 1000 m langen Stollen, gleichzeitig von beiden Enden.

**Eutroph · eutrophic.** Bezeichnung für nährstoffreiche Gewässer mit reicher Produktion an organischer Substanz.

**Evaporation · evaporation.** Unter Evaporation ist hydrologisch das Verdampfen (Verdunsten) des Wassers zu verstehen. Sie wird auch als unproduktive Verdunstung bezeichnet.

**Evaporimeter (Verdunstungsmesser) · evaporimeter.** Man unterscheidet Evaporimeter zur Messung der Verdunstung von der freien Wasseroberfläche von solchen für die Bodenverdunstungsmessung. Das gebräuchlichste Evaporimeter ist der Verdunstungskessel, der sowohl als Floßkessel auf dem Wasser als auch als Landkessel eingesetzt werden kann.

**Eytelwein, Johann Albert.** (1764 bis 1848); Professor in Berlin, bedeutender deutscher Wasserbaumeister, führte zu Beginn des 19. Jahrhunderts in Deutschland regelmäßige Pegelbeobachtungen ein (Wassermarqueure). Verfasser von «Handbuch der Mechanik fester Körper», Berlin 1801.

**Fachbaum · weir crest.** Ältere, noch jetzt vielfach angewandte Bezeichnung für die Oberkante eines festen Wehres oder die Oberkante des festen Teiles eines beweglichen Wehres.

**Fachwerkbrücke · truss bridge.** Brückenbau, bei dem Hauptträger aus Fachwerkträgern bestehen.

**Fahrbahnrost · plattform of road surface.** Das stählerne Tragwerk unter der Fahrbahn einer Brücke aus Belageisen, Buckel- oder Tonnenblechen auf Längs- und Querträgern.

**Fähre · ferry.** Dient dem Querverkehr über Flüsse. Seilfähre läuft an Seil, fliegende oder Gierfähre dreht um langes Ankertau. In beiden Fällen kann Strom durch Steuerung schräg zum Stromstrich gestelltes Fahrzeug antreiben. Ferner F. auch mit Schraubenantrieb.

**Fahrlader · loader.** Lademaschine auf Gleisketten- oder Radfahrwerk, die Schüttgüter aus Halden, Haufwerk in Brüchen oder Schutter in Stollen mittels eines Arbeitsgerätes auflädt, das Ladegut über eine Kurzstrecke fördert und auf Halde, in Silo oder Langstrecken-Förderwagen ablädt.

**Fahrplan (eines Kraftwerkes) · operation schedule.** Zeichnerische oder zahlenmäßige Darstellung des geplanten Verlaufs der Leistungsabgabe eines Kraftwerkes.

**Fahrrinne · ship channel.** Fläche im Fluß, in der die Schiffahrt die erforderliche Fahrtiefe vorfindet.

**Fahrwasser · navigation channel, main channel.** Bei Stromspaltung derjenige Stromarm, durch den die Schiffahrt geht.

**Fäkalbakterien · fecal bacteria.** Bakterien, die im Darm von Mensch und Tier leben und mit dem Kot ausgeschieden werden.
Ihr Nachweis in einem Wasser gilt als Indikator für eine fäkale Verunreinigung und weist auf das mögliche Vorhandensein pathogener Darmkeime hin.

**Fäkalien · faeces.** 1. Die festen und flüssigen menschlichen und tierischen Ausscheidungen. 2. Dung und Jauche entwickeln aus Harnstoff Ammoniak, daraus betonschädlicher Salpeter.

**Falleitung · penstock, pressure pipe.** 1. Leitung mit großem Gefälle als Zuleitung zu den Turbinen. 2. Von einem Hochbehälter zum Versorgungsnetz führende Druckleitung.

**Fallhöhe · fall head, head.** Höhenunterschied zweier Punkte der Energielinie. Wenn die Geschwindigkeit vernachlässigt werden kann: Höhenunterschied zwischen zwei Wasserspiegeln.

**Fallhöhe des Wasserspiegels · difference in water level.** Höhenunterschied des Wasserspiegels eines Wasserlaufs zwischen zwei Abflußquerschnitten.

**Fallhöhenverluste · loss of static head.** 1. Durch hydraulische Ursachen (Fließfallhöhen, s. dort);
2. Durch wasserwirtschafts-betriebliche Ursachen, insbesondere bei Speicherbetrieb: Verluste durch Absenkung im O.W. und Aufstau (Rückstau) im U.W. (s. auch verfügbare Fallhöhe).

**Fallinie · slope line.** Linie stärksten Gefälles in einer geneigten Fläche.

**Fällmittel · precipitant, coagulant.** Fällmittel dienen zur Beschleunigung und Vervollständigung des Absetzverfahrens bei der Vorklärung von Trink- und Brauchwasser zwecks Entfernung der ungelösten Schwebestoffe sowie der kolloidalen und gelösten Stoffe, die kleiner sind als $^1/_{1000}$ mm und sogar mit Langsamfiltern ohne sehr lange Einarbeitungszeit des Filters nicht mehr entfernt werden können.

**Fallrohr · down pipe.** An Gebäudewand lotrecht herabgeführter Rohrstrang, durch den das von den Aborten, Ausgüssen, Bädern oder dem Dach kommende Abwasser der Grundleitung zufließt. Lichtweiten zwischen 50 bis 100 mm, bei Spülaborten mindestens 100 mm, bei Trockenaborten mindestens 200 mm. Werkstoffe im allgemeinen Gußeisen, Flußstahl, Blei, Steinzeug, Zinkblech für Regenfallrohre.

**Fallstufe · drop, fall, cascade.** Natürliche oder künstliche Stufe, durch die eine Fallhöhe erzeugt wird.

**Fällung · precipitation.** Physikalische und chemische Maßnahmen, die zum Überführen echt oder kolloidal gelöster Bestandteile des Wassers in eine absetzbare und/oder abfiltrierbare Form dienen.

**Fällungsbecken · coagulation basin.** Fällungsbecken mit mehrstündiger Aufenthaltsdauer des Wassers dienen der groben Vorreinigung wo die örtlichen und wirtschaftlichen Voraussetzungen zum Bau großer Rückhalte- und Staubecken fehlen.

**Fangdrän, Kopfdrän · intercepting drain.** Drän, der zum Abfangen unterirdischen Fremdwassers dient.

**Fangedamm · cofferdam.** Wasserdichter Umschließungskörper bei Baustellen, die in oder am Wasser liegen.

**Fanggraben · intercepting ditch.** Wird mitunter zum Abfangen von Tagwasser oberhalb bergseitiger Böschung eines Einschnitts angeordnet.

**Farguesche Regeln · Fargue's rules.** Qualitative Grundsätze, die für die Linienführung, d. h. die Führung der Streich- und Uferlinien, bei Flußbettregelungen beachtet werden sollen. Sie besagen im einzelnen:

1. Zur Beständigkeit eines Flußbettes ist eine geschlängelte Linienführung mit stetigem Wechsel konkaver und konvexer Bögen und dazwischenliegenden ausreichenden Übergängen erforderlich.
2. Um in den Übergängen ausreichende Wassertiefen zu gewährleisten, darf das Tangentennetz weder zu große noch zu kleine Winkel aufweisen.
3. Für eine regelmäßige Bettausbildung dürfen die Krümmungen nicht kreisförmig sein. Ihre Krümmungsradien sollen, am Wendepunkt mit großen Radien beginnend, im Krümmungsscheitel am kleinsten sein und von dort bis zum nächsten Wendepunkt wieder zunehmen.

**Faschine · fascine.** 3 bis 6 m langes und etwa 0,30 m dickes Bündel aus Reisern von Laub- und Nadelhölzern (Waldfaschine) oder Weiden (Weidenfaschine), das durch Bindedraht zusammengehalten wird.

**Faschinendrän · fascine drain.** Drän, der aus Faschinen hergestellt wird.

**Faschinengründung · fascine foundation mat.** Mitunter beim Bau von Buhnen, Uferdeckwerk usw. angewandte Gründungsart, wobei Senkfaschinen auf Gewässersohle versenkt werden.

**Faschinenwurst · fascine poles.** Auch kurz «Wurst» genannt: dünnes Reiserbündel von 0,10 bis 0,15 m Dicke, das in größeren Längen auf der «Wurstbank» hergestellt wird.

**Faulanlagen · digestion plant.** Faulanlagen dienen der anaeroben Zersetzung des bei der Abwasserreinigung anfallenden Schlammes. Dieser Vorgang, die sog. Gärung, vollzieht sich durch die Tätigkeit von luftmeidenden Bakterien unter Bildung von Faulgas in einem Schlammfaulraum.

**Faulgas · digester gas.** Bei Fäulnis sich bildendes Gasgemisch.

**Faulgrube · septic tank.** In mehrere Kammern unterteilter Abwasserfaulraum für Kleinkläranlagen.

**Fauliges Abwasser · septic sewage.** Entsteht, sobald die im Abwasser enthaltenen ungelösten und gelösten organischen Stoffe durch Zersetzung in Fäulnis übergegangen sind. Im Gegensatz zum Frischabwasser riecht es nach faulen Eiern (Schwefelwasserstoff), ist dunkler bis schwarzgrau gefärbt und für Fische giftig.

**Fäulnis · putrefaction.** Anaerobe bakterielle Zersetzung organischer Stoffe, besonders des Eiweißes, unter Bildung stinkender Zwischen- und Endprodukte.

**Faulschlamm · digested sludge.** Durch die Ablagerung der im Wasser absterbenden, vorwiegend kleinsten Lebewesen des Planktons, ihre Vermischung mit feinsten mineralischen Teilchen wie Ton und Kalk und ihre Zersetzung durch Fäulnis, entsteht der Faulschlamm. Seine Farbe ist grünlich, bläulich oder bräunlich; er ist übelriechend.

**Faulzeit · sludge digestion period.** Die Zeit, die der frische Abwasserschlamm braucht, um auszufaulen. Die Faulzeit ist in hohem Maße von der Temperatur abhängig und beträgt bei 8° C etwa 120 Tage, bei 27° C etwa 30 Tage.

**Federblech · sealing strip.** Blechstreifen mit Dichtungsleiste, der die Fuge zwischen zwei Wehrverschlüssen oder zwischen einem Wehrverschluß und einer festen Wand überdeckt und durch Wasserdruck abdichtet, ohne die Beweglichkeit zu behindern.

**Fehler durch persönliche Einflüsse · personal error.** Verfälschende persönliche Einflüsse sind abhängig von den Eigenschaften und Fähigkeiten der Beobachter (z. B. Aufmerksamkeit, Übung, Sehschärfe, Schätzungsvermögen).

**Fehler durch Umweltseinflüsse · environment error.** Als die Meßergebnisse verfälschende Umwelteinflüsse sind zu beachten z. B. Temperatur, Luftdruck, Feuchte, Spannung, Frequenz und fremde elektrische oder magnetische Felder.

**Fehlerfortpflanzung · propagation of error.** Ist das Meßergebnis eine Funktion einer oder mehrerer Meßgrößen (Meßwerte), so ist der Fehler des Meßergebnisses nach der Fehlerfortpflanzungsregel zu ermitteln. Die Fehlerfortpflanzung ist für die erfaßten systematischen Fehler anders zu behandeln als für die Rechengrößen der zufälligen Fehler.

**Fehlergrenzen, Eichfehlergrenzen · calibration error.** Die Eichfehlergrenzen einer Maßverkörperung bezeichnen das größte Mehr oder Minder, bis zu dem (nach der Eichordnung) – beim Vergleich mit einem Normal – das Istmaß vom Sollmaß abweichen darf.

**Fehlergrenzen, Garantie · guaranty limit of error.** Garantiert der Hersteller eines Meßgerätes, daß die Fehler der mit dem Meßgerät unter festgelegten Bedingungen ermittelten Meßwerte (Istanzeigen) innerhalb vorgeschriebener Grenzen liegen, so heißen diese garantierten Grenzen die Garantiefehlergrenzen des Meßgerätes.

**Fehlerquellen · source of errors.** Jedes Meßergebnis wird verfälscht durch Unvollkommenheit des Meßgegenstandes, der Maßverkörperungen der Meßgeräte und der Meßverfahren, außerdem durch Einflüsse der Umwelt und der Beobachter, sowie durch zeitliche Veränderungen bei allen diesen Fehlerquellen.

**Fehlertheorie · error theory.** Wissenschaftlich begründete Lehre, die sich mit der Ursache, dem Wesen und der Auswirkung von Meßfehlern sowie mit der Behandlung fehlerhafter Beobachtungen befaßt.

**Fehnkultur · cultivation by mixing moor and soil.** Verfahren der Hochmoorkultur, bei dem die bei der technischen Torfverwertung zurückgelassene Bunkerde in der Oberfläche mit Mineralboden in verschiedener Menge vermischt wird.

**Feinrechen · fine screen, trash rack.** Rechen mit einem lichten Stababstand von 30 mm und darunter.

**Feinregelung · fine adjustment.** Feinregelung zur Einhaltung des Oberwasserspiegels bei Wehren wird durch bewegliche Verschlüsse erreicht (Stauklappen, Faltschütze, Dachwehr und Wehrverschlüsse).

**Feldberegnung · sprinkler irrigation.** Künstliche Verregnung von Wasser oder Abwasser auf Äckern und Wiesen zur Anfeuchtung und gegebenenfalls auch zur Düngung des Erdbodens.

**Feldleitung · distribution pipes.** Leitungsnetz von der Stammleitung zu den Regnern.

**Felsboden · rock bed.** Zusammenhängendes, festes Gestein. Zerklüftung oder Verwitterung beeinflussen die Eigenschaften des gesunden Felsens.

**Fender · fender.** Körper aus Holz oder mit Kokostau umflochtenen Korkstücken, die ähnlich wie Reibehölzer an Uferwänden oder dgl. angebracht werden, um eine Beschädigung der Schiffe und Bauten beim Anlegen zu verhindern.

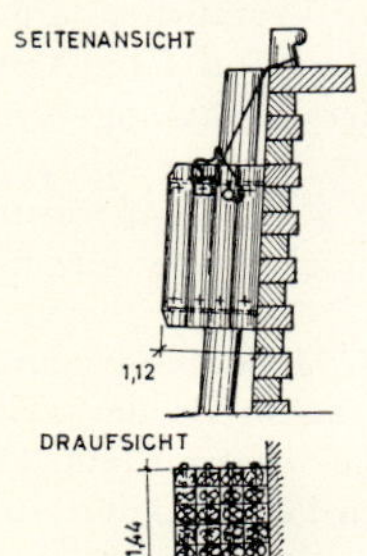


*Fender am Kai*

**Fernpegel · remote gage.** Fernpegel übertragen Pegel-, Brunnen- oder Behälterwasserstände über größere Entfernungen z. B. nach Pumpwerken oder Dienträumen von Wasserwerken.

**Fernspeicher · distant reservoir.** Durch eine längere Gewässerstrecke von den gespeisten Nutzungsanlagen getrennter Speicher.

**Fernwasserversorgung · distant water supply.** Die Wasserversorgung dichtbesiedelter oder ländlicher Gebiete mit Mangel an ausreichendem oder geeignetem Wasser aus Gebieten mit reichlicheren oder geeigneteren Wasservorkommen.

**Festes Gebirge · rock.** Fels, geschlossen, gebankt bis schiefrig, konglomeratisch; wirtschaftlich nur durch Bohr- und Sprengarbeit zu lösen.

**Festes Wehr · fixed weir.** Wehr, das keine beweglichen Teile zur Regelung des Oberwasserstandes hat.

**Festmacheboje · anchor buoy.** Boje zum Festmachen von Schiffen als Ersatz für unmittelbare Verankerung der Schiffe durch Anker.

**Festpunkt (einer Rohrleitung) · fixed pipe support.** Festes Auflager eines Rohrstranges.

**Feststoffe · solid matter.** Mechanische Beimengungen des oberirdischen Wassers. Eis gehört nicht dazu.

**Fettabscheider · grease trap, grease seperator.** In die Grundstücksentwässerungsleitung eingebaute Vorrichtung, die die Abwasserströmung so weit verlangsamt, daß sich daß vom Abwasser mitgeführte Fett durch Aufschwimmen abscheidet.

**Fettfang · grease trap.** Kasten im Entwässerungssystem. Im Wasser enthaltenes Fett setzt sich nach oben ab und kann abgeschöpft werden.

**Feuchtigkeitsgrad der Luft · humidity.** Relative Feuchtigkeit, das in % ausgedrückte Verhältnis des bei einer bestimmten Temperatur vorhandenen Wasserdampfgehaltes (absoluter Feuchtigkeitsgehalt in $g/m^3$) zu dem bei dieser Temperatur höchstmöglichen Wasserdampfgehalt (Sättigungsgehalt in $g/m^3$) der Luft.

**Feuchtigkeitsmesser · hygrometer.** Zur Messung der Luftfeuchtigkeit dienen Haarhygrometer (Längenänderung eines Haares mit der Feuchtigkeit), Taupunkthygrometer (genaue Werte durch Bestimmung des Taupunktes) und Psychrometer mit Thermoelement oder Widerstandsthermometer.

**Feuchtigkeitsumsatz · water economy.** Der Feuchtigkeitsumsatz stellt das Verhältnis Niederschlag (N), Verdunstung (V) und Abfluß (A) dar.

| Geographische Breite | Nördliche Halbkugel einschl. Meeresfläche | | | Festland der gesamten Erdoberfläche | | |
|---|---|---|---|---|---|---|
| | *N* | *V* | *A* | *N* | *V* | *A* |
| 0 . . . 10° | 145 | 110 | 35 | 168 | 112 | 56 |
| 10 . . . 20° | 84 | 114 | –30 | 76 | 57 | 19 |
| 20 . . . 30° | 59 | 95 | –36 | 51 | 37 | 14 |
| 30 . . . 40° | 66 | 83 | –17 | 50 | 41 | 9 |
| 40 . . . 50° | 74 | 53 | 21 | 56 | 37 | 19 |
| 50 . . . 60° | 63 | 39 | 24 | 51 | 23 | 28 |
| 60 . . . 90° | 27 | 12 | 15 | 30 | 10 | 20 |
| 0 . . . 90° | 77 | 77 | 0 | 63 | 41 | 22 |

*Feuchtigkeitsumsatz [mm] in verschiedenen Breiten*

**Feuchtraumgewicht · moist unit weight.** Frischgewicht geteilt durch den Bodenraum.

**Feuerschiff · lightship.** Schiff besonderer Bauart, durch Anker an einem bestimmten Ort gehalten. Träger verschiedener Seezeichen wie Leuchtfeuer, Luft-Nebelschallsender. Roter Anstrich.

**Filter · filter.** Einrichtung zum Abtrennen feinverteilter unlöslicher Stoffe von Flüssigkeiten oder zum Abscheiden von Staub.

**Filteranlage · filtration plant.** Einrichtung zur Veränderung der Beschaffenheit des Wassers beim Durchgang durch gekörnte Filtermasse oder poröse Körper.

**Filterboden · filter floor.** Durchbrochene, mit Löchern, Schlitzen oder besonders ausgebildeten Düsen versehene Tragfläche der Filtermasse, die ein gleichmäßiges Abfließen des gefilterten Wassers (Filtrat), bei Schnellfiltern auch eine gleichmäßige Verteilung des Spülwassers und der Spülluft, gewährleisten soll.

**Filtergesetz · Darcy's law.** Von Darcy ist die wichtigste hydrologische Grundlage für die Beschreibung der Wasserbewegung im Boden oder in ähnlich beschaffenen, durchlässigen Stoffen. Die Filtergeschwindigkeit ist $V_F = K_F \cdot J$, wo $K_F$ der von der Beschaffenheit des Bodens abhängige Durchlässigkeitsbeiwert und J das Grundwassergefälle ist. Das F. gilt für Werte von $J = 1 : 100$ bis $1 : 3000$ und von $K_F = 0{,}0001$ bis $0{,}01$ m/s.

**Filtergewebe · filter fabric.** Gewebe zum Herstellen von Brunnenfiltern; aus weichem Kupfer bei der Ausführung von Tressen- und Körpergeweben für Gewebefilter und beim Unterlagsgewebe, aus Kunststoff oder feuerverzinktem weichem Stahl beim Schüttgewebe für Kiesfilter.

**Filtergeschwindigkeit (eines Grundwasserkörpers) · filtration rate.** Rechnungswert, bestimmt aus dem Durchfluß in der Zeiteinheit je Einheit der Bruttofläche (F von der Breite B und der Höhe H), die rechtwinklig zur Bewegungsrichtung steht. Diese Geschwindigkeit entspricht derjenigen, mit der sich offenes Wasser auf die Oberfläche eines Filters hin bewegt.

**Filterlaufzeit · filter run.** Anzahl der Betriebsstunden (oder -tage) zwischen zwei Filterreinigungen.

**Filtermasse · filter material.** Füllgut der Filteranlage, bestehend aus zumeist gekörnten Materialen mit physikalischer, physikalisch-chemischer, chemischer oder biologischer Wirkungsweise.
Das Füllgut kann häufig auch in mehreren dieser Beziehungen gleichzeitig wirksam sein.

**Filterrohr (beim Brunnenbau) · filter pipe.** Filterrohre sind Teile des Filters beim Bohrbrunnen, durch die das Wasser in den Brunnen eingeführt wird.

**Filterschicht · filter layer.** Zur Entlastung von Sohlenwasserdruck werden die Gründungsflächen von Wehren und anderen Wasserbauten, soweit sie auf wenig durchlässigem, z. B. bindigem Boden gegründet sind, hinter der Dichtungsschürze, Herdmauer oder anderweitigen oberwasserseitigen Dichtungsmaßnahmen mit einer Filterschicht aus Kies versehen. Damit wird an der Sohle eine durchlässige Verbindung zum Unterwasser geschaffen (nicht zum Oberwasser durchgehend), mit dem Erfolg, daß diese nur noch durch den hydrostatischen Unterwasserdruck belastet wird.

**Filterschlammwasser · filter sludge water.** Das beim Spülen von Schnellfiltern abgeleitete, die abfiltrierten Stoffe mitführende Spülwasser.

**Filterspülwasser · filter washing water.** Das zum Spülen (d. h. zum Aufschwemmen der abfiltrierten Stoffe) dem Schnellfilter zugeleitete Wasser.

**Filterwiderstand · filter loss.** Druckverlust des Wassers beim Durchlaufen des Filters.

**Filtriergeschwindigkeit · filtration rate.** Ideelle Geschwindigkeit, bestimmt aus dem Filterdurchfluß (Filtrat) in $m^3/h$ geteilt durch Filterfläche in $m^2$.

**Fischaufstand · fish rise.** Spontanes Aufsteigen von Fischen an die Wasseroberfläche zur Notatmung infolge Sauerstoffmangels oder Vergiftung des Wassers.

**Fischereihafen · fishery harbor.** Hafen zum Umschlag von Fischen.

**Fischpaß · fish ladder, fish pass.** Feste oder bewegliche Anlage, die den Wanderfischen den Aufstieg vom Unterwasser ins Oberwasser ermöglicht.

**Fischsterben · fish mortality.** Durch Sauerstoffmangel, durch Vergiftung des Wassers oder durch Krankheit der Tiere verursachtes Massensterben der Fische in einem Gewässer.

**Fitting · pipe fittings.** Verbindungs- oder Anschlußstück für Rohrleitungen, z. B. Muffen, Nippel, Winkel, Bogen, T- oder Kreuzstück.

**Flachbecken · shallow basin.** Absetzbecken mit besonders geringer nutzbarer Wassertiefe, wie z. B. Sickerbecken für städtischen Schlamm, die nur etwa 0,4 m Tiefe haben, damit der Schlamm gut abtrocknet.

**Flachbrunnen · shallow well.** Brunnen mit Wasserförderung durch Kreiselpumpen. Max. Förderhöhe liegt mit etwa 8 m relativ niedrig. Anwendungsbereich daher beschränkt (Flachbrunnenanlagen).

**Flachgründiges Moor · shallow moor.** Moor von geringer Mächtigkeit der Torflagen.

**Flachschieber · flat gate valve.** Schieber mit flachem Gehäuse für Nenndruck bis 4 at bei Gußeisen und bis 6 at bei Stahlguß. Der zulässige Nenndruck hängt noch von der Nennweite ab. Für höheren Nenndruck werden Oval- und Rundschieber gebaut.

**Flammpunkt · point of ignition.** Niedrigste Temperatur einer brennbaren Flüssigkeit, bei der sich – in einem Apparat vereinbarter Bauart – oberhalb des Flüssigkeitsspiegels Dämpfe bilden, die im Gemisch mit der über dem Flüssigkeitsspiegel befindlichen Luft schon bei kurzer Einwirkung einer Zündflamme aufflammen.

**Flankendeich · flank dike.** Hauptdeichstrecke, die von der Deichlinie abschwenkt, ein Gewässer (Sieltief, Brack) umläuft und dann wieder in die Deichlinie einmündet.

**Flansch · flange.** Scheibenförmige Ränder an Rohr- und Wellenenden, Zylindern und geteilten Gehäusen zur dichten lösbaren (Schraub-)Verbindung solcher Teile mit anderen.

**Flanschenrohr · flanged pipe.** Rohr, das zur Herstellung der Rohrverbindung mit Flanschen (Flanschverbindung) versehen ist. Im allgemeinen nur bei oberirdisch verlegten Rohrleitungen angewandt.

**Flattern · vibration.** Eine Art Schwingung, die bei elastischen Körpern, wie Hängedach oder Hängeseil, durch Wind angefacht wird und zum Bruch der Konstruktion führen kann. Die dazugehörige kritische Windgeschwindigkeit ist für jedes Hängewerk verschieden.

**Flechtzaun, Flechtwerk · wicker fence, wattle work.** Verwendung als Böschungsschutz, Uferdeckwerk oder bei Wildbachverbauung als Stauwand. Besteht aus frischen Weidenruten oder Erlenzweigen und Pfählen, die in 20 bis 40 cm Abstand in Boden geschlagen und von Zweigen umflochten werden. Pfähle 60 bis 150 cm lang. Flechtwerkenden werden in Erde eingebunden, dadurch F. ausschlagfähig. Abstand der einzelnen F. $1^1/_2$ bis 4 m.

**Fleet · diversion canal.** Niederdeutsche Bezeichnung für Zweigkanal von Schiffahrts- oder Entwässerungskanälen.

**Fleetgraben · main trench.** Durchlaufender, vor dem Schöpfwerk auf längerer Strecke stark verbreiterter Hauptgraben in einem auf künstliche Entwässerung angewiesenen Polder. Er hat neben seiner Zubringeraufgabe auch die Aufgabe eines Mahlbusens.

**Fliegende Leitung · portable pipe line.** Oberirdische, durch Schnellkupplung verbundene Druckrohre.

**Fliehkaft, Zentrifugalkraft · centrifugal force.** Nach außen drängende Kraft.

**Fliehkraftregler · centrifugal governor.** Fliehkraftregler besitzen Schwungpendel, deren von der Drehzahl abhängige Fliehkraft durch Gewicht- oder Federwirkung den Regler verstellt.

**Fließdruck · flow pressure.** In der Gasinstallation der Druck des strömenden (fließendes) Gases, gemessen in mm WS.

**Fließen · flow.** Bewegung, bei der das Wasser in seinem ganzen Umfange von Wandungen begrenzt ist oder in einem offenen Gerinne abläuft.

**Fließfallhöhen · head losses.** Alle zur Aufrechterhaltung der Wasserströmung in einem Beharrungs- und Betriebszustand verbrauchten Fallhöhen.

**Fließgeschwindigkeit · velocity of flow.** Weg des Wassers, geteilt durch die Zeit.

**Fließgeschwindigkeit des Grundwassers · ground-water velocity.** Der in der Fließrichtung je Zeiteinheit zurückgelegte Weg. (Die Fließgeschwindigkeit wird unter anderem durch Zusatz von Farbstoffen bestimmt.)

**Fließgrenze · liquid limit.** Die «Fließgrenze» eines Bodens ist der Wassergehalt, bei dem eine in einem genormten Versuchsgerät gezogene Bodenfurche nach einer bestimmten Zahl von Erschütterungen auf eine genau festgelegte Länge wieder zusammenfließt.

**Fließgrenze · yield point (metal).** Oberbegriff für Streckgrenze (Zug), Quetschgrenze (Druck), Biegegrenze (Biegung) usw. Bei scharfer Ausprägung ist es die Spannung, bei der trotz zunehmender Formänderung die Kraftanzeige der Prüfmaschine erstmalig unverändert bleibt oder zurückgeht, und wird je nach Beanspruchung als Streck-, Quetsch-, Biege- oder Verdrehgrenze bezeichnet.

**Fließrichtung (des Grundwassers) · direction of ground-water flow.** Allgemeine Bewegungsrichtung des Grundwassers ohne Berücksichtigung der kleinen Umwege, wie sie z. B. beim Umfließen eines Sandkorns entstehen.

**Fließwechsel · flow transition.** Übergang vom Strömen zum Schießen oder umgekehrt.

**Flockung · flocculation.** Künstliche Erzeugung von Flocken, die suspendierte oder kolloidal gelöste Bestandteile des Wassers adsorbieren oder okkludieren (einschließen), durch Zusatz von Chemikalien, wie z. B. Eisen- oder Aluminiumsalzen.

**Flößen · log booming.** Das Transportieren gefällter Stämme zum Sägewerk auf dem Wasserwege. In wildem Wasser mit starkem Gefälle werden die Stämme einzeln dem Frühjahrshochwasser überlassen; auf schiffbaren Flüssen verbindet man sie zu Flößen, die gesteuert werden. – Durch das Flößen wird das Holz gut ausgelaugt, weshalb Flößholz als besonders dauerhaft gern verwendet wird.

**Floßfeder · raft.** Balkenrost als Energieverzehrer, ursprünglich bei Floßgassen angewandt, meist gelenkig an einer Endschwelle angehängt.

**Floßgasse · timber flume.** Geneigte Rinne, in der die Flöße vom Oberwasser ins Unterwasser schwimmen. Die Rinne kann oben mit einem Verschluß ausgestattet sein.

**Floßschleuse · log chute, log sluice.** Der Schiffschleuse gleichender Floßdurchlaß an Staustufen an Stelle einer Floßgasse.

**Flügeldamm (bei Stauanlagen) · wing dam.** Damm, der ein Staubauwerk seitlich fortsetzt.

**Flügeldichtung · wing wall core.** Dichtung, die den wasserdichten Anschluß eines anderen Stauwerks in wasserdichten Untergrundschichten einer Talwand herstellt (z. B. Uferbelag, Flügelspundwand, Einpreßschürze, Herdmauer u. a. m.).

**Flügelmauer · wing wall.** Flügelartiger Fortsatz der Widerlager einer Brükke als Übergang von natürlichen Böschungen in senkrechte Mauer. Ausführung als Schwergewichtsmauer oder in Stahlbetonkonstruktion.

**Flügelmessung · current meter measurement.** Der bei einem bestimmten Wasserstand durch den Abflußquerschnitt eines Gewässers hindurchtransportierte Abfluß kann mit Hilfe von Meßflügeln durch Geschwindigkeitsmessungen bestimmt werden. Entsprechend $Q = \int\int v \cdot d\,f$ der Flügelmessung gilt es, die Verteilung der Wassergeschwindigkeit v über dem Fließquerschnitt F zu ermitteln, um den Durchfluß Q durch Flächenintegration zu erhalten. Dazu werden in einzelnen Punkten des Fließquerschnitts Flügelmessungen durchgeführt in einer Anzahl, die eine genügend genaue Darstellung der Geschwindigkeitsverteilung gestattet.

**Flügelpumpe · vane pump.** Gußgehäuse mit eingebautem Metallflügel, welcher durch einen außen angebrachten Handhebel in hin- und herschwingende (etwa 90°) Bewegung versetzt wird und dadurch Wasser ansaugt und wegdrückt. Zur Förderung kleiner Mengen geeignet.

**Flügelradwasserzähler · vane-wheel water meter.** Das durchfließende Wasser treibt ein Flügelrad, das durch ein Übersetzungsräderwerk ein Zählwerk in Gang setzt. Drehgeschwindigkeit des Flügelrades, weil abhängig von der Anströmgeschwindigkeit, ist ein Maß für Durchflußmenge.

**Flugsand · wind-blown sand.** Lockerer, reiner, meist sehr gleichmäßiger Sand, der zusammengeweht Dünen bildet.

**Flügelsonde · vane test apparatus.** Sondiergerät zur Bestimmung der Scherfestigkeit von Erdstoffen im Feldversuch.

**Fluid · fluid.** Unter einem Fluid (das Fluid, die Fluide) wird eine Flüssigkeit, ein Gas oder ein Dampf, also ein nicht festes Kontinuum verstanden, auf welches die Gesetze der Strömungslehre anwendbar sind.

**Fluktuierende Wassermenge · fluctuating water consumption.** Die auf den mittleren Wasserverbrauch während gleich großer Zeiträume (Stunden, Tage, Wochen, Monate) bezogenen Verbrauchsschwankungen.

**Fluoridierung · fluoridation.** Zusatz von Fluoriden zum Trinkwasser zur Verhütung der Zahnfäule.

**Flurabstandskurve (-gleiche) beim Grundwasser · ground-water level curve refered to ground elevation.** Kurve gleicher und gleichzeitiger lotrechter Abstände zwischen der Geländeoberfläche und den Grundwasserspiegeln eines bestimmten Grundwasserstockwerks.

**Flußausbaugrad · ratio of river development.** Verhältnis des Ausbauzuflusses zum mittleren Gesamtzufluß.

**Flußausnutzungsfaktor (möglicher, tatsächlicher) · factor of river utilisation.**

a) möglicher

Verhältnis des mittleren erfaßbaren Zuflusses in einem Jahre mit mittleren Abflußverhältnissen (Regeljahr) zum Ausbauzufluß.

b) tatsächlicher

Verhältnis des mittleren Turbinendurchflusses in einem Jahr zum Ausbauzufluß.

**Flußbau · river training.** Flußbau gehört zu den wasserbaulichen Maßnahmen der sog. Wassermengenwirtschaft. Man unterscheidet Regelungsmaßnahmen an Gewässern, Flußstauhaltungen und Flußmündungen.

**Flußbaustoffe · material for river training structures.** Flußbaustoffe zur Errichtung von Flußbauwerken müssen sowohl den erhöhten Anforderungen infolge der ständigen oder wechselnden Einwirkung des Wassers genügen, als auch in ausreichender Menge und in möglichst geringer Entfernung von der jeweiligen Baustelle vorhanden sein.

**Flußbauwerke · river training structures.** Je nach Art und Zweck werden drei Gruppen von Flußbauwerken unterschieden: Uferbauten, Einschränkungsbauwerke und Absturzbauwerke. Die Errichtung von Flußbauwerken dient der Flußbettregelung.

**Flußbettregelung · river bed regulation.** Zur Vermeidung von schädlichen Vertiefungen im Fluß, Uferabrissen, Sohlenerhöhungen durch Anlandung, Barrenbildungen, Verwilderungen usw. ist fast immer ein Ausbau bestehender Flußstrecken erforderlich. Hauptarbeiten einer Flußbettregelung sind die Verbesserung der Linienführung, des Gefälles und der Querschnittsform eines Flusses bei verschiedenen Wasserständen.

**Flußentwicklung ·** $\dfrac{\textbf{developed length – direct length.}}{\textbf{direct length}}$ Flußlänge weniger Luftlinie, geteilt durch Luftlinie.

**Flußerfaßbarkeit · ratio of river discharge obtainable.** Verhältnis des mittleren erfaßbaren Zuflusses zum mittleren verfügbaren Zufluß in einem Zeitabschnitt.

**Flußgebiet · river basin.** Flußgebiet ist das Gebiet, das den Abfluß eines Flusses beeinflußt. Dabei ist zwischen Einzugsgebiet und Niederschlagsgebiet zu unterscheiden. Mit Einzugsgebiet wird das Gebiet bezeichnet, dem das in einem bestimmten Flußquerschnitt abfließende Wasser entstammt, gleich ob es dem Fluß auf ober- oder unterirdischem Wege zugeflossen ist. Das Niederschlagsgebiet dagegen umfaßt den Teil des Flußgebietes, der durch die oberirdischen Wasserscheiden begrenzt wird.

**Flußhafen · river port.** Hafen an einem Fluß.

**Flüssigkeitsdruck (p kg/cm², t/m²) · dynamic pressure.** Die von der Flüssigkeit auf die betrachtete Flächeneinheit ausgeübte Kraft. Auch spezifischer Flüssigkeitsdruck genannt.

**Flüssigkeitsreibung, innere Reibung · shear.** Schubspannungen im Innern einer viskosen Flüssigkeit, hervorgerufen durch tangentiale Relativbewegungen der Flüssigkeitsteilchen.

**Flußkanalisierung · river canalization.** Siehe Kanalisierung.

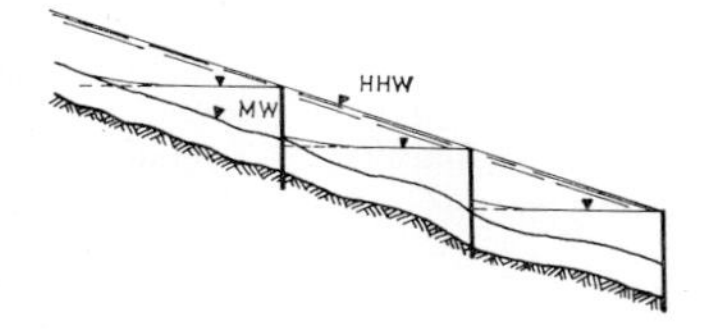


*Einteilung der Stufen einer Flußkanalisierung*

**Flußkorrektion · river training.** Umfaßt alle zur Verbesserung des natürlichen Zustandes eines Flusses in Frage kommenden Arbeiten.

**Flußkraftwerke · river power station.** Wasserkraftanlagen, die als reine Staukraftwerke direkt im Fluß oder Strom errichtet werden. Die für Flußkraftwerke erforderliche Fallhöhe wird durch ein mit dem Flußkraftwerk gekoppeltes Wehr herbeigeführt. Den hierbei möglichen Stauhöhen entsprechend sind Flußkraftwerke durchweg Niederdruckkraftwerke.

**Flußkrümmung · river bend.** Die Flußkrümmung ist das wichtigste Element bei der Flußbettregelung. Zu scharfe Krümmungen, die unter dem Einfluß von Sekundärströmungen an der Außenseite Kolke und an der Innenseite Anlandungen verursachen, werden oft abgeflacht und durch Längsbauwerke gesichert.

**Flußnutzung · ratio of river discharge utilisation.** Verhältnis des mittleren Turbinendurchflusses zum mittleren erfaßbaren Zufluß in einem Zeitabschnitt.

**Flußpolder · river polder.** Polder an einem Fluß, der während Hochwasserzeiten nicht oder künstlich sonst frei entwässert.

**Flußprofil · cross section.** Das für den Hochwasserabfluß zur Verfügung stehende Durchflußprofil (bei Brücken, Durchlässen u. a. m.).

**Flußquerschnitt · river cross section.** Natürliche Flußquerschnitte findet man insbes. in Mitteleuropa nur noch vereinzelt. Bei diesen ist die meist instabile Querschnittsform abhängig von den Einwirkungen des Wassers, des Eises, des Geschiebes und von der geologischen Beschaffenheit der Flußsohle und der Ufer. In den meisten Fällen sind die Flußquerschnitte jedoch durch Flußbettregelungen oder Flußstauhaltungen den regionalen oder überregionalen Anforderungen entsprechend verändert worden.

**Flußregelung · river training.** Verbesserung eines natürlichen Wasserlaufs durch Ein- oder Uferbauten (Buhnen, Deckwerke, Parallelwerke) oder Baggerungen.

**Flußsand · river sand.** Vom Fluß mitgeführtes und abgelagertes körniges Gesteinsmaterial, im wesentlichen aus Quarz bestehend.

**Flußschöpfwerk · river pumping station.** Schöpfwerk, das einen an einem Fluß liegenden Polder entwässert, der bei kleineren Wasserständen freie Vorflut durch ein Siel hat.

**Flußschwinde, Bachschwinde · ford in a lost river.** Stelle eines Wasserlaufs, wo der ganze Abfluß ständig oder zeitweise als Sinkwasser verschwindet.

**Flußspaltung · bifurcation.** Eisversetzungen, nachteilige Geschiebeablagerungen und ungünstige Verteilung der Wassermengen sind oft die Folge von Flußspaltungen. Durch Schließen eines oder mehrerer Altarme kann u. U. eine Regelung herbeigeführt werden, läßt sich ein einheitliches Flußbett mit ausreichender Wasserführung und Wassertiefe erzielen.

**Flußverfügbarkeit · ratio of river discharge availability.** Verhältnis des mittleren verfügbaren Zuflusses zum mittleren Gesamtzufluß in einem Zeitabschnitt.

**Flußverunreinigung · river pollution.** Flußverunreinigung erfolgt durch die Einleitung ungeklärter Abwässer von Städten, vor allem aber durch Industrieabwässer. Verhärtung, Versalzung.

**Flußverwilderung · wild running river.** Fast alle natürlichen Flüsse sind im Urzustand verwildert. Sie sind streckenweise in mehrere Arme gespalten, der Stromstrich wandert, und die Ufer werden unter fortschreitender Mäanderbildung angegriffen. Bei einer in Verwilderung befindlichen Flußstrecke beeinträchtigen ungünstige Krümmungsverhältnisse, Inselbildungen, Flußspaltungen usw. den Hochwasserabfluß und die Eisabfuhr beträchtlich.

**Flußwasserfassung · river water intake.** Entnahmeanlage von Flußwasser zur Wasserversorgung.

**Flut · flood.** Das Steigen des Wassers vom Tideniedrigwasser zum folgenden Tidehochwasser.

**Flutdeich · flood dike, closing dike.** Deichstrecke, die senkrecht zur herrschenden Flutströmung liegt.

**Flutgrenze · end of tidal influence.** Stelle in einer Flußmündung mit Gezeiteneinwirkung, an welcher der Tidehub Null ist. Dieser Punkt wandert mit wechselndem Flußwasserstand. Die Flutgrenze liegt immer weiter stromauf als die Flutstromgrenze.

**Fluthafen, auch Tidehafen · tidal harbor.** Offener Hafen im Tidegebiet, der wegen seiner geringen Tiefe nur bei höheren Wasserständen zugänglich ist.

**Flutkraft** · **tidal power.** Eine Wasserkraft, deren Wasserdargebot und Fallhöhe durch die Gezeiten an Meeresküsten erzeugt werden.

**Flutmesser** · **tide gage.** Pegel, der die Tidekurve aufzeichnet.

**Flutrinne** · **tidal slough.** Rinne im Mündungsgebiet eines Flusses oder im Watt, die vorwiegend von Flutstrom durchflossen wird.

**Flutstrom** · **flood current.** Bei steigendem Wasser (bei Flut) und noch kurze Zeit (etwa 1/2 Stunde) über das Tidehochwasser hinaus in der Flachsee und in Tideflüssen bis zum Kentern auftretende Strömung.

**Flutstromgrenze** · **end of flood current.** Stelle eines Wasserlaufs, bis zu welcher die Flutströmung reicht.

**Flutwellen** · **flood waves.** 1. Die Bewegung der Teilchen geht bis zum Grund und das Verhältnis der senkrechten Bewegungsweite zur waagerechten ist wie das Verhältnis der Wassertiefe (H) zur Wellenlänge (2L).
2. Die Fortschrittsgeschwindigkeit ($v_W$) ist für alle Wellenlängen ein und dieselbe.

**Förderband** · **belt conveyor.** Endloses Band zur Schutt- oder Stückgutbeförderung.

**Förderdruck** · **delivery head.** Die am Druckmanometer der Pumpe angezeigte Höhe.
Im Maschinenbau werden das Zeichen $p_D$ und die Einheit kg/cm$^2$ verwendet.

**Förderhöhe** · **static suction head; lifting height.** 1. Einer Pumpe (geodätische Förderhöhe), lotrechter Höhenunterschied zwischen Druck und Saugwasserspiegel;
2. Bei Kranen und Aufzügen, Höhenunterschied zwischen niedrigster und höchster Laststellung.

**Förderleistung** · **pumping capacity.** Geodätische Förderhöhe mal zugehöriger Förderung eines Schöpfwerkes in kW (PS).

**Förderung einer Pumpe, eines Pumpwerks** · **flow rate, discharge rate.** Von einer Pumpe oder einem Pumpwerk bei einer bestimmten Förderhöhe in der Zeiteinheit geförderte Wassermenge.

**Forellenregion** · **trout region.** Meist oberster Bereich von Bächen und Flüssen bis zur Äschenregion. Wasser schnellfließend, kalt, rein, hoher Sauerstoffgehalt.

**Fortschritts- oder Wandergeschwindigkeit** · **wave propagation.** Die Fortschrittsgeschwindigkeit einer Welle ist die Geschwindigkeit in Metern pro Sekunde, mit der sich die Welle über die Wasseroberfläche fortbewegt, und ist gleich der Wellenlänge (2L) geteilt durch die Schwingungsdauer (2T).

**Freibezirk** · **free zone of a port.** Hafenteil nur zur Zwischenlagerung von Gütern, ohne Industrieanlagen.

**Freifallramme** · **drop pile hammer.** Indirekt wirkende Ramme, bei der der Hammer frei auf den Pfahl fällt.

**Freihafen** · **free port.** Im Zollausland gelegener Teil eines Hafens.

**Freihang** · **not utilized head.** Bei Freistrahlturbinen: nicht ausgenutzte Fallhöhe = Unterschied der Höhenlagen des Schwerpunktes der Berührungspunkte der Strahlmitten mit dem Strahlkreis und dem Unterwasserspiegel.

**Freihängemaß · suspended height.** Abstand zwischen dem tiefsten Umrißpunkt eines Freistrahl-Turbinen-Laufrads und dem Unterwasserspiegel. Da dessen Höhe von Beaufschlagung und Flußwasserstand abhängig, so wechselt das Freihängemaß zwischen zwei Grenzwerten.

**Freiheitsgrad · degree of freedom.** Mit den geometrischen Voraussetzungen eines Systems vereinbarte Bewegungsmöglichkeit. Bei Schwingungssystemen gibt die Zahl der Freiheitsgrad die Zahl der möglichen Eigenfrequenzen an.

**Freiluftschöpfwerk · open air pumping station.** Schöpfwerksbauweise, bei der mindestens der gesamte Antrieb wetterfest und ortsfest im Freien aufgebaut ist.

**Freispiegelstollen · grade tunnel.** Stollen, der im planmäßigen Betriebe nicht bis zum Scheitel des Querschnittes vom Wasser gefüllt wird.

**Freistrahlturbine · free jet turbine.** Wasserturbine, auch als Pelton-Turbine bezeichnet, für Hochdruckwasserkraftanlagen mit großen Fallhöhen. Das Laufrad der Freistrahlturbine besteht im Prinzip aus einem Schaufelkranz mit löffelförmigen Schaufeln, die im Gegensatz zu Francis- und Kaplan-Turbinen nicht über den ganzen Umfang, sondern mittels Düsen nur an einzelnen Stellen durch tangentiale Wasserzuführung zum Laufrad beaufschlagt werden.

**Freiwasser · unutilized flow.** Ungenutzt ins Unterwasser abfließender Teil des vorhandenen Wassers.

**Fremdgebiet · perched part of a polder.** Derjenige Teil des Einzugsgebietes eines Polders, der beim höchsten Hochwasserstand eines Flusses oder des Meeres nicht überschwemmt würde.

**Fremdwasser · foreign water.** Wasser, das einem Entwässerungsgebiet von außen, ober- oder unterirdisch zufließt.

**Frischgewicht · wet unit weight.** Gewicht des Bodens einschließlich seines Wassergehalts.

**Frischraumgewicht · wet unit weight of concrete.** Raumgewicht des eingebrachten und schon verdichteten Betons in noch nassem Zustand.

**Frischschlamm · fresh sludge, raw sludge.** Schlamm aus noch nicht in Fäulnis oder Gärung begriffener organischer Substanz.

**Frostaufbruch (Straßenbau) · frost heave.** Beulenartiges Aufbrechen einer Straßendecke infolge Frosthebungen.

**Frostbeständigkeit · frost resistance.** Widerstandsfähigkeit von Baustoffen gegen Frost.

**Frostgrenze, Frosttiefe · frost-penetration depth.** Eindringtiefe des Frostes in den Untergrund.

**Frostschutz · antifreeze.** Maßnahmen gegen die Einwirkung des Frostes auf frostgefährdetem Baugrund auf noch nicht erhärtetem Mörtel und Beton usw.

**Froude-Zahl · Froude's number.** Kennzahl für die dynamische Ähnlichkeit zweier Fließvorgänge bei Berücksichtigung der Schwer- und Trägheitskräfte. $Fr = \frac{v z}{\sqrt{g \cdot l}}$

**Fuge** · Zwischenraum zwischen zwei zusammenstoßenden Bauteilen (Trennfuge, Bewegungsfuge, Lager-, Stoß-, Keil-, Hohl-, Vollfuge, Quer-, Längsfuge, Scheinfuge).

**Fugenband · joint ribbon.** Kunststoffband zum Dichten von Bewegungs- und Dehnungsfugen im Bauwerk.

**Fugendichtung · joint filler.** Wasserdichte und auch nachgiebige Verbindung zweier Baublöcke, die den Wasserdurchtritt durch die Fuge zwischen den Blöcken verhindern soll.

**Fugenfüller · joint filler.** Mörtel zum Füllen und Verspachteln der Fugen, Aufbringen meist mit Fugeneisen oder Fugenholz zur Herstellung einer Hohlkehle.

**Fugenvergußmasse · joint filler.** Vergußmasse für Steinpflaster oder Dehnungsfugen von Betonstraßendecken aus feingemahlenen Mineralstoffen (Steinmehl oder Naturasphaltmehl) oder Faserstoffen oder Gemischen dieser Stoffe mit Bitumen oder Weichpech oder einem Bitumen-Weichpechgemisch als Bindemittel.

**Fuller-Kurve · Fuller curve.** Fuller-Kurve ist die Sieblinie, aus der sich die Sieblinien A. . .F entwickelt haben. Sie hatte den Nachteil, daß sie Zement und Zuschlagstoffe enthielt und erst in Werte ohne Zement umgerechnet werden mußte.

**Füllungskurve · rating curve.** Linienzug, der die Abhängigkeit der Wasserführung $Q_1$ (oder der Wassergeschwindigkeit $v_1$) von der Füllhöhe h des Querschnitts einer Freispiegelleitung darstellt. Die Füllungskurve wird bei der Berechnung teilgefüllter Leitungen benötigt.

**Fundament, Gründung · foundation.** Unterbau eines Bauwerkes, Baukörper, der die gesamten Lasten des Bauwerkes in den Baugrund überträgt.

**Fundamentbasis · foundation base.** Die mit dem Baugrund in Berührung stehende Fundamentfläche.

**Furchenbewässerung, Beetbewässerung · furrow irrigation.** Verteilen des Wassers auf der Bewässerungsfläche durch parallele Furchen, in denen es versickert.

**Fußdeich (Rückfuß, Bankett) · banquette.** Besonders breit und hoch angelegte Binnenberme an Deichstrecken, die von alten Durchbruchstellen herrührende Kolke (Bracke) unmittelbar an ihrer Binnenseite haben. An solchen Stellen sind Wellenüberschlag und Durchstau des Außenwassers für die Standfestigkeit des Deiches besonders gefährlich.

**Fußsicherung · dam toe protection.** Der beste Schutz für den Deichfuß sind: Schutzwerke, Bermen, Deckwerke, Buhnen, Landgewinnungswerke an der Außenseite der Seedeiche ohne Vorland.

**Fußventil · foot valve.** Wird in Pumpen- und Saugleitungen, z. B. bei Saugrohren in Brunnen, eingebaut, um ein Zurücklaufen der angesaugten Wassersäule beim Abschalten der Pumpe zu verhindern.

**Futtermauer · revetment wall.** Dem Erddruck ausgesetzte Mauer vor gewachsenem Boden. Sie hat, wenn kein Rutschen zu befürchten ist, einen geringeren Druck auszuhalten als eine Stützmauer.

**Gabbro · gabbro.** Ein Tiefengestein (Erstarrungsgestein), besteht aus Kalknatronfeldspat, Olivin, Augit oder Hornblende. Dunkelgrau bis schwarz, häufig grün- und weißgesprenkelt, zäh und schwer zu bearbeiten. Rohdichte 2,8...3,1 kg/dm³, Reindichte 2,85...3,05 kg/dm³, Druckfestigkeit 1700...3000 kp/cm².

**Galerien · landing aids.** Absätze in der Vorderfläche der Dockwände zum Anbringen der Absteifungen für die zu dockenden Schiffe.

**Gangbord · walk board.** Der schmale Umlauf an der Bordwand entlang, der bei Schuten u. a. mit Laderäumen versehenen Wasserfahrzeugen den Verkehr über die Laderäume hinweg zwischen Vor- und Hinterschiff ermöglicht.

**Ganglinie · hydrograph.** Zeichnerische Darstellung von Beobachtungswerten in der Reihenfolge ihres zeitlichen Auftretens.
Gebrochene Linie bei Terminwerten, getreppte Linie bei Mittelwerten, Linienzug auf Pegelboden.

**Ganzpflanzige (= eigentliche) Torfe · organic peat.** In denen mit bloßem Auge noch Reste der Pflanzen, die den Torf gebildet haben, zu erkennen sind (z. B. Moos-, Schilf-, Seggen-, Bruchwaldtorf usw.).

**Gärung · fermentation.** Zersetzungsprozeß überwiegend kohlehydrathaltiger Stoffe durch Mikroorganismen mit Verschiebung der Reaktion nach der sauren Seite und Bildung von Gas.

**Gasbeton, Schaumbeton · foam concrete, aerated concrete.** Ein durch Gas oder Schaum oder durch andere Mittel aufgelockerter, feinkörniger Beton; er wird für wärmedämmende oder für tragende und wärmedämmende Bauteile verwendet.

**Gay-Lussacsches Gesetz · Gay-Lussac's law.** Gay-Lussacsches Gesetz besagt, daß sich ideale Gase, bezogen auf die Einheit ihres Volumens, bei 0° (Vo), proportional ihren Temperaturänderungen ausdehnen, also $V = V_o (1 + \alpha t)$, wobei $\alpha = \frac{1}{273}$.

**Gebietsverdunstung · area evaporation.** Gesamte Wasserabgabe eines Gebiets an die Lufthülle.

**Geblasene Bitumen · blown bitumen, oxidized bitumen.** Die durch Einblasen von Luft in geschmolzenes, weiches Bitumen hergestellten hochschmelzenden Bitumen mit ausgeprägten plastischen und auch elastischen Eigenschaften.

**Gebirgsfluß · mountain stream.** Infolge stark wechselnder Wasserstände ist beim Gebirgsfluß Flußbett häufig Änderungen durch Sinkstoff- und Geschiebebewegungen unterworfen.

**Gebräch-Gebirge · brittle rocks.** Schichtgesteinspartien, die durch gebirgsbildende Vorgänge, Austrocknung, Verwitterung, Ausspülung ihren ursprünglichen Verband weitgehend verloren haben bzw. deren Lagerung durch Klüfte, Spalten, Gleitflächen, Hohlräume weitgehend gestört ist.

**Geest, Geestgebiet · coastal region.** Durch diluviale, meist wenig fruchtbare Sand- und Kalkablagerungen entstandenes Gebiet über dem Meeresspiegel, seewärts meist von Marsch vorgelagert.

**Gefälle · slope.** Senkrechter Höhenunterschied zwischen zwei Punkten, bezogen auf ihren waagerechten Abstand.

**Gefäßverdunstung · container evaporation.** Vergleichswert zur Bestimmung der Verdunstung an der freien Wasseroberfläche und z. T. auch der Bodenverdunstung.

**Gefüge des Bodens · soil structure.** Die Einregelung und Orientierung der Einzelteile, die einen Boden bilden. Zur Beschreibung des Gefüges werden aus der Petrographie die 2 Begriffe Struktur und Textur übernommen.

**Gegenbehälter (Wasserbau) · equalizing tank.** Hochbehälter, der als Ausgleichsbehälter an der der Zuleitung entgegengesetzten Stelle des Versorgungsgebietes liegt.

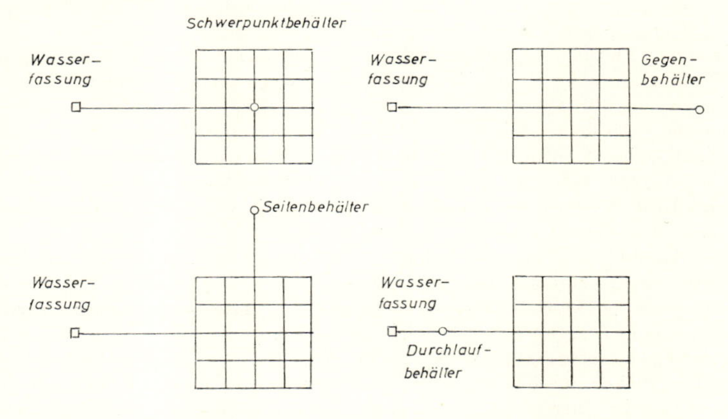


*Lage des Speicherbehälters zum Versorgungsgebiet*

**Gegenstromprinzip · counter current method.** Art der Energieverzehrung. Dabei wird das aus Rinnen oder Rohren schießende Wasser in mehrere Strahlen aufgeteilt, die einzelnen Strahlen werden gegeneinander geleitet.

**Gehängebau · river training structures.** Art der Flußregelung, bei der hängende Reiserbündel oder -tafeln die Fließgeschwindigkeit vermindern und damit das Absetzen von Sinkstoffen bewirken sollen.

**Gehäuseschieber · chamber valve.** Verschlußvorrichtung einer Rohrleitung oder eines Stollens, die zur Regelung des Wasserdurchflusses bestimmt ist und daher auch in nur teilweise geöffneter Stellung längere Zeit betriebssicher arbeiten muß.

**Geiser · geyser.** Periodisch auftretender heißer Springquell vulkanischen Ursprungs (Quelle).

**Geländebruch · sliding.** Wenn bei einer Stützmauer, Spundwand u. ä. Bruch (Gleiten) in einer Gleitfläche stattfindet, die unter dem Bauwerk hindurch verläuft, so spricht man von Geländebruch. Die Sicherheit gegen Geländebruch berechnet man analog der Berechnung der Standsicherheit von Böschungen mit kreiszylindrischen Gleitflächen, die meist durch die untere Bauwerkskante verlaufen.

**Geländeoberfläche · land surface.** Oberfläche der festen Erdrinde.

**Gelöschter Kalk · slaked lime.** Gebrannter Kalk, der mit Wasser gelöscht ist. Siehe Baukalk.

**Gemischströmung · mixed current.** Gemischströmung tritt in Mündungsgebieten von Tideströmen durch das Eindringen von Seewasser und das Zusammentreffen mit Flußwasser auf. Es überlagern sich Dichte- und Tideströmungen. Bei Flut dringt das schwere Seewasser am Grunde vor und beeinflußt die stromaufwärts gerichtete Sinkstoffwanderung.

**Geneigte Ebene · inclined plane.** Schiffshebewerk, bei dem die Schiffe auf Wagen gesetzt und auf einer geneigten Ebene vom Unter- zum Oberwasser und umgekehrt befördert werden.

**Genutzter Zufluß · utilized inflow.** Erfaßbarer Zufluß, soweit er einer Kraftanlage oder einem Kraftwerk zur energiewirtschaftlichen Nutzung jeweils zugeführt wird.

**Geodäsie · geodesy.** Die Geodäsie oder Vermessungskunde ist der wissenschaftliche und technische Teil des Gesamtgebietes des Vermessungswesens. Ihre Aufgabe beteht in der Ausmessung und Abbildung der Erde.

**Geodätische Förderhöhe · total discharge head.** Senkrechter Höhenunterschied zwischen Druck- und Saugwasserspiegel.

**Geodätische Höhe · geodetic height.** Höhe, bezogen auf einen Nullhorizont, positiv entgegen der Schwerkraftrichtung.

**Geoelektrik (elektrische Bodenerforschung) · geoelectric measurements.** Messungen an elektrischen Feldern, die in der Natur schon vorhanden sind oder für Untersuchungszwecke eigens erregt werden. Die elektrischen Verfahren dienen zur Klärung der Grundwasserverhältnisse, zur Bestimmung von Verwitterungszonen, ganz allgemein von durchlässigen und durchfeuchteten Zonen.

**Geoelektrische Untersuchung · geoelectric test.** Die geoelektrischen Verfahren stellen das Verhalten des Untergrundes gegenüber der Einwirkung von künstlich eingeleitetem bzw. induziertem elektrischem Gleich- oder Wechselstrom fest.

**Geohydrologie · geohydrology.** Die Lehre von der Bildung des Grundwassers, seines natürlichen und künstlichen Verbrauches, vom Haushalt des Grundwassers, abhängig von klimatischen und orographischen Gegebenheiten und der Art des Untergrundes.

**Geoid · geoid.** Ausgezeichnete Äquipotentialfläche der Schwerkraft der rotierenden, aber sonst als stationär angenommenen Erde, welche mit der ruhenden Meeresoberfläche etwa zusammenfällt und von Gauß auch mathematische Erdoberfläche genannt wird.

**Geologie · geology.** Die Lehre vom Aufbau und von der Geschichte der Erde. Die allgemeine Geologie befaßt sich mit dem Aufbau der Erde und wird unterschieden in physiographische Geologie, welche die Erde als kosmischen Körper auffaßt, und in die dynamische Geologie, welche die jetzt auf der Erde stattfindenden geologischen Vorgänge beschreibt. Die historische Geologie (Formationskunde, Schichtenlehre) befaßt sich mit der Gesteinsbildung in den verschiedenen geologischen Zeiten und mit der Entwicklungslehre von Tieren und Pflanzen.

**Geophon · leakage detector.** Elektrisches Abhorchgerät zur Schadenssuche bei Rohrnetzen.

**Geophysikalische Aufschlußarbeiten · geophysical survey.** Geophysikalische Aufschlußarbeiten bedienen sich geophysikalischer Untersuchungsverfahren zur Bestimmung der Mächtigkeit der Bodenschichten, der Höhenlage des Grundwasserspiegels, des Verlaufs der Felsoberfläche usw.

**Geothermische Tiefenstufe · geothermal step.** Die Tiefe, die in der Erde durchteuft werden muß, um eine Temperaturzunahme um 1° C festzustellen. Sie ist örtlich sehr verschieden und beträgt im Durchschnitt etwa 30 m.

**Gerinne · flume.** Im Gegensatz zu natürlichem Wasserlauf ist Gerinne meist künstliches Bauwerk zur Wasserableitung zwecks Entwässerung z. B. von Einschnitten im Straßenbau oder als Zubringer des Betriebswassers bei Wasserkraftanlagen (Werkgraben).

**Gerinnegrundwasser · seam water.** Grundwasser in Spalten, Klüften, Höhlen, dessen Bewegung der in oberirdischen Gerinnen ähnelt.

**Geröllfang · pebble and boulder trap.** Vertiefung in einem Bach oder Graben, der am Auslauf mit einem festen Rechen versehen ist und dort angelegt wird, wo der Vorfluter in einen überdeckten Kanal eintritt, um Geröll zurückzuhalten, so daß nur Wasser und Schlamm weiterlaufen.

**Geruchsverschluß · water seal.** U-förmig gekrümmtes, lotrecht stehendes, mit Wasser gefülltes Rohrstück, das in Gefälleleitungen, und zwar besonders an Abwassereinlaufstellen vor Fallrohren eingebaut wird, um zu verhüten, daß durch die Einlauföffnung üble Gerüche aus dem Entwässerungsnetz austreten. Gegebenenfalls, z. B. bei Fußbodenabläufen, wird der Geruchsverschluß auch glockenförmig ausgebildet (s. Wasserverschluß).

**Gesamtdruck · hydrostatic pressure.** Der Druck, der entstehen würde, wenn das Fluid adiabat-isentrop (adiabat reversibel) zur Ruhe gebracht wird.

**Gesamtfallhöhe · total head.** Fallhöhe zwischen Anfang und Ende der betrachteten Leitung (Wasserlaufstrecke).

**Gesamtförderhöhe · manometric total lift.** Summe aus vakuumetrischer Saughöhe und manometrischer Druckhöhe einer Pumpe, vermehrt um den etwaigen Höhenunterschied $\Delta h$ zwischen Vakuummeter und Manometer; Summe aus geodätischer Saug- und Druckhöhe, Reibungshöhe und Geschwindigkeitshöhe im Austritt aus dem Mündungstrichter oder der Düse.

**Gesamthärte · total hardness.** Summe der im Wasser vorhandenen Erdalkali-Ionen besonders des Calciums und Magnesiums (1 mval Erdalkali-Ionen/l = 2,8° Deutsche Härte = 2,8 DG).

**Gesamtwirkungsgrad · total efficiency.** Produkt der Wirkungsgrade aller an der Wasserführung und Energieumwandlung beteiligten Anlageteile.

**Gesamtzufluß · total inflow.** Im Wasserlauf an der Triebwasserfassung oder dem Triebwassereinfang jeweils vorhandener Zufluß.

**Geschiebe · bed load, bed material.** An der Sohle eines Wasserlaufs vom Wasser mitgeführte feste Stoffe (Steine, Kies, Sand).

**Geschiebeabrieb · sediment abrasion.** Die Korngrößen des Geschiebes bleiben während der Bewegung auf einem Gewässerbett meist nicht konstant. Vielmehr werden die Körner durch Abrieb oder Zertrümmerung allmählich verkleinert. Der Grad der Verkleinerung ist abhängig vom Gewicht des Geschiebeteilchens, von der zurückgelegten Weglänge und von der Laufgeschwindigkeit.

**Geschiebeabweiser · sediment repellent.** Grundschwellen, die unmittelbar am Einlaufwerk oder davor noch im Fluß liegen, und auch solche, die schon Bestandteile des Einlaufs oder sogar des anschließenden Kanals sind, sollen das Geschiebe zum Einlaufbauwerk bzw. vom Kanal zurückhalten. Zu den Geschiebeabweisern müssen ferner auch Leitdämme und Buhnen gezählt werden, wenn sie so in den Fluß gelegt werden, daß sie bei einer seitlichen Entnahmeleitung als Geschiebeabweiser wirken und die Strömung derart beeinflussen, daß der Geschiebetransport ausschließlich im Fluß erfolgt.

**Geschiebefang · silting basin.** Bewirkt durch Herabsetzung der Geschwindigkeit Niederschlag des vom fließenden Wasser mitgeführten Geschiebes. Häufig bei Werkkanälen.

**Geschiebe in der Gewässerkunde · bed load, bed material.** Feststoffe, meist Gesteinstrümmer, soweit sie durch das Wasser am Gewässerbett bewegt werden.

**Geschiebebetrieb · bed load movement per unit of time.** Die je Sekunde durch einen Flußquerschnitt hindurchgehende Geschiebemenge, gemessen in $m^3/s$ oder kg/s.

**Geschiebefracht · annual bed load transport.** Die in einem längeren Zeitabschnitt, meist einem Jahre, durch einen Flußquerschnitt hindurchgehende Geschiebemenge, gemessen in $m^3$/Zeit oder kg/Zeit.

**Geschiebeführung · bed-load transportation.** Eigenschaft des Wassers, Sinkstoffe mit sich zu bewegen. Größe und Menge abhängig von der Schleppkraft, d. h. von Gefälle und Wassertiefe. Geschiebeführung günstig bei künstlichen Ablagerungen und Verlandungen, schädlich bei Überflutungen infolge Hochwasser wegen Versandung landwirtschaftlich genutzter Flächen. Ziel der Flußregulierung: Beharrungszustand zwischen Geschiebe und Räumungskraft.

**Geschiebekorb · cage screen.** Ein halbkreisförmiger eiserner Korb mit gitterartigem Deckel, der vor den Durchlässen von Wildbachsperren angeordnet wird, um grobes Geschiebe von diesen fernzuhalten.

**Geschiebelehm · glacial loam.** Durch Gletscher auf oft weite Entfernungen verlagerter Lehm. Bei der Verlagerung ist die Zusammensetzung verändert worden. Das Mineralgerüst besteht aus rundlichen Körnungen.

**Geschiebemenge · bed-load rate.** Geschiebemenge ist diejenige Menge Geschiebe in $m^3/s$, die pro Zeiteinheit einen bestimmten Abflußquerschnitt durchwandert. Die Geschiebemenge kann aus Messungen des Geschiebebetriebes bestimmt werden. Eine Vorausberechnung der Geschiebemenge ist nach verschiedenen Verfahren möglich, die meist auf der sog. Schleppkraft oder der zugehörigen Grenzgeschwindigkeit beruhen.

**Geschiebemergel · boulder clay.** Tonig-mergelige, von Steinen durchsetzte Gletscherablagerungen.

**Geschiebesperre · debris dam.** Hauptsächlich der Zurückhaltung von Geschiebe dienende Talsperre bei stark geschiebeführenden Bächen und Flüssen.

**Geschiebetrieb · contact load.** Als Geschiebetrieb wird das vom Wasser transportierte Kies- und Sandmaterial verstanden, das sich auf der Flußsohle gleitend, rollend oder hüpfend fortbewegt.

**Geschlossener Deich · closed dike.** Deich, der am oberen und unteren Ende an hochwasserfreies Gelände anschließt.

**Geschlossener Hafen · dock harbor.** Hafen, der durch eine Schleuse vom Außenwasser abgeschlossen ist.

**Geschweißtes Stahlrohr · welded-steel tube, welded-steel pipe.** Durch Überlappschweißung oder aus Stahl hergestelltes Leitungsrohr; für Erdverlegung mit Bitumenisolierung.

**Geschwindigkeit · velocity, speed.** Die Geschwindigkeit v eines Körpers ist gleich dem von dem Körper zurückgelegten Weg s geteilt durch die dazu notwendige Zeit t. $v = \frac{s}{t}$

**Geschwindigkeit in einem Punkt einer Meßlotrechten · point velocity.** Ergebnis der Geschwindigkeitsmessung im Meßpunkt.

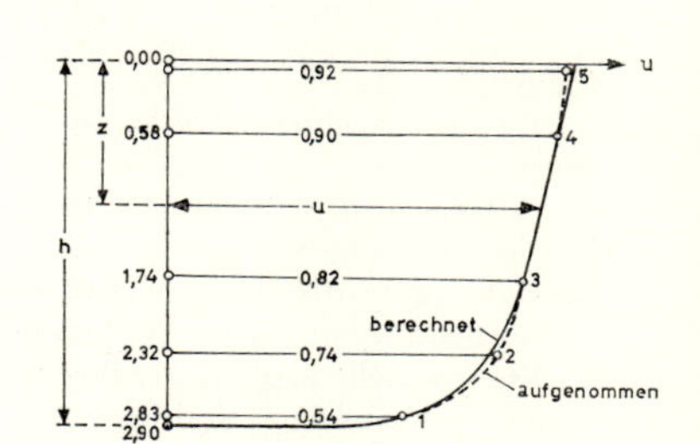


*Geschwindigkeitsverteilung in einer Meßlotrechten bei freiem Wasserspiegel*

**Geschwindigkeitsbeiwert · velocity coefficient.** Beiwert in einer Geschwindigkeitsformel (für die verschiedenen Formeln können verschiedene Indizes gewählt werden).

## Geschwindigkeitsbeiwert $k_{st}$

(Für Formel von Strickler)

| a) Natürliche Wasserläufe | $k_{st}$ |
|---|---|
| Natürliche Flußbetten mit fester Sohle, ohne Unregelmäßigkeiten | 40 |
| Natürliche Flußbetten mit mäßigem Geschiebe | 33–35 |
| Natürliche Flutbetten, verkrautet | 30–35 |
| Natürliche Flußbetten mit Geröll und Unregelmäßigkeiten | 30 |

| | |
|---|---|
| Natürliche Flußbetten, stark geschiebeführend | 28 |
| Wildbäche mit grobem Geröll (kopfgroße Steine), bei ruhendem Geschiebe | 25–28 |
| Wildbäche mit grobem Geröll, bei in Bewegung befindlichem Geschiebe | 19–22 |

b) Erdkanäle

| | |
|---|---|
| Erdkanäle in festem Material, glatt | 60 |
| Erdkanäle in festem Sand mit etwas Ton oder Schotter | 50 |
| Erdkanäle mit Sohle aus Sand und Kies mit gepflasterten Böschungen | 45–50 |
| Erdkanäle aus Feinkies, ca. 10/20/30 mm | 45 |
| Erdkanäle aus mittl. Kies, ca. 20/40/60 mm | 40 |
| Erdkanäle aus Grobkies, ca. 50/100/150 mm | 35 |
| Erdkanäle aus scholligem Lehm | 30 |
| Erdkanäle mit groben Steinen ausgelegt | 25–30 |
| Erdkanäle aus Sand, Lehm oder Kies, stark bewachsen | 20–25 |

c) Felskanäle

| | |
|---|---|
| Mittelgrober Felsausbruch | 25–30 |
| Felsausbruch bei sorgfältiger Sprengung | 20–25 |
| Sehr grober Felsausbruch, große Unregelmäßigkeiten | 15–20 |

d) Gemauerte Kanäle

| | |
|---|---|
| Kanäle aus Ziegelmauerwerk, Ziegel, auch Klinker, gut gefugt | 80 |
| Hausteinquader | 70–80 |
| Sorgfältiges Bruchsteinmauerwerk | 70 |
| Kanäle aus Mauerwerk (normal) | 60 |
| Normales (gutes) Bruchsteinmauerwerk, behauene Steine | 60 |
| Grobes Bruchsteinmauerwerk, Steine nur grob behauen | 50 |
| Bruchsteinwände, gepflasterte Böschungen mit Sohle aus Sand und Kies | 45–50 |

| e) Betonkanäle | $k_{st}$ |
|---|---|
| Zementglattstrich | 100 |
| Beton bei Verwendung von Stahlschalung | 90–100 |
| Glattverputzt | 90– 95 |
| Beton geglättet | 90 |
| Gute Verschalung, glatter unversehrter Zementputz, glatter Beton mit hohem Zementgehalt | 80– 90 |
| Beton bei Verwendung von Holzschalung, ohne Verputz | 65– 70 |
| Stampfbeton mit glatter Oberfläche | 60– 65 |
| Alter Beton, saubere Flächen | 60 |
| Betonschalen mit 150–200 kg Zement je $m^3$ je nach Alter und Ausführung | 50– 60 |
| Grobe Betonauskleidung | 55 |
| Ungleichmäßige Betonflächen | 50 |

f) Holzgerinne

| | |
|---|---|
| Neue glatte Gerinne | 95 |
| Gehobelte, gut gefügte Bretter | 90 |
| Ungehobelte Bretter | 80 |
| Ältere Holzgerinne | 65– 70 |

g) Blechgerinne

| | |
|---|---|
| Glatte Rohre mit versenkten Nietköpfen | 90– 95 |
| Neue gußeiserne Rohre | 90 |
| Genietete Rohre, Niete nicht versenkt, im Umfang mehrmals überlappt | 65– 70 |

h) Sonstige Auskleidungen

| | |
|---|---|
| Walzgußasphalt-Auskleidung der Werkkanäle | 70– 75 |

i) Stollen und Betonrohrleitungen

| | |
|---|---|
| Geschliffener Zementputz größter Glätte | 100 |
| Betonstollen glatt, sehr sorgfältige Ausführung, unversehrter Glattputz | 85– 95 |
| Betonstollen von weniger sorgfältiger Ausführung | 70– 80 |
| Betonstollen aus rauhem Beton, älterer Zementputz | 65– 75 |
| Roher Felsausbruch, Sohle betoniert, oder Felsausbruch mit vollständigem oder teilweisem Zementputz je nach Ausführung | 40– 50 |
| Stollen in rohem Felsausbruch, sehr rauhe Oberfläche (Gneis-Granit) | 28–35 |

**Geschwindigkeitshöhe · velocity head.** Fallhöhe, die unter Vernachlässigung von Energieverlusten die betreffende Geschwindigkeit erzeugen würde.

**Geschwindigkeitsdiagramm für fließendes Wasser · velocity diagram.** Zeichnerische Darstellung der in verschiedenen Tiefen einer Meßlotrechten gemessenen Fließgeschwindigkeiten.

**Geschwindigkeitsfläche · velocity area.** Fläche des Geschwindigkeitsdiagramms.

**Gespanntes Grundwasser · confined ground water.** Grundwasser unter einer Grundwasserdeckfläche.

**Gespannte Grundluft · confined ground air.** Luft unter der Erdoberfläche, die unter höherem Druck steht als die freie Luft.

**Gesteine · rocks.** Durch geologische Prozesse gebildete Mineralgemenge, die die Erdkruste aufbauen. Man unterscheidet Erstarrungsgesteine, Sedimentgesteine und Umwandlungsgesteine.

**Getreidehafen · grain port.** Hafen zum Umschlag von Getreide.

**Gewässer · all surface – and ground water.** In der Natur fließendes oder stehendes Wasser auf dem Festland, einschließlich Gewässerbett bzw. Grundwasserleiter.

**Gewässerbett · river bed.** Eintiefung der Landoberfläche, die dauernd oder zeitweise von Wasser erfüllt ist.

**Gewässerkunde · hydrography.** Teil der Hydrologie, der sich mit den Gewässern im natürlichen Wasserkreislauf zwischen dem Niederschlag auf das Festland und dem Rückfluß ins Meer befaßt.

**Gewässersohle · river bottom.** Unterer Teil des Gewässerbetts.

**Gewerbliches Abwasser · industrial sewage.** Industrielles Abwasser, das Abwasser der gewerblichen Betriebe.

**Gewichtsstaumauer · gravity dam.** Staumauer, deren Standsicherheit auf der Wirkung des Eigengewichts beruht.

**Gewogenes arithmetisches Mittel · weighted mean.** Summe der Produkte aus Meßwerten ($X_1, X_2$ usw.) und ihren statistischen Gewichten ($g_1, g_2$ usw.), geteilt durch die Summe dieser statistischen Gewichte.

**Gewöhnliches Absenkziel · normal operation level.** Für Regelbetrieb gültiges Absenkziel.

**Gewölbe · arch.** Gebogene, massive Raumüberdeckung, die ihre Nutz- und Eigenlast durch Gewölbeschub auf Mauern, Pfeiler oder andere Widerlager überträgt.

**Gewölbereihenstaumauer · multiple arch dam.** Standmauer, die aus mehreren Gewölben mit dazwischen gestellten Pfeilern besteht (s. auch Pfeilerstaumauer).

**Gewölbestaumauer · arch dam.** Staumauer, bei der ein wesentlicher Teil des Wasserdrucks durch Gewölbewirkung auf die Talwände übertragen wird. Unterschieden werden:

a) Gewölbegewichtsmauer mit dem Verhältnis
Pfeil : Sehne = 0,07 bis 0,15

b) schwere Gewölbemauer mit dem Verhältnis
Pfeil : Sehne = 0,15 bis 0,30

c) leichte Gewölbemauer mit dem Verhältnis
Pfeil : Sehne = 0,30 bis 0,50.

**Gezeiten · tide.** Siehe Tideerscheinung.

**Gezeitenfluß · tidal river.** Siehe Tidefluß.

**Gezeitenkraftwerk · tidal power station.** Durch die Gezeiten erzeugte Wasserkraft.

**Gezeitenwelle · tidal wave.** Siehe Tidewelle.

**Gießbach · mountain creek but without bed load movement.** Wasserlauf wie Wildbach, jedoch ohne nennenswerte Geschiebeführung.

**Gilsonitasphalt · gilsonite.** Zu den Asphalten gehörender Naturasphalt. Rohstoff für hochwertige bituminöse Anstrichstoffe.

**Gips · gipsum.** Kristallwasserhaltiger, schwefelsaurer Kalk. → Baugips.

**Glas · glas.** Eine amorphe, harte und druckfeste Masse, erschmolzen aus einem Gemenge von Quarzsand mit Soda, Kalkstein- und Dolomitpulver unter Zusatz anderer geringfügiger Beimengungen.

**Glasstahlbeton · glazed reinforced concrete.** Stahlbeton mit eingelegten lichtdurchlässigen, statisch mitwirkenden Glaskörpern.

**Gleichförmige Bewegung · uniform flow.** Stationäre Bewegung, bei der die Geschwindigkeit im gesamten Strömungsgebiet unabhängig von Zeit und Ort ist.

**Gleichförmigkeitsgrad · uniformity coefficient.** Gleichförmigkeitsgrad in der Bodenkunde ist Quotient aus mittlerer Korngröße $d_m$ und wirksame Korngröße dw.

**Gleichwertige Abflüsse · equivalent discharges.** Einander entsprechende Abflüsse in verschiedenen Abflußquerschnitten eines Wasserlaufs.

**Gleichwertige Wasserstände · equivalent water levels.** Einander entsprechende Wasserstände in verschiedenen Abflußquerschnitten eines Wasserlaufs.
Z. B. wenn die Wasserstände längere Zeit in gleicher Höhe verharren (Beharrungswasserstände), oder die mittleren Wasserstände von Zeitspannen mit nur geringer Wasserstandsschwankung oder die Wasserstände gleicher Unter- oder Überschreitungsdauer.

**Gleiten (des Bauwerkes) · sliding.** Das Bauwerk gleitet, wenn die waagerechten Kräfte größer werden als die Summe der gleichzeitig wirkenden Kräfte, wie die Reibung an der Bauwerksohle, die Schubfestigkeit der Bodenschicht unter der Sohle oder der Erdwiderstand vor den Seitenflächen des Bauwerkes. Das Bauwerk braucht nicht auf seiner Sohlfläche zu gleiten; vor allem bei schräg liegender Sohlfläche kann das Gleiten auch längs tiefer liegender Gleitflächen vor sich gehen.

**Gleitfläche · sliding surface.** Gleitfläche nennt man in natürlichen Böschungen sowie in Erd- und Grundbauwerken die Fläche, in der die Scherfestigkeit des Bodens überwunden wird und ggf. Gleiten stattfindet. Bei ebenen (zweidimensionalen) Problemen ist die Gleitfläche im Querschnitt durch eine Gleitlinie gekennzeichnet.

**Gleitkeil · sliding wedge.** Bei Erddruckaufgaben und Standsicherheitsberechnungen der Teil des Erdbauwerks, der die Gleitfläche belastet und auf dieser ggf. abgleitet.

**Gleitkreis, kritischer · critical circle.** Kritischer Gleitkreis nennt man die kreiszylindrische Gleitfläche, für die sich der kleinste Wert des Standsicherheitsgrades ergibt.

**Gleitsicherheit · stability against sliding.** Sicherheit gegen Gleiten zweier Bauteile gegeneinander oder eines Bauwerkes auf seiner Unterlage. Die Gleitfuge ist vorgegeben (z. B. Fundamentsohle).

**Gleitwiderstand · sliding resistance.** Ein auf einer Unterlage ruhender Körper benötigt infolge seines Gewichtes eine entsprechende Kraft zur Verschiebung in der Gleitebene. Die Kraft, bei der sich der Körper gerade in Bewegung zu setzen beginnt, ist der Gleitwiderstand.

**Gletscher · glacier.** Eisströme in den Hochgebirgszonen und den beiden Polargebieten. Sie entstehen durch Um- und Rekristallisation von Schneeablagerungen. Aus diesen bildet sich zunächst der Firn und dann nach längerer Zeit unter dem Druck der aufliegenden Schneeschichten das Gletschereis.

**Gletscherabfluß · glacier discharge.** Der Gletscherabfluß kann bei Flüssen, die ihren Ursprung in hochalpinen Gebieten haben, beträchtlich an deren Gesamtabfluß beteiligt sein. So nimmt man an, daß der Rhein bei Ruhrort im Sommer etwa 20 bis 25 % Gletscherwasser enthält, während das Jahresmittel etwa bei 5 bis 7 % liegt. Zum Gletscherabfluß wird außer dem

Schmelzwasser des eigentlichen Gletschereises auch das des Firns gezählt, der ja eine Vorstufe bei der Bildung eines Gletschers darstellt.

**Glührückstand · ignition residue.** Die nach dem Glühen des Abdampfrückstandes zurückgebliebenen Stoffe.

**Grabenbagger · trenching machine (bucket type).** Auf Raupen fahrbarer Eimerkettenbagger zum Ausheben von Gräben (zur Ent- und Bewässerung, für Wasser-, Gas- und Kabelleitung) mit senkrechten oder durch Böschungsschneider abgeschrägten Seitenwänden für Grabenbreiten von 0,4 bis 1,15 m, für Grabentiefen bis maximal 4 m.

**Grabeneinstau · ditch impounding.** Erhöhung des Grabenwasserstandes und somit in durchlässigeren Böden auch des Grundwasserstandes durch eine Stauvorrichtung unter Zufluß von Wasser in die gestaute Grabenstrecke.

**Grabenstaudränung · impounding ditch drainage.** Unmittelbar in einen offenen Vorflutgraben einmündende Sauger, die mittels einer Stauvorrichtung im Vorflutgraben unter Stau gesetzt werden können.

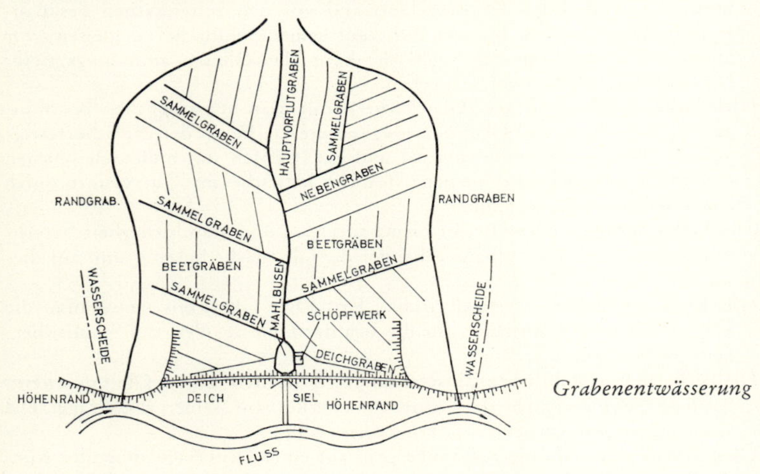


*Grabenentwässerung*

**Graupeln · sleet.** Graupeln sind feste, feinkörnige Niederschläge.

**Grenzgeschwindigkeit · critical velocity.** Fließgeschwindigkeit bei Fließwechsel, etwa gleich der Wellenschnelligkeit.

**Grenzhorizont · layer between old and young peat.** An Heide- und Wollgrasresten (in den Voralpenmooren auch an Latschenholz) reiche, schon stärker zersetzte, dunkel gefärbte Torflagen zwischen dem älteren und jüngeren Moostorf der Hochmoore.

**Grenzschicht · boundary layer.** Wasserschicht an der Wandung eines Gerinnes, in der ein starkes Geschwindigkeitsgefälle herrscht.

**Grenzschichtdicke · thickness of boundary layer.** $\delta_h$ hydrodynamische Grenzschichtdicke, wenn Unterscheidung nötig.

**Grenzschleppspannung · critical tractive force.** 1. Steigt in einem Gerinne mit beweglicher Sohle die Wassermenge an, so beginnt bei einem bestimmten Q die Geschiebebewegung. Dieser Beginn wird durch die Grenzschleppspannung $\tau_0$ ($S_0$) charakterisiert.
2. Nimmt in einem Gerinne mit beweglicher Sohle die Wassermenge ab, so endet bei einem bestimmten Q die Geschiebebewegung. Das Ende der Geschiebebewegung wird durch die Grenzschleppspannung $\tau_a$ ($S_a$) charakterisiert.

**Grenztiefe · critical depth.** Wassertiefe beim Fließwechsel.

**Grenzwert · limit value, critical value.** Oberer bzw. unterer = größter bzw. kleinster Wert in einer Zeitspanne, oberster bzw. unterster Grenzwert = überhaupt bekannter größter bzw. kleinster Wert.

**Grießständer · sluice pillar.** Senkrechter oder nahezu senkrechter Pfosten aus Holz, Stahl oder Stahlbeton zur Führung nebeneinanderliegender Schützen bei einem Schützenwehr.

**Grobrechen · coarse screen.** Gitter aus gleichlaufend angeordneten, stehenden, halb- oder ganzliegenden Stäben oder Balken aus Holz oder Stahl zum Auffangen von Treibzeug aus dem Triebwasser. Lichter Stababstand mehr als 30 mm.

**Grobsand · coarse sand.** Betonzuschlagstoff mit Korngrößen von 1 bis 7 mm.

**Grobschlag (im Straßenbau) · coarse crushed stone.** Gebrochene Steine, 40 bis 70 mm, Granit, Basalt, Porphyr, harter Kalkstein, gebrochener Kies.

**Groden · polder.** Durch Anschwemmung an der Gezeitenküste entstandenes landwirtschaftlich nutzbares Grünland (Marschland). Ist der Groden mit einem Hauptdeich umgeben, dann heißt er Binnengroden (Polder, Koog). Der vor dem Hauptdeich liegende Groden wird Außengroden genannt. Er liegt im Mittel 0,50 bis 0,80 m über dem mittleren Tidehochwasser; wasserseitig wird er von der Uferlinie begrenzt. Der durch einen Sommerdeich geschützte Außen-Groden heißt Sommergroden (-polder, -koog).

**Grodendeich · polder dike.** 1. Hauptdeich (Seedeich), der ein begrüntes festes Vorland hat oder der auf Grodenland errichtet worden ist.
2. Deich um eine Grodenfläche (Vorlandfläche) vor dem Hauptdeich (Seedeich).
3. Vor dem Hauptdeich an einem Tidefluß liegender niedriger Deich, der bei Sturmflut zur Entlastung des Hauptdeiches überströmt wird.
4. Bezeichnung für das begrünte Deichvorland (Außengroden).

**Großraumwasserversorgung · district water supply.** Technische und/oder verwaltungsmäßig einheitliche Wasserversorgung großer Gebiete.

**Großspeicher · large reservoir.** Speicher für Ausgleich zwischen Dargebot und Bedarf für längere Zeitabschnitte:
a) Jahresspeicher,
b) Überjahresspeicher.

**Größte Turbinenleistung · turbine capacity.** Größte Leistung mit der die Turbine noch arbeiten kann.

**Größtes nutzbares Regenhaltevermögen · useful absorptive capacity.** Größtes Wasserhaltevermögen des Wurzelbereichs abzüglich des nicht von den Pflanzen aufnehmbaren Wassers gemessen in mm Wasserhöhe.

**Grubensystem · cesspool system.** Beseitigung der menschlichen Ausscheidungen durch Sammlung in wasserdichten Gruben, die in bestimmten Zeitabschnitten entleert werden.

**Grundablaß · bottom outlet.** Beim Wehr: Verschließbare Öffnung zum vollständigen Entleeren des Stauraums. Bei der Talsperre: Auslaß etwa in Höhe der Talsohle oder darunter.

**Grundbau · foundation engineering.** Das Teilgebiet des Bauingenieurwesens, das sich mit der Berechnung und Ausführung von Gründungen sowie – im Zusammenhang damit – mit allen Baugrundfragen befaßt.

**Grundbruch · shear failure.** Der Fall, wenn die Schubfestigkeit (Reibung und Kohäsion) des Baugrundes längs gekrümmter Gleitflächen überschritten wird, äußert sich bei einem Bauwerk meist durch gleichzeitig auftretende Senkungen und Schiefstellung sowie durch erhebliche waagerechte Verschiebungen. Ein deutliches Anzeichen für beginnenden Grundbruch ist eine Aufwölbung des unbelasteten Geländes in der Umgebung des Bauwerkes.

**Grunddreieck · triangular shaped dam.** Dreieckiger Querschnitt einer Staumauer mit senkrechter oder nahezu senkrechter Stauwand, bei dem die Resultate aus horizontalem Wasserdruck und senkrechter Mauerlast durch den luftseitigen Kernpunkt verläuft. Aus ihm wird der endgültige Mauerquerschnitt unter Berücksichtigung der zulässigen Spannungen im Innern und an der Sohle, der Ausbildung des oberen Teils der Staumauer (Krone, Aufbauten usw.) und des Innen- und Sohlenwasserdrucks entwickelt.

**Grundeis · ground ice, bottom ice.** Eis, das sich an der Sohle oder unter Wasser an den Böschungen eines Gewässers gebildet hat, solange es dort verbleibt.

**Grundlast · base load.** Über den ganzen Tag (= Kalendertag) anhaltende Belastung.

**Grundlastkraftwerk · base load power station.** Kraftwerk in einem Verbundnetz, das auch bei schwankender Netzbelastung möglichst gleichmäßig mit fester Teil- oder Vollast gefahren wird.

**Grundlauf · sluice.** Leitung im Schleusenboden zum Füllen oder Entleeren der Schleusenkammer.

**Grundluft · ground air.** Luft, die sich unter der Erdoberfläche in den Hohlräumen des Untergrundes befindet.

**Grundquelle · subsurface spring.** Unter Wasser austretende Quelle.

**Grundrechen · submerged screen.** In der Sohle eines offenen Gerinnes waagerecht oder nahezu waagerecht liegender Rechen zur Wasserentnahme.

**Grundrechenwehr · submerged weir with screen.** Festes Wehr mit einem Grundrechen, der als Wasserfassung dient (früher Tiroler Wehr genannt).

**Grundriß · ground-plan.** Zeichnerische Darstellung eines bestimmten, im Aufriß angegebenen waagerechten Schnitts eines Bauteils oder Bauwerks.

**Grundsee · ground swell.** Wellenbewegung am Meeresgrund.

**Grundschwelle · ground sill.** Querbau in der Sohle eines Wasserlaufs, der das Eintiefen der Sohle verhüten soll.

**Grundwalze · subsurface roller.** Wasserwalze mit waagerechter Achse unter fließendem Wasser.

**Gründung · foundation.** Umfaßt Arbeiten, die Bauwerk standsichere Unterlage geben. Abhängig von Beschaffenheit und Tiefenlage des Baugrunds sowie vom Grundwasser.

**Gründungstiefe · depth of foundation.** Tiefe, in der Bauwerk zu fundieren ist. Gründung muß in frostfreier Tiefe und auf tragfähigem Boden erfolgen. Gründungstiefe ist mit Rücksicht auf die Baukosten möglichst klein zu wählen.

**Grundwasser · ground water.** Wasser, das Hohlräume der Erdrinde zusammenhängend ausfüllt und nur der Schwere (hydrostatischer Druck) unterliegt.

**Grundwasser, freies · phreatic water.** Grundwasser, das oben nicht von einer dichten Schicht begrenzt ist und an dessen Oberfläche der Wasserdruck gleich dem Luftdruck ist (auch als ungespanntes Grundwasser bezeichnet).

**Grundwasserabsenkung · artifical lowering of ground-water level.** Erniedrigung der Grundwasseroberfläche oder Grundwasserdruckfläche infolge bestimmter technischer Maßnahmen.
Das Absinken infolge Niederschlagsmangels, Pflanzenverbrauchs oder Verdunstung wird nicht als Grundwasserabsenkung bezeichnet.

**Grundwasserabsinken · natural lowering of the ground-water level.** Natürliche Erniedrigung der Grundwasseroberfläche oder Grundwasserdruckfläche infolge Aufbrauchs, Niederschlagsmangel usw.

**Grundwasseranreicherung · replenishment of ground water.** Künstliche Grundwasserbildung aus oberirdischem Wasser, z. B. mittels Versickerungsbecken oder Schluckschächten.

**Grundwasseranstieg · natural raise of ground-water level.** Ansteigen der Grundwasseroberfläche oder Grundwasserdruckfläche infolge natürlicher Rücklage, Niederschlagsreichtums usw.

**Grundwasseraustritt · spring.** Bewegung von Grundwasser aus dem Erdreich, und zwar in verteilter Form oder als Quelle zusammengedrängt.

**Grundwasserbecken · ground-water reservoir.** Gundwasservorkommen mit beckenförmiger Sohle. Der Begriff besagt nicht, daß das Grundwasser eine waagerechte Oberfläche hat und stillsteht.

**Grundwasserbewegung · ground-water movement.** Bewegung des Grundwassers zwischen den Bodenteilchen unter dem Einfluß der Schwerkraft, die unter der Einwirkung innerer Reibungskräfte vor sich geht. Infolge des überragenden Einflusses der Bodenreibung geht die Bewegung mit sehr geringer Geschwindigkeit und fast immer laminar vor sich.

**Grundwasserblänke · ground-water pond.** Vertiefte Geländestelle, die eine mit dem Grundwasser ausgespielte Wasseransammlung ohne wesentlichen oberirdischen Zu- oder Abfluß enthält.

**Grundwasserdeckfläche · impermeable layer above the ground-water level.** Grenzfläche zwischen einem Grundwasserleiter und einer darüber liegenden schwer- oder undurchlässigen Schicht mit Grundwasseraufdruck.

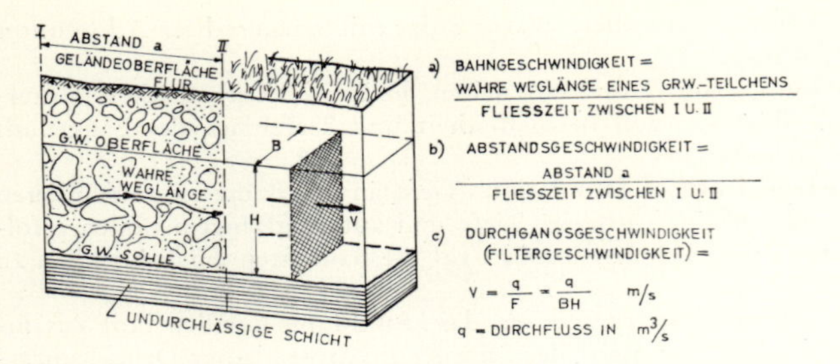


*Die drei Geschwindigkeitsbegriffe der Grundwasserströmung*

**Grundwasserdruckfläche · ground-water pressure area.** Fläche, welche zueinandergehörige Standrohrspiegel verbindet.

**Grundwassererhebung · artifical replenishment of ground water.** Erhöhung der Grundwasseroberfläche oder der Grundwasserdruckfläche infolge bestimmter technischer Maßnahmen.

**Grundwasserganglinie · ground-water hydrograph.** Ganglinie der Grundwasserspiegel (Grundwasserstände).

**Grundwassergefälle · ground-water slope.** Fallhöhe der Grundwasseroberfläche oder Grundwasserdruckfläche über eine bestimmte Strecke in der Bewegungsrichtung.

Höhenunterschied bei Grundwasserhöhenkurven, geteilt durch die Länge der durch sie begrenzten Falllinie oder – bei geringem Gefälle angenähert – ihre Horizontalprojektion.

**Grundwassergehalt · ground-water capacity.** Wassergehalt eines Grundwasserleiters abzüglich des hygroskopischen Wassers.

**Grundwassergeschwindigkeit · ground-water velocity.** Unter Grundwassergeschwindigkeit wird im normalen Sprachgebrauch eine gedachte Geschwindigkeit verstanden. Es ist die Geschwindigkeit, mit der sich das Grundwasser bewegen müßte, wenn der Durchflußquerschnitt nicht durch die Bodenkörner eingeschränkt wäre. Fließt also auf einem Bodenquerschnitt F pro Zeiteinheit die Wassermenge Q ab, so ist die Grundwassergeschwindigkeit:

$$v = \frac{Q}{F}$$

**Grundwasserhebung · artificial rise of ground-water level.** Anheben der Grundwasseroberfläche oder Grundwasserdruckfläche infolge technischer Maßnahmen.

**Grundwasserhöhenkurve (-gleiche) · ground-water height curve refered to sea-level datum.** Kurve gleicher und gleichzeitiger Höhe der Grundwasserstände, bezogen auf eine waagerechte Ebene, meist auf Normal-Null.

**Grundwasserleiter · water-bearing stratum.** Der Teil der Erdrinde, der Grundwasser enthält und geeignet ist, es weiterzuleiten.

Die Ausdrücke «Grundwasserhorizont» und «Grundwasserträger» sind zu vermeiden.

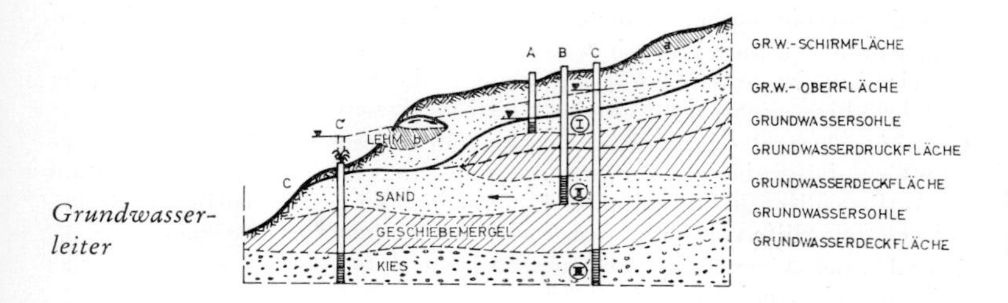


*Grundwasserleiter*

**Grundwassermeßstelle · ground-water measurement station.** Einrichtung zur Beobachtung des Grundwassers, Grundwasserstände, Temperaturen usw.

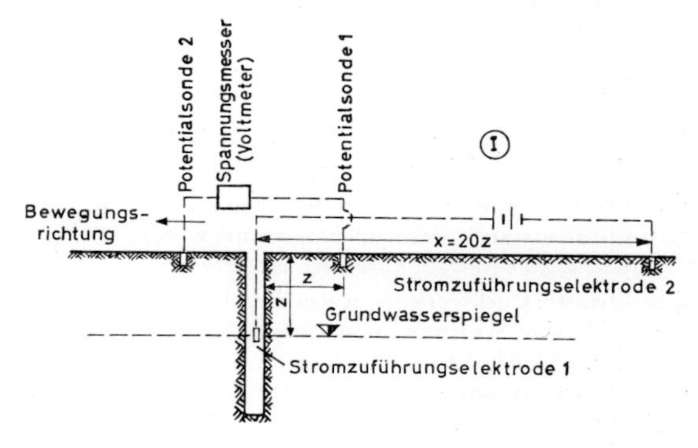


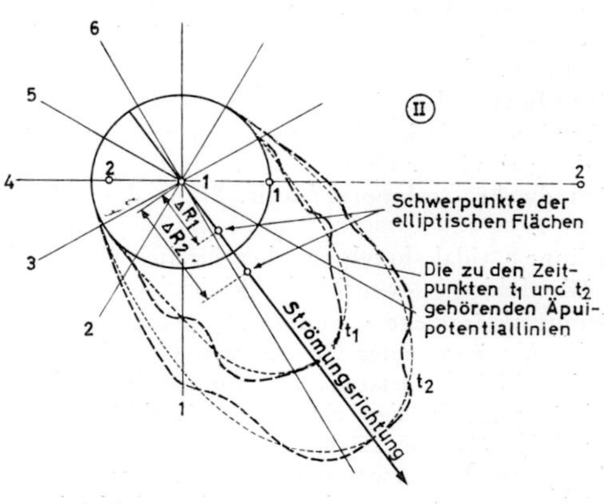


*Verfahren für die Geschwindigkeitsmessung der Grundwasserströmung*

*I Meßanordnung, II Strömungsbild*

**Grundwasseroberfläche · ground-water surface.** Obere Grenzfläche des ungespannten Grundwassers, in welcher der Wasserdruck gleich dem Druck der freien Luft ist, so daß sich in nur wenig in das Grundwasser eintauchenden Bohrlöchern ein Spiegel in Höhe der Grundwasseroberfläche einstellt.

**Grundwasserpegel · ground-water gage.** Zur Ablesung der Wasserspiegellage in Grundwasserbeobachtungsrohren vom einnivellierten oberen Rohrrand aus dienendes schlank gefomtes Lot mit oder ohne elektrische Zeichengebung, mit Hilfe von Becherpegeln oder Schwimmervorrichtungen.

**Grundwasserschirmfläche · unsaturated layer above ground water.** Grenzfläche zwischen einer undurchlässigen und einer darunter liegenden durchlässigen, aber nicht bis zur Grenzfläche mit Grundwasser erfüllten Schicht.

**Grundwassersohle · ground-water bed.** Untere Grenzfläche eines Grundwasserleiters.

**Grundwasserspeicher (bei Wasserkraftanlagen) · ground-water reservoir.** Speicher, dessen Nutzraum aus Hohlräumen eines Grundwasserleiters besteht.

**Grundwasserspeicherraum · ground-water storage basin.** Raum, der wechselnd mit Grundwasser gefüllt und von solchem entleert ist.

**Grundwasserspiegel · water level.** Wasserspiegel in Brunnen und Rohren nach Druckausgleich mit dem Grundwasser.

**Grundwasserstand · water table.** Wasserstand des Grundwasserspiegels.

**Grundwasserstau · dam up of ground water.** Behinderung des Grundwassers in seiner Bewegungsrichtung.

**Grundwasserstockwerke · water-bearing layers.** Durch schwer- oder undurchlässige Schichten voneinander getrennte Grundwasserleiter übereinander. Werden von oben nach unten gezählt.

**Grundwasserstrom · ground-water flow.** Fließendes Grundwasser von größerer Bedeutung.

**Grundwasserumsatzraum · ground-water hold.** Gesamter Hohlraum eines Grundwasserleiters, der abwechselnd mit Grundwasser gefüllt oder von ihm entleert wird. Unter natürlichen Verhältnissen zwischen HHW und NNW.

**Grundwasserübertritt · ground-water exchange.** Bewegung von Grundwasser innerhalb des Untergrundes von einer geologischen Bildung in eine andere; also keine Quelle.

**Grundwehr · submerged weir.** Wehr, dessen Krone unter dem Unterwasser liegt.

**Grüppe · tidal slough.** Flacher, breiter Graben innerhalb eines stromlosen Wattfeldes, in dem sich der Schlick besonders schnell absetzt.

**Gruppenkläranlage · community sewage treatment plant.** Kläranlage, in der die Abwässer einer Gruppe von Grundstücken, z. B. einer Siedlung oder eines kleinen Ortsteils, zusammengefaßt behandelt werden. Die Gruppenkläranlage ist den einzelnen Hauskläranlagn stets vorzuziehen. Regelmäßige Wartung nötig.

**Gruppenwasserversorgung · community water supply.** Gemeinsame zentrale Wasserversorgung mehrerer Verbraucherkreise (Bedarfsträger).

**Gully · gully, gulley.** Einlaufschacht für Niederschlagswasser in der Straßendecke.

**Gußasphalt · mastic asphalt.** In erhitztem Zustand streichbare Asphaltmasse aus einem Gemisch von Splitt oder Kies, Sand, Bitumen und Füller oder Naturasphaltmehl oder Asphaltmastix.

**Gußbeton · chuted concrete.** Flüssiger, gießfähiger Beton.

**Gyttja · fine sludge.** Feinschlamm eutropher Seen, gekennzeichnet durch eine von Zersetzungsprozessen herrührende dunkelgraue, oft auch olivgrüne oder bräunliche Färbung.

**Haarriß · fine crack, hair crack.** Haarrisse sind feine, bis etwa 0,2 mm weite Schwindrisse im Beton, Putzmörtel, Glattstrich; meist als Netzrisse mit Netzweiten von etwa 1 bis 10 cm.

**Hafen · harbor.** Mittler des Verkehrs zwischen Land und Wasser. In einem Hafen werden Anlagen für den Zu- und Abgang von Personen, für den Umschlag von Gütern aller Art und von Fischen (Fischereihäfen) vorgehalten.

**Hafendamm · mole.** Gleichbedeutend mit Mole.

**Hafenfeuer · harbor lights.** Gesamtheit der Leuchtfeuer im Bereich eines Hafens.

**Hafenmund · harbor mouth.** Verbindung zwischen Hafen und Wasserstraße.

**Hafenzeit · establishment of a port.** Zeitunterschied zwischen dem oberen und unteren Mond-Meridiandurchgang bei Voll- oder Neumond und dem nächstfolgenden Hochwasser eines Hafens.

**Haff · lagoon.** Durch eine Nehrung begrenzte Meeresbucht an der Ostsee, an anderen Meeren Lagune genannt.

**Haftfähigkeit (Haftfestigkeit) · adhesiveness.** Eigenschaft der bituminösen Bindemittel (Bitumen und Teer), an Lockergesteinen zu haften, besonders wenn sie durch Erwärmung oder durch Lösungsmittel dünnflüssig gemacht worden sind. Haftfähigkeit wird auch als Adhäsion bezeichnet im Gegensatz zu Kohäsion, einer Eigenschaft, mit der der innere Zusammenhalt der warmbildsamen Massen gekennzeichnet ist.

**Haftwasser · absorbed water.** Porensaugwasser, das sich über der Oberfläche des Saugsaumwassers in Ruhe befindet, indem es an seinen oberen, stärker gekrümmten Menisken hängt.

**Hagel · hail.** Der Hagel ist ein fester, überwiegend aus klaren Eiskörpern ($d > 5$ mm) bestehender Niederschlag.

**Hagen, Gotthilf Heinrich Ludwig.** Geb. 1797 in Königsberg, gest. 1884 in Berlin, einer der bedeutendsten deutschen Wasserbauer, begann 1841 mit der Herausgabe seines Werkes «Handbuch der Wasserbaukunst», das für das gesamte Wasserbauwesen von bahnbrechender Bedeutung war. Seine Forschungen beziehen sich auf die Wahrscheinlichkeitsberechnung, Form und Dicke gewölbter Bogen, Ebbe und Flut, Wellenbewegung auf den Gewässern, Bewegung des Wassers in Rohrleitungen u. a.

**Hahn · cock.** Absperrvorrichtung in Rohrleitungen, hat zum Unterschied vom Ventil einen drehbaren Kegel (das Küken), durch dessen Stellung mit einer Vierteldrehung der Hahn geöffnet oder geschlossen wird. Hähne verwendet man bei Gasleitungen. Bei Wasserleitungen müssen Ventile genommen werden.

**Hakenbuhne · hooked groin.** Werden bei einer Flußbettregelung Buhnen als Einschränkungsbauwerke gewählt, so sollen sich die Längsachsen einander gegenüberliegender Buhnen möglichst in Strommitte schneiden, um damit ein Pendeln der Strömung zu vermeiden. In vielen Fällen, insbesondere bei breiteren Flüssen ist diese Anordnung jedoch nicht möglich. Um den Nachteil der gegeneinander versetzt liegenden Buhnen auszugleichen, können bei der Flußregelung hakenförmige Buhnenverlängerungen angeordnet werden, und zwar so, daß die Buhnenköpfe sich an beiden Ufern gegenüberliegen. Die Hakenbuhnen bringen außerdem den Vorteil einer Begünstigung von Anlandungen.

**Hakenschütze · hooked crest gate.** Schütze, meist Oberschütze, die am oberen Ende einen hakenförmigen Ansatz zur Führung des Überfallstrahls trägt.

**Hakentor · hook gate.** Spezialform des Klapptors mit hakenförmigem Querschnitt. Wird als Torverschluß im Oberhaupt von Schleusen verwendet. Sein Vorteil liegt darin, daß Torschütze und Umläufe zur Füllung der Schleusenkammer vermieden werden.

**Halbaufgelöste Bauweise · divided section construction.** Schöpfwerksbauweise, bei der das Einlaufbauwerk unter das Maschinenhaus gezogen wird und mit ihm einen gemeinsamen Baublock auf der Deichbinnenseite bildet, während das Auslaufbauwerk im außenseitigen Deichfuß liegt und mit dem Maschinenhaus durch eine Rohrleitung verbunden ist.

**Halbfester Boden · semi-solid soil.** Boden, der beim Versuch ihn zu 3 mm dicken Walzen auszurollen, zwar bröckelt und reißt, aber doch noch feucht genug ist und deshalb dunkel aussieht.

**Halbselbsttätiges Wehr · semi-automatic weir.** Bewegliches Wehr, das bei Überschreitung des Stauzieles das Absinken des Oberwasserstandes auf das Stauziel selbsttätig bewirkt, bei Unterschreitung des Stauzieles jedoch nicht selbsttätig wirkt.

**Halbtidehafen · half-tide tidal harbor.** Sonderform des Dockhafens, bei dem das Binnenwasser um ein gewisses Maß schwankt, um die Zeit der Zugänglichkeit zu verlängern.

**Hallig · low island in marsh land.** Niedrige Marschinsel im Wattenmeer vor der Westküste von Schleswig-Holstein.

**Haltekreuz · mooring cross.** Stählerne Vorrichtung in Kreuzform zum Festmachen der Schiffe.

**Haltepfahl (Dalben) · mooring post, dolphin.** Zum Anlegen oder Festmachen von schwimmenden Körpern. Haltepfahl ist starker, im Boden festsitzender, oben abgerundeter Holzpfahl. Zum Bündel vereinigte Pfähle heißen Dalben, die auch zur Führung von Schiffen dienen können. S. auch Poller.

**Haltung · reach.** Im kanalisierten Strom oder Schiffahrtskanal Wasserlaufstrecke zwischen zwei Staustufen.

**Haltung (im Binnenvorfluter) · outfall reach.** Teilstrecke eines Hauptbinnenvorfluters, die von den anschließenden Teilstrecken durch ein Schöpfwerk der nächsten Stufe getrennt wird.

**Handelshafen · commercial port.** Hafen zum Umschlag von Handelsgütern.

**Hangbau · hill irrigation.** Berieselungsanlage, bei der das Wasser aus den Rieselrinnen nur einseitig auf die zu bewässernde Fläche übertritt.

**Hangkanal · lateral canal, cut, cutoff.** Hangkanal ist ein Seitenkanal, ein Durchstich oder ein Stichkanal innerhalb ein und desselben Flußgebietes mit einseitigem Gefälle. Für die Ausführung eines Hangkanals können verschiedene Gründe je für sich oder auch in ihrer Gesamtheit entscheidend sein. Vermag z. B. eine Flußstauhaltung den Belangen der Binnenschiffahrt nicht gerecht zu werden, so ist man zur Anordnung eines Seitenkanals oder doch zumindest eines oder mehrerer Durchstiche gezwungen.

**Hangtafel · hill area between two furrows.** Fläche zwischen zwei übereinanderliegenden Rieselrinnen oder zwischen Riesel- und Entwässerungsrinne beim Hangbau.

**Hangüberfall · hillside overfall.** Überfall am seitlichen Hang mit Anschluß an eine Schußrinne oder Absturztreppe.

**Hartbeton · hard concrete.** Beton mit Hartgesteinzuschlagstoffen oder Hartbetonstoffen.

**Härte · hardness.** Ein Maß für den Widerstand, den ein Körper dem Eindringen eines anderen entgegensetzt.

**Härte des Wassers · hardness.** Härte des Wassers durch Härtebildner.

| Bezeichnung | Millival/l (mval/l)[1]<br>Erforderliche $cm^3$ von $^1/_{10}$ Normal-Reagenz für 100 $cm^3$ Wasser | Deutsche Härtegrade ° dH<br>1 g CaO in 100 000 g Wasser | Französische Härtegrade ° f<br>1 g $CaCO_3$ in 100 000 g Wasser | Englische Härtegrade ° e<br>1 grain $CaCO_3$ je gallon (1 g $CaCO_3$ in 70 000 $cm^3$ Wasser) |
|---|---|---|---|---|
| 1 mval/l | 1,0 | 2,8 | 5,0 | 3,5 |
| 1° dH | 0,357 | 1,0 | 1,79 | 1,25 |
| 1° f | 0,2 | 0,56 | 1,0 | 0,7 |
| 1° e | 0,286 | 0,8 | 1,43 | 1,0 |

*Härtebezeichnungen und deren Umrechnungswerte*

**Harter Boden · hard soil.** Boden, der ausgetrocknet ist und deshalb hell aussieht und dessen Schollen in Scherben zerbrechen.

**Hartflora · hard flora.** Sammelbegriff für die am Rande eines Gewässers (Uferregion) wachsenden Überwasserpflanzen, z. B. Schilf und Binsen.

**Hartgestein · hard rock.** Naturstein von besonderer Festigkeit (Druckfestigkeit im durchfeuchteten Zustand = 1800 kg/$cm^2$) z. B. Basalt, Diabas, Diorit, Granit, Grauwacke, Hartkalkstein, Porphyr, harter Sandstein, Syenit.

1. Kalk- und Magnesiaverbindungen (Karbonathärte), 2. Chloride, Nitrate, Sulfate, Phosphate, Silikate (Mineralsäurehärte). Je 10 mg/l der Kalksalze, als Calciumoxyd berechnet, geben 1° Härte (Deutscher Härtegrad, DG). Unter 10° = weich, 10 bis 20° = mittelhart, über 20° = hart. 1 engl. Härtegrad = 0,8 DG, 1 franz. Härtegrad = 0,56 DG.

**Häufigkeit · frequency.** Die Häufigkeit gibt an, mit welchem Gewicht ein bestimmter Meßwert innerhalb einer betrachteten Zeitspanne behaftet ist, d. h., wie oft der gleiche Wert während dieser Zeit gemessen wurde.

**Häufigkeitsfläche · frequency diagram.** Fläche zwischen der Häufigkeitslinie und der zugehörigen Koordinatenachse.

**Häufigkeitslinie · frequency line.** Zeichnerische Darstellung statistisch gleichwertiger Beobachtungen nach ihrer Häufigkeit.
Linienzug, dessen Punkte im rechtwinkligen Koordinatensystem so bestimmt sind, daß die Ordinaten die Größe und die Abszissen die Anzahl gleich großer Beobachtungswerte gleichen statistischen Gewichts (Häufigkeitszahl) angeben. Es können auch die Größe der Beobachtungswerte als Abszisse und die Häufigkeitszahl als Ordinate aufgetragen werden, wobei das Bild um 90° gedreht erscheint. Statt Auftragung nach den Einzelwerten können die Beobachtungen auch in Gruppen (Stufen) zusammengefaßt und die Anzahl der Beobachtungswerte in dieser Stufe angegeben werden, wobei ein treppenförmiger Linienzug entsteht.

**Häufigkeitszahl · frequency of recurrence.** Zahl, die angibt, wie oft der gleiche Wert oder die gleiche Wertgruppe in einer Reihe statistisch gleichwertiger Beobachtungen vorkommt.
Abszisse der Häufigkeitslinie, wenn die Ordinate die Größe der Beobachtungswerte angibt (sonst umgekehrt).

**Hauptdeich · main dike.** Hauptdeich = Winterdeich.

**Hauptfleet (Hauptbinnentief) · main tidal slough.** Hauptfleet (Hauptbinnentief) heißt der Hauptentwässerungsgraben eingedeichter Marschen. H. führt Wasser der Nebentiefs durch Siel dem Außenfleet zu.

**Hauptgraben · main ditch.** Größerer, der Vorflut mehrerer Nebengräben oder Dränungen dienender Graben.

**Hauptkräfte · pinciple force.** Hauptkräfte sind Belastungen, für die ein Nachweis der Bauteile auf Ermüdungsfestigkeit notwendig ist. Die Hauptkräfte sind Eigengewicht und Verkehrslast. Bei Brückenbauten zählen auch die Schwingungen und die Fliehkräfte dazu.

**Hauptlast · main load.** Von den auf ein Tragwerk wirkenden Lasten zählen zu den Hauptlasten: ständige Last, Verkehrslast, freie Massenkräfte von Maschinen.

**Hauptleitungen · water main.** Wasserleitungen innerhalb des Versorgungsgebietes, von denen die Versorgungsleitungen, in der Regel aber keine Anschlußleitungen, abzweigen.

**Hauptmoment · principal moment.** Bei Flächentragwerken das Größt- und Kleinstmoment nach einer bestimmten Richtung (Hauptrichtung).

**Hauptsammler · trunk main.** Größter Leitungsstrang eines Entwässerungsnetzes, der die Wassermengen aus den kleineren Leitungen aufnimmt und gesammelt fortführt.

**Hauptspannung · principal stress.** Die Spannung, die sich aus der Normalspannung und der Schubspannung zusammensetzt.

**Hauptträgheitsmoment · principal moment of inertia.** Trägheitsmoment in bezug auf die Trägheitshauptachse.

**Hauptverteilungsleitung · water main.** Leitung mit der größten Durchflußmenge innerhalb des Versorgungsgebietes. Von ihr zweigen in der Regel keine Anschlußleitungen ab.

**Hauptzuleiter · feeder main.** Offener Graben oder geschlossene Leitung, die dem Bewässerungsgebiet das Wasser zuführt.

**Hausanschluß · house connection.** Verbindung der meist städtischen Versorgungsleitungen in der Straße mit der Verbrauchsleitung im Gebäude mit Zähleranlagen und Absperrvorrichtung.

**Hauskläranlage · house treatment plant.** Hauskläranlage dient dazu, die Abwässer eines einzelnen Hauses zu reinigen, wenn sie nicht in ein Kanalnetz geleitet werden können, damit man sie in einen Vorfluter (z. B. Dorfbach) ohne gesundheitsschädigende Wirkung einleiten kann. In Frage kommen dafür durchflossene Faulräume, zweistöckige Absetzanlagen, aber auch unterirdische Verrieselung und Sickerschächte.

**Hausleitungen · plumbing, piping and wiring.** Alle Leitungen, die in einem Gebäude zur Wasser-, Gas- und Elektrizitätsversorgung hinter den Zählern und der Hauptabsperrvorrichtung sowie zur Abwasserbeseitigung verlegt sind.

**Häutchenwasser (Filmwasser) · temporarily absorbed water.** Haftwasser, das die Bodenteilchen über dem Anlagerungswasser wie eine dünne Haut überzieht.

**Heberanordnung · pumping station with a siphon.** Schöpfwerksbauweise, bei der das Laufrad der Pumpe höher als der tiefste Binnenwasserstand liegt, so daß zur Inbetriebnahme das Binnenwasser angesaugt werden muß. Die Rohrleitung zwischen Pumpe und Auslaufbauwerk wird bis über den höchsten Außenwasserstand hinausgeführt.

**Heberleitung · siphon piping.** Heberleitung dient bei Grundwasserfassungen zur Verbindung der Brunnenreihe mit dem Sammelbrunnen und muß in Richtung zu diesem in gerader Linie ansteigen (1 : 100 und weniger). Scheitel der Heberleitung soll nicht mehr als 6 bis 7 m über dem tiefsten abgesenkten Grundwasserspiegel liegen.

**Hebersiel · tidal slough siphon.** Siel, bei dem Wasser einer eingedeichten Fläche mittels Heberschlauch nach außen befördert wird. Hebersiel arbeitet nur, wenn Außenwasserstand niedriger als Binnenwasserstand. Heberwirkung wird durch Ansaugen mittels Pumpe ausgelöst.

**Heberüberlauf · siphon spillway.** Als Heber ausgebildeter Überlauf zur Begrenzung der Schwankungen eines Wasserspiegels mit Einrichtungen zum selbsttätigen Anspringen und Abreißen.

**Heberwehr · siphon weir.** Als Heberüberlauf ausgebildetes festes Wehr.

**Heide · heath.** Flächen nährstoffarmen, sauren Sandbodens ohne geschlossenen Hochwald, die durch Auswaschen fast sämtlicher Nährstoffe aus den obersten Bodenschichten in feuchteren Gebieten der gemäßigten Zonen entstanden sind.

**Heller · tide land, marsh land.** An der Nordseeküste stellenweise gebräuchliche Bezeichnung für Vorland.

**Helling · launching slipway.** Geneigte befestigte Ebene, auf der Schiffe gebaut und zu Wasser gelassen werden.

**Herdmauer, Sporn · cutoff wall, core wall.** Unter die Bauwerksohle herabführende Schürze aus Mauerwerk (Beton).

**Hertz · cycles per second.** Maßeinheit der Schwingungszahl, 1 Hertz (Hz) = 1 Schwingung je Sekunde (nach Heinrich Hertz, dem Entdecker der elektromagnetischen Wellen).

**Heterotroph · heterotrophe.** Bezeichnung der Ernährungsweise, bei der die Körpersubstanz aus organischen Stoffen aufgebaut wird.

**Heultonne · whistling buoy.** Akustisches Seezeichen, Tonne mit Pfeife (Heuler) für Schallzeichen. Töne dadurch erzeugt, daß in einem senkrecht stehenden Rohr in der Tonne bei Aufwärtsbewegung Luft eingesaugt und bei Abwärtsbewegung der Tonne im Seegang Luft durch die Pfeife ausgestoßen wird. Ton schwillt bei nicht gleichbleibender Tonhöhe allmählich bis zur vollen Stärke an und nimmt allmählich ab (heult).

**Hitzdraht-Verfahren · hot-wire-method.** Ausnützung der Erscheinung, daß ein elektrisch geheizter Platindraht beim Vorbeistreichen einer Flüssigkeit seine Temperatur ändert und damit seine Leitfähigkeit um so stärker ändert, je größer die Fließgeschwindigkeit ist. Die Temperaturänderung ist dabei das Maß für die Strömungsgeschwindigkeit. Die Messung der Änderung der Leitfhigkeit erfolgt durch eine Wheatstonesche Brücke; Verwendung hauptsächlich im Laboratorium.

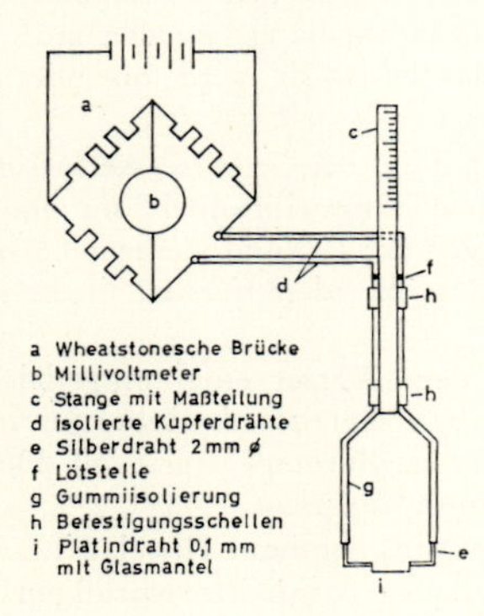


*Hitzdraht Meßgerät*

**Hitze · heat.** Beim Arbeiten mit Handzugramme eine Gruppe von 20 bis

30 Schlägen in 50 bis 70 Sek. Zwischen 2 Hitzen eine Pause von mindestens 2 Minuten.

**Hochablaß · high-level outlet.** Ablaß in etwa Kronenhöhe des Stauwerks.

**Hochbahn · high-level railway.** Schienengebundenes Verkehrsmittel, dessen Bahnkörper so hoch liegt, daß der Verkehr auf der Erdoberfläche nicht behindert wird.

**Hochbau · building construction.** Das Errichten von Gebäuden, deren Hauptteile über dem Erdboden liegen (Wohnhaus-, Geschäftshaus-, Industriebauten usw.).

**Hochbehälter · elevated tank.** Höher als das Versorgungsgebiet gelegener Wasserspeicher, dessen freie Wasserspiegelhöhe den Versorgungsdruck wesentlich beeinflußt. Er kann als Erdbehälter oder Wasserturm ausgeführt werden.

**Hochbelasteter Tropfkörper · high-rate trickling filter.** Tropfkörper, in welchem der absorbierte Schlamm weitgehend ausgespült wird.
Andere Benennungen, wie «Hochleistungstropfkörper», «Spültropfkörper» sollen nicht mehr verwendet werden.

**Hochbrücke · high-level bridge.** Ein so hoch über einem Wasserlauf liegendes Brückenbauwerk, daß die Durchfahrt großer Seeschiffe gewährleistet ist.

**Hochdruckanlage · high-head power plant.** Wasserkraftanlage mit Nutzfallhöhe über 50 m.

**Hochdruckpumpe · high-pressure pump, high-lift pump.** Im Gegensatz zu Nieder- und Mitteldruckpumpe eine Pumpe mit einer Förderhöhe größer als etwa 50 m. S. auch Kreiselpumpe.

**Hochmoor · raised moor, bog.** In der Regel niederschlagsbedingtes (ombrogenes) kalk- und nährstoffarmes (oligotrophes) Überwassermoor; tritt auch als Hangmoor auf, das außer unmittelbarem Niederschlagswasser noch vom umgebenden hängigen nährstoffarmen Gelände Wasser erhält (soligene Einflüsse).

**Höchster Hochwasserstand · highest high water level.** Oberster Grenzwert der Wasserstände.

**Höchster Tidehochwasserstand · HW: high-water level.** Oberer Grenzwert der Tidehochwasserstände.

**Höchster Tideniedrigwasserstand · highest low water level.** Oberer Grenzwert der Tideniedrigwasserstände.

**Höchstes Hochwasser · highest discharge.** Oberster Grenzwert der Abflüsse.

**Höchstleistungsfähigkeit «Kraftwerk» · peak load of power plant.** Der Höchstwert der Leistungsfähigkeit bei günstigsten gleichzeitig möglichen Verhältnissen. Die Angabe ist gegebenenfalls bei einzelnen Maschinen auf die Maschinenklemmen, dagegen beim ganzen Kraftwerk bei Unterlassung weiterer Angaben auf Oberspannungsseite der Werksumspanner zu beziehen.

**Höchststau · maximum head-water level.** Für Ausnahmefälle zugelassenes Stauziel.

**Hochvakuumbitumen · vacuum distilled asphalt.** Die bei der Destillation unter besonders hohem Vakuum hergestellten harten Bitumen.

**Hochwasser (statistisch) · peak discharge.** Oberer Grenzwert der Abflüsse.

**Hochwasserabflußgebiet · flood-relief area.** Das zum Durchfluß des Hochwassers in Anspruch genommene Gebiet.

**Hochwassergebiet · flood plain.** Gebiet, das infolge seiner natürlichen Beschaffenheit oder infolge menschlicher Siedlungstätigkeit dauernd durch Hochwassergefahren bedroht ist und deshalb bestimmter baulicher Anlagen bedarf.

**Hochwasserkanal · flood-relief channel.** Zur Hochwasseraufnahme dienender und nach größtem Hochwasser (HHW) bemessener Kanal zur Verhütung von Überschwemmungen und gefährlichen Wasseraufstauungen. Oft dort erforderlich, wo sich Fluß infolge Industrie und Landwirtschaft schlecht regeln läßt, sowie oberhalb von Stauanlagen als Entlastungskanal. Hierbei breite Hochwasserüberfälle notwendig, damit bestimmte Stauhöhe nicht überschritten wird.

**Hochwasserregelung · high-water regulation.** Hochwasserregelung eines Flußbettes wird meist in Ergänzung einer Mittelwasserregelung vorgenommen. Sie dient dem Schutz von Siedlungen und Kulturflächen vor Hochwasser.

**Hochwasserrückhalt · flood-control reservoir, detention reservoir.** Zur Minderung der Hochwassergefahr ist es nicht immer zweckmäßig, sich lediglich auf die Errichtung langer und kostspieliger Deiche zu beschränken. Vielmehr muß versucht werden, schon im Oberlauf eines Flusses den Hochwasserabfluß durch Zurückhaltung von Wassermassen zu verringern. Besondere Bedeutung kommt den natürlichen oder künstlich geschaffenen Hochwasserrückhaltebecken zu, die nicht nur einen Teil des Hochwasserabflusses aufnehmen, sondern auch die Scheitelwerte der Hochwasserwellen abmindern und den Hochwasserabfluß verzögern.

**Hochwasserschleife · rating loop.** Beim Auftreten einer Hochwasserwelle entsteht an der Abflußkurve eine sog. Hochwasserschleife. Diese Erscheinung läßt sich stark vereinfacht und idealisiert wie folgt erklären: Am Kopf der Hochwasserwelle ist das Spiegelgefälle größer als nach Durchtritt des Hochwasserscheitels. Demzufolge sind auch die mittlere Fließgeschwindigkeit und der Durchfluß bis zum Erreichen des Hochwassermaximums größer als danach. Zu ein und demselben Wasserstand gehören daher während des Durchgangs einer Hochwasserwelle zwei verschiedene Durchflußmengen, ausgenommen den Scheitelpunkt selbst.

**Hochwasserschutz · flood protection.** Als Wasserschutz gelten alle Maßnahmen, mit denen die Hochwassergefahr vermindert oder beseitigt wird. Sie können wasserwirtschaftlicher oder bautechnischer Art sein. Zur ersten Gruppe gehört die Verminderung des Hochwasserabflusses durch Zurückhaltung, Hochwasserrückhalt. Bautechnische Maßnahmen sind einerseits die Trennung der Hochwassermenge, d. h. die Abführung der gefährdenden Hochwasserspitze durch Entlastungskanäle und Flutmulden, andererseits die Lenkung des Hochwassers durch Deiche.

**Hochwasserschutzraum, Schutzraum · flood-control storage basin.** Zur Aufnahme von Hochwassermengen und damit zur Drosselung des Hochwasser-Abflusses bestimmter Teil des Speicherraumes.

Er liegt über dem Nutzraum und wird eingeteilt in beherrschbaren und nichtbeherrschbaren Hochwasserschutzraum. Als beherrschbar ist nur der unter der Überlaufkrone der Entlastungsanlage gelegene Teil zu bezeichnen. Der nichtbeherrschbare Hochwasserschutzraum ist der über der Überlaufkrone liegende Teil. Wenn auf der festen Überlaufkrone ein beweglicher Verschluß angeordnet ist, gilt als beherrschbar der Raum bis zur Oberkante des Verschlusses.

**Hochwasserstand · high-water level.** Oberer Grenzwert der Wasserstände.

**Hochwasserverschluß · flood gate.** Verschlußeinrichtung bei Auslaßbauwerken gegen höhere Außenwasserstände und Flut in Form von Dammbalkenverschlüssen, Klappen, Handzug-, Spindelzug- oder Kettenrollenzugschiebern.

**Höft, Kaizunge, Pier · pier, quay.** Mit dem Lande verbundene, aber in das Wasser vorgebaute, mehrseitig vom Wasser umgebene, dem gleichen Zweck wie eine Kaizunge dienende Anlage.

**Höhenschichtlinie · contour line.** Höhenlinie, verbindet Punkte gleicher Meereshöhe miteinander. H. wichtiges Hilfsmittel zur Geländedarstellung in Höhenplänen für ingenieurtechnische Zwecke und topographische Karten.

**Höhlenkrafthaus (Kavernenkrafthaus) · cavern power station.** Krafthaus im Innern des Gebirges (bergmännisch oder im offenen Einschnitt mit nachträglicher Überschüttung herzustellen).

**Hohlfuge · open joint.** Offene, nicht mit Mörtel, Kitt oder dgl. ausgefüllte Fuge.

**Hohlräume im Untergrund · void space, interstice.** Poren, Klüfte, Höhlen, einschließlich der wassergefüllten.

**Hohlraumgehalt, Porengehalt · volume of interstices, void space.** Gesamtinhalt der Hohlräume je Raumeinheit des Bodens; bei kleinen Hohlräumen (Poren) auch Porengehalt genannt.

**Holzbau · wooden construction, timber construction.** Planung, Berechnung und Ausführung von Bauwerken aus Holz.

**Holzkastendrän · wooden box drain.** Drän von quadratischem oder dreieckigem Querschnitt, der aus Holzbrettern mit nichtrostenden oder Hartholznägeln zusammengenagelt oder durch Nuten in den Brettern oder Querbändern aus gebranntem Ton u. a. zusammengehalten wird.

**Holzteer · wood tar.** Teer, der bei der Holzverkohlung gewonnen wird.

**Homogen · homogeneous.** Einheitliche Zusammensetzung eines Gemisches im Gegensatz zu heterogen.

**Hopper- oder Schachtbagger · hopper dredge.** Hopper- oder Schachtbagger, ein Saug-(Pumpen-)Bagger, der das angesaugte Wasser-Gut-Gemisch in eigenen Laderaum drückt und alsdann mit eigener Kraft (als Schraubenschiff) zu der Ablagerungsstelle fährt, wo das Baggergut durch Bodenklappen entleert wird.

**Horizontalfilter-Brunnen · horizontal well.** Schacht mit waagerecht bzw. schräg liegenden Strängen aus Brunnenrohren.

**Horizontalschub · horizontal shear.** Waagerechte, z. B. von Bogenträgern auf Widerlager und Pfeiler ausgeübte Kraft.

**Hosenrohr · penstock Y branch.** Hosenförmige Gabelung eines Rohres in 2 Rohre.

**Hub · stroke.** Hub, Weg, den der Kolben einer Dampfmaschine, eines Verbrennungsmotors oder einer Pumpe zwischen den beiden Totpunkten zurücklegt. Hub auch das Maß für das Anheben eines Ventils in Achsrichtung durch einen Nocken.

**Hubbrücke · lift bridge.** Brücke, bei der ein Überbau anhebbar ist, um die für die Schiffe erforderliche Durchfahrtshöhe freizugeben.

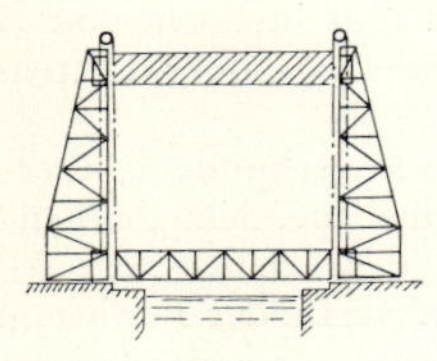

*Hubbrücke*

**Hubsenkschütze · lift- and lowering gate.** Nach oben und unten beweglicher Wehrverschluß. Er gestattet durch seine Überströmbarkeit eine leichte Feinregulierung des Oberwasserspiegels sowie das Abführen von Treibeis und Schwemmsel. Nachteilig ist der tiefere Sohlenbau mit den erforderlichen Dichtungen.

**Hubtor · vertical lift lock gate.** Schleusentor, das senkrecht auf- und abbewegt wird.

**Huminsäure · humic acid.** Huminsäure, Vermoderungsprodukte von Pflanzen, daher besonders in Mooren vorkommend. Wirkt durch Umsetzung mit Kalk schädlich auf Mörtelstoffe.

**Humus · humus.** In Zersetzung befindliche organische Substanz von dunkler bis schwarzbrauner Färbung. → auch Mutterboden.

**Hydrant · hydrant.** Zapfstelle zur Wasserversorgung für Straßenreinigung und zur Entnahme von Löschwasser aus dem Rohrnetz.

**Hydraton · hydraton.** Bezeichnung für Erdstoff, den man, mit Chemikalien (Wasserglas und Soda) versetzt, zu Dichtungszwecken benützt (Hydraton-Verfahren).

**Hydraulik · hydraulics.** Angewandte Hydromechanik (vorzugsweise auf Empirie aufgebaut).

**Hydraulisch erhärtender Kalk · semi-hydraulic lime.** Hydraulisch erhärtende Kalke sind Baukalke, die nach dem Anmachen mit Wasser und einer entsprechend langen Lagerung an der Luft auch unter Wasser zu erhärten vermögen und rascher erhärten sowie höhere Festigkeiten als Luftkalke erreichen. Ihre hydraulische Erhärtung beruht auf dem Gehalt an salzsäurelöslicher reaktionsfähiger Kieselsäure, Tonerde und Eisenoxyd.

**Hydraulische Querschnittstiefe (hydraulischer Radius) · hydraulic mean depth, hydraulic radius.** Abflußquerschnitt, geteilt durch benetzten Umfang. $R = \frac{F}{U}$

**Hydraulischer Radius · hydraulic radius.** Abflußquerschnitt, dividiert durch den benetzten Umfang. $R = F/U$

**Hydraulischer Widder (Stoßheber, autom. Wasserhebemaschine) · hydraulic ram.** Widder, hydraulischer, zum Heben kleiner Wassermengen auf größere Höhe.

**Hydrobiologie · hydrobiology.** Lehre vom Leben im Wasser, erforscht die Pflanzen- und Tiergesellschaften (Lebensgemeinschaften, Biozönosen), welche die Lebensstätten (Biotope) der Gewässer bewohnen.

**Hydrodynamik · hydrodynamics.** Lehre von der Bewegung des Wassers und den dabei wirksamen Kräften.

**Hydrogeologie (Geohydrologie) · hydrogeology.** Die Lehre von den Erscheinungen des Wassers in der Erdkruste (je nach dem Schwerpunkt der Betrachtungsweise).

**Hydrographie · hydrography.** Beschreibende Hydrologie.

**Hydrologie · hydrology.** Lehre vom Wasser und seinen Erscheinungsformen über, auf und unter der Erdoberfläche und ihren natürlichen Zusammenhängen.

**Hydrologisches Jahr · hydrologic year.** Hydrologisches Jahr beginnt am 1. November jedes Jahres und endet am 31. Oktober des nächsten Jahres.

**Hydrolyse · hydrolysis.** Hydrolyse, die durch das Wasser bewirkte Spaltung an sich neutraler Salze in freie Säure und Base; je nach der Stärke der Spaltprodukte reagiert die Lösung alkalisch oder sauer.

**Hydromechanik · hydromechanics.** Lehre vom Gleichgewicht und von der Bewegung des Wassers.

**Hydrometeorologie · hydrometeorology.** Lehre von den Erscheinungen des Wassers der Lufthülle in ihren Wechselwirkungen mit der Erdkruste.

**Hydrometrie · hydrometry.** Lehre von den Verfahren und Einrichtungen zur Messung der Gewässer.

**Hydrometrischer Flügel (Woltmanscher) · Woltman current meter.** Ein Anzeigegerät für Anströmgeschwindigkeit, besteht aus einem auf einer leicht drehbaren Achse befestigten Schaufelrad, dessen Umdrehungszahl in der Zeiteinheit durch ein Zählwerk bestimmt wird. Durch Eichung in einem Schleppgerinne wird die Abhängigkeit der Drehzahl von der Anströmgeschwindigkeit festgestellt.

**Hydrophil · hydrophibic.** Hydrophil = wasserfreundlich. Stoffe, deren Oberfläche sich leicht mit Wasser benetzen läßt, z. B. Kreide.

**Hydrophob · hydrophobic.** Hydrophob = wasserfeindlich. Stoffe, deren Oberfläche sich schlecht durch Wasser benetzen läßt, z. B. Ruß, Wachs.

**Hydrostatik · hydrostatic.** Lehre vom Gleichgewicht der im Wasser und auf das Wasser wirkenden Kräfte.

**Hydrostatische Druckhöhe · hydrostatic pressure head.** Druck im Rohrnetz, wenn kein Wasser entnommen oder gefördert wird (Ruhedruck).
Er wird bestimmt durch die Höhendifferenz zwischen Meßstelle und Wasserspiegel des Behälters bzw. dem Ausschaltdruck eines Druckwindkessels (Hydrophord).

**Hydrostatische Stauhöhe · hydrostatic head.** Höhe des Wasserspiegels über dem ungestauten, natürlichen Wasserspiegel.

**Hygrometer, Hygrograph · hygrometer.** Hygrometer und Hygrograph sind Geräte zur unmittelbaren Messung der relativen Luftfeuchtigkeit.

**Hygroskopizität · hygroscopic capacity.** Wassermenge in g, die je 100 g eines bei rund 105° C bis zur Gewichtskonstanz getrockneten Bodens im evakuierten Dampfraum über 10%iger Schwefelsäure bei 18° C in 5 Tagen aufnehmen.

**Hygroskopisches Wasser · hygroscopical water.** Das an der Oberfläche der Bodenteilchen angelagerte verdichtete Wasser.

**Hypolimnion · hypolimnion.** Tiefenschicht stehender Gewässer unterhalb der Sprungschicht.

**Iltis · scraper.** Reinigungsgerät für Entwässerungsleitungen.

**Imhoffbrunnen · Imhoff tank.** Imhoffbrunnen, Emscherbrunnen, zweistökkige Absetzanlage mit obenliegendem Absetzbecken. Benannt nach dem auf dem Gebiet der Abwassertechnik führenden Fachmann Dr.-Ing. Karl Imhoff.

**Impuls (Bewegungsgröße) · momentum.** Zeitintegral der Kraft. (Masse · Geschwindigkeit)

**Impulssatz · momentum principle.** Der Impulssatz läßt sich aus dem Newtonschen Grundgesetz herleiten und lautet in vektorieller Schreibweise:

$$F = \varrho Q (V_2 - V_1)$$

Hierin stellt F die Summe aller äußeren auf den abgegrenzten durchströmten Raumteil einwirkenden Kräfte einschließlich des Flüssigkeitsgewichtes dar, $\varrho$ die Flüssigkeitsdichte, Q den Durchfluß durch den Raumteil, und $V_1$ und $V_2$ bedeuten die Geschwindigkeitsvektoren in den beiden Fließquerschnitten, durch die der Raumteil begrenzt wird. Als Raumteil ist hierbei ein Abschnitt der Strömung im Sinne eines Stromröhrenabschnitts zu verstehen.

**Indolbildner · indole bacteria.** Bakterien, die in tryptophanhaltigen Nährböden Indol bilden können. Überwiegend Fäkalbakterien, vor allem Escherichia coli.

**Industrieabwasser · industrial sewage.** Aus den Industriebetrieben stammendes, meist stark mit schädlichen Substanzen durchsetztes und dann besonders intensiver Klärung zu unterwerfendes Abwasser.

**Industriehafen · industrial port.** Hafenteil zur Ansiedlung von industriellen Unternehmungen, meist im Zollausland.

**Infiltration · infiltration.** Infiltration des Wassers ist Versickerung von Wasser unter Ablagerung nicht gelöster Verunreinigungen an der Oberfläche. Zur Feststellung der Infiltrationszahl (Verhältnis Sickerwassermenge zu auf bestimmter Bodenoberfläche gelangender Niederschlagsmenge) dienen in etwa 1 m Tiefe unter Bodenoberfläche versenkte Infiltrationsmesser.

**Infusorien · infusorian.** Infusorien (Aufgußtierchen, Ziliaten), im Wasser vorkommende Kleinlebewesen, zur Klasse der einzelligen Urtiere (Protozoën) gehörig.

**Ingenieurbau · engineering structure.** Ein Bauwerk, das im wesentlichen durch eine ingenieurmäßig statisch berechnete Konstruktion bestimmt ist.

**Inhaltslinie · integrated curve.** Integralkurve zu einer Gang- oder Dauerlinie in Richtung senkrecht zur Zeitachse fortschreitend gebildet.

**Inkrustation · incrustation.** 1. Ablagerung von Sand, Schlammteilchen und Ausscheidungen des Wassers von Kalk, Eisen und Mangan im Innern von Rohrleitungen. Sie werden durch Spülung, durch mechanische Reinigung mit Stahlbürsten, Rohrapparaten usw. sowie auf chemischem Wege beseitigt.
2. Verkleidung einer Fassadenfläche mit bunten kostbaren Steinplatten in verschiedenen Farben und Formen. Beispiel: Dom in Florenz.

**Innendruck · internal pressure.** Der Druck, der in einer Rohrleitung durch die geförderte Flüssigkeit sowie im Behälter durch die vorhandene Flüssigkeitshöhe von innen auf die Wandung ausgeübt wird.

**Innenkorrosion · internal corrosion.** Korrosionsvorgänge an der Innenseite von Rohrleitungen, verursacht durch die geförderte Flüssigkeit.

**Innere Wellen · pulsation.** Als innere Wellen werden wellenartige Pulsierungen z. B. des Salzgehaltes des Meeres auf verschiedenen Tiefen bezeichnet.

**Inselkraftwerk · insular power plant.** Flußkraftwerk inmitten eines Wehres. Für die Bezeichnung Inselkraftwerk ist allein die Mittellage des Kraftwerks maßgebend, jedoch kann diese durch das Vorhandensein einer natürlichen Insel veranlaßt werden.

**Inselwatt · insular wat.** Eine Wattfläche, die mit Inseln unmittelbar verbunden ist und häufig in einer Wattwasserscheide in das hinter den Inseln liegende Festlandswatt übergeht.

**Installation · installation.** Planung und Montage von Leitungen aller Art innerhalb eines Gebäudes.

**Instationäre Bewegung · unsteady flow.** Bewegungszustand, bei dem die Geschwindigkeit in den einzelnen Punkten des Strömungsgebietes zeitlich veränderlich ist. $v = f(t)$

**Interception · interception.** Die Interception ist die Niederschlagsmenge, die durch das Kronendach der Bäume oder durch andere oberirdische Vegetationsformen zurückgehalten wird und verdunstet.

**Interferenz (Wellenbewegung) · interference.** Überlagerung von zwei oder mehr direkten oder reflektierten Wellen, führt im Tidegebiet zu verwickelten Wellenformen, z. B. zur Amphidromie, und auch zu kreisenden Strömungen (Strömungsellipsen) ohne Stauwasserbereiche.

**Intze, Otto Adolf Ludwig.** Geb. 1843 in Laage, gest. 1904 in Aachen. Professor an der Technischen Hochschule in Aachen. Hervorragender Lehrer und Ingenieur des Wasserbaus, u. a. bekannt durch eine besondere Bauart der Wasserbehälter, durch den Bau vieler Talsperren.

**Intzebehälter · Intze tank.** Stahlbehälter von Wassertürmen. Zylindrischer Behälter, dessen Boden sich aus einer außen liegenden Kegelstumpfschale und aus einer oben gewölbten Kugelkalotten-Schale zusammensetzt, deren

Form und Abmessungen so bestimmt sind, daß sich ihr Horizontalschub gegenseitig aufhebt.

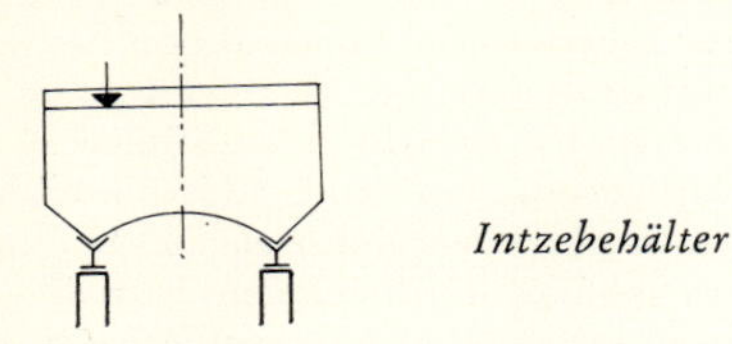

*Intzebehälter*

**Ion · ion.** In wäßriger Lösung zerfällt Molekül z. T. in elektrisch entgegengesetzt geladene Teilchen, z. B. HCl = Salzsäure in H-Ionen und Cl-Ionen. Diese reagieren bei chemischen Umsetzungen, z. B. HCl + NaOH (Natronlauge) = NaCl (Kochsalz) + $H_2O$ (Wasser).

**Ionenaustauscher · ion exchanger.** Natürliche oder künstliche Stoffe, die bei Berührung mit gewissen im Wasser vorhandenen Ionen diese binden und eine entsprechende Menge Ionen freigeben.
Z. B. besteht die früher als Basenaustausch bezeichnete Enthärtung in der Bindung von Calcium, Magnesium usw. und der gleichzeitigen Freigabe von Natrium; Regenerierung durch Natriumchlorid.

**Isobaren · isobars.** Die Isobaren verbinden alle diejenigen Orte miteinander, an denen gleicher Luftdruck, bezogen auf den Meeresspiegel, herrscht.

**Isohyeten · isohyetal lines.** Linien gleicher mittlerer Niederschlagshöhen, bezogen auf einen bestimmten Zeitraum, Monat, Halbjahr oder Jahr, mitunter auch auf eine Jahresreihe.

**Isotachen · lines of equal velocities.** Isotachen eines Abflußquerschnitts sind die auf Grund von Geschwindigkeitsmessungen zu bestimmenden Linien gleicher Wassergeschwindigkeit. Sie ergeben eine ausgezeichnete Übersicht über die im Fließquerschnitt vorhandene Geschwindigkeitsverteilung und ermöglichen u. a. die Bestimmung des Durchflusses mit Hilfe der sog. Isotachenmethode.

**isotrop · isotropic.** Ein homogener Baustoff, dessen physikalische Eigenschaften überall gleichartig und richtungsunabhängig sind.

**Istmaß · actual dimension.** Das Maß, das der Bauteil tatsächlich aufweist. Es soll zwischen dem Größtmaß und dem Kleinstmaß liegen – beide Maße eingeschlossen –, wenn kein Ausschuß entstehen soll.

**Jahresabflußhöhe · depth of annual runoff.** Jahresabflußhöhe (mm), Abflußsumme einer Gebietsfläche während eines Jahres, unter Annahme gleichmäßiger Verteilung als Wasserhöhe ausgedrückt.

**Jahresarbeitsvermögen · annual output capacity.** Arbeitsvermögen eines Jahres, unter Angabe des Jahres (s. auch mittleres Jahresarbeitsvermögen).

**Jahres-Regengabe · irrigation intensity per year.** In einem Jahr auf die Fläche verregnetes Wasser, in mm Wasserhöhe ausgedrückt.

**Jahresspeicher · annual balancing reservoir.** Speicher für den Ausgleich von Dargebot und Bedarf über ein Jahr.

**Jahreswasserfracht · annual discharge.** Ist die Wassermenge, die einen bestimmten Abflußquerschnitt eines oberirdisch fließenden Gewässers innerhalb eines Abflußjahres durchfließt.

**Joch · bay, capsill.** 1. (auch Travée genannt); zwischen den Hauptstützpunkten liegender und sich regelmäßig wiederholender Abschnitt einer Baukonstruktion, z. B. bei Gewölben (Gewölbejoch), Brücken (Brückenjoch).
2. Waagerechtes, auf senkrechten Hölzern liegendes Holz.

**Joukowsky-Stoß · Joukowsky impact.** Größtmögliche Steigerung der Druckhöhe beim schnellen Schließen eines Regelorgans.

**Jumbo · jumbo.** Jumbo heißen die schweren mehretagigen Bohrgerüstwagen in den USA.

**Justieren · adjustment.** Berichtigen von Meßgeräten vor ihrer Verwendung, um Meßfehler durch falsche Einstellung der Geräte zu vermeiden.

**Juveniles Wasser · juvenile water.** Aus der Tiefe der Erde erstmalig in die oberen Schichten empordringendes, aus Wasserdampf der Tiefe verflüssigtes Wasser (s. vadoses Wasser).

**Kabel · cable.** 1. Dickes Seil aus Hanf oder Stahldraht.
2. Übertragungsleitung für elektrische Ströme, aus Kupfer, auch Aluminium.
3. Als Tragband für Hängebrücken. Seilkabel mit geradem, weichem Kerndraht, um den sich schraubenförmig Lagen aus Runddrähten legen; einige Lagen Keildrähte und S-Drähte zur Drallminderung wechselweise Links- und Rechsschlag. Paralleldrahtkabel aus vielen dünnen parallelen Einzeldrähten, bündelweise zu Litzen vereinigt, hydraulisch auf Kreisform gepreßt.

**Kabelkanal-Formstein · prefabricated cable duct stone.** Formstein aus Beton, ein- und mehrzügig für Erdverlegung und einzügig für Hauseinführungen von Kabeln.

**Kabelkran · cable-crane.** Kabelkrane sind Krane mit einer auf einem oder mehreren Drahtseilen (Tragseilen) fahrbaren Seil-Laufkatze, die meist als Seilzugkatze ausgeführt ist. Man unterscheidet: ortsfeste Kabelkrane, Kabelkrane mit (1 oder 2) fahrbaren Stützen oder Wagen, Portal-Kabelkran.

**Kabelsee-Scholken · clapotis.** Die Kabelsee wird durch regelmäßige Wellen gekennzeichnet, die bei ihrem Rückprall z. B. auf eine senkrechte Wand eine Interferenz und einen Wellenschlag hervorrufen.

**Kahn · barge.** Nicht auf Kiel gebautes Wasserfahrzeug ohne besondere Laderäume, dessen Aufbau sonst der gleiche wie bei Schuten ist. Für den Transport von Schüttgütern wird der Kahn kaum verwendet, zumal der Gangbord beim Entladen stört.

**Kai · pier.** – An der Unterweser Kaje und in Ostfriesland Kajung – Gesamtbezeichnung für eine zum Anlegen von Schiffen und zum Löschen und Laden bestimmte Uferanlage mit senkrechter oder annähernd senkrechter wasserseitiger Ufereinfassung (Kaimauer, Bollwerk).

**Kaimauer · pier wall.** Wasserseitiger Abschluß eines Hafenkais durch ein meist senkrechtes Bauwerk.

**Kaistraße · quay road.** Straße, die an einem schiffbaren Wasserweg entlangläuft und mit Umschlageinrichtungen von Schiff zu Land und von Land zu Schiff versehen ist. Die Ufer sind z. T. mit steilen Kaimauern befestigt oder haben befestigte Böschungen.

**Kaizunge · pier, quay.** Mit dem Lande verbundene, aber in das Wasser vorgebaute, mehrseitig vom Wasser umgebene, zum Anlegen von Schiffen und zum Löschen und Laden bestimmte Anlage.

**Kaliumpermanganatverbrauch · potassium permanganate consumption.** Maßzahl für den Gehalt des Wassers an Stoffen, die durch $KMnO_4$ angreifbar sind.

**Kalkgehalt · calcium-magnesium-carbonate content.** Der «Kalkgehalt» eines Bodens stellt den Anteil von Kalzium- und Magnesiumkarbonat an der Gesamtmenge des Bodens dar. Er wird auf das Trockengewicht bezogen und in Prozent ausgedrückt.

**Kalk-Kohlensäure-Gleichgewicht · carbonate balance.** Zustand eines Wassers, das gerade so viel freie zugehörige Kohlensäure enthält, wie erforderlich ist, um das vorhandene Calciumhydrogencarbonat in Lösung zu halten.

**Kalk-Rost-Schutzschicht · incrustation.** Belag in Eisenrohren, der durch Reaktion eines im Kalk-Kohlensäure-Gleichgewicht befindlichen Wassers mit dem Eisen entsteht und dieses vor weiteren Angriffen des Wassers schützt.

**Kalkwasser · lime water.** Stark verdünnte Kalklösung (1 : 70).

**Kaltblüter-Colibakterien · coli bacteria of cold-blooded animals.** Escherichia-Stämme, die bei einer Bebrütungstemperatur von 45° C nicht in der Lage sind, Zuckerarten unter Gas- und Säurebildung zu spalten.
Sie stammen mit großer Wahrscheinlichkeit aus dem Darm von Wechselblütern und sind daher für eine Verunreinigung des Wassers durch Abgänge von Menschen oder Warmblütern, die pathogene Keime enthalten könnten, nicht beweisend.

**Kammerschleuse · chamber lock.** Schiffsschleuse mit zwei oder mehr Häuptern, zwischen denen die Schiffe während der Schleusung liegen (s. Schleusenkammer).

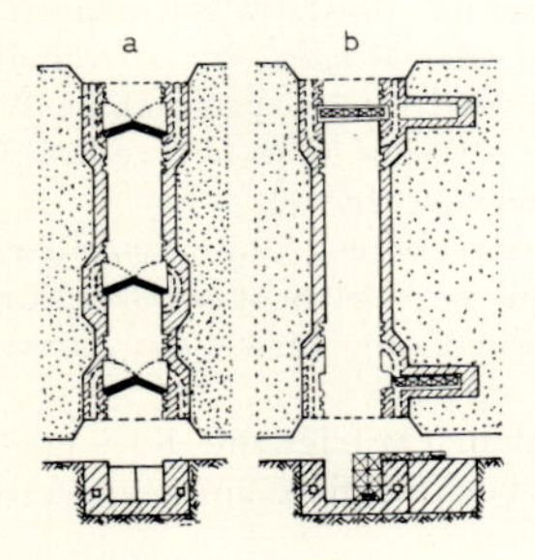


*Grundriß und Schnitt einer Kammerschleuse mit Stemmtoren (a) und Schiebetoren (b)*

**Kammerwasserschloß · surge tank.** Wasserschloß, das aus Oberkammer und Unterkammer und dem beide verbindenden senkrechten oder schrägen engen Steigschacht (Zweikammerwasserschloß) oder einer neben einem weiteren Schacht angeordneten oberen oder unteren Kammer (Einkammerwasserschloß) besteht.

**Kämpfer · abutment.** Widerlager von Gewölben und Bögen.

**Kämpfergelenk · abutment hinge.** Ein am Fuß eines Rahmens oder Bogenträgers angeordnetes Gelenk.

**Kanal · canal.** Künstlicher größerer Wasserlauf.

**Kanalbrücke · canal aqueduct.** Brücke zum Überführen eines Kanals über einen Geländeabschnitt (Wasserlauf, Straße, Eisenbahn).

**Kanaldiele · trench sheeting, trench piling.** Schmiedeeisernes Walzblechprofil zur Aussteifung der Baugrube für Entwässerungsleitungen.

**Kanalhafen · canal port.** Hafen an einem Kanal.

**Kanalisation · sewerage.** Leitungssystem zur Fortleitung von Abwässern eines besiedelten Gebietes (Entwässerung) durch unterirdische Kanäle mit geeignetem Gefälle oder eingebauten Pumpstationen und Kläranlagen für Schmutzwasser; beim Trennsystem mit unterschiedlichen Leitungen für Schmutzwasser (Brauchwasser) und Niederschlagswasser, beim Mischsystem für beide gemeinsam.

**Kanalisierung · river canalization.** Regelung eines Wasserlaufs im Interesse der Schiffahrt durch Einbau von Staustufen.

**Kanalkraftwerk · diversion type river power plant.** Ein in offener Triebwasserleitung angeordnetes Umleitungskraftwerk.

**Kanal-(Leitungs-)Querschnitt · canal or pipe cross section.** Lichter Querschnitt des Kanals (der Leitung).

**Kanalmündung · canal mouth.** Zwischen letzter Kanalschleuse und Fluß liegende Kanalstrecke, in der veränderliche Wasserstände des Flusses wirken. Ist mit Schutzdamm gegen Überströmung bei Hochwasser versehen. Oft ist Unterhaupt der Schleuse (s. Schleusenhaupt) wegen wechselnder Wasserstände mit doppelt wirkendem Tor zu versehen.

**Kanalradpumpe · sludge pump.** Kanalradpumpen fördern grob verunreinigtes Abwasser und Abwasserschlamm. Die Laufradkanäle gestatten weitgehend auch festen Körpern den Durchtritt.

**Kanalschleuse · canal lock.** Kanalschleuse, in Kanalstrecken angeordnete Schleuse. Dient zur Überwindung des Gefälles an Stauanlagen. Möglichst wenig Schleusen mit großem Gefälle vorsehen.

**Kanalspüler · sewer flushing device.** Einrichtung im Entwässerungsnetz, um in großen begehbaren Leitungen durch plötzliches Freigeben einer gestauten Wassermenge einen kräftigen Spülstrom zu erzeugen (Kettenrollen-Zugschieber, Spültür).

**Kanaltunnel · canal tunnel.** Kanaltunnel kommen in gebirgigem Gelände vor und ersparen tiefe Einschnitte. In Deutschland sind bisher keine Kanaltunnel ausgeführt worden, dagegen bestehen mehrere in Frankreich, meist ältere einschiffige und ein neuerer zweischiffiger in der Nähe von Marseille.

**Kanalwaage · U-tube.** Kanalwaage, einfaches Gerät zum Nivellieren, das aus einem U-Rohr mit Flüssigkeitsfüllung besteht (kommunizierende Röhre).

**Kapillardepression · capillary depression.** Maß der Senkung einer Flüssigkeit in einem engen Rohr, hervorgerufen durch die Kapillarität.

**Kapillardruck · capillary pressure.** Der der kapillaren Steighöhe entsprechende Druck.

**Kapillare Steighöhe · capillary rise.** Die «kapillare Steighöhe» gibt an, um welche Höhe Wasser infolge der Oberflächenspannung und der Adhäsion zwischen Bodenkorn und Flüssigkeit aus dem Grundwasser nach oben gesogen und an den Wandungen des Korngefüges festgehalten wird. Man unterscheidet «geschlossenes» Kapillarwasser ohne und «offenes» Kapillarwasser mit Luftbeimengung. Die Messung der Kapillarität beschränkt sich auf die Steighöhe $H_k$ des geschlossenen Kapillarwassers.

| Bodenart | wirksame Korngröße mm | h cm |
|---|---|---|
| Ton | < 0,0006 | > 4000 |
| | 0,0006 bis 0,0008 | 4000 bis 3650 |
| | 0,0008 bis 0,0012 | 3650 bis 2550 |
| | 0,0012 bis 0,002 | 2550 bis 2080 |
| Schluff | 0,002 bis 0,005 | 2080 bis 800 |
| | 0,005 bis 0,02 | 800 bis 230 |
| Sand | 0,02 bis 0,05 | 200 |
| | 0,05 bis 0,1 | 106 |
| | 0,1 bis 0,2 | 43 |
| | 0,2 bis 0,5 | 25 |
| | 0,5 bis 1,0 | 13 |
| | 1,0 bis 2,0 | 7 |
| Kies | 2 bis 5 | 3 |

*Kapillare Steighöhe*

**Kapillarität (Porensaugwirkung) · capillarity.** Folge des Unterdrucks, welcher durch die molekularen Anziehungskräfte in der Grenzfläche der Bodenteilchen gegen Wasser entsteht.

**Kapillaritätswert (Porensaugwert) · measured capillarity.** Die mit einem Porensaugmesser (Kapillarimeter) gemessene größte Saughöhe des Wassers im Boden über der Grundwasseroberfläche.

**Kapillarkonstante (Oberflächenspannung) · capillary constant.** Tangentialkomponente der molekularen Anziehungskräfte an der Grenzfläche zwischen einer Flüssigkeit und einem Gas oder zwischen zwei Flüssigkeiten, bezogen auf die Länge des Linienelements senkrecht zur Kraftrichtung.

**Kapillarkraft · capillary force.** Durch das Zusammenwirken des Benetzungsstrebens und der Oberflächenspannung des Wassers steigt in den Poren des Baugrundes das Wasser kapillar an. Die Kraft, die zum Tragen dieser Wassersäule erforderlich ist, nennt man Kapillarkraft.

**Kapillarrohr · capillary tube.** Enges Rohr, in dem Kapillaranstieg oder -senkung stattfindet.

**Kapillarsaum · capillary fringe.** Kapillarsaum (Saugsaum), Zone des Kapillarwassers über der Grundwasseroberfläche, in welcher der Wassergehalt von deren Lage abhängt. Er zerfällt in den geschlossenen Kapillarsaum, der ganz mit Wasser gesättigt ist oder kleine Luftbläschen enthält, und in einen von Luftkanälen durchzogenen oberen Teil.

**Kapillarwasser · capillary water.** Kapillarwasser (Porensaugwasser), Wasser, das unter dem Einfluß der an den Menisken wirksamen Kräfte steht, also dem Einfluß der Oberflächenspannung des Wassers unterliegt. Es gibt sikkerndes und haftendes Kapillarwasser (Haftwasser).

**Kaplanturbine · Kaplan turbine.** Turbinenart für Wasserkraftwerke, vorzugsweise für Flußkraftwerke und Kanalkraftwerke im sog. Niederdruckbereich bis zu maximal etwa 80 m Fallhöhe verwendet.

**Kappe · dome.** Teilstück des Tonnengewölbes.

**Kappsturz, Kronenbruch · dike crest failure.** Beschädigung eines Deiches durch Abrutschen der Krone nach der Binnenseite.

**Karst · karst.** Karst, klüftiges Kalkgebirge, das durch seine Durchlässigkeit und durch chemische Auflösung charakteristische Formen, wie Wannen, Dolinen, Kavernen u. ä., aufweist.

**Karstwasser · pore water in calcareous mountain regions.** Wasser in den Hohlräumen verkarsteter Gebiete.

**Kaskade, Sturztreppe · cascade.** Treppenförmig ausgebildetes Steilgerinne.

**Katalysator · catalyzer.** Katalysator, Stoff, der chemische Reaktionen beschleunigen und lenken kann, ohne daran teilzunehmen, sog. Kontaktsubstanz. Meist handelt es sich um feinverteilte Metalle, Oxyde und auch Salze.

**Katalyse · catalysis.** Katalyse, Beeinflussung der Geschwindigkeit und Richtung einer chemischen Umsetzung in Gegenwart eines Stoffes (Katalysator, Beschleuniger), der selbst nicht an der Umsetzung beteiligt ist.

**Kavernenkrafthaus · underground power station.** Krafthaus im Inneren des Gebirges, bergmännisch oder im Einschnitt mit nachträglicher Überschüttung hergestellt.

**Kavitation · cavitation.** Hohlraumbildung infolge Druckverminderung bis zur Dampfspannung des Wassers.

**Kavitations-Verschleiß · cavitation erosion.** Die Kavitation (Dampfbildung bei örtlicher Druckerniedrigung und schlagartige Kondensation) gefährdet die Turbine (vorwiegend das Turbinenlaufrad). Sie kann auftreten:

a) Bei zu großer Saughöhe bzw. zu kleinem Gegendruck.

b) Bei Betrieb außerhalb des garantierten Bereiches.

c) Bei Kaplanturbinen bei falscher Zuordnung von Laufrad- und Leitrad-Schaufelstellung.

**Kavitationszahl · kavitation number.** Die Kavitationszahl ist der Quotient aus dem Druckunterschied zwischen zwei Strömungsquerschnitten, von denen der eine ungestört und der andere kavitationsgefährdet ist, und dem Staudruck im ungestörten Bezugsquerschnitt.

$$\sigma = \frac{p_o - p_d}{\frac{\varrho}{2} \cdot V_o^2}$$

**Kegelstrahlschieber · hollow jet valve.** Beliebter Rohrverschluß für Grundablässe u. dgl.; ausgezeichnet durch einfache Konstruktion und große Betriebssicherheit, auch für Zwischenstellungen geeignet. Die kegelförmige Ausbreitung des austretenden Wasserstrahls hat den Vorteil einer weitgehenden Zerstäubung in der Umgebungsluft und sorgt damit für einen starken Abbau der überschüssigen kinetischen Energie des Wassers.

**Kegelwiderstand · cone friction.** Der «Kegelwiderstand» eines Bodens ist der Widerstand, den der Boden dem Eindringen eines Kegel mit festgelegten Abmessungen entgegensetzt.

**Keil · wedge.** Keil, flacher prismatischer Körper mit dreieckigem oder trapezförmigem Querschnitt, aus Holz oder Stahl. Mit zwei flach aufeinandergelegten Keilen werden durch Antreiben mit dem Handhammer u. a. Bauteile ausgerichtet oder festgelegt, bis endgültige Befestigung wirkt.

**Keilmuffe · cone socket.** Rohrverbindung für gußeiserne Rohre mit Einlagestück, Gleitring und Gummidichtungsring.

**Keilschieber · cone shaped valve.** Verschlußorgan für Druckrohrleitungen nach Art eines Flachschiebers, unterscheidet sich von diesem aber durch einen keilförmig angeschrägten Absperrkörper und entsprechende keilförmige Nuten im Schiebergehäuse.

**Keimzahl · bacterial count.** Anzahl der aus 1 ml bzw. 1 g einer bakterienhaltigen Flüssigkeit oder Substanz durch Vermischen mit einem verflüssigten und danach wieder erstarrten Nährboden bei einer bestimmten Temperatur in 48 Stunden gewachsenen, bei Lupenvergrößerung sichtbaren und zählbaren Keimkolonien.
Es ist stets Angabe des Nährbodens (Gelatine, Agar, Kieselsäuregel) und der Temperatur (22° C bzw. 37° C) notwendig.

**Kentern · turn of the tide.** Umschlagen der Strömung, s. Ebbstrom und Flutstrom.

**Kernbeton · concrete core.** Beton, der von andersartigem Beton (z. B. Vorsatzbeton) ganz oder teilweise umhüllt wird.

**Kernbohrungen · core drilling.** Bei Kernbohrungen wird mit einer rotierenden Bohrkrone ein kreisförmiger Körper, der «Kern», aus dem Boden geschnitten. Kernbohrungen treten an die Stelle normaler Bohrungen, wenn man mit den gebräuchlichen Bohrverfahren den Boden nicht mehr durchdringen kann.

**Kerneis · core ice.** Eis, das an Ort und Stelle durch Kristallisation im Zusammenhang entstanden ist.

**Kernwalze · confined eddy.** Walze, deren Kern feste Randbedingungen hat.

**Kettenbrücke · chain suspension bridge.** Hängebrücke, deren Tragbänder aus Ketten (durch Gelenkbolzen zusammengeschlossene Flachstahlglieder) bestehen.

**Keupersandstein · marly sand stone.** Keupersandstein des oberen, mittleren und unteren Keuper s. geologische Formationen; u. a. in Thüringen, Franken, Württemberg als Stubensandstein, Schilfsandstein, Lettenkohlensandstein usf.

**Kies · gravel.** Gesteinstrümmer von 2–63 mm Korngröße, beim Transport abgerundet.

**Kieselgur · kieselgur.** Ablagerungsgestein aus mikroskopisch kleinen Hohlpanzern einzelliger Kieselalgen.

**Kiesfilter · gravel filter.** Kiesfilter bei Filterrohrbrunnen besteht aus gelochtem oder geschlitztem Filterrohr, das von Kiesschüttung in verschiedener nach außen abnehmender Korngröße umgeben ist, die durch Schüttrohre eingebracht wird.

**Kieselsäure · silicic acid.** Kieselsäure, Verbindung von Siliziumdioxyd ($SiO_2$) mit Wasser, kommt in fast allen Wässern und Pflanzen in geringen Mengen vor. Ihre Salze heißen Silikate. In reiner Form als Bergkristall und Quarz sowie als Quarzit, Quarzsand und Bestandteil der meisten Gesteine. Hoher Gehalt an Kieselsäure ist beim Dampfkesselbetrieb besonders schädlich.

**Kiessand · mixture of gravel and sand.** Kiessand, Mischung von Kies (Betonkies über 7 mm) und Sand; soll Vorschriften für jeweilige Verwendung entsprechen.

**Kiesschüttungsbrunnen · gravel-wall well.** Brunnen, meist Bohrbrunnen, mit künstlicher Kiesummantelung der gelochten oder geschlitzten Brunnenrohre.

**Kilopond · kilopond.** 1 Kilopond ist die Kraft, die ein bei Paris aufbewahrter, aus Platin-Iridium hergestellter Musterkörper, das «Urkilogramm», unter 45° geographischer Breite in Meereshöhe auf eine waagerechte, ruhende Unterlage nach «unten» ausübt.

**Kimmschlitten · bilge support.** Vorrichtungen zur Abstützung von Schiffen im Trockendock außerhalb der Mittellinie, meist aus Lang- und Querhölzern bestehend und auf Gleitbahnen der Seite nach und durch Keile der Höhe nach verstellbar eingerichtet zwecks genauer Anpassung an die Schiffsform.

**Kinematische Zähigkeit · kinematic viscosity.** Verhältnis der dynamischen Zähigkeit zur Dichte.

**Kinetischer Druck (Staudruck) · kinetic pressure.** Die auf das Volumen bezogene kinetische Energie. $q = w^2/2$

**Kippen (eines Grundbauwerkes) · overturning.** Kriterium des Baugrundes, wenn sich ein Grundbauwerk um eine Sohlenkante oder um eine andere meist unter der Gründungssohle liegende Drehachse neigt. Das Kippen stellt eine besondere Art des Grundbruchs dar, wenn es nicht ausnahmsweise um eine Kante des Grundbauwerkes eintritt, was nur bei sehr festem Baugrund möglich ist.

**Klaiboden · alluvial clay.** Anschwemmungsstoff in Meeresniederungen. Besteht aus zähem, sehr fruchtbarem, mergeligem Ton, Tonmergel oder Mergel. Wühlklai ist kalkhaltiger Schlick. Pottklai heißt der zur Herstellung von Ziegeln verwertbare Ton.

**Klappbrücke · bascule bridge.** Klappbrücke, bewegliche Brücke, bei der der Überbau einer Öffnung zur Freigabe einer Schiffahrtsrinne in einem oder zwei Teilen um horizontale Achsen nach oben geklappt wird.

**Klappenverschluß · flap gate.** Ein um eine feste waagerechte Achse am Wehrboden drehbar gelagerter Wehrverschluß.

**Klappenwehr · flap gate.** Wehr, dessen Verschluß als Klappe mit waagerechter Achse ausgebildet ist.

**Klappschute · hopper scow.** Klappschute (Klapp-Prahm). Als Schleppfahrzeug oder selbstfahrend verklappt sie das Baggergut unmittelbar an der Kippstelle durch Öffnen der von einer gemeinsamen Winde gesteuerten Boden- evtl. auch Seitenklappen.

**Klappstau · rolling-up-curtain weir.** Stauanlage in größeren Moorgebieten, die als Rolladenwehr gestaltet ist und flachen Moorkähnen die Durchfahrt erlaubt.

**Klapptor · tumble gate.** Schleusentor, das um eine untere waagerechte Achse drehbar ist.

**Kläranlage · desilting works.** Becken verschiedener Ausbildung hinter einem Triebwassereinlaß und meist auch hinter einem Kiesfang zum Zwecke der Ausscheidung der feineren Schwerstoffe.

| Reinigungsverfahren | Abnahme in % | | |
|---|---|---|---|
| | biochem. Sauerstoffbedarf | Schwebestoffe | Bakterien |
| Feine Siebe | 5–10 | 5–20 | 10–20 |
| Absetzbecken | 25–40 | 40–70 | 25–75 |
| Chemische Fällungsbecken | 50–85 | 70–90 | 40–80 |
| Bodenfilter | 90–95 | 85–95 | 95–98 |
| Hochbelastete Tropfkörper mit Vor- und Nachbecken | 65–95 | 65–92 | – |
| Belebungsbecken mit Vor- und Nachbecken | 75–95 | 85–95 | 90–98 |

*Die Reinigungswirkung der verschiedenen Kläranlagen*

**Klärgeschwindigkeit · velocity of passage.** Klärgeschwindigkeit, die Geschwindigkeit, mit der sich Abwasser in einem waagerecht durchflossenen Absatzbecken fortbewegt. Mittelwert etwa 2 cm/s, sie kann je nach Größe der durchfließenden Wassermenge und des durchflossenen Querschnitts bis auf etwa 0,4 cm/s herabgehen, darf aber 5 cm/s nicht überschreiten, weil sonst die Absatzwirkung beeinträchtigt wird.

**Klärwerk · sewage treatment plant.** Anlage zur Behandlung von Abwasser.

**Klei · clay.** Der aus dem Schlick im besonderen durch Wasserverlust entstandene feste Tonboden der Marsch.

**Kleinkläranlage · premises sewage treatment plant.** Schmutzwasserkläranlage für das durch den häuslichen Gebrauch in einer selbständigen Anstalt, z. B.Krankenhaus, Erholungsheim, Ausstellung, Kaserne, Gaststätte, verunreinigte Wasser.

**Kleinlebewesen · microorganisms.** Kleinlebewesen, niedere Pflanzen (Bakterien, Schimmelpilze, Algen) und Tiere (Urtiere, Protozoën), die im Oberflächen- und Grundwasser, das längere Zeit in Hochbehältern aufgespeichert wurde, durch ihre Ausscheideprodukte die Ursache von unangenehmen Geruchs- und Geschmacksbelästigungen sein können.

**Kleinspeicher · small reservoir.** Speicher für Ausgleich zwischen Dargebot und Bedarf für kürzere Zeitabschnitte:
a) Stundenspeicher b) Tagesspeicher, c) Wochenspeicher

**Klemmennutzleistung · terminal capacity.** Die an den Klemmen eines Stromerzeugers abnehmbare Leistung desselben.

**Kliff · cliff.** Die überhängende Steilkante am abbrechenden Ufer eines Außengrodens, die durch Wellenschlag, Brandung und Strömung verursacht ist.

**Klimazone · climatic province.** Gebiet, in dem überall annähernd dieselben klimatischen Verhältnisse herrschen.

**Knie · elbow.** Übertragene Benennung für ein Rohrleitungsstück, in dem sich die Strömungsrichtung ändert.

**Knüppeldamm · corduroy road, log road.** Fahrbarmachung eines Erdweges oder einer Erdstraße durch Verwendung von Holz.

**Koagulation · coagulation.** Koagulation, das Ausfällen kolloidal gelöster Stoffe aus ihrer Lösung, die Ausflockung. Sie wird mit Hilfe von Fällmitteln erzielt. Das am meisten gebrauchte Fällmittel ist die schwefelsaure Tonerde (Aluminiumsulfat).

**Kofferdamm · cofferdamm.** Mit seitlichen Abschlußwänden versehener Damm, ähnlich Fangedamm.

**Kohäsion · cohesion.** Durch zwischenmolekulare Kräfte verursachter Molekülzusammenhang. Ursache der Festigkeit eines Körpers und der Viskosität von Flüssigkeiten.

**Kohlenhafen · coal wharf.** Hafen zum Umschlag von Kohlen.

**Kolbenpumpe · piston pump.** Das eigentliche Förderorgan ist ein hin- und hergehender Kolben, als Scheibenkolben oder als Tauchkolben (Plunger) ausgeführt.

**Kolk · scour.** Durch das fließende Wasser hervorgerufene Eintiefung der Flußsohle.

**Kolkabwehr · scour protection.** Maßnahmen zur Verhinderung der Kolkbildung an der Unterwassersohle einer Wehranlage durch Steinlagen, Kolkabwehrtafeln, Tosbecken u. a.

**Kolmation (Auflandende Bewässerung · colmation, warping.** Erhöhung von Landstücken durch Aufschwemmen von Sinkstoffen.

**Kolorimeter · colorimeter.** Meßgerät zur Bestimmung des pH-Wertes und der chemischen Bestandteile eines Wassers durch die Farbtönung eines Indikators.

**Kombinierte Maulwurfdränung · combined mole-tile drainage.** Die aus Maulwurfdränen als Sauger und Tonrohrdränen als Sammler hergestellte Dränung.

**Kompressionsversuch · compression test.** Der Zusammendrückungsversuch (Kompressionsversuch) ist ein Druckversuch mit verhinderter Seitendehnung. Zweck des Versuchs ist, die Zusammendrückbarkeit von Bodenschichten zur Berechnung der Setzung und des zeitlichen Setzungsverlaufes von Bauwerken sowie zur Ermittlung der Steifezahl des Bodens für erdstatische Untersuchungen zu bestimmen.

**Kondensat · condensate.** Durch Druckveränderung, Abkühlung usw. entstandene Verdichtung und Verflüssigung von Gasen, Dämpfen oder Nebeln.

**Kondenswasser · water of condensation.** Kondenswasser fällt bei Dampfkraftanlagen nach Niederschlagen des aus der Dampfmaschine oder Turbine austretenden Dampfes im Kondensator an.

**Konglomerat · conglomerate.** Gestein aus Geröllstücken oder Gesteinsbrocken, die durch ein natürliches Bindemittel verbunden sind.

**Konsistenz · consistency, fluidity.** 1. Bezeichnung des Aggregatzustands zäher Massen.

2. Je nach Beweglichkeit des frischen Betons (Konsistenz oder Steife) wird unterschieden: a) steifer Beton, b) weicher Beton, c) flüssiger Beton.

**Konsolidation · consolidation.** Konsolidation ist die zeitabhängige Setzung des Bodens unter erhöhter Belastung. Dabei wird durch Auspressen des Porenwassers das Porenvolumen vermindert.

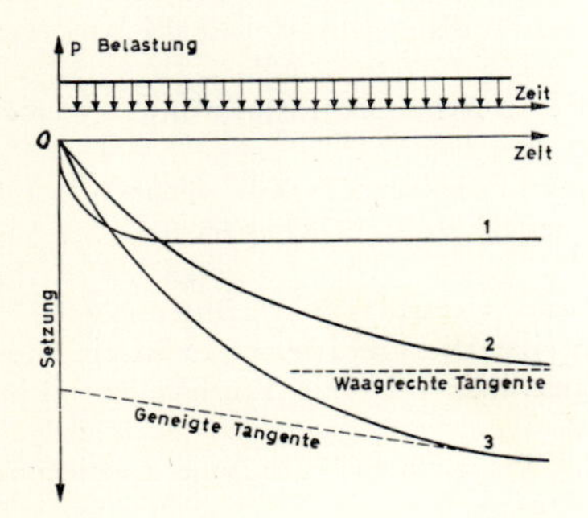


Typische Konsolidationskurven

**Konstruktionsdrehzahl · design speed of turbine.** Minutliche Umdrehungszahl von Turbine und Stromerzeuger, die der Maschinensatz im Regelbetriebsfall einhalten soll und für die er konstruiert ist.

**Konstruktionsfallhöhe · design head of turbine.** Die der Bemessung der Turbine zugrundegelegte Fallhöhe, meist kleiner als $H'_a$.

**Kontraktion · contraction.** Einengung des Querschnitts fließenden Wassers, wie es beim Durchfluß durch Wehröffnungen, an Überfällen zwischen Wehrpfeilern oder Einläufen in engere Kanäle o. dgl. der Fall sein kann. Die durch Kontraktion entstehenden Fließverluste werden u. a. als Kontraktionsbeiwerte in die hydraulischen Berechnungen einbezogen.

**Konvektiver Niederschlag · thermal convection storm.** Konvektiver Niederschlag, meist auch nur als Konvektionsregen bezeichnet, ist ein schauerartiger, durch thermische Konvektion entstandener und in den gemäßigten

Zonen vorwiegend in Verbindung mit sommerlichen Wärmegewittern auftretender Niederschlag (Starkregen, Wolkenbruch).

**Koog, Groden · polder.** An der Gezeitenküste übliche Bezeichnung für Polder.

**Kornaufbau (einer Straßendecke) · grain-size distribution.** Zusammensetzung des Steingerüstes mit bestimmten Körnungen.

**Kornform · grain shape.** Zur Beurteilung der Kornform unterscheidet man sie im wesentlichen in rund, kugelig, plattig, eckig oder stengelig. Die Ansprache erfolgt durch die Verhältnisse der Kantenlängen untereinander. Bestimmung durch Mikroskop.

**Kornfraktion · grain size fraction.** Korngrößenbereich, der durch die Angabe bestimmter Korndurchmesser abgegrenzt ist.

**Korngerüst · grain skeleton.** Das Korngerüst bei Erdstoffen besteht aus rolligen Erdstoffen, bei denen die Einzelkörper sich direkt berühren. In den Poren können feinkörnigere Erdstoffe porenfüllend eingelagert sein. Künstlich werden solche Korngerüste z. B. als Ton-Stein-Skelette hergestellt.

**Korngrenze · grain-size limit.** Zuschlagstoff für Mörtel und Beton, z. B. Höchstkorngröße bei Herstellung von Betondachsteinen, Betonfertigteilen, Stahlbeton-Bauwerken.

**Korngröße · grain size.** Größe einer Gruppe von Körnern gleicher Art; wird nach dem kleinsten Durchmesser der Sieblöcher der Rundlochsiebe und der kleinsten lichten Maschenweite der Maschensiebe benannt.

**Kornpotenz · particle size potence.** Korngröße eines Zuschlagstoffes, bei der die als gleichartig angenommene Körnung des ganzen Zuschlagstoffes dieselbe Gesamtoberfläche und daher den annähernd gleichen Wasseranspruch bedingt.

**Kornverteilung · grain-size distribution.** Die Kornverteilung gibt die Gewichtsanteile der in einer Bodenart vorhandenen Korngrößengruppen an. Sie wird je nach der Größe der Bodenkörner durch Sieben oder Schlämmen bestimmt. Die durch Sieben ermittelten Korngrößengruppen werden nach dem kleinsten Durchmesser der Sieblöcher der Rundlochsiebe und der kleinsten lichten Maschenweite der Maschensiebe benannt, durch die sie durchfallen. Ihre Größe wird als Korngröße oder Korndurchmesser bezeichnet, obwohl die Körner nicht kugelig sind.

**Kornzusammensetzung · grain-size distribution.** Die Zuschlagstoffe zur Betonherstellung müssen in bezug auf die Korngröße so zusammengesetzt werden, daß ein Minimum an Hohlräumen entsteht.

**Korrektion systematischer Fehler · correction of systematic error.** Systematische Fehler haben eine bestimmte Größe und ein bestimmtes Vorzeichen und lassen sich durch Anbringen von Korrektionen (Berichtigungen) ausschalten. Wird der Meßwert nicht berichtigt, so ist das Meßergebnis unrichtig; es hat einen (systematischen) Fehler.
Es gibt auch systematische Fehler, die auf einfache Weise nicht erfaßbar sind, die aber in manchen Fällen abgeschätzt und beim Ermitteln der Meßunsicherheit berücksichtigt werden können.

**Korrelationsbeiwert · correlation coefficient.** Je kleiner die Abweichungen der gemessenen Werte von den durch die Ausgleichsgerade errechneten sind, desto straffer ist ihr Zusammenhang. Der Korrelationsbeiwert ist das Maß für die Straffheit.

**Korrosion · corrosion.** Die von der Oberfläche ausgehende, durch chemische oder elektrochemische Angriffe entstehende schädliche Veränderung eines Werkstoffes.

**Körwasser (Druck-, Kuver-, Qualm- oder Truhwasser) · seep water.** Körwasser dringt bei hohen Außenwasserständen durch Untergrund in eingedeichtes Binnenland. Infolge Filterwirkung ist Körwasser arm an fruchtbaren Bestandteilen und laugt Ackerkrume aus. Schädigt dadurch und durch Überdeckung junger Saaten die Niederung.

**Kote · altitude.** Maßzahl für Höhenlage von Bauwerken, Bauwerksteilen, Gewässern und Gelände. Bezugspunkt entweder NN oder beliebige Höhe.

**Krafthaus · power plant, power house.** Gebäude, in dem die Turbinen und die Stromerzeuger oder Arbeitsmaschinen untergebracht sind.

**Kraftstufe · hydroelectric station.** Zur Ausnutzung durch eine Wasserkraftanlage vorgesehene oder ausgebaute Fallstufe.

**Kraftwerk · power plant.** Kraftwerk dient zur Gewinnung elektrischer Energie. Energiespender sind Kohle, Wasser, Wind. Bei Wasserkraftwerken wird nach Art des Betriebes unterschieden in Lauf-, Pumpspeicher- und Spitzenkraftwerk.

**Kraftwerksfallhöhe · gross head.** Fallhöhe zwischen Oberwasserspiegel vor dem Rechen und Unterwasserspiegel am Ende des Kraftwerkes.

**Kraftwerkskette · chain of power plants.** Eine Kraftwerkskette entsteht beim Ausbau eines Flusses durch Unterteilung des Flußgefälles in einzelne Fallhöhenstufen, indem sich Stauhaltung an Stauhaltung reiht und so eine Kette von Flußkraftwerken entsteht.

**Kraut, Weichflora · underwater plants.** Sammelbegriff für Unterwasserpflanzen.

**Krautfang · trash bord, rack.** Querbalken oder rechenartiger Einbau in einem Wasserlauf zum Abfangen des während der Krautung abschwimmenden Krautes.

**Krautung, Krauträumung · snagging, screening.** In der Wachstumszeit vorzunehmendes Beseitigen von Kraut und Gras im Wasserlauf durch Abmähen oder Ausreißen der Wurzeln ohne Beseitigen des Sohlschlammes.

**Kreiselpumpe · centrifugal pump.** Mit ihr wird heute die Mehrzahl der üblichen Pumpaufgaben durchgeführt. Die Flüssigkeit tritt axial in ein umlaufendes Laufrad ein und wird zwischen den Schaufeln radial nach außen geleitet.

**Kreuzungsbauwerk · junction.** Bauwerk, das die Kreuzung, Vereinigung oder Abzweigung von zwei oder auch einer größeren Anzahl von Entwässerungsleitungen vermittelt.

**Krey, Hans Detlef.** Geb. 1866, gest. 1928, Professor, Dr.-Ing. e. h., begründete 1903 die Versuchsanstalt für Wasser-, Erd- und Schiffbau in Berlin.

Seine Forschungen brachten zahlreiche grundlegende Erkenntnisse des Wasser- und Erdbaus.

**Kriechen (der Baustoffe) · creeping.** Die zeitbedingte Zunahme der bleibenden Verformung unter dem Einfluß von dauernd wirkenden Spannungen.

**Kriechmodul · modulus of creeping.** Baustoffkonstante, die zur Berechnung der Kriechverformung von Beton dient.

**Kristallwasser · crystalline water.** Kristallwasser, in Salzkristallen chemisch gebundenes Wasser; z. B. Soda enthält 10 Moleküle Wasser, Gipssteine 2 Moleküle Wasser. Austreiben des Kristallwassers durch Kalzinieren, d. h. Glühen. Dabei entsteht z. B. kalzinierte Soda = kristallwasserfreie Soda.

**Kritische Haftwasserhöhe · critical capillary height.** Die größte Mächtigkeit von Haftwasser, bei deren Überschreitung die Haftwasserhaltung in Sickerwasser übergeht; in gleichmäßigem Boden ist sie gleich dem halben Porensaugwert.

**Kronenbreite · crest width.** Breite der oberen, im allgemeinen waagerechten oder leicht geneigten Dammfläche. Kronenbreite ist je nach Benutzungszweck, Bauart und Höhe eines Dammes verschieden breit.

**Kronenüberfall · crest overflow.** Überfall über Krone und Luftseite einer Staumauer oder eines Staudammes.

**Krümmer (Bogenrohre) · pipe bent.** Krümmer werden bei Richtungsänderungen einer Rohrleitung eingebaut.

**Kryologie · cryology.** Lehre von Eis und Schnee.

**Kugelschieber · spherical valve, globe valve.** Verschlußvorrichtung wie Gehäuseschieber, aber nur zum Absperren oder Freigeben einer Öffnung bestimmt, weshalb ihr Dauerbetrieb in nur teilgeöffneter Stellung nicht zugemutet wird.

**Kugelventil · ball valve.** Ventil in lotrechter Leitung, das eine bewegliche Kugel enthält, welche bei Umkehrung der Strömungsrichtung den Rückfluß verhindert.

**Kuhlverfahren · cultivation by ploughing.** Herrichtung landwirtschaftlicher Nutzflächen auf Hochmoorflächen, die von Natur flachgründig sind, in Anlehnung an die holländische Fehnkultur unter Einsatz des Spatens oder des Pfluges.

**Künstlicher Wasserhaushalt · artificially created water resources.** Künstlicher Wasserhaushalt bei Grundwasserfassungen wird angewandt, wenn die natürlich verfügbare Grundwassermenge nicht mehr ausreicht. Maßnahmen hierfür sind: a) unterirdische Aufspeicherung von Grundwasser (Grundwasserspeicherwirtschaft), b) künstliche Erzeugung von Grundwasser (Veredelungswirtschaft, Grundwasseranreicherung).

**Künstliches Gefälle · artificial grade, slope.** Saugergefälle, das größer ist als das in seiner Richtung vorhandene Geländegefälle.

**Kunstwiesenbau · irrigation combined with cultivation.** Berieselungsanlage auf Grünland, bei der die Oberfläche weitgehend umgebaut wird.

**Kuppelschleuse · chain of locks.** Unmittelbar hintereinander liegende Kammerschleusen, so daß das Untertor einer Schleuse zugleich Obertor der nächsttieferen ist.

**Kuppelstaumauer** • **dome dam, cupola dam.** Staumauer, die aus mehreren Kuppeln mit dazwischenstehenden Pfeilern besteht.

**Küstengebiet** • **coastal region.** Das durch Deiche geschützte Land an der See bis zur Küstenlinie. Dazu gehören vor allem die im Hollozän (Alluvium) entstandenen Marschen und auch küstennahe, im Pleistozän (Diluvium) entstandene Geestgebiete.

**Küstengewässer** • **coastal waters.** Die Meeresgebiete eines Küstenstaates bis zur Hoheitsgrenze (Dreimeilenzone), neuerdings von manchen Staaten eigenmächtig weiter seewärts verschoben.

**Küstenhafen** • **coastal port.** Unmittelbar an der Meeresküste gelegener Hafen.

**Küstenlinie** • **coast line.** Wasserseitige Grenze des Küstengebietes auf dem Festlande oder des Dünen- und Geestgebietes auf den Inseln. Sie wird von dem Tidewasserstand bestimmt, von dem ab leichte Sturmfluten (Windfluten) gerechnet werden.

**Küstenmeer** • **territorial waters.** Das zwischen der Staatslandgrenze und der Hoheitsgrenze eines Küstenstaates liegende drei Seemeilen (= 5556 m) breite Seegebiet.

**Küstenschutz** • **coastal protection.** Bauliche Maßnahmen gegen die Angriffe des Meeres auf die Küste zur Vermeidung von Landverlusten sowie von Beschädigungen und Zerstörungen wichtiger Baulichkeiten, insbes. von Deichen und Wohngebieten.

**Küstensenkung** • **coastal settlement.** Die sehr langsam ablaufende, sich über Jahrhunderte erstreckende Höhenverschiebung zwischen Meer und Festland. Diese beträgt nach Pegelbeobachtungen gegenwärtig an der südlichen Nordseeküste etwa 20 cm/Jahrh. Ob es sich dabei um ein Ansteigen der Meereswasserstände (hervorgerufen durch ein allgemeines Steigen des Wasserspiegels der Weltmeere oder durch eine gebietliche Änderung von Windrichtung und -stärke), um eine Senkung des Festlandes oder um das Zusammenwirken der genannten Erscheinungen in Verbindung mit noch anderen Naturkräften handelt, ist bis heute ungeklärt.

**Küstenströmung** • **coastal current.** Strömung des Wassers unmittelbar an der Meeresküste.

**Kuttersche Formel** • **Kutter's formula.** Formel für die Wassergeschwindigkeit in offenen Wasserläufen und in geschlossenen Freispiegelleitungen.

**...kurve** • **curve.** Ausgeglichene Linie.

**Kuverdeich** • **polder dike.** Kleiner niedriger Deich zur ringförmigen Einschließung von Kolken, Körwasserflächen und sonstigen hinter Hauptdeich gelegenen Vertiefungen. Kuverdeich erhält Anschluß an Binnenberme des Hauptdeichs. Begünstigt Aufsteigen von Körwasser, wodurch Druck gegen Hauptdeich vermindert wird.

**Kuverwasser** • **seep water.** Drängewasser, das an der Binnenböschung eines Deichs austritt.

**Lacourbär · lacour drop hammer.** Lacourbär, älteste Form des Dampframmbärs. Der Kolben stützt sich über die nach unten herausgehende Kolbenstange auf dem Pfahlkopf ab, Dampfzufuhr über Schlauchleitung am Kopf des schlagenden Zylinders, Nachteil: starke Beanspruchung des bewegten Schlauches, Herablaufen des Kondensates auf den Pfahlkopf.

**Ladebrücke · bulk-loading hoister.** (Besser: Verladebrücke) fahrbare Stahlbrücke, die mit Kranen oder Laufkatzen bestückt ist, zum Umschlag von Massengütern wie Kohle, Erze usw.

**Ladestraße · wharf service road.** Straße längs der Ufermauer zum Ausladen der Schiffe.

**Ladezunge (Kaizunge, Pier) · pier.** Besonders in Amerika übliche zungenförmig ins Wasser vorgebaute Anlage bei See- und Flußhäfen, die an beiden Wasserseiten Anlegen von Schiffen zum Löschen und Laden gestattet. Dadurch bessere Ausnutzung vorhandener Uferstrecken. An Nordsee wird Ladezunge mit Höft bezeichnet.

**Lagenschüttung · layer-construction.** Beste Herstellungsart von geschütteten Dämmen, weil überall im Damm waagerechte Schichten, so daß ein Abrutschen unmöglich. Lagenhöhe 0,5 bis 1,0 m. Verdichten durch Walzen, Stampfen, Rütteln oder Einschwemmen, letzteres nur bei unlöslichen Bodenarten (Sand, Kies). Besonders geeignet beim Bau hoher, breiter Dämme (Staudämme).

**Lageplan · lay-out.** Plan zur Festlegung der gegenseitigen Anordnung bzw. Lage von Maschinen und/oder Bauten usw.

**Lagerhaus · warehouse.** Speicher.

**Lagerungsdichte · consolidation.** Mehr oder weniger dichte Lagerung der Bodenteilchen.

**Lagune · lagoon, haff.** Siehe Haff.

**Lahnung · dike erected in a tidal marsh area for reclamation of Land.** Bei den Landgewinnungsarbeiten gebräuchliche Bezeichnung für einen Erd- oder Buschdamm auf dem Watt zur Herstellung stromloser Felder, in denen der Meeresschlick zur Ablagerung kommt.

**Laminare Grenzschicht, Laminarschicht · laminar boundary layer.** Grenzschicht mit laminarem Fließzustand.

**Laminares Fließen · laminar flow.** Fließen, bei dem sich alle Teilchen in nebeneinanderliegenden Schichten bewegen, die sich weder durchsetzen noch vermischen.

**Landbewässerung (weiträumige) · large area irrigation.** Verteilung von Wasser oder Abwasser durch Verrieselung oder Verregnung über große landwirtschaftliche Nutzflächen, um durch Anfeuchtung und Düngung den Pflanzenwuchs zu fördern und alle das Wachstum fördernden Stoffe nutzbringend zu verwerten.

**Landebrücke · pier, wharf.** Landungsbrücke, bei kleineren Anlagen = Landungssteg – vom Ufer ausgehende Brücke zum Anlegen von Schiffen.

**Landeskultur · cultivation of land.** Maßnahmen zur Bodenerhaltung, Bodenverbesserung durch Meliorationen, Flurbereinigung und Neulandgewinnung.

**Landungsponton** · **pontoon.** Schwimmkörper zum Anlegen von Schiffen.

**Landverdunstung** · **continental evaporation.** Landverdunstung ist nach der Meeresverdunstung die Quelle des Niederschlages.

**Landwirtschaftlich genutzte Fläche** · **arable land, crop land.** Als Acker-, Grün- und Gartenland sowie für Obstanlagen, Weinberge und sonstige Sonderkulturen verwendeten Flächen eines landwirtschaftlichen Betriebes.

**Langsamfilter** · **slow filter.** Filter mit einer Filtergeschwindigkeit von wenigen Zentimetern je Stunde aus Sand mit Korngrößen bis etwa 1 mm. Das Filter wird durch Abheben der oberen Sandschicht gereinigt.

**Längsdränung** · **longitudinal drainage.** Dränung, bei der die Sauger in der Richtung des größten Geländegefälles liegen.

**Längsschnitt** · **longitudinal section.** Zeichnerische Darstellung eines senkrechten Schnittes parallel zur Längsachse eines Bauwerkes oder durch die Erdoberfläche längs der Achse (Mittellinie) der Trasse einer Eisenbahn, Straße, eines natürlichen oder künstlichen Wasserlaufs.

**Larssenbohle** · **Larssen sheet pile.** Eiserne Spundbohle, zur Umschließung von wassergefährdeten Baugruben. S. Spundwand.

**Lateralkanal (Seitenkanal)** · **lateral canal.** Neben natürlichen Flußstrecken verlaufender Kanal zur Umgehung von für die Schiffahrt unbefahrbaren Stromstrecken, oder zum Gewinnen potentieller Energie für die Wasserkraftnutzung durch Anwenden eines kleineren Gefälles im Lateralkanal.

**Lattenpegel** · **staff or rod gage.** In einem Gewässer als Pegel fest eingebaute Meßlatte.

**Laufentwicklung** · **river course development.** Flußlänge weniger Tallänge, geteilt durch Tallänge.

**Laufkraftwerk** · **river power plant.** Kraftwerk ohne eigenen Speicher, das auf die laufende Verarbeitung des jeweiligen Zuflusses angewiesen ist.

**Laufrad** · **runner.** Bei Turbinen und Kreiselpumpen der vom Kraftmittel (Wasser, Dampf) in Umdrehung versetzte Teil. Gegensatz: Leitrad.

**Laufzeit (einer Druckänderung)** · **travel time.** Zeitdauer, in der eine Druckänderung die Rohrlänge L durchläuft.

$T_l = \frac{L}{a}$ bei konstanter Wellenschnelligkeit;

$T_l = 2 \int_a^L \frac{dx}{a_x}$ bei veränderlicher Wellenschnelligkeit.

**Lauge** · **lye.** Wäßrige Lösung alkalisch reagierender Stoffe. Im weiteren Sinn auch technische Salzlösung.

**Lava** · **lava.** Bei vulkanischen Ausbrüchen an die Erdoberfläche austretender Gesteins-Schmelzfluß, auch das daraus hervorgegangene Erstarrungsgestein.

**Laval Geschwindigkeit** · **Laval velocity.** Diejenige örtliche Strömungsgeschwindigkeit, die gleich der örtlichen Schallgeschwindigkeit ist.

**Leegmoor** · **peat bog residue.** Moorgelände, auf dem nach dem Abtorfen mehr oder minder mächtige Torflagen verblieben sind.

**Leerlaufdrehzahl · speed under no load.** Drehzahl bei Leerlauf der Turbine mit $Q_0$.

**Leerschuß · sluice gate.** Verschließbare Öffnung, durch die Freiwasser abgelassen wird.

**Legehaken · tool for laying drän pipes.** Stielgerät mit rechtwinklig abgebogenem Dorn zum Verlegen der Dränrohre vom Gelände aus.

**Lehm · loam.** Ist Tonboden mit stärkerem Sandgehalt (30–70 %, sandiger Ton – toniger Sand), Kalk fehlt. Geschiebelehm enthält eingeschlossene gröbere Bestandteile.

**Lehmdichtung · layer of puddle clay.** Fetter, stampffähiger Ton oder Lehm in Lagen eingebracht und verdichtet als Dichtung von Bauwerken gegen Wasserdurchtritt, auch zum behelfsmäßigen Abdichten von Rohrleitungen.

**Leichter Boden · light soil.** Nichtbindige Sande und Kiese bis zu 60 mm Korngröße, bei denen keine oder nur geringe Bindung mit lehmigen oder tonigen Bodenarten vorhanden ist.

**Leichter Fels · light rock.** Locker gelagerte Gesteinsarten, die stark klüftig, bröckelig, brüchig, schiefrig oder verwittert, Sand- oder Kiesschichten, die durch chemische Vorgänge verfestigt, und Mergelschichten, die mit Steinen über 200 mm Durchmesser stark durchsetzt sind. Diese Bodenarten können ohne Sprengarbeit noch gelöst werden.

**Leimwasser · sealer.** Stark verdünnte Leimlösung, als Voranstrich auf Holz zum Zwecke der Porendichtung verwendet.

**Leinpfad · tow path.** Dasselbe wie Treidelweg.

**Leistungsbeiwert · efficiency factor.** Beiwert für die Ermittlung der Nutzleistung in kW aus der Formel $N = e \cdot Q \cdot h$. Ohne besondere Angaben: auf Turbinenwelle bezogen; sonst kennzeichnen, z. B. auf Stromerzeugerklemmen, auf Werksumspanner oberspannungsseitig usw. bezogen.

**Leistungsdauerbild · duration-efficiency diagram.** Systematische Zusammenstellung der Dauerlinien aller für die Leistungs- und Energieberechnung einer WKA (ohne Großspeicher) maßgebenden Grundwerte und ihrer abgeleiteten. Wichtige Grundwerte: Pegelstände, vorhandene Wassermengen, Oberwasser- und Unterwasserstände, Stau- und Senkungsmasse, Fallhöhenverluste, Fallhöhen, Wirkungsgrade.
Wichtige abgeleitete Werte:
Verfügbare usw. Triebwassermenge,
verfügbare usw. Leistungen,
verfügbare usw. Energie,
Ausbau- und Ausnutzungskennziffer,
erforderliche Kleinspeicherräume,
Ausgangslinien u. a. m.

**Leistungsfähigkeit (Volleistung) «Kraftwerk» · capacity.** Die den jeweils vorliegenden Verhältnissen (Fallhöhe, erfaßbare Wassermenge) entsprechende bestmögliche Leistung.

**Leistungsganglinie · capacity diagram.** Ganglinie der Leistung.

**Leitdamm · longitudinal training wall, jetty.** Damm, der die Fließrichtung des Wassers eines Wasserlaufs in einem bestimmten Sinne leiten soll.

**Leitdeich · longitudinal training wall, jetty.** Deich, der die Fließrichtung des Hochwassers in einem bestimmten Sinne leiten soll.

**Leitfeuer · beacon lights.** Fahrwasser, Hafeneinfahrten und deren Grenzen werden durch bestimmte Feuerarten kenntlich gemacht. Leitfeuer ist vom Schiff aus nur innerhalb eines Winkels zu sehen, dessen Schenkel Fahrwassergrenzen angeben. Richtfeuer legt dagegen Kurslinie durch zwei oder drei hintereinander stehende, mit Laternen ausgestattete Baken fest.

**Leitmulde · diversion trough.** Mulde, die dazu dient, bei der Stauberieselung in großen Stauabteilungen toten Winkeln frisches Wasser zuzuleiten.

**Leitorganismen · characteristic organisms.** Organismen, die für einen bestimmten Lebensraum – Biotop – charakteristisch sind.

**Leitrad · guide vane.** Leitrad, bei Turbinen und Kreiselpumpen die kranzförmige feste Vorrichtung, die das Kraftmittel (Wasser, Dampf) gleichmäßig zum Laufrad leitet.

**Leitungsnetz · pipe system.** Die Gesamtheit der zur Gas- und Wasserversorgung dienenden und miteinander verbundenen Leitungen, bestehend aus Zuleitungen, Hauptverteilungsleitungen, Versorgungsleitungen, Anschlußleitungen.

**Leitwerk · guide wall.** Pfahlwerk aus Holz- oder Stahlbetonpfählen zum Führen von Schiffen.

**Lemniskate · curve with steady decreasing radius.** Kurve mit stetig abnehmendem Krümmungshalbmesser mit der Formel

$r = a \sqrt{\sin 2}$, wobei
$r$ = Länge des Leitstrahls,
$a$ = Halbachse der Kurve (Parameter),
$\varphi$ = Winkel zwischen Tangenten im Bogenanfang und Leitstrahl.

Im Wasserbau wurde Lemniskate von Fargue als die für eine regelmäßige Ausbildung des Fahrwassers in Flüssen mit beweglicher Sohle vorteilhafteste Linienführung ermittelt, an der Garonne praktisch erprobt, dann angewendet an der Rhône, an der Waal, bei der Rheinregulierung Sondernheim-Straßburg.

**Lenzpumpe · lenz pump.** Pumpe, die zum Leerpumpen einer Schleuse, eines Dockes, eines Schwimmkastens oder eines Schiffes dient.

**Leptomitus · leptomitus.** Mikroorganismen aus der Gruppe der echten Pilze.

**Leptospira · leptospira.** Biegsame, bewegliche Schraubenbakterien. Erreger chronischer Nierenerkrankungen bei Nagern, deren Urin Gewässer und feuchte Böden verseucht. Durch Kontakt dann Infektion des Menschen, der je nach Erregerart an infektiöser Gelbsucht, Schlamm- oder Feldfieber o. a. erkrankt. Auch apathogene Leptospiren.

**Lesseps, Ferdinand von.** Geb. 1805 in Versailles, gest. 1894. 1832 Vizekonsul in Alexandria, befaßte sich dort mit dem Plan des Suezkanals, erhielt später die Konzession zum Bau dieses Kanals.

**Leuchtfeuer · beacon.** Zur Kenntlichmachung von Fahrwasser und Untiefen an Meeresküste dient dichte Kette von Leuchtfeuern in Leuchttürmen, auf Feuerschiffen oder in Bojen.

**Leuchtturm · lighthouse.** Turmartiges Bauwerk an Meeresküsten, das am oberen Ende Leuchtfeuer zur Kenntlichmachung von Schiffahrtsstraße und Schiffshindernissen trägt.

**Ley, Balje, Priel, Seegat, Tief · tidal slough.** Siehe unter Balje.

**Lichte Höhe · headroom.** Lichte Höhe, nutzbare Höhe eines Raumes, einer Öffnung.

**Lichttag (6.00–22.00) · light day.** Stundenreihe mit Belastung durch Tagstromverbraucher von 6.00 bis 22.00 Uhr, falls nicht im Einzelfall anders bestimmt und angegeben.

**Lichte Weite · clear width; inside diameter.** Nutzbare Breite eines Raumes, einer Öffnung; bei Rohren der innere Durchmesser.

**Liegeplatz · mooring berth.** Vorübergehender Aufenthaltsort für wartende Schiffe, die Kais oder Landungsbrücken anlaufen wollen.

**Limnologie · limnology.** Seenkunde, die Lehre von den stehenden Gewässern, bisweilen einschränkend nur als die Biologie der stehenden Gewässer gebraucht.

**Lineare Streuung · linear scatter of results.** Die lineare Streuung, auch einfacher durchschnittlicher Abstand genannt, ist das arithmetische Mittel aus den Abständen der einzelnen Werte vom arithmetischen Mittel des Kollektivs.

**Linie · line.** Fortschreitende Verbindung von Meßpunkten in einer zeichnerischen Darstellung.

**Litoral · littoral.** Uferregion eines Gewässers.

**Loch, Balje, Ley, Priel, Seegat, Tief · tidal slough.** Siehe unter Balje.

**Löffel · shovel, dipper.** Grabwerkzeug des Hoch-, Tief- und Planierbaggers in verschiedener Ausführung (Stahlguß, und in Stahl geschweißt), mit und ohne Reißzähne, je nach Bodenart.

**Löffelbagger · power shovel.** Auf dem Unterwagen (auf Raupen-, selten noch auf Schienenfahrwerk, neuerdings auch auf luftbereiften Straßenrädern) verbunden durch den Königszapfen, neuerdings auch durch Kugeldrehringlagerung, ruht, um 360° drehbar, der Oberwagen mit der Antriebsmaschine und dem heb- und senkbaren Ausleger.

**Löschwasservorrat (Löschwasserreserve) · water supply for fire fighting.** Die für die Brandbekämpfung bereitgehaltene Wassermenge.

**Löß · loess.** Enthält als wichtigste Bestandteile Quarz, Feldspat und Kalk in wechselnder Menge. Der Transport vor Ablagerung erfolgte durch Wind. Der Kalk überkrustet meist die Quarzkörner. Der Quarz erhält dem Löß sandigen Charakter, die Bindigkeit entsteht infolge Verkittung durch Kalk.

**Lößlehm · loess-loam.** Ist entstanden durch Verwitterung von Löß und Auslaugung des Kalkgehaltes. Er hat einigen Gehalt an kolloidalen Bestandteilen und hat dadurch die normalen Eigenschaften bindiger Böden.

**Losständer · tilting or removable sluice pillar.** Umklappbarer oder herausnehmbarer Grießständer.

**Lösungsfestigkeit · resistance to removal.** «Lösungsfestigkeit» ist der Widerstand des Bodens beim Lösen durch Hand, mit einem Bagger oder durch Sprengungen.

**Low heat cement · low heat cement.** Amerikanischer Spezialzement mit geringer Abbindewärme, erreicht durch niedrigen Kalk- und hohen Kieselsäuregehalt.

**Luftdruck · atmospheric pressure.** In Höhe des Meeresspiegels im Mittel 760 mm Quecksilbersäule (QS) = 1033 kg/cm², schwankend durch meteorologische Einflüsse um etwa ± 5 %, abnehmend mit zunehmender Höhe. Es beträgt bei der Höhe h = 0; 0,5; 1; 2 km der relative Luftdruck $p/p_0$ = 1; 0,942; 0,887; 0,784.

| mm/mbar | 0 | 10 | 20 | 30 | 40 | 50 | 60 | 70 | 80 | 90 |
|---|---|---|---|---|---|---|---|---|---|---|
| 0 | 0 | 13,3 | 26,7 | 40,0 | 53,3 | 66,7 | 80,0 | 93,3 | 106,7 | 120,0 |
| 100 | 133,3 | 146,6 | 160,0 | 173,3 | 186,6 | 200,0 | 213,3 | 226,6 | 240,0 | 253,3 |
| 200 | 266,6 | 279,9 | 293,3 | 306,6 | 320,0 | 333,3 | 346,7 | 360,0 | 373,3 | 386,6 |
| 300 | 400,0 | 413,3 | 426,6 | 440,0 | 453,3 | 466,6 | 480,0 | 493,3 | 506,6 | 520,0 |
| 400 | 533,3 | 546,7 | 560,0 | 573,3 | 586,6 | 599,9 | 613,3 | 626,6 | 640,0 | 653,3 |
| 500 | 666,6 | 680,0 | 693,3 | 706,6 | 719,9 | 733,3 | 746,6 | 759,9 | 773,3 | 786,6 |
| 600 | 799,9 | 813,3 | 826,6 | 839,9 | 853,2 | 866,6 | 879,9 | 893,2 | 906,6 | 919,9 |
| 700 | 933,2 | 946,6 | 959,9 | 973,2 | 986,6 | 999,9 | 1013,2 | 1026,6 | 1039,9 | 1053,2 |

*Umrechnung von Millimeter Quecksilbersäule in Millibar*

**Luftfeuchtigkeit · humidity.** Die maximale Luftfeuchtigkeit (100 % relativ) ist dann vorhanden, wenn die Luft mit Wasser gesättigt ist, also eben beginnt, das Wasser in Form von Nebel, Tau, Wolken, Regen, Schnee u. a. auszuscheiden.

**Luftgehalt · air space ratio.** Anteil des mit Luft gefüllten Porenraumes als Raum- oder Porenanteil.

**Lufthaltevermögen (Luftkapazität) · air capacity.** Porengehalt abzüglich Wasserhaltevermögen.

**Luftschleuse · air lock.** Ein- und Austrittseinrichtung im Senkkasten.

**Luftseite · downstream face.** Talabwärts gerichtete Fläche eines Staubauwerkes.

**Luttenrohre · air pipes.** Luttenrohre, dünnwandige, mit erweiterten Muffen ineinandersteckbare Blechrohre für Belüftungszwecke im Tunnel-und Stollenbau, gewöhnlich 2 m lang, 300, 400, 500, 600 mm Ø.

**Mäander · meander.** Aneinanderreihung von Flußkrümmungen. Nach einem Fluß in Kleinasien genannt.

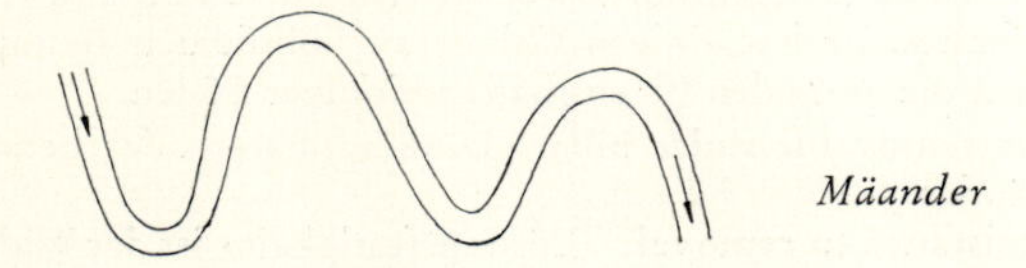

*Mäander*

| Temperatur in Graden C | Wassergehalt der gesättigten Luft in $p/m^3$ | Spannung des Wasserdampfes in mm Quecksilbersäule | Gewicht der trockenen Luft bei 760 mm Quecksilberhöhe in $Kp/m^3$ |
|---|---|---|---|
| —20 | 1,06 | 0,93 | 1,396 |
| —15 | 1,59 | 1,42 | 1,368 |
| —10 | 2,30 | 2,09 | 1,342 |
| — 5 | 3,36 | 3,10 | 1,317 |
| + 0 | 4,88 | 4,60 | 1,293 |
| + 2 | 5,58 | 5,30 | 1,284 |
| 4 | 6,37 | 6,10 | 1,275 |
| 6 | 7,26 | 7,00 | 1,265 |
| 8 | 8,26 | 8,02 | 1,256 |
| 10 | 9,37 | 9,16 | 1,248 |
| 12 | 10,62 | 10,46 | 1,239 |
| 14 | 12,01 | 11,91 | 1,230 |
| 16 | 13,55 | 13,54 | 1,222 |
| 18 | 15,27 | 15,36 | 1,213 |
| 20 | 17,18 | 17,39 | 1,205 |
| 22 | 19,29 | 19,66 | 1,197 |
| 24 | 21,62 | 22,18 | 1,189 |
| 26 | 24,17 | 24,99 | 1,181 |
| 28 | 27,02 | 28,10 | 1,173 |
| 30 | 30,13 | 31,55 | 1,165 |
| 32 | 33,55 | 35,36 | 1,157 |
| 34 | 37,29 | 39,56 | 1,150 |
| 36 | 41,39 | 44,20 | 1,142 |
| 38 | 45,88 | 49,30 | 1,135 |
| 40 | 50,77 | 54,91 | 1,128 |
| 42 | 56,10 | 61,06 | 1,121 |
| 44 | 61,88 | 67,79 | 1,114 |
| 46 | 68,18 | 75,16 | 1,107 |
| 48 | 75,01 | 83,20 | 1,100 |
| 50 | 82,40 | 91,98 | 1,093 |

*Wichte (spez. Gewicht) der Luft*

**Mach Zahl · Mach number.** Die Machsche Zahl ist das Verhältnis der Strömungsgeschwindigkeit zur Schallgeschwindigkeit. $Ma = \frac{v}{a}$; v = Geschwindigkeit; a = Fortpflanzungsgeschwindigkeit.

**Magerbeton · lean mixed concrete.** Beton mit geringem Bindemittelanteil.

**Magnesiumsulfat · magnesium sulphate.** Bittersalz im Meerwasser; betonschädliche Wirkung.

**Mahlbusen · tidal slough enlargement.** Teichartige Erweiterung des Hauptgrabens eines auf künstliche Entwässerung angewiesenen Polders, die binnenwärts des Schöpfwerks liegt und während des Stillstandes des Schöpfwerks eine gewisse Wassermenge speichern kann, um sie abzugeben, wenn das Schöpfwerk wieder in Betrieb ist.

**Mahlpeil · staff gage.** Marken im Außen- oder/und Binnenwasser, nach denen der Pumpbetrieb zu regeln ist (höchster oder tiefster Außenpeil und Binnenpeil).

**Mammutpumpe · air-lift pump, mammoth pump.** Pumpe zur Hebung von Flüssigkeiten unter Verwendung von Druckluft.

**Manganbakterien / manganese bacteria.** Bakterien, die zur Energiegewinnung zweiwertige zu schwerlöslichen dreiwertigen Manganverbindungen unter Ausfällung und Ablagerung oxydieren.

**Mannloch · manhole, inspection pit.** Mannloch, in großen Druckrohrleitungen und Behältern (Kesseln) für Besichtigung und Instandhaltung vorgesehene, meist ovale Einsteigöffnung.

**Manometer · manometer.** Druckmesser für Gase und Flüssigkeiten.

**Manometrische Druckhöhe · manometric head.** Angabe des Manometers an der Drucköffnung einer Pumpe.

**Manometrische Förderhöhe · manometric total lift.** Summe aus geodätischer Förderhöhe, Reibungshöhe und Geschwindigkeitshöhe, gerechnet in m.

**Mantelrohr · casing, well casing.** Nahtloses Stahlrohr, in dem Versorgungsleitungen, z. B. durch einen Bahndamm geführt werden, oder das als Bohrrohr die Wandung eines Rohrbrunnens bildet.

**Marmor · marble.** Kristalliner, polierfähiger, kohlesaurer Kalkstein.

**Marsch, Marschgebiet · tidal flats, tidal marsh.** Durch alluviale Schlickablagerung des Meeres im Tidegebiet entstandene fruchtbare Niederung meist eingedeicht.

**Massenausgleichung · balancing of masses.** Massenausgleichung ist vorhanden, wenn bei einer Trasse sich die Erdmassen von Einschnitten und Dämmen ausgleichen.

**Massenstrom · discharge volume.** Auch Massendurchfluß, Massendurchsatz. (Das Wort «Menge» soll nicht für die auf die Zeit bezogene Größen verwendet werden.)

**Maß · measure.** Die zahlenmäßige Festlegung einer Abmessung mit Hilfe einer gegebenen Maßeinheit. Maße werden in Zeichnungen verwendet, oder sie werden bei Vermessung eines Gegenstandes gewonnen.

**Maßstab · scale.** Das Verhältnis der natürlichen Maße zu den zeichnerischen.

**Mastix · mastic asphalt.** Fabrikmäßig hergestelltes Gemisch aus Steinmehl und Bitumen (Asphaltmastix) oder Naturasphaltmehl und Bitumen (Naturasphaltmastix) für Abdichtungen, Gußasphaltbeläge usw.; Bitumengehalt 12, 16 oder 22 Gew.-%; gehandelt in Form von «Mastixbroten».

**Mauer · wall.** Senkrechte Umfassung von Räumen aus Mauerwerk oder Beton, auch freistehend als Einfriedung von Höfen, Gärten; als Raumfassung gleichbedeutend mit Wand.

**Mauerentwässerung · dam drainage.** Drän- und Sammelstränge im Innern der Staumauer, durch die in das Mauerwerk eingedrungenes Druckwasser aufgefangen und abgeleitet werden soll.

**Mauerkrone · dam crest.** Oberste begehbare oder befahrbare Fläche der Staumauer.

**Mauerpfeiler · wall pillar.** Mauerverstärkung oder freistehend gemauerter Pfeiler.

**Mauersohle · foundation base of a dam.** Unterste Fläche der Staumauer oder des Staudammes mit der diese auf dem Untergrund aufsteht.

**Mauerwerksblock (Baublock) · block construction.** In einem Arbeitsvorgang ohne längere Unterbrechung hergestellter Mauerwerkskörper.

**Maulwurfdrän (Erddrän) · mole drain.** Ein von einem Maulwurfpflug im Boden gezogener Hohlgang.

**Maulwurfdränung · mole drainage.** Die mit dem Maulwurfpflug hergestellte Dränung.

**Maulwurfpflug · mole plow.** Ein auf Kufen gleitendes, auf Rädern fahrendes oder am Schlepper als Ausleger angebrachtes pflugähnliches Gerät mit einem in den Boden einschneidenden langen Messer, an dessen unterem Ende ein zylinderförmiger, vorn keilförmig abgeschrägter Dorn (Maulwurfkörper) sitzt, der meist noch an einer kurzen Kette einen kegelförmigen Preßkopf nach sich zieht, wodurch Hohlgänge im Boden von 5 bis 15 cm Weite in 0,4 bis 1,0 m Tiefe eingebracht werden.

**Maulwurfrohrdrän · pipe drain.** Maulwurfdrän, dessen Wandung befestigt oder durch Einziehen von Rohren gesichert ist.

**Mechanische Abwasserklärung · mechanical sewage treatment, primary treatment.** Mechanische Abwasserklärung verwendet physikalische Vorgänge.

1. Siebverfahren (Rechen, Siebe),
2. Schwimmverfahren (Fettfänge, Schaumbecken),
3. Absetzverfahren (Sandfang, Absetzbecken).

**Mechanische Bodenuntersuchung · mechanical soil test.** Korngrößen- und Kornoberflächenbestimmung des Bodens.

**Mechanischer Schwimmerschreibpegel · mechanical float gage.** Schreibpegel, bei welchem der Wasserstand durch einen Schwimmkörper mechanisch auf das Schreibgerät übertragen wird.

**Meereshöhe · sea level.** Meereshöhe, abgekürzte Schreibweise für Höhe über Normalnull (H. ü. N. N.).

**Meerwasser · sea-water, salt-water.** 1. Meerwasser enthält, bezogen auf 1 Liter, rund 27 g Kochsalz, 3,8 g Magnesiumchlorid, 1,7 g Magnesiumsulfat, 1,3 g Calciumsulfat, 0,9 g Kaliumsulfat und vieles andere in kleinen Mengen und Spuren. Nicht trinkbar. Greift Beton an (durch Sulfate), unterstützt das Rosten des Stahls (durch Chloride).

2. Das wichtigste Unterscheidungsmerkmal des Meerwassers vom Binnenwasser (Süßwasser) ist sein Salzgehalt. Im Mittel enthält das Weltmeer auf 1 m³ Wasser 34,5 kg Salze.

| Element | g/l | Element | g/l | Element | g/l |
|---|---|---|---|---|---|
| Chlor | 18,980 | Schwefel | 0,884 | Strontium | 0,013 |
| Natrium | 10,561 | Calcium | 0,400 | Bor | 0,0046 |
| Sauerstoff | 1,733 | Brom | 0,065 | Silizium | 0,004 |
| Magnesium | 1,272 | Kohlenstoff | 0,028 | Fluor | 0,0014 |

*Meerwasser:*
*Konzentration verschiedener Elemente, mit Ausnahme gelöster Gase, in Meerwasser mit einem Salzgehalt von rd. 3,4 %*

**Mehrjahresspeicher (Überjahresspeicher) · large reservoir.** Großspeicher zum Ausgleich von Dargebot und Bedarf über mehrere Jahre. Ausbaugrad etwa 0,8 oder mehr ($T_s$ = 7000 h/Jahr oder mehr).

**Meile · mile.** Meile, ein Längenmaß, zunächst der Römer, die die Wege nach Schritten maßen. 1000 Schritt waren gleich 1477,5 m. Die geographische Meile ist 7420,439 m, die deutsche Landmeile 7500 m, die englische 1609,31 m, die dänische Meile 7532,48 m, die schwedische Neumeile 10 000 m, die niederländische Meile 6278,93 m, die deutsche Seemeile 1852 m, die englische Seemeile 1855 m. Die Meile wird vom Kilometermaß mehr und mehr verdrängt.

**Membranfilterverfahren · diaphragm filter method.** Verfahren zur Isolierung von Mikroorganismen und zur Bestimmung von Keimzahlen mittels Filtration durch Filtermembranen bestimmter Durchlässigkeit und Bebrütung dieser Filter auf Seletivnährböden.

**Meniskus · meniscus.** Gekrümmte Oberfläche einer Flüssigkeit in einem Kapillarrohr. Er ist bei Kapillaranstieg von oben gesehen konkav, bei Kapillardepression konvex.

**Mergel · marl.** Schichtgestein, eine tonreiche Ablagerung mit Kalk oder Dolomit, ggf. mit geringen Beimengungen von Quarzsand, Glimmer, Eisenerz usw. Man unterscheidet Dolomit-, Glimmer-, Kalk-, Sand-, Tonmergel usw.

**Merkpfahl, Eichpfahl · indicator post.** Staumarke, in Form eines Pfahles, dessen Oberkannte das Stauziel angibt.

**Mesosaprobien · mesosaprobic organisms.** Bezeichnung für Wasserorganismen, die für ein mäßig (β-mesosaprob) bis stark (α-mesosaprob) verschmutztes Gewässer kennzeichnend sind.

**Mesophile Bakterien · mesophilic bacteria.** Bakterien mit einem zwischen 25° C und 45° C liegenden Wachstumsoptimum.

**Meßbereich · measuring range.** Der Meßbereich ist der Teil des Anzeigebereiches, für den der Fehler der Anzeige innerhalb von angegebenen oder vereinbarten Fehlergrenzen bleibt. Der Meßbereich kann den gesamten Anzeigebereich umfassen oder aus einem Teil oder mehreren Teilen des Anzeigebereiches bestehen. Bei Meßgeräten mit mehreren Meßbereichen können für die einzelnen Bereiche unterschiedliche Fehlergrenzen festgesetzt sein.

**Meßergebnis · measuring result.** Ein Meßwert kann bereits das Meßergebnis darstellen; häufig wird dieses jedoch aus einem oder mehreren Meßwerten gleicher oder verschiedener Größenart nach einer mathematischen Beziehung ermittelt. In diesem Fall muß zwischen Meßwert und Meßergebnis unterschieden werden.

**Meßflügel · current meter.** Gerät, mit welchem aus Umdrehungen einer Welle die Geschwindigkeit fließenden Wassers bestimmt wird.

**Meßgegenstand · measuring object.** Ist die Meßgröße eine meßbare Eigenschaft eines Körpers (auch einer Probemenge), so heißt dieser Körper Meßgegenstand (Meßobjekt, Probe).

**Meßgeräte-Fehler · instrumental error.** Der von einem Meßgerät angezeigte Wert und der durch ein Maß verkörperte Wert einer Meßgröße sind grundsätzlich nicht fehlerfrei. Der jeweilige Unterschied zwischen dem gemessenen und dem als richtig geltenden oder fundamental ermittelten Wert oder gegen den durch Vergleich mit einem Normalgerät oder mit einem Normal ermittelten Wert wird Fehler genannt; dieser Fehler ist systematischer Art. Es ist unerläßlich, stets anzugeben, worauf (z. B. Anzeige, Aufschrift einer Maßverkörperung) sich der Fehler bezieht.

**Meßgröße · measuring unit.** Die Meßgröße ist die zu messende physikalische Größe (z. B. Länge, Kraft, Arbeit, Temperatur, elektrischer Widerstand, Leistungsfaktor).

**Meßlatte · surveyor's rod.** Meßlatte, meist 5 m lang, aus Holz mit ovalem Querschnitt mit Dezimeter- und Metereinteilung und Stahlenden. Die Meßlattenmessung ist umständlich, jedoch genau und bei Staffelmessungen die einzig mögliche.

**Meßlotrechte · vertical line for measurement.** Lotrechte im Abflußquerschnitt, in welcher die Wassergeschwindigkeit gemessen wird.

**Meßschirm · travelling screen.** Bewegen eines den ganzen Querschnitt ausfüllenden Schirmes (Weiterentwicklung der Idee des Stabschwimmers). Meßgenauigkeit ± 2 v.H., bei Verfeinerung des Meßverfahrens Verbesserung bis ± 0,2 v.H. Verwendung nur in ganz regelmäßigen, nicht zu großen Gerinnen!

**Meßüberfall · measuring device.** Meßschütz, Wasserzoll, Wassermesser, Meßschleuse, Kanalventurimesser, Einbauten zum Messen einer Wassermenge.

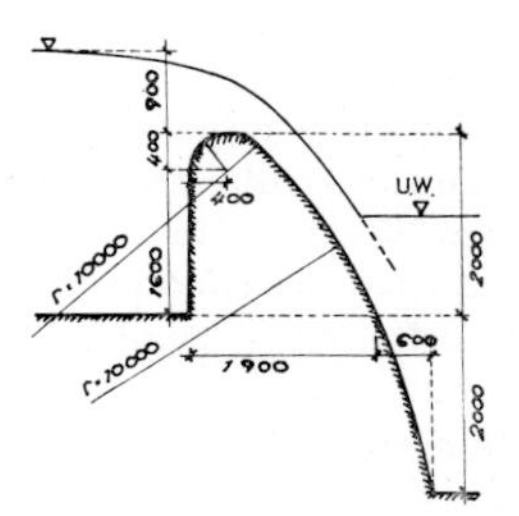


*Meßwehr mit abgerundeter Krone*

**Meßunsicherheit · reliability of measurement.** Die praktisch angegebene Unsicherheit eines Meßergebnisses, d. h. die Meßunsicherheit eines Ergebnisses, umfaßt immer die zufälligen Fehler (rechnerisch ausgedrückt durch die Standardabweichung oder durch den Vertrauensbereich) aller Einzelvariablen, aus denen das Meßergebnis berechnet wird, sowie zusätzlich nicht erfaßte, weil nicht meßbare und daher nur abschätzbare systematische Fehler.

**Meßwert · observed value.** Der Meßwert ist der aus der abgelesenen Anzeige eines Meßgerätes ermittelte Wert; er wird als Produkt aus Zahlenwert und Einheit der Meßgröße (z. B. 3 m; 20,0° C; 6,5) angegeben.

**Metalimnion · thermocline, metalimnion.** Siehe Sprungschicht.

**Metazentrum · metacenter.** Schnittpunkt der Schwimmachse mit der Wirkungslinie des Auftriebs bei Ausschlag aus der Ruhelage.

**Meteorologie · meteorology.** Meteorologie, Lehre von den Erscheinungen in der Lufthülle der Erde und in den obersten Bodenschichten.

**Mildes Gebirge · argillite, argillaceous rocks.** 1. Pseudofeste Gesteine, tonhaltig: Hackgebirge, Sprengarbeit erleichtert die Lösung; Neigung zu Gleitflächenbildung gegen den Hohlraum, bei Drucksteigerung zu bruchloser Verformung; geringe einachsige Druckfestigkeit und Schubfestigkeit bei kleinem Winkel der inneren Reibung $< 30°$. Vorübergehend standfest nur bei geringer Überlagerung.

2. Reine Tongesteine: Hackgebirge, schlecht schießbar: zeigen schon bei geringer Überlagerung ab 20 m und unbehinderter Seitendehnung platisches Verhalten.

Quell- oder Blähgesteine, die bei Aufnahme von Wasser oder Luftkohlensäure eine Volumenzunahme erfahren: Anhydrit → Gips, Kalkmergel. E-Werte bis 40 kg/cm² abnehmend, $\varrho \leqq 22°$, Kohäsion gering; nur kurze Zeit standfest.

**Mindeststau(-höhe) · minimum storage level.** Siehe Absenkziel.

**Mindestleistungsfähigkeit «Kraftwerk» · minimum load capacity.** Mindestwert der Leistungsfähigkeit bei ungünstigsten gleichzeitig möglichen Verhältnissen.

**Mineralbrunnen · mineral well.** Brunnen, die Mineralwasser erschließen, häufig artesisch.

**Mineralisierung · mineralisation.** Umwandlung von organischer in anorganische Substanz.

**Mineralquelle · mineral spring.** Natürliche Quellen, die Mineralwasser liefern.

**Mischkultur · cultivation by mixing with soil.** Verfahren zur landwirtschaftlichen Nutzung von Moorflächen, deren Torfe in verschiedener Weise und Menge mit Mineralboden vermischt werden.

**Mischverfahren · combined sewer system.** Gemeinsame Ableitung von Schmutzwasser und Regenwasser in einem Kanal.

**Mischungsweg · mixing lenght.** Strecke quer zur Fließrichtung, auf der sich Flüssigkeitsballen verschieben können, ohne ihre Form zu verändern.

**Mittelanordnung · half-raised pumping station.** Schöpfwerksbauweise in aufgelöster Form, bei der die Heberleitung nicht bis zum höchsten Hochwasserstand, meist nur bis zum mittleren Hochwasserstand hochgezogen ist, also nur bis zum mittleren Hochwasserstand selbstsperrend wirkt. Das Auslaufbauwerk bedarf eines besonderen Verschlusses und sicherheitshalber einer Rückstauklappe.

**Mitteldruckanlage · medium head power station.** Wasserkraftanlage mit Nutzfallhöhe zwischen etwa 20 und 50 m.

**Mittelhaupt · middle gate.** Besser: Zwischenhaupt.

**Mittelschwerer Boden · intermediate type of soil.** Nichtbindige Sande und Kiese über 60 mm Korngröße, z. B. Gesteinschotter, Gerölle und Steine (soweit sie nicht unter «schweren Boden» fallen).

**Mittelschwerer bindiger Boden · cohesive soil.** Bodenarten, die im naturfeuchten Zustand einen erheblichen Zusammenhang haben, z. B. stark lehmiger Sand, sandiger Lehm, Lehm, Mergel, Löß und Lößlehm. Diese Bodenarten können noch mit dem Spaten bearbeitet werden.

**Mittelwasser · mean discharge.** Arithmetisches Mittel der Abflüsse.

**Mittelwasserstand · arithmetic mean water level.** Arithmetisches Mittel der Wasserstände.

**Mittelwert · mean value, arithmetic mean value.** Mittelwert, arithmetisches Mittel.

**Mittlere Belastungsdauer (Belastungsgrad) · average load duration (factor).** Verhältnis des mittleren zum höchsten Leistungsbedarf eines Betriebsabschnitts (meist Jahr), auch: mittlere Belastungsdauer, wenn in s/J ausgedrückt.

**Mittlere Beregnungsdichte · average rate of irrigation.** Mittlere Beregnungshöhe in der Zeiteinheit während einer Regengabe.

$$i = \frac{r}{t} \quad \frac{q}{F_W} \text{(in mm/min; l/m}^2\text{min)}$$

**Mittlere Geschwindigkeit des Wassers in einer Meßlotrechten · vertical mean velocity.** Gewogenes arithmetisches Mittel der einzelnen Geschwindigkeiten. Geschwindigkeitsfläche, geteilt durch Wassertiefe.

**Mittlere Oberflächengeschwindigkeit · mean surface velocity.** Gewogenes arithmetisches Mittel der einzelnen Oberflächengeschwindigkeiten in einem Abflußquerschnitt.

**Mittlere Querschnittsgeschwindigkeit · mean velocity of cross section.** Abfluß Q, geteilt durch Abflußquerschnitt F (in der Gewässerkunde auch V an Stelle $v_m$).

**Mittlere Querschnittstiefe · mean depth of cross section.** Abflußquerschnitt, geteilt durch die Breite seines Wasserspiegels.

**Mittlerer erfaßbarer Zufluß · average inflow capacity.** Arithmetisches Mittel der Zuflüsse im Regeljahr zwischen dem kleinsten und dem Ausbauzufluß.

**Mittlerer Hochwasserstand · mean high water level.** Mittlerer oberer Grenzwert der Wasserstände.

**Mittlerer höchster Tidehochwasserstand · MHHW: mean higher high water level.** Mittlerer oberer Grenzwert der Tidehochwasserstände.

**Mittlerer höchster Tideniedrigwasserstand · mean higher low water level.** Mittlerer oberer Grenzwert der Tideniedrigwasserstände.

**Mittlerer Niedrigwasserstand · mean low water level.** Mittlerer unterer Grenzwert der Wasserstände.

**Mittlerer niedrigster Tidehochwasserstand · mean lower high water level.** Mittlerer unterer Grenzwert der Tidehochwasserstände.

**Mittlerer oberer Grenzwert · mean high value.** Arithmetisches Mittel der oberen Grenzwerte mehrerer gleichartiger Zeitspannen.
Wie z. B. gleicher Monate, gleicher Halbjahre oder von Jahren.

**Mittlerer Tidehochwasserstand · MHW: mean high water level.** Arithmetisches Mittel der Tidehochwasserstände.

**Mittlerer niedrigster Tideniedrigwasserstand · MLLW: mean lower low water level.** Mittlerer unterer Grenzwert der Tideniedrigwasserstände.

**Mittlerer Tideniedrigwasserstand · MLW: mean low water level.** Arithmetisches Mittel der Tideniedrigwasserstände.

**Mittlerer unterer Grenzwert · mean low value.** Arithmetisches Mittel der unteren Grenzwerte mehrerer gleichartiger Zeitspannen.
Wie z. B. gleicher Monate, gleicher Halbjahre oder von Jahren.

**Mittleres Hochwasser · mean high discharge.** Mittlerer oberer Grenzwert der Abflüsse.

**Mittleres Jahresarbeitsvermögen · average annual working capacity.** Arithmetisches Mittel der Arbeitsvermögen einer Jahresreihe (unter Angabe der Reihe).

**Mittleres Niedrigwasser · mean low discharge.** Mittlerer unterer Grenzwert der Abflüsse.

**Mole · mole.** Vom Ufer in das Wasser hineinragendes Bauwerk zum Schutz der Schiffahrt gegen Versandung infolge des Küstenstroms und gegen Wellenschlag.

**Molenkopf · pier head.** Wasserseitiger Abschluß einer Mole.

**Moment · moment.** Das Produkt aus der Größe einer Kraft und ihrem Abstand von einem Bezugspunkt.

**Moor · moor, bog.** Gelände, das mit mindestens 2 dm mächtigen Torflagen ausschließlich einer etwaigen Streu- oder Rohhumusauflage bedeckt ist; in unentwässertem Zustand sollen wenigstens 3 dm Torf vorhanden sein.

**Mooraufnahmen · moor mapping.** Feldmäßige Erhebungen zur Erfassung der wertbestimmenden Eigenschaften von Mooren, die u. a. ihren Niederschlag finden in:
Karten, auf denen mit Kurven und Farben die Moorarten und die Mächtigkeit der Torflagen im Moorgelände dargestellt sind.

**Moorboden · boggy soil.** Oberste, schon stärker zersetzte (vererdete), biologisch belebte Lage einer Moor- oder anmoorigen Fläche.

**Moorerde · moor soil.** Moorbildungen, in denen mit bloßem Auge oder mittels Fingerprobe ein starkes Überwiegen der nicht verbrennbaren Beimischungen, wie Sand, Ton und dergleichen (von mindestens 70 Gew.-% Asche) in der Trockenmasse zu erkennen ist.

**Moorkarten · moor maps.** Karten, auf denen mit Kurven und Farben die Moorarten und die Mächtigkeit der Torflagen im Moorgelände dargestellt sind.

**Moorprofildarstellungen · peat profile, moor profile.** Darstellungen von Moorprofilen nach Torfarten, Zersetzungszustand (Vererdungszustand) der Torfe, Anteil an Mineralbodenarten oder Einflüssen (Holz, Stubben, Raseneisenstein, Beschaffenheit des mineralischen Untergrundes) sind für eine erfolgversprechende Moorkultur unerläßliche Planunterlagen.

**Moorsackung · moor settling.** Vornehmlich durch Entwässerung bewirkte Senkung der Mooroberfläche, die im Laufe der Nutzung durch Schwund an Torfsubstanz vergrößert wird.

**Moorverwehung · moor drift.** Wegwehen des in Pulvergefüge übergegangenen Moorbodens durch den Wind.

**Morphologie (Geomorphologie) • geomorphology.** Lehre von der Form der Erdoberfläche.

**Mudden • peat deposits, silt deposits.** Fein zerteilte, im Wasser entstandene, Ablagerungen:

a) Torfmudden mit mehr als 30 % Verbrennbarem (zerteiltpflanzliche Torfe: Torf-, Lebermudden);

b) mineralische Mudden mit weniger als 30 % Verbrennbarem (Kalk-, Ton-, Sandmudden).

**Muffe • socket, sleeve of a pipe.** Verbindungsstück für zwei Rohrenden (Rohrmuffen) auch als Erweiterung eines Rohres zum Einsetzen des anderen.

**Muffenverbindung • bell and spigot joint.** Besteht bei Gußeisenrohren aus Stemm-Muffen und gummigedichteten Schraubmuffen, bei Stahlrohren aus Stemm-Muffen und Gummirollverbindungen, bei Stahlbetonrohren aus Glocken- und Überschiebemuffen.

**Müll • refuse.** Die in den Haushaltungen anfallenden Abfälle an organischen und nichtorganischen Stoffen.

**Müllverbrennung • refuse incineration.** Müllverbrennung beseitigt den durch Aussortieren gewonnenen Grobmüll, der sich nicht für die Kompostierung eignet.

**Müllverwertung • utilization of refuse.** Müllverwertung erfolgt durch Kompostierung sortierten und zerkleinerten Hausmülls mit Frischschlamm und wird dadurch hygienisch einwandfrei in gleichmäßig zusammengesetzte, dem Stallmist gleichwertige Bodennahrung (Stadtkompost) übergeführt.

**Mullwehe • peat drift.** Dünenartige Ablagerung der vom Winde fortgetragenen feinen Moorteilchen (Mull).

**Mure, Murgang • boulder-formation in a mountain stream.** In einem Wildbach zu Tale treibende Schutt- und Geröllmassen, die den gesamten Wasserlaufquerschnitt ausfüllen.

**Muschelkalk, Muschelkalkstein • shell limestone; shell rock.** 1. Kalkstein, der vorwiegend aus Schalen und Schalenfragmenten von Muscheln, verkittet durch Calcium-Karbonat, besteht;
2. Mittlere Abteilung der Trias-Formation.

**Mutterboden (Humus) • surface soil, humus.** Ist die wenige Dezimeter starke, bakterienbelebte oberste Schicht des Bodens mit starkem Gehalt an organischen Teilchen.

**Mycobacterium tuberculosis • mycobacterium tuberculosis.** Wissenschaftliche Bezeichnung für Tuberkelbakterien.
Da sie sich in gefärbtem Zustand durch Mineralsäure nicht entfärben lassen, werden sie als säurefest bezeichnet. Man unterscheidet mehrere Arten und Varianten: Erreger der Tuberkulose des Menschen (Typhus humanus), des Rindes (Typhus bovinus), der Vögel (Typhus avium) u. a. m.

**Nachfaulraum · secondary digestion tank.** Nachfaulraum, getrennter Faulraum, in dem noch nicht vollständig ausgefaulter Abwasserschlamm so lange weiter behandelt wird, bis er die technische Faulgrenze erreicht hat.

**Nachklärbecken · secondary sedimendation tank or basin.** Nachklärbecken, Absatzbecken, in dem beim Belebungsverfahren der belebte Schlamm, und bei anderen künstlichen biologischen Abwasser-Reinigungsverfahren (Tropfkörper, Tauchkörper) der aus den biologischen Körpern ausgespülte Schlamm vom gereinigten Abwasser getrennt wird.

**Nacht · night.** Ergänzung des Lichttags auf den Kalendertag, von 22.00 bis 6.00 Uhr dauernd, falls nicht im Einzelfall anders bestimmt und angegeben.

**Nadel · needle.** Stab aus Holz mit rechteckigem Querschnitt, Stahlrohr, Spundbohle oder Stahlträger als Verschlußteil eines Nadelwehres.

**Nadelbock · needle support.** Meist umlegbarer Bock aus Stahl, Stahlbeton oder (veraltet) Holz, der die Nadellehne und den Bedienungssteg eines Nadelwehres trägt.

**Nadellehne · needle beam.** Siehe Nadelwehr.

**Nadelverschluß · needle weir.** Wehr- oder Notverschluß, der durch aufrechtstehende Nadeln gebildet wird, die sich unten gegen eine Schwelle in der Sohle und oben gegen einen waagerechten Träger (Nadellehne) legen.

**Nadelwehr · needle weir.** Bewegliches Wehr, dessen Verschluß durch dicht an dicht aufrecht stehende Nadeln gebildet wird, die sich unten gegen einen Anschlag in der Wehrsohle und oben gegen einen waagerechten Holm (Nadellehne) lehnen.

**Nahspeicher, Werkspeicher · reservoir, direct connected with power station.** Mit der Nutzungsanlage unmittelbar verbundener Speicher.

**Nahtloses Rohr · seamless pipe.** Ohne Längsnaht hergestelltes Stahlrohr.

**Nanoplankton · nanoplankton.** Kleinste Wasserorganismen, die höchstens von feinsten Planktonnetzen zurückgehalten oder durch Zentrifugieren oder längeres Sedimentieren gewonnen werden.

**Nasser Schieberschacht · wet gate chamber.** Dem Außenwasser im Betrieb zugänglicher und daher wassergefüllter Schacht mit offenem Wasserein- und -auslaß.

**Naßgalle · wet spot.** Eine Geländestelle, die durch geringe zutage tretende Grundwassermengen vernäßt ist.

**Naturasphalte · natural asphalt.** Natürlich vorkommende Gemische von Bitumen und Mineralstoffen (z. B. Trinidad-Asphalt).

**Naturgestein · natural rocks.** Alle natürlich entstehenden Gesteine.

**Natürliche Dränung · natural drainage.** Dränung mittels in schwerem Boden vorhandener sandiger oder kiesiger Adern bzw. einer eingelagerten Sand- oder Kiesschicht. Dränrohre dabei nicht erforderlich.

**Natürlicher Sand · natural sand.** Unverfestigte Ablagerungen von Gesteinskörnern (Bimssand, Fluß-, Gruben-, Moränensand).

**Natürlicher Wiesenbau · contour irrigation.** Berieselungsanlage auf Grünland, bei welcher der Verlauf der Gräben dem Gelände angepaßt und ein Umformen der Geländeoberfläche möglichst vermieden wird.

**Nebel · fog.** Nebel, feinste Wassertröpfchen von etwa 0,02 mm Ø, scheiden sich bei Temperaturen über dem Gefrierpunkt aus dem Wasserdampf der Luft aus.

**Nebelniederschlag • precipitation caused by fog.** Nebelniederschläge sind abgesetzte, von oberirdischen Vegetationsformen aufgefangene flüssige oder feste Niederschläge. Sie bilden sich durch Ausfällen der an Bäumen und Sträuchern abgelagerten Nebeltröpfchen (Nebelreißen), die, zu größeren Tropfen zusammenfließend (Koagulation), als Nebeltraufe sichtbar werden oder bei Temperaturen unter dem Gefrierpunkt ($T \geqq 0°$ C) zu beachtlichen Nebelfrostablagerungen anwachsen.

**Nebensperre • lateral check dam.** Abseits der Haupttalsperre liegender Abschluß von Gelände-Scharten oder -Sätteln in den das Staubecken seitlich abschließenden Talrändern (Wasserscheiden).

**Nehrstrom • eddy current.** Rückläufige Nebenströmung, z. B. im Buhnenfeld.

**Nehrung • beach ridge.** Landzunge zwischen Haff und See.

**Neigung (im Bauwesen) • slope, inclination.** Die Schräglage einer Ebene oder Linie im Verhältnis zur Waagerechten.

**Nekton • nekton.** Kleintiere des freien Wassers, die zu aktivem Ortswechsel befähigt sind.

**Nenndruck • nominal pressure.** Druckstufe bei Rohrleitungen, Grundlage für die Berechnung der Rohrleitungsteile.
Bei Gas-Druckreglern und ihren Sicherheitseinrichtungen der Druck für den das Reglergehäuse hinsichtlich seiner Festigkeit ausgelegt ist.

**Nenndurchmesser • nominal diameter.** Sollmaß der lichten Weite.

**Nennfallhöhe (Konstruktionsfallhöhe) • nominal head.** Die der Bemessung einer Wasserturbine zugrunde liegende Nutzfallhöhe.

**Nennleistung • rated output.** Auf dem Leistungsschild der Maschine angegebene, für einen Regelzustand gültige Leistung.

**Nennweite • nominal diameter.** Kennzeichnung für die zueinander passenden Einzelteile einer Rohrleitung. Die Nennweiten entsprechen im allgemeinen dem lichten Durchmesser.

**Netzbelastung • network load.** Die Summe der an den Kraftwerkseinspeisepunkten eines Netzes auftretenden Belastungen.

**Neulandgewinnung • reclamation.** Verwandlung vom Wasser bedeckter Flächen in Nutzflächen:
Zufüllen von Schlenken, Altarmen und dgl., Seesenkung, Landgewinnung an der Küste mit Tideerscheinung; im weiteren Sinne auch Ödlandkultivierung.

**Nichtrostender Stahl • stainless steel.** Mit etwa 12 bis 18% Chrom, ohne oder mit etwa 8 bis 12% Nickel, im Bauwesen nur bei seltenen Sonderaufgaben verwandt.

**Niederdruckanlage • low head power station.** Wasserkraftanlage mit Nutzfallhöhe unter etwa 20 m.

**Niederdruckpumpe • low lift pump.** Pumpe mit einer Förderhöhe bis etwa 25 m (Gegensatz Mittel- und Hochdruckpumpe).

**Niedermoor • low moor, bog.** Durch Verlanden von Seen oder Flußläufen oder durch häufige Überschwemmungen entstandenes (topogenes), kalk- und stickstoff-, vereinzelt auch kali- und phosphorsäurereiches (eutrophes) Moor.

**Niederschlag (atmosphärischer) · precipitation.** Das aus der Lufthülle ausgeschiedene Wasser, in Form von Regen, Schnee, Graupeln, Hagel, Eiskörner oder gefrorenen Regentropfen, Tau, Reif, Rauhreif und Glatteis; auch können stark nässende Nebel meßbare Niederschläge ergeben. Hauptformen: Regen und Schnee. Maß: Niederschlagshöhe.

**Niederschlagsgebiet · drainage basin.** Das durch eine oberirdische Wasserscheide begrenzte Einzugsgebiet.

**Niederschlagshöhe · height of precipitation.** Niederschlag an einer Meßstelle oder, unter Annahme gleichmäßiger Verteilung, auf eine Gebietsfläche während einer anzugebenden Zeitspanne, als Wasserhöhe ausgedrückt.

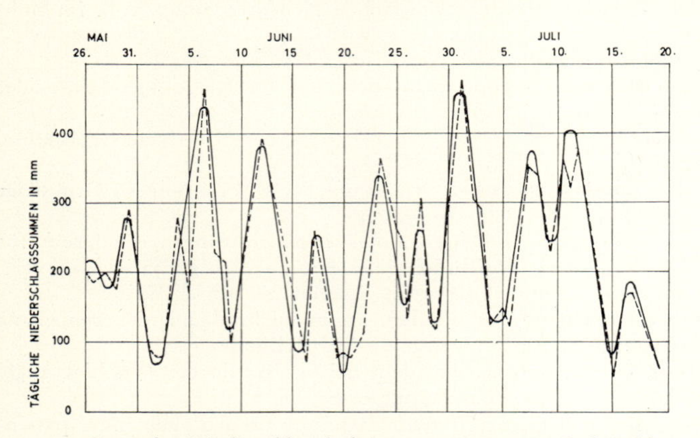


*Gang der Niederschlagshöhensummen von 92 Niederschlagsmeßstationen Europas*

**Niederschlagsmesser · rain gage.** Standardgerät für die Niederschlagsmessung ist der Regenmesser nach Hellmann mit einer Auffangfläche von 200 cm² (Durchmesser der Auffangfläche 159,6 mm).

**Niederschlagssammler · totalizer, rain collector.** Für Niederschlagsmessungen an schwer zugänglichen Stellen des Gebirges oder in unbewohnten Gebieten (Beobachtermangel) werden an Stelle des Niederschlagsmessers Niederschlagssammler (Totalisatoren) eingesetzt. Sie sammeln und speichern die aufgefangenen Niederschläge bis zum vorgesehenen Meßtermin (monatlich, halbjährlich oder jährlich).

**Niederschlagsschreiber · recording rain gage.** Fortlaufende Aufzeichnungen der Niederschläge und damit Angaben über die Niederschlagsdauer liefert der Niederschlagsschreiber (Schreibregenmesser).

**Niedrigster Niedrigwasserstand · L. L. W.: lowest low water level.** Unterster Grenzwert der Wasserstände.

**Niedrigster Tidehochwasserstand · lowest high water level.** Unterer Grenzwert der Tidehochwasserstände.

**Niedrigster Tideniedrigwasserstand · L. L. W.: lowest low water level.** Unterer Grenzwert der Tideniedrigwasserstände.

**Niedrigstes Niedrigwasser · lowest low discharge.** Unterster Grenzwert der Abflüsse.

**Niedrigwasser · lowest discharge.** Unterer Grenzwert der Abflüsse.

**Niedrigwasserstand · low water level.** Unterer Grenzwert der Wasserstände.

**Nitrate · nitrates.** Nitrate, Salze der Salpetersäure, Endprodukte der Oxydation stickstoffhaltiger organischer Stoffe, in reinem Trinkwasser bis zu 10 mg/l, zuweilen bis zu 30 mg/l enthalten. Höhere Werte sprechen für Wasserverunreinigung.

**Nitrifikanten · nitrobacteria.** Bakterien, die ihren Sauerstoffbedarf unter Oxydation von Ammoniak zu Nitrit (Nitritbakterien) bzw. von Nitrit zu Nitrat (Nitratbakterien) decken können.

**Nitrite · nitrites.** Nitrite, Salze der salpetrigen Säure, kommen in hygienisch einwandfreien Wässern nur ausnahmsweise vor.

**Niveaufläche · level surface.** Fläche gleichen statischen Druckes.

**Nivellierinstrument · level.** Zur Messung von Höhenunterschieden mittels horizontaler Visuren, fast ausschließlich in Verbindung mit festem Stativ.

**Nivellierlatte · leveling rod.** Ein beim Nivellement benutzter Vertikalstab zur Ablesung des Lotabstands eines Höhepunktes von der durch das Nivellier bestimmten horizontalen Visur.

**Nomographie · nomography.** Nomographie liefert die Verfahren zur Herstellung von Rechentafeln in Form von Kurvenblättern, Netztafeln, Fluchtlinientafeln usw., welche eine zeitraubende Zahlenrechnung durch Ablesung an geraden oder gekrümmten Linien, Netztafeln u. ä. ersetzen.

**Nonius · vernier.** Neben dem Ablesemikroskop wichtigste Ablesevorrichtung an geodätischen Instrumenten, auch an Schublehren. Nonius ist mit dem Nullzeiger beginnende, mit der Hauptteilung gleichgerichtete Hilfsteilung von n gleichen Teilen, deren Länge (n–l) Teilen der Hauptteilung entspricht.

**Norm · standard.** Ungeachtet naturgegebener Normen sind Normen durch Gewohnheit entstandene oder durch Festlegungen geschaffene vereinheitlichende, zweckbestimmte Regelungen einer Vielfalt.

**Normalbohrungen · normal drilling.** Normalbohrungen sind die bei Baugrunduntersuchungen üblichen Bohrungen in nicht gesteinsartigen Böden. Ihre Tiefe übersteigt selten 20 bis 30 m, kann jedoch unter Umständen bis zum 4- bis 5fachen Betrag anwachsen.

**Normal-Null · mean sea level.** Amtlich festgelegte Ausgangs- oder Bezugsfläche für alle Höhenmessungen in Deutschland.

Ungefähr mit dem mittleren Meeresspiegel der Nordsee zusammenfallende Niveaufläche der Erde. Sie verläuft 37 m unter dem «Normalhöhenpunkt von 1879» an der früheren Berliner Sternwarte und nach ihrem Abbruch 54,638 m unter dem «Normalhöhenpunkt von 1912» bei Berlin-Hoppegarten.

**Normalstau · normal storage level.** Das bei Stauanlagen normalerweise gültige Stauziel.

**Normalverteilung, Standardabweichung · normal distribution, standard deviation.** Bei einer Normalverteilung (Gaußschen Verteilung) fallen im Mittel von 1000 unabhängigen Einzelwerten praktisch:

317 außerhalb d. Bereiches: $x \pm 1{,}00$ (Statistische Sicherh. P = 68,3 %)
46 außerhalb d. Bereiches: $x \pm 2{,}0$ (Statistische Sicherh. P = 95,4 %)
3 außerhalb d. Bereiches: $\pm 3{,}0$ (Statistische Sicherh. P = 99,7 %, genauer 99,73 %).

Eine statistische Sicherheit von z. B. P = 68,3 % bedeutet, daß 68,3 % einer sehr großen Anzahl n von Einzelwerten innerhalb des Bereiches: $\pm 1{,}00$ zu erwarten sind.

**Notauslaß · emergency outlet.** Bezeichnung für Auslässe, die nur in Notfällen geöffnet werden.

**Notauslaß (bei künstlichen Wasserläufen) · relief-sluice, sluice gate.** Einrichtung, die das Überschreiten eines bestimmten Wasserspiegels verhindern soll (Überfall, selbsttätige Klappe, Heber).

**Notverschluß · emergency gate made up of stop logs.** Vorrichtung, die an Stelle einer Verschlußvorrichtung z. B. eines Schleusentors oder einer Umlaufschütze eingebracht wird, wenn diese außer Betrieb gesetzt werden müssen, meist Nadel- oder Dammbalken-Verschlüsse.

**N-S-Quotient · precipitation quotient.** Quotient aus der Niederschlagshöhe und dem absoluten Sättigungsfehlbetrag der Luft innerhalb eines bestimmten Zeitraumes.

**Nut · groove.** Rechteckige Vertiefung in den Stoßflächen von Brettern, Bauplatten usw. In der Nut wird die Feder des Anschlußstückes eingeschoben.

**Nutzbare Kammerlänge · useful length of lock chamber.** Länge der Schleusenkammer, soweit sie von Schiffen belegt werden kann.

**Nutzbarer Hohlraumgehalt bei der Grundwasserspeicherung · specific yield of pore space.** Hohlraumgehalt, der beim Fallen der Grundwasseroberfläche unter Eindringen von Luft frei, beim Steigen unter Entweichen von Luft gefüllt wird, früher «spezifische Wasserlieferung» genannt.

**Nutzbarer Porengehalt · useful void space.** Nutzbarer Hohlraumgehalt bei feinen Hohlräumen, z. B. in Sand.

**Nutzfallhöhe · net available head.** Verfügbare Energiefallhöhe an der Turbine = dem Höhenunterschied der Energielinien vor und hinter der Turbine.

**Nutzleistung · net capacity.** Die an der Triebwelle der Wasserkraftmaschine abnehmbare Leistung.

**Nutzraum, Speichernutzraum · operating reservoir capacity.** Der für Betriebszwecke bestimmte Teil des Speicherraumes.

**Nutzwasser · service water.** Im Haushalt oder in gewerblichen Betrieben verwendetes, aus Einzel- oder zentralen Wasserversorgungsanlagen entnommenes Wasser. Gegensatz: Brauchwasser (nur für gewerbliche Zwecke verwendbar).

**Oberer Grenzwert. Maximum · maximum.** Größter Wert in einer Zeitspanne, Maximum der Ganglinie.

**Oberflächenbeschickung · surface charge.** Verhältnis des stündlichen (auch täglichen) Zuflusses zur Oberfläche.

**Oberflächenentwässerung · surface drainage.** Die Ableitung des Niederschlagswassers von Grundstücken.

**Oberflächengeschwindigkeit · surface velocity.** Geschwindigkeit im Wasserspiegel.

**Oberflächenwasser · surface water.** Wasser natürlicher oder künstlicher oberirdischer Gewässer (z. B. Fluß-, Seen- und Talsperrenwasser).

**Oberflächenwellen · gravity waves.** 1. Schwingungsweite und Wellenlänge sind klein gegenüber der Wassertiefe, und die Bewegung der Teilchen reicht nicht bis zum Grund.

2. Die senkrechte Bewegungsweite eines Teilchens ist nicht sehr verschieden von der waagerechten, die beiden Durchmesser der Kreisbahnen sind von gleicher Ordnung.

3. Jede Wellenlänge hat ihre eigene Fortschrittsgeschwindigkeit ($v_W$),

$$v_W = \frac{2L}{2T} = \frac{L}{T}$$

Dadurch entsteht eine Zerstreuung.

**Oberhaupt · head gate.** Oberhaupt, Schleusenhaupt, das Schleuse nach Oberwasser hin begrenzt.

**Oberirdischer Abfluß · surface runoff.** Oberirdischer Abfluß, der auf der Erdoberfläche abfließende Teil des Niederschlags, im Gegensatz zum unterirdisch abfließenden Teil.

**Oberpegel · upstream gage.** Pegel im Oberwasser eines Binnengewässers.

**Oberster Grenzwert, absolutes Maximum · absolute maximum.** Überhaupt bekannter größter Wert, Maximum aller oberen Grenzwerte.

**Oberwasser · headwater, upland discharge.** Bei Binnengewässern: das Wasser oberhalb einer Staustufe.

Im Tidegebiet: der von oberhalb der Tidegrenze stammende Abfluß.

**Oberwasserspiegel · headwater level.** Der nach Lage und Höhe bestimmte Wasserspiegel oberhalb einer Fallstufe oder Wasserlaufteilstrecke.

**Offene Gründung · open foundation method.** a) Im Trocknen: 1. Unmittelbares Aufsetzen des Bauwerks auf guten Baugrund. 2. Verbreitern der Bauwerkssohle durch Sand- und Steinschüttung, Schwellrost oder Platten (Betongründung). 3. Verbessern des Baugrunds durch Ersetzen schlechten Bodens durch besseren, Verdichten, chemische Bodenverfestigung oder Versteinerungsgründung.

b) Im Wasser: 1. Gründung auf Sand-Kies- oder Steinschüttung im freien Wasser. 2. Betongründung durch Einbringen von Beton in Säcken, Kästen oder im Kontraktorverfahren (Unterwasserbeton). 3. Steinkistengründung. 4. Blockgründung. 5. Schwimmkastengründung.

**Offener Deich · a dike closed at its upstream end.** Deich, der nur am oberen Ende an hochwasserfreies Gelände oder an einen geschlossenen Deich anschließt. Das Hochwasser kann also von unten her in das eingedeichte Gebiet zurückstauen.

**Offener Hafen · open harbor.** Hafen, der eine offene Verbindung mit dem Außenwasser hat.

**Offener Überfall · overfall.** Kronenüberfall ohne Verschluß.

**Öffentliche Wasserversorgung · public water supply.** Wasserversorgung, die der Versorgung der Allgemeinheit (Öffentlichkeit) dient (unabhängig von der Art des Rechtsträgers).

**Öffnungsschwall · positive surge.** Füllschwall im Unterwasser, der durch plötzliches Öffnen einer Absperrvorrichtung zum Oberwasser entsteht.

**Öffnungssunk · negative surge.** Entnahmesunk im Oberwasser, der durch plötzliches Öffnen einer Absperrvorrichtung zum Unterwasser entsteht.

**Ölfang (Fettfang) · grease trap.** Bauwerk, in dem der Abwasserdurchfluß soweit verlangsamt wird, daß sich die vom Abwasser mitgeführten öligen und fettigen Stoffe (Mineralöle, fette Öle und Fette) durch Aufschwimmen ausscheiden und abgeschöpft werden können. Im allgemeinen wirkt hiernach jedes Absetzbecken als Ölfang. Zur Entlastung des Absetzbeckens wird aber bei besonders öl- und fettreichen Abwässern vor dem Becken, zuweilen auch vor dem Sandfang ein besonderer Ölfang angeordnet. Das Ausscheiden der Öl- und Fettstoffe wird durch Einblasen von Luft sehr gefördert. Luftbedarf bei 3 min Durchflußzeit 0,2 $m^3$ Luft je $m^3$ Abwasser.

**Ölhafen · oil wharf.** Hafen zum Umschlag von Mineralöl.

**Oligodynamisch · oligodynamic.** Eigenschaft gewisser Metalle, z. B. Silber, in geringsten Mengen in Wasser gelöst, zellzerstörend (keimtötend) zu wirken.

**Oligodynamische Wirkung · oligodynamic effect.** Zellzerstörende (keimtötende) Wirkung gewisser in geringsten Mengen im Wasser gelöster Metalle, z. B. Silber.

**Oligosaprobien · oligosaprobic organisms.** Bezeichnung für Organismen, die für ein wenig verschmutztes Gewässer kennzeichnend sind.

**Oligotroph · oligotroph.** Bezeichnung für nährstoffarme Gewässer mit geringer Produktion an organischer Substanz.

**Opferstrecke · sacrificed reach.** Aus zwingenden wirtschaftlichen oder technischen Gründen unter Preisgabe von Wassernutzungen und unter Aufgabe des Gewässerschutzes der Abwasserableitung oder anderen Zwecken geopferte Gewässerstrecke.

**Orographischer Niederschlag · orographic rainfall.** Dieser Niederschlagstyp kennzeichnet die durch geländebedingte Hebung, d. h. durch erzwungenes Aufgleiten der Luft an Bodenerhebungen (bei gleichzeitiger adiabatischer Abkühlung und Kondensation) ausgelösten Niederschläge, z. B. der Stauniederschlag im Luv von Gebirgszügen.

**Orterde, Branderde · soil-forming hardplan.** Im Entstehen begriffener, noch leicht zerreiblicher Ortstein.

**Ortpfahl · cast-in-place concrete pile.** Gründungspfahl, der an Ort und Stelle in einem Mantelrohr im Boden betoniert wird; Mantelrohr meist wieder gezogen.

**Ortsentwässerung · town drainage.** Sammlung und Ableitung des häuslichen Schmutzwassers und des Niederschlagswassers in einer Gemeinde.

**Ortsfeste Beregnungsanlage · permanent irrigation system.** Anlage, deren Rohrleitungen sämtlich unterirdisch verlegt sind.

**Ortstein · hardpan, ortstein.** Durch Einlagerung der aus der Bodenkrume ausgewaschenen oder ausgelösten Humus-, Eisen- und sonstigen Verbindungen in den Untergrund hauptsächlich bei Heideböden und höheren Niederschlägen entstandene, mehr oder weniger mächtige und harte, undurchlässige, rotbraune bis schwarze Schicht.

**Oxyd · oxide.** Sauerstoffverbindung. Meiste Elemente reagieren mit Sauerstoff. Je nach Zahl gebundener Sauerstoffmoleküle spricht man von Mono-, Di-, Tri-, Tetra-, Pentoxyd.

**Oxydation · oxidation.** Reaktion eines Stoffes mit Sauerstoff unter Bildung eines sog. Oxyds. Verbrennung ist raschverlaufende Oxydation mit Luftsauerstoff, Rostung ein langsamer Oxydationsvorgang.

**Ozon · ozone.** Ozon, dreiatomiger Sauerstoff mit stark oxydierenden Eigenschaften.

**Ozonisierung · ozonation.** Zusatz von Ozon zum Entkeimen von Wasser und/oder zur Geruchs- und Geschmacksverbesserung.

**Packeis · pack ice.** Regellose Anhäufung von zusammengeschobenen und zusammengefrorenen Eisschollen.

**Packwerk · fascine filling, fagotting.** Übereinander gepackte, 0,50–0,70 m dicke Schichten von Faschinen, die durch Würste und Pfähle miteinander verbunden und durch Zwischenlagen von Erde oder Steinen beschwert sind. Es dient zum Verbauen von Abbrüchen und Kolken, zum Bau von Buhnen, Dämmen und dgl.

**Paläontologie · paleontology.** Die Lehre der Versteinerungen von Tier- und Pflanzenwelt aus früheren geologischen Zeiten.

**Parallelschleuse · twin lock.** Doppelschleuse (Zwillingsschleuse) mit zwei nebeneinanderliegenden, durch eine Mittelmauer getrennten Kammern, die verschieden groß sein können.

**Parallelwerk · longitudinal training wall.** Dammartiges, gleichlaufend zur Flußrichtung liegendes Regelungsbauwerk im Flußbau zur Einengung des Wasserlaufquerschnitts. Bauart wie Buhne.

**Paratyphus B · paratyphoid.** Paratyphus B, typhusähnliche Erkrankung des Magens und Darmes, durch verunreinigtes Wasser verursacht und übertragbar.

**Paratyphus-Enteritis-Bakterien · paratyphoid bacteria.** Trivialname für Arten aus der Gattung Salmonella, die ein typhusähnliches Krankenbild bzw. fieberhaften Durchfall hervorrufen können.

**Pathogene Keime · pathogenic bacteria.** Pathogene Keime (krankheitserregende Keime) gelangen vielfach mit menschlichen und tierischen Abfallstoffen in das Wasser (Typhus, Paratyphus-, Ruhr-, Cholera-Bazillen).

**Pegel · water-level gage.** Einrichtung zum Messen des Wasserstandes.

**Pegelboden · gage sheet.** Registrierpapier für Schreibpegel.

**Pegelfestpunkt · bench mark.** Festpunkt in der Umgebung des Pegels zur Überwachung einer Höhenlage.

**Pegelnull · gage zero.** Bezugshorizont eines Pegels.

**Pegelnullpunkt · zero point of gage.** Teilungsnull eines Lattenpegels.

**Pegelstelle · gaging station.** Meßstelle des Wasserstandes an einem Flußlauf durch einen Pegel.

**Peilen, loten · sound.** Die lotrechte Wassertiefe messen.

**Peilrohr (beim Brunnenbau) · sounding pipe.** Rohr zum Messen des Wasserstandes.

**Pelagial · pelagial.** Region des freien Wassers.

**Petrographie (Gesteinskunde, Lehre der Festgesteine) · petrography.** Petrographie behandelt die Entstehung und Zusammensetzung der die feste Erdkruste zusammensetzenden Gesteine.

**Pfahlbuhne · pile groin.** Regelungsbauwerk, bestehend aus einer Reihe dicht an dicht oder in Abständen stehender Pfähle, das buhnenartig in den Wasserlauf hineingebaut wird und dem gleichen Zweck wie eine Buhne dient.

**Pfahlgründung · pile foundation.** Eine Gründungsart, bei der die Bauwerkslasten durch Pfähle auf tieferliegende, tragfähige Bodenschichten übertragen werden.

**Pfahljoch · trestle.** Gruppe zusammengehöriger Rammpfähle mit Längs- und Querverstrebungen zur Unterstützung eines Brückenbauwerkes oder eines Montagegerüstes.

**Pfahlrost · pile grating.** Gründung bei ungenügender Tragfähigkeit des Baugrundes oder Unwirtschaftlichkeit massiver Fundamente; besteht aus Pfählen, Spundwand, Pfahlrostplatte und Aufbau (Mauerwerk oder Winkelstützmauer).

**Pfahlschuh · pile shoe.** Stählerne Spitze für Holz- oder Stahlbetonpfähle, wenn diese in festen, steinigen Boden eingerammt werden sollen.

**Pfahlwand · pile dike.** Im Wasserbau verwendete, stumpf nebeneinandergeschlagene Anzahl Holzpfähle von 25 bis 30 cm Dicke. Heute meist durch Spundwand aus Holz, Stahl oder Stahlbeton ersetzt.

| Pfahlart | zulässige Belastung (*t*) | Pfahlart | zulässige Belastung (*t*) |
|---|---|---|---|
| Holzpfähle | 15–25 | Fertigbetonpfähle | 30–45 |
| Verbundpfähle | 20–30 | I-Stahlpfähle | 30–45 |
| Ortbetonpfähle | 30–40 | | |

*Übliche Pfahlbelastungen für Entwürfe*

**Pfahlzieher · pile extractor.** Pfahlzieher, Gerät zum Lockern und Herausziehen von Pfählen und Spundbohlen. Der Kolben, gegen den der Bär-Zylinder umgekehrt wie beim Rammhammer von unten schlägt.

**Pfeiler · pier.** Stützender, meist rechteckiger Bauteil oder Mauerkörper; dient zur Aufnahme der Lasten auf ihm ruhender Träger, Bogen, Gewölbe usw., entweder freistehend (z. B. Brücken-, Strebepfeiler) oder aus der Wand hervortretend (Wandpfeiler).

**Pfeilergründung · pier foundation.** Pfeilergründung ist eine Schachtgründung. Um Erdaushub und Grundmauerwerk zu sparen, werden an Stelle von durchgehender Fundamentmauerung einzelne Fundamentpfeiler (Grundpfeiler) auf tragfähigem Baugrund errichtet und diese oben, aber noch unter der Erdoberfläche, durch Gurtbogen (Grundbogen), Stahlbetonbalken oder -platten miteinander verbunden.

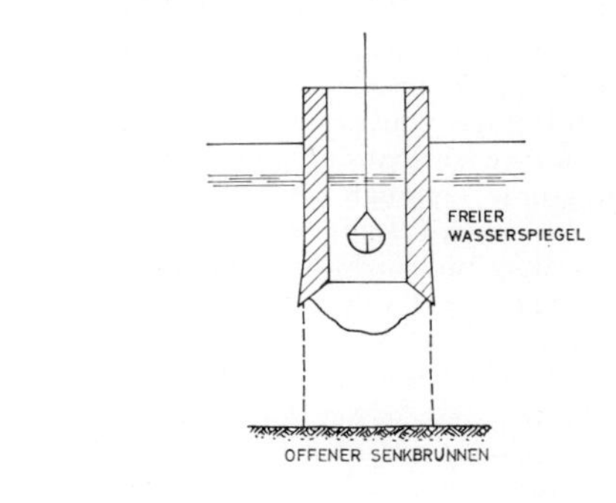


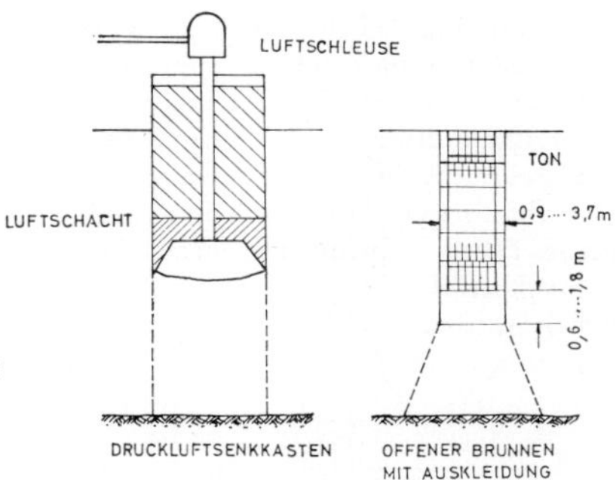


*Verfahren für Pfeilergründungen*

**Pfeilerkopfmauer · round-headed buttress dam.** Staumauer, die aus Pfeilern mit verdickten, einander berührenden Köpfen gebildet wird, die Berührungsfugen der Köpfe müssen dicht sein.

**Pfeilerkraftwerk · buttress power station.** Staukraftanlage, bei der die Maschinen in den Wehrpfeilern eingebaut sind.

**Pfeilerstaumauer · buttress dam.** Staumauer, die aus einer Reihe gleichartiger und in der Regel gleichmäßig voneinander entfernter Pfeiler mit

a) Platten, b) Gewölben, c) Kuppeln

dazwischen besteht. Solche Staumauern bezeichnet man auch mit

a) Plattenreihen-, b) Gewölbereihen-, c) Kuppelreihen-Staumauern.

**Pflanzennutzbares Wasser · water useful for plants.** Wassergehalt des Bodens, soweit er für bestimmte Pflanzen nutzbar ist, ausgedrückt in mm Wasserhöhe.

**Pflanzenphysiologisch nutzbares Wasser · water useful for plant fertilization.** Sämtliches über die etwa zweifache Hygroskopizität vorhandenes Bodenwasser, sofern es nicht als Schadwasser auftritt.

**Pflanzenverdunstung (Transpiration) · transpiration.** Verdunstung aus den Pflanzen.

**Pflichtwasser · duty water.** Wasser, zu dessen Abgabe der Unternehmer der Wasserkraftanlage verpflichtet ist.

**Pflock · peg.** Pflock, kurzes, meist rundes und an einem Ende angespitztes Holzstück von geringem Durchmesser, wird in die Erde eingeschlagen, um eine Verspannung, Drähte o. ä. daran zu befestigen.

**Pflugsohle · plough layer.** Durch Pflugarbeit im nassen Boden verschmierte oder durch ständig gleichtiefes Pflügen von eingesickerten Kolloiden verdichtete Bodenschicht in Pflugtiefe.

**pH-Wert · pH-value.** Maßzahl für die Wasserstoffionen-Konzentration zur quantitativen Kennzeichnung der Reaktion eines Wassers.

**Physikalische Bodenuntersuchung · physical soil test.** Bestimmung der Durchlässigkeit, des Poren-, Wasser- und Luftgehalts, des Wasser- und Lufthaltevermögens, der Hygroskopizität, Benetzungswärme, der Wichte, der Kapillarität u. a. des Bodens.

**Pier, Kaizunge, Höft · pier.** Siehe unter Höft.

**Piezometer · piezometer.** Piezometer, Druckmesser.

**Pilaster · pilaster.** Flacher, nach Art der Säule gegliederter Wandpfeiler.

**Pilotengründung · pile foundation.** Pilotengründung, ältere, heute noch in Österreich übliche Bezeichnung für Pfahlgründung. Die einzelnen Rammpfähle heißen Piloten.

**Pitot, Druck · pitot tube head.** Druck, den ein ideales Pitot-Rohr anzeigt; bei Unterschallströmung und nicht zu kleiner Reynolds-Zahl gleich dem Gesamtdruck; bei Überschallströmung gleich dem Gesamtdruck hinter einer normalen Stoßwelle.

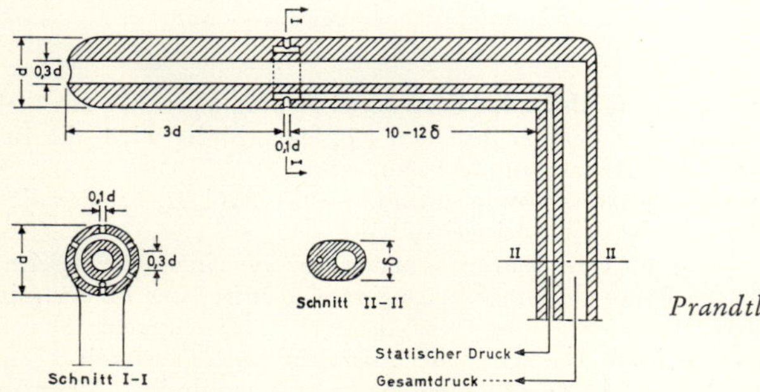


*Prandtl-Rohr*

**Pitotrohr · pitot tube.** Druckmeßsonde zur Messung des Gesamtdruckes in einer Strömung, der sich aus dem statischen und dem dynamischen Druck zusammensetzt.

**Plan · design.** Darstellung, die angibt, wie Gegenstände in ihrer Lage oder im Hinblick auf ihre Funktion zusammengehören. (Kräftepläne gehören nicht hierzu; ihrem Sinne nach sind sie graphische Darstellungen.)

**Planimeter · planimeter.** Ermöglicht Bestimmung des Inhaltes beliebig begrenzter Flächen durch einfaches Umfahren. Die Meßrolle des Planimeter macht dabei eine der Fläche proportionale Zahl von Umdrehungen, so daß der Flächeninhalt unter Berücksichtigung von Maßstab und Planimeterkonstanten aus der Differenz der Ablesungen vor und nach der Umfahrung ermittelt wird. Für ingenieurtechnische Zwecke besonders geeignet Polarkompensationsplanimeter, daneben Scheiben- und Rollplanimeter im Gebrauch.

**Plankton · plankton.** Im Wasser treibende tierische und pflanzliche Organismen ohne stärkere Eigenbewegung.
Phytoplankton: pflanzliches Plankton; Zooplankton: tierisches Plankton.

**Plastizität · plasticity.** Plastisch ist ein Körper, wenn er bei normaler Temperatur leicht bleibend verformt werden kann.

**Plate · bar, sand bar.** Begrifflich nicht streng voneinander zu scheidende Bezeichnungen für flache Erhebungen im Bett der Strommündungen und Küstengewässer, die bis in die Nähe der Wasseroberfläche aufragen oder diese zeitweise überragen. Im allgemeinen bezeichnet man mit Plate die tiefer, mit Sand die höher, oft inselartig bei gewöhnlichen Wasserverhältnissen ständig trocken liegenden Erhebungen.

**Plattenreihen-Staumauer · slab and buttress dam.** Staumauer, die aus mehreren sich gegen Pfeiler stützende Stahlbetonplatten besteht (s. auch Pfeilerstaumauer).

**Plexiglas · plexiglas, perspex.** Handelsname für glasartig durchsichtigen Kunststoff aus Polymethacrylsäureestern. Zugfestigkeit etwa 700 kg/cm$^2$.

**Polder · polder.** Eingedeichte Fläche.

**Polderdeich · polder dike.** Zur Eindeichung von Poldern hergestellter Deich, der noch nicht durch sog. Verstühlung seitens der oberen Aufsichtsbehörden nach mehrjähriger Bewährung zum Schaudeich erhoben wurde.

**Polderpegel · polder gage.** Zulässiger höchster Wasserstand des Binnentiefs, der sich nach den niedrigsten Grundstücken der eingedeichten und durch Siele entwässernden Marsch richtet.

**Poller · bollard, mooring post.** Am Ufer stehender, kurzer starker Pflock aus Holz, Eisen oder Stahlbeton zum Festmachen der Schiffe, auch Haltepfahl genannt.

**Polygon · polygon.** Ein Vieleck.

**Polygonzug · traverse.** Im Vermessungswesen vorbereitende Festlegung im Gelände für Einzelaufnahmen und Stückvermessungen.

**Polysaprobien · polysaprobic organisms.** Bezeichnung für Wasserorganismen, die für ein sehr stark verunreinigtes Gewässer kennzeichnend sind.

**Polystrol · polystrol.** Polystrol, durch Polymerisation von Styrol (Vinylbenzol) hergestellter Kunststoff.

**Poncelet-Überfall · Poncelet measuring flume.** Meßüberfall zur Bestimmung von Wassermengen.

**Ponton (Pontontore) · floating lock gate.** Verschluß einer Schleusen- oder Dockeinfahrt, der aus einem Schwimmkörper besteht und vor die Einfahrt gelegt wird. Mit einer festen Drehachse verbunden heißen diese Verschlüsse Drehpontons, andernfalls Schiebe- oder Schwimmpontons.

**Porenbeton · cellular-expanded concrete.** Beton, in welchem durch Gas bzw. Schaum bei der Herstellung künstliche Poren erzeugt werden.
→ Gasbeton, Schaumbeton.

**Porengehalt · void ratio.** Anteil der Poren in 100 Raumeinheiten des Bodens.

**Porensaughöhe · pore head.** Die Erhebung des Wassers über die Grundwasseroberfläche infolge der Wirkung der Oberflächenspannung.

**Porensaugwasser · capillary water.** Wasser, welches der Porensaugwirkung gefolgt ist.

**Porensaugwirkung · capillarity.** Folge des Unterdrucks, welcher durch die molekularen Anziehungskräfte in der Grenzfläche der Bodenteilchen gegen Wasser entsteht.

**Porenvolumen · void space.** Mit «Porenvolumen» eines Bodens wird dessen Hohlraum, geteilt durch den Gesamtraum, bezeichnet. Das Porenvolumen wird mit n abgekürzt und in Prozent angegeben.

**Porenwasser · interstitial water, pore water.** Wasser, das die Poren zwischen den einzelnen Bodenteilchen erfüllt.

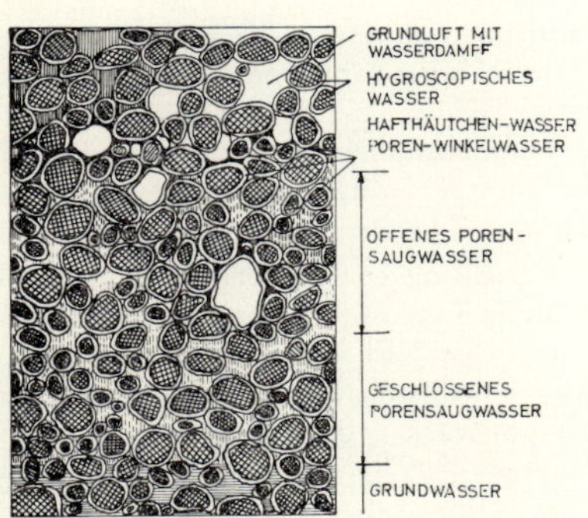


*Arten des Wassers im Boden*

**Porenwasserdruck · pore water pressure.** Der «Porenwasserdruck» ist der Druck des Porenwassers in wassergesättigtem Boden. Er ist gleich der Wasserspiegelhöhe $h_p$ in einem Standrohr über dessen Fußpunkt, der von der untersuchten Bodenprobe umgeben ist.

**Porenwinkelwasser · temporarily absorbed water.** Haftwasser, das in den Porenwinkeln sitzt.

**Porenziffer · void ratio.** Die «Porenziffer» stellt das Verhältnis des Hohlraumes zum Raum der völlig dicht gedachten festen Masse des Bodens dar. Sie wird mit ε abgekürzt und ist dimensionslos.

**Porosität · porosity.** Eigenschaft eines Körpers, durch Poren durchlässig zu sein.

**Potamologie · potamology.** Flußkunde, die Lehre von dem oberirdisch fließenden Wasser.

**Potentielle Wasserkraft (Rohwasserkraft) · potential hydro energy.** Eine unausgebaute Wasserkraft, im besonderen:
Die ideelle (verlustfrei berechnete) Leistung einer unausgebauten oder ausgebauten Wasserkraft bei mittlerer Wassermenge. $N_i = 9{,}81 \cdot MQ \cdot H$.

**Prahm · pram.** Flaches Schiffsgefäß mit geringem Tiefgang.

**Preßbeton · injection concrete.** Beton, der in Hohlräume eingepreßt wird (z. B. für Instandsetzungen von Mauerwerk).

**Prellkörper (Störkörper, Schikanen) · energy dissipator, baffle piers.** Unregelmäßig oder regelmäßig angeordnete und ausgebildete Hindernisse auf dem Schußboden oder der Sohle eines Tosbeckens.

**Priel, Balje, Ley, Loch, Seegat, Tief · tidal slough.** Begrifflich nicht streng zu unterscheidende Bezeichnungen für die Rinnen im Wattgebiet, auch örtlich verschieden gebräuchlich.

**Primärwalze · primary eddy.** Unmittelbar vom Strom angefachte Bewegung in einer seitlichen Erweiterung.

**Probe · sample.** Ein wirtschaftliches Gut oder ein Teil (aus dem Prüfstück herausgearbeiteter Teil in der für die Prüfung geeigneten Form) bzw. eine kleine Menge davon, dessen Beschaffenheit chemisch, physikalisch, technologisch oder auf ähnliche Weise geprüft werden soll.

**Probeabsenkung · artifical lowering of ground-water level test pumping.** Durch künstliche Entnahme des Wassers mittels einer Pumpe wird ein verstärktes Gefälle in einem verhältnismäßig großen Zuflußbereich hergestellt und merkbare Wassermengen zutage gefördert. Dies geschieht durch eine Probeabsenkung des Grundwassers, deren Zweck es ist, die Durchlässigkeitsziffer k des Baugrundes genauer, als es mit Hilfe einzelner Bodenproben möglich ist, zu bestimmen und dadurch ein Maß für den Wasserandrang zu erhalten.

**Probebelastung · load test.** Belastung eines Bauteils oder Bauwerks zur Prüfung seiner Tragfähigkeit.

**Probebelastung, Baugrund · foundation load test.** Eine Probebelastung des Baugrundes ist die senkrechte Belastung einer begrenzten Baugrundfläche in Höhe der Geländeoberfläche oder der Gründungssohle.

**Probebelastung, Pfähle und Spundbohlen · pile loading test.** Der Widerstand gegen Druck und Zug von Pfählen und Spundbohlen, die in natürlicher Größe in den Boden gerammt sind bzw. als Bohrpfähle im Boden hergestellt werden, wird durch künstlich aufgebrachte Belastungen gemessen.

**Probeentnahme · soil sampling.** Vor und nach der Verdichtung werden aus dem Boden ungestörte Proben entnommen. Aus einem Vergleich des Hohlraumgehalts der Proben erhält man ein Maß für die erreichte Verdichtung.

**Probenahme · sampling.** Das Entnehmen einer Probe, die dem Durchschnitt eines Lagers oder einer Lieferung oder dem eines bestimmten Anteiles derselben entspricht. Die Probe dient zum Ermitteln der Eigenschaften der Gesamtmenge oder eines bestimmten Anteiles.

**Proberammung · trial pile driving.** Bei einer Proberammung werden einzelne Pfähle oder Spundbohlen gesondert geschlagen, um die Rammeigenschaften des Untergrundes festzustellen, um einen Anhalt für die günstigsten Bärgewichte und Fallhöhen zu erhalten und um Aufschluß über die zulässige Pfahlbelastung zu gewinnen.

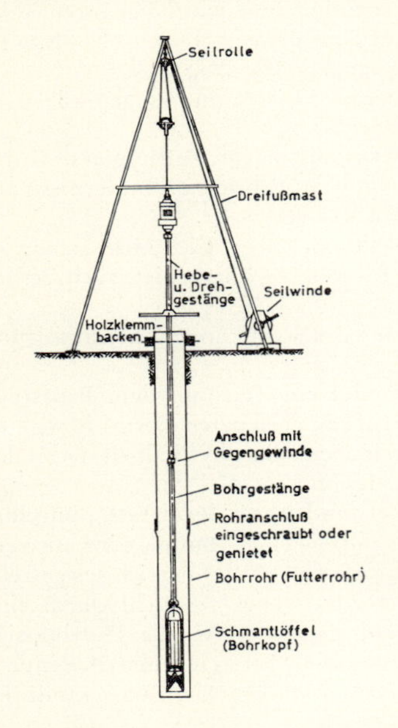


*Schema einer Probebohrung für Bodenaufschließungszwecke*

**Probewürfel · test cube.** Auf der Baustelle hergestellter Betonwürfel zur Bestimmung der Druckfestigkeit des zur Verarbeitung kommenden Betons. Kantenlänge im allgemeinen 20 cm.

**Prodoriterohr · prodorite pipes.** Entwässerungsrohre bis 1500 mm Lichtweite aus einer Kies-Sand-Mischung mit in einem Sonderverfahren gewonnenen Teerpech als Bindemittel, im Preß- oder Rüttelverfahen aus der 270° heißen knetbar-zähen Pech-Sand-Kies-Mischung hergestellt.

**Profil · section.** Profil, die Umrißlinie beim Querschnitt durch einen Körper.

**Profilradius (hydraulischer Radius) · hydraulic radius.** Profilradius, Abflußquerschnitt geteilt durch den benetzten Umfang.

**Profundal · profound.** Tiefenregion eines Gewässers unterhalb der Wachstumsgrenze höherer Pflanzen.

**Psychoda alternata · psychoda.** Abwasserfliege, Tropfkörperfliege, deren Larven sich oft in Tropfkörpern massenweise entwickeln und die die Umgebung von Tropfkörpern oft in höchstem Grade belästigt.

**Psychrometer · psychrometer.** Die Wirkungsweisen des Hüttenpsychrometers mit künstlicher Ventilation und des Aspirationspsychrometers nach Aßmann beruhen darauf, daß sich ein feuchter Körper gegenüber einem trockenen Körper infolge der Verdunstung abkühlt. Aus der Psychrometerdifferenz, d. h. dem Temperaturunterschied eines trockenen und eines mit feuchter Gaze umwickelten Thermometers, lassen sich mit Hilfe der Psychrometerformel zunächst der Dampfdruck und daraus wieder die Luftfeuchtigkeit ableiten. Für den praktischen Gebrauch liegen bereits berechnete Psychrometertafeln vor.

**Psychrophile Bakterien · psychrophilic bacteria.** Bakterien mit einem zwischen 0° C und 25° C liegenden Wachstumsoptimum.

**Pulsende Quellen · ebbing-and-flowing springs.** Quellen, deren Schüttung in kurzen Zeitabständen regelmäßig zu- und abnimmt.

**Pumpbeton · pumped concrete.** Beton, der durch Pumpen gefördert wird.

**Pumpe · pump.** Arbeitsmaschine zum Fördern von Flüssigkeiten.

**Pumpenschacht · suction pit.** Im Gegensatz zum Pumpensumpf schachtartig abgeteufte Vertiefung innerhalb Baugrube bei offener Wasserhaltung. In Pumpenschacht hängt Pumpensaugrohr, das innerhalb Baugrube natürlich oder durch unterirdische verlegte Dränrohre zufließendes Wasser ableitet.

**Pumpensumpf · sump.** Pumpensumpf, eine Vertiefung der Baugrube – außerhalb der Fundamentfläche, aber innerhalb einer Umspundung –, der das in der Grube sich sammelnde Wasser durch offene oder verdeckte Gräben (Dränrohre, Sickerungen) zugeleitet und durch eine Pumpe abgesaugt wird.

**Pumpspeicher · pumped-storage reservoir.** Speicher, für den das Betriebswasser ganz oder teilweise durch Pumpen bereitgestellt wird.

**Pumpspeicherwerk · pumped-storage plant.** Wasserkraftwerk, meist Spitzenkraftwerk, dessen Speichervorrat ganz oder teilweise durch Pumpen bereitgestellt wird.

**Pumpversuch · pumping test.** Pumpversuch, dient zur Ermittlung der Grundwassermengen und der hydrologischen Eigenschaften des Fassungsgebietes, wie z. B. der spezifischen Ergiebigkeit und der Durchlässigkeit des Untergrundes.

**Pyrit · iron pyrite, pyrite.** Eisenkies, Schwefelkies, wandelt sich bei Zutritt von Sauerstoff und Wasser, wobei Schwefelsäure frei wird. Deshalb gefürchtet in der Nähe von Betonbauwerken.

**Quadratische Streuung · quadratic scatter of results.** Ein für die Anwendung in der Hydrologie empfehlenswertes Streuungsmaß ist die quadratische Streuung. Bei ihr werden die Abstände vom Mittelwert mit ihren Quadraten angesetzt.

**Qualmdeich · polder dike.** Deich, der gegen Qualmwasser kehrt, und durch den eine Ableitungsmöglichkeit in den Polder besteht.

**Qualmwasser · return seepage.** Grundwasser, das in einer Niederung durch Wasser von außen hochgedrückt wird und zutage tritt.

**Quarz · quartz.** Verbreitetstes gesteinsbildendes Mineral, chemisch Siliciumdioxyd.

**Quelle · spring.** Örtlich begrenzter natürlicher Grundwasseraustritt auch nach künstlicher Fassung.

**Quellen, Quellung · swelling.** Volumenvergrößerung bei Wasseraufnahme.

**Quellenband, Quellenlinie · line of springs.** Band oder Linie, wo Quellen austreten.

**Queller · brackish water plant.** Salicornia herbacea; auch Glasschmalz genannt, zur Familie der Gänsefußgewächse (chenopodiaceae) gehörende Salzpflanze, die sich zuerst auf Wattflächen 0,3 bis 0,5 m unter mittlerem Tidehochwasser von Natur aus ansiedelt und bisweilen auch angesät wird.

**Quellergiebigkeit · total well capacity.** Die künstlich beeinflußte Schüttung einer Quelle.

**Quellfassung · tapping of a spring.** Bauwerk zur Sammlung des Quellwassers an einer Austrittsstelle.

**Quellgut · yield of spring.** Das gesamte Schüttgut einer Quelle.

**Quellmaß (von Holz) · swell ratio.** Der Unterschied der Abmessungen der wassergetränkten Probe und der getrockneten Probe, bezogen auf die Abmessungen der getrockneten Probe.

**Quellort · locality of spring.** Quellort, Punkt im Gelände, wo das Wasser aus dem Boden an die Oberfläche tritt. Solange das Wasser im Boden ist, wird von einer Wasserader gesprochen. Wichtig für besitzrechtliche Auseinandersetzungen.

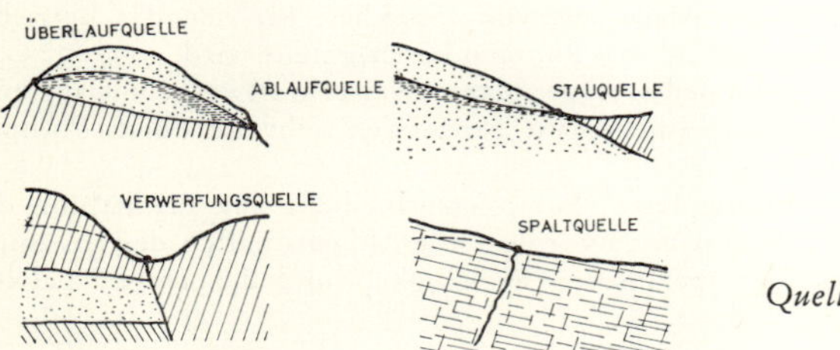


*Quellenarten*

**Quellschüttung · spring discharge.** Wasserausfluß einer Quelle.

**Quellschutzgebiet · spring protectorat, well protectorat.** Fläche, bei deren Bebauung besondere Vorkehrungen erforderlich sind, um die Verunreinigung einer für die Wasserversorgung der Bevölkerung wichtigen Quelle (d. h. einen örtlich begrenzten natürlichen Grundwasseraustritt, auch nach künstlicher Fassung) oder eine Beeinträchtigung ihrer Ergiebigkeit (Quellschüttung) zu verhindern.

**Quellsee, Quellteich, Quellsumpf** · **water table well.** See usw. mit überwiegend unterirdischem Zufluß.

**Quellsystem** · **spring system.** Quellsystem wird durch Quellen gebildet, die in hydraulischem Zusammenhang miteinander stehen.

**Querdränung** · **transverse drainage.** Dränung, bei der die Sauger mit hinreichendem Gefälle quer zum größten Geländegefälle, also annähernd parallel zu den Höhenlinien des Geländes liegen.

**Querprofil** · **cross section.** Zeichnerische Darstellung eines Geländeschnitts senkrecht zur Achse einer Trasse (Straße, Eisenbahn, Flußverlauf, Kanal etc.).

**Querschnitt** · **cross section.** Die zeichnerische Darstellung einer rechtwinklig zur Hauptachse eines Bauwerks, Bauteils usw. gelegten Schnittebene.

**Querschnittwechsel** · **transition zone, change of cross section.** Querschnittwechsel bei Rohrleitungen. Übergang des Querschnitts einer Leitung von der einen Form in eine andere. Der Querschnitt wird bei Druckrohren durch kegelstumpfförmige Formstücke (Taper) vermittelt. Bei Freispiegelleitungen eines Entwässerungsnetzes läßt man die Scheitellinie durchlaufen, so daß Sohlenabsätze entstehen, die durch Einsteigschächte vermittelt werden.

**Radialnetz** · **radial system.** Radialsystem (Stadtentwässerung), alte Bezeichnung für Verästelungsnetz.

**Radiator** · **radiator.** Heizkörper zentraler Heizanlagen mit Warmwasser oder Dampf, aus Gußeisen oder Stahlblech; Wärmeabgabe teils durch Strahlung, teils durch Konvektion.

**Rammbär, Bär** · **pile driving hammer.** Fallgewicht einer Ramme.

**Rammbrunnen** · **Abyssinian well, driven well.** Brunnen mit einem in den Boden gerammten Filterrohr (Rammfilter).

**Ramme** · **pile driver.** Gerät zum Eintreiben von Pfählen und Spundwandbohlen; besteht aus Rammgerüst mit Unterbau bei Reihenrammen, Unter- und Oberwagen bei Dreh- und Universalrammen, Bär- und Pfahlwinde, Rammbär oder Rammhammer.

**Rammsondierung** · **penetration test, driving test.** Art der Bodensondierung. Die Sonde wird durch einen Rammbären mit gleichbleibender Fallhöhe in den Untergrund gerammt, wobei das Maß des Eindringens und die Schlagzahl festgestellt werden. Die Sondierungen werden von einer Arbeitsebene aus (z. B. Gelände oder Baugrubensohle) oder im Bohrloch vorgenommen.

**Rampe** · **ramp, approach ramp.** Geneigte Ebene zur Überwindung von Höhenunterschieden bei Dämmen und Einschnitten, Überführungen, Unterführungen (Brückenrampe, Tunnelrampe).

**Rand- oder Fanggraben** · **drainage ditch.** Graben am Rande eines Entwässerungsgebietes, mit dem das Fremdwasser abgefangen und abgeleitet wird.

**Randeis** · **brink ice.** Eis, das sich an der Wasseroberfläche vom Rande her gebildet oder dort angesammelt hat.

**Randwinkel · contact angle.** Winkel zwischen der Wand eines Kapillarrohres und der Tangente an den Meniskus durch den Berührungspunkt mit der Wand.

**Rasenkrume · sod, turf.** Bodenkrume des Graslandes.

**Raster · grid system.** Gitterliniennetz mit quadratischen oder rechteckigen Rasterfeldern, durch das beim Entwerfen ein im Grundriß oder Aufriß immer wiederkehrendes Grundmaß, z. B. die Knotenpunkte einer Skelettkonstruktion, festgelegt wird.

**Rauhigkeit · roughness.** Mittlere Höhe der Rauhigkeitserhebungen.

**Rauhigkeitsbeiwert · coefficient of roughness.** Beiwert zur Berücksichtigung der Wandrauhigkeit in der kleinen Kutterschen Formel.

**Raumausdehnungs-Koeffizient · coefficient of volume expansion.** Vermehrung des Volumens je Grad Temperaturanstieg, bezogen auf das Volumen beim Eispunkt. $\beta = (dV/dt) : V_0$

**Raumbelastung · ratio of space load.** Verhältnis der organischen Belastung, gemessen am $BSB_5$- oder $KMnO_4$-Verbrauch des Abwassers, zum Rauminhalt von Tropfkörpern oder Belebungsbecken.

**Raumbeschickung · ratio of space charge.** Verhältnis des stündlichen (auch täglichen) Zuflusses zum Rauminhalt.

**Raumfuge · expansion joint.** Fuge, die bei Betonstraßen, bei Unterbeton von Asphalt- und Teerdecken, an Sinkkästen usw. die Ausdehnung benachbarter Betonflächen ermöglicht.

**Raumgewicht · density.** Frühere Bezeichnung für Dichte (Wichte).

**Räumung, Grundräumung · clean up.** Beseitigen der durch Ablagerung, Einschwemmungen, Verwachsungen, Böschungsrutschungen entstandenen Querschnittsminderungen eines Wasserlaufs.

**Raupe · caterpillar tractor.** Raupe = Gleisketten- oder Raupenfahrzeug.

**Raupenbagger · bulldozer, tractor.** Raupenbagger, ein Aussetz- oder Dauerbagger, der sich durch Raupenfahrwerk fortbewegt.

**Rauschbuhne · face to face groin.** Im Flußbett genau gegenüberstehende Buhnen, die erforderliches Fahrwasser für Schiffahrt schaffen oder halten.

**Reaktionsturbine (Überdruckturbine) · reaction turbine.** Reaktionsturbine, z. B. Francis- und Kaplanturbine, s. Turbine.

**Rechen · trash rack, screen.** Schutzvorrichtung am Freispiegelwasserschloß, Stolleneinlauf, Werkkanal oder vor Einlauf zur Turbine, um anschwimmende feste Körper abzufangen.

**Rechengut · screenings.** An einem Rechen aufgefangenes Triebzeug (Holz oder andere Schwemmsel).

**Rechenheizung · screen heating.** Anwärme-Einrichtung zum Schutz eines Rechens gegen Eisansatz.

**Rechenputzmaschine · mechanical rake.** Maschine zum Freimachen des Rechens von Treibzeug und Eis.

**Rechtslaufende Turbinen · clockwise turning turbine.** Drehrichtung des Turbinenläufers im Uhrzeigersinn, gesehen in Fließrichtung des Wassers durch das Laufrad. Bei Turbinen ohne eindeutige Fließrichtung, wie z. B. bei Freistrahl-Turbinen, Francis-Zwillings-Turbinen und Doppelturbinen, ist die Blickrichtung in einer Skizze festzulegen.

**Reede · anchorage.** Eine außerhalb der Brandung geschützt gelegene Meeresfläche oder Flußmündung mit gutem Ankergrund und nicht zu großer Wassertiefe; hier erwarten die Schiffe die von den Gezeiten abhängige günstigste Zeit zum Einlaufen in den dahinterliegenden Hafen.

**Reflexionszeit · reflection time.** Laufzeit einer Drucksteigerung vom Auslaß oder Regelorgan zum Ausgangspunkt und zurück.

$T_r = \frac{2L}{a}$ bei konstanter Wellenschnelligkeit.

$T_r = 2 \int_a^L \frac{dx}{a_x}$ bei veränderlicher Wellenschnelligkeit.

**Regeljahr · normal year.** Regeljahr ist ein fiktives Jahr, dessen wasserwirtschaftliche Größen für beliebige Zeitabschnitte Mittelwerte einer zusammenhängenden Reihe von mindestens 10 Jahren sind. Die dem Regeljahr zugeordnete Jahresreihe ist jeweils anzugeben.

**Regelquerschnitt · typical cross section.** Regelquerschnitt, bei Straßen, Eisenbahndämmen, Kanälen, Deichen usw. der normale Querschnitt, mit dem das Bauwerk errichtet wird.

**Regelstau, Normalstau(-höhe) · operation level of head water.** Stauziel, das abgesehen von Ausnahmefällen gültig ist (vgl. Höchststau), unter Umständen für bestimmte Zeiträume verschieden.

**Regen · rain.** Regen, die wesentlichste Form des Niederschlags, entsteht durch Verdichten des Wasserdampfes in den Wolken zu Tropfen, die nicht mehr schwebend erhalten werden können und zur Erde fallen.

**Regenauslaß · storm overflow.** Bezeichnung der Auslässe von Regenwasserkanälen beim Trennverfahren.

**Regendauer · rainfall duration.** Die Zeitdauer T, die zwischen dem Beginn und dem Aufhören eines Regens oder eines Regenabschnittes liegt.

**Regengabe, Einzelberegnungshöhe · intensity of irrigation.** Die bei einer Regnerstellung auf die wirksame Beregnungsfläche entfallende mittlere Wasserhöhe.

$$r = \frac{q \cdot t}{F_W}, \text{ (1 mm Wasserhöhe} = 1\ l/m^2 = 10\ m^3/ha)$$

**Regenhaltefähigkeit · absorptive capacity.** Unterschied zwischen dem größten Wasserhaltevermögen und dem jeweiligen Wassergehalt des Wurzelbereichs gemessen in mm Wasserhöhe.

**Regenhäufigkeit · rainfall frequency.** n = Anzahl der Regen von gegebener Regendauer innerhalb eines Jahres, die eine gegebene Regenstärke erreichen oder übertreffen, bzw. von Regen, die innerhalb mehrerer Jahre nur einmal vorkommen. So bezeichnet man mit

$n = \frac{1}{10}$ einen Regen, der in 10 Jahren einmal,
$n = \frac{1}{5}$ einen Regen, der in 5 Jahren einmal,
$n = \frac{1}{2}$ einen Regen, der in 2 Jahren einmal,
$n = 1$ einen Regen, der in 1 Jahr einmal,
$n = 2$ einen Regen, der in 1 Jahr zweimal erreicht oder überschritten wurde.

**Regenhöhe (Niederschlagshöhe) · depth of precipitation.** Niederschlag an einer Meßstelle oder, unter Annahme gleichmäßiger Verteilung, auf eine Gebietsfläche während einer anzugebenden Zeitspanne, als Wasserhöhe ausgedrückt.

**Regenhöhenganglinie · rainfall hydrograph.** Die vom Schreibregenmesser aufgezeichnete Linie, welche die Regenhöhe in Abhängigkeit von der Zeit darstellt.

**Regenkanone · rotating sprinkler gun.** Drehstrahlregner mit vorgeschaltetem Speicher-Druckkessel, bei dem der Wasserstrahl stoßweise abgegeben wird.

**Regenkarte · isohyetal map.** Karte, in der die Niederschlagshöhen durch Regengleichen (Isohyeten) dargestellt sind.

**Regenleistung · rainfall per sec.** Regensumme in der Sekunde.

| Regenhöhe in mm | $m^3$ | Regenmenge auf 1 ha Fläche in Sekundenlitern bei 24 Stunden | bei 1 Stunde | bei 1 Minute |
|---|---|---|---|---|
| | | Regendauer | | |
| 1 | 10 | 0,116 | 2,78 | 166,7 |
| 2 | 20 | 0,232 | 5,56 | 333,3 |
| 3 | 30 | 0,347 | 8,33 | 500,0 |
| 4 | 40 | 0,463 | 11,11 | 666,7 |
| 5 | 50 | 0,579 | 13,89 | 833,3 |
| 6 | 60 | 0,695 | 16,67 | 1000,0 |
| 7 | 70 | 0,810 | 19,44 | 1166,7 |
| 8 | 80 | 0,926 | 22,22 | 1333,3 |
| 9 | 90 | 1,042 | 25,00 | 1500,0 |

*Regenhöhe: Verwandlung der Regenhöhe in Sekundenliter*

**Regenmesser · rain gage.** Regenmesser dient der Bestimmung der atmosphärischen Niederschläge.

**Regenreihe · table of rainfall frequency.** Zusammenstellung von zusammengehörigen Werten von Regendauer und Regenstärke oder Regenspende gleicher Regenhäufigkeit.

**Regenspende · rainfall per second per area.** Regenleistung bezogen auf die Flächeneinheit.

**Regenspendelinie · curve of rainfall rate.** Zeichnerische Darstellung des Zusammenhanges zwischen Regenspende und Regendauer.

**Regenstärke · intensity of rainfall.** Verhältnis von Regenhöhe zur Regendauer. $i = \frac{N}{T}$

**Regenstärkelinie · rainfall intensity-duration diagram.** Zeichnerische Darstellung des Zusammenhanges zwischen Regenstärke und Regendauer.

**Regensumme · actual amount of rainfall.** Der Rauminhalt $\Sigma R$ des Regenwassers, das sich bei der Regenhöhe N auf einem waagerechten Teilgebiet $F_{E_z}$

ansammeln würde, wenn davon nichts (z. B. durch Versickern, Verdunsten oder Abfließen) verlorenginge.

$$\Sigma R = N \cdot {}^{F}E_{z}$$

**Regenüberlauf · storm overflow.** Bezeichnung der Entlastungsauslässe beim Mischverfahren.

**Regenwasserabfluß · runoff per unit of time.** Regenwassermenge in der Zeiteinheit.

**Regenwasserabflußspende · runoff per unit of area.** Regenwasserabfluß, bezogen auf die Flächeneinheit.

**Regenwasserabflußsumme · sum of runoff per unit of time.** Für eine bestimmte Zeitspanne summierter Regenwasserabfluß.

**Regenwasserbecken · silt basin for storm sewers.** Absetzbecken zur Klärung des aus einem Entwässerungsnetz abfließenden Regenwassers oder des aus den Regenauslässen kommenden Mischwassers.

**Regenwasserleitung · storm sewer.** Regenwasserleitung beim Trennverfahren dient nur zur Aufnahme und Ableitung des Niederschlagswassers.

**Regenwassernetz · storm-water system.** Regenwassernetz dient der vom Schmutzwasser getrennten Ableitung von Niederschlagwasser bei Entwässerung von Städten und Ortschaften (Trennverfahren).

**Regler · governor.** Einrichtung, welche die Aufgabe der Regelung selbsttätig durchführt. Er besteht aus 3 Hauptteilen: 1. Meßwerk oder Fühler, zur Erfassung des Augenblickswertes der zu regelnden Größe; 2. Regelwerk zur Bildung des Vergleichs zwischen dem Augenblicks- oder Ist-Wert und dem Soll-Wert und zur Umformung in eine geeignete Regelmäßigkeit; 3. Stellwerk zur Verstellung der sog. «Stellgröße», welche mittel- oder unmittelbar die zu regelnde Größe beeinflußt.

**Regner · sprinkler.** Gerät, das zum Verregnen von Wasser oder Abwasser dient.

**Regnerabstand · spacing of sprinkler.** Abstand zweier benachbarter Regner.

**Regnerergiebigkeit, Düsenergiebigkeit · sprinkler capacity.** In der Zeiteinheit von einem Regner oder einer Düse ausgeworfene Wassermenge.

**Regnerflügel · movable pipe with sprinkler.** Bewegliche Rohrleitung, deren Rohre oder Kupplungen in größeren Abständen oder nur am Ende mit Regneranschlüssen versehen sind.

**Regulierschieber · control gate.** Schieber, der zum Regeln des Wasserdurchflusses auch in Zwischenstellungen dauernd betriebsfähig ist. Absperrschieber soll dagegen in Zwischenstellungen nicht längere Zeit gebraucht werden.

**Regulierüberfall · movable crest gate.** Kronenüberfall mit beweglichen Wehrverschlüssen.

**Rehbock, Theodor.** Geb. 1864 in Amsterdam, Professor des Wasserbaus an der Technischen Hochschule Karlsruhe, begründete 1900 das Flußlaboratorium an der Technischen Hochschule Karlsruhe, förderte besonders die Wassermessung mit Hilfe von Meßwehren. S. auch Energievernichter.

**Reibehölzer · timber fender.** Balken oder Bohlen, die überall da angebracht werden, wo die Reibung des Schiffes mit hartem Material eine Beschädigung vermieden werden soll.

**Reibung · friction.** Der Widerstand in den Berührungsflächen zweier Körper gegen Verschiebung.
Haftreibung: Reibung der Ruhe.
Gleitende Reibung: Ein Körper wird gleitend über einen zweiten hinweggeschoben.
Rollende Reibung: Eine belastete Rolle wälzt sich über einer Unterlage ab.

**Reibungsgefälle · energy gradient.** Gefälle der Energielinie.

**Reibungsgesetz von Coulomb · Coulomb's theorem.** Reibungsgesetz von Coulomb gibt in der Bodenmechanik die Abhängigkeit der Schubfestigkeit $\tau$ von der Normalspannung $\sigma$, der scheinbaren und wahren Kohäsion c und dem Reibungswinkel $\varrho$ an. Es lautet:

$$\tau = c + \sigma \cdot \mathrm{tg}\varrho.$$

**Reibungshöhe (Reibungsdruckverlust) · friction loss.** Die zum Überwinden des Reibungswiderstandes in einer Rohrleitung notwendige Druckhöhe.

**Reibungsverlusthöhe · friction head.** Fallhöhe der Energielinie, für eine bestimmte Länge des Wasserlaufs oder der Rohrleitung.

**Reibungsverlustzahl · coefficient of friction.** Beiwert zur Kennzeichnung der Fließverluste durch die Rohrbeschaffenheit, bei geschlossenen Leitungen Verhältnisszahl zu $\frac{v^2}{2g}$

**Reibungswiderstand · frictional resistance.** Reibungswiderstand ($kg/cm^2$), in der Bodenmechanik der Gleitwiderstand nach dem Bruch der Bodenprobe bei Scherversuch. Der Reibungswiderstand ist geringer als der Scherwiderstand vor dem Bruch der Bodenprobe.

**Reibungswinkel · angle of internal friction.** Der Neigungswinkel zur Waagerechten, bei dem eine Masse (Sand, Kies usw.) aus der Ruhe in Bewegung gerät.

**Reibungszahl · coefficient of hydraulic friction in pipes.** Kennwert für den Druckhöhenverlust in geschlossenen Leitungen.

**Reif · frost.** Der Reif ist im wesentlichen eine Taubildung bei Temperaturen des Bodens unter 0° C.

**Reinwasser (für Bewässerung) · clean water.** Das auf oder unter der Erdoberfläche nicht verunreinigte Wasser (Trinkwasser und Brauchwasser).

**Reinwasserbakterien · clear water bacteria.** Aus Boden und Luft stammende Bakterien, die zwar in Quell- und reinem Leitungswasser vorkommen können und zur Keimzahl beitragen, aber keine Krankheitserreger sind, z. B. Farbstoffbildner, Sporenbildner, Leptospiren.

**Reinwichte, Artgewicht · specific gravity, specific weight.** Gewicht der Festmasse des Bodens, geteilt durch den von ihr eingenommenen Raum.

**Reisgras · rice grass.** Spartina Townsendi, zur Familie der Gräser (gramineae), Gattung Besengräser, gehörende Salzpflanze, die an Stelle von Queller angesät wird oder sich von Natur ansiedelt.

**Relative Dichte · relative density.** Die «relative Dichte» (auch «Lagerungsdichte») $D_r$ ist das Verhältnis der entsprechenden Porenziffern. Sie wird – wie auch die Porenziffer – nicht in Prozent angegeben.

**Relative Luftfeuchtigkeit · relative humidity of the air.** R-Verhältnis des jeweiligen Dampfdrucks (e) zum Sättigungsdruck ($e_0$); $R_e$-Verhältnis des jeweiligen zum größtmöglichen Wasserdampfgehalt

$$R = R_e = \frac{e}{e_0} \cdot 100 = \frac{fe}{f_0} \cdot 100$$

**Relative Streuung · relative scatter of results.** Relative Streuung bezeichnet man das Verhältnis der Streuung zum Mittelwert.

**Relative Strombahn · path line (relative).** Weg, den ein Wasserteilchen relativ zu einem bewegten Körper zurücklegt.

**Relativer Fehler · relative error.** Der relative Fehler der Anzeige eines Meßgerätes wird normalerweise auf die Sollanzeige bezogen, also: relativer Fehler gleich

$$\frac{\text{Istanzeige minus Sollanzeige}}{\text{Sollanzeige}}$$

Zur Kennzeichnung eines Meßgerätes wird der relative Fehler in manchen Fällen auch auf den Endwert des Meßbereiches bezogen.

**Relative Rauhigkeit · relative roughness.** $\varepsilon = \frac{k}{d}$ (wobei d = Rohrdurchmesser in mm).

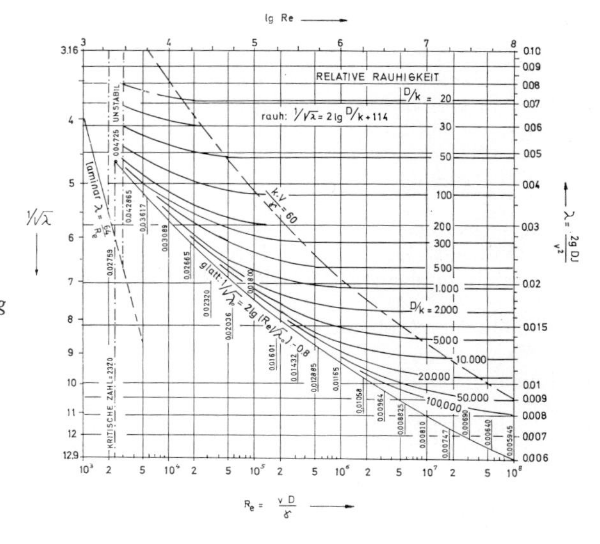


*Diagramm zur Bestimmung des Reibungskoeffizienten λ nach Nikuradse, Colebrook*

**Relativer Sättigungsfehlbetrag (relatives Sättigungsdefizit) der Luft · relative saturation deficit of the air.** An 100 % fehlender Betrag des Dampfdrucks oder des Wasserdampfgehalts.

$$S_l = 100 - R \text{ in } \%$$

**Retention · retention.** Zurückhaltevermögen natürlicher Seen. Ungleichmäßig zufließendes Wasser wird teilweise zurückgehalten und annähernd gleichmäßig verteilt abgegeben.

**Reynolds-Zahl · Reynolds' number.** Kennzahl für die dynamische Ähnlichkeit zweier Fließvorgänge bei Berücksichtigung der Viskositäts- und Trägheitskräfte.

$$Re = \frac{v \cdot l}{\nu}$$

(l = charakteristische Länge, bei Rohren D, bei Freispiegelgerinnen R).

**Rhinschlot · drainage ditch.** Binnenseitiger Randgraben längs des Deiches zum Abfangen und Ableiten von Drängewasser.

**Ried · channel im marsh.** Mit Schilf bewachsener flacher, natürlicher Wasserlauf in Niederung.

**Rieselfeld · irrigation field.** Rieselfeld, zur planmäßigen Verrieselung von Abwasser hergerichtete Feldflächen.

**Rieselrinne · irrigation ditch.** Annähernd waagerecht verlaufende Rinne von rechteckigem Querschnitt, die das Wasser auf die Bewässerungsfläche überschlagen läßt.

**Riff · reef.** Flache, in der Regel unter Wasser bleibende Erhebung im Bett der Strommündungen und Küstengewässer mit steiler Kante, an der die Meereswellen branden.

**Rigole · trench; berm ditch.** 1. Rinne oder kleiner Graben, der als Zubringer (Speisegraben) oder zur Entwässerung dient.
2. In Hängen, Böschungen usw., die zu Rutschungen neigen, bis unter die Frostgrenze und bis 1,50 m breite, mit Steinpackungen ausgefüllte Schlitze, die den Hang entwässern und abstützen.

**Ringdeich · ring dike.** Deich, der das zu schützende Gebiet ringförmig umgibt.

**Rodung · clearing.** Rodung bedeutet Freimachung des Baufeldes von Bäumen, Wurzelstöcken und Sträuchern, eventuell auch von Steinblöcken.

**Rohenergie · total energy.** Aus der Rohfallhöhe berechnetes Arbeitsvermögen.

**Rohfallhöhe (der Ausbaustrecke) · total head difference.** Höhenunterschied des Wasserspiegels zwischen Anfang und Ende der Ausbaustrecke.

**Rohhumus · humus.** Saurer, wenig zersetzter Humus auf Heide- und Moorböden.

**Rohr · pipe.** (Mehrzahl «Rohre», nicht «Röhren»!) Rohr, beiderseits offener Hohlzylinder von kreisförmigem, elliptischem oder ähnlichem Querschnitt von gleicher oder veränderlicher Wanddicke.

**Rohrbelüfter · pipe aerator.** Einrichtungen, die bestimmt sind, bei eintretendem Unterdruck den Wasserstrom in der Rohrleitung durch Einführung von Luft zu unterbrechen; als offene Rohrbelüfter mit unverschließbaren Luftöffnungen und als Rohrbelüfter mit Absperrvorrichtungen in den Luftwegen (Aufsatz- und Durchlaufbelüfter).

**Rohrberieselung · pipe irrigation.** Verteilung von Abwasser auf der zu bewässernden Fläche aus Rohrleitungen unter niedrigem Druck ohne Regner.

**Rohrbogen · pipe bend.** Gebogener Teil eines Rohres für Richtungsänderungen.

**Rohrbrunnen · tubular well.** Verrohrter Bohrbrunnen.

**Rohrbürste · pipe cleaner.** Rohrbürste, walzenförmige Bürste, die mittels eines Hanftaues oder Drahtseiles zum Zwecke der Reinigung durch die Entwässerungsrohrleitung gezogen wird.

**Rohrdeckung · pipe cover.** Abstand vom Scheitel der Rohrleitung bis zur Erdoberfläche. Das Maß bestimmt die Frostsicherheit (etwa 0,80 bis 1,40 m).

**Rohrdrän · drain pipe.** Drän aus Ton- oder Betondränrohren.

**Rohrgraben · pipe trench.** Graben mit senkrechten oder geböschten Wänden für das Verlegen von Rohrleitungen.

**Rohrlänge · pipe length.** Mittel aus der längsten und der kürzesten Mantellinie, wobei die kürzeste Mantellinie bei gekrümmten Rohren als Sehne zu messen ist.

**Rohrleitung · pipeline.** Durch Rohrverbindungen zusammengeschlossene Rohre zur Fortleitung von Flüssigkeiten, Dämpfen oder Gasen, oder zum Transport von Betongemisch, Spänen usw.

**Rohrnetz · pipeline network service system.** Ein vornehmlich unter Straßen verlegtes Leitungssystem z. B. zur Verteilung des Wassers, aus verzweigten und meist vermischten Haupt-, Versorgungs- und Anschlußleitungen.

**Rohrnetzverluste · losses within the distribution system.** Rohrnetzverluste sind diejenigen Wassermengen, die bei der Verteilung des Wassers vom Beginn der Zuleitung zum Rohrnetz an bis zu den Zapfstellen weder durch Messen noch durch Schätzen nachgewiesen werden können oder aus nicht betriebsnotwendigen Gründen abfließen. Sie können entstehen durch Rohrbrüche, Undichtigkeiten in den Rohrverbindungen und Armaturen, Überläufe in den Hochbehältern, Minderanzeigen von Abgabe-Wasserzählern. Alle übrigen im Rohrnetz vorkommenden Wassermengen stellen entweder Abgabe oder Eigenverbrauch dar.

**Rohrquerschnitt · pipe cross section.** Rohrquerschnitt, lichter Rohrquerschnitt, Querschnittsfläche des vom Rohr umschlossenen Hohlraums.

**Rohrsattel · pipe supporting saddle.** Auflager einer Rohrleitung zwischen zwei Festpunkten.

**Rohrschlange · pipe coil.** Gewundenes Stahlrohr, das Dampf oder Warmwasser führt und einen Raum oder in einem Boiler eine Flüssigkeit heizt.

**Rohrstollen · pipe tunnel.** Stollen, in dem Rohre verlegt sind.

**Rohrturbine · tube turbine.** Turbine von überflutbaren Kraftwerken, deren Laufradschaufeln die Speichen des vom Wasser durchströmten Polrades des Stromerzeugers bilden.

**Rohrverbindung · pipe joint.** Rohrverbindungen sind neben den Rohren die Hauptbestandteile einer Rohrleitung. Man unterscheidet: Muffenverbindungen (Schraubmuffen, Stemmuffen, Überschiebmuffen, Schweißmuffen), Flanschverbindungen, Gewindeverbindungen (Fittings) und Schweißverbindungen.

**Rohwasser · untreated water.** Wasser vor der Aufbereitung.

**Rolladenwehr · rolling up curtain weir.** Stabwehr mit waagerechten, gelenkig nach Art der Rolläden verbundenen Leisten, die wie ein Vorhang aufgerollt werden können (veraltet).

**Rolliges Gebirge · boulder.** Bodenmechanisch Reibungsböden $\varrho = 30°$ bis $40°$, Kohäsion 0,0 bis 0,10 t/m², locker gelagerte Schotter, Kiese, Sande, Gehängeschutt.

**Rollkeilschütze · trapezoidal shaped roller gate.** Rollschütze, die in der Schließstellung durch Keilwirkung abdichtet.

**Rollschütze · roller gate.** Schütze, die zum Vermindern des Bewegungswiderstandes auf Rollen läuft.

**Rost · rust.** Bei der Korrosion von Eisen und Stahl an der Luft, in Wasser oder wäßrigen Lösungen entstehende, durch die Färbung erkennbare Eisenoxyde und Eisenhydroxyde mit Ausnahme von Anlaufschichten (Anläufer) und Zunder.

**Rückenbau · surface irrigation.** Berieselungsanlage, bei der das Wasser aus den Rieselrinnen beiderseitig auf die zu bewässernde Fläche übertritt.

**Rückenbreite · distance between furrows.** Abstand der einen Kunstrücken seitlich begrenzenden Entwässerungsrinnen.

**Rückhaltebecken · retarding basin.** Becken zur vorübergehenden Aufnahme von Hochwasserspitzen.

**Rücklage · recharge of ground-water storage expressed in mm of height.** Vergrößerung des gesamten (ober- und unterirdischen) Wasservorrats eines Gebiets für eine bestimmte Zeitspanne, unter Annahme gleichmäßiger Verteilung als Wasserhöhe ausgedrückt.

**Rückstau · backwater.** Hebung des Unterwasserspiegels durch eine unterhalb liegende Stauanlage.

**Rückstaudamm · flood dam.** Damm zur Verhinderung der Überflutung bei Lage des Stauspiegels oder Hochwassers über Gelände.

**Rückstaudeich · backwater dike.** Deich, der im Anschluß an einen Flußdeich an einem Nebenfluß bis zum Ende des Rückstaus angelegt wird.

**Rutschbahn · slide, chute.** Schräge Gleitbahnen in den Wänden des Docks zum Herablassen von Baustoffen.

**Sackung · settlement.** Das senkrechte Maß, um das der Boden sackt.

**Salmonella · salmonella.** Bakteriengattung aus der Familie der Fäkalbakterien.

Erreger von typhösen bzw. Durchfallerkrankungen bzw. sog. bakteriellen Lebensmittelvergiftungen beim Menschen und von Tierseuchen (Trivialname: Typhus, Paratyphus-, Enteritis-Bakterien, auch TPE-Gruppe).

**Salmonella typhosa · salmonella typhosa.** Wissenschaftliche Bezeichnung für Typhusbakterien, Erreger der Typhuserkrankung des Menschen.

Ältere, inzwischen aufgegebene Bezeichnung: Eberthella typhi.

Typhus = Abdominaltyphus bzw. Bauchtyphus (im Gegensatz zum Flecktyphus); Allgemeinerkrankung des Menschen mit Fieber, Benommenheit und Darmstörungen. (Im Ausland als «typhoid» oder «enteric fever» bezeichnet, während «typhus» dort Fleckfieber [Flecktyphus] bedeutet.)

**Salzgeschwindigkeitsverfahren von Allen · salt-velocity-method.** Verwertung der Tatsache, daß eine in fließendes Wasser eingespritzte Salzlösung, die Salzwolke, wie ein Schwimmer die Geschwindigkeit des Wasserfadens annimmt bzw. sich wie ein Meßschirm mit der mittleren Abflußgeschwindigkeit $v_m$ weiterbewegt, wenn sich die Salzwolke über den ganzen Durchflußquerschnitt ausbreitet. Die Feststellung des Durchganges der Salzwolke erfolgt über die veränderte Leitfähigkeit vermittels Elektroden.

**Salzverdünnungsverfahren · salt dilution method.** Beim Salzverdünnungsverfahren wird einem Wasserlauf mit dem zu ermittelnden Abfluß Q (l/s), dessen natürliche Salzkonzentration $k_0$ (g/l) ist, eine starke Salzlösung q (l/s) mit der Konzentration $k_1$ (g/l) in gleichmäßiger Menge zugesetzt und für gründliche Durchmischung gesorgt. Wird die Konzentration der Mischung an der Meßstelle mit $k_2$ gemessen, so ist $Q \cdot k_0 + q \cdot k_1 = (Q + q)k_2$ also

$$Q = q \frac{k_1 - k_2}{k_2 - k_0}$$

**Sammelbrunnen · collecting dug well.** Schachtbrunnen mit wasserdichter Wandung und Sohle, der bei Grundwasserfassungen das aus den einzelnen Bohrbrunnen der Brunnenreihe durch Saug- oder Heberleitungen zugeführtes Wasser aufnimmt, damit es durch Pumpen in das Ortsrohrnetz gedrückt werden kann.

**Sammelkläranlage · joint sewage treatment plant.** Kläranlage für Stadtentwässerung.

**Sammelleitung (Sammelgalerie) · collection gallery.** Sickerleitung bei liegender Grundwasserfassung mit großer Wasserführung, meist schlupfbar.

**Sammelschacht · storage shaft.** Wasserdichter Schacht zum Sammeln des gewonnenen Wassers.
Der Ausdruck Sammelbrunnen ist hierfür nicht zutreffend.

**Sammelwasserversorgung · joint water supply system.** Die allgemeine öffentliche Wasserversorgung eines Ortes, eines Ortsteiles oder mehrerer Orte.

**Sammler · main collector drain.** Dräne, in welche die einzelnen Sauger einmünden und die das von diesen abgeführte Wasser sammeln, um es einem Hauptsammler oder dem Vorfluter zuzuführen.

**Sand · sand.** Gesteinstrümmer von 0,06 bis 2 mm Korngröße, entstanden durch weiter vorgeschrittene mechanische Zerstörung. Er enthält besonders den widerstandsfähigen Quarz, ferner Feldspat, Hornblende, Glimmer, Kalkspat. (Loser Sand, verfestigter Sand, Sandstein.)

**Sandasphalt · asphaltic sand.** Gemisch aus abgestuftem Natur- oder Brechsand, Steinmehl und Bitumen.

**Sandfang, Kiesfang · grit chamber.** Becken verschiedener Ausbildung zum Ausscheiden von Sinkstoffen (Kies, Sand).

**Sandrauheit · sand roughness.** Maß für den Rohrwiderstand, ausgedrückt als Durchmesser von nahezu gleichgroßen Sandkörnern auf der Innenseite der Rohrwand.

**Sandstein · sandstone.** Sedimentgestein, das im wesentlichen aus Quarzkörnern besteht, die durch ein Bindemittel verkittet sind.

**Saprobien · saprobic organisms.** Bezeichnung für Organismen, die für den Verschmutzungsgrad eines Gewässers kennzeichnend sind.

**Saprobienstufen · saprobic classification.** Siehe dazu Saprobienystem.

**Saprobiensystem · saprobic system.** Einteilung der Saprobien nach dem ihre optimale Entwicklung bestimmenden Wasserverschmutzungsgrad.

Stufe 1 = oligosaprob
Stufe 2 = β-mesosaprob
Stufe 3 = α-mesosaprob
Stufe 4 = polysaprob.

**Sättigung der Luft mit Feuchtigkeit · saturation of the air.** Der der Lufttemperatur entsprechende Höchstdruck des Wasserdampfes.

**Sauerstoffaufnahme aus der Luft · oxygen absorption from the air.** Auf dem Wege von der Wolke zum Erdboden wäscht das Niederschlagswasser die Luft aus. Dabei werden die Bestandteile dieses Gasgemisches – im wesentlichen Stickstoff, Sauerstoff und Kohlensäure – nach Maßgabe ihres Partialdruckes in der Luft aufgenommen (Henry-Daltonsches Gesetz).

**Sauerstoffbedarf (mg/l, g/m³) · oxygen demand.** Verhältnis G/R der Sauerstoffgewichtsmenge G zur Wasser-Raummenge R, in der während der Zeit Z bei der Temperatur T die Sauerstoffgewichtsmenge G aufgezehrt wird. Z pflegt man = 5 Tage und T = 20° C zu wählen.

**Sauerstoffdefizit · oxygen deficiency.** Fehlbetrag an Sauerstoff im Wasser gegenüber der Sauerstoffsättigung.

**Sauerstoffgehalt des Wassers · oxygen content of water.** Sauerstoffgehalt des Wassers gibt die an einer bestimmten Stelle eines Gewässers ermittelte Menge des Sauerstoffes in mg/l an (s. Sauerstoffzehrung, biochemischer Sauerstoffbedarf).

| Temperatur | Sauerstoff[1] | | Stickstoff | | Kohlendioxyd | |
|---|---|---|---|---|---|---|
| °C | ml | mg | ml | mg | ml | mg |
| 0 | 10,19 | 14,56 | 18,99 | 23,74 | 0,51 | 1,01 |
| 4 | 9,14 | 13,06 | 17,18 | 21,48 | 0,44 | 0,87 |
| 8 | 8,26 | 11,81 | 15,64 | 19,55 | 0,38 | 0,75 |
| 10 | 7,87 | 11,25 | 14,97 | 18,71 | 0,36 | 0,71 |
| 12 | 7,52 | 10,75 | 14,35 | 17,94 | 0,33 | 0,65 |
| 15 | 7,04 | 10,06 | 13,51 | 16,89 | 0,31 | 0,61 |
| 20 | 6,36 | 9,16 | 12,32 | 15,40 | 0,26 | 0,51 |
| 60 | 3,28 | 4,68 | 6,49 | 8,11 | 0,09 | 0,17 |
| 90 | 1,11 | 1,59 | 2,32 | 2,90 | — | — |

[1] In salzigem Wasser ist die Sauerstofflöslichkeit geringer, z. B. bei Meerwasser um etwa 20 %.

Aufnahme von Sauerstoff, Stickstoff und Kohlendioxyd *aus der Luft* je 1 Liter reinen Wassers bei Normaldruck in Abhängigkeit von der Wassertemperatur

*Sauerstoffgehalt des Wassers*

**Sauerstoffhaushalt · oxygen demand.** Sauerstoffhaushalt, die Berechnung und Bewirtschaftung des Sauerstoffes in einem offenen Gewässer. Um die sich dort abspielenden natürlichen Lebensvorgänge zu erhalten und zu fördern, muß das Wasser einen bestimmten Sauerstoffgehalt haben.

**Sauerstofflinie · oxygen diagram.** Ihre Abszissen entsprechen der Zeitdauer des Sauerstoffabbaues, ihre Ordinaten dem Sauerstoffgehalt innerhalb einer bestimmten Flußstrecke.

**Sauerstoffsättigung · oxygen saturation.** Höchstmenge des gelösten Sauerstoffs, die im Wasser bei Gleichgewicht zwischen Luftsauerstoff und im Wasser gelösten Sauerstoff in Abhängigkeit von Temperatur, Druck und gelösten Stoffen enthalten sein kann.

**Sauerstoffsättigungsindex · oxygen saturation index.** Sauerstoffgehalt in % der Sauerstoffsättigung.

**Sauerstoffübersättigung · oxygen supersaturation.** Mehrbetrag an Sauerstoff im Wasser gegenüber der Sauerstoffsättigung.

**Sauerstoffverbrauch · oxygen consumption.** Sauerstoffverbrauch, die Sauerstoffgewichtsmenge, die ein stehendes Gewässer oder ein Wasserlaufteil während einer bestimmten Zeit bei einer bestimmten Temperatur zur Selbstreinigung verbraucht.

**Sauerstoffzehrung des Wassers · oxygen depletion.** Sauerstoffzehrung des Wassers ist der Ausdruck für den Unterschied des Sauerstoffgehaltes eines Flußwassers bei der Entnahme und nach meist 48stündiger Bebrütung bei 22°. Der Wert ist ein Maßstab für den Verschmutzungsgrad des Wassers.

**Saugdrän (Sauger) · branch or arterial drain.** Meist parallel verlaufende Dränstränge, die Bodenwasser aufnehmen und dies in Sammeldräne weiterleiten.

**Sauger · branch or arterial drains.** Dräne, die das Bodenwasser in erster Linie aufnehmen, sie verlaufen in der Regel gruppenweise parallel zueinander.

**Saugerohr · suction pipe.** Saugerohr wird in das Aufsatzrohr eines Rohrbrunnens eingebaut und reicht vom Brunnenkopf bis ungefähr 1 m unter die tiefste erreichbare Absenkung des Wasserspiegels.

**Saugfilter · vacuum filter.** Unter innerem Unterdruck stehende, sich langsam um eine waagerechte Welle drehende Trommel, deren Mantel aus Filtertuch besteht. Der Saugfilter dient der Entwässerung von Abwasserschlamm.

**Saughöhe · suction head.** Der Höhenunterschied zwischen Pumpe und Saugwasserspiegel. Der über dem Saugwasserspiegel herrschende Luftdruck muß die statische Saughöhe sowie die Widerstände in der Saugleitung, u. U. auch den der Flüssigkeitstemperatur entsprechenden Druck des gesättigten Dampfes überwinden. Praktische Saughöhe bei Baupumpen bei dichter Saugleitung normal höchstens 6 m, gewöhnlich 4 bis 5 m.

**Saugkorb · pump strainer.** Saugkorb am Ende der Saugleitung einer Pumpe soll den Eintritt von der Pumpe schädlichen Bestandteilen des Sauggutes verhindern. Saugkorb in verschiedener Form mit oder ohne Ventil aus Gußeisen oder Messing mit geschlitztem Kupferseiher.

**Saugleitung · suction pipe.** Eine Rohr- oder Schlauchleitung, durch die Flüssigkeit mittels einer Pumpe oder dgl. von einer tieferen Stelle angesaugt wird.

**Saugraum (Saugsaum, Kapillarsaum) · capillary fringe.** Der Grundwasseroberfläche aufliegender Raum, in welchem der Wasserdruck von unten nach oben noch abnimmt.

**Saugsaum (Saugraum, Kappillarsaum) · capillary fringe.** Vom Saugsaumwasser eingenommener Bodenraum.

**Saugsaumwasser · fringe water.** Porensaugwasser, das unten vom Grundwasser und oben von zusammenhängenden Menisken begrenzt ist.

**Saugstrudel · vortex.** Strudel mit einem konzentrischen, von Luft erfüllten Hohlraum.

**Saugüberfall (Heberüberfall) · overflow siphon.** Überfall in Heberform.

**Saugwasserspiegel · pumping level.** Wasserspiegel des Brunnens, Beckens oder Gewässers, aus dem eine Pumpe saugt.

**Säure · acid.** In der Bautechnik vorkommende organische Säuren sind hauptsächlich Ameisensäure, Essigsäure, Huminsäure, Milchsäure, Buttersäure, Stearinsäure, Oxalsäure.

**Säureverbrauch · acid consumption.** Siehe dazu Alkalität.

**Saures Abwasser · acid sewage.** Saures Abwasser führt bei der Einleitung in das städtische Entwässerungsnetz Zerstörungen des Betons der Entwässerungsleitungen und bei einer größeren Menge freier Säure auch der Kläranlagen herbei. In den Wasserläufen zerstören die freien Säuren bis zu ihrer Bindung das biologische Leben.

**Schacht · shaft, manhole.** Vorwiegend senkrechter Kanal mit beliebigem (meist rechteckigem) Querschnitt mit oder ohne Umfassung, wie Straßenschacht, Abluftschacht, Müllabwurfschacht usw.

**Schachtbrunnen · dug well.** Durch Ausschachten hergestellter Brunnen, meist aus Mauerwerk, Beton oder Betonfertigteilen.

**Schachtgründung · caisson foundation, pneumatic foundation work, pier foundation.** Nach Bauweise unterschieden in:

1. Brunnengründung
2. Druckluftgründung (Senkkastengründung) und
3. Pfeilergründung.

**Schachtschleuse · shaft lock, navigation lock.** Schiffsschleuse mit großer Fallhöhe, deren Unterhaupt nach dem Unterwasser durch eine feste Wand abgeschlossen ist, in der sich das Untertor, meist Hubtor, befindet.

**Schachtwasserschloß · shaft surge tank.** Wasserschloß, bestehend aus einem weiten zylindrischen oder kegelförmigen Schacht mit weit offenen Anschlüssen an die Triebwasserleitung.

**Schall · sound.** Schall, die Wahrnehmung der Schwingungen von Gasen, Flüssigkeiten oder festen Körpern durch das menschliche Gehör. Unregelmäßige Stöße werden vom Ohr als Knall oder Geräusch, regelmäßige Schwingungen als Ton empfunden.

**Schallgeschwindigkeit · velocity of sound.** Bei 15° C in Luft rd. 340 m/sec, Wasser 1450 m/sec, Kork 500 m/sec, Aluminium 5000 m/sec.

**Schappe · shell auger.** Erdbohrer für kiesig-lehmigen Boden, seitlich aufgeschlitzter und unten angeschärfter, an einem Bohrgestänge hängender Hohlzylinder (s. auch Bohrer).

**Schardeich · dike direct along the waterway.** Deich, dessen Außenböschung unmittelbar in die Uferböschung übergeht, der also kein Vorland hat. Der Deich liegt «schar».

**Schauer · shower.** Schauer sind kurz andauernde, plötzlich einsetzende und ebenso endende Niederschläge.

**Scheitel · crest, vertex.** Der höchste Punkt eines Bogens oder Gewölbes.

**Scheitelhaltung · summit reach.** Oberste Haltung eines Schiffahrtskanals, von der aus die übrigen Haltungen nach beiden Seiten hin abfallen.

**Scherfestigkeit · shearing strength, shear strength.** Scherfestigkeit eines Werkstoffes, der Quotient aus der im Scherversuch ermittelten Höchstlast und dem Quadrat des Probendurchmessers.

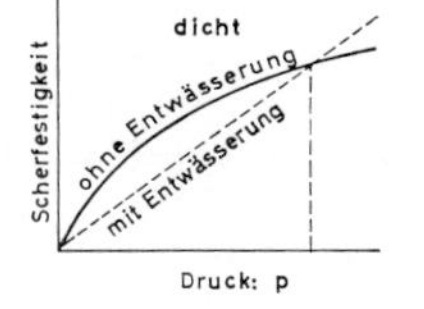


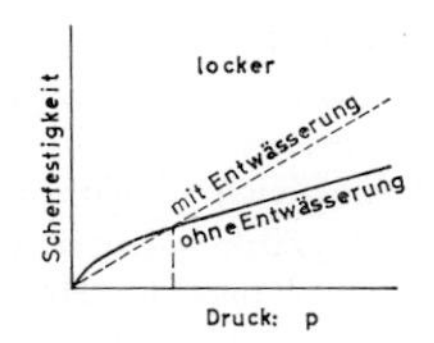


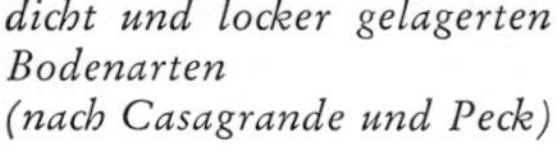

*Wirkung der Entwässerung auf die Scherfestigkeit von dicht und locker gelagerten Bodenarten (nach Casagrande und Peck)*

**Schichtennivellement · layer leveling.** Ein «Schichtennivellement» ist die Einmessung der Höhenlage einer Schicht im geschütteten Damm vor und nach der Verdichtung.

**Schichtquelle · contact spring.** Quelle an der Sohle eines Grundwasserleiters.

**Schichtwasser · foreign water.** In der Kulturtechnik gebräuchlicher Ausdruck für unterirdisch zufließendes Fremdwasser, das bandförmig austritt.

**Schieber · gate, valve.** Ein Rohrschalter, in einem Gehäuse geführte Vorrichtung in Rohrleitungen zum Absperren bzw. Regeln des Durchflusses von Flüssigkeiten und Gasen.

**Schieberhaus · gate house.** Die Verschlüsse einer oder mehrerer Druckleitungen nebst ihren Hilfseinrichtungen enthaltendes Haus, auch «Apparatehaus» genannt.

**Schieberturm · gate shaft.** Turm aus wasserdichten Baustoffen, Anordnung und Zweckbestimmung wie beim Schieberschacht.

**Schiebetor · sliding gate.** 1. Ein nach der Seite oder Höhe durch Schieben (im Gegensatz zum Drehen) zu öffnendes Tor;
2. Im Wasserbau ein Schleusentor, das in waagerechter Richtung quer zur Schleusenachse auf einer Schienenbahn läuft und Wasserdruck von beiden Seiten aufnehmen kann.

**Schieferteer · shale tar.** Teer, der beim Schwelen von Ölschiefer gewonnen wird.

**Schiffahrtskanal · navigation canal.** Künstliche Wasserstraße.

**Schiffahrtsöffnung · navigation span.** Diejenige Öffnung einer Brücke oder eines Wehres, durch welche die Schiffahrt geht.

**Schiffsbrücke · floating bridge.** Schiffsbrücke, auf Schwimmkörpern (z. B. Fässern, Kähnen, Pontons) gelagerte Brücke. Die Freigabe des Schiffsdurchlasses erfolgt durch Ausschwimmen von Brückenteilen.

**Schiffsbuhne · floating groin.** Ein aus ein oder zwei Schiffen gebildetes veränderbares Abflußhindernis, das als Buhne wirkt und dadurch heftige Strömung verursacht, um in Verbindung mit Kratzvorrichtungen Flußsohle aufzulockern und Material weiterzutreiben. Durch flußabwärts erfolgende Weiterführung der Arbeit Vertiefung der Flußrinne.

**Schiffshebewerk · high-lift lock.** Bauwerk in einer Wasserstraße zwischen zwei Haltungen von großem Spiegelhöhenunterschied mit mechanischen Vorrichtungen zum Verbringen der Schiffe aus einer Haltung in die andere.

**Schiffsringe · mooring ring.** Ringe an Ufermauern oder dgl. zum beweglichen Festmachen von Schiffen.

**Schiffsschleuse · navigation lock.** Schleuse, die für Schiffe befahrbar ist.

**Schizomyceten · schyzomycetes.** Klasse von Mikroorganismen, die neben Bakterien noch Actinomyceten, Scheidenbakterien, Spirochaeten u. a. m. umfaßt. Deutsche Bezeichnung: Spaltpilze.

**Schlafdeich · abandoned dike, safety dike.** Deich, der zwecklos geworden ist.

**Schlagsäule · mitre or miter post.** Bei Stemm- und Drehtoren die der Drehachse gegenüberliegende Säule des Torflügels.

**Schlagwellen · high waves.** Die Schlagwellen werden durch ein wildes Durcheinander einer Sturmsee gekennzeichnet. Diese höchst unregelmäßigen Bewegungen entstehen durch das Durcheinanderlaufen zahlreicher Systeme von Wind- oder Rückprallwellen aus verschiedenen Richtungen oder wenn Wellen auf starke Strömungen treffen.

**Schlamm · mud.** 1. Das feinste Zerstörungsprodukt der Gesteine enthält von der Sedimentation her organische Teilchen; seine obere Kornfraktion ist der Ton;

2. Die Gesamtheit der Stoffe, die sich in ruhendem oder träge fließendem Wasser durch Absetzen (Bodenschlamm) oder durch Aufschwimmen (Schwimmschlamm) ausscheiden.

**Schlammabscheider · sludge seperator.** In einer Kleinkläranlage Vorrichtung zur Trennung der leichten, noch nicht zertrümmerten Stoffe von der Abwasserflüssigkeit.

**Schlammausräumer · sludge scraper.** Maschinelle Vorrichtung zum Ausräumen des Schlammes aus Absetzbecken.

**Schlammentwässerung · sludge dewatering.** Mehr oder weniger weitgehende Entfernung des im Abwasserschlamm enthaltenen Wassers. Da sich der Raum, den der Schlamm einnimmt, mit sinkendem Wassergehalt außerordentlich stark verkleinert, ist die Schlammentwässerung für die Abwassertechnik von wesentlicher Bedeutung. Mit der Verringerung der Schlammmenge wird nicht nur das Fortschaffen des Schlammes erleichtert, es können auch die zur Schlammbehandlung erforderlichen Einrichtungen und Bauwerke kleiner gehalten werden.

**Schlammfang · cesspool, gulley hole, cesspit.** 1. Eine Vertiefung in der Sohle eines Wasserlaufes oder einer Freispiegelleitung, in der sich der vom Abwasser mitgeführte Schlamm fängt.

2. Ein Straßen- oder Hofablauf mit Rostabdeckung und aushebbarem Schlammeimer.

**Schlammfaulraum · digestion chamber.** Ein mit frischem oder noch nicht vollkommen ausgefaultem Abwasserschlamm beschickter Raum, in dem die Schlammfaulung vor sich geht. Wird ein Schlammfaulraum zugleich als Absetzbecken (z. B. Erdbecken) betrieben, handelt es sich um einen durchflossenen Schlammfaulraum, im Gegensatz zur zweistöckigen Absetzanlage, wo die Absetzanlage über dem Faulraum, durch eine Decke mit Schlitzen getrennt, liegt, oder um getrennten Schlammfaulraum, wo die Absetzanlage neben dem Schlammfaulraum liegt.

**Schlammfaulung · sludge digestion.** Gärungsvorgang, allmähliche Zersetzung des frischen organischen Abwasserschlammes in Gegenwart von Wasser bei Luftabschluß (Sauerstoffmangel) unter dem Einfluß von Fäulnisbakterien.

**Schlämmanalyse · hydrometer analysis.** Bei der Schlämmanalyse werden die Korngrößen der Feinbestandteile eines Boden (etwa 0,1 bis 0,001 mm) mit Hilfe ihrer verschiedenen Sinkgeschwindigkeiten im Wasser bestimmt. Diese wächst mit dem Korndurchmesser. Der Zusammenhang kann für äquivalente kugelförmige Bodenkörner nach dem Gesetz von Stokes ermittelt werden.

**Schlämmkorn · sludge grain.** Korngrößen der Feinstbestandteile eines Bodens von 0,1 bis 0,001 mm. Sie werden an Hand ihrer verschiedenen Sinkgeschwindigkeiten im Wasser getrennt.

**Schlammpumpe · sludge pump.** Schlammpumpe ist eine Kreiselpumpe in der Bauart der Spülpumpe oder der Kanalradpumpe.

**Schlämmversuch · hydrometer analyse.** Durch Schlämmen wird die Kornverteilung bindiger Böden bestimmt, deren Körner Durchmesser von etwa 0,1 bis 0,001 mm haben.

**Schlammverwertung · utilization of sludge.** Schlammverwertung, die Ausnutzung der im Abwasserschlamm enthaltenen Stoffe. Für stark organischen, insbesondere auch städtischen Schlamm ist Ausfaulung im Schlammfaulraum, Gasnutzung zu Kraft- oder Wärmeerzeugung und Verwendung des ausgefaulten, nährstoffreichen Schlammes zu Düngezwecken die beste Verwertung.

**Schlauchwaage · hydrostatic tube balance.** Gerät zum Prüfen gleicher Höhenlage mit Hilfe des Wasserstandes in 2 gleichen, durch einen Schlauch verbundenen Meßgläsern.

**Schlenke · old arm.** Mit Wasser gefüllter Ausriß oder Altarm.

**Schlepper · tug boat.** Im Wasser-, Fluß- und Seebau zum Ziehen von Wasserfahrzeugen. Dampfschlepper als Seehafen-, Fluß- und Kanalschlepper, Motorschlepper mit ähnlichem Schiffskörper, Motorboote und Barkassen als Schlepper.

**Schleppschiffahrt · towing.** Schiff wird an auf Flußsohle verlegtem Drahtseil oder Kette verholt. Diese werden an Seitenwand des Schleppers mittels Führungsrollen über Klappenscheibe geführt. Anlagekosten bei Seilschleppschiffahrt geringer als bei Kettenschleppschiffahrt, Unterhaltungskosten aber größer. Seil paßt sich Fahrrinne nicht so gut wie Kette an, läßt sich auch schlecht verlängern oder verkürzen.

**Schleppspannung · tractive force.** Kraft des fließenden Wassers je Flächen-

| Beschaffenheit der Sohle | S = 1000 T · J (kg/m²) |
|---|---|
| Sandiger Lehm (nicht kolloidal) | 0,20 |
| Lehmhaltige Ablagerungen (nicht kolloidal) | 0,25 |
| Alluvialer Schlamm (nicht kolloidal) | 0,25 |
| Alluvialer Schlamm (kolloidal) | 1,22 |
| Gewöhnlicher Lehm | 0,37 |
| Steifer Lehm (sehr kolloidal) | 1,22 |
| Gewöhnlicher Quarzsand, ∅ 0,2 bis 0,4 mm | 0,18–0,20 |
| Gewöhnlicher Quarzsand, ∅ 0,4 bis 1,0 mm | 0,25–0,30 |
| Gewöhnlicher Quarzsand, ∅ bis 2,0 mm | 0,40 |
| Grobes Sandgemisch | 0,6–0,7 |
| Festgelagerter Sand und feiner Kies, langanhaltend | 0,8–0,9 |
| vorübergehend (bei HW) | 1,0–1,2 |
| Rundlicher Quarzkies, ∅ 0,5 bis 1,5 cm | 1,25 |
| Lehmiger Kies (nicht kolloidal), langanhaltend | 1,50 |
| Lehmiger Kies (nicht kolloidal), vorübergehend | 2,00 |
| Grobes Quarzgerölle, ∅ 4 bis 5 cm, bis zu 1 bis 2 cm stark | 4,00 |
| Plattiges Kalkgeschiebe, 4 bis 6 cm lang | 5,00 |
| Rasen auf kurze Zeit | 2,0–3,0 |
| Rasen auf lange Zeit | 1,5–1,8 |
| Rasenziegel, fest verwachsen, auf lange Zeit | 2,5–3,0 |
| Rauhwehr | 4,0 |

*Grenzwerte für die Schleppspannungen bei klarem Wasser*

| Beschaffenheit der Sohle (die in Klammern beigesetzten Zahlen sind Korngrößen in mm) | max $v_m$ (mittl. Querschnittgeschwindigkeit, m/s) | |
|---|---|---|
| | Klares Wasser ohne Schlamm und Geschiebe | Schlammführendes Wasser |
| Steifer Lehm, sehr kolloidal (0,0015) | 1,30 | 1,50 |
| Lehmhaltige Ablagerungen, kolloidal (0,005) | 1,30 | 1,50 |
| nicht kolloidal (0,005) | 0,76 | 0,90 |
| Feiner Lehm und Schlamm (0,05–0,1) | 0,26 | 0,35 |
| Feinkörniger Lehm mit Sand gemischt | 0,30 | 0,50 |
| Sandiger Lehm | 0,30 | 0,50 |
| Harter Lehm | 0,60 | 0,75 |
| Feiner Sand (0,4) | 0,15 | 0,25 |
| Feiner Sand (0,7) | 0,20 | 0,30 |
| Feiner Sand (1,7) | 0,35 | 0,45 |
| Grober Sand (2,0–3,0) | 0,45–0,60 | 0,50–0,70 |
| Feiner Kies (4,0–8,0) | 0,60–0,75 | 0,70–0,90 |
| Mittlerer Kies (8,0–16) | 0,80–1,30 | 0,90–1,40 |
| Grober Kies (16–25) | 1,30–1,80 | 1,40–2,00 |
| Eckige Steine, grob | 1,70 | 1,80 |
| Rasenziegel | 1,80 | 1,80 |

*Grenzgeschwindigkeiten max $v_m$*

einheit der Sohle eines Wasserlaufs, mit der er auf die Sohle wirkt und dort Geschiebe vorwärts bewegt. Ohne Vornahme eingehender Geschiebeuntersuchungen können die Widerstandskräfte W der Sohle für den Ruhezustand den Schleppkräften aus S = 1000 TJ oder bei breiten Gerinnen (B > 30 T) 1000 RJ gleichgesetzt werden, wobei W aus Erfahrungswerten den Tabellen auf S. 212 zu entnehmen ist. Die Schleppkräfte und die mittleren Querschnittsgeschwindigkeiten (T > 1,0 m) sind die Werte, denen das Sohlenmaterial gerade noch widersteht. Bei S > W findet Bewegung, bei Geschiebemangel also bleibende Eintiefung, bei S < W Ablagerung statt.

**Schleppzugschleuse · lock for barges.** Kammerschleuse, die einen Schleppzug aufnehmen kann.

**Schleuse · lock.** Bauwerk, das zwei Wasserflächen von verschiedener Spiegelhöhe durch eine verschließbare Öffnung verbindet.

---

|  | |  |
|---|---|---|
| OK | = | Oberkanal |
| OH | = | Oberhaupt |
| Schl.K | = | Schleusenkammer |
| UH | = | Unterhaupt |
| UK | = | Unterkanal |
| OVH | = | Oberer Vorhafen |
| UVH | = | Unterer Vorhafen |
| DF | = | Dammbalkenfalze |
| OTK | = | Obere Torkammer |
| UTK | = | Untere Torkammer |
| U | = | Umlauf |
| A | = | Abfallboden |
| l | = | nutzbare Kammerlänge |
| b | = | nutzbare Kammerbreite |
| t | = | nutzbare Kammertiefe (0,5–1,0 m größer als Fahrtiefe im Kanal) |
| d | = | Dicke des Schleusenbodens |
| Kl.T | = | Klapptor (ein Flügel, der um die waagerechte Achse gedreht wird) |
| St.T | = | Stemmtor (zwei Flügel, die in den Wendenischen um die senkrechten Achsen gedreht werden) |
| NV | = | Notverschlüsse für die Umläufe (bei etwaigen Störungen im Verschlußbetrieb) |
| St.S | = | Sturzbettsicherung |
| OD | = | Oberdrempel |
| UD | = | Unterdrempel |
| Schl.Pl. | = | Schleusenplattform oder Schleusenebene |
| LW | = | Leitwerk zur Sicherung der ein- und ausfahrenden Schiffe |
| U.Sp | = | Umschließungsspundwand |
| Fl.Sp | = | Flügelspundwand oder Schürze |
| P | = | Poller |
| OP | = | Oberpegel |
| UP | = | Unterpegel |
| LW | = | Leitwerk |
| OW | = | Oberwasser |
| UW | = | Unterwasser |
| $h_{min}$ | = | geringstes Gefälle |
| $h_{max}$ | = | größtes Gefälle |
| TF | = | Trennungsfuge |
| OK Schl.S | = | Oberkante Schleusensohle |
| UK Schl.S | = | Unterkante Schleusensohle |
| TN | = | Tornischen |

*Bezeichnungen bei einer Kammerschleuse*

**Schleusenfallhöhe · lift of lock.** Höhenunterschied zwischen dem Ober- und Unterwasserspiegel einer Schleuse.

**Schleusenhafen · dock harbor.** Geschlossener Hafen mit Abschluß durch eine Kammerschleuse, der also jederzeit für Schiffe zugänglich ist.

**Schleusenhaupt · head or tail gate.** Teil der Schleuse, der die Verschlußvorrichtung enthält (Oberhaupt, Unterhaupt, Außenhaupt, Binnenhaupt, Zwischenhaupt).

**Schleusenkammer · lock chamber.** Der zwischen den Häuptern liegende Teil einer Kammerschleuse, der die Schiffe aufnimmt.

| Ort und Fluß | | Abmessungen Nutzlänge m | B m | $H_{max}$ m | *Torart* im Oberhaupt | Fülleinrichtung | Füllzeit min. | Mittl. Hubgeschwindigkeit m/min | Fertigstellung Jahr |
|---|---|---|---|---|---|---|---|---|---|
| *Bonneville* Columbia | F | 150 | 23.15 | 22,10 | Stemmtor | Grundlauf a. d. Sohle | 15 | 1,47 | 1938 |
| *Pickwick-Landing* Tennessee | F | 183 | 33,5 | 18,60 | Stemmtor | Wandumläufe | 10 | 1,86 | 1940 |
| *Ottmarsheim* Rhein | F/K | 185 | 23 | 18,00 | Stemmtor | Längs- u. Stichkanäle | 12 | 1,50 | 1952 |
| *Donzère-Mondragon* Rhône | K | 195 | 12 | 26,00 | Senktor | Grundläufe a. d. Sohle | 16 | 1,60 | 1952 |
| *Tiel* Waal | K | 360 | 18 | 5,50 | Hubtor | Schütze i. Tor | 14,0 | 0,39 | 1952 |
| *Offenbach* Main | F | 300 | 12 | 4,60 | Stemmtor | Schütze i. Tor | 14,3 | 0,32 | 1953 |
| *Besigheim* Neckar | F | 110 | 12 | 6,30 | Hubtor | Heben des Tores | 6,3 | 1,00 | 1954 |
| *Würzburg* Main | F | 300 | 12 | 2,80 | Segment-Drehtor | Längs- u. Stichkanäle Drehen des Tores (kombiniert) | 6,3 | 0,45 | 1954 |
| *Birsfelden* Rhein | F | 180 | 12 | 9,10 | Senktor | Senken des Tores | 8,5 | 1,00 | 1954 |
| *Jochenstein* Donau | | | | | | | | | |
| Nordschleuse | F | 230 | 24 | 11,70 | Senktor | Senken des Tores | 15,3 | 0,77 | 1956 |
| Südschleuse | | 230 | 24 | 11,70 | Hubtor | Heben des Tores | 14,7 | 0,80 | 1955 |

*Technische Daten einiger Schleusen*

F = Flußschleuse; K = Kanalschleuse

**Schleusentor · lock gate.** Verschlußvorrichtung einer Schleuse.

**Schleusentreppe · flight of locks.** Mehrere hintereinander liegende Kammerschleusen mit zwischenliegenden kurzen Haltungen.

**Schlick · silt.** Stark wasserhaltige, mit organischen Stoffen durchsetzte feinsandig-tonige bis tonige Ablagerung des Meeres.

**Schlickdeich · mud dike.** Deich, dessen Vorland aus weichem unbegrüntem Schlick besteht (s. auch Grodendeich).

**Schlickfänger · dam constructoin in tidal marsh areas for reclamation of land.** Lahnung in schwerer Bauweise, gewöhnlich als Buschpackung mit Steinbeschwerung zwischen Pfählen ausgeführt.

**Schlipp (auch Slip) · slipway.** Siehe unter Aufschleppe.

**Schlitzdränung, Fräsrillendränung · mole drainage.** Sehr schmale mit einer Drängrabenmaschine hergestellte Drängräben, die ganz oder teilweise mit durchlässigem Filtermaterial gefüllt werden.

**Schloßdeich, Kuverdeich · inner dike.** Deich, der gegen Kuverwasser kehrt, und durch den keine Ableitungsmöglichkeit in den Polder besteht (in manchen Gegenden wird der Qualmdeich Schloßdeich genannt).

**Schlot · marsh ditch.** Bezeichnung für Entwässerungsgräben im Marschgebiet.

**Schlucker · drainage well.** Stein- oder Kiesfilter, die ausnahmsweise das Tagwasser kleiner Geländemulden einem Drän zuführen; die größten Körner der Filter liegen am Dränrohr.

**Schluckfähigkeit · discharge capacity of turbine.** Größtmöglicher Durchfluß einer Wasserturbine in $m^3/s$.

**Schlucklöcher · swallow holes.** Löcher am Ufer oder an der Sohle von oberirdischen Gewässern (meist Bächen), durch die Wasser versinkt.

**Schluckschacht, -bohrung, -becken · sink shaft.** Schacht, Bohrung oder Bekken zum unmittelbaren Einlassen von Wasser ins Grundwasser.

**Schluff · poor clay, silt.** Unverfestigtes Sediment aus Sand und Ton in den Korngrößen von etwa 0,002 bis 0,06 mm.

**Schmutzbeiwert · pollution coefficient.** Bewertungszahl eines Abwasser nach seiner Beschaffenheit, ermittelt nach besonders festgelegten Schlüsseln und verwendet als Vergleichsgrundlage und Verteilungsmaßstab für Gebühren, Umlagen, Beiträge usw. Ein ausschließlich auf den $BSB_5$ bezogener Schmutzbeiwert entspricht dem Einwohnergleichwert.

**Schmutzstoff · contaminant.** Schmutzstoff, Fremdstoff, kann jeder Stoff sein, wenn er mit einem anderen Stoff, einem Gegenstand oder einer Örtlichkeit mengenmäßig derart verbunden ist, daß er deren Aussehen oder Gebrauch beeinträchtigt. Kein Stoff ist demnach, absolut betrachtet, ein Schmutzstoff, sondern wird es erst durch sein Verhältnis zu anderen Dingen.

**Schmutzstoffgehalt · pollutional load.** Das Verhältnis G/R der Schmutzstoffgewichtsmenge G zur Wasserraummenge R, in der sich die Schmutzstoffe befinden ($g/m^3$, mg/l).

**Schmutzwasser · sewage, waste water.** Alles in Haushaltungen und Wirtschaftsbetrieben (häusliches Abwasser), in Gewerbe, Industrie und Landwirtschaft (gewerbliches usw. Abwasser) verunreinigtes Wasser sowie die Niederschlagswässer aus dem Bereich von Ansiedlungen.

**Schmutzwasserabfluß · sewage discharge.** Schmutzwassermenge in der Zeiteinheit.

**Schmutzwasserabflußspende · sewage discharge per unit area.** Schmutzwasserabfluß, bezogen auf die Flächeneinheit.

**Schmutzwasserabflußsumme · summation of sewage discharge.** Für eine bestimmte Zeitspanne summierter Schmutzwasserabfluß.

**Schmutzwasseranfall · sewage flow rate per head.** Verhältnis der Schmutzwassersumme zur Einwohnerzahl und Anfalldauer.

**Schmutzwassernetz · drainage system.** Das Leitungsnetz, das das vom Niederschlagswasser getrennte Schmutzwasser ableitet (Trennverfahren).

**Schnee · snow.** Schnee ist der am weitesten verbreitete und häufigste feste Niederschlag in Form von Kristallen oder Flocken (bei weniger tiefen Temperaturen zusammengebackene Schneekristalle).

**Schneedecke · snow cover.** Als Schneedecke wird jede bei Temperaturen unter dem Gefrierpunkt im Gefolge von Schneefällen auf den festen Landflächen oder auf den vereisten Gewässern sich ausbildende Schneeschicht bezeichnet.

**Schneedichte · snow density.** Schneedichte = Wasseräquivalent : Schneehöhe.

**Schneegrenze · snow line.** Die Schneegrenze ist definiert als die untere Grenze der Schneelage. Sie ist eine Höhengrenze und im wesentlichen abhängig von der geographischen Breite wie von den witterungsklimatischen Verhältnissen (Niederschlag, Strahlung, Temperatur).

**Schneehöhe · depth of snowfall.** Die Mächtigkeit der Schneedecke über Grund wird als Schneehöhe bezeichnet und in ganzen Zentimetern (cm) angegeben. Sie wird mit dem Schneepegel gemessen.

**Schneelast · snow load.** Die auf 1 $m^2$ der waagerechten Projektion eines Daches oder auf 1 $m^2$ der Grundrißfläche einer Brücke usw. entfallende Belastung durch Schnee.

**Schnellfilter · rapid or fast filter.** Filter mit einer Filtergeschwindigkeit von mindestens mehreren Metern je Stunde aus Sand oder anderen Filtermassen mit Korngrößen von etwa 0,5 bis 2 mm.
Das Filter wird durch Rückspülen der gesamten Filtermasse gereinigt.

**Schnelligkeit · celerity.** Nur bei der Druckfortpflanzung statt Geschwindigkeit gebrauchter Ausdruck.

**Schöpfbuhne · repelling groin.** Inklinante Buhne, die Wasser nach bestimmter Richtung abdrängt («schöpft»). Oft am Anfang von Durchstichen (als sog. Fangkopf), bewirkt dabei teilweise Absperrung des alten Laufs.

**Schöpfhöhe · drawdown.** Die Wasserschichthöhe in mm, die ein Schöpfwerk in 24 Stunden aus einer Niederung abzupumpen imstande ist.

**Schöpfvermögen · pumping capacity.** Die in l/s $km^2$ oder $m^3$/s $km^2$ ausgedrückte Leistungsfähigkeit eines Schöpfwerkes.

**Schöpfwerk · pumping station.** Pumpwerk, das landwirtschaftliche Flächen entwässert.

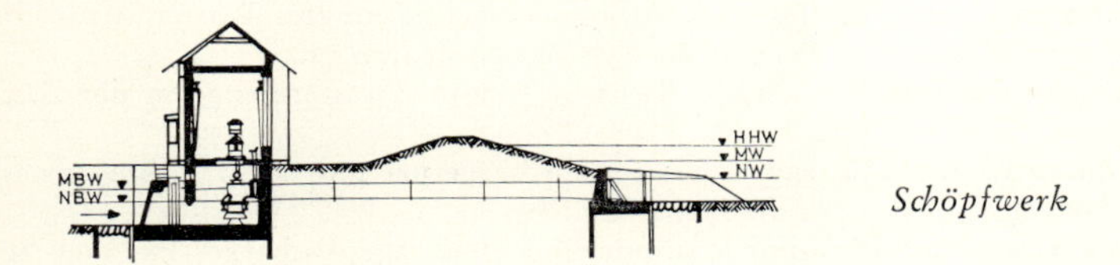


*Schöpfwerk*

**Schotter · split gravel.** Maschinell oder von Hand zerkleinertes Gestein (Basalt, Granit usw.). Fein- und Grobschotter als Betonzuschlag, Gleisbettungsstoff und für den Straßenbau von 25 bis 70 mm Größe.

**Schrägdränung · inclined drainage.** Übergangsform zwischen Längs- und Querdränung.

**Schrägpegel · sloping gage.** Schrägliegender Lattenpegel mit neigungsrecht verzerrter Teilung.

**Schraubenpumpe · screw pump.** Kreiselpumpe mit propellerartigem oder schaufelförmigem Laufrad, woraus sich große Durchgangsquerschnitte ergeben, so daß die Pumpe sich vorzüglich zum Fördern von Flüssigkeiten mit Beimengungen, z. B. als Abwasserpumpe, eignet.

**Schreibpegel · recording gage.** Selbsttätig aufzeichnender Pegel.

**Schrittweise Dränung · step by step drainage.** Dränung, bei der vorläufig die Sammler und die notwendigsten Sauger angelegt werden, so daß das Saugernetz je nach Bedarf zur Volldränung verdichtet werden kann.

**Schrittweiser Rückenbau · gradual buildup of ridges.** Rückenbau, bei dem zunächst nur flach abgeböschte Entwässerungsgräben ausgehoben und mit dem Aushub die Rieselrinnen aufgedämmt, also die Rücken zunächst nur angedeutet werden, um sie dann allmählich mit dem im Laufe der Zeit anfallenden Grabenschlamm regelmäßig auszubauen.

**Schrumpfgrenze · shrinkage limit.** Die «Schrumpfgrenze» ist der Wassergehalt, bei dem die Volumenverminderung des Bodens beim Austrocknen abgeschlossen wird.

**Schubspannungsgeschwindigkeit · shear velocity.**

$$v_s = \sqrt{\zeta \frac{\tau}{\varrho}} \text{ mit } \zeta = 9{,}81 \text{ kg} \cdot \text{m}/(\text{s}^2 \cdot \text{kp})$$

**Schürfgruben · test pits.** Schürfgruben sind Schächte von mindestens 1½ bis 2 $m^2$ Grundfläche, die bis zu der Tiefe, bis zu welcher der Boden untersucht werden soll, hinuntergebracht werden.

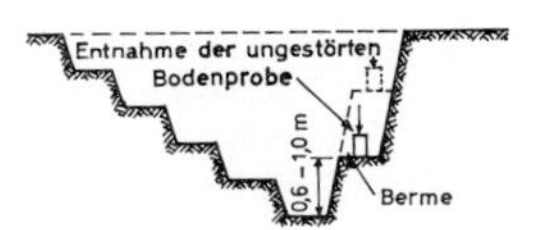


*Form einer Schürfgrube*

**Schürzenwehr · canvas gate.** Versetzbare Stauvorrichtung, bestehend aus einem an einem Stab befestigten Segeltuch. Der Stab wird quer über den Graben gelegt, das Segeltuch auf Sohle und Böschungen lose ausgebreitet und sein Rand mit Erde oder Steinen beschwert.

**Schußboden · bottom of a race or spillway.** Befestigter Boden einer Schußrinne oder eines Schußwehres.

**Schußrinne · chute, race, spillway.** Entlastungsanlage in Form einer Rinne, in der das Wasser schießt.

**Schußwehr · shooting weir.** Überfallwehr, bei dem das überfließende Wasser am Wehrkörper haften bleibt (schießender Fließzustand).

**Schute · scow, barge.** Wasserfahrzeug zum Transport von Baggergut (Klappschuten, Spül- und Elevierschuten, Steinklapp-, Steinkippschuten, Dampf- und Motorklappschuten).

**Schüttung · fill.** Das Anlegen von Erddämmen, das Auffüllen von Gelände usw. Man unterscheidet: Gerüstschüttung, Kopfschüttung, Lagenschüttung und Seitenschüttung.

**Schutzhafen · harbor of refuge.** Zufluchtshafen für Schiffe bei schlechtem Wetter.

**Schütze · sluice, gate.** Verschlußvorrichtung offener Gerinne oder geschlossener Leitungen, die nicht in einem unter Wasserdruck stehenden Gehäuse läuft (Unterschied von Schieber); ursprünglich nur für plattenförmige, senkrecht auf- und abbewegliche Vorrichtungen gebraucht, neuerdings bei geschlossenen Leitungen auch für andere Formen angewandt, z. B. Segmentschütze, Zylinderschütze.

**Schützenheizung · sluice gate heating.** Anwärmeeinrichtung zum Verhüten oder Beseitigen der Vereisung der Spalten zwischen den Rändern eines Schützes und den sie umgebenden Dichtungsleisten und Rollenbahnen.

**Schützenwehr · sluice gate.** Wehr mit Verschlüssen aus Holz, Stahl oder Stahlbeton, die in Nischen der Zwischenpfeiler und Wehrwangen auf Gleitschienen, Walzen oder Rollen geführt, senkrecht auf- und abbewegt werden (Schützen).

**Schutzschleuse (Sperrschleuse) · inland lock, tide lock.** Schutzschleuse, einhäuptige Schleuse zum Abhalten hoher Wasserstände von einem Gewässer. Schutzschleuse entspricht einfachem Haupt einer Kammerschleuse und besteht meist aus Stemmtoren. Häufig angewandt bei Einmündung von Schiffahrtskanälen in Flüsse mit Hochwasser sowie bei Seeschleusen als Fluttor.

**Schwachbelasteter Tropfkörper · low-rate trickling filter.** Tropfkörper, in welchem der absorbierte Schlamm weitgehend abgebaut wird.

**Schwalglöcher · large interstice.** Teile des Gewässerbetts, wo Wasser durch Versinkung verschwindet.

**Schwall · positive surge.** Etwa mit Wellenschnelligkeit fortschreitende Hebung des Wasserspiegels in einem offenen Gerinne, z. B. Stauschwall, Öffnungsschwall, Füllschwall, Absperrschwall, Spülschwall.

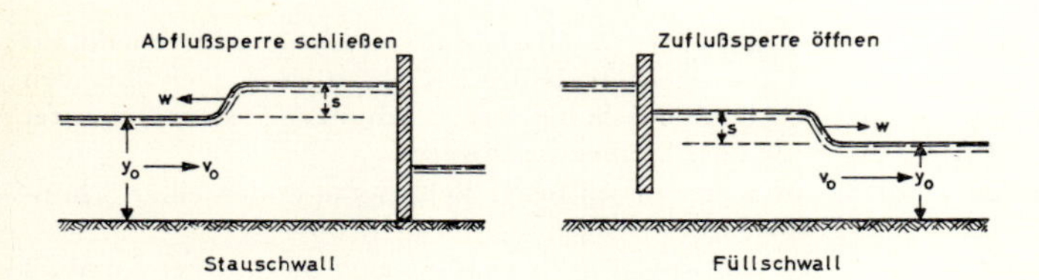


**Schwanenhals · shovel.** Schaufel mit halbkreisförmig gekrümmtem Blatt mit langem Stiel zum Ausheben des Rohrbettes in der Drängrabensohle; auf dem Gelände stehend ziehend oder stoßend gehandhabt.

**Schwarzkultur · black cultivation.** Verfahren zur landwirtschaftlichen Nutzung der Moore ohne Zuhilfenahme von Mineralboden.

**Schwarztorf · black peat.** Für die unteren, stark zersetzten, älteren Moostorfe des Hochmoores gebräuchliche Bezeichnung, die im grubenfrischen

Zustand hellbraun gefärbt sind und sich beim Trocknen schnell schwarzbraun verfärben.

**Schwebendes Grundwasser · suspended ground water.** Grundwasser, bei dem unter der Sohlschicht wieder eine lufthaltige Zone folgt.

**Schwebstoffabtrag · amount of suspended material carried off by overland runoff.** Schwebstofffracht, geteilt durch Niederschlagsgebiet.

**Schwebstoffbelastung · weight of suspended sediment per $m^3$ water.** Gewicht der Schwebstoffe in 1 $m^3$ Wasser.

**Schwebstoffe · suspended solids.** Feststoffe, meist mineralischer Natur, die im Wasser schweben, weil sie mit ihm im Gleichgewicht stehen.

**Schwebstofffracht · total suspended load.** Gesamtgewicht der Schwebstoffe, die in einer bestimmten Zeitspanne einen Abflußquerschnitt durchlaufen haben.

**Schwebstofführung · suspended load charge.** Gewicht der Schwebstoffe, die in 1 Sekunde durch den Abflußquerschnitt treiben.
Schwebstoffbelastung mal Abfluß.

**Schwefelbakterien · sulfur bacteria.** Bakterien, die ihren Energiebedarf durch Oxydation von Schwefelwasserstoff zu elementarem Schwefel decken, der in den Bakterien abgelagert wird, bzw. zu Schwefel-Sauerstoffverbindungen.

**Schwefelwasserstoffbildner · sulfur bacteria.** Bakterien, die aus organischen und anorganischen Schwefelverbindungen Schwefelwasserstoff zu bilden vermögen.

**Schweißgraben · seepage drain.** Binnenseitig in geringer Entfernung vom Deichfuß entlanggeführter Graben zur Aufnahme des Drängewassers.

**Schwellbecken · compensating reservoir.** Speicher zum Umformen eines wenig schwankenden Zuflusses in einen stark schwankenden, dem Kraftwerksbedarf angepaßten Abfluß (Gegenteil: Ausgleichsbecken).

**Schwellbetrieb · drawdown operation.** Die zur Deckung von Belastungsspitzen größere Beaufschlagung der Turbinen von Laufwerken als ihnen vom Fluß zugeführt wird durch vorübergehende Absenkung des Oberwasserspiegels und anschließendes Wiederaufstauen bei kleinerer Belastung.

**Schwellen des Bodens · ground swell.** Die Erscheinung seiner Raumvergrößerung durch die Stoßkräfte der in Brownsche Bewegung kommenden Kolloide und das Einschieben von verdichteten hygroskopischen Wasserhüllen zwischen die sich berührenden Bodenteilchen, sei es durch versikkerndes Wasser, ansteigendes Grundwasser oder verringerte Belastung.

**Schwellmaß · coefficient of swell.** $= \frac{V - V_f}{V_f}$,
worin $V_f$ der Rauminhalt des Bodens vor, V jener nach dem Schwellen ist.

**Schwemmrinne (für Rechengut) · screening flume.** Rinne hinter einem Rechen zum Abschwemmen des Rechengutes.

**Schwenkregner · rotating sprinkler.** Regner mit Feinstrahldüsen, der auf Stützen in seiner Längsachse schwenkbar gelagert oder einzeln als Fächerregner aufgestellt ist und durch einen Wassermotor hin- und hergeschwenkt wird.

**Schwerer Boden · heavy soil.** Bodenarten mit festem Zusammenhang und von zäher Beschaffenheit, z. B. fetter steifer Ton und Bodenarten, wie unter «bindiger mittelschwerer Boden» angegeben, die stark ausgetrocknet sind; diese Bodenarten können mit dem Spaten nicht mehr bearbeitet werden, sondern müssen besonders aufgelockert werden. Außerdem Bodenarten wie unter «mittelschwerer Boden» und «bindiger mittelschwerer Boden» angegeben, die stark mit Geröllen, Geschiebe und Steinen bis 200 mm Durchmesser durchsetzt sind, Bauschutt und festgelagerte Schlacke.

**Schwerer Fels · heavy rock.** Fest gelagerte Gesteinsarten, die wegen ihrer Festigkeit üblicherweise mit Sprengarbeit gelöst werden; Schlackenhalden der Hüttenwerke; Findlinge oder Gesteinstrümmer über 0,1 $m^3$ Rauminhalt.

**Schwerewellen · gravity waves.** Oberflächenwellen, die lediglich durch die Schwerkraft als Richtkraft bedingt sind und bei denen die Oberflächenspannung keine Rolle spielt.

**Schwergewichtsmauer · gravity dam.** Bauwerk zur Sicherung eines Geländesprungs, das die angreifenden Kräfte (Erddruck, Wasserdruck u. a.) allein durch sein Eigengewicht aufnimmt und zu einer resultierenden Kraft vereinigt, die stets innerhalb der Kernfläche eines jeden beliebigen Querschnittes liegt. Dadurch treten im Bauwerk nur Druckkräfte auf, die in den Baugrund abgeleitet werden.

**Schwerstoffe · bed load.** Zusammenfassung von Schwebestoffen, Sinkstoffen und Geschiebe.

**Schwimmachse · axis of floating.** Verbindungslinie des Schwerpunktes eines schwimmenden Körpers mit dem Schwerpunkt der Verdrängung.

**Schwimmbagger · floating dredge.** 1. Aussetzbagger: Greifbagger und Löffelbagger, auf einem Wasserfahrzeug (Prahm, Ponton) aufgebaut.
2. Dauerbagger: Eimerkettenbagger.

**Schwimmebene · surface of floating.** Ebene, in welcher der Wasserspiegel einen schwimmenden Körper schneidet.

**Schwimmendes Gebirge · boggy rocks.** Meist bis zur Fließgrenze wassergesättigte fein- bis feinstkörnige lose Ablagerungen, Schluff- und Schlammböden, Schwimmsand, mit geringer Kohäsion, $\varrho < 26°$.

**Schwimmendes Moor (Schwingmoor) · floating moor.** Moorbildungen, dessen Torflagen in oder auf Wasser schwimmen.

**Schwimmermessung · velocity measurement using floats.** Bestimmung der Wassergeschwindigkeit durch Beobachtung schwimmender Körper.

**Schwimmfläche · area of floating.** In der Schwimmebene liegende Fläche eines schwimmenden Körpers.

**Schwimmkastengründung · floating caisson foundation.** Offene Gründung im Wasser mit Hilfe eines oben offenen Hohlkörpers (Schwimmkasten), der im Trockenen hergestellt, schwimmend an die Verwendungsstelle gebracht und dort als Fundament des künftigen Bauwerks durch Einfüllen von Sand, Wasser oder Beton abgesenkt wird.

**Schwimmstoffe · floating matter.** Feststoffe, meist organischer Art, die leichter als Wasser sind und daher auf ihm schwimmen.

**Schwimmstoffablenker · trash screen.** Schwimmstoffablenker, bewegliche, an Ketten hängende, durch Gegengewichte ausgewogene, durchbrochene Tauchplatte vor der Überfallschwelle eines Regenauslasses, damit die Schwimmstoffe in der entlasteten Entwässerungsleitung verbleiben und nicht in den Regenauslaß gelangen.

**Schwimmtor · pontoon gate.** Als Schwimmkörper ausgebildetes Schleusentor.

**Schwinden des Boden · shrinkage.** Die Erscheinung der Raumverkleinerung des Bodens beim Verdunsten oder Wegdrücken der zwischen den Bodenteilchen befindlichen verdichteten Wasserhüllen.

**Schwindmaß · coefficient of shrinkage.** $= \frac{V - V_f}{V}$,

worin V der Rauminhalt des Bodens vor, $V_f$ jener nach dem Schwellen ist.

**Schwingungen, Ausbreitung · wave propagation.** Mit zunehmender Entfernung vom Schwingungserreger klingen in jedem Material die Amplituden der sich ausbreitenden Wellen ab. Dieser Vorgang wird durch den «Absorptionskoeffizienten» k oder k' gekennzeichnet. Die Ziffer k' ist eine Bodenkonstante, durch die die örtliche Dämpfung der sich im Boden ausbreitenden Welle erfaßt wird.

**Schwingungsdauer, Periode · periode of oscillation.** Die Schwingungsdauer einer Welle ist die Zeit in Sekunden, in der ein Teilchen einen vollen Umlaufkreis seiner Bewegung vollbracht hat oder die Zeit, die an einem festen Beobachtungsort zwischen dem Eintreffen zweier aufeinander folgender Wellenkämme verstreicht.

**Schwingungssystem · vibration system.** Ein Schwingungssystem ist durch seine «Eigenschwingungszahlen» $n_0$ und $n_t$ bei einer lotrechten oder waagerechten dynamischen Belastung gekennzeichnet. Erreicht die Erregerschwingzahl diese Werte, so stellen sich Resonanzerscheinungen ein, die durch besonders starke Schwingungsausschläge (elastische Formänderungen) hervortreten. Ein auf den Baugrund abgestütztes Schwingungssystem besteht dabei aus den Bestandteilen Maschine, Bauwerk und Boden.

**Schwingungswelle · oscillating wave.** Wellenbewegung ohne waagerechten Transport von Wassermassen.

**Schwingungswellen · oscillating waves.** Die Schwingungswellen werden durch Vorhandensein eines kreisförmigen Laufes der Bewegung ihrer Wasserteilchen gekennzeichnet. Der kreisförmige Umlauf kann bei voller Aufrechterhaltung der Schwingungsart der Wellenbewegung bei einer entsprechenden Tiefe $\left(\frac{H}{2L}\right)$ durch Änderungen der Form in einen elliptischen Umlauf übergehen.

**Schwitzwasserbildung · formation of water of condensation.** Niederschlag der Luftfeuchtigkeit, z. B. auf Wänden und Decken, an den Fensterscheiben oder Rohrleitungen, wenn durch Abkühlung die Feuchtigkeitsaufnahme der Luft sinkt und infolge zu geringer Porigkeit der Bauoberflächen die Feuchtigkeit nicht aufgesaugt werden kann.

**Sediment · sediment.** Ablagerung, abgelagerte oder abgesetzte Stoffe.

**Sedimentation · sedimentation.** Der Absetzvorgang in einer Flüssigkeit, insbesondere im Wasser.

**See · lake.** Ein See ist eine allseitig geschlossene, in einer Vertiefung des Bodens befindliche, mit dem Meere nicht in direkter Verbindung stehende Wassermasse.

**Seeanstich · lake tapping.** Unter dem Seespiegel liegender Anschlag eines Absenkungsstollens.

**Seedeich · sea dike.** Deich, der gegen hohe Wasserstände des Meeres kehrt.

**Seegatt (Tief) · tidal slough outlet.** Ausmündung des Rinnennetzes eines Wattgebiets (Priel) in die See.

**Seehafen · sea port.** An Meeresküste gelegener Ort, der durch Lage und Bauwerke Schiffen Schutz gegen Wind und Wellenschlag gibt und Güterumschlag sowie Durchführung von Reinigungs- und Ausbesserungsarbeiten an Schiffen ermöglicht.

**Seeregulierung · lake regulation.** Maßnahmen zur Ermöglichung willkürlicher Regelung der Wasserstände und Abflußmengen eines natürlichen Sees (Errichtung eines Auslaßwehres, Vertiefung des Seeausflußgerinnes) zum Zweck der Erhöhung des natürlichen Rückhaltevermögens.

**Seerückhalt · lake retention.** Ausgleichende Wirkung auf den Abfluß durch Seen oder seeartige Erweiterungen eines Gewässerbetts, Seeretention.

**Seeschleuse · tide lock.** Der Schiffahrt dienende Schleuse. Seeschleuse ermöglicht im Hafenbecken Einhalten eines von Gezeiten unabhängigen Wasserstandes.

**Seetief · tidal slough.** Verbindungsöffnung zwischen Haff und See.

**Seezeichen · maritime signals.** Die in Küstengewässern im Dienst der Schiffahrt angebrachten, durch Gestalt und Farbe oder Tonerzeugung auffallenden Gegenstände.

**Segmentschütze · radial gate.** Verschlußvorrichtung, deren Dichtungswand nach einem Kreissegment gekrümmt ist und die sich um Zapfen im Mittelpunkt des Kreises dreht. Da der Wasserdruck durch den Drehpunkt geht, entsteht nur Zapfenreibung, daher leichte Beweglichkeit.

**Segmenttor · radial gate.** Schleusentor, das wie eine Segmentschütze ausgebildet ist.

**Segmentwehr · tainter gate, radial gate.** Wehrverschluß mit kreiszylindrischer, selten ebener Stauwand mit rahmenartig wirkenden Stützarmen und Drehbewegung um seitlich an Pfeilern und Wehrwangen meist über Wasser angebrachten Zapfen.

**Seiches · seiche.** Als Seiches bezeichnet man stehende freie Schwingungen des Seebeckens, die durch die Becken- und Bodenform bedingt sind.

**Seihwasser · filtration water.** Aus oberirdischen Gewässern in filternden Untergrund abgewandertes Wasser.

**Seismische Untersuchung · seismic test.** Die seismische Bodenuntersuchung geht von dem Verhalten des Bodens gegenüber einer stoßweisen Erschütterung aus. Die Fortpflanzung der künstlich hervorgerufenen Bodenwellen in Gestalt der Ausbreitungsgeschwindigkeit $v_L$ der Longitudinalwellen (Kompressionswellen) in m/s wird gemessen.

**Seismische Wellen · seismic waves.** Seismische Wellen werden durch den Impuls der Erdbeben bewirkt. Sie bestehen meist aus einer großen Welle, die sich nach allen Seiten über weite Strecken des Meeres mit einer allmählich abflachenden Geschwindigkeit bei gleichzeitiger Verminderung der ursprünglichen Abmessungen und der Energie fortpflanzt.

**Seitenerosion · side erosion.** Seitenerosion liegt vor, wenn ein Tal durch Wasser- und Gletschererosion verbreitert wird. Sie herrscht am Unter- und Mittellauf der Flüsse vor. Die Talform wird trapezförmig und heißt Sohlental.

**Seitenkanal · lateral canal.** Kanal, der neben einer natürlichen Flußstrecke verläuft. Er kann entweder der Schiffahrt durch Umgehen einer ungeeigneten Flußstrecke dienen oder der Wasserkraftnutzung zum Gewinnen potentieller Energie durch Anwenden eines kleineren Gefälles im Kanal als im Fluß.

**Seitenwalze · side eddy.** Seitenwalze, Wasserwalze mit senkrechter Achse, die meist durch Ablösung fließenden Wassers von den Rändern eines Gerinnes entsteht.

**Sektorwehr · sector gate.** Wehrverschluß mit kreiszylindrischer Stauwand und einer an deren Oberkante anschließenden ebenen Radialwand, an deren unterem Rande Drehlager angeordnet sind, die ein Versenken des Verschlußkörpers in die darunter angeordnete, gleichfalls kreiszylindrisch ausgebildete Wehrkammer erlauben. Die Betätigung erfolgt, ähnlich wie beim Dachwehr durch meist selbsttätige Umsteuerung der Verbindungskanäle der Wehrkammer mit dem Ober- und Unterwasser.

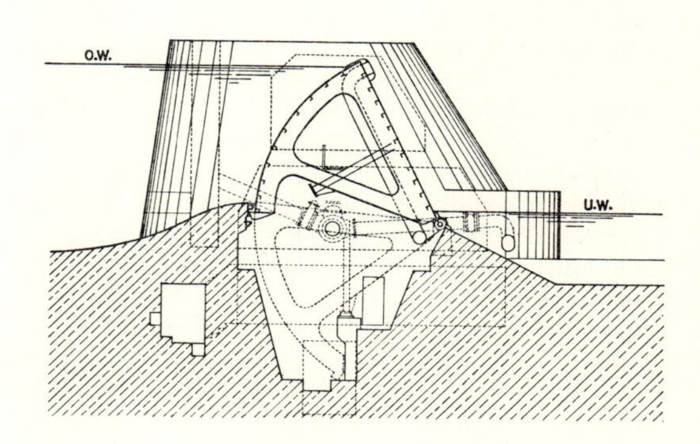


*Sektorwehr*

**Sekundärverunreinigung · secondary pollution.** Verunreinigung des Wassers durch Abbauprodukte von Organismen, deren Entwicklung durch erhöhten Gehalt des Wassers an Nährstoffen aus primärer Verunreinigung verursacht wird.

**Sekundärwalze · secondary eddy.** Mittelbare Bewegung in einer seitlichen Erweiterung.

**Selbstreinigung · self-purification.** Abbau zugeführter Verunreinigungen, überwiegend biologischer Art, im Vorfluter durch Zusammenwirken von Bakterien, Pflanzen und Tieren.

**Selbsttätiges Wehr · automatic weir.** Bewegliches Wehr, das den Oberwasserstand selbsttätig regelt, oder Heber.

**Selektivnährböden · selective culture media.** Nährmedien mit Zusätzen, die das Herauszüchten und Differenzieren bestimmter Bakterienarten begünstigen.

**Senkbrunnen · absorbing well.** Senkrechter Schacht zum Einleiten des Dränwassers in durchlässige Schichten des tieferen Untergrundes.

**Senkfaschine · sinking fascine.** Faschine mit Steinfüllung, 3–6 m lang, 0,6 bis 1,0 m dick.

**Senkkasten · caisson.** Bei Druckluftgründung, Arbeitskammer mit Luftschleusen, die bis auf tragfähigen Baugrund abgesenkt wird und nach Erreichen der endgültigen Bauwerkssohle, mit Beton gefüllt, als Teil des Bauwerks verbleibt.

**Senkkastenkrankheit · caisson disease, decompression sickness.** Durch Luftembolie hervorgerufene Schmerzen insbesondere in den Gelenken. Senkkastenkrankheit kann bis zum völligen Zusammenbruch und zum Tode führen. Ursache: Übermäßiges Freiwerden von im Blut gelöstem Stickstoff während Aufenthalt unter hohem Druck nach zu schneller Druckabsenkung. Abhilfe: Austauschtabelle beachten oder Taucherdruckkammer anwenden.

**Senkung · lowering of the water level.** Erniedrigung des Wasserspiegels durch Abflußerleichterung.

**Senkungskurve · hydraulic gradient.** Wasserspiegellinie eines offenen Gerinnes bei stationärem beschleunigtem Abfluß.

**Senkungslinie · water surface slope line.** Wasserspiegel im Längsschnitt eines Wasserlaufs bei stationär beschleunigtem Fließen.

**Senkungsstollen (Senkungskanal) · drawdown shaft.** Stollen (Kanal) am Spiegel unter dem natürlichen N.W. des Sees zur Verstärkung des Ausflußvermögens.

**Senkungstiefe · depth below working level of storage basin.** Tiefe des Wasserspiegels unter dem unbeeinflußten Wasserstande.

**Senkungstrichter · cone of depression.** Raum zwischen der natürlichen und der abgesenkten Grundwasseroberfläche oder Grundwasserdruckfläche.

**Senkungsweite · length of slope.** Länge der Senkungslinie in der Waagerechten.

**Seston · seston.** Absiebbare belebte und unbelebte Schwebstoffe des Wassers.

**Setzung · settlement.** Lotrechte Verschiebung des Erdreichs oder des Bauwerkes nach unten. Bauwerkssetzung: gesamte Zusammendrückung des Bodens unterhalb des Bauwerkes. S. wird verursacht durch: statische und dynamische Belastung, hydrodynamische Einflüsse, Erosion, Unterhöhlungen, Rutschungen, Frost, chemische Veränderungen.

**Sicherheitsgrad · safety factor.** Sicherheitszahl, Sicherheitsbeiwert, das Verhältnis einer Grenzbeanspruchung, z. B. der Fließgrenze, zu einer als zulässig angesehenen Belastung.

**Sicherheitstor • safety gate.** Bauwerk zum Abschließen von Kanalstrecken, die im Auftrag liegen, von Schleusen mit großer Fallhöhe, Schiffshebewerken oder sonstigen Anlagen, bei deren Beschädigung größere Wasserverluste oder Überflutungen des umliegenden Geländes entstehen können.

**Sichttiefe • visibility depth.** Wassertiefe, bei der eine im Gewässer versenkte weiße Scheibe gerade noch erkennbar ist.

**Sickerbecken • settling basin.** Absatzbecken mit wasserdurchlässiger gedränter Sohle. Dränung bleibt während des Absetzbetriebes geschlossen und wird erst nach Abstellen des Durchflusses zur Entwässerung und Trocknung des Schlammes geöffnet (s. Absetzbecken, Schlammtrockenplatz).

**Sickergalerie • infiltration gallery.** Sickergalerie, liegende Fassung zur Gewinnung von flachliegendem Grundwasser aus mit Steinen oder Kiessand umpackten, mit offenen Stoßfugen verlegten Tonrohren oder ausgelochten Beton-, Steinzeug- oder Gußeisenrohren.

**Sickergraben, Rigole, Sauggraben • stone filled trench.** Zur Entwässerung von Landstrichen dienender, mit Steinen oder Kies ausgepackter schmaler Graben von etwa 1 (oder mehr) % Gefälle, der bis unter wasserführende Schicht und mindestens bis in frostfreie Tiefe reichen muß. Auf Sohle evtl. Dränrohr (s. auch Dränung, Schlitzdränung, Sickerschlitz).

**Sickerleitung • drain tile.** Im Untergrund horizontal oder im Gefälle verlegte Leitung aus gelochten Rohren, Steinpackungssträngen oder dgl. zur Gewinnung von Grundwasser.

**Sickerlinie • line of seepage.** Sickerlinie, senkrechter Schnitt durch die Wasseroberfläche in einem durchflossenen festen porigen Körper.

**Sickern • seep.** Sickern, eine abwärtsgerichtete Bewegung unterirdischen Wassers. Man spricht von Einsickern in der Geländeoberfläche, Absickern durch eine mächtige lufthaltige Zone, Zusickern bei der Ankunft des Wassers im Grundwasser, Heraussickern beim Grundwasseraustritt (Quelle).

**Sickerrohr • drain pipe.** Sickerrohr, Beton- oder Steinzeugrohr, das auf dem oberen halben Umfang geschlitzt oder gelocht ist.

**Sickerströmung • seepage flow.** Sickerströmung, laminare Bewegung des Wassers im Boden mit engen Poren bei kleiner Geschwindigkeit.

**Sickerschacht • drainage well.** Mit Steinen oder Kies angefüllter Schacht, der oben einlaufendes Wasser durch schwer durchlässige Schichten einem tiefer liegenden Grundwasserleiter zuführt.

**Sickerschlitz • infiltration slot.** Mit durchlässigem Material, wie Kies, Schotter, Schlacke oder dgl. ausgefüllter Schlitz zum Abführen des Sickerwassers, z. B. in Böschungen zum Vermeiden von Rutschungen.

**Sickerung • seepage.** Sickerung, laminare Bewegung des Wassers in einem festen porigen Körper.

**Sickerwasser • seepage water.** In engen Hohlräumen des Erdreichs sich abwärts bewegendes unterirdisches Wasser, soweit es nicht als Grundwasser zu bezeichnen ist.

**Sieb • sieve, screen.** Gerät zum Trennen körniger Stoffe nach Korngröße.

**Siebanalyse • sieve analysis.** Die bei der Siebanalyse ermittelten Größenbezeichnungen gelten für Bodenkörner, die sich beim Durchgang durch die

Maschen der Siebe genau so verhalten wie Kugeln mit dem angegebenen Durchmesser.

**Siebanlage · screening plant.** Siebanlage bei Abwasser-Kläranlagen, als selbständige Kläranlage bei sehr starker Verdünnung an großen Strömen oder am Meer ausgeführt. Sonst Vorstufe jeder Art von Abwasserreinigung in Form von Grob- und Feinrechen sowie Sieben (Fang- und Spülsiebe) verschiedener Bauart. Beseitigung des Sieb- und Rechengutes durch Zerkleinerungsmaschinen erleichtert.

| Amerikanischer ASTM Maschensiebsatz | | Britischer STANDARD Maschensiebsatz | | Maschensiebe DIN 1171 Ausgabe 1934 | | | Rundlochsiebe DIN 1170 Ausgabe 1933 | |
|---|---|---|---|---|---|---|---|---|
| Maschen je Zoll | lichte Maschenweite mm | Maschen je Zoll | lichte Maschenweite mm | Gewebe Nr. | Maschen je cm² | lichte Maschenweite mm | Lochdurchmesser mm | Umrechnung in lichte Maschenweite mm |
| – | – | – | – | *100* | 10000 | *0,060* | | |
| *200* | *0,074* | 200 | 0,076 | 80 | 6400 | 0,075 | Umrechnung nach Rotfuchs | |
| – | – | – | – | *70* | 4900 | *0,090*[2] | | |
| 100 | 0,149 | 100 | 0,152 | 40 | 1600 | 0,150 | | |
| *80* | *0,177* | 85 | 0,178 | *35*[1] | 1225 | *0,177* | | |
| 70 | 0,210 | 72 | 0,211 | *30* | 900 | *0,200* | | |
| 60 | 0,250 | 60 | 0,251 | 24 | 576 | 0,250 | | |
| 50 | 0,297 | 52 | 0,294 | 20 | 400 | 0,300 | | |
| – | – | 44 | 0,353 | – | – | – | | |
| *40* | *0,420* | 36 | 0,422 | 14 | 196 | 0,430 | | |
| 30 | 0,590 | 25 | 0,599 | *10* | 100 | *0,600* | | |
| – | – | – | – | – | – | – | *1* | *0,7* |
| – | – | – | – | 8 | 64 | 0,750 | | |
| 20 | 0,840 | 18 | 0,853 | – | – | – | | |
| 18 | 1,000 | – | – | – | – | 1,000 | | |
| 16 | 1,190 | 14 | 1,200 | 5 | – | 1,200 | | |
| 12 | 1,680 | 10 | 1,676 | – | – | – | | |
| *10* | *2,000* | 8 | 2,057 | – | – | *2,000* | *3* | *2,3* |
| 5 | 4,000 | | | | | 3 | 5 | 3,8 |
| 3/16″ | (4) 4,760 | 3/16″ | 4,760 | | | 5 | *7* | *5,4* |
| 1/4″ | 6,35 | 1/4″ | 6,35 | | | 6 | *8* | *6,2* |
| | | | | | | 8 | 10 | 7,8 |
| 3/8″ | 9,52 | 3/8″ | 9,52 | | | – | 12 | 9,5 |
| 1/2″ | 12,7 | 1/2″ | 12,7 | | | 12 | *15* | *12* |
| | | | | | | 15 | 20 | 16,4 |
| 3/4″ | 19,050 | 3/4″ | 19,050 | | | 18 | *25* | *20,8* |
| *1″* | *25,4* | 1″ | 25,4 | | | 25 | *30* | *25,2* |
| *1 1/4″* | *31,75* | 1 1/4″ | 31,75 | | | 30 | *40* | *34,0* |
| 1 1/2″ | 38,100 | 1 1/2″ | 38,100 | | | | | |
| 2″ | 50,800 | | | | | | | |
| 3″ | 76,200 | 3″ | 76,200 | | | | | |
| 6″ | 152,400 | | | | | | | |

*Anmerkung:* Kursive Zahlen = Siebe für abgekürzte Siebungen.

[1]) Ergänzungssieb. [2]) früher 0,088.

*Die gebräuchlichsten Siebsysteme mit ihren wichtigsten Daten*

**Siebgut (Siebschlamm) · sreenings.** Die Stoffe, die auf einem Abwassersieb zurückbleiben.

**Sieblinie · grading curve.** Zeichnerische Darstellung der Kornzusammensetzung von Sand, Kies, Zement usw. Zu der Weite der angewandten Prüfsiebe wird der Anteil der durchgefallenen Gewichtsmenge an der Gesamtmenge aufgetragen.

**Siebversuch · sieve test.** Durch Sieben wird die Kornverteilung nichtbindiger Böden mit Korngrößen über 0,06 mm bestimmt.

**Siedlungsdichte · population intensity.** Anzahl der Einwohner bezogen auf 1 Hektar besiedelter Fläche, wobei zu unterscheiden ist: Fläche des Gemeindegebietes überhaupt mit Straßen, Plätzen usw. oder nur die bebauten Grundstücksflächen.

**Siedlungswasserbau · sanitary engineering.** Wasserbau im Bereich der Wohn- und Arbeitsstätten der menschlichen Gesellschaft (Wasserversorgung, Entwässerung, Abwasser, Abwasserbehandlung und -verwertung, Schlamm und Müll).

**Siedlungswasserwirtschaft · sanitary engineering policy.** Wasserwirtschaft im Bereich der Wohn- und Arbeitsstätten der menschlichen Gesellschaft.

**Siel · dike lock, drainage sluice.** Zu Ent- und Bewässerungszwecken bestimmtes, im Zuge eines Deiches und Wasserzuges liegendes, schleusenartiges Bauwerk mit in der Regel unter der Wirkung des jeweiligen Wasserüberdrucks zwischen Binnen- und Außenwasser sich selbsttätig öffnender oder schließender Verschlußvorrichtung.

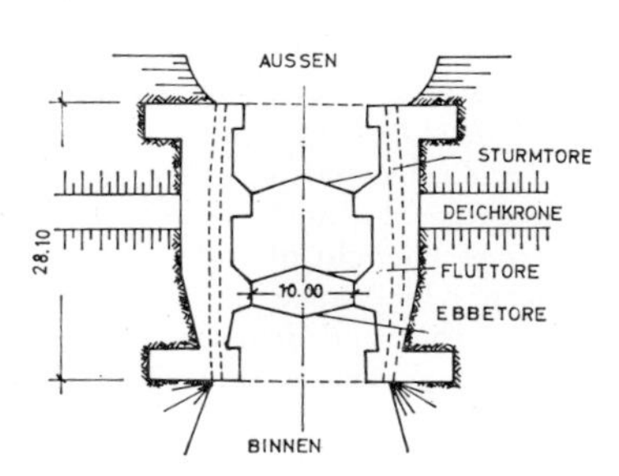


*Siel mit Stemmtoren*

**Sielhaut · sewer slime.** Sielhaut, schleimige Schmutzschicht, aus kolloidalen Stoffen der Abwässer sich bildende Haut auf Kanalsohle und Kanalwand. Vermag oft Beton gegen schwache chemische Einflüsse des Abwassers zu schützen. Da Sielhaut mechanisch empfindlich, ist Schutz unzuverlässig und Schutzanstrich zu empfehlen.

**Silikate · silicate.** Salze der Kieselsäure $H_2SiO_3$. Natrium- und Kaliumsalz ist bekannt als Natron- und Kaliwasserglas. Fensterglas ist Natron-Kalksilikat. Zahlreiche Mineralien bestehen aus Silikaten, so z.B. Ton aus wasserhaltigem Aluminiumsilikat.

**Silt, Schluff · silt, poor clay.** Reiner Silt und reiner Grob-Schluff sind sehr feine Ablagerungen, die keine bindenden Bestandteile enthalten.

**Sinkgeschwindigkeit (m/h) · settling velocity.** Die Geschwindigkeit, mit der ein Schwebstoffteilchen absinkt.

**Sinklage · mattress.** Mit Steinen usw. beschwerte Faschinenlage, die vom Ufer aus in tieferem Wasser (> 0,8 m) anstelle von Packwerk ins Wasser vorgebaut wird. Faschinenlagen (0,6 bis 1,0 m dick) werden von einem Einschnitt des Ufers (Wurzel) aus verlegt. Jede Faschinenlage besteht aus Vor- und Rücklage von Faschinen, die durch Würste und Pfähle zusammengehalten werden. Durch Beschwerung mit Kies oder Steinen sinkt schwimmend mit Unterstützung von Schwimmbäumen vorgebaute Faschinenlage unter.

**Sinkstoffe · settling solids.** Feste Stoffe, die vom fließenden Wasser mitgeführt werden und langsam zu Boden sinken.

**Sinkstück · fascine mattres.** Zwischen einem unteren und einem oberen Rest von Würsten gepackte und fest miteinander verschnürte Faschinen mit Zwischenlagen von Beschwerungsmasse (Steine, Erde).

**Sinkwasser · infiltration water.** In weiten Hohlräumen des Erdreichs sich abwärts bewegendes Wasser, soweit es nicht als Grundwasser zu bezeichnen ist.

**Siphon, Syphon · water seal.** Siphon, ein Geruchsverschluß in Abwasserleitungen, der dadurch zustande kommt, daß in einem S-förmig gebogenen Rohr immer ein Restwasser stehen bleibt und das Aufsteigen von Kanaldünsten verhindert.

**Skalargröße · scalar quantity.** Diejenigen Größen, die einen einfachen Zahlenwert (Betrag) haben und die wie algebraische Zahlen behandelt werden, heißen Skalargrößen. Skalare sind z. B. die Länge, die Zeit.

**Skalenkonstante · scale constant.** Die Skalenkonstante einer Strichskale – bei elektrischen Instrumenten «Konstante» genannt – ist diejenige Größe, mit der der Zahlenwert, der dem Stand der Marke gemäß der Bezifferung der Skale entspricht, multipliziert werden muß, um den Meßwert zu erhalten.

**Skalenlänge · lenght of scale.** Die Skalenlänge einer Strichskale ist der längs des Weges der Marke in Längeneinheiten gemessene Abstand zwischen dem Anfangsstrich und dem Endstrich der Skale. Bei anzeigenden Meßgeräten mit ebener gebogener Skale (Kreisskale) ist die Skalenlänge auf dem Boden, der durch die Mitte der kleinsten Teilstriche verläuft, zu messen; es kann auch der Skalenwinkel angegeben werden. Beide sind begrenzt durch den hervorgehobenen Anfangs- und Endstrich.

**Skalenteil · scale gradation.** Der Skalenteil einer Strichskale ist eine der Teilungseinheiten, in der die Anzeige angegeben werden kann; der Teilstrichabstand wird dabei als Zähleinheit für die Anzeige aufgefaßt.

**Skalenwert · value of scale interval.** Der Skalenwert eines Meßgerätes ist gleich der Änderung der Meßgröße, die auf einer Strichskale eine Verschiebung der Marke um einen Skalenteil oder auf einer Ziffernskale einen Ziffernschritt bewirkt. Der Skalenwert ist also stets in der Einheit anzugeben, die für die Meßgröße gewählt wurde.

Wird bei einer mehrstelligen Ziffernskale die letzte Stelle auf einer Strichskale abgelesen, so ist der Skalenwert auf einen Skalenteil zu beziehen.

**Skizze · sketch.** Eine nicht an bestimmte Formen und Regeln gebundene, oft freihändig ausgeführte Darstellung; sie ist meist nur eine Unterlage, nach der Zeichnungen oder Pläne ausgearbeitet werden, kann aber auch unmittelbar als Fertigungsunterlage dienen.

**Slip · slipway.** Siehe unter Aufschleppe.

**Sohlabsturz · drop in the river bed.** Absturz in der Sohle eines Wasserlaufs, der dazu dient, das Sohlgefälle zu brechen oder einem tief einmündenden Sammler Vorflut zu verschaffen.

**Sohle · base, bottom.** 1. Die Fläche des Baugrundes, auf der ein Bauwerk steht;
2. Im Wasserbau die untere Begrenzungsfläche von Gewässern, Grundwasserleitern und Brunnen.

**Sohlenentwässerung · base drainage.** Entwässerung durch Saugstränge, die im unteren Teil (Sohle) des Staubauwerkes verlegt werden.

**Sohlenfalz · floor recess.** Vertiefung im Schleusenboden zum Einsetzen von Dammbalken, Nadeln, Pontons und dgl.

**Sohlenwasserdruck · uplift.** Der vom Wasser unter dem Staubauwerk hervorgerufene Druck.

**Sohlgefälle · bed slope.** Gefälle der Wasserlaufsohle ($J_W$ und $J_r$ nur zur Unterscheidung).

**Sohlkelle, Hohlkelle · shovel.** Schaufel mit halbkreisförmig gekrümmtem Blatt mit Normalstiel oder langem Stiel zum Ausheben des Rohrbettes in der Drängrabensohle; im Graben oder auf dem Gelände stehend, ziehend gehandhabt.

**Sohlpfahl, Sohlbalken · ground peg.** Pfahl oder auf Pfähle gezapfter Holzbalken in der Grabensohle oder in der Sohle eingebaute Betonbalken, dessen Oberfläche die Sollhöhe der Sohle kennzeichnen soll.

**Sohlrinne · dry-weather-flow channel, cunette.** Rinnenartige Vertiefung in der Sohle großer Mischwasserleitungen. Muß mindestens den größten Trokkenwetterabfluß aufnehmen können und ist einseitig oder beidseitig von Seitenstegen zu begrenzen, die bei Regenwasserzufluß überschwemmt werden.

**Sohlschicht · confining stratum.** Schwer- bis undurchlässige Schicht unter einem Grundwasserleiter.

**Sohlschwelle · ground sill.** Niedriges Absturzbauwerk, das zur Sicherung der Sohle gegen Ausspülen dient.

**Sohlübergang, Schußschwelle · chute.** Stark geneigte, gut befestigte Sohlstrecke, die eine einem Sohlabsturz gleiche Wirkung hat.

**Sollhöhenunterschied eines Pegels · difference between actual and relative gage height.** Maßgebender Höhenunterschied zwischen Pegelfestpunkt und und Pegelnull.

**Sommerdeich · summer dike.** Nicht hochwasserfreier Deich, der nur die im Sommer auftretenden weniger hohen Hochwässer kehrt.
Auch an Strömen, bei denen das höchste Hochwasser im Sommer auftritt, werden die nicht hochwasserfreien Deiche als Sommerdeiche bezeichnet.

**Sommerhalbjahr · summer half year.** In der Hydrologie vom 1. Mai bis 31. Oktober.

**Sommerpolder · summer polder.** Polder, der durch einen Sommerdeich geschützt ist.

**Sonde (Baugrund) · sounding apparatus, soil penetrometer.** Sonden sind Stäbe, die man in den Erdboden eintreibt, um bestimmte Eigenschaften desselben zu messen.
Es ist zu verstehen unter «Sonde» der Stab und seine Spitze, «Sondiergerät» die Sonde mit der Eintreibvorrichtung und dem festen oder fahrbaren Untergestell, «sondieren» das Arbeiten mit der Sonde.

**Sondierungen · sounding.** Der Widerstand des Bodens gegen ein eingetriebenes Rohr besteht aus der Mantelreibung, die den Boden vorwiegend auf Abscheren, und aus dem Spitzenwiderstand, der ihn auf Druck beansprucht. Aus der Größe der getrennt ermittelten Werte der Mantelreibung und des Spitzenwiderstandes werden Rückschüsse auf die Bodenfestigkeit gezogen.

**Spaltpilze · bacteria.** Alte Bezeichnung für Bakterien, siehe auch Schizomyceten.

**Spaltquelle · fissure spring.** Verwerfungsquelle, liegt an Stellen, an denen sich Verwerfungen in den Schichten gebildet haben und infolgedessen der Grundwasserträger an eine undurchlässige Schicht stößt.

**Spannung · stress, tension, voltage.** 1. Die rechnerische Belastung eines Bauteiles in einem bestimmten Querschnitt, hervorgerufen durch Lasten, bezogen auf die Flächeneinheit;
2. Der spezifische Druck eines gasförmigen oder flüssigen Körpers;
3. In der Elektrizität das Stromgefälle, ausgedrückt durch das Volt als technische Einheit für die elektrische Spannung.

**Spannungsfreier Porengehalt · tension-free void space.** Porenanteil abzüglich des vom angelagerten (hygroskopischen) Wasser eingenommenen Raumanteils.

**Spannungsnachweis · stress analysis.** Rechnerische Bestimmung der auftretenden Spannungen unter bestimmten Belastungen.

**Spannweite · span.** Stützweite einer Tragkonstruktion.

**Sparbecken · recuperation basin.** Offenes Becken neben einer Kammerschleuse, in das zur Wasserersparnis beim Entleeren der Kammer ein Teil des Schleusungswassers eingelassen, und aus dem bei der nächsten Füllung der Schleuse das Wasser wieder in die Kammer zurückgeleitet wird.

**Sparkammer · recuperation chamber.** Überdecktes oder in die Wand einer Kammerschleuse eingebautes Becken, das demselben Zweck wie ein Sparbecken dient.

**Sparschleuse · recuperation lock.** Kammerschleuse mit Einrichtungen zur Wasserersparnis.

**Speicher · silo, warehouse.** Lagerhaus zur langfristigen Aufbewahrung von Stückgütern in einem Hafen.

**Speicher, Speicherbecken · impounding reservoir.** Von Stauanlagen und dem Gelände umschlossener Raum zum Ansammeln von Wasser mit Einrichtungen zur planmäßigen Entnahme für den Ausgleich zwischen Bedarf und Dargebot.
Zu unterscheiden:

1. nach dem Zeitabschnitt
a) Stunden-, Tages-, Wochenspeicher, Kurzspeicher
b) Winter-, Jahres-, Überjahresspeicher, Langspeicher
2. nach der Lage des Kraftwerkes
a) Fernspeicher
b) Nah- oder Werkspeicher
3. nach Art der Füllung und Entleerung
a) Speicher mit natürlichem Zufluß
b) Pumpspeicher

**Speicherarbeitsvermögen · working capacity of storage basin.** Arbeitsvermögen einer Füllung des Speichernutzraumes, d. i. die durch einmalige Abarbeitung des Speichernutzraumes ohne gleichzeitigen Zufluß erzeugbare elektrische Arbeit.

**Speicherausbaugrad · storage capacity ratio.** Verhältnis des Speichernutzraumes zur mittleren Zuflußsumme.

**Speicherinhalt · storage volume.** Jeweils in einem Speicher vorhandene Wassermenge.

**Speicherkraftwerk · power station with storage basin.** Wasserkraftwerk mit Speicher.

**Speichermenge, Rückhalt · retained storage volume.** Wassermenge, die in einem bestimmten Zeitabschnitt in einem Speicher zurückgehalten wird.

**Speicherraum · reservoir capacity.** Fassungsvermögen eines Speichers.

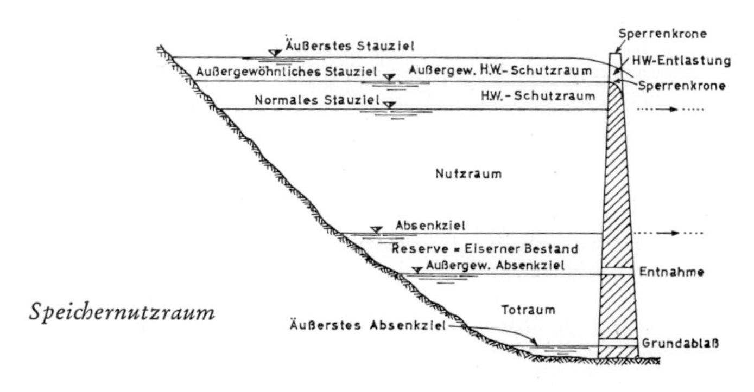


*Speichernutzraum*

**Speicherreserve · storage reserve.** Diejenige Wassermenge, die in einem bestimmten Abflußjahr in allen Speicheranlagen (Nutzräumen) eines Flußgebietes entsprechend der Größe der Speicherräume und der jeweiligen Zuflüsse zu ihnen gespeichert werden kann, in Mio m³ oder mm Wasserhöhe.

**Speicherschleuse · recuperation lock.** Sparschleuse mit übereinanderliegenden in die Kammerwände eingebauten Sparkammern.

**Speisegraben (Zubringer) · feeder channel.** Zum Ausgleich des Verlusts aus Verdunstung, Versickerung und Schleusung führt Speisegraben Schiffahrtskanal oder sonstiger Verwendungsstelle Wasser mit natürlichem Gefälle aus Wasserlauf oder Sammelweiher zu. Wassergeschwindigkeit in Speisegraben 0,4 bis 0,7 m/sec.

**Sperrdamm, Staudamm • dam, barrage.** Erd- oder Steindamm, durch den ein Stau erzeugt und ein Speicher abgeschlossen wird.

**Sperrmauer, Staumauer • masonry or concrete dam.** Gemauertes (betoniertes) Bauwerk, durch das ein Stau erzeugt und ein Speicher abgeschlossen wird.

**Sperrschleuse • navigation lock, inland lock.** Einhäuptige Schleuse zum Kehren eines hohen Wasserstandes, z. B. an der Mündung eines Schiffahrtskanals in einen Strom zum Kehren des Hochwassers des Stromes.

**Spezifische Feuchtigkeit • specific humidity.** Die spezifische Feuchtigkeit q drückt das Verhältnis der Masse des Wasserdampfes in der Masseneinheit feuchter Luft aus.

**Spezifische Oberfläche (des Bodens) • specific area of soil layer.** Summe der Oberflächen der Bodenschicht je Raumeinheit.

**Spezifische Strömungsarbeit • specific current energy.** Auf die Masse des Fluids bezogene, zu- oder abgeführte mechanische Arbeit im reibungsfreien (reversiblen) Fall, gleich der auf den Massenstrom bezogenen, reversiblen Leistung.

**Spezifische Wasserförderung für den Bereich einer zentralen Wasserversorgung • specific water supply.** Die innerhalb von 24 Stunden zentral geförderte Wassermenge, geteilt durch die Anzahl der Einwohner des zentral versorgten Gebietes (auszudrücken als Mittel- oder Extremwert).

**Spezifischer Druckverlust • specific loss of head.** Druckabfall durch Reibungswiderstand in einer Rohrleitung, bezogen auf Einheitslänge 1 km.

**Spezifischer Gesamtwasserbedarf eines Gebietes • total specific water demand.** Die innerhalb von 24 Stunden benötigte Gesamtwassermenge (einschl. des Wassers für Landwirtschaft, Industrie und Gewerbe) geteilt durch die Anzahl der Einwohner des Gebietes (auszudrücken als Mittel- oder Extremwert).

**Spezifischer Wasserbedarf für den Bereich einer zentralen Wasserversorgung • specific water demand.** Die innerhalb von 24 Stunden benötigte Wassermenge einschl. der Abgabe an Industrie und Gewerbebetriebe, geteilt durch die Anzahl der Einwohner des betreffenden Bereiches (auszudrücken als Mittel- oder Extremwert).

**Spezifisches Gewicht • specific weight.** Das «spezifische Gewicht» ist das Raumgewicht der festen Bestandteile des Bodens. Es ist gleich dem mittleren spezifischen Gewicht der Gesteinsminerale, aus denen sich der Boden zusammensetzt. Seine Dimension ist $t/m^3$.

**Sphaerotilus • sphaerotilus.** Festsitzende, in zottenartigen Verbänden zusammenliegende Fäden, die aus einzelnen stäbchenförmigen Zellen in einer gemeinsamen Hülle bestehen.

**Spiegelgefälle • hydraulic gradient.** Fallhöhe des Wasserspiegels, geteilt durch den in der Waagerechten gemessenen Abstand zweier Abflußquerschnitte.

**Spiegellinie** • **water-level line.** Verbindungslinie der Spiegelhöhen aufeinanderfolgender Abflußquerschnitte.

**Spill** • **capstan.** Winde mit lotrechter Welle und nach Art eines Pollers geformter Trommel, um die das Schiffstau zum Verholen von Schiffen geschlungen wird.

**Spirillum** • **spirillum.** Schraubenförmige, nicht flexible, bewegliche Bakterien, die Indikatoren für Wasser mit viel organischer Substanz darstellen. Spirillum undula ist eine typische Abwasserbakterie.

**Spirochaeta** • **spirochete.** Frühere Bezeichnung für Leptospira. Jetzt für eine andere Gattung vorbehaltener Name.

**Spitzenbedarf** • **peak demand.** Spitzenbedarf, der sich auf den durchschnittlichen Tagesbedarf (in der Zeit von 6 bis 20 Uhr) aufsetzende und nur jeweils kurz (Stunden und Stundenbruchteile) anhaltende, schnell an- und absteigende Mehrbedarf an Gas, Wasser, Elektrizität usw. (s. Spitzenkraftwerk).

**Spitzenkraftwerk** • **peak-load power station.** Im wesentlichen nur zur Dekkung der kurzen Bedarfsspitzen eingesetztes Kraftwerk.

**Spitzenlast** • **peak load.** Belastung von im einzelnen kürzerer Dauer als 2 Stunden.

**Spitztonne** • **spar buoy.** Schwimmendes Seezeichen (Boje) zur Kenntlichmachung des Fahrwassers. Spitztonne befindet sich links (Backbord) vom Fahrwasser, gesehen in Richtung von See einfahrender Schiffe. Farbe schwarz.

**Splitt** • **slip gravel, stone chips.** Maschinell zerkleinertes Gestein von etwa 7 bis 30 mm Korngröße.

**Spreutlage** • **bank protection using fascines.** Lage aus Reisern oder Weidenruten, die mit dem Stammende nach unten senkrecht zur Fließrichtung des Wassers auf die Uferböschung aufgebracht und durch Würste und Pfähle festgehalten wird.

**Springtide (Gezeitenerscheinung)** • **spring tide.** Springtide ist die Tide, die das der Springzeit am nächsten liegende Hochwasser enthält.

**Sprinkleranlage** • **sprinkling installation.** Selbsttätig wirkende Feuerlöscheinrichtung, bei der aus einem Wasserleitungsrohrsystem an der Decke der zu schützenden Räume bei Übersteigen einer gewissen Temperatur Wasser herunterregnet.

**Sprungschanze** • **flip bucket, ski jumb.** Anlage zur Energieverzehrung durch Hochschleudern des Wassers unter Mitreißen von Luft.

**Sprungschicht (Metalimnion)** • **thermocline, metalimnion.** Wasserschicht in stehenden Gewässern zwischen Epi- und Hypolimnion, in der die Temperatur vertikal stark abfällt.

**Sprühregen** • **drizzle.** Der Sprühregen, im allgemeinen Sprachgebrauch auch noch als Staubregen bezeichnet, ist ein feintropfiger, von Schichtwolken oder Nebel (nässender Nebel) ausgeschiedener flüssiger Niederschlag mit Tropfen bis zu einer Größe von 0,5 mm.

**Spülbetrieb** • **hydraulic dredging.** Beförderung von Schlamm, Sand und Kies aus dem Flusse mittels Wasserspülung.

**Spüleinrichtung** • **flushing device.** Im Entwässerungsnetz selbsttätig wirkende Einrichtung, bei der in einer Spülkammer Wasser aufgespeichert und in bestimmten Zeitabständen als Spülstrom in die unterhalb liegende Leitung freigegeben wird.

**Spülrinne · flushing flume, scouring channel.** Rinne zum Abführen abgesetzter Sinkstoffe und Geschiebe.

**Spülschleuse · flood gate.** Verschlußvorrichtung der Spülrinne.

**Spülschwall · positive surge.** Öffnungsschwall, der zum Zwecke der Spülung hervorgerufen wird.

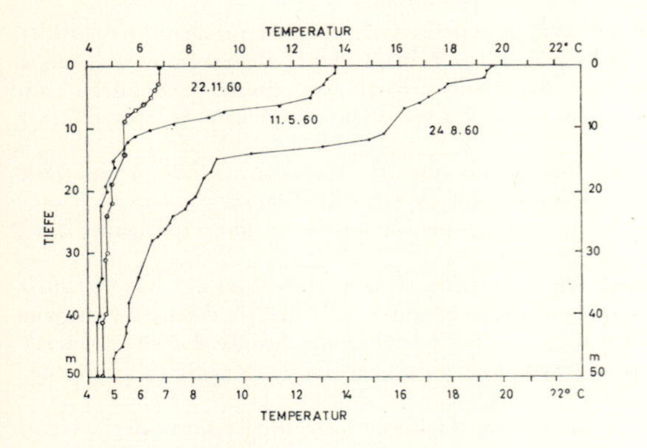


*Temperatur-Vertikalprofile in einem See*

**Spundwand · sheet piling.** Wand aus in den Boden gerammten und miteinander verbundenen Spundbohlen aus Holz, Stahlbeton oder Stahl zum Abdichten der Baugrube gegen drückendes Wasser, zur Uferbefestigung usw.

**Spundwandstahl · sheet piling steel.** Rammbare Walzstahlerzeugnisse mit besonderem Querschnitt, der erlaubt, daß durch Ineinanderschieben, gegebenenfalls mit Verbindungsstücken (Schlössern), zusammenhängende Wände gebildet werden.

**Stabwehr · needle weir.** Bewegliches Wehr mit stabförmigen Verschlüssen. Stabwehre werden eingeteilt in:
a) Dammbalkenwehre, b) Nadelwehre, c) Rolladenwehre.

**Stadtentwässerung · city drainage.** Das Fortleiten des anfallenden Abwassers aus einem Siedlungsgebiet, seine Behandlung und Verwertung.

**Stadtversorgung · city supply.** Die Versorgung der Stadt mit Wasser, elektrischer Energie, Gas und Fernheizung sowie die Beseitigung des anfallenden Abwassers, hauptsächlich aber Wasserversorgung und Abwasserentfernung.

**Staffelflußausbau · train of barrages.** Hintereinanderreihung reiner Staukraftwerke in einem Flußlauf.
*Lückenhafter* Staffelflußausbau bei Belassung eines «Friedensgefälles» oder

einer freien Flußstrecke zwischen den benachbarten Endpunkten zweier hintereinanderliegender Ausbaustrecken.

*Geschlossener* Staffelflußausbau ohne solches «Friedensgefälle».

*Übergreifender* Staffelflußausbau mit teilweisem Einstau des Flusses der oberen Stufe durch die jeweils nächstuntere.

**Staffelpegel · stepped gage.** Lattenpegel, aus einzelnen Staffeln bestehend, die an verschieden hohen Punkten des Ufers mit gleichem Pegelnull aufgestellt sind.

**Stahlbeton · reinforced concrete.** Beton ist nicht in der Lage, nennenswerte Zugspannungen aufzunehmen. Wo solche auftreten, werden Stahleinlagen in den Beton eingebettet, um diese Zugspannungen aufzunehmen. Die Verbindung zwischen Beton und Stahleinlagen wird als Stahlbeton bezeichnet. Bis 1943 war der Ausdruck Eisenbeton gebräuchlich.

**Stahlmuffenrohr · bell and spigot pipe.** Rohr für erdverlegte Wasser- und Gasleitungen; nahtlos, überlappt geschweißt und schmelzgeschweißt; außen bitumiert und mit Wollfilzpappe umwickelt, innen einfach oder verstärkt bituminiert oder ausgeschleudert.

**Stahlrohr · steel pipe.** Rohr aus Stahl, durch Warm- oder Kaltwalzen, Warmpressen bzw. Warm- oder Kaltziehen hergestellt; als nahtlose Stahlrohre, schmelzgeschweißte Stahlrohre, Stahlabflußrohre, Stahlmuffenrohre usw.

**Stammabfluß · stem discharge.** Der Stammabfluß ist die Menge des am Stamm zur Erde abfließenden Niederschlags (Regen- oder Schmelzwasser).

**Stammleitung · main pipe.** Ober- oder unterirdische fest verlegte Hauptleitung einer Beregnungsanlage.

**Stampfbeton · compressed concrete.** Erdfeuchter Beton, der durch Stampfen verdichtet wird.

**Standardabweichung · standard deviation.** Die wichtigste Rechengröße für die zufälligen Abweichungen der Einzelwerte von ihrem Mittelwert ist die mittlere quadratische Abweichung (mittlerer quadratischer Fehler der Einzelbeobachtung), die Standardabweichung s genannt wird.

**Ständerwehr · pillar sluice.** Schützenwehr mit Grießständern.

**Ständige Energie · permanent load.** Energie, die das ganze Jahr über verfügbar ist.

Nach Bedarf zu unterscheiden: Ständige x = ständige Energie, wobei x zwischen 24 und 2 Stunden (bei festgelegter uhrzeitlicher Begrenzung) liegen kann.

**Standrohr · standpipe.** 1. An einer Wasser-Druckrohrleitung angebrachtes, oben offenes Rohr mit Überlauf zum Ausgleich von Druckschwankungen oder zur Entlüftung.

2. Aufsatzrohr auf Unterflurhydrant.

**Standrohrspiegel des Grundwassers · standpipe level.** Grundwasserspiegel, der die Druckhöhe in einem bestimmten Punkt des Grundwassers anzeigt. Die Grundwasserspiegel in Brunnen und Rohren mit längerem Filter ergeben dagegen einen Mittelwert der Druckhöhen über die ins Grundwasser eintauchende Filterlänge.

**Standrohrspiegelhöhe · standpipe level.** Die Druckhöhe in diesem Punkt zuzüglich seines Abstandes über einer waagerechten Vergleichsebene.

**Standsicherheit · stability.** Sicherheit eines Bauwerkes oder einzelner Bauteile gegen Umkippen, gegen Abheben von den Lagern und gegen Gleiten.

**Stangendrän · fascine drain.** Drän, der aus faschinenartigen Bündeln dünner Holzstangen hergestellt wird.

**Stark humoser Boden · humic soil.** Boden mit 85 bis 95 Gew.-% Asche in der Trockenmasse.

**Starkregen · heavy rain.** Starkregen sind, nach Festlegung des deutschen Wetterdienstes, Niederschläge, die in der Zeiteinheit folgende Mindestwassermenge bringen:

$h_N = 5\,t - (t/24)^2$

$h_N$ = Regenhöhe (mm)

$t$ = die Dauer des Regens (min).

**Statik · statics.** Die Lehre vom Gleichgewicht der an ruhenden Bauteilen und Bauwerken angreifenden Kräfte.

**Stationäre Bewegung · steady flow.** Bewegungszustand, bei dem die Geschwindigkeit in den einzelnen Punkten unabhängig von der Zeit ist.

**Statischer Druck · hydrostatic pressure.** Statischer Druck, die von einer in Ruhe befindlichen Flüssigkeit auf die betrachtete Flächeneinheit ausgeübte Kraft.

**Statistische Hauptzahlen · statistical main values.** Grenzwerte und arithmetische Mittel, Zentralwerte, unter- oder überschrittene Werte der angegebenen Zeitspanne.

**Stau · backwater.** Erhöhung des Wasserspiegels durch ein Abflußhindernis.

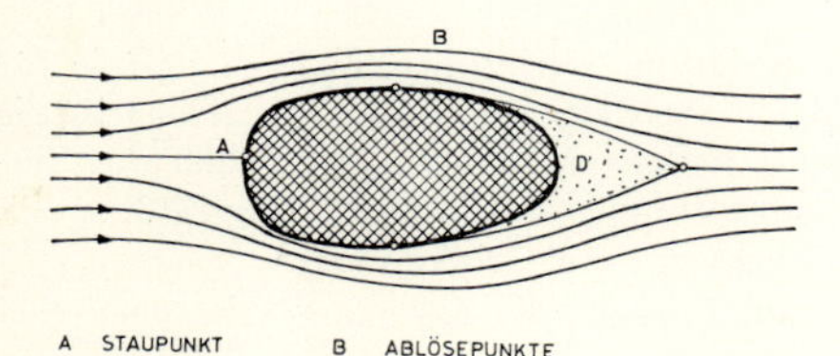


*Strömung um einen Körper*

**Stauabteilung · impounded area.** Von Dämmen umgrenzte Teilfläche einer Überstauungs- oder Stauberieselungsanlage.

**Stauanlage, Staubauwerk · dam, barrage.** Bauwerk zur Erzeugung eines Staues.

**Staubalken · spill board.** Fester Teil, der die Wehröffnung der Höhe nach teilt.

**Stauberieselung · continuous flow irrigation.** Überstauung, bei der das Wasser in steter langsamer Fließbewegung gehalten wird.

**Staudamm · imponding dam.** Quer durch Flußtal gelegte dammförmige Stauanlage aus körnigem und bindigem Boden oder Stein- bzw. Felsschüttung. Anstelle einer Staumauer dort angewandt, wo Dammaterial reichlich an Ort und Stelle vorhanden ist und seine Herstellung billiger als die einer

Staumauer wird, oder wo Tragfähigkeit der undurchlässigen Schicht gering ist, oder wo diese Schicht tief liegt.

**Staudruck • hydrostatic head.** Gleichbedeutend mit Geschwindigkeitsdruck oder dynamischem Druck.

**Staudruckmesser (Pitotrohr) • Pitot tube.** Mißt den Staudruck als Differenz zwischen Gesamtdruck (gegen die Strömungsrichtung) und statischen Druck (senkrecht zur Strömungsrichtung) gleich dem Staudruck und dient daher der Geschwindigkeitsmessung.

**Stauerhöhung • headwater rise.** Nachträgliche planmäßige Erhöhung eines Stauziels.

**Staugrabenberieselung • check irrigation.** Verfahren der Wiesenbewässerung bei dem die Zuleitungsgräben auf die höchsten Linien der in der Bewässerungsfläche vorhandenen natürlichen Rücken und Hänge gelegt werden und bei dem aus den Zuleitungsgräben unmittelbar gerieselt wird; die Zuleitungsgräben sind zu diesem Zweck in waagerechte Haltungen eingeteilt, aus denen das Wasser über die Grabenborde zum Überschlagen gebracht wird.

**Stauhöhe • imponding head.** Höhe des Stauspiegels über dem ungestauten natürlichen Wasserstand.

**Stauklappe • flap gate.** Auf einem festen Wehr, einem Überlauf oder einem beweglichen Wehrverschluß angebrachte Klappe zur Feinregelung des Oberwasserstandes und zur Schwemmsel- und Eisabführung.

**Staukraftanlage, Staukraftwerk • non-diversion stream-flow plant.** Wasserkraftanlage ohne Umleitung von wesentlicher Länge.

**Staulinie • backwater curve.** Wasserspiegel im Längsschnitt eines Wasserlaufes bei stationär verzögertem Fließen.

**Staumarke • backwater mark.** Feste Marke, die das Stauziel oder Absenkziel angibt.

**Staumauer • dam, barrage.** Mauerartiges Stauwerk (aus Steinen ohne oder mit Bindemittel, auch Stahleinlagen).
Bauarten: Gewichts-, Bogengewichts-, Bogen-, Pfeilerstaumauer.

**Stauquelle • barrier spring.** Quelle, die dadurch entsteht, daß sich der seitlichen Grundwasserbewegung ein Stau entgegenstellt.

**Stauraum • storage space.** Der in der Regel wassergefüllte Raum oberhalb einer Stauanlage zwischen dem ungestauten Wasserspiegel und dem Stauspiegel.

**Staurohr • Pitot tube.** Ein Staurohr ist ein unten senkrecht abgebogenes, beiderseits offenes Rohr. Wird es mit der Öffnung nach Oberstrom in fließendes Wasser eingebracht, so steigt das Wasser im Rohr um die Staudruckhöhe $v^2/2g$, woraus sich die Fließgeschwindigkeit ergibt.

**Stauschild • gate flap.** Wie «Staubalken», aber mit im Verhältnis zur Dicke größerer Höhenausdehnung.

**Stauschleuse • barrage.** Stauvorrichtung für den Anstau der Bewässerungsgräben oder zur Überstauung von Bewässerungsflächen.

**Stauspiegel • headwater level.** Wasserspiegel im Staubereich.

**Staustufe • lock with hydroelectric plant.** Gesamtheit der Anlagen, die zum

Betrieb einer Stauanlage gehören, z. B. Wehr, Schiffsschleuse, Kraftwerk, Fischpaß, Gehöft für das Bedienungspersonal.

**Stauumleitungskraftanlage · power station located in a diversion cannel.** WKA mit Stauanlage und Umleitung.

**Stauverschlußdränung · impounding drainage.** Dränung mit Stauverschlüssen in den Sammlern.

**Stauwand · dam wall.** Vom Oberwasser berührte Fläche eines Staubauwerkes.

**Stauweite · length of backwater influence.** Länge der Staulinie bis zu einer praktisch unerheblichen Stauhöhe.

**Stauwerk (Stauanlage) · weir, dam, barrages.** Bauwerk zum Anstauen des Wassers. Hauptarten: Wehr und Talsperre.

**Stauziel · capacity level.** Jeweils zulässiger Oberwasserstand.

**Stechschütz · movable sluice gate.** Versetzbare Stauvorrichtung, bestehend aus einer Stahlblech- oder Holztafel von einer den Grabenquerschnitt allseitig um 10 cm überragenden Form, die entweder von Hand oder mittels Trittleisten senkrecht zur Achse in den Graben eingesteckt wird.

**Stehende (oder stationäre) Wellen · standing or stationary waves.** Stehende Wellen werden durch die Stetigkeit der Wellenform und Abmessungen charakterisiert oder wie Larisch sagt: «Das sind Wogen, die ihre von der jeweiligen Windstärke abhängigen Maximaldimensionen erreicht haben und sich nun in unveränderter Form und mit konstanter Geschwindigkeit fortpflanzen.»

**Steifer Boden · stiff soil.** Boden, der nur schwer knetbar ist, sich aber in der Hand zu 3 mm dicken Walzen ausrollen läßt, ohne zu reißen oder zu bröckeln.

**Steighöhe · capillary rise.** Bei einem in gespanntem Grundwasser stehenden Brunnen oder Rohr der senkrechte Abstand von der Deckfläche zum Druckspiegel. Die Höhe des Druckspiegels über Flur bei artesischem Wasser wird besser nicht als Steighöhe bezeichnet.

**Steigleitungen · riser.** Steigende Hauptstränge der Verbrauchsleitungen in Gebäuden.

**Steigraum, Steigschacht, Steigrohr · surge shaft.** Zur Abkürzung der Schwingungsdauer, das ist der Wellenlänge, dienender, durch Beschleunigung des Spiegelanstiegs und -abfalls wirkender senkrechter oder schräger schacht- oder rohrförmiger Teil eines Kammerwasserschlosses.

**Steindrän · gravel-filter drain.** Drän, der nach Art einer Deckeldole aus plattenförmigen Bruchsteinen hergestellt wird, oder bei dem der untere Teil des Drängrabens 0,3 bis 0,4 m hoch mit Steinen gefüllt wird, deren Größe nach oben hin filterartig abnimmt.

**Steine · stones, rocks.** Felsbruchsteine, Geröll, Schotter über 63 mm Korngröße (lose verfestigt).

**Steinkastenwehr · crib weir.** Wasserdurchlässiges festes Wehr, das auf felsigem Untergrund bei Verbauung von Wildbächen angewendet wird, wo Spundwände und Pfähle nicht gerammt werden können.

**Steinkohlenteer · bituminous coal tar.** Teer, der bei der Verkokung oder Schwelung von Steinkohlen gewonnen wird.

**Steinpackung · stone facing.** Im Gegensatz zur Steinschüttung regelmäßig und in gewissem Verband zusammengesetzte Natursteine. Meist an Uferböschungen, aber auch hinter Stützmauern und Widerlagern zur Entwässerung.

**Steinschüttung (Steinwurf) · riprap.** Anschüttung von natürlichen oder Betonbruchsteinen: a) als Fundament für Kaimauern und Molen; Steine so groß, daß sie nicht weggeschwemmt werden können (offene Gründung); b) zum Ausfüllen von Pfahlrosten gegen Knickgefahr; c) als Schutz gegen Unterspülung von gemauerten oder betonierten Fundamenten; d) als Schutz des Böschungsfußes von am Wasser entlang führenden Dämmen (Uferdeckwerk).

**Steinzeug · ceramics.** Keramische Erzeugnisse mit dichtem festem Scherben, meist gelblich bis grau und mittlerer Brenntemperatur (um 1200° C); chemische Geräte, Westerwälder und Bunzlauer Geschirr, Bodenfliesen.

**Steinzeugrohr · vitrified clay pipe.** Bis zur Sinterung gebranntes glasiertes Tonrohr von 1 m Länge und Lichtweite von 5 bis 100 cm. Ei- und elliptische Profile von 300 bis 750 mm Höhe und 0,75 m Baulänge. Wasserundurchlässig durch Salzglasur und von sauren und alkalischen Abwassern nicht angreifbar.

**Stemmtor · mitering gate.** Zweiflügeliges Schleusentor, dessen Flügel sich mit den Schlagsäulen zur Übertragung des Wasserdrucks gegeneinander stemmen.

*Stemmtor mit verstellbarem Anschlag*

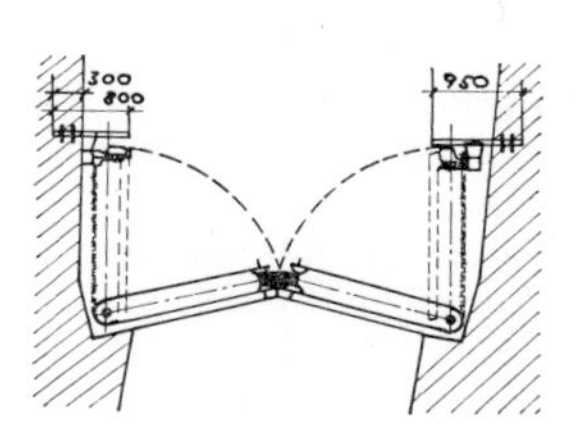


**Sterilisation · sterilization.** Abtöten oder Abscheiden aller Mikroorganismen.

**Steuerbord · starboard.** Steuerbord, in Schiffahrt übliche Bezeichnung für die in Fahrtrichtung gesehen rechte Seite. Linke Seite wird als Backbord bezeichnet.

**Stichgraben · branch ditch.** Graben zur Verbindung der Dränausmündung mit einem Vorfluter bei niedrigem Vorland.

**Stichkanal · branch channel, conduit.** 1. Schiffahrtskanal, der von einer Wasserstraße abgehend in einer Schiffahrtsanlage (Hafen, Anlegestelle) endet, 2. im Schleusenbau; Verbindungsleitung vom Umlaufkanal zur Schleusenkammer.

**Stockwerksleitungen · service pipes.** Von den Steigleitungen innerhalb eines Stockwerkes abzweigende Verbrauchsleitungen.

**Stollen · infiltration gallery.** Im Untergrund horizontal oder mit Gefälle hergestelltes tunnelartiges Bauwerk zur Erschließung und Wegleitung von unterirdischem Wasser.

**Störkörper (Prellkörper, Schikanen) · energy dissipator, baffle piers, baffle walls.** Unregelmäßig oder regelmäßig angeordnete und ausgebildete Hindernisse auf dem Schußboden oder der Sohle eines Tosbeckens. Dienen der Umwandlung von mechanischer Energie in Wärmeenergie durch Wirbelbildung.

**Störöffnung · opening of interference.** Schlitzartige Vertiefung im Ufer des Hafenmunds zur Beeinflussung der Walzenausdehnung.

**Störpunkt · point of disturbance.** Endpunkt eines Walzen- oder Kernwalzenraumes, an dem der Walzenstrom in den Hafenmund austritt.

**Störschwelle · bank sill.** Erhebung auf dem Ufer des Hafenmunds zur Beeinflussung der Walzenausdehnung.

**Störstrom · interference current.** Zur Verringerung der Intensität der Walze.

**Stoß · impact.** In der Festigkeitslehre eine Kraft, bei der die Zeit des Ansteigens und der Einwirkung so kurz ist, daß sich die im festen Körper ausbreitenden Stoßwellen nicht überlagern können, also wie eine dichte Folge hoher Beanspruchungen wirken.

**Stoßheber (Widder) · hydraulic ram.** s. hydraulischer Widder.

**Strahlregler · jet regulator.** Vorrichtung im Strahlrohr eines Drehstrahlregners, die den Zweck hat, den Wasserfäden einen parallelen Lauf zu geben und dadurch die Wurfweite zu vergrößern.

**Strahlrohr, Düsenrohr · jet pipe.** Das in oder nahezu in der Düsenachse liegende, am Ende die Düse tragende Rohr eines Drehstrahlregners.

**Straßenbrücke · road bridge, highway bridge.** Ein Brückenbauwerk mit einer Straßendecke; ermöglicht den Straßenverkehr über einen Geländeeinschnitt hinweg.

**Streichlänge · striking length.** Die Streichlänge des Windes für einen Punkt ist der Abstand der Begrenzung der Wasserfläche längs einer Himmelsrichtung, aus der der Wind weht und Wellen erzeugt, in Seemeilen oder Kilometern.

**Streichlinie · boundary flow line pierhead line.** Gedachte Linie, die sich als Begrenzung des Wasserlaufs bei dem für seine Regelung maßgebenden Abfluß ergibt. Bis zur Streichlinie werden z.B. die Buhnen und Parallelwerke vorgebaut.

**Streichpfahl · fender post.** Pfahl zum Leiten von Schiffen vor Bauwerken.

**Streichwehr · side weir.** Überfallwehr oder Grundwehr, dessen Krone gleichlaufend oder nahezu gleichlaufend zur Fließrichtung des Wasserlaufs liegt, so daß das Wasser seitlich überfließt.

**Streuung · scatter of results.** Zur Kennzeichnung eines Kollektivs genügt es nicht, seinen Mittelwert oder seine Variationsbreite anzugeben, vielmehr ist es erforderlich, auf die Einzelwerte zurückzugreifen, indem man die Lage eines, mehrerer oder alle Werte innerhalb eines Kollektivs betrachtet. Die Lage aller Werte um den Mittelwert wird durch die «Streuung» charakterisiert.

**Strichskale · line scale.** Eine Strichskale ist die Aufeinanderfolge einer größeren Anzahl von Teilungsmarken, z. B. Teilstrichen oder Punkten, auf einem Skalenträger. Strichskalen sind häufig in regelmäßigen Abständen beziffert und meist für eine stetige («analoge») Anzeige von Meßwerten einer Meßgröße bestimmt.

**Strohbestickung · temporary dike protection.** Aus Stroh hergestellte, mit der Sticknadel aufgenähte Schützdecke zur vorübergehenden Sicherung der gefährdeten oder beschädigten Außenböschung eines Deiches.

**Strombruch · dike failure.** Grundbruch mit Bildung einer größeren Abflußrinne zwischen Kolk und Wasserlauf.

**Strömen, Schießen · streaming, shooting.** Die Grenze zwischen Strömen und Schießen liegt dort, wo in einem offenen Gerinne die mittlere Fließgeschwindigkeit etwa gleich der Wellenschnelligkeit ist.

**Stromfaden · stream tube.** Zusammenfassung einer Anzahl Stromlinien zu einem gedachten Faden, in dem die Bewegung zweidimensional behandelt werden kann.

**Stromlinie · streamline.** Linie, deren Richtung in jedem Punkte eines Strömungsgebietes mit der dort herrschenden Geschwindigkeitsrichtung zusammenfällt. Bei stationärer Bewegung fallen Stromlinien und Strombahnen zusammen.

**Stromröhre · surface area of thread of stream.** Mantelfläche eines Stromfadens.

**Stromschnelle · rapids.** Stromstrecke mit starker Vergrößerung des Gefälles und damit der Fließgeschwindigkeit; meist felsige Strecke beim Durchbruch durch ein Gebirge.

**Stromstrich · line of maximum velocity.** Linie der größten Oberflächengeschwindigkeit eines Wasserlaufs.

**Strömungsbild · flow net.** Strömungsbild, die Gesamtheit der Stromlinien. Aus dem Strömungsbild ist ersichtlich: vorhandenes Gefälle, Richtung der Reibungs- und Auftriebskräfte, Filtergeschwindigkeit, Wassermenge. Das Strömungsbild kann ermittelt werden: analytisch, geometrisch, durch Modellversuche.

**Strömungslehre · fluid mechanics.** Lehre von der äußeren und inneren Bewegung des Wassers und den dabei wirksamen äußeren und inneren Kräften. Besondere, wirklichkeitsnähere Form der Hydrodynamik.

**Strouhals' Zahl · Strouhals' number.** Die Strouhals' Zahl ist das Verhältnis der Strömungsgeschwindigkeit zur Schwingungsgeschwindigkeit des schwingenden Körpers. $Sr = \frac{\omega \cdot b}{v}$; ω ist die Kreisfrequenz der Schwingung; b (m) Breite; v (m/s) Geschwindigkeit.

**Strudel · whirlpool (vortex).** Strudel, unter Drehung um eine gerad- oder krummlinige Achse in die Tiefe ziehende Wasserströmung.

**Struktur (Lagerungsform des Bodens) · soil structure.** Struktur gibt Auskunft über den Grad der Verfestigung, der Einheitlichkeit der einzelnen Elemente, der makro- und mikroskopisch oder röntgenographisch wahrnehmbaren Kristallinität, die Größe der Körner (gleichkörnig, ungleichkörnig), die Form und Formbeeinflussung der Einzelmineralien, die Art der Verwachsung.

**Stülpwand · bulkhead, sheeting.** Eine Holzwand zur Baugrubenumschließung bei geringer Wassertiefe aus zwei Reihen mit 4 bis 5 cm dicken, die Fugen überdeckenden Brettern (Bohlen).

**Stundenspeicher · service reservoir.** Speicher zum Ausgleich von Dargebot und Bedarf über einige Stunden.

**Sturmflut · storm tide.** Durch Wind erzeugte außergewöhnlich hohe Wasserstände an der Küste und in den Flußmündungsgebieten.

**Sturzbett, Sturzboden · floor of stilling basin, apron.** Befestigter Boden eines Sturzwehres.

**Sturzsee · open sea breakers.** In offener See sind die durch Windstoß verursachten «Sturzseen» eine ähnliche Erscheinung wie die Brandungswellen.

**Sturzwehr · plunging weir.** Wehr, bei dem sich der überfließende Wasserstrahl vom Wehrkörper ablöst.

**Sturzwelle (Bore, Mascaret) · tidal wave, bore.** In Flußmündungen aufwärts wandernde Flutwelle mit steilem vorderen Fluthang.

**Stürzen, Springen · fall, jump.** Bewegung im gasgefüllten Raum, wobei das Wasser den wirkenden Kräften nach allen Seiten folgen kann (z. B. Wasserfall).

**Stütze · column.** Senkrecht stehender Bauteil, der besonders in Fachwerk- und Skelettbauten Bauwerkslasten aufnimmt.

**Stützmauer · retaining wall.** Eine Mauer zur Stützung von Erdmassen, die steiler als mit natürlicher Böschung begrenzt werden müssen; vor gewachsenen Boden Futtermauer, vor aufgeschüttetem Boden Böschungsmauer genannt. Ausführung als Gewichtsstützmauer (trapezförmig, nimmt keine Zugspannungen auf) und gegliederte Stützmauer (Winkelstützmauer).

**Stützweite · span.** Abstand der Stützpunkte einer Tragkonstruktion, also Entfernung der Auflagermitten in der Längsrichtung des Bauwerkteils.

**Summenganglinie · cumulative hydrograph.** Integralkurve zu einer Ganglinie in Richtung der Zeitachse fortschreitend gebildet.

**Summenlinie · mass diagram.** Linie, die durch fortschreitende waagerechte Addition senkrechter Streifen einer Fläche entsteht.
Integral der Ganglinie.

**Sumpfrohr (beim Brunnenbau) · well casing.** Rohr, das mit dem unteren Ende des untersten Filters verbunden wird und einen geschlossenen Boden hat.

**Sunk · negative surge.** Etwa mit Wellenschnelligkeit fortschreitende Senkung des Wasserspiegels in einem offenen Gerinne, z. B. Öffnungssunk, Absperrsunk, Entnahmesunk.

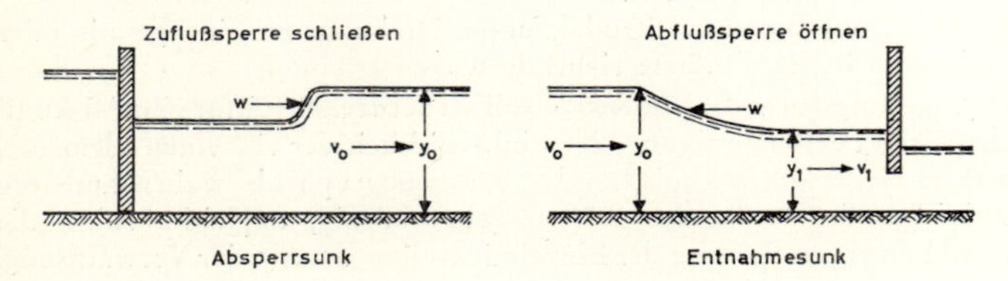

**Suspension · suspension.** Suspension, feine Verteilung, sog. Aufschlämmung eines festen, pulverförmigen Stoffs in einer Flüssigkeit.

**Systematische Fehler · systematic errors.** Systematische Fehler werden hauptsächlich hervorgerufen durch Unvollkommenheit der Maßverkörperungen, der Meßgeräte, der Meßverfahren und des Meßgegenstandes sowie von meßtechnisch erfaßbaren Einflüssen der Umwelt und persönlichen Einflüssen der Beobachter.

**Tachymeter · tacheometer, tachymeter.** Ein Theodolit mit besonderer Streckenmeßeinrichtung, das in Verbindung mit einer Meßbasis im Ziel oder am Instrument zum Bestimmen der Lage und Höhe von Geländepunkten dient. Selbstreduzierende Tachymeter reduzieren Strecken und Höhenunterschiede auf eine Horizontalebene.

**Tafelbreite · drain spacing.** Abstand zweier übereinander liegender Rieselrinnen oder zwischen Riesel- und Entwässerungsrinne; senkrecht dazu wird die Tafellänge gemessen.

**Tafelwehr · sluice gate, tilting gate, bear-trap gate.** Bewegliches Wehr mit tafelförmigen Verschlüssen.
Tafelwehre werden eingeteilt in:
a) Schützenwehre, b) Klappenwehre, c) Doppelklappenwehre.

**Tag · calendar day.** Kalendertag von 0 bis 24 Uhr = 24 Stunden.

**Tagesspeicher · daily balancing reservoir.** Speicher zum Ausgleich von Dargebot und Bedarf über einen Werktag.

**Taglast · day load.** Innerhalb eines Lichttags auftretende Belastung von 16 bis 6 Stunden gesamter und nicht mehr als zweimal unterbrochener Dauer.

**Taglastwerk· day load power station.** Zur Deckung der Belastung während des Lichttags eingesetztes Kraftwerk.

**Täglicher Hauptwert · daily mean value.** Wert, der als Tagesmittel den Tag repräsentiert oder diesem Mittel möglichst nahekommt; im Tidegebiet das Tidehochwasser und Tideniedrigwasser.

**Tagwasser · surface water.** Auf dem Boden stehendes oder abfließendes Wasser.

**Talentwicklung · valley development.** Tallänge weniger Luftlinie, geteilt durch Luftlinie.

**Talsperre · barrage, impounding reservoir.** Feste Stauanlage, die über den Querschnitt des Wasserlaufes hinaus die ganze Talbreite abschließt und einen Stauraum erzeugt, der als Speicher verwendet wird. Im Zweifelsfall wird eine Stauanlage als Talsperre bezeichnet, wenn die Speicherung Hauptzweck ist.

**Talweg · thalweg.** Verbindungslinie der tiefsten Punkte der Flußquerschnitte.

**Tau · dew.** Der Tau ist ein feintropfiger, durch Kondensation des Wasserdampfes an festen, durch nächtliche Ausstrahlung abgekühlten Gegenständen in Bodennähe (Gräsern, Sträuchern, Bäumen u. a. m.) sich absetzender Niederschlag.

**Tauchanordnung · deep-well pumping station.** Schöpfwerksbauweise, bei der das Laufrad der Pumpe in den tiefsten Binnenwasserstand eintaucht.

**Tauchender Abfluß · diving overfall.** Abfluß mit getauchtem Strahl, Abfluß bei einem meist vollkommenen Überfall, wobei der abfließende Strahl in das Unterwasser eintaucht, sein Fuß aber von dem rückströmenden Unterwasser bedeckt wird (Gegenteil: welliger Abfluß).

**Taucherglocke · diving bell.** Unten offene Arbeitskammer aus Stahl, in deren Schutz unter Druckluft Unterwasserarbeiten ausgeführt werden können.

**Tauchkörper · contact aerator.** Künstlich belüftete, unter Wasser arbeitende biologische Körper aus Steinstücken, Koks, Holzlatten, Kork- oder Holzstücken, gewellten Aluminiumplatten oder Betonstäben.

**Tauchpumpe · deep well pump, submersible pump.** S. Unterwassermotorpumpe, Unterwasserpume, Grundwasserabsenkung.

**Tauchschleuse · diving lock.** Bezeichnung für das Schwimmerhebewerk mit waagerechten Schwimmern nach Bauweise Böhmler und für das Hebewerk mit stets unter Wasser schwimmendem Trog nach Bauweise Rowley.
Bauweise Rothmund Gleichgewichtshebewerk für hohe und niedere Schleusenstufen. Mit Luftglocken versehene Schwimmtröge, die auf Druckluftkissen ruhen und bei der Fahrt die Luft durch Leitungen an die Luftglocken eines gleichgestalteten Schleusentroges oder eines einfacheren Gegenschwimmers abgeben.

**Tauchwand · trash board.** Mit der Unterkante unter den Wasserspiegel reichende Wand zum Abhalten von Schwimmstoffen.

**Taupunkt · dew point.** Die Temperatur, bei welcher der vorhandene (absolute) Feuchtigkeitsgehalt der Luft bei Abkühlung zum Sättigungsgehalt wird (Feuchtigkeitsgrad oder relative Luftfeuchtigkeit = 100 %). Wird Luft unter den Taupunkt abgekühlt, so scheidet sie Wasser in Tropfenform aus (Tau, Wasserdampf-Niederschlag).

**Tauwasser, Kondenswasser · condensating water.** Feuchtigkeit, die sich aus der Luft an Bauteilen niederschlägt, wenn sich die Luft unter ihren Taupunkt abkühlt.

**Technologie · technology.** Die Lehre von der Anwendung der Erkenntnisse und Beherrschung der physikalischen und chemischen Zusammenhänge und Wirkungen bei der Gewinnung und Aufbereitung von Stoffen und bei ihrer Verarbeitung zu Fertigerzeugnissen oder bei beiden.

**Teer · tar.** Teere sind durch zersetzende thermische Behandlung organischer Naturstoffe gewonnene flüssige bis halbfeste Erzeugnisse.

**Teilbewegliche Beregnungsanlage · partial movable irrigation system.** Anlage mit beweglichen Regnerflügeln, deren Stammleitungen und teilweise auch Feldleitungen ortsfest, gewöhnlich unterirdisch verlegt sind.

**Teildränung, Bedarfsdränung · partial drainage.** Dränung, bei der nur einzelne nasse Stellen eines Entwässerungsgebietes durch vereinzelte Dränabteilungen oder einzelne Dränstränge entwässert werden.

**Teilgebiet · partial area.** Teil des Einzugsgebietes z = 1, 2, 3.

**Teilstrichabstand · scale division.** Der Teilstrichabstand einer Strichskale ist der längs des Weges der Marke in Längen- oder Winkeleinheiten gemessene Abstand zweier benachbarter Teilstriche.

**Teilwirkungsgrad · partial efficiency.** Wirkungsgrad eines einzelnen Anlageteils oder einer Teilstrecke eines solchen (z. B. Stollen – km).

**Tektonische Täler · tectonic valleys.** Unter tektonischen Tälern sind alle auf Schichtenstörung zurückführenden Täler zu verstehen. Als solche sind in erster Linie die Muldentäler, auch als Faltentäler bezeichnet, zu nennen.

**Temperatur · temperature.** Temperatur vom Eispunkt aus (Grad Celsius).

**Terminwert · fixed term value.** Beobachtungswert zu einem regelmäßig wiederkehrenden Zeitpunkt.

**Theodolit · transit.** Ein Instrument zum Messen von Horizontalwinkeln oder von Horizontal- und Vertikalwinkeln. Seine Hauptbestandteile sind ein horizontaler und ein vertikaler Teilkreis, ein um eine vertikale Achse (Stehachse) und eine horizontale Achse (Kippachse) drehbares Fernrohr und Einrichtungen zum Ablesen der Kreisteilungen und Vertikalstellen der Stehachse. Er kann zur Streckenmessung eingerichtet sein.

**Thermalbrunnen · thermal well.** Brunnen, der heißes Wasser erschließt.

**Thermalquelle · thermal spring, geyser.** Natürliche Quelle, die Thermalwasser liefert.

**Thermophile Bakterien · thermophilic bacteria.** Bakterien mit einem zwischen 45° C und 75° C liegenden Wachstumsoptimum.

**Thixotrope Suspensionen · thixotropic suspension.** Unter thixotropem Verhalten toniger Suspensionen versteht man die Eigenschaften eines Stoffes, plötzlich den Aggregatzustand zu wechseln, d. h. vom flüssigen Zustand in einen gallertartigen oder festen Zustand bzw. umgekehrt überzugehen.

**Tide, Gezeit · tide.** Wasserstandsänderungen und Strömungen des Meeres, die unmittelbar oder mittelbar durch die Massenanziehung des Mondes und der Sonne in Verbindung mit der Erdumdrehung entstehen.

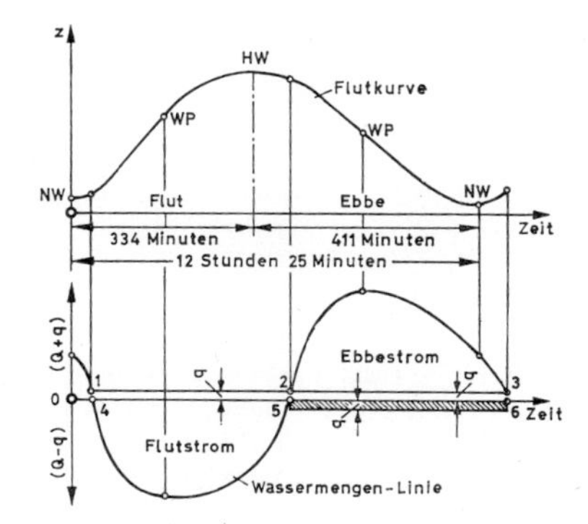


*Wasserstände und Wassermengen eines Flusses im Tidegebiet*

**Tideerscheinung · tidal phenomenon.** Senkrechte und waagerechte Bewegungen großer Wasserkörper unter der Einwirkung der Anziehungskraft des Mondes und der Sonne in Verbindung mit der Erdumdrehung.

**Tidefluß · tidal river.** Mündungsstrecke eines Flusses im Tidegebiet.

**Tidegebiet · tidal area.** Gebiet, dessen Vorflut von der Tideerscheinung abhängig ist.

**Tidegrenze · end of tidal influence, tidal limit.** Stelle eines Wasserlaufs, bis zu welcher die Tideerscheinung noch meßbar ist.

| Fluß | Land | Ort der Tidengrenze | Entfernung von der Flußmündung km |
|---|---|---|---|
| Elbe | Deutschland | Geesthacht | fast 150 |
| Weser | Deutschland | Weserwehr bei Hemelingen, kurz oberhalb Bremen | 70 |
| | | (früher bis zur Allermündung) | (90) |
| Ems | Deutschland | bei Halte gegenüber Papenburg | 40 |
| Eider | Deutschland | Sperrwerk bei Nordfeld, | 30 |
| | | (früher bis Rendsburg) | (65) |
| Schelde | Belgien | Gent | 70 |
| Seine | Frankreich | oberhalb Rouen | fast 150 |
| Charante | Frankreich | Cognac | 80 |
| Gironde/Garonne | Frankreich | oberhalb Bordeaux | 150 |
| Themse | England | Schleuse bei Teddington, kurz oberhalb London | fast 100 |
| Chatanga | Sowjetunion | nicht genannt | 500 |
| Hugli (Hooghly) | Indien | oberhalb Kalkutta | 195 |
| Meghna | Indien | nicht genannt | 210 |
| Hudson | Verein. Staaten | Damm bei Troy | fast 250 |
| Jangtse-kiang | China | Nanking | über 300 |
| St. Lorenzstrom | Kanada | Three Rivers, etwa halbwegs zwischen Quebec und Montreal | über 700 |
| Amazonenstrom | Brasilien | Obidos | 850 |

Es ist M Sp Tnw = mittleres Springtidenniedrigwasser
$D_F$ = Flutdauer, die Zeit von Tnw bis Thw
$D_E$ = Ebbedauer, die Zeit von Thw bis Tnw
$V_F$ = Flutstrom, das ist der Strom, der während der Flut zu laufen beginnt und zumeist noch nach Eintritt von Hochwasser einige Zeit andauert.
$V_E$ = Ebbestrom
Bei v = O kentert der Strom, findet Stromwechsel statt, erfolgt der Übergang vom Flutstrom zum Ebbestrom und umgekehrt.
$K_E$ = Kenterpunkt des Ebbestromes
$K_F$ = Kenterpunkt des Flutstromes

*Tidegrenzen verschiedener Ströme*

**Tidehafen · tidal harbor.** Offener Hafen im Tidegebiet, der wegen seiner geringen Tiefe nur bei höheren Wasserständen zugänglich ist.

**Tidehalbwasser · half-tide water level.** Wasserstand bei halbem Tidehub.

**Tidehochwasser · H W: high water.** Oberer Scheitel der Tidekurve.
Bei halbtätiger Tide in Abständen von etwa $12^h25^m$.
Wasserstand bei Tidehochwasser. Eintrittszeit des Tidehochwassers.

**Tidehub · range of tide.** Mittlerer Höhenunterschied zwischen einem Tidehochwasser und den beiden benachbarten Tideniedrigwassern.
Amplitude der Tidekurve.

**Tidekurve · tide curve.** Ganglinie der Wasserstände im Tidegebiet an einem bestimmten Ort.

**Tidemittelwasser · mean tide level.** Wasserstand in Höhe der waagerechten Schwerlinie einer Tidekurve.

**Tideniedrigwasser · LW: low water.** Unterer Scheitel der Tidekurve. Bei halbtätiger Tide in Abständen von etwa $12^h25^m$.
Wasserstand bei Tideniedrigwasser. Eintritszeit des Tideniedrigwassers.

**Tidepolder · tidal polder.** Polder im Tidegebiet, bei dem unter dem Einfluß der Tide die freie Vorflut zeitweise, meist täglich zweimal unterbrochen wird.

**Tideschöpfwerk · tidal pumping station.** Schöpfwerk, das einen im Bereich von Ebbe und Flut liegenden Polder entwässert, der bei niedrigen Außenwasserständen freie Vorflut durch ein Siel hat.

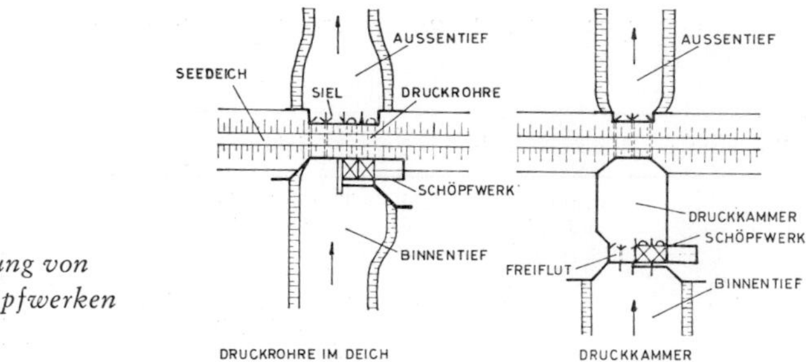


*Anordnung von Tideschöpfwerken*

**Tideströmung · tidal current.** Strömung infolge der Tideerscheinung.

| Gebiet | Küstenland | Flutstrom kn | Ebbstrom kn |
|---|---|---|---|
| Um Sylt | Deutschland | 2,8 | 1,9 |
| Einfahrt von Cuxhaven | Deutschland | 1,9 | 5,0 |
| Außen-Weser | Deutschland | 2,9 | 3,6 |
| Um Texel | Niederlande | 1,4 | 3,0 |
| The Downs | England | 3,7 | 4,0 |
| Themse-Mündung | England | 3,0 | 3,0 |
| Vor der Humber-Mündung | England | 3,0 | 4,2 |
| Pentland Firth | England | über 8 | über 8 |
| Orkney-Inseln | England | bis 7 | bis 7 |
| Shetland-Inseln | England | 6–7 | 6–7 |
| Kyle Rhea, schott. Westküste | England | 6–7 | 8 |
| Hebriden | England | bis 7 | bis 7 |
| Sound of Mull | England | 4,0 | 1,8 |
| Nordküste von Irland | Irland | 2,5 | 3,0 |
| Solway-Firth | England | 4,8 | 4,0 |
| St. Georgs-Kanal | England/Irland | 3,2 | 3,5 |
| Bristol-Kanal | England | 4,5 | 4,8 |
| Portland | England | 3,5 | 4,5 |
| The Solent Channel | England | 3,5 | 5,2 |
| Dover-Hafen | England | 5,0 | 2,8 |

*Maximalwerte der Gezeitenströme in europäischen Gewässern*

| Gebiet | Küstenland | Flutstrom kn | Ebbstrom kn |
|---|---|---|---|
| Dünkirchen | Frankreich | 3,0 | 3,0 |
| Calais | Frankreich | 3,0 | 3,0 |
| Cap Gris Nez | Frankreich | 4,5 | 4,5 |
| Cap Barfleur | Frankreich | 5,5 | 4,5 |
| Cherbourg | Frankreich | 4,5 | 3,5 |
| Zwischen Cap de la Hague und Alderney | Frankreich | 5,2 | 6,0 |
| Bei Granville | Frankreich | 5,0 | 5,0 |
| Reede von St. Malo | Frankreich | 6,0 | 6,0 |
| Innere Bucht von St. Malo (La Rance) | Frankreich | 9,0 | 8,0 |
| Les Héaux de Bréhat | Frankreich | 4,0 | 4,0 |
| Brest | Frankreich | 4,5 | 3,5 |

*Maximalwerte der Gezeitenströme in europäischen Gewässern*

| Kontinent | Land | Gebiet | Geschwindigkeit kn |
|---|---|---|---|
| Asien | Australien/Neuguinea | Torres-Straße | fast 8 |
| | Philippinen (Luzon) | San Bernardino-Straße | bis 8 (E) |
| | Philippinen (Mindanao) | Basilan-Straße | fast 7 |
| | Japan | Inlandsee, Naruto | bis 10 (F) |
| | Japan | Inlandsee, Kurushima (Westkanal) | bis 8 (F) |
| | Japan | Westküste, Shimonoseki | bis 8 (E) |
| Nordamerika, Pazifik-Küste | Alaska | Aleuten (Durchfahrten) | über 10 (E) |
| | Alaska | Cross-Sound | über 9 (E) |
| | Alaska | Chatham-Straße | über 10 (E) |
| | Kanada | Okisollo-Kanal | bis 11 (E) |
| | Kanada | Discovery-Passage/ Seymour-Engen | bis 14 (E) |
| | Kanada | Georgia-Straße | bis 11 (E) |
| Nordamerika, Atlantik-Küste | Kanada | Fundy-Bucht | fast 7 (E) |
| | Vereinigte Staaten | Long Island-Sound | bis 5,5 (E) |
| | Vereinigte Staaten | East River (New York) | über 5 (E) |
| | Vereinigte Staaten | North Edisto River, Einfahrt | über 5,5 (E) |
| Südamerika, Atlantik-Küste | Argentinien | San José-Golf, Einfahrt | 8 |
| | Argentinien | Puerto Deseado, Puerto Rio Gallegos, Rio Grande | 6 |
| | Argentinien | Santa Cruz | fast 7 (E) |
| | Argentinien | Le Maire-Straße | 6 |
| | England | Malwinen-Inseln[1] | bis 10 |
| | Chile | Primera Angostura, Magellan-Straße | 8 |
| | Chile | Canal Gajardo, Magellan-Straße | 8 |
| | Chile | Angostura-Kirne, Magellan-Straße | 10 |

*Bemerkung:* (E) = Ebbestrom, (F) = Flutstrom

[1] Falkland-Inseln.

*Maximalwerte der Gezeitenströme in außereuropäischen Gewässern*

**Tiefablaß · bottom outlet.** Ablaß nahe dem Fuß des Stauwerks.

**Tiefbagger · deep cut power shovel.** Tiefbagger, jeder Bagger, welcher unterhalb seiner Standebene gräbt und schürft wie Eimerkettentiefbagger, Tieflöffel-, Schürfkübelbagger, meist auch Greifbagger.

**Tiefbau · civil engineering.** Im Unterschied zum Hochbau die Arbeiten des Straßen-, Eisenbahn-, Erd- und Grundbaues, des Wasserbaues der Stadtentwässerung usw.

**Tiefbehälter · low level tank.** Wasserspeicher ohne Einfluß auf den Versorgungsdruck.

**Tiefbohrungen · deep drilling.** Tiefbohrungen erstrecken sich in größere Tiefen als die Normalbohrungen. Bohrungen mit Teufen von mehr als 100 m sind bei Baugrunduntersuchungen selten.

**Tiefgebietsschöpfwerk · polder pumping station.** Schöpfwerk, das einen Polder entwässert, der fast nie freie Vorflut hat.

**Tiefgründiges Moor · deep moor.** Moor mit mindestens 1,50 m mächtigen Torflagen.

**Tiefpflugkultur (Dampfpflugkultur) · cultivation by steam ploughing.** Verfahren, durch tiefgreifende Pflüge (Dampfpflüge bis 1,80 m) auf wenig mächtigen Torflagen landwirtschaftliche Nutzflächen zu schaffen, namentlich im Übergangsgebiet von Hochmoor- zu Heidebildungen oder auf abgetorften Hochmoorflächen.

**Tiefpolder · low polder.** Polder, der keine oder fast keine natürliche Vorflut hat.

**TOK-Band · TOK-joint ribbon.** Ein Dichtungsmittel, in erster Linie für die Dichtung von Rohren aus Beton, Schleuderbeton und Steinzeug im Kanalbau. TOK-Band aufgebaut auf einer Bitumen-Kombination, der Kunststoffe, Gummi und hochwertige Füllstoffe (hauptsächlich Asbest) zugefügt sind.

**Ton · clay.** Ist der typische Vertreter der bindenden Böden. Er enthält Tonmineralien, wie Kaolinit, Montmorillonit, Halloysit, ferner auch feinste Teile von Quarz, Glimmer und Feldspat usw.: Gelegentlich hat er Gehalt an Schwefelkies. Schieferton ist schiefrig, fest gelagerter Ton.

**Tonne · buoy.** Schwimmendes Seezeichen. S. Boje.

**Tonrohre · clay pipes.** Tonrohre sind nur die für kulturtechnische Maßnahmen verwendeten Dränrohre, nicht aber die in der Abwassertechnik verwendeten Steinzeugrohre.

**Topographische Aufnahme · topographic survey.** Topographische Aufnahme dient zur Herstellung der Landkartenwerke und umfaßt Grundrißaufnahme sowie Aufnahme und Darstellung der Geländeformen.

**Torf · peat.** Überwiegend aus abgestorbenen pflanzlichen, daneben aus tierischen Organismen unter Abschluß der Luft durch Wasser (Inkohlung, Vertorfung) entstandene organische Bildung (organogenes Gestein).

**Torfarten · kind of peat.** Von kennzeichnenden Pflanzen- oder Tierresten abgeleitete Bezeichnungen der verschiedenen Torfe.

**Torfdrän · peat drain.** Drän im Moor, der nach Art einer Deckeldole aus getrockneten Torfsoden hergestellt wird, oder bei dem eine in die Sohle des

Dränengrabens eingeschnittene rechteckige Rinne mit trockenen Torfsoden überdeckt oder mit frischen Torfsoden überklappt wird (Klappdrän).

**Torfteer · peat tar.** Teer, der bei der Schwelung oder Verkokung von Torf gewonnen wird.

**Torkammer · gate chamber.** Teil des Schleusenhaupts, in dem sich das Tor bewegt.

**Torkanal · gate controlled canal.** Schiffahrtskanal, der durch einfache Stautore mit geringem Gefälle (etwa 30 cm) in kurze Haltungen zerlegt ist. Stautore öffnen beim Anfahren der Schiffe und schließen nach Durchfahrt selbständig. Torkanal schmiegt sich natürlichem Gefälle an.

**Tornische, Torkammernische · gate recess.** Hinter die Flucht der Schleusenkammer zurückspringende Nische, die den geöffneten Stemm- oder Drehtorflügel aufnimmt.

**Torr · torr.** Maßeinheit für kleinste Luftdrücke. 1 Torr = 1 mm Quecksilbersäule. Name nach dem italienischen Physiker Torricelly (1608–1647).

**Torschütze · filler gate.** Schütze in einem Schleusentor.

**Torverschluß · gate.** Verschlußkörper zum Absperren von Kanalbrücken, Schiffshebewerken und Schleusen sowie im Auftrag liegenden Kanalstrecken. Nach Bauart wird unterschieden in Dreh-, Haken-, Hub-, Klapp-, Ponton-, Schiebe-, Schwimm-, Segment- und Stemmtor.

**Tosbecken · stilling basin.** Becken, in dem sich die Bewegungsenergie des stürzenden oder schießenden Wassers durch Walzenbildung (Tosen) verzehren soll; bei Kammerschleusen im Unterhaupt für das Entleerungswasser.

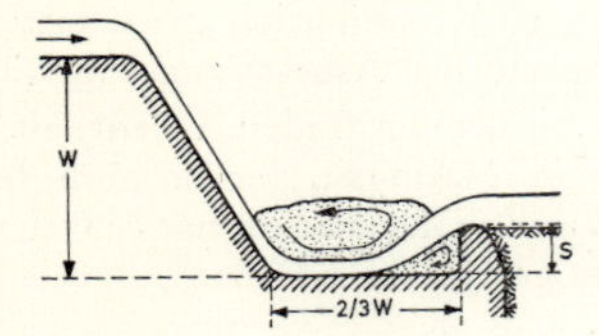


*Einfaches Tosbecken*

**Toskammer · stilling basin.** Kammer für Energieverzehrung (s. Tosbecken); bei Kammerschleusen im Oberhaupt für das Füllwasser.

**Totraum · dead storage space.** Teil des Speicherraumes, der für Betriebszwecke nicht in Anspruch genommen werden kann (vgl. eiserner Bestand).

**Transpiration · transpiration.** Transpiration ist die Abgabe von Wasserdampf an die Atmosphäre durch wasserreiche Pflanzen (Pflanzenverdunstung).

**Transportbeton · ready mixed concrete.** Ein Beton, dessen Bestandteile in einem Betonwerk nach Gewicht zugemessen und der entweder in Mischerfahrzeugen oder im Werk selbst gemischt und in geeigneten Fahrzeugen zur Baustelle befördert und in einbaufertigem Zustand übergeben wird. Man unterscheidet:

1. Fahrzeuggemischten Transportbeton, der im Mischerfahrzeug während der Fahrt oder nach Eintreffen auf der Baustelle gemischt wird.
2. Werkgemischten Transportbeton, der im Herstellwerk fertig gemischt und mit Fahrzeugen zur Einbaustelle gebracht wird, und zwar in Fahrzeugen mit Rührwerk, in denen während der Fahrt ständig bewegt wird, oder mit Fahrzeugen ohne Rührwerk unter Beachtung gewisser Bestimmungen.

**Traß · tuff.** Im Sinne der Bautechnik ein feingemahlener Tuffstein, der vulkanischen Auswurfmassen entstammt. Er ergibt nach Mischung mit gelöschtem Kalk ein an der Luft und unter Wasser erhärtendes Bindemittel. Das spezifische Gewicht liegt im allgemeinen zwischen 2,3 und 2,5.

**Traverse (Zwischenbuhne) · hooked groin.** Traverse, im Buhnenbau und bei Flußregulierung vorkommendes Bauwerk.

**Treibeis · floating ice.** Einzelne oder in Feldern zusammengeschlossene schwimmende Eisschollen.

**Treidelweg · towing path.** Weg auf einem oder beiden Ufern eines schiffbaren Wasserlaufs, von dem aus die Schiffe gezogen (getreidelt) werden; bewegende Kraft: Menschen, Tiere, Maschinen.

**Trennfläche · separation area.** Fläche zwischen Trennpunkt und Staupunkt begrenzt durch Sohle, Böschungen, Wasserspiegel.

**Trennfuge · expansion joint.** Eine Fuge, die das Ausdehnen der Baustoffe ermöglichen soll.

**Trennpunkt · point of discontinuity.** Idealisierter Ort an dem die geführte Fließbewegung endet und die seitliche Erweiterung beginnt.

**Trennrinne · by-pass channel.** Vollständig oder teilweise gegen den Strom abgeschlossene Rinne.

**Trennstrom · diverted flow.** Natürlicher (aus dem Strom) oder fremder Strom in der Trennrinne zur Beeinflussung der Ausbreitungszone.

**Trennverfahren · seperate sewage system.** Getrennte Ableitung von Schmutzwasser und Regenwasser in verschiedenen Kanälen.

**Treppe · stair.** Bauteil aus mindestens drei aufeinanderfolgenden Stufen; kann durch Aneinanderreihen von Treppenläufen und Treppenpodesten gebildet werden.

**Treppenpegel · stepped gage.** Schräger Lattenpegel mit unverzerrter getreppter Teilung.

**Trichterbecken · hopper bottom tank.** Absetzbecken, dessen Sohle aus aneinanderstoßenden, meist gleichen, quadratischen Schlammsammeltrichtern besteht.

**Triebwasser · flow rate of turbine.** Der Durchfluß, der von den Turbinen in einer Sekunde verarbeitet wird.

**Triebwassereinfang · inlet.** Freier Einlauf des Triebwassers in die Triebwasserleitung ohne Staubauwerk.

**Triebwassererfassung · intake structure.** Baugruppe oder Bauwerk zur Entnahme des Triebwassers, in der Regel bestehend aus Staubauwerk und Einlaufbauwerk.

**Triebwasserkanal · diversion canal.** Triebwasserkanäle sind offene Gerinne, die das Triebwasser von einer Abzweigstelle zum Werk oder von diesem zurück zum Hauptgewässer führen. Ihre Anlage setzt im allgemeinen ein Ausleitungsbauwerk und Maßnahmen im Fluß zur Sicherung und Anpassung der Wasserstände an der Abzweigstelle voraus.

**Triebwasserleitung · penstock.** Triebwasserleitungen sind Anlagen, die Kraftwasser von einer Fassungsstelle oder auch vom Stauende zum Kraftwerk oder vom Kraftwerk zum Unterlieger oder zum Vorfluter zu befördern haben. Diese Aufgabe kann erfüllt werden durch Leitung des Triebwassers im Fluß (Flußausbau), in Kanälen, in Stollen und Rohrleitungen. Die Linienführung und Ausgestaltung der Triebwasserleitung richtet sich nach der Gesamtheit der Aufgaben der Anlage. Mit der Hauptaufgabe können auch eine Reihe von Nebenaufgaben (Schiffahrt, Be- und Entwässerung, Wasserversorgung usw.) verknüpft sein.

**Trift · log pass.** Durchfahrt für Holzstämme bei Wasserläufen. Trift erfordert Wassertiefe von 0,50 m. Bei ungenügender Tiefe dienen wehrartige Bauten zur Ansammlung des Wassers. Holz wird nach genügender Ansammlung auf Wasserwelle fortgetragen.

**Trinidad-Epuré · Trinidad épuré.** Gereinigter Trinidad-Asphalt, Bitumengehalt 53 bis 55 Gew.-% und 36 bis 37 Gew.-% mineralische Bestandteile (feinste vulkanische Asche), Rest organisch Unlösliches.

**Trinkwasser · drinking water.** Für menschlichen Genuß und Gebrauch geeignetes Wasser mit Güteeigenschaften nach DIN 2000 «Leitsätze für die zentrale Trinkwasserversorgung» und nach DIN 2001 «Leitsätze für die Einzeltrinkwasserversorgung».

| | Grenzwert mg/l | Bemerkungen |
|---|---|---|
| Ammonium ($NH_4^{\cdot}$) | < Spuren | In eisenhaltigen Grundwässern 0,5 und mehr |
| Nitrit ($NO'_2$) | 0 | |
| Nitrat ($NO'_3$) | < 20 | In bewohnten und landwirtschaftlich genutzten (gedüngten) Gegenden 30 und mehr |
| Chlorid (Cl') | < 30 | In Grundwässern aus salzhaltigen Bodenschichten und in Meeresnähe 100 und mehr |
| Sulfat ($SO_4$) | < 72 | = < 60 mg/l $SO_3$ (Schwefelsäure) |
| Phosphat ($PO_4$) | < Spuren | |
| Organische Stoffe ($KMnO_4$-Verbrauch) | < 12 | |
| Eisen (Fe) | < 0,1 | In Grundwässern der norddeutschen Tiefebene 1,0 und mehr |
| Mangan (Mn) | < 0,05 | dgl. |
| Gesamthärte (°d) | < 15 | In Grundwässern aus kalkhaltigen Böden 20 und mehr |
| Gesamtkeimzahl (auf Nährgelatine bei 22° C) | < 20 | |
| Colikeimzahl (Escherichia coli) | 0 | |
| Wasserstoffionenkonzentration (pH-Wert) | 7,2–7,7 | |
| Temperatur ° C | 7–12 | |

*Grenzwerte für ein gutes Trink- und Brauchwasser*

**Trockener Schieberschacht · dry gate house, dry valve shaft.** Gegen Außenwasser ständig abgeschlossener, jederzeit befahrbarer Schacht mit geschlossener (Rohr-)Wasserführung (Gehäuseschieber).

**Trockengewicht · dry weight.** Gewicht des bei rund 105° C bis zur Gewichtskonstanz getrockneten Bodens.

**Trockenmauer · dry masonry wall.** Ohne Verwendung von Mörtel errichtete Mauer aus nur wenig bearbeiteten Bruchsteinen.

**Trockenraumgewicht · dry unit weight.** Trockengewicht geteilt durch den Bodenraum.

**Trockenrückstand · dry residue.** Trockenrückstand, der beim Verdampfen und Trocknen (bei etwa 105° C) einer gefilterten Trink- oder Abwassermenge verbleibende feste Rückstand. Da die ungelösten Stoffe auf dem Filter zurückbleiben, enthält der Trockenrückstand die gelösten Stoffe.

**Trockenwetterabfluß · dry-weather flow, dry-season flow.** Abfluß im Kanal ohne Regenwasser.

**Trockenwetterganglinie · hydrograph for dry season.** Ganglinie der Wasserstände oder der Abflüsse, die sich in niederschlagsarmer Zeit durch den Abfluß von Wasser aus der natürlichen Rücklage ergibt.

**Trogbrücke · trough bridge.** Brückenbauwerk aus nur zwei Hauptträgern mit unten liegender Fahrbahn.

**Trogschleuse · trough-type lift lock.** Schiffshebewerk, bei dem Schiffe, in beiderseits abgeschlossenen Trögen schwimmend, aus einer Haltung in die andere hinauf- oder hinabbewegt werden.

**Trommelfilter · drum filter.** Filter zur Entwässerung von Schlammen und zur Gewinnung von Stoffresten aus faserstoffhaltigem Abwasser.

**Trommelrechen · drum screen.** Trommelrechen, beweglicher Abwasserrechen aus einer um eine lotrechte Achse drehbaren, im Abwasser stehenden Trommel, deren Mantel aus ringförmigen eisernen Stäben gebildet ist. Das beim Durchfluß des Abwassers durch die Trommel auf dem Mantel zurückbleibende Rechengut wird bei der Dehnung der Trommel durch einen feststehenden Kamm auf einer Seite zusammengeschoben und mittels eines Baggers entfernt.

**Trommelwehr · drum gate.** Zweiarmiges Klappenwehr, bei dem nur der obere Arm als Staukörper benutzt wird. Der untere Arm wird von einer Kammer (Trommel) umschlossen und dient zur Bewegung der Klappe durch Wasserdruck.

**Tropfkörper (hochbelastet oder schwachbelastet) · trickling filter.** Tropfkörper, ein kegelstumpfförmiger oder rechteckiger Brockenkörper, der aus 20 bis 100 mm großen Gesteinsstücken, Schlacke oder Hüttenkoks etwa 1,5 bis 3 m hoch aufgeschichtet wird und durch den das von oben her in feiner Verteilung aufgebrachte Abwasser zum Zwecke der biologischen Reinigung langsam hindurchtropft.

**Trophogene Schicht · trophogeneous layer.** Durchlichtete Gewässerschicht der Nahrungserzeugung für die Tierwelt.

**Tropholytische Schicht · tropholytic layer.** Lichtarme Gewässerschicht, in der der Verbrauch der Nahrung die Erzeugung überwiegt.

**Trübe · turbidity.** Trübe, in der Aufbereitung ein Wasserstrom, in dem feste Stoffe bis zur feinsten Korngröße enthalten sind. Auch als Bezeichnung für das Abwasser von Aufbereitungsanlagen, Erzwäschen u. dgl. gebräuchlich.

**Trübungsgrad · coefficient of turbidity.** Kehrwert des Durchsichtigkeitsgrades.

**T-Stück · T branch.** T-Stück bei Rohrleitungen. Fitting in Form eines T.

**Tuberkelbakterien · tubercle bacteria.** Trivialname für Mycobacterium tuberculosis.

**Tuberkelbazillen · tubercle bacilli.** Ältere Bezeichnung für Tuberkelbakterien.

**Tulla, Johann Gottfried.** Geb. 1770 in Nöttingen, gest. 1828 in Paris; 1803 Leiter des Fluß- und Rheinbaus in Baden, 1813 der Wasser- und Straßendirektion in Baden. Hauptwerk: Regulierung des Rheins.

**Tunnel · tunnel.** Ein unter der Erdoberfläche errichtetes Bauwerk zur Durchleitung des Verkehrs.

**Turbinen-Austrittsquerschnitt · outlet section.** a) Bei Überdruckturbinen: Der Endquerschnitt des Saugrohres; bei Anlagen ohne ausgeprägtes Saugrohr muß die Lage des Austrittsquerschnittes vereinbart werden.

b) Bei Freistrahlturbinen: Der Austrittsquerschnitt ist nicht definierbar; seine Lage wird im Berührungspunkt der Strahlmitte mit dem Strahlkreis, bei mehrdüsigen Turbinen im Schwerpunkt dieser Berührungspunkte angenommen.

**Turbinen-Durchfluß · turbine flow.** Durchfluß, der von den Turbinen jeweils verarbeitet wird.

**Turbinen-Eintrittsquerschnitt · entrance section.** a) Bei Anlagen mit offener Zuleitung: Querschnitt im Einlauf nach dem Krafthaus-Rechen.

b) Bei Anlagen mit geschlossener Zuleitung: Querschnitt im Eintrittsflansch des Turbinengehäuses (nach dem Turbinenschieber).

**Turbinen-Fallhöhe · effective head.** Energiehöhen-Unterschied (Höhenunterschied der Energielinien) $kp \cdot m/kp = m$ zwischen Eintrittsquerschnitt und Austrittsquerschnitt der Turbine.

**Turbinen-Leerlaufwasserstrom · idling flow into turbine.** Wasserstrom beim Leerlauf der Turbine.

**Turbinen-Leistung · turbine capacity.** Leistung an der Turbinenkupplung oder an der Turbinenwelle außerhalb der Generatorlager zuzüglich der Leistung der von der Turbine unmittelbar angetriebenen Hilfsmaschinen wie: Kühlwasserpumpen, Ölpumpen, Regler. Die Leistungsaufnahme dieser Hilfsmaschinen ist gesondert anzugeben.

Diese Turbinenleistung wird somit ermittelt als Summe aus:

a) Klemmenleistung des Generators.

b) Mechanischen und elektrischen Verlusten des Generators.

c) Bei gemeinsamen Drucklagern: anteiligen Lagerverlusten durch den Generatorläufer.

d) Verlusten durch Getriebe und Schwungräder.

e) Leistung der unmittelbar angetriebenen Hilfsmaschinen.

Bei mechanischer oder hydraulischer Bremsung tritt an die Stelle von a) und b) die mit der Bremse gemessene Leistung.

**Turbinen-Nenndrehzahl · rated speed.** Drehzahl, für die die Turbine bestellt ist. Bei Anlagen, die mit verschiedenen Drehzahlen arbeiten, kann die Garantie für verschiedene Nenndrehzahlen $n_{N1}$, $n_{N2}$ ... abgegeben werden.

**Turbinen-Nennfallhöhe · rated effective head.** Fallhöhe, für die die Turbine bestellt ist. Bei Anlagen mit veränderlicher Fallhöhe kann die Garantie für verschiedene Nennfallhöhen $H_{N1}$, $H_{N2}$ ... abgegeben werden.

**Turbinen-Nennleistung · rated capacity.** Leistung, für die die Turbine bestellt ist.

**Turbinen-Nennwasserstrom · rated flow of turbine.** Wasserstrom, für den die Turbine bestellt ist.

**Turbinen-Saughöhe · suction head of turbine.** Höhenunterschied zwischen Turbine und Unterwasserspiegel. Die Saughöhe wird gerechnet:
Bei vertikalen Maschinen:
bei Francisturbinen von Unterkante Leitrad oder von Mitte Spiralgehäuse, bei Kaplanturbinen und Propellerturbinen von Mitte Zapfen der Laufradschaufel.
Bei horizontalen Maschinen: von Mitte Welle.
Bei schräg angeordneten Maschinen:
vom Schnittpunkt der bei der vertikalen Anordnung festgelegten Bezugsebene mit der Wellenachse.

**Turbinen-Teilleistung · partial capacity.** Als Bruchteil der Nennleistung anzugeben, z. B. Halblast-Leistung = 0,5 · P

**Turbinen-Wasserstrom · flow into turbine.** Durch die Turbine in der Zeiteinheit strömende Wassermenge, einschließlich des aus Stopfbuchsen und Entlastungsleitungen austretenden Wassers, ausschließlich des zum Betrieb des Generators und der Hilfsmaschinen und zur Kühlung aller Lager benötigten Wassers.

**Turbinen-Wirkungsgrad · turbine efficiency.** Verhältnis der Turbinenleistung zu der im durchströmenden Wasserstrom enthaltenen Energie.

**Turbulente Grenzschicht · turbulent boundary layer.** Grenzschicht mit turbulentem Fließzustand.

**Turbulente Schubspannung · turbulent shear.** Schubspannung bei turbulentem Fließzustand; wichtig für die Verteilung der Geschwindigkeit im Rohrquerschnitt.

**Turbulentes Fließen · turbulent flow.** Fließen, bei dem sich die Teilchen in unregelmäßigen Bahnen bewegen, die sich durchsetzen, bei dem also eine Querdurchmischung stattfindet.

**Typhusbakterien · typhoid bacteria.** Trivialname für Salmonella typhosa.

**Überdeckung · cover.** Abstand des äußeren Rohrscheitels von der Geländeoberfläche.

**Überdruck (atü) · positive pressure.** Der Wasser- oder Gasdruck über dem vorhandenen Luftdruck.

**Überfall** • **overflow, overfall.** Abflußvorgang beim Fließen des Wassers über einen Staukörper.

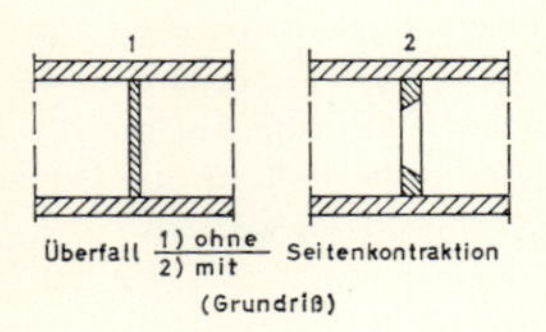


**Überfall (tauchform)** • **overfall with a drowned nappe.** Unvollkommener Überfall, bei dem der Fuß des Strahles vom Unterwasser bedeckt wird.

**Überfall (wellenform)** • **overfall with an undulating nappe.** Überfall, bei dem das Wasser wellig über das Wehr überläuft (Übergangsform zwischen vollkommenem und unvollkommenem Überfall).

**Überfallbauwerk** • **diversion weir.** Sonderbauwerk in einem nach dem Mischsystem arbeitenden Entwässerungsnetz. In ihm liegt die Überfallschwelle, über die das aus Schmutz- und Regenwasser bestehende Mischwasser zur Entlastung des Entwässerungsnetzes in den Regenauslaß übertritt.

**Überfallbeiwert** • **weir coefficient, contraction coefficient.** Beiwert in den Formeln für den Überfall.

**Überfallhöhe** • **weir head.** Höhe des Stauspiegels über der Krone des Staukörpers (meist in waagerechtem Abstand von mindesten $3H_{ü}$, vom Ort des Überfalles gemessen).

**Überfallmessung** • **overflow measurement.** Wassermengenmessung mit Hilfe eines Überfallwehres.

**Überfallquelle** • **valley spring.** Quelle an der zu Tage ausstreichenden, gegen den Berg einfallenden Sohle eines Grundwasserleiters.

**Überfalltreppe (Kaskade)** • **cascade.** Abgestuftes, oft durch Abschlußschwellen in Einzelbecken unterteiltes Absturzgerinne zur Abführung von Wasser aus dem Oberwasser in ein Unterwasser.

**Überfallwehr** • **free measuring weir.** Festes Wehr, bei dem das Unterwasser tiefer liegt als die Wehrkrone.

**Überflurhydrant** • **flush hydrant.** Ein über die Erdgleiche herausragender Hydrant.

**Übergang** • **crossing, crossover.** Flußstrecke, in der eine Krümmung in die entgegengesetzte übergeht. Im Übergang ist die Wassertiefe kleiner und die Gefahr der Versandung groß.

**Übergangsboden** • **B-horizon, subsoil.** Der unter der Bodenkrume liegende Boden, der noch den bodendynamischen Vorgängen unterworfen ist. Er ist im allgemeinen gekennzeichnet durch schwärzlich braune bis rotbraune Färbung oder durch teilweise Bleichung.

**Übergangsmoor** • **transition moor.** Moorbildung von mittlerem Nährstoffgehalt (mesotroph), die wie das Hochmoor auch als Hangmoor auftreten kann; im Idealfall bildet sie das Hängende über dem Niedermoor oder das

Liegende unter dem Hochmoor. Je nachdem, ob es entwicklungsgeschichtlich oder chemisch dem Hochmoor oder dem Niedermoor näher steht, spricht man von hochmoorartigem oder niedermoorartigem Übergangsmoor.

**Übergangsstück · reducer, adapter.** Reduzierstück, ein kurzes Rohrstück, das den Übergang von einem größeren auf einen kleineren Durchmesser vermittelt.

**Überjahresspeicher · long term balancing reservoir.** Speicher zum Ausgleich von Dargebot und Bedarf über mehrere Jahre.

**Überlastung · overcharge.** Der Abfluß ist größer als die Abflußleistung des Kanals.

**Überlauf · overflow.** Entlastungsanlage, über die das Wasser überläuft.

**Überlaufpolder · overflow polder.** Polder, dessen Deich eine nicht hochwasserfreie Strecke zum Einlassen von Hochwasser hat.
Außer der Überlaufstrecke liegt in dem Deich öfters noch ein verschließbares Einlaßbauwerk.

**Überlaufquelle · depression spring.** Überlaufquelle bildet sich an der tiefsten Stelle des Randes einer Grundwassermulde (der Wasserspiegel in dieser Mulde ist immer gewölbt) oder da, wo der Grundwasserleiter nicht mehr genügend mächtig ist, um die Grundwassermenge zu fassen.

**Überlaufschacht · overflow shaft.** Als Überlauf ausgebildeter senkrechter Schacht.

**Überleitung (Beileitung) · foreign water canal.** Künstliches offenes oder geschlossenes Gerinne zur Heranführung von Wasser aus fremden Gebieten.

**Überschlagkante · overfall edge.** Seitliche Kante einer Rieselrinne, über die Wasser auf die Bewässerungsfläche übertritt.

**Überschreitungsdauer · duration of increase.** Überschreitungszahl in Zeitmaß.

**Überschreitungszahl · factor of increase.** Dauerzahl größerer Werte.
Abszisse der Dauerlinie, wenn in dieser die Beobachtungswerte von links nach rechts vom größten zum kleinsten Wert geordnet sind.

**Überschrittener Wert · value above the index number.** Wert einer Beobachtungsreihe, der von einer bestimmten Anzahl (z. B. 10) größerer statistisch gleichwertiger Beobachtungswerte dieser Reihe überschritten wird.
Ordinate der Dauerlinie für die angegebene Überschreitungszahl als Abszisse.

**Überschußabfluß · discharge of excessive water.** Abfluß, der wegen behördlicher Auflagen, Nichtausreichens der Betriebsmittel oder betriebsbedingter Umstände (z. B. Lastmangel, Instandsetzungen) nicht zur Erzeugung elektrischer Energie herangezogen werden kann.

**Überschußenergie · excessive energy.** Energie, die über den Nutzbedarf hinaus, meist unständig, verfügbar ist.

**Überschwemmung · flood.** Überschwemmung entsteht durch Übertreten von Wasser aus Flußbett infolge Hochwasser, Dammbruch, Eisversetzung, Treibzeuganhäufung vor Brücken usw. Regelmäßige Erscheinung im Vorland von Schutzdeichen sowie in Niederungen hinter Sommerdeichen. Gefährlich bei Deichbruch.

**Überschwemmungsgebiet · flood basin, flood plain.** Das gesamte bei Hochwasser unter Wasser gesetzte, mit dem Flußlauf in offener Verbindung stehende Gebiet.

**Überstau · excess head.** Nicht planmäßige, unter Umständen rechtswidrige Stauerhöhung.

**Überstauung · flood irrigation.** Bewässerungsverfahren, bei dem das zu bewässernde Gelände zeitweise bis zu einigen dm hoch unter Wasser gesetzt wird.

**Übertragungswellen · translatory waves.** Wenn der kreisförmige oder elliptische Umlauf sich bei einer gewissen kritischen Tiefe $\left(\frac{H}{2L}\right)$ bricht, so entsteht aus einer Schwingungswelle eine Übertragungswelle.

**Überwasser · excess water.** Zur Deckung des Bedarfes nicht benötigtes und auch nicht aufspeicherbares Wasser.

**Ufer · bank, shore.** Seitlicher Teil des Gewässerbetts.

**Uferdeckwerk · revetment.** Bauwerk zur Sicherung eines durch die Strömung gefährdeten Ufers, bestehend aus einem das Ufer deckenden Belag (Steinschüttung, Packwerk, Pflaster, Beton, Asphalt und dgl.).

**Uferfiltriertes Grundwasser · seepage.** Wasser, das aus einem oberirdischen Gewässer natürlich oder künstlich durch Ufer oder Sohle in den Untergrund gelangt ist.

**Uferlinie · bank line, shore line.** Grenzlinie zwischen Wasserlauf und Ufer.

**Umgehungskanal · diversion canal.** Kurzer Schiffahrtskanal mit einer oder mehreren Kammerschleusen zur Umgehung von Schiffahrtshindernissen, Wehren, Stromschnellen usw. im schiffbaren Strom.

**Umkehrbecken · reversing reservoir.** Speicher zur Umformung eines tages- oder jahreszeitlich schwankenden Zuflusses in sein Gegenbild (z. B. des Abflusses eines Winterspeicherwerks in den eines Sommer-(Bewässerungs-)Speichers).

**Umlauf · by-pass culvert, by-pass conduit.** Verschließbare Leitung im Haupt (kurzer Umlauf) oder im Haupt und anschließend in der Kammermauer einer Schleuse oder eines Docks zum Füllen und Entleeren. Das Wasser läuft um das Tor herum.

**Umlaufdauer · rotating time.** Der Zeitraum, der zum einmaligen Beregnen der ganzen zu beregnenden Fläche erforderlich ist, einschl. der Zeit für das Umstellen der Beregnungsgeräte.

**Umläufigkeit · side underflow.** Durchtreten von Wasser durch die seitlichen Talanschlüsse einer Stauanlage.

**Umlaufnetz (Wasserversorgung) · gridiron system.** Umlaufnetz entsteht aus dem Verästelungsnetz durch Verbindung der Leitungsendpunkte untereinander, wodurch jede Stelle des Rohrnetzes Wasser von beiden Seiten erhalten kann.

**Umlaufstollen · diversion tunnel, by pass.** Stollen im seitlichen Gebirge zur Abführung von Wasser um das Stauwerk herum.

**Umleitung · diversion.** Triebwasserleitung von der Triebwasserfassung oder dem Triebwassereinfang bis zur Wiedereinleitung in den Wasserlauf.

**Umleitungsfallhöhe · total slope of diversion canal.** Höhenunterschied der

Wasserspiegel des Wasserlaufes von der Abzweigung bis zur Wiedereinmündung des genutzten Zuflusses.

**Umleitungsgraben · diversion ditch.** Graben am Rande eines Entwässerungsgebietes, mit dem Wasserläufe, die Fremdwasser führen, ohne Durchschneidung des Entwässerungsgebietes zur Hauptvorflut geführt werden.

**Umleitungskraftanlage, -kraftwerk · power station with diversion canal.** Wasserkraftanlage mit Umleitung. In der Regel ist eine Stauanlage vorhanden.

**Umwälzbecken (Abwassertechnik) · spiral-flow tank.** Druckluftbecken, in das beim Belebungsverfahren die zur Belüftung des Abwassers und zu seiner Durchmischung mit den belebten Flocken dienende Luft durch Filterplatten hindurch von einer Längsseite der Sohle aus eingeblasen wird, so daß die Luftbewegung das Abwasser-Flocken-Gemisch umwälzt. Besonders für dünnes Abwasser geeignet.

**Ungespanntes (freies) Grundwasser · free ground water.** Grundwasser, das oben nicht von einer schwer- oder undurchlässigen Schicht begrenzt ist und an dessen Oberfläche Wasser- und Luftdruck gleich sind.

**Ungestörte Bodenproben · undisturbed soil sample.** Aus dem Baugrund entnommene Bodenproben sind «ungestört», wenn sie bei der Entnahme keine Veränderung ihres Gefüges, ihres Wassergehaltes und ihrer Kornverteilung erfahren haben, sondern dem Boden im Untergrund entsprechen.

**Ungleichförmige Bewegung · nonuniform flow.** Stationäre Bewegung, bei der die Geschwindigkeit in verschiedenen Punkten des Strömungsgebietes verschieden ist.

**Ungleichförmigkeit eines Wasserlaufs · irregularity of a river bed.** Wechsel in den hydraulischen Eigenschaften eines Wasserlaufs, gekennzeichnet durch Grundriß- und Querschnittsgestaltung, Bettrauhigkeit, Geschiebebewegung, Wassertemperatur oder sonstige Einflüsse in hydraulischen Formeln durch einen Abflußbeiwert erfaßt.

**Unständige Energie · secondary energy.** Energie, die nicht das ganze Jahr über und auch nicht mit Sicherheit an bestimmten Kalendertagen verfügbar ist.

**Unterbrechungsbereich · interruption reach.** Der Unterbrechungsbereich eines Meßgerätes ist derjenige Bereich von Meßwerten, für welche die Skale des Meßgerätes unterbrochen ist.

**Unterdruck · negative pressure, vacuum.** Der Bezugsdruck (Atmosphärendruck) vermindert um den Druck.

**Unterdruck(höhe) des unterirdischen Wassers · height of negative pressure of ground water.** Negativer Druck im unterirdischen Wasser bezogen auf den Druck der freien Luft als Null, gemessen in cm Wasserhöhe (eine Wassersäule, die an einen luftleeren Raum grenzt, würde hier den gleichen Unterdruck aufweisen).

**Unterdrückungsbereich · oppression reach, zero suppress.** Der Unterdrükkungsbereich eines Meßgerätes ist derjenige Bereich von Meßwerten, oberhalb dessen das Meßgerät erst anzuzeigen beginnt und seine Anzeige abgelesen werden kann.

**Unterer Grenzwert. Minimum · minimum.** Kleinster Wert in einer Zeitspanne, Minimum der Ganglinie.
Bei Wasserständen und Abflüssen das kleinste Tagesmittel, wenn die Tagesmittel die täglichen Hauptwerte bilden.

**Unterflurhydrant · underground hydrant.** Ein unter der Erdgleiche eingebauter Hydrant; sein Standort ist in nächster Nähe gekennzeichnet. Zur Wasserentnahme ist ein Standrohr erforderlich.

**Untergrund · subsoil.** Unter dem Übergangsboden liegender Teil der Erdrinde, der nicht mehr den bodendynamischen Vorgängen unterworfen ist.

**Untergrundbewässerung · subsurface irrigation.** Bewässerung durch Einleiten von Wasser in Dräne, gelochte oder porige Rohre oder in durchlässige Bodenschichten.

**Untergrund-Rohrbewässerung · subsurface irrigation using drain pipes.** Bewässerung durch Einleiten von Wasser in Dräne, gelochte oder porige Rohre.

**Unterhaupt · tail gate.** Schleusenhaupt, das Schleuse nach Unterwasser hin begrenzt.

**Unterirdische Abflußspende · ground-water discharge.** Aus dem Grundwasser stammende Abflußspende.
Aus dem zugehörigen Einzugsgebiet berechnet.

**Unterirdischer Wasserlauf · subterranean stream.** Unterirdische Teilstrecke eines Wasserlaufs.

**Unterirdisches Wasser · subterranean water.** Wasser unterhalb der festen Erdoberfläche.

**Unterläufigkeit · seepage, underflow.** Durchsickern von Wasser unter der Sohle des Staubauwerkes vom Ober- zum Unterwasser.

**Unterpegel · tail water gage.** Pegel im Unterwasser eines Binnengewässers.

**Unterschiedshöhe · difference between precipitation and surface runoff.** Niederschlagshöhe weniger Abflußhöhe.
Für große Gebiete im langjährigen Durchschnitt gleich Verdunstungshöhe.

**Unterschreitungsdauer · duration of decrease.** Unterschreitungszahl in Zeitmaß.

**Unterschreitungszahl · factor of decrease.** Dauerzahl kleinerer Werte.
Abszisse der Dauerlinie, wenn in dieser die Beobachtungswerte von links nach rechts vom kleinsten zum größten Wert geordnet sind.

**Unterschrittener Wert · value below the index number.** Wert einer Beobachtungsreihe, der von einer bestimmten Anzahl (z. B. 10) kleinerer statistisch gleichwertiger Beobachtungswerte dieser Reihe unterschritten wird.
Ordinate der Dauerlinie für die angegebene Unterschreitungszahl als Abszisse.

**Unterster Grenzwert. Absolutes Minimum · absolute minimum.** Überhaupt bekannter kleinster Wert, Minimum aller unteren Grenzwerte.

**Unterwasser · tail water.** Das Wasser unterhalb einer Staustufe.

**Unterwasserkraftwerk · submerged power station.** In den festen Unterbau eines beweglichen Wehrs oder einer Staumauer eingebautes und zeitweilig oder dauernd unter Wasser liegendes Wasserkraftwerk mit Rohrturbinen.

**Unterwasserpumpe · subaqueous pump.** Unterwasserpumpe, eine Kreiselpumpe mit senkrechter Welle, bei welcher aber im Gegensatz zur Unterwassermotorpumpe nur die Pumpe selbst im Brunnen hängt, während der Motor auf besonderem Fundament über Gelände sitzt.

**Unterwasserspiegel · tail water level.** Der nach Lage und Höhe bestimmte Wasserspiegel unterhalb einer Fallstufe oder Wasserlauf-Teilstrecke.

**Unvollkommener Überfall · submerged overfall.** Überfall, bei dem der Oberwasserspiegel durch das Unterwasser beeinflußt wird.

**Vadoses Wasser · vadose water.** Vadoses Wasser, alles in den Erdboden eingesickerte Oberflächenwasser, das am großen Kreislauf des Wasser teilnimmt. Gegensatz: juveniles Wasser.

**Vakuumetrische Saughöhe · suction head.** Angabe des Manometers an der Saugöffnung einer Pumpe.

**Vakuumpumpe · vacuum pump.** Vakuumpumpe dient zum Herstellen eines Unterdrucks, also zum Absaugen von Luft, z. B. zum Entlüften von Rohrleitungen. Arbeitsweise als Kolben- und Rotations-Vakuumpumpe ähnlich Kolben- bzw. Rotationsverdichter.

**Ventil · valve.** Verschlußkörper, welcher in Rohrleitungen und an Motoren den Durchtritt von Flüssigkeiten und Gasen versperrt oder drosselt.

**Ventilbrunnen · valve well.** Brunnen zur öffentlichen Wasserentnahme an Straßen und Plätzen mit einem Ventilaggregat, bei dem durch Zug oder Hebeldruck von Hand das Wasser abgegeben wird.

**Venturikanalmesser · venturi flume, Parshall flume.** Einschnürung in offenen Gerinnen (z.B. Rechteckkanälen in Kläranlagen) zur Messung der Wassermengen.

**Venturirohr · Venturi tube.** Düsenartige Querschnittverringerung eines Rohres zur Bestimmung von Durchflußmengen durch Messen des Druckunterschiedes. Da Geschwindigkeitszunahme und Druckabfall damit verbunden ist, auch für andere Zwecke verwendet.

**Vektorgröße · vector quantity.** Diejenigen Größen, die zu ihrer Bestimmung die Angabe eines Zahlenwertes und einer Richtung im Raum verlangen, heißen Vektorgrößen. Der Weg, die Geschwindigkeit, die Beschleunigung eines Körpers sind Vektoren.

**Verarmungszone · diminution zone.** Gewässerzone, in der die Organismenwelt durch natürliche oder künstliche Einflüsse deutlich vermindert ist.

**Verbindungskanal · connecting canal.** Schiffahrtskanal, der Wasserscheide überschreitet und damit zwei Flußgebiete miteinander verbindet.

**Verbrauchsleitungen (Grundstücksleitungen) · service pipes.** Wasserleitungen in Grundstücken oder Gebäuden, hinter Wasserzählern oder Hauptabsperrorganen.

**Verbundbetrieb · combined grid operation.** Zusammenarbeit mehrerer gleich- oder verschiedenartiger Stromquellen, insbesondere von Wasserkraftanlagen (Laufwerken, Klein- und Großspeicherwerken, Pumpspeicherwerken) und Wärmekraftwerken im elektrischen Parallelbetrieb auf ein Netz zwecks möglichst vollkommener Nutzbarmachung der Energie.

**Verbundnetz · combined power grid.** Netz, Ring oder Einzellinie von Hoch- und Höchstspannungsleitungen, die eine Anzahl von Kraftwerken mit einer Anzahl Hauptverteil- und Umspann-Stationen zur Ermöglichung des Verbundbetriebs verbinden.

**Verbundwasserversorgung · combined water supply.** Mehrere zentrale Wasserversorgungen, deren technische Anlagen miteinander verbunden sind.

**Verdichtung · compaction.** Maßnahmen zum Beseitigen von Hohlräumen in Baustoffen und Bauteilen, um ihre Tragfähigkeit zu erhöhen; z. B. Verdichten des Betons durch Stampfen, Rütteln, Schleudern und Spritzen, Stochern, Pressen und Schlagen; Verdichten von Straßendecken, bei Schotterstraßen, Asphalt- und Teerdecken durch Walzen, bei Betondecken durch Stampfen und Rütteln.

Verdichten des Bodens → Bodenverdichtung.

**Verdichtungsverhältnis · compaction ratio.** Das «Verdichtungsverhältnis» $D_v$ ist das Verhältnis des Unterschiedes zwischen den Poren in lockerster ($n_o$) und natürlicher Lagerung (n) zu dem Unterschied zwischen den Porenvolumen in lockerster ($n_o$) und dichtester Lagerung ($n_d$).

$$D = \frac{n_o - n}{n_o - n_d} \cdot 100$$

**Verdünnung · dilution.** Verhältniswert des Gesamtabflusses zum Schmutzwasserabfluß:

Beispiel:

5fache Verdünnung bedeutet: 1 Teil Schmutzwasser + 4 Teile Verdünnungswasser = (insgesamt) 5 Teile. Gebräuchlich ist auch die Bezeichnung «Verdünnung 1 + 4».

**Verdünnungsverhältnis · ratio of dilution.** Mengenverhältnis eines Abwasserzuflusses zu einer bestimmten Wasserführung, falls nicht anders angegeben, zum langjährigen mittleren Niedrigwasser (MNQ) des aufnehmenden Vorfluters.

**Verdunstung · evaporation.** Die Verdunstung ist physikalisch definiert als der unterhalb des Siedepunktes erfolgende langsame Übergang einer Flüssigkeit in den gasförmigen Zustand. Bezogen auf das Wasser ist hierunter dessen Übergang von dem flüssigen oder festen Zustand in die Form des Wasserdampfes zu verstehen.

**Verdunstungsgeschwindigkeit · evaporation rate.** Verdunstungsgeschwindigkeit bei Böden ist stark abhängig vom Chemismus des Wassers und Bodens und ist um rund 10 % größer als an der freien Wasserfläche.

**Verdunstungshöhe · evaporation height.** Verdunstung von einer Gebietsfläche während einer anzugebenden Zeitspanne, unter Annahme gleichmäßiger Verteilung als Wasserhöhe ausgedrückt.

**Vereisenung des Wassers · ferrozation.** Vereisenung des Wassers entsteht, wenn Wasser viel freie Kohlensäure enthält, die Eisen (Rohrleitungen!) in das lösliche Bikarbonateisen umwandelt. Diese Gefahr besteht vor allem bei weichen Wässern, wo Kohlensäure dann durch Aufhärtung zu binden ist.

**Verfügbare Fallhöhe · head available.** Betriebstechnischer Begriff: Gesamtfallhöhe abzüglich aller Fallhöhenverluste.

Bei einem Speicherwerk z. B.:
Oberer Wert der verfügbaren Fallhöhe bei O.W. auf Stauziel und U.W. auf Absenkziel $H_0$m.
Unterer Wert bei O.W. auf Absenkziel und U.W. auf Stauziel $H_u$m.

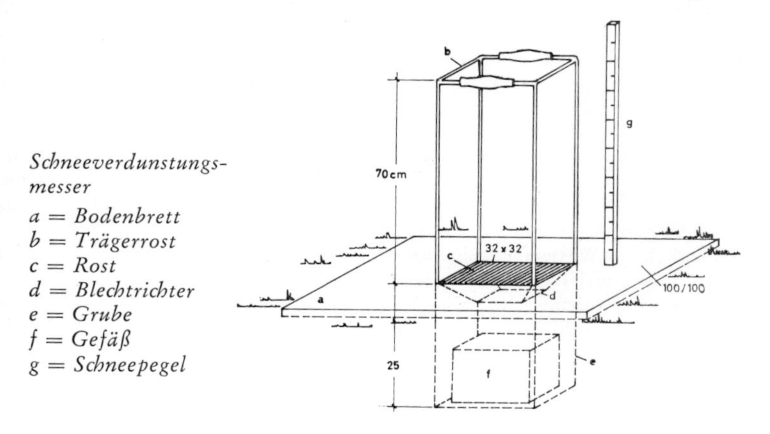


*Schneeverdunstungsmesser*
*a = Bodenbrett*
*b = Trägerrost*
*c = Rost*
*d = Blechtrichter*
*e = Grube*
*f = Gefäß*
*g = Schneepegel*

**Verfügbarer Zufluß · available inflow.** Teil des Gesamtzuflusses, der sich nach Abzug des Pflichtwassers und der unvermeidbaren Verluste, wie Sickerwasser, Schleusenwasser usw. ergibt und daher für die energiewirtschaftliche Nutzung verfügbar ist.

**Verkitteter Boden · cemented soil.** Die einzelnen Bodenteilchen sind miteinander verkittet. Kann durch kolloide Teilchen, wie Ton, aber auch Kalk oder Kieselsäure, erfolgt sein.

**Verkrautung · weediness.** Massenhaftes Vorkommen von Wasserpflanzen in einem Wasserlauf, wodurch bei gleichem Abfluß der Wasserspiegel gehoben wird.

**Verkrustung in Rohrleitungen · incrustation.** Krustenförmige Anlagerungen.

**Verlandung · aggradation.** Landfläche, die durch Absetzen der Schwerstoffe eines Gewässers entstanden ist.

**Verlandungsschutzraum · silting basin, retarding reservoir.** Teil des Speicherraums, der vorsorglich zur Aufnahme der vom Wasser mitgeführten Schwerstoffe bereitgestellt ist; er erstreckt sich meist über die ganze Ausdehnung des Speicherraums, kann aber auch durch eine «Vorsperre» im oberen Abschnitt des Speicherraums oder außerhalb desselben abgegrenzt sein.

**Verlusthöhe · loss of head.** Energiehöhenverlust in einer Wasserführungsstrecke, z. B. Rohrleitungsstrecke.

**Vermoderung · decay.** Unvollständige Verwesung bei ungenügendem Luftzutritt.

**Vermullen des Moores · rotting of peat.** Übergang einer ausgetrockneten, stark zersetzten Moorbildung in einen schwer benetzbaren, meist pulverförmigen Zustand «namentlich bei längerer Ackernutzung).

**Verockerungszone · zone of iron hydroxide deposit.** Durch Eisenoxydhydrat-Ausscheidung gefärbte Gewässerstrecke.

**Verödungszone · depopulated zone.** Gewässerzone, in der die Organismenwelt verschwunden ist.

**Verrohrung der Brunnen · casing of wells.** Verrohrung der Brunnen wird durch Rohrfahrten gebildet, die teleskopartig ineinandergeschoben werden. Jede Rohrfahrt enthält am unteren Ende zum Schutz gegen Steine und äußere Beschädigungen einen kräftigen Schneidering (Rohrschuh).

**Verschnitt-Bitumen · cut-back asphaltic bitumen.** Destillierte Bitumen, deren Zähigkeit durch Zusatz von Verschnittmitteln herabgesetzt ist. Dünnflüssige, kalt verarbeitbare Verschnittbitumen werden als «Kaltbitumen» bezeichnet.

**Versenken des Wassers · well drainage.** Einleiten des Wassers in durchlässige Schichten des tieferen Untergrundes.

**Versenkwalze · drum gate.** Absenkbarer Verschlußkörper eines Walzenwehres.

**Versickerung · infiltration.** Eindringen von Wasser durch enge Hohlräume in das Erdreich.

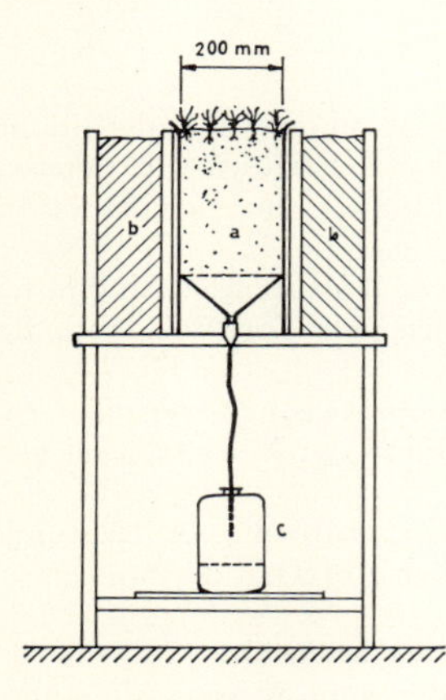


*Versickerungsmesser*

*a = Zinkblechbehälter mit Bodenprobe*
*b = Doppelwandiger Schutzkasten mit Bodenprobe*
*c = Sammelgefäß*

**Versickerungsschacht · absorbing well.** Schacht, Bohrloch oder Becken zwecks Versickerung oder Versinkung in tiefere Bodenschichten.

**Versinkung · infiltration.** Eindringen von Wasser durch weite Hohlräume in das Erdreich.

**Versorgungsanlagen · supply installations.** Versorgungsanlagen sind Anlagen zur Erzeugung bzw. Gewinnung und Fortleitung von Strom, Gas, Wasser und Fernwärme sowie Anlagen zur Fortleitung und Verwertung von Abwasser und Abfallstoffen.

**Versorgungsdruck · service pressure.** Druckhöhe, die zur ordnungsgemäßen

Versorgung aller Entnahmestellen in Gebäuden mit ortsüblicher Bauhöhe erforderlich ist (zuweilen auch bürgerlicher Versorgungsdruck genannt).

**Versorgungsleitungen · distribution pipes.** Wasserleitungen innerhalb des Versorgungsgebietes, von denen die Anschlußleitungen abgehen.

**Versorgungsnetz · supply system.** Das System von Leitungen aller Art zur allgemeinen Wasser-, Strom-, Gas- und Wärmeversorgung der Bevölkerung und der landwirtschaftlichen bzw. Gewerbebetriebe eines Gebietes.

**Versorgungszone (Druckzone) · service district.** Einteilung des Versorgungsgebietes in verschiedene (vertikale und horizontale) Zonen, um an Stelle einer einheitlichen Versorgung des ganzen Stadtgebietes mit Wasser bei dessen großer Ausdehnung oder bei großen Höhenunterschieden den Betrieb zu vereinfachen und zu verbilligen.

**Versteinerungsgründung · foundation improvement by petrification.** Verbesserung und Dichtung des Baugrunds durch Einspritzen unter hohem Druck von a) Kieselsäure und anschließender Salz- oder Säurelösung (chemische Bodenverfestigung nach Joosten), b) Zementbrei (oder Asphalt).

**Versuchsbrunnen · test well.** Pumpbrunnen zur Untersuchung des Grundwassers.

**Verteilgraben, Nebenzuleiter · feeder branch.** Offener Graben, der den Unterabteilungen des Bewässerungsgebiets das Wasser zuführt.

**Verteilrinne (Vertikalrinne) · irrigation distributaries.** Im Geländegefälle verlaufende Rinne von rechteckigem Querschnitt, die das Wasser den einzelnen Rieselrinnen zuführt.

**Verteilrohrleitung · penstock manifold.** Unterster Abschnitt der Druckleitung mit den Rohrabzweigungen zu den einzelnen Turbinen oder Pumpen.

**Vertorfung · peat formation.** Natürlicher Gärungsvorgang, Zwischenglied zwischen Fäulnis (Luftabschluß) und Vermoderung (unvollständige Verwesung infolge mangelhaften Luftzutritts). Allmähliche Zersetzung organischer, vorwiegend pflanzlicher Stoffe in Gegenwart von Wasser unter dem Einfluß von Bakterien.

**Vertrauensgrenzen, Standardabweichung · tidual limits.** Der definierte Mittelwert wird häufig als endgültiges Meßergebnis einer Meßreihe (mit voneinander unabhängigen und gleich zuverlässigen Einzelwerten) angegeben. Der Beobachter darf nicht ohne weiteres annehmen, daß dieser Mittelwert gleich dem gesuchten wahren Wert der Meßgröße ist, der bei Abwesenheit von systematischen Fehlern nur aus einer sehr großen Anzahl von Einzelmeßwerten gewonnen werden kann. Es ist aber möglich, zwei Grenzen – oberhalb und unterhalb des gefundenen Mittelwertes – anzugeben, zwischen denen (bei Abwesenheit von systematischen Fehlern) und unter Voraussetzung einer Normalverteilung der wahre Wert mit der gewählten statistischen Sicherheit P zu erwarten ist. Diese Grenzen heißen Vertrauensgrenzen des Mittelwertes. Der Bereich, den diese Grenzen einschließen (Intervall zwischen den Vertrauensgrenzen), heißt Vertrauensbereich des Mittelwertes.

**Verwerfung · fault.** Verwerfung, vertikale und horizontale Verschiebung geologischer Schichten.

**Verwerfungsquelle · fault spring.** Austritt eines Wassers, das seinen Weg an die Erdoberfläche durch eine Verwerfungsspalte gefunden hat oder durch eine Verwerfung zum Austritt gezwungen wird.

**Verwerfungstäler · rift valleys.** Verwerfungstäler sind dadurch entstanden, daß sich die Schichten gegeneinander verschoben haben.

**Verwesung · decomposition.** Gärungsvorgang, allmähliche Zersetzung pflanzlicher und tierischer Stoffe in Gegenwart von Wasser, bei reichlichem Luftzutritt (Sauerstoffüberschuß) unter dem Einfluß von aeroben Verwesungsbakterien.

**Verwitterung · weathering.** Verwitterung, alle Vorgänge, die an der Bodenbildung beteiligt sind, einschließlich Witterungs- und Klimaeinflüsse.

**Verwitterungshaut · weathered surface.** Verwitterungshaut der Gesteine, verwitterte Außenschicht (Rinde) der Gesteine.

**Verzögerung · negative acceleration.** Die Verzögerung ist der Quotient aus der Geschwindigkeitsabnahme und der Länge der Zeit, in der sie erfolgt.

$$\text{Verz} = -\frac{dv}{dt}$$

**Verzögerung des Regenwasserabflusses · runoff detention.** Verzögerung des Regenwasserabflusses, durch den Unterschied zwischen Abflußdauer und Regendauer bedingte zeitliche Verteilung des Abflusses aus einem Entwässerungsgebiet. Verzögerungsplan, zeichnerische Darstellung des Regenabflußvorganges für einen bestimmten Punkt des Entwässerungsnetzes.

**Viadukt · viaduct.** Eine Straßen- oder Eisenbahnbrücke über große Taleinschnitte, aus Stein- oder Betongewölben bzw. aus stählernen Überbauten auf Pfeilern.

**Viren · virus.** Wegen ihrer Kleinheit im Lichtmikroskop meist nicht sichtbare, aber elektronenmikroskopisch darstellbare Gebilde, die von bakteriendichten Filtern nicht zurückgehalten werden.
Sie besitzen keinen eigenen Stoffwechsel, vermehren sich nur in lebenden Zellen und sind auf künstlichen Nährböden nicht züchtbar.

**Viskosität · viscosity.** Eigenschaft des Wassers, durch eine Schubverformung eine vom Geschwindigkeitsgefälle abhängige Schubspannung aufzunehmen.

**Viskosität, dynamische · dynamic viscosity.** Praktische Einheiten:
1P = 1 Poise = 1 g/(cm.s).

**Viskosität, kinematische · kinematic viscosity.** 1 St = 1 Stokes = 1 $cm^2/s$.

**Vollastdrehzahl · speed by full load.** Drehzahl bei größter Öffnung der Turbine.

**Vollbewegliche Beregnungsanlage · portable irrigation system.** Anlage, deren sämtliche Leitungen sowie die Pumpvorrichtung beweglich sind.

**Volldränung · full area drainage.** Dränung, bei der eine zusammenhängende Fläche durch ein sie vollständig erfassendes Netz von Dränen entwässert wird.

**Vollentwässerung · complete drainage.** Vollständige, alle Anfallstellen des Abwassers erfassende Entwässerung einer Stadt.

**Vollkommener Überfall · free overfall.** Überfall, bei dem der Oberwasserspiegel durch das Unterwasser nicht beeinflußt wird.

**Volumenstrom · discharge volume.** Auch Volumendurchfluß, Volumendurchsatz. (Das Wort «Menge» soll nicht für auf die Zeit bezogene Größen verwendet werden.)

**Volumenstromdichte · mean velocity.** Über einen Querschnitt gemittelte Geschwindigkeit.

**Vorbecken · forebay, head bay.** An den Zuflüssen des Sammelbeckens durch kleine Absperrbauwerke angelegtes Becken.

**Vorbelüftung des Abwassers · pre-aeration of sewage.** Betriebsmaßnahme zur Entlastung von Belebungsanlagen sowie zur Verhütung von Fäulnis und der damit verbundenen üblichen Gerüche.

**Vorboden · floor upstream of a weir or barrage.** Mit Holz, Mauerwerk, Beton befestigte, meist ebene Abdeckung der Flußsohle unmittelbar vor dem Wehrkörper.

**Vorbusen · dike-lock forebay.** Am Seedeich liegendes, mit Dämmen umschlossenes Wasserbecken zur Aufnahme von Schöpfwasser aus anstoßender künstlich entwässerter Niederung. Aus Vorbusen wird Schöpfwasser während Ebbezeit durch im Deich gelegenes Siel in die See abgelassen. Auch Sieltief genannt.

**Vorentwässerung · initial drainage.** Verfahren bei der Entwässerung von tiefgründigem, weichem Moor, bei dem die Gräben in mehreren Tiefenstufen mit längeren Zeitabständen hergestellt werden.

**Vorentwurf · preliminary design.** Darstellung der Grundzüge eines Bauvorhabens, dient zur Erläuterung, Genehmigung, Finanzierung und als Unterlage zur genaueren Planaufstellung.

**Vorflut · natural or artificially createt flow of water; discharge, flood wave.**
1. Die Möglichkeit des Wassers, mit natürlichem Gefälle oder durch künstliche Hebung abzufließen.
2. Abfließendes Wasser, das dahinterliegenden Wasserläufen Gelegenheit zum Abfließen gibt.
3. Das Abfließen selbst, d. h. die Bewegung.
4. Am Meer die erste Flutwelle.

**Vorfluter · receiving stream.** Der Vorflut dienendes Gewässer.

**Vorflutdrän · main drain.** Größerer Drän, der einen Vorflutgraben ersetzt; er besteht gewöhnlich aus Steinzeugmuffenrohren.

**Vorkammer · head bay.** Vor den Rohreinläufen am Absperrbauwerk angelegte Kammer.

**Vorklärbecken · preliminary settling tank.** Becken, das bei der Klärung des Abwassers als Absetzbecken vorgeschaltet wird, um den eigentlichen Klärvorgang zu erleichtern.

**Vorland, Außendeichland · foreshore.** Das Gelände zwischen Deich und Gewässer.

**Vorratsänderung · change in water storage.** Rücklage weniger Aufbrauch. $S = R - B$; S kann positiv oder negativ sein.

**Vorratsdüngung · stock fertilizing.** Anreicherung des Boden mit Nährstoffen in den ersten Kulturjahren.

**Vorschleuse · forebay.** Teil des Schleusenhauptes außerhalb der Torkammer.

**Vorschub des Regners** · **sprinkler spacing.** Abstand zweier benachbarter Stellungen des Regners.

**Vorsperre** · **low weir upstream of a power plant.** Kleine Talsperre oberhalb einer Hauptsperre zur Erfüllung von Nebenaufgaben (z. B. Verlandungsschutz, Landschaftsschutz, Hygieneschutz, Wassermessung).

**Waage** · **balance.** Waage, Meßgerät zur Gewichtsbestimmung.

**Walze** · **roller.** Wehrverschluß in Form einer, in der Regel aus Stahlblech mit innerer Aussteifung durch Formstähle gefertigten, kreiszylindrischen Walze, die in Nischen der Zwischenpfeiler und Wehrwangen auf senkrechten oder schrägen Laufbahnen auf- und abgewälzt wird. Der Zylinder kann oben und unten einen festen Ansatz (Schild, Schürze) oder eine Klappe haben.

**Walzenraum** · **eddy basin.** Künstliche seitliche Erweiterung an einem Hafenmund für eine Walze.

**Walzenschieber** · **pilot valve.** Kleiner Schieber zum Einlassen des Außenwassers in den Raum hinter einem geschlossenen größeren Verschluß, der unter einseitigem Wasserdruck nicht gezogen werden kann.

**Walzenwehr** · **roller gate.** Wehr, dessen Verschlüsse als Walzen ausgebildet sind.

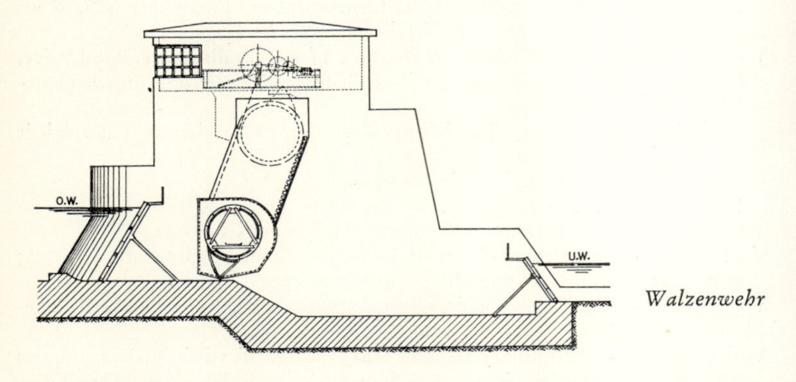


*Walzenwehr*

**Wanddicke** · **wall thickness of pipe.** Arithmetisches Mittel aus den Wanddicken an je zwei gegenüberliegenden Stellen beider Rohrenden.

**Wandpfeiler** · **pillar.** Pfeilerartige Mauerverstärkung, aus konstruktiven Gründen zur Erhöhung der Widerstandsfähigkeit oder aus dekorativen Gründen zur Belebung von Wandflächen.

**Warmblüter-Colibakterien** · **coli bacteria of warmblooded animals.** Escherichia-Stämme, die bei einer Bebrütungstemperatur von 45° C noch in der Lage sind, Zuckerarten unter Gas- und Säurebildung zu spalten.

Sie stammen mit großer Wahrscheinlichkeit aus dem Darm von Warmblütern und sind Indikatoren für eine fäkale Verunreinigung des Wassers.

**Wärme · heat.** Wärme, eine Form der Energie, Bewegungsenergie der kleinsten Teile eines Körpers. Einen Körper erwärmen heißt daher, die Bewegungsenergie seiner Moleküle steigern (kinetische oder mechanische Wärmetheorie) 1 kcal = 427 mkg.

**Wärmeströmung · convection current.** (Konvektion = Transport von Trägern nicht mechanischer Wirkung durch mechanische Kräfte) Wärmeströmung in Gasen und Flüssigkeiten. Die kälteren schweren Teile drücken die ausgedehnten leichten Teile (durch Erwärmung ausgedehnt) nach oben. Landläufig ausgedrückt, steigen sie nach oben, aber auch sie unterliegen der Anziehungskraft. Bester Wärmeisolator ist Vakuum, in ihm keine Leitung und Strömung.

**Warmwasserbereitungsanlage · water heating installation.** Warmwasserbereitungsanlagen dienen zur Erwärmung von Gebrauchswasser. Die Temperatur des Gebrauchswassers soll, soweit es sich nicht um Kochendwasserbereiter handelt, 90° C nicht überschreiten.

**Warmwasserversorgung · warm water supply.** Man unterscheidet zentrale Warmwasserversorgung, meist in Verbindung mit dem Zentralheizungssystem eines Gebäudes, und Einzelwarmwasserversorgung, jeweils an der Verbrauchsstelle.

**Wasser · water.** Sammelbezeichnung im Sinne dieser Norm für alle Arten von Wasser, das der Wasserversorgung dient.

| Luftdruck mm Hg | 0 | 2 | 4 | 6 | 8 | Luftdruck mbar | 0 | 2 | 4 | 6 | 8 |
|---|---|---|---|---|---|---|---|---|---|---|---|
| 790 | 101,09 | 1,16 | 1,23 | 1,30 | 1,37 | 1050 | 101,00 | 1,06 | 1,11 | 1,17 | 1,23 |
| 780 | 100,73 | 0,80 | 0,87 | 0,94 | 1,02 | 1040 | 100,73 | 0,78 | 0,84 | 0,89 | 0,94 |
| 770 | 100,37 | 0,44 | 0,51 | 0,58 | 0,66 | 1030 | 100,46 | 0,51 | 0,57 | 0,62 | 0,68 |
| 760 | 100,00 | 0,07 | 0,15 | 0,22 | 0,29 | 1020 | 100,18 | 0,24 | 0,29 | 0,35 | 0,40 |
| 750 | 99,63 | 9,70 | 9,78 | 9,85 | 9,93 | 1010 | 99,91 | 9,96 | 0,03 | 0,07 | 0,13 |
| 740 | 99,26 | 9,33 | 9,41 | 9,48 | 9,56 | 1000 | 99,63 | 9,69 | 9,74 | 9,80 | 9,85 |
| 730 | 98,88 | 8,95 | 9,03 | 9,10 | 9,18 | 990 | 99,35 | 9,41 | 9,46 | 9,52 | 9,58 |
| 720 | 98,49 | 8,57 | 8,65 | 8,72 | 8,80 | 980 | 99,07 | 9,12 | 9,18 | 9,24 | 9,28 |
| 710 | 98,11 | 8,18 | 8,26 | 8,34 | 8,42 | 970 | 98,78 | 8,84 | 8,90 | 8,95 | 9,01 |
| 700 | 97,71 | 7,79 | 7,87 | 7,95 | 8,03 | 960 | 98,49 | 8,55 | 8,61 | 8,67 | 8,72 |
| 690 | 97,32 | 7,40 | 7,48 | 7,56 | 7,63 | 950 | 98,20 | 8,26 | 8,32 | 8,38 | 8,44 |
| 680 | 96,92 | 7,00 | 7,08 | 7,16 | 7,24 | 940 | 97,91 | 7,97 | 8,03 | 8,09 | 8,14 |

*Siedetemperatur des Wassers in ° C bei verschiedenem Luftdruck*

**Wasserandrang · intrusion of water.** Das Eindringen des Wassers in Baugruben und Bergwerke, wo das Wasser den Menschen bedrängt.

**Wasseraufnahme · absorption.** Die Fähigkeit z. B. der Oberflächen von Wänden und Decken in Wohnungen, den vor allem beim Kochen entstehenden Wasserdampf aufzunehmen und so die Bildung von Kondenswasser zu verhindern.

**Wasseraufnahmefähigkeit · water holding capacity.** Die «Wasseraufnahmefähigkeit» ist im weiteren Sinne das Vermögen eines trockenen Bodens, Wasser kapillar zu speichern. Im engeren Sinne wird hierunter jedoch speziell die Wassermenge verstanden, die die Feinbestandteile unter 0,06 mm eines Bodens aufzusaugen vermögen. Sie wird auf das Trockengewicht bezogen.

**Wasserbau · hydraulic engineering.** Wasserbau umfaßt die Gebiete: Be- und Entwässerung, Flußbau, Gewässerkunde, Hydraulik, Hydrologie, Kulturbau, Seebau, Stauanlagen, Verkehrswasserbau, Wasserkraftanlagen (siehe Überblick über die behandelten Fachgebiete).

**Wasserbedarf · water demand.** Die in einer bestimmten Zeiteinheit benötigte Trink- und Betriebswassermenge (Wasserzufluß) als Maß für den Ausbau der Anlagen.

**Wasserbehälter (Speicherbehälter) · storage tank.** Wasserbehälter dient dem Ausgleich der Schwankungen zwischen dem Zufluß von den Gewinnungsanlagen und der jeweiligen Förderung an die Verbrauchsstellen.

**Wasserbereithaltung · design supply.** Die in der wasserwirtschaftlichen Planung vorgesehene Trink- und Betriebswassermenge je Zeiteinheit (Wasserzufluß), die für einen Bedarfsträger aus dem Wasserdargebot vorsorglich zur Verfügung gehalten wird.

**Wasserbereitstellung · available supply.** Die Trink- und Betriebswassermenge, die einem Bedarfsträger tatsächlich zur Verfügung steht, wenn die wasserwirtschaftliche Planung vollzogen ist.

**Wasserbilanz · estimation of the water resources.** Mengenmäßige Erfassung des Wasserkreislaufs.

**Wasserblüte · lake bloom.** Mit Färbung des Wassers verbundene Massenentwicklung von Planktonalgen.

**Wasserbrücke, Überleitung · overpass.** Trog- oder Rohrbrücke zum Überführen von Wasser über einen Wasserlauf oder eine Geländemulde, bei kleineren Überleitungen auch Kähner oder Kändel genannt.

**Wasserdargebot · water available for consumptive use.** Für eine bestimmte Zeiteinheit ermittelte nutzbare Wassermenge (Wasserzufluß) eines oder mehrerer Wasservorkommen zur Verwendung als Trink- und Betriebswasser.

**Wasserdruck · water pressure.** Vom Wasser auf die Flächeneinheit ausgeübte Normalkraft.

**Wasserdurchlässigkeit · permeability.** Die im Laboratorium bestimmte Durchlässigkeit eines Bodens wird durch den «Durchlässigkeitskoeffizienten» k angegeben, d. h. durch die Geschwindigkeit in m/s, mit der Wasser von 20° Celsius und mit dem Gefälle $\frac{h}{l} = 1$ die in das Versuchsgerät eingebaute Probe von der Höhe l durchfließt.

**Wasserfahrzeuge · vessels.** Hierzu gehören außer den Schuten die Prähme und Pontons, Schlepper (Dampf- und Motorschlepper), Motorboote, Wohnschiffe für Arbeiter und Angestellte, Büro- und Werkstattschiffe, Kähne, Nachen.

**Wasserfassung · water tapping.** Bauliche Anlage zur Gewinnung von Wasser, z. B. Brunnen, Quellfassung, Stollen, Sickerleitung u. a.

**Wasserfassungsvermögen · water-holding capacity.** Wasserfassungsvermögen des Bodens = Wasserhaltewert, s. Wassergehalt des Bodens.

**Wasserflughafen · seaplane port.** Dem Landflughafen entsprechende Anlage für Wasserflugzeuge. Geeignete Wasserfläche ersetzt Rollfeld.

**Wassergehalt · moisture content.** Der Wassergehalt (w) eines Bodens ist das Verhältnis des Gewichtes des Porenwassers ($G_w$) zum Trockengewicht der Probe ($G_t$):

$$w = \frac{G_W}{G_t}$$

Der Wassergehalt einer ungestörten Probe wird als «natürlicher Wassergehalt» $W_n$ bezeichnet.

**Wassergeschwindigkeit · velocity of flow.** Weg des Wassers in der Zeiteinheit.

**Wassergesetz · water rights, water-code.** Landesgesetz, durch das fast alle Kulturstaaten Benutzung des Wassers regeln.

**Wasserhaltender Boden · saturated soil.** Bodenarten, die wegen ihres hohen Wassergehaltes von weicher bis fließender Beschaffenheit sind und das Wasser schwer abgeben, z. B. Schlamm und Schluff.

**Wasserhaltevermögen · water holding capacity.** Höchster Wassergehalt, den eine in natürlicher Lagerung entnommene Bodenprobe ohne Verdunstungsverluste durch seine Oberflächenkräfte entgegen der Schwerkraft längere Zeit hindurch festzuhalten vermag, als Gewichts-, Raum- oder Porenanteil.

| | | | | |
|---|---|---|---|---|
| Granit | 0,5 bis 8,6 l | | Kreide | 144 bis 439 l |
| Syenit | 4,7 bis 8,6 l | | Feinkies (2 bis 4 mm) etwa | bis 370 l |
| Syenit (Oberpfalz) | bis 13,6 l | | Mittelkies (bis 7 mm) etwa | bis 370 l |
| Porphyr | 4 bis 13 l | | Grobsand (1 bis 2 mm) etwa | bis 360 l |
| Basalt | 6,3 bis 9,5 l | | Mittelsand (unter 1 mm) etwa | bis 400 l |
| Basaltlava | 44 bis 56 l | | Feinsand (1/4 bis 1/3 mm) etwa | bis 420 l |
| Marmor | 1,1 bis 5,9 l | | sehr toniger Boden etwa | bis 464 l |
| Tonschiefer | 5,4 bis 7 l | | humusarmer Boden mit viel Ton etwa | bis 480 l |
| Kieselschiefer | 8,5 bis 27 l | | schwarzer, humushaltiger, kalkiger Lehmboden etwa | bis 568 l |
| Keuper Sandstein | 6,2 bis 14,4 l | | schiefriger Mergel etwa | bis 660 l |
| Jurasandstein | 42 bis 49 l | | reiner Ton | bis 870 l |
| Nebraersandstein | 255 bis 269 l | | aufgelockerte Böden (Ackererde) | bis 740 l |
| Dolomit | 15 bis 221 l | | Gartenerde | bis 820 l |
| Kalkstein Hannover | 15,4 bis 23,8 l | | | |
| Englisch | 136 bis 169 l | | | |
| Tuffstein | 202 bis 322 l | | | |

Wasseraufnahmefähigkeit = Größe der Hohlräume
10 Liter Wasseraufnahme = 1 % Hohlräume

*Wasseraufnahmefähigkeit für 1 m³ verschiedener Bodenarten in Liter*

**Wasserhaltung · dewatering.** Die Einrichtungen und Vorkehrungen, die dazu dienen, das im Baugrund vorhandene und beim Aushub zu Tage tretende Grundwasser von der Baugrube fernzuhalten, die Baugrubensohle möglichst trocken zu legen und trocken zu halten. Man unterscheidet offene Wasserhaltung und Wasserhaltung durch Grundwasserabsenkung.

**Wasserhaushalt (Wassermengenwirtschaft) · water utilization.** Wasserhaushalt ist die planmäßige Überwachung und Regelung des mengenmäßigen Dargebotes, Ver- und Gebrauches von Wasser, d. h. die mengenmäßige Beziehung zwischen Niederschlag, Abfluß, Verdunstung, Rücklage und Aufbrauch.

| | Ton | | Lehm | | sd. Lehm | | lh. S. | | Sand | | Moor | |
|---|---|---|---|---|---|---|---|---|---|---|---|---|
| | V% | mm | V% | mm | V% | mm | V% | mm | V% | mm | V% | mm |
| Feldkapazität | 40 | | 32 | | 22 | | 20 | | 12 | | 62 | |
| Welkepunkt | 18 | | 12 | | 4 | | 4 | | 3 | | 25 | |
| Nutzbare Kapazität | 22 | 220 | 20 | 200 | 18 | 180 | 16 | 160 | 9 | 90 | 37 | 370 |

*Die Wasserhaushaltsgrößen am landwirtschaftlich genutzten Standort*

**Wasserhaushaltfahrplan · time table for reservoir operation.** Betriebsvorschrift, meist in zeichnerischer Form, über den Wasserhaushalt eines (im Verbund arbeitenden) Speicherwerks mit dem Ziel: trotz praktisch unmöglicher oder unvollkommener Voraussicht zukünftiger Wasserführung eine vorzeitige Erschöpfung des Speichers zu verhüten und dadurch eine bestimmte Mindestleistung sicherzustellen, oder einen Höchstwert der Energieausbeute zu sichern und dgl. mehr.
Energiebetrieb: Wasserhaushaltführung auf höchste Energieausbeute;
Leistungsbetrieb: Wasserhaushaltführung auf höchstmögliche gesicherte Leistung.

**Wasserhaushaltsplan · water utilization scheme.** Ein im voraus oder nachträglich aufgestellter Plan der Bewirtschaftung des Wassers.

**Wasserhebung · lift.** Förderung des Wassers von einem betimmten Ort zu einem höher gelegenen.

**Wasserkraft · water power.** Das Arbeitsvermögen einer im Schwerefeld der Erde ruhenden oder strömenden Wassermasse in Verbindung mit einer verfügbar zu machenden Fallhöhe.

**Wasserkraftanlage · hydro power plant.** Die Gesamtheit der Bauwerke und Einrichtungen, die zur Erfassung der Energie einer WK notwendig sind. Sie umfaßt im weitesten, allgemeinen Fall:

1. Triebwasserbeileitungen oder Zubringer zur Stauhaltung nebst zusätzlichen Speichern und Wasserfassungen;
2. Triebwasserfassung mit Stauanlage und Stauhaltung (Speicher), Hochwasserentlastung und Nebenanlagen für Schiffahrt, Flößerei, Fischerei, u. a. m.;
3. Triebwasserzuleitung mit Wasserreinigungs-, Regel-, Ausgleichs- und Entlastungseinrichtungen (Einlaßbauwerk, Ablässe, Überläufe, Wasserschloß);
4. Kraftwerk mit Werkeinlaß, Turbinen- oder Druckleitung und Krafthaus (mit Turbinen und Stromerzeugern);

5. Triebwasserableitung mit Regel- und Ausgleichseinrichtungen;
6. Rückgabe an den Fluß mit Senkungsstrecke in diesem.

**Wasserkreislauf · hydrologic cycle.** Zustands- und Ortsänderungen des Wassers durch Niederschlag, Abfluß, Verdunstung, Rücklage und Aufbrauch.

**Wasserlauf · water course.** Oberirdisch fließendes, auch zeitweise versiegendes Gewässer. Permanent, periodisch oder episodisch.

**Wasserleitung · water pipe.** Bei der Wasserverteilung wird unterschieden in Zubringerleitungen, Hauptleitungen, Versorgungsleitungen, Verbrauchsleitungen (Grundstücksleitungen), Steigleitungen, Stockwerksleitungen.

**Wassermenge · volume of water.** Ein nach Raummaß bestimmter Wasserkörper.

**Wassermengenhöhenplan · discharge hydrograph.** Darstellung der Wasserführungs- und Höhenverhältnisse eines Flußgebiets, in der die kennzeichnenden Wassermengen (meist $NQ_1$) als waagerechte Strecken an einer den Wasserspiegelhöhen der Meßquerschnitte entsprechend geteilten Höhenachse aufgetragen sind.

**Wassermengenmessung (Wassermessung) · discharge measurement.** Bestimmung der Wassermengen kann erfolgen mit Ausfluß-, Durchflußöffnungen, Flügelradwassermesser, hydrometrischem Flügel, Meßwehren (Überfallmessung), Regenmesser, Scheibenwassermesser, Schwimmflügel, Schirmmessung, Stauflansch, Staurohr, Meßblende, Meßdüse, Meßrand, Venturirohr, Woltmanschem Flügel u. ä.

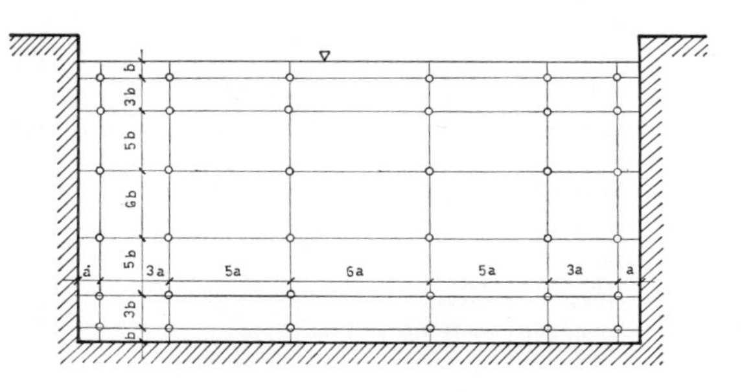


*Meßpunkte in einem rechteckigen Durchflußquerschnitt. Normen für Wassermessungen des Schweizerischen Ingenieur- und Architektenvereins*

**Wassermesser · water meter.** Meßgerät, das den Durchfluß anzeigt (Momentananzeige), auch Durchflußanzeiger genannt.

**Wassermeßwesen · hydrometry.** Hydrometrie, Lehre von den Verfahren und Einrichtungen zur Messung der Gewässer.

**Wasser- oder energiewirtschaftlicher Höhenplan (eines Flusses) · river hydrology map.** Zeichnerische Darstellung der Niederschlagsgebiete, Abflüsse, Abflußspenden und dgl. (Abszissen), bezogen auf die geodätischen Höhen der einzelnen Punkte (Ordinaten) eines Wasserlaufes.

**Wasser- oder energiewirtschaftlicher Längsschnitt (eines Flusses) · longitudinal river profile pertaining to the water level, discharge etc.** Zeichnerische

Darstellung der Wasserspiegelhöhen, Abflüsse, Abflußspenden, Arbeitsvermögen und dgl. (Ordinaten), bezogen auf die Flußlänge (Abszisse).

**Wasserrad · water wheel.** Wasserrad, eine Kraftmaschine, welche die im Wasser enthaltene Bewegungsenergie oder das Gefälle (bis zu 12 m) ausnützt.

**Wasserregelung · irrigation and drainage regulation.** Umfaßt die Entwässerung durch offene Gräben und Dränung bei Wasserüberfluß, die Wasserzurückhaltung, Bewässerung und Beregnung bei Mangel und den Schutz des Bodens vor Hochwasser.

**Wasserreinigung · purification of water, water conditioning.** Aufbereitung des natürlich vorkommenden Wassers zu Trinkwasser.

**Wasserreserve · water resources.** Wasserreserve, allgemeiner Sammelbegriff zur Bezeichnung der Abfluß-, Grundwasser- oder Speicherreserve.

**Wasserscheide · watershed.** Grenzlinie, von der aus Wasser nach verschiedenen Richtungen fließt.

**Wasserschichtung · water stratification.** Durch Dichteunterschiede bedingte Schichtenbildung des Wassers.

**Wasserschloß · surge chamber, surge tank.** Wasserbehälter im Zuge der Triebwasserleitung, meist am Ende der Triebwasserzuleitung und manchmal auch am Ende der Triebwasserableitung zur Begrenzung der durch Regelvorgänge im Kraftwerk verursachten Wasserspiegel- oder Druckschwankungen in der Triebwasserleitung.

**Wasserschloß-Steigrohr · differential surge tank.** Auch Differential-Wasserschloß. Druckwasserschloß mit Steigschacht und darin eingebautem Steigrohr. Das Wasser tritt durch das Steigrohr mit Überfall in den Steigschacht ein und tritt aus diesem durch eine Drosselöffnung aus.

**Wasserschutzgebiet · restricted part of catchment area.** Teil des Einzugsgebietes einers Wassergewinnungsanlage, der zum Schutze des Wassers Nutzungsbeschränkungen unterliegt.

**Wasserseite · upstream face.** Dem Stauraum zugekehrte Fläche des Staubauwerkes.

**Wasserspiegel · water surface.** Grenzfläche von stehendem oder fließendem Wasser gegen die Atmosphäre.

**Wasserspiegelgefälle · water-level gradient, water-level slope.** Gefälle des Wasserspiegels.

**Wasserstand · water level.** Höhe des Wasserpiegels über oder unter einem festen Bezugshorizont, z. B. Pegelnull.

**Wasserstandsbeobachtung · water-level observation.** Wasserstandsbeobachtung an den Pegeln wird im allgemeinen einmal am Tage zur gleichen Stunde und nur in besonderen Fällen (Hochwasser, Eis) mehrmals abgelesen. Die Ergebnisse der Wasserstandsbeobachtung werden in den Jahrbüchern der gewässerkundlichen Anstalten veröffentlicht.

**Wasserstandsdauerlinie · water-level duration curve.** Ordnung der Beobachtungswerte eines Zeitraumes nach ihrer Größe in gezeichneter Form. S. Dauerlinie.

**Wasserstatistik · water statistics.** Zusammenstellung der Betriebsergebnisse und -beobachtungen über Wasserlieferung, Wasserverbrauch, Wasserbeschaffenheit, Wasserkosten u. a. m.

**Wasserstrahlpumpe · jet pump.** Das durch eine Düse eintretende Druckwasser saugt (durch Mitreißen der Luft und Erzeugung eines Vakuums) das zu hebende Wasser an und fördert das Gemisch über eine Fangdüse, in der die Geschwindigkeit wieder in Druck umgesetzt wird, durch ein Druckrohr ab.

**Wasserstraße · navigable waterway.** Schiffbarer Wasserlauf.

**Wassertiefe · depth of water.** Lotrechter Abstand eines Punktes im Wasserspiegel vom Gewässerbett. Genaugenommen, senkrecht zum Wasserspiegel.

**Wasserturbine · hydraulic turbine.** Bezeichnungen genormt nach DIN 33: Freistrahlturbinen, Stehende Turbinen, Liegende Turbinen, Liegende Kesselturbinen, Liegende Spiralturbinen. Regeln für Abnahmeversuche an Wasserkraftmaschinen, herausgegeben vom VDI usw.

**Wasserturm · elevated tank.** Bauwerk aus Mauerwerk, Stahl, Stahlbeton oder Holz zur Aufnahme eines Wasserbehälters, wenn in ebenem Gelände in der Nähe des Versorgungsgebietes ein höhergelegener Erdbehälter zur Wasserspeicherung nicht gebaut werden kann.

**Wasseruntersuchung · water analysis.** Wasseruntersuchung stellt fest, ob ein Wasser zu Trink- oder anderen Zwecken geeignet ist.

**Wasserverbrauch (der Pflanzen) · plant consumption.** Durch die Pflanzen verdunstetes (transperiertes) und eingelagertes Wasser, als Wasserhöhe ausgedrückt.

**Wasserverlust im Sinne der Wasserstatistik · water loss.** Der Teil der in das Rohrnetz eingespeisten Wassermenge, dessen Verbleib im einzelnen mengenmäßig nicht erfaßt werden kann. Er setzt sich zusammen aus «echten Verlusten», z. B. durch Rohrbrüche, undichte Rohrverbindungen oder Armaturen, sowie aus «unechten Verlusten», z. B. Fehlanzeigen der Meßgeräte, unkontrollierte Entnahmen.

Die oft nicht gemessenen Entnahmen für öffentliche Zwecke (Feuerlöschen, Straßenreinigungen, Bewässerung von Grünanlagen, Versorgung von Bade- und Bedürfnisanstalten) sowie der Wasserwerkseigenverbrauch im Rohrnetz, z. B. für Rohr- und Behälterspülungen, gehören nicht zum Wasserverlust im vorstehenden Sinne.

**Wasserverschluß · water seal, trap.** Ein U-förmig gekrümmtes, lotrecht stehendes, mit Wasser gefülltes Rohrstück (Syphon), das in Gefälleleitungen und an Ablaufstellen eingebaut, den Durchtritt von Luft und schädlichen Gasen aus dem Entwässerungsnetz verhindert.

**Wasserversorgung · water supply.** Deckung des Wasserbedarfs der Wohn- und Arbeitsstätten.

**Wasserwaage · level.** Hilfsgerät des Bauhandwerkers zum Bestimmen der waagerechten bzw. senkrechten Lage von Kanten und Flächen; Hartholzstück mit parallel abgerichteten Kanten und zwei eingesetzten Libellen.

**Wasserwalze (Grundwalze, Deckwalze), Seitenwalze · eddy (roller).** Rotierendes, etwa zylindrisches Strömungsgebilde mit waagerechter oder senkrechter Achse; im Kern kleinere, außen größere Geschwindigkeit, innen höherer, außen niedrigerer Druck.

**Wasserwirtschaft** · **water resources policy.** Zielbewußte Ordnung aller menschlichen Einwirkungen auf das ober- und unterirdische Wasser.

**Wasserzähler** · **water meter.** Meßgerät, das die durchgeflossenen Wassermengen zählt und die Summe anzeigt (Summenanzeige).

**Watt** · **mud flat, tidal flats.** Flacher Küstenstreifen im Gezeitenmeer, der bei Ebbe größtenteils trocken fällt.

**Weber-Zahl** · **Weber's number.** Kennzahl für die dynamische Ähnlichkeit zweier Fließvorgänge bei Berücksichtigung der Kapillar- u. Trägheitskräfte.

$$We = \frac{\varrho \cdot v^2 \cdot l}{T}$$

**Wechselsprung** · **hydraulic jump.** Sprunghaftes Ansteigen des Wasserspiegels beim Wechsel der Fließart vom Schießen zum Strömen infolge Umwandlung von kinetischer in potentielle Energie.

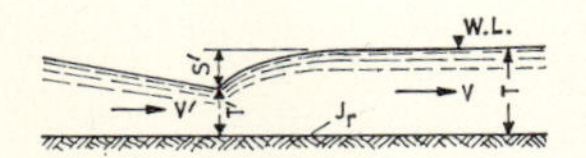


*Wechselsprung*

**Wehr** · **weir.** Feste oder mit beweglichen Verschlüssen versehene Stauanlage, die in erster Linie der Hebung des Wasserstandes dient. Bei stärkerem Zufluß wird das Wehr in der Regel über- oder durchströmt, vgl. Talsperre.

**Wehraufsatz** · **movable weir top.** Niedrige, bewegliche oder bei Überstau selbsttätig – auch durch Bruch – ausweichende, der Stauerhöhung dienende Staueinrichtung aus Holz, Stahl, Stahlbeton auf einem Wehr.

**Wehrboden** · **apron.** Fester Teil in der Flußsohle unterhalb eines Wehres; auch Sturzboden genannt.

**Wehrbrücke, Wehrsteg** · **weir bridge, weir walk.** Brücke oder Steg über einem Wehr, meist den Betriebseinrichtungen dienend.

**Wehrkörper** · **weir body.** Der feste Teil eines Wehres.

**Wehrkran** · **travelling crane mounted on the weir bridge.** Ständiger Laufkran auf der Brücke eines beweglichen Wehrs zum Bewegen und Versetzen von Schützen, Dammbalken und anderen schweren Lasten.

**Wehrkrone** · **weir crest.** Oberkante eines Wehres.

**Wehrpfeiler** · **abutment, pier.** Trenn- und meist zugleich Stützpfeiler zwischen zwei Wehrverschlüssen.

**Wehrrücken** · **spillway face.** Luftseitige Wand eines Schußwehres oder an die Wehrschwelle anschließender Boden bis zum Tosbecken.

**Wehrschwelle** · **weir sill.** Fester Teil des Wehrkörpers, auf dem der Verschluß aufsitzt.

**Wehrverschluß** · **flood gate, stop gate.** Beweglicher Teil eines Wehres zur Regelung des Oberwasserstandes.

**Wehrwaage** · **weir top.** Waagerechte Ebene in Höhe des Stauzieles.

**Wehrwange · abutment, sidewall.** Landpfeiler eines Wehres, der den wasserdichten Anschluß an das Ufer herstellt.

**Weicher Boden · soft soil.** Boden, der sich leicht kneten läßt.

**Weißtorf · white peat.** Für die jüngeren Moostorfe des Hochmoores (obere wenig zersetzte, meist gelblich gefärbte Moostorflage) gebräuchliche Bezeichnung.

**Weitspannrohr · long span pipe.** Rohrleitung mit Sattelabständen von erheblich mehr als 8 m, ohne besondere Versteifungslängsträger.

**Wellenberg · wave crest.** Der höchste Punkt einer Welle.

**Wellenbrecher · breakwater.** Einer Mole ähnliches und dem gleichen Zweck dienendes Bauwerk ohne Verbindung mit dem Lande.

**Wellenhöhe · wave height.** Ist der senkrechte Höhenunterschied zwischen Wellenkamm (Scheitel) und Wellental in Metern.

**Wellenlänge · wave length.** Ist der Abstand zwischen zwei benachbarten Wellenscheiteln oder Wellenfußpunkten in Metern.

**Wellenperiode · wave period.** Wellenlänge geteilt durch Wellenschnelligkeit.

**Wellenrichtung · wave direction.** Ist die Himmelsrichtung der Fortpflanzung der Wellen.

**Wellenschnelligkeit (in offenen Gerinnen) · wave velocity.** Fortpflanzungsgeschwindigkeit einer Welle.

**Wellenschnelligkeit in Rohrleitungen · wave velocity of a pressure wave.** Fortpflanzungsgeschwindigkeit einer Druckwelle in einer Rohrleitung.

**Wellenstoß · wave impact.** Kraft, mit der eine Welle gegen eine Mauer, ein Schleusentor oder dgl. stößt.

**Wellental · wave trough.** Niedrigster Punkt einer Welle.

**Wendebecken · turning basin.** Teil eines Hafenbeckens zum Wenden der ein- oder ausfahrenden Schiffe.

**Wendelinie · transformation line.** Strahl aus dem Nullpunkt eines Achsenkreuzes zur Verwandlung der Abszissen in Ordinaten (oder umgekehrt) ohne oder mit gleichzeitiger Maßstabänderung.

**Wendenische · hollow quoin.** Teil der Tornische, in dem die Wendesäule liegt.

**Wendesäule · heel post, quoin post, hinge post.** Säule von Stemm- und Drehtoren, in der die Drehachse liegt.

**Werfthafen · dockyard.** Hafenteil für die Werftindustrie.

**Werkausbaugrad · design capacity ratio.** Verhältnis des Ausbauzuflusses zum mittleren verfügbaren Zufluß im Regeljahr.

**Werkkanal · mill race.** Zur Gewinnung von Wasserkraft angelegter Wasserlauf. Werkkanal zerfällt in Ober- und Unterkanal, zwischen beiden liegt Wasserkraftanlage. Werkkanal zweigt oberhalb Wehr aus Fluß ab und mündet an tiefer gelegenem Punkt wieder in diesen.

**Werksnutzung(-sgrad) · utilisation ratio of power plant.** Verhältnis der mittleren nutzbaren Wassermenge zur Ausbauwassermenge, auch mittlere Werksnutzungsdauer, wenn in h/J ausgedrückt.

**Wichte (spezifisches Gewicht) · specific weight.** Quotient aus Gewicht und

Volumen. In den angegebenen Einheiten der Dichte und der Wichte ist der Zahlenwert der Dichte eines Körpers gleich dem Zahlenwert seiner Wichte.

| Stoff | s [t · m⁻³] | Stoff | s [t · m⁻³] |
|---|---|---|---|
| Quarz | 2,64–2,75 | Ton | 2,44–2,53 |
| Kalkspat | 2,47–2,81 | Humus (trocken) | 1,23–1,51 |
| Feldspate | 2,56–2,76 | Sphagnumtorf | 1,6 |
| Glimmer | 2,7 –3,2 | Heidehumus | 1,55–1,66 |
| Hornblende | 2,9 –3,4 | Seggentorf | 1,65–1,78 |
| Augit | 3,1 –3,6 | Torfmudde | 1,45 |
| Magnetit | 4,9 –5,2 | Niederungsmoor-boden | bis 2,52 |
| Lehm | 2,58–2,63 | | |

Bei den meisten mineralischen Bodenarten ist s = 2,6–2,7. Durch Humus wird s herabgesetzt.

*Wichte s verschiedener Minerale und Böden*

**Widerstandszahl · coefficient of hydraulic friction due to turbulence.** Widerstandszahl im Widerstandsgesetz der turbulenten Strömung.

**Wiesenbau · surface cultivation for irrigation.** Herrichtung von Grünland zur Aufnahme von Bewässerungsanlagen.

**Wieseneinlaß, Schleusenkopf · inlet chamber.** Formstück aus Beton, Steinzeug oder Holz am Einlauf eines Verteilgrabens oder einer Rieselrinne, das mit einem Schieber verschließbar ist.

**Wildbach · mountain stream.** Wasserlauf im Gebirge mit bei Hochwasser ungewöhnlich großer Abflußspende, zeitweilig und streckenweise schießendem Fließzustand und mit schnell und stark wechselnder Wasser- und Geschiebeführung.

**Winde · winch.** Ein Gerät zum Heben und Senken von Lasten; als Stahlwinde (auch Zahnrad-, Zahnstangen-, Wagen-, Bockwinde genannt), Schraubenwinde, hydraulische Winde (Hebebock), Seilwinde.

**Windkessel · air chamber.** Windkessel, federnd wirkender Ausgleichsluftbehälter bei Pumpen und Verdichtern. Windkessel an Kolbenpumpen mildern die Druckstöße in den Leitungen, die beim Umkehren des Kolbens im Totpunkt auftreten, und ergeben dadurch einen ruhigen Gang.

**Windwerk · winch.** Aufzugsvorrichtung für die beweglichen Wehrverschlüsse.

**Winkelstützmauer · angular retaining wall.** Eine Stahlbeton-Stützmauer mit winkelförmigem Querschnitt; besteht meist aus einer vertikalen, den seitlichen Druck aufnehmenden Wand und einer mit dieser biegungssteif verbundenen Grundplatte.

**Winterdeich · winter dike.** Hochwasserfreier Deich. Vergleiche Sommerdeich.

**Winterhafen · winter harbor.** Hafen zum Überwintern von Binnenschiffen.

**Winterspeicher · winter balancing reservoir.** Speicher für den Ausgleich von Dargebot und Bedarf über einen Winter.

**Wirbel · vortex.** Rotierendes, etwa zylindrisches Strömungsgebilde, im Kern größere, außen kleinere Geschwindigkeit, innen niedrigerer, außen höherer Druck.

**Wirkliche Flüssigkeit · real fluid.** Zum Unterschied gegenüber der «idealen Flüssigkeit» mit Reibung und Oberflächenspannung behaftet, wie sie die praktische Hydraulik voraussetzt.

**Wirksame Beregnungsfläche · effective sprinkler area.** Beregnungsfläche eines Regners im Verbande, wobei die halben Überschneidungen abzuziehen sind.

**Wirksame Korngröße · effective grain size.** Korngröße, welche dieselbe Oberflächenentwicklung wie die Vielzahl der vorliegenden Korngrößen eines Bodens hat.

**Wirksamer Porengehalt · effective void space.** Der Porenraum je Raumeinheit des Bodens, in dem das Wasser an einer Wasserbewegung teilnimmt; der Porengehalt abzüglich des Gehalts an hygroskopischem Wasser und Luft.

**Wirkungsgrad · efficiency.** Verhältnis der abnehmbaren Leistung (Nutzleistung) zur zugeführten Leistung.

**Wirkungsgrad (bei Schöpf- und Pumpwerken) · efficiency of pumping station.** Verhältnis der abgenommenen Leistung (Nutzleistung) zur idellen (zugeführten) Leistung.

**Wirkungsgrad einer biologischen Kläranlage · efficiency of a biological sewage treatment plant.**

$$\frac{\text{BSB}_5\text{ (bzw. KMnO}_4\text{Verbrauch) im Zulauf minus BSB}_5\text{ (bzw. KMnO}_4\text{Verbrauch) im Ablauf}}{\text{BSB}_5\text{ (bzw. KMnO}_4\text{Verbrauch) im Zulauf}} \cdot 100$$

**Wirkungsgrad einer mechanischen Kläranlage · efficiency of a mechanical sewage treatment plant.**

$$\frac{\text{Absetzbare Stoffe im Zulauf minus absetzbare Stoffe im Ablauf}}{\text{absetzbare Stoffe im Zulauf}} \cdot 100$$

**Wochenspeicher · weekly balancing reservoir.** Speicher für den Ausgleich von Dargebot und Bedarf über eine Woche.

**Woltman, Reinhard.** (1757–1837) erfand 1790 den nach ihm benannten hydrometrischen Flügel zur Bestimmung der Geschwindigkeit von Wasserläufen und der Wassermengen; stellte 1799 die Bestform von Dammquerschnitten fest und gab eine Theorie des Rammens.

**Wrasen · water vapor.** Aufsteigender Dampf, Dunst, Brodem, z. B. beim Kochen.

**Wurfweite eines Regners · sprinkler reach.** Waagerechte Entfernung von der Regnerachse bis zu der Stelle, auf die bei Windstille die äußeren noch zusammenhängenden Tropfen des Strahles fallen.

**Wurst · fascine poles.** Siehe Faschinenwurst.

**Zahnschwelle · dentated end sill.** Gezahnte Endschwelle.

**Zeichnung · drawing.** Eine meist maßstäbliche Darstellung mit den jeweils notwendigen Ansichten, Schnitten und sonstigen Angaben. Das Merkmal einer Zeichnung wird im allgemeinen durch einen Zusatz zum Ausdruck gebracht, z. B. Angebots-, Patent-, Fertigungs-Zeichnung.

**Zeitweilige Schneegrenze · semipermanent snow line.** Die temporäre (zeitweilige) Schneegrenze ist jahreszeitlich bedingt und wird bestimmt durch den Verlauf der monatlichen 0°-Isotherme, mit der die Schneeschmelze in immer größere Höhen fortschreitet.

**Zement (mit geringer Abbindewärme) · low heat cement.** Low heat cement, amerikanischer Spezialzement mit geringer Abbindewärme, erreicht durch niedrigen Kalk- und hohen Kieselsäuregehalt.

**Zentrale Wasserversorgung · central water supply.** Wasserversorgung, bei der das Wasser durch ein Rohrnetz einem größeren Verbraucherkreis zugeführt wird.

**Zentralwert, Median · median value.** Wert einer Beobachtungsreihe, für den die Unterschreitungszahl gleich der Überschreitungszahl ist.
Mittenordinate der Dauerlinie.

**Zerfallziffer · disintegration factor.** Die «Zerfallziffer» soll etwas über die Folgen aussagen, die entstehen, wenn ein Boden von Wasser überflutet wird. Manche Böden verlieren hierbei ihren Zusammenhalt und zerfallen, während andere äußerlich unbeeinflußt bleiben und nur ihren Wassergehalt vergrößern.

**Zersetzung, Humufizierung · decomposition.** Biologische (weniger chemische) Vorgänge, die zur Zerkleinerung ehemals gröberer Torfreste führen. Die Zersetzung ist etwa der Verwitterung, d. h. dem ersten groben Zerfall der Gesteine vergleichbar, und die Humufizierung, die zur Bildung echter Humusstoffe (Huminsäuren) führt, etwa der Bildung der Tonminerale.
Bei den Vorgängen spricht man auch von Vererdung, die bis zur Vermullung führen kann.

**Zersetzungszustand · state of decomposition.** Ausdruck für mehr oder weniger weit fortgeschrittene Zersetzung der Torfe, im freien Felde durch die Quetschmethode nach H. von Post (H [Humositätszahl] 1 bis 10) oder auch chemisch-physikalisch ermittelt.
Man meide irreführende Begriffe wie «gut und schlecht zersetzt» und bediene sich klarer Begriffe wie «unzersetzt, wenig, mittelmäßig, stark zersetzt».

**Ziffernschritt · measuring unit of figure scale.** Der Ziffernschritt einer Ziffernskale ist die Differenz zwischen zwei aufeinanderfolgenden Ziffern.

**Ziffernskale · figure scale.** Eine Ziffernskale (z. B. bei einem Zähler) ist eine Folge von Ziffern (z. B. 0 bis 9) auf einem Skalen- oder Ziffernträger, wobei meist nur die abzulesende Ziffer sichtbar ist. Die mehrstellige Ziffernskale besteht aus mehreren, nebeneinander angeordneten einstelligen Ziffernskalen mit z. B. hinter Schaulöchern ablesbaren Ziffern; meist sind hierbei die einzelnen Ziffernskalen dezimal aufeinander abgestuft. Eine Ziffernskale ermöglicht nur eine unstetige sprungweise Anzeige.

**Ziffernskalen-Empfindlichkeit · sensitivity of figure scale.** Bei Meßgeräten mit Ziffernskale ist die Empfindlichkeit E das Verhältnis der Änderung $\Delta Z$ der Anzeige in Ziffernschritten zu der sie verursachenden Änderung $\Delta M$ der Meßgröße, also $E = \Delta Z/\Delta M$.

**Zirkulation · circulation.** Durch Dichteunterschiede oder äußere Kräfte, z. B. Wind, bedingte Wasserumwälzung in einem Gewässer.

**Zisterne · cistern.** Sammelbehälter für Wasser (meist Regenwasser) in Gegenden mit schwieriger natürlicher Trink- und Brauchwasserbeschaffung.

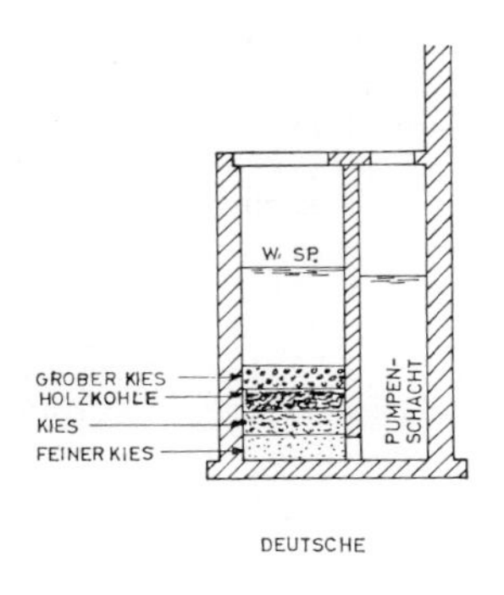


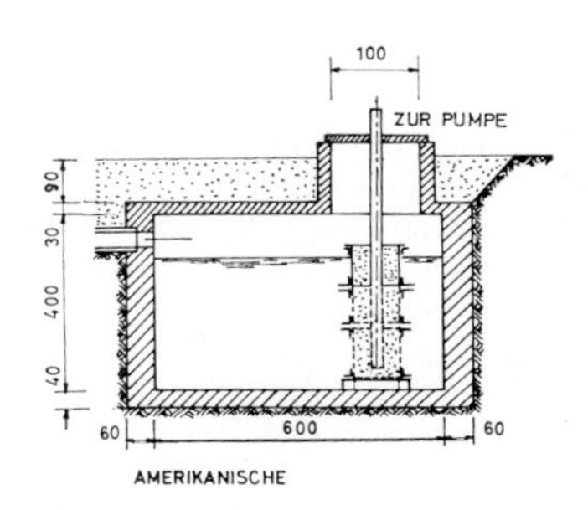


*Zisterne*

**Zisternenbrunnen · cistern well.** Brunnen, der tief in die Sohlschicht eines wenig ergiebigen Grundwassers abgeteuft ist, um einen unterirdischen, als Zisterne dienenden Speicherraum zu schaffen. Sein Spiegel entspricht meist nicht dem Grundwasserspiegel, sondern dem Inhalt der Zisterne.

**Zollhafen · custom port.** Im Zollinland gelegener Teil eines Hafens.

**Zoogloeen · zoogloea.** Gelatinöse Gebilde aus Bakterien und Schleim, erzeugt durch verschiedene Bakterien bei Massenvermehrung.

**Zubringerleitungen · long-distance pipelines.** Wasserleitungen zwischen Wassergewinnungs- und Versorgungsgebieten; über große Entfernungen Fern(wasser)leitungen genannt.

**Zufällige Fehler · accidental error.** Zufällige Fehler werden hervorgerufen von während der Messung nicht erfaßbaren und nicht beeinflußbaren Änderungen der Maßverkörperungen, der Meßgeräte (z. B. Reibung), des Meßgegenstandes, der Umwelt und der Beobachter.

**Zufluß · rate of inflow.** Wassermenge, die in der Zeiteinheit einem Querschnitt zufließt.

**Zugfestigkeit · tensile strength.** Die höchste, vor dem Bruch erreichte Zugspannung (auf die Flächeneinheit bezogene Zugkraft).

**Zugpfahl · tension pile.** Zugpfähle sind Gründungspfähle, die auf Zug und Druck beansprucht werden. Der meist konisch ausgebildete Pfahlkopf wird in die Sohlplatte des Grundwerks eingebunden. Fußverstärkungen, z. B. in Flügel- oder Kugelform, können die Reibung erhöhen.

**Zulässige Baugrundbelastung · permissible ground-bearing load.** Bodendruck gibt an, wie weit der Baugrund belastet werden darf, damit keine schädlichen Setzungen und Verschiebungen des Bauwerkes unter Einwirkung der auftretenden Lasten oder bei Erschütterungen eintreten.

**Zuleitung · supply pipe.** Zuleitung, bei den Wasserleitungen das Rohrstück zwischen der Versorgungsleitung und dem Wasserzähler oder der Hauptabsperreinrichtung.

**Zunge · mole, pier.** Ein Trenndamm zwischen zwei Hafenbecken.

**Zusammendrückung des Wassers · compression of water.** Durch den Druck p hervorgerufene relative Volumenverminderung.

**Zusammenhängende Rohrleitung · composite pipeline.** Rohrleitung ohne Dehnungsmuffen.

**Zuschlagstoff · aggregate.** Zuschlagstoffe sind Gesteinskörnungen, die mit Bindemitteln und Wasser Mörtel oder Beton ergeben.

**Zustandsgrenze · Atterberg's limits of soil.** Zustandsgrenzen (Atterbergsche Grenzen) sind bei bindigem Boden festgelegt für die mit abnehmendem Wassergehalt sich ergebenden Übergänge von einer Zustandsform in die andere, d. h. vom flüssigen in den bildsamen (plastischen) und schließlich in den festen Zustand.

**Zwillingsschleuse · twin lock.** Zwei nebeneinanderliegende Kammerschleusen, von denen abwechselnd die eine als Sparbecken der anderen dient.

**Zwischenablaß · outlet at intermediate level.** Ablaß in mittlerer Höhe des Stauwerks.

**Zwischenhaupt · middle gate.** Ein in die Kammer einer Schleppzugschleuse eingebautes drittes Haupt, um Einzelschiffe unter Zeit- und Wasserersparnis schleusen zu können.

**Zwischenrohr (beim Brunnenbau) · intermediate well casing.** Zwischenrohre sind Aufsatzrohre, die die Filter eines Brunnens miteinander verbinden.

**Zwischenstreifen · intermediate belt.** Die Zone zwischen Saugsaum und Wurzelbereich.

**Zyklonaler Niederschlag · cyclonic storm.** Die Gruppe der zyklonalen Niederschläge umfaßt alle bei Durchzug von Tiefdruckgebieten (Zyklonen) auftretenden Niederschläge. Zu diesem Typ zählen:

1. Die an zyklonale Aufgleitfronten gebundenen, über größeren Gebieten niedergehenden und durch längere Dauer (ohne Unterbrechung jedoch keine Schauer!) gekennzeichneten Regen- oder Schneefälle.
2. Die an Kaltfronten und in der nachfolgenden Kaltluft (mit feuchtlabiler Schichtung) sich bildenden, oftmals in Verbindung mit Gewittern (Frontgewitter) auftretenden Schauerniederschläge in Form von Regen, Schnee, Reifgraupeln oder Hagel.

**Zylinderschütze · cylinder gate.** Verschlußvorrichtung für senkrecht abfallende Leitungen, bestehend aus einem Zylinder, der in der Schließlage auf der Leitung aufsitzt und zum Öffnen angehoben wird. Der Zylinder kann entweder bis über den Wasserspiegel reichen (hohe Zylinderschütze) oder er ist niedrig und wird in eine Haube hineingezogen (niedrige Zylinderschütze).

# Conversion Factors*

## Umrechnungs-Faktoren

| | | |
|---|---|---|
| Acre (U.S) | × 10 | = Sq. chains (Gunter's) |
| | × 40.468 | = Ares |
| | × 40.468 | = Sq. decameters |
| | × 43.560 | = Sq. feet |
| | × 4047 | = Sq. meters |
| | × $1.562 \times 10^{-3}$ | = Sq. miles |
| | × 4840 | = Sq. yards |
| | × 160 | = Sq. rods |
| | × 160 | = Sq. perches |
| | × $1 \times 10^{5}$ | = Sq. links (Gunter's) |
| | × 0.40468 | = Hectare |
| | × 0.40468 | = Sq. hectometer |
| | × 6,272,640 | = Sq. inches |
| Acre (Br.) | × 4 | = Roods (Br.) |
| Acre-feet | × 43,560 | = Cubic feet |
| (Irrigation) | × 325,851 | = Gallons (U.S.) |
| | × 1,233.5 | = Cubic meters |
| | × 271,322 | = Gallons (Br.) |
| Ångström Unit (Å.U.) | × $3.937 \times 10^{-9}$ | = Inch |
| | × $3.937 \times 10^{-3}$ | = Millionths of an inch |
| | × $1 \times 10^{-10}$ | = Meter |
| | × $1 \times 10^{-8}$ | = Centimeter |
| | × $1 \times 10^{-4}$ | = Micron |
| | × 0.1 | = Milli micron |
| | × 0.1 | = Micro-millimeter |
| | × 100 | = Millionth-microns |
| | × 100 | = Micro-microns |
| Are | × $3.8610 \times 10^{-5}$ | = Square mile |
| | × 0.02471 | = Acre |
| | × 119.6 | = Square yards |
| | × 1076.4 | = Square feet |
| | × 0.01 | = Hectare |
| | × 1 | = Square decameter |
| | × 100 | = Square meters |
| Atmospheres | × 76 | = Cms. of mercury |
| | × $7.348 \times 10^{-3}$ | = Ton (Short)/sq. inch |
| | × 1.0133 | = Bars |
| | × 1.0581 | = Tons (Short)/sq. foot |
| | × 14.696 | = Pounds/sq. inch |
| | × 29.921 | = Inches of mercury (32° F.) |
| | × 33.9 | = Feet of water (39.1° F.) |

* 1,233.5 = englische Schreibweise   1 233,5 = deutsche Schreibweise

| | | |
|---|---|---|
| Atmospheres Cont'd. | × 760 | = Millimeters of mercury |
| | × 1033.2 | = Grams/sq. centimeter |
| | × 2116.3 | = Pounds/sq. foot |
| | × $1.033 \times 10^4$ | = Kilograms/sq. meter |
| | × $1.013 \times 10^6$ | = Dynes/sq. centimeter |
| | × 10.33 | = Meters of water |
| | × 1.033 | = Kgs./sq. centimeter |
| | × 0.9448 | = Ton (long)/sq. foot |
| Average month | × 30.42 | = Days |
| | × 730 | = Hours |
| | × 4.34 | = Weeks |
| | × 0.0833 | = One year |
| | × 0.0831 | = Leap year |
| | × 43,805 | = Minutes |
| | × 2,628,288 | = Seconds |
| Bag (British) | × 3 | = Bushels |
| | × 0.1091 | = Cubic meter |
| Bag (U.S.) | × 94 | = Pounds (cement) |
| Bar | × 0.9869 | = Atmosphere |
| | × 14.504 | = Pounds/square inch |
| | × $1.0197 \times 10^4$ | = Kilograms/square meter |
| | × $1 \times 10^6$ | = Dynes/square centimeter |
| Barie | × 1 | = Dyne/square centimeter |
| Barrel (U.S, dry) | × 3.281 | = Bushels |
| | × 105 | = Quarts (dry) |
| | × 7056 | = Cubic inches (dry) |
| | × 0.1156 | = Cubic meter |
| Barrel (Flour) (U.S.) | × 196 | = Pounds (av) |
| Barrel (U.S., liq.) | × 31.5 | = Gallons |
| | × 0.1193 | = Cubic meter |
| | × 42 | = Gallons (oil) |
| | × 376 | = Pounds (cement) |
| Barrel (Br., dry) | × 36 | = Gallons (Br.) |
| | × 0.16366 | = Cubic meter |
| Board Foot | × 1/12 | = Cubic foot |
| | × 144sq.in. × 1 in. | = Cubic inches |
| | × 2359.8 | = Cubic centimeters |
| Bolt (U.S., cloth) | × 120 | = Linear feet |
| | × 36.576 | = Meters |
| B.T.U. | × $2.930 \times 10^{-4}$ | = Kilowatt-hours |
| | × $3.93 \times 10^{-4}$ | = Horse-power-hours |
| | × 0.2519 | = Kilogram-calories |
| | × 0.2930 | = Watt-hour |
| | × 10.41 | = Liter-Atmospheres |
| | × 107.56 | = Kilogram-meters |
| | × 251.98 | = Gram-calories |

| | | |
|---|---|---|
| B.T.U. | × 777.97 | = Foot-pounds |
| Cont'd. | × 1054.8 | = Joules (absolute) |
| | × 0.3676 | = Cubic foot-Atmospheres |
| | × $2.503 \times 10^4$ | = Foot-poundals |
| | × $1.055 \times 10^{10}$ | = Ergs |
| B.T.U. (39° F.) | × 1060.4 | = Joules (absolute) |
| B.T.U. (60° F.) | × 1054.6 | = Joules (absolute) |
| B.T.U. (mean)/minute | × 12.96 | = Foot-pounds/second |
| | × 0.02357 | = Horse-power |
| | × 17.58 | = Watts (absolute) |
| | × 776.9 | = Foot-pounds/minute |
| | × 0.02389 | = Metric Horse-power |
| B.T.U. (mean)/pound | × 0.5556 | = Gram-calorie (mean)/Gr. |
| | × 2.325 | = Joules/Gram |
| B.T.U. (mean)/second | × 1.4145 | = Horse-power |
| | × 1054.8 | = Watts (absolute) |
| B.T.U. (39° F.)/second | × 1060.4 | = Watts (absolute) |
| B.T.U. (60° F.)/second | × 1054.6 | = Watts (absolute) |
| Bucket (Br., dry) | × 4 | = Gallons (Br.) |
| | × $1.8184 \times 10^4$ | = Cubic centimeters |
| Bushel (U.S., dry) | × 0.30478 | = Barrel |
| | × 0.9689 | = Bushel (Br.) |
| | × 1.244 | = Cubic feet |
| | × 4 | = Pecks |
| | × 32 | = Quarts (dry) |
| | × 64 | = Pints (dry) |
| | × 2150.4 | = Cubic inches |
| | × 0.03524 | = Cubic meter |
| | × 0.3524 | = Hectoliter |
| | × 3.524 | = Dekaliters |
| | × 35.24 | = Liters |
| | × $3.52 \times 10^4$ | = Cubic centimeters |
| Bushel (Br., dry) | × 0.125 | = Quarter (Br.) |
| | × 0.333 | = Bag |
| | × 1.0321 | = Bushels (U.S.) |
| | × 1.2843 | = Cubic feet |
| | × 8 | = Gallons |
| | × 2219.3 | = Cubic inches |
| | × 0.36367 | = Hectoliter |
| | × 3.6367 | = Dekaliters |
| | × 36.367 | = Liters |
| | × $3.636 \times 10^4$ | = Cubic centimeters |
| Butt (Br., dry) | × 126 | = Gallons |
| | × 0.5728 | = Cubic meter |
| | × 2 | = Hogsheads |
| | × 476.9 | = Liters |

| | | |
|---|---|---|
| Butt or pipe (U.S., liq.) | × 126 | = Gallons |
| | × 2 | = Hogsheads |
| Cable (length) (U.S., Br.) | × 720 | = Feet (U.S.) |
| | × 219.46 | = Meters |
| | × 0.1 | = Mile (Nautical Br.) |
| | × 608 | = Feet (Br.) |
| | × 120 | = Fathoms (U.S.) |
| Carat (metric) | × 3.0865 | = Grains |
| | × 0.2 | = Gram |
| | × 200 | = Milligrams |
| Cental | × 100 | = Pounds |
| | × 45.359 | = Kilograms |
| Centare | × 1.196 | = Square yards |
| | × 10.764 | = Square feet |
| | × 1550 | = Square inches |
| | × 0.01 | = Are |
| | × 1 | = Square meter |
| Centigram | × 0.15432 | = Grain |
| | × 0.01 | = Gram |
| Centiliter | × 0.33815 | = Ounce (Fluid, U.S.) |
| | × 0.61025 | = Cubic inch |
| | × 2.70159 | = Drams (Fluid, U.S.) |
| | × 0.01 | = Liter |
| | × 10 | = Cubic centimeters |
| Centimeter | × 0.01093 | = Yard (U.S.) |
| | × 0.1093 | = Yard (Br.) |
| | × 0.03281 | = Foot (U.S. or Br.) |
| | × 0.3937 | = Inch (U.S. or Br.) |
| | × 4.433 | = Lignes (Paris) |
| | × 393.7 | = Mils |
| | × 0.01 | = Meter |
| | × 10 | = Millimeters |
| | × $1 \times 10^{4}$ | = Microns |
| | × $1 \times 10^{7}$ | = Millimicrons |
| | × $1 \times 10^{7}$ | = Micro-millimeters |
| | × $1 \times 10^{8}$ | = Angstrom Units |
| | × 0.00001 | = Kilometer |
| | × $1.9888 \times 10^{-3}$ | = Rods |
| | × $4.971 \times 10^{-4}$ | = Chains |
| | × $6.2137 \times 10^{-6}$ | = Miles |
| | × $5.3959 \times 10^{-6}$ | = Miles (Nautical) |
| Cm. of mercury (0° C.) | × 0.01315 | = Atmosphere |
| | × 0.19337 | = Pound/sq. inch |
| | × 0.446 | = Foot of water |
| | × 27.845 | = Pounds/sq. foot |

| | | |
|---|---|---|
| Cm. of mercury (0° C.) Cont'd. | × 135.95 | = Kgs./sq. meter |
| | × $1.333 \times 10^4$ | = Dynes/sq. cm. |
| Cm. of Water (4° C.) | × 980.638 | = Dynes/sq. cm. |
| Centimeter/sec. | × $3.728 \times 10^{-4}$ | = Mile/minute |
| | × 0.02237 | = Mile/hour |
| | × 0.0328 | = Foot/second |
| | × 0.036 | = Kilometer/hour |
| | × 0.6 | = Meter/minute |
| | × 1.968 | = Feet/minute |
| | × 0.0006 | = Kilometer/min. |
| | × 0.01943 | = Knot/hour |
| | × 0.01 | = Meter/second |
| Cm./sec./sec. | × 0.02237 | = Mile/hr./sec. |
| | × 0.0328 | = Foot/sec./sec. |
| | × 0.036 | = Km./hr./sec. |
| | × 0.01 | = Meter/sec./sec. |
| | × $1.02 \times 10^{-3}$ | = Gravity |
| Chain (Engineer's or Ramden's) | × 100 | = Feet |
| | × 100 | = Links |
| | × 30.48 | = Meters |
| Chain (Surveyor's or Gunter's) | × 0.1 | = Furlong |
| | × 0.0125 | = Mile |
| | × 22 | = Yards |
| | × 66 | = Feet |
| | × 100 | = Links |
| | × 792 | = Inches |
| | × 20.117 | = Meters |
| | × 2011.7 | = Centimeters |
| | × 4 | = Perches |
| | × 4 | = Poles |
| | × 4 | = Rods |
| Chaldron (U.S., dry) | × 36 | = Bushels |
| | × 1.2686 | = Cubic meters |
| Chaldron (Br., dry) | × 32 | = Bushels |
| | × 1.1638 | = Cubic meters |
| Cheval-vapeur heure | × $2.6478 \times 10^6$ | = Joules (absolute) |
| Circle | × 6.2832 | = Radians |
| | × 12 | = Signs |
| | × 360 | = Degrees |
| | × 400 | = Grades |
| | × 21,600 | = Minutes |
| | × $1.296 \times 10^6$ | = Seconds |
| | × 6,400 | = Mils (angular) |
| Circular foot | × 144 | = Circular inches |
| | × 113.09 | = Square inches |
| | × 0.7854 | = Square foot |

| | | |
|---|---|---|
| Circular foot Cont'd. | × 929.03 | = Circular centimeters |
| | × 729.66 | = Square centimeters |
| Circular inch | × 0.7854 | = Square inch |
| | × 5.0671 | = Square centimeters |
| | × $1 \times 10^6$ | = Circular mils |
| | × 1/144 | = Circular foot |
| | × $7.8540 \times 10^5$ | = Square mils |
| | × $5.454 \times 10^{-3}$ | = Square foot |
| | × 645.16 | = Circular millimeters |
| | × 6.4516 | = Circular centimeters |
| Circular mil | × 0.000001 | = Circular inch |
| | × $7.854 \times 10^{-7}$ | = Square inch |
| | × 0.7854 | = Square mil |
| | × $5.0671 \times 10^{-6}$ | = Square centimeter |
| | × $5.0671 \times 10^{-4}$ | = Square millimeter |
| Circular millimeter | × 0.007854 | = Square centimeter |
| | × 0.7854 | = Square millimeter |
| | × 0.01 | = Circular centimeter |
| | × 1550 | = Circular mils |
| | × $1.217 \times 10^{-3}$ | = Square inch |
| Circumference | (See Circle) | |
| Civil year | × 365 | = Days |
| | × 8760 | = Hours |
| | × 52.14 | = Weeks |
| | × 12 | = Average month |
| | × 0.998 | = Leap year |
| | × 525,660 | = Minutes |
| | × $3.15396 \times 10^7$ | = Seconds |
| Coomb (British, dry) | × 4 | = Bushels |
| | × 0.1455 | = Cubic meter |
| Cord | × 8 | = Cord feet |
| | × 128 | = Cubic feet (8 × 4 × 4) |
| | × 3.625 | = Cubic meters |
| Cord-foot | × 0.125 | = Cord |
| | × 16 | = Cubic feet (4 × 4 × 1) |
| | × 0.453 | = Cubic meter |
| Cubic centimeter | × $1.3079 \times 10^{-6}$ | = Cubic yard |
| | × $2.7496 \times 10^{-5}$ | = Bushel (Br.) |
| | × $2.8377 \times 10^{-5}$ | = Bushel (U.S.) |
| | × $3.5314 \times 10^{-5}$ | = Cubic foot |
| | × $2.1997 \times 10^{-4}$ | = Gallon (Br.) |
| | × $2.6417 \times 10^{-4}$ | = Gallon (U.S.) |
| | × $4.2376 \times 10^{-4}$ | = Board-foot |
| | × $8.7988 \times 10^{-4}$ | = Quart (liq., Br.) |
| | × $9.081 \times 10^{-4}$ | = Quart (dry, U.S.) |
| | × 0.0010567 | = Quart (liq., U.S.) |

| | | |
|---|---|---|
| Cubic centimeter Cont'd. | × 0.001816 | = Pint (dry, U.S.) |
| | × 0.002113 | = Pint (liq., U.S.) |
| | × 0.033814 | = Ounce (fluid, U.S.) |
| | × 0.03519 | = Ounce (fluid, Br.) |
| | × 0.06102 | = Cubic inch |
| | × 0.2705 | = Dram (fluid, U.S.) |
| | × 0.28157 | = Drachm (fluid, Br.) |
| | × 16.231 | = Minims (U.S.) |
| | × 16.894 | = Minims (Br.) |
| | × $1 \times 10^{-6}$ | = Cubic meter |
| | × 0.001 | = Liter |
| | × 0.001 | = Cubic decimeter |
| | × 1 | = Milliliter |
| | × 1000 | = Cubic millimeters |
| Cubic centimeter-Atm. | × 0.10133 | = Joules (absolute) |
| Cubic cm./sec. | × 0.002118 | = Cu. foot/min. |
| Cubic decimeter | × 0.001308 | = Cubic yard |
| | × 0.0353 | = Cubic foot |
| | × 61.023 | = Cubic inches |
| | × 0.001 | = Cubic meter |
| | × 1 | = Liter |
| | × 1000 | = Cubic centimeters |
| Cubic dekameter | × 1000 | = Cubic meters |
| Cubic foot | × 0.007812 | = Cord |
| | × 0.03703 | = Cubic yard |
| | × 0.0625 | = Cord foot |
| | × 0.7786 | = Bushel (Br.) |
| | × 0.8036 | = Bushel (U.S.) |
| | × 6.229 | = Gallons (Br.) |
| | × 7.481 | = Gallons (U.S.) |
| | × 12 | = Board feet |
| | × 25.714 | = Quarts (dry, U.S.) |
| | × 29.922 | = Quarts (liq., U.S.) |
| | × 59.844 | = Pints (liq., U.S.) |
| | × 1728 | = Cubic inches |
| | × 0.02831 | = Cubic meter |
| | × 28.316 | = Liters |
| | × $2.8317 \times 10^{4}$ | = Cubic centimeters |
| Cubic foot Atmosphere | × 2.7203 | = B.T.U. |
| | × 28.313 | = Liter-atm. |
| | × 292.59 | = Kg.-meters |
| | × 680.74 | = Gram-calorie |
| | × 2116.3 | = Foot-lbs. |
| | × 2869.4 | = Joules (abs.) |
| Cubic foot/min. | × 0.1038 | = Gallon/sec. (Br.) |
| | × 0.1247 | = Gallon/sec. (U.S.) |

| | | |
|---|---|---|
| Cubic foot/min. Cont'd. | × 0.472 | = Liter/sec. |
| | × 62.4 | = Lbs. of water/min. |
| | × 472 | = Cu. cms./sec. |
| Cubic foot/sec. | × 373.2 | = Gallons/min. (Br.) |
| | × 2.222 | = Cu. yards/min. |
| | × 448.8 | = Gallons/min. (U.S.) |
| | × 1699.3 | = Liters/min. |
| | × 0.64632 | = Million gals./day |
| Cubic Hectometer | × $1 \times 10^6$ | = Cubic meters |
| Cubic inch (U.S.) | × $2.1433 \times 10^{-5}$ | = Cubic yard |
| | × $4.6502 \times 10^{-4}$ | = Bushel (U.S.) |
| | × $5.7870 \times 10^{-4}$ | = Cubic foot |
| | × $186 \times 10^{-3}$ | = Peck |
| | × 0.004329 | = Gallon (U.S.) |
| | × $6.944 \times 10^{-3}$ | = Board foot |
| | × 0.01488 | = Quart (dry, U.S.) |
| | × 0.0173 | = Quart (liq., U.S.) |
| | × 0.02976 | = Pint (dry) |
| | × 0.5541 | = Ounce (fluid) |
| | × 4.4329 | = Drams (fluid) |
| | × $1.6387 \times 10^{-5}$ | = Cubic meter |
| | × 0.01638 | = Liter |
| | × 1.6386 | = Centiliters |
| | × 16.386 | = Milliliters |
| | × 16.386 | = Cubic centimeters |
| | × $1.6387 \times 10^4$ | = Cubic millimeters |
| | × 0.01638 | = Cubic decimeter |
| Cubic inch (Br.) | × $4.508 \times 10^{-4}$ | = Bushel (Br.) |
| | × $1.80 \times 10^{-3}$ | = Peck (Br.) |
| | × 0.003606 | = Gallon (Br.) |
| Cubic kilometer | × $1 \times 10^9$ | = Cubic meters |
| Cubic meter | × 0.2759 | = Cord |
| | × 1.3079 | = Cubic yards |
| | × 28.377 | = Bushels (U.S.) |
| | × 35.3144 | = Cubic feet |
| | × 264.17 | = Gallons (U.S.) |
| | × 220.1 | = Gallons (Br.) |
| | × 1056.7 | = Quarts (liq., U.S.) |
| | × 880.4 | = Quarts (liq., Br.) |
| | × 2113.4 | = Pints (U.S.) |
| | × 1760.8 | = Pints (Br.) |
| | × 1000 | = Liters |
| | × $6.1023 \times 10^4$ | = Cubic inches |
| | × 1 | = Stere |
| | × 1000 | = Cubic decimeters |
| | × $1 \times 10^6$ | = Cubic centimeters |

| | | |
|---|---|---|
| Cubic meter Cont'd. | × $1 \times 10^9$ | = Cubic millimeters |
| | × 2204.6 | = Pounds (av) |
| | × 1000 | = Kilograms |
| | × 1.102 | = Tons (Short) |
| | × 1 | = Ton (Metric) |
| | × 0.984 | = Ton (Long) |
| Cubic millimeter | × $6.1023 \times 10^{-5}$ | = Cubic inch |
| | × 0.01623 | = Minim (U.S.) |
| | × 0.01689 | = Minim (Br.) |
| | × $1 \times 10^{-9}$ | = Cubic meter |
| | × 0.001 | = Cubic centimeter |
| Cubic yard | × 27 | = Cubic feet |
| | × 168.17 | = Gallons (Br.) |
| | × 202 | = Gallons (U.S.) |
| | × 807.9 | = Quarts (liq., U.S.) |
| | × 692.7 | = Quarts (liq., Br.) |
| | × 1616 | = Pints (liq., U.S.) |
| | × 1345.4 | = Pints (liq., Br.) |
| | × 0.7645 | = Cubic meter |
| | × 764.5 | = Liters |
| | × $7.645 \times 10^5$ | = Cubic centimeters |
| | × 46656 | = Cubic inches |
| Cubic yard/minute | × 0.45 | = Cubic foot/second |
| | × 3.367 | = Gallons/second (U.S.) |
| | × 12.74 | = Liters/second |
| | × 2.803 | = Gallons/second (Br.) |
| Cubit | × 18 | = Inches |
| | × 45.72 | = Centimeters |
| Dalton | × $1.65 \times 10^{-24}$ | = Gram |
| Day | × 24 | = Hours |
| | × 0.1428 | = Week |
| | × 0.0331 | = Average month |
| | × 0.00274 | = Civil year |
| | × 0.00273 | = Leap year |
| | × 1440 | = Minutes |
| | × 86400 | = Seconds |
| Decigram | × 1.5432 | = Grains |
| | × 0.1 | = Gram |
| Deciliter | × 0.176 | = Pint (Br.) |
| | × 3.3814 | = Ounces (fluid, U.S.) |
| | × 0.1 | = Liter |
| | × 100 | = Cubic centimeters |
| | × 0.1 | = Cubic decimeter |
| | × 6.103 | = Cubic inches |
| Decimeter | × 0.32808 | = Foot |

| | | |
|---|---|---|
| Decimeter | × 3.937 | = Inches |
| Cont'd. | × 0.1 | = Meter |
| Decistere | × 0.1 | = Stere |
| | × 0.1 | = Cubic meter |
| Degree | × 1/360 | = Revolution |
| | × 1/360 | = Circumference |
| | × 1/90 | = Quadrant |
| | × 0.01745 | = Radian |
| | × 60 | = Minutes |
| | × 3600 | = Seconds |
| | × 1.111 | = Grades |
| Degree/centimeter | × 0.01745 | = Radian/centimeter |
| Degree/foot | × $5.726 \times 10^{-4}$ | = Radian/centimeter |
| Degree/inch | × $6.8714 \times 10^{-3}$ | = Radian/centimeter |
| Degree/second | × $2.778 \times 10^{-3}$ | = Revolution/second |
| | × 0.01745 | = Radian/second |
| | × 0.1667 | = Revolution/minute |
| Dekagram | × 0.35274 | = Ounce (av) |
| | × 5.6438 | = Drams (av) |
| | × 0.01 | = Kilogram |
| | × 10 | = Grams |
| Dekaliter | × 0.27497 | = Bushel (Br.) |
| | × 0.28378 | = Bushel (U.S.) |
| | × 1.135 | = Pecks (U.S.) |
| | × 9.081 | = Quart (U.S., dry) |
| | × 18.162 | = Pints (U.S., dry) |
| | × 10 | = Liters |
| | × 10 | = Decimeters |
| Dekameter | × 10 | = Meters |
| | × 10.936 | = Yards |
| | × 1.9883 | = Rods |
| | × 393.7 | = Inches |
| Dekastere | × 10 | = Steres |
| | × 10 | = Cubic meters |
| Drachm (fluid, Br.) | × 0.125 | = Ounce (fluid, Br.) |
| | × 60 | = Minims |
| | × 3.5515 | = Cubic centimeters |
| Dram (Ap. od Troy) | × 0.008571 | = Pound (av) |
| (Same as Br. Drachm) | × 0.010466 | = Pound (ap.) |
| | × 0.125 | = Ounce (ap.) |
| | × 0.13714 | = Ounce (av) |
| | × 2.1943 | = Drams (av) |
| | × 2.5 | = Pennyweights |
| | × 3 | = Scruples |
| | × 60 | = Grains |
| | × 3.8879 | = Grams |

| | | |
|---|---|---|
| Dram (av) | × 0.003906 | = Pound (av) |
| | × 0.004747 | = Pound (ap) |
| | × 0.05696 | = Ounce (ap) |
| | × 0.0625 | = Ounce (av) |
| | × 0.4557 | = Dram (ap) |
| | × 1.1393 | = Pennyweights |
| | × 1.3672 | = Scruples |
| | × 27.3437 | = Grains |
| | × 1.772 | = Grams |
| Dram (fluid, U.S.) | × 0.003906 | = Quart (liq.) |
| | × 0.007812 | = Pint (liq.) |
| | × 0.03125 | = Gill |
| | × 0.125 | = Ounce fluid |
| | × 0.2256 | = Cubic inch |
| | × 60 | = Minims |
| | × 3.6966 | = Milliliters |
| | × $3.6966 \times 10^{-3}$ | = Liters |
| Dyen | × $2.2481 \times 10^{-6}$ | = Pound weight |
| | × $7.233 \times 10^{-5}$ | = Poundal |
| | × $1.0197 \times 10^{-3}$ | = Gram weight |
| | × 0.01573 | = Grain weight |
| Dyne-centimeter | × $1.0197 \times 10^{-8}$ | = Kilogram-meter |
| | × $7.3757 \times 10^{-8}$ | = Pound-foot |
| | × $8.8511 \times 10^{-7}$ | = Pound-inch |
| | × $2.373 \times 10^{-6}$ | = Poundal-foot |
| Dyne/centimeter | × 0.01 | = Erg./sq. millimeter |
| | × 0.10197 | = Milligram w./millimeter |
| | × 1 | = Erg./sq. centimeter |
| | × 2.5901 | = Milligram weight/inch |
| | × $1.019 \times 10^{-3}$ | = Gram/centimeter |
| | × 0.0399 | = Grain/inch |
| | × $1.837 \times 10^{-4}$ | = Poundal/inch |
| Dyne/sq. cm. | × $9.869 \times 10^{-7}$ | = Atmosphere |
| | × $1 \times 10^{-6}$ | = Bar |
| | × $1.4504 \times 10^{-5}$ | = Pound/sq.inch |
| | × $2.953 \times 10^{-5}$ | = Inch of mercury (32° F.) |
| | × $4.0148 \times 10^{-4}$ | = Inch of water (4° C.) |
| | × $7.5 \times 10^{-4}$ | = Millimeter of mercury |
| | × $1.019 \times 10^{-3}$ | = Gram/sq. centimeter |
| | × $1.019 \times 10^{-3}$ | = Centimeter of water (4° C.) |
| | × $2.088 \times 10^{-3}$ | = Pounds/square foot |
| | × 0.01019 | = Kilogram/square meter |
| | × 0.0672 | = Poundal/sq. foot |
| | × $4.666 \times 10^{-4}$ | = Poundal/sq. inch |

| | | |
|---|---|---|
| Dyne/sq. cm. | × 0.01 | = Megadyne/sq. meter |
| Cont'd. | × 1 | = Barie |
| Ell | × 45 | = Inches |
| | × 114.3 | = Centimeters |
| | × 1.25 | = Yards |
| | × 1/32 | = Bolt |
| Erg | × $2.3889 \times 10^{-11}$ | = Kilogram-calorie (mean) |
| | × $9.4805 \times 10^{-11}$ | = B.T.U. (mean) |
| | × $1.0197 \times 10^{-8}$ | = Kilogram-meter |
| | × $2.3889 \times 10^{-8}$ | = Gram-calorie (mean) |
| | × $7.3756 \times 10^{-8}$ | = Foot-pound |
| | × $1 \times 10^{-7}$ | = Joule |
| | × $2.3730 \times 10^{-6}$ | = Foot-poundal |
| | × 0.001019 | = Gram-centimeters |
| | × 1 | = Dyne-centimeters |
| Erg/second | × $1 \times 10^{-10}$ | = Kilowatt |
| | × $1.3412 \times 10^{-10}$ | = Horse-power |
| | × $1.433 \times 10^{-9}$ | = Kgm.-cal. (mean)/min. |
| | × $5.688 \times 10^{-9}$ | = B.T.U. (mean)/minute |
| | × $7.3756 \times 10^{-8}$ | = Foot-pound/second |
| | × $1 \times 10^{-7}$ | = Watt |
| | × $4.4254 \times 10^{-6}$ | = Foot-pound/minute |
| | × 1 | = Dyne-centimeter/sec. |
| Erg/sq. centimeter | × 0.01 | = Erg/sq. millimeter |
| | × 1 | = Dyne/centimeter |
| Erg/sq. millimeter | × 100 | = Dynes/centimeter |
| | × 100 | = Ergs/sq. centimeter |
| Fathom (Nautical) | × 6 | = Feet |
| | × 1.8288 | = Meter |
| Firkin (U.S.) | × 9 | = Gallons (U.S.) |
| | × 34.068 | = Liters |
| | × 56 | = Pounds (av) Butter |
| Firkin (Br.) | × 9 | = Gallons (Br.) |
| | × 40.914 | = Liters |
| Foot | × $1.6447 \times 10^{-4}$ | = Mile (Nautical) |
| | × $1.8939 \times 10^{-4}$ | = Mile (Statute) |
| | × $1.515 \times 10^{-3}$ | = Furlong |
| | × $1.515 \times 10^{-2}$ | = Chain (Gunter's) |
| | × 0.0606 | = Rod |
| | × 0.333 | = Yard |
| | × 12 | = Inches |
| | × 0.3048 | = Meter |
| | × 30.48 | = Centimeters |
| | × 12,000 | = Mils |
| | × 0.16667 | = Fathom |
| | × 0.4 | = Pace (Br.) |

| | | |
|---|---|---|
| Foot-grain | × 1937.1 | = Ergs |
| | × $1.428 \times 10^{-4}$ | = Foot-pound |
| | × 1.976 | = Gram-centimeter |
| | × $1.937 \times 10^{-4}$ | = Joules |
| Foot-grain/second | × $1.937 \times 10^{-4}$ | = Watts |
| Foot of water (4° C.) | × 0.02949 | = Atmosphere |
| | × 0.4335 | = Pound/sq. inch |
| | × 0.8826 | = Inch of merc. (32° F.) |
| | × 62.426 | = Pounds/sq. foot |
| | × 304.8 | = Kilogram/sq. meter |
| | × 22.418 | = Millimeters of mercury |
| | × 0.3048 | = Meter of water |
| | × 0.0312 | = Ton (short)/sq. foot |
| | × 0.0304 | = Kilogram/sq. cm. |
| | × 0.02786 | = Ton (long)/sq. foot |
| Foot/minute | × $5.08 \times 10^{-3}$ | = Meter/sec. |
| | × 0.011364 | = Mile/hour |
| | × 0.0166 | = Foot/sec. |
| | × 0.01829 | = Kilometer/hour |
| | × 0.3048 | = Meter/min. |
| | × 0.508 | = Cm./sec. |
| | × $3.049 \times 10^{-4}$ | = Kilometer/min. |
| | × 0.00987 | = Knot/hour |
| | × $1.89 \times 10^{-4}$ | = Mile/min. |
| Foot/second | × 0.01136 | = Mile/minute |
| | × 0.5921 | = Knot/hour |
| | × 0.6818 | = Mile/hour |
| | × 1.0973 | = Kilometers/hour |
| | × 18.29 | = Meters/minute |
| | × 30.48 | = Centimeters/sec. |
| | × 60 | = Feet/min. |
| | × 0.3048 | = Meter/sec. |
| Foot/sec./sec. | × 0.3048 | = Meter/sec./sec. |
| | × 0.6818 | = Mile/hour/sec. |
| | × 1.097 | = Kilometer/hour/sec. |
| | × 30.48 | = Centimeter/sec./sec. |
| | × 0.03108 | = Gravity |
| Foot-pound | × $3.7662 \times 10^{-7}$ | = Kilowatt-hour |
| | × $5.0505 \times 10^{-7}$ | = Horse-power-hour |
| | × $3.2389 \times 10^{-4}$ | = Kilogram-calorie (mean) |
| | × $3.7662 \times 10^{-4}$ | = Watt-hour |
| | × $4.7253 \times 10^{-4}$ | = Cubic foot-Atmosphere |
| | × $1.2854 \times 10^{-3}$ | = B.T.U. (mean) |
| | × 0.01338 | = Liter-atmosphere |
| | × 0.13825 | = Kilogram-meter |
| | × 0.3239 | = Gram-calorie (mean) |

| | | |
|---|---|---|
| Foot-pound Cont'd. | × 1.3558 | = Joules (absolute) |
| | × 32.174 | = Foot-poundals |
| | × $1.3825 \times 10^{4}$ | = Gram-centimeters |
| | × $1.3558 \times 10^{7}$ | = Ergs |
| | × $1.3558 \times 10^{7}$ | = Centimeter-dynes |
| | × $1.356 \times 10^{-3}$ | = Kilowatt-second |
| | × 13.825 | = Kilogram-centimeters |
| Foot-pound/min. | × $2.2597 \times 10^{-5}$ | = Kilowatt |
| | × $3.0303 \times 10^{-5}$ | = Horse-power |
| | × $3.072 \times 10^{-5}$ | = Horse-power (metric) |
| | × $3.2389 \times 10^{-4}$ | = Kg.-calorie (mean)/min. |
| | × $1.2854 \times 10^{-3}$ | = B.T.U. (mean)/min. |
| | × 0.01666 | = Foot-pound/sec. |
| | × 0.02259 | = Watt |
| Foot-pound/sec. | × $1.3558 \times 10^{-3}$ | = Kilowatt |
| | × $1.818 \times 10^{-3}$ | = Horse-power |
| | × 0.019 | = Kg.-calorie (mean)/min. |
| | × 0.07712 | = B.T.U. (mean)/min. |
| | × 1.3558 | = Watt (absolute) |
| Foot-poundal | × $3.9952 \times 10^{-5}$ | = B.T.U. (mean) |
| | × $4.1589 \times 10^{-4}$ | = Liter-Atm. (Normal) |
| | × $4.297 \times 10^{-3}$ | = Kilogram-meter |
| | × 0.01007 | = Gram-calorie |
| | × 0.03108 | = Foot-pound |
| | × 0.04214 | = Joules |
| | × $4.214 \times 10^{5}$ | = Ergs |
| Furlong (U.S. or Br.) | × 0.125 | = Mile |
| | × 10 | = Chains (Gunter's) |
| | × 40 | = Rods |
| | × 220 | = Yards |
| | × 660 | = Feet |
| | × 201.2 | = Meters |
| Gallon (Br., Can.) | × 10 | = Pounds (av) (15° C.) |
| | × 0.0277 | = Barrel (dry, Br.) |
| | × 0.125 | = Bushel (dry, Br.) |
| | × 0.1605 | = Cubic foot |
| | × 0.5 | = Peck (Br.) |
| | × 1.2009 | = Gallons (U.S.) |
| | × 4 | = Quarts (liq.) |
| | × 8 | = Pints (liq.) |
| | × 32 | = Gills |
| | × 160 | = Ounces |
| | × 277.3 | = Cubic inches |
| | × 4.5459 | = Liters |
| | × 4546 | = Cubic centimeters |

| | | |
|---|---|---|
| Gallon (U.S.) | × 3.782 | = Kilograms (15° C.) |
| | × 8.337 | = Pounds (av) |
| | × 0.00495 | = Cubic yard |
| | × 0.0317 | = Barrel (liq., U.S.) |
| | × 0.1336 | = Cubic foot |
| | × 0.83268 | = Gallons (Br.) |
| | × 4 | = Quarts (liq.) |
| | × 8 | = Pints (liq.) |
| | × 32 | = Gills |
| | × 128 | = Ounces (fluid) |
| | × 231 | = Cubic inches |
| | × $6.144 \times 10^4$ | = Minims |
| | × 0.00378 | = Cubic meter |
| | × 3.785 | = Liters |
| | × 3785.4 | = Cubic centimeters |
| Gallon/minute (U.S.) | × $2.228 \times 10^{-3}$ | = Cubic foot/second |
| | × 0.0631 | = Liter/second |
| | × 8.0208 | = Cu. ft./hour |
| Gallon/minute (Br.) | × 9.630 | = Cu. ft./hour |
| Gallon/second (U.S.) | × 0.297 | = Cubic yard/minute |
| | × 8.0208 | = Cubic feet/minute |
| Gallon/second (Br.) | × 9.630 | = Cubic feet/minute |
| Gallons water/min. (U.S.) | × 6.0086 | = Tons water (short)/24 hrs. |
| | × 6.7294 | = Tons water (long)/24 hrs. |
| Gallons water/min. (Br.) | × 7.212 | = Tons water (short)/24 hrs. |
| | × 8.0774 | = Tons water (long)/24 hrs. |
| Gill (U.S.) | × 0.03125 | = Gallon (U.S.) |
| | × 0.125 | = Quart (liq.) |
| | × 0.25 | = Pint (liq.) |
| | × 4 | = Ounces |
| | × 7.218 | = Cubic inches |
| | × 32 | = Drams (fluid) |
| | × 1920 | = Minims |
| | × 0.1183 | = Liters |
| | × 118.3 | = Cubic centimeters |
| Gill (Br.) | × 0.14206 | = Liter |
| | × 142.06 | = Cubic centimeters |
| Grade | × 0.0025 | = Circumference |
| | × 0.0157 | = Radian |
| | × 0.9 | = Degree |
| | × 100 | = Centesimal minutes |
| | × 16 | = Mils (angular) |

| | | |
|---|---|---|
| Grade | × 54 | = Minutes |
| Cont'd. | × 3240 | = Seconds |
| Grain | × 1/7000 | = Pound (av.) |
| | × 1/5760 | = Pound (ap.) |
| | × $2.083 \times 10^{-3}$ | = Ounce (ap.) |
| | × $2.86 \times 10^{-3}$ | = Ounce (av.) |
| | × 0.01666 | = Dram (ap.) |
| | × 0.03657 | = Dram (av.) |
| | × 0.04166 | = Pennyweight (troy) |
| | × 0.05 | = Scruple (ap.) |
| | × 0.0648 | = Gram |
| | × 0.3240 | = Carat (metric) |
| | × 64.799 | = Milligram |
| | × $0.648 \times 10^{-5}$ | = Kilogram |
| | × $6.37 \times 10^{-8}$ | = Ton (long) |
| | × $6.48 \times 10^{-8}$ | = Ton (metric) |
| | × $7.14 \times 10^{-8}$ | = Ton (short) |
| Grain/cubic foot | × 2.288 | = Grams/cubic meter |
| Grain/cubic inch | × 0.2468 | = Pound/cubic foot |
| | × $3.954 \times 10^{-3}$ | = Gram/cubic centimeter |
| | × $3.954 \times 10^{-3}$ | = Kilogram/liter |
| Grain/inch | × $1.714 \times 10^{-3}$ | = Pound/foot |
| | × $5.142 \times 10^{-3}$ | = Pound/yard |
| | × 0.0255 | = Gram/centimeter |
| | × 25.016 | = Dynes/centimeter |
| | × $4.595 \times 10^{-3}$ | = Poundal inch |
| Grain weight | × 63.456 | = Dynes |
| Grains/U.S. gal. | × 17.118 | = Parts/million |
| | × 142.86 | = Lbs./million gallon |
| Grains/Br. gal. | × 14.254 | = Parts/million |
| Gram | × $2.204 \times 10^{-3}$ | = Pound (av.) |
| | × $2.679 \times 10^{-3}$ | = Pound (ap.) |
| | × 0.03215 | = Ounce (ap.) |
| | × 0.03527 | = Ounce (av.) |
| | × 0.2572 | = Dram (ap.) |
| | × 0.5643 | = Dram (av.) |
| | × 0.6430 | = Pennyweight |
| | × 0.77162 | = Scruple |
| | × 15.432 | = Grains |
| | × $1 \times 10^{-6}$ | = Ton (metric) |
| | × $1 \times 10^{-4}$ | = Myriagram |
| | × 0.001 | = Kilogram |
| | × 5 | = Carat (metric) |
| | × 1000 | = Milligrams |
| | × $1 \times 10^{6}$ | = Microgram |
| | × $9.842 \times 10^{-7}$ | = Ton (long) |

| | | |
|---|---|---|
| Gram Cont'd. | $\times 1.102 \times 10^{-6}$ | = Ton (short) |
| | $\times 980.7$ | = Dynes |
| Gram-calorie (mean) | $\times 1.559 \times 10^{-6}$ | = Horse-power/hour |
| | $\times 0.001$ | = Kilogram-cal. |
| | $\times 1.1628 \times 10^{-3}$ | = Watt-hour |
| | $\times 1.469 \times 10^{-3}$ | = Cu. foot-Atmosphere |
| | $\times 3.968 \times 10^{-3}$ | = B.T.U. (mean) |
| | $\times 0.0413$ | = Liter-atmosphere |
| | $\times 0.4269$ | = Kilogram-meter |
| | $\times 3.087$ | = Foot-pounds |
| | $\times 4.186$ | = Joules (absolute) |
| | $\times 99.334$ | = Foot-poundals |
| Gram-centimeter | $\times 2.3427 \times 10^{-8}$ | = Kilogram-cal. (mean) |
| | $\times 9.297 \times 10^{-8}$ | = B.T.U. (mean) |
| | $\times 1 \times 10^{-5}$ | = Kilogram-meter |
| | $\times 2.3427 \times 10^{-5}$ | = Gram-cal. (mean) |
| | $\times 7.233 \times 10^{-5}$ | = Foot-pound |
| | $\times 9.806 \times 10^{-5}$ | = Joules (absolute) |
| | $\times 980.7$ | = Ergs |
| Gram-centimeter$^2$ | $\times 2.373 \times 10^{-6}$ | = Pound-foot$^2$ |
| | $\times 3.4172 \times 10^{-4}$ | = Pound-inch$^2$ |
| Gram-centimeter/sec. | $\times 9.806 \times 10^{-5}$ | = Watt (absolute) |
| Gram/centimeter | $\times 39.198$ | = Grains/inch |
| | $\times 5.599 \times 10^{-3}$ | = Pound/inch |
| | $\times 0.0672$ | = Pound/foot |
| | $\times 0.1$ | = Kilogram/meter |
| | $\times 100$ | = Kilograms/kilometer |
| | $\times 100$ | = Grams/meter |
| | $\times 100$ | = Milligrams/millimeter |
| | $\times 980.6$ | = Dynes/centimeter |
| | $\times 0.1801$ | = Poundal/inch |
| | $\times 0.2015$ | = Pounds/yard |
| | $\times 3.548 \times 10^{5}$ | = Pounds/mile |
| Gram/cubic centimeter | $\times 3.405 \times 10^{-7}$ | = Pound/mil foot |
| | $\times 0.03613$ | = Pound/cubic inch |
| | $\times 8.345$ | = Pounds/gallon (U.S.) |
| | $\times 10.022$ | = Pounds/gallon (Br.) |
| | $\times 62.43$ | = Pounds/cubic foot |
| | $\times 1000$ | = Kilograms/cubic meter |
| | $\times 1$ | = Kilogram/liter |
| Gram/cubic meter | $\times 0.437$ | = Grains/cubic foot |
| Gram/liter | $\times 0.0624$ | = Pound/cubic foot |
| | $\times 1000$ | = Parts/million |
| | $\times 58.417$ | = Grains/gallon |
| | $\times 8.345$ | = Pounds/1000 gals. (U.S.) |
| | $\times 10$ | = Pounds/1000 gals. (Br.) |

| | | |
|---|---|---|
| Gram/sq. centimeter | × $9.678 \times 10^{-4}$ | = Atmosphere |
| | × 0.01422 | = Pound/sq. inch |
| | × 0.7355 | = Millim. of mercury (0° C.) |
| | × 2.048 | = Pound/sq. foot |
| | × 10 | = Kilograms/sq. meter |
| | × 980.66 | = Dynes/sq. centimeter |
| Gram/sq. decimeter | × 0.0204 | = Pound/sq. foot |
| Gram/Ton (long) | × 0.9842 | = Milligram/kilogram |
| Gram/Ton (metric) | × 1.000 | = Milligram/kilogram |
| Gram/Ton (short) | × 1.1023 | = Milligram/kilogram |
| Gram weight | × 0.0709 | = Poundal |
| | × 980.665 | = Dynes |
| Gram weight sec./sq. cm | × 980.665 | = Poises |
| Gravity | × 32.174 | = Feet/second/second |
| | × 980.66 | = Centimeters/sec./sec. |
| | × 35.30 | = Kilometer/hour/second |
| | × 9.807 | = Meters/second/second |
| | × 21.93 | = Mile/hour/second |
| Hand | × 4 | = Inches |
| | × 10.16 | = Centimeters |
| Hectare | × 2.4710 | = Acres |
| | × 395.36 | = Square rods |
| | × $1.196 \times 10^{4}$ | = Square yards |
| | × $1.0764 \times 10^{5}$ | = Square feet |
| | × 100 | = Ares |
| | × $1 \times 10^{4}$ | = Square meters |
| | × 247,104 | = Square links |
| | × 24.71 | = Square chains |
| | × 0.00386 | = Square miles |
| | × 15,499,969 | = Inches |
| Hectogram | × 3.5273 | = Ounces (av.) |
| | × 100 | = Grams |
| Hectoliter | × 2.7497 | = Bushels (Br.) |
| | × 2.8378 | = Bushels (U.S.) |
| | × 11.351 | = Pecks (U.S.) |
| | × 100 | = Liters |
| | × 3.531 | = Cubic feet |
| Hectometer | × 19.884 | = Rods |
| | × 109.36 | = Yards |
| | × 328.1 | = Feet |
| | × 100 | = Meters |
| Hemisphere | × 0.5 | = Sphere |
| | × 6.283 | = Steradians |
| | × 4 | = Spherical right angles |

| | | |
|---|---|---|
| Hogshead (Br.) | × 63 | = Gallons |
| | × 10.114 | = Cubic feet |
| | × 0.2864 | = Cubic meter |
| Hogshead (U.S.) | × 63 | = Gallons |
| | × 8.422 | = Cubic feet |
| | × 0.2384 | = Cubic meter |
| | × 238.4 | = Liters |
| Horse-power | × 0.70696 | = B.T.U. (mean)/second |
| | × 0.7452 | = Kilowatt (g. = 980) |
| | × 0.7457 | = Kilowatt (g. = 980.665) |
| | × 1.0139 | = Horse-power (metric) |
| | × 10.688 | = Kg.-cal. (mean)/minute |
| | × 42.418 | = B.T.U. (mean)/minute |
| | × 550 | = Foot-pounds/second |
| | × 745.2 | = Watts (g. = 980) |
| | × 745.7 | = Watts (g. = 980.665) |
| | × $3.3 \times 10^4$ | = Foot-pounds/minute |
| | × 42.45 | = B.T.U./minute |
| | × $7.457 \times 10^9$ | = Ergs/second |
| | × 375 | = Mile-pound/hour |
| | × 0.7604 | = Poncelet |
| Horse-power (Boiler) | × 33,475 | = B.T.U./hour |
| | × 9.803 | = Kilowatts |
| Horse-power (electrical) | × 746 | = Watts (absolute) |
| Horse-power-hour | × 0.7457 | = Kilowatt-hour |
| | × 641.3 | = Kilogram-calories (mean) |
| | × 745.7 | = Watt-hours |
| | × 2545 | = B.T.U. (mean) |
| | × $2.7374 \times 10^5$ | = Kilogram-meters |
| | × $1.98 \times 10^6$ | = Foot-pounds |
| | × $2.6845 \times 10^6$ | = Joules (absolute) |
| Horse-power-hour (metric) | × 2512 | = B.T.U. |
| | × 633 | = Kilogram-calories |
| | × $1.9529 \times 10^6$ | = Foot-pounds |
| | × 0.9863 | = Horse-power-hour |
| | × 270 | = Kilogram-kilometers |
| | × $2.648 \times 10^6$ | = Joules |
| | × 270,000 | = Kilogram-meters |
| | × 735.5 | = Watt-hours |
| | × 41.86 | = B.T.U./minute |
| | × $7.355 \times 10^9$ | = Ergs/second |
| | × $3.254 \times 10^4$ | = Foot-pounds/minute |
| | × 0.750 | = Poncelet |
| Horse-power (metric) | × 0.9863 | = Horse-power (U.S.) |
| | × 75 | = Kilogram-meters/sec. |

| | | |
|---|---|---|
| Horse-power (metric) | × 735.5 | = Watts |
| Cont'd. | × $3.255 \times 10^4$ | = Foot-pounds/minute |
| Hour | × 0.0417 | = Day |
| | × 0.00596 | = Week |
| | × 0.00137 | = Average month |
| | × $1.143 \times 10^{-4}$ | = Civil year |
| | × $1.137 \times 10^{-4}$ | = Leap year |
| | × 60 | = Minutes |
| | × 3600 | = Seconds |
| Hundred weight (sh.) | × 100 | = Pounds |
| | × 0.0446 | = Ton (long) |
| | × 0.05 | = Ton (short) |
| | × 4 | = Quarters (Br.) |
| | × 1600 | = Ounces (av.) |
| | × 0.04535 | = Ton (metric) |
| | × 45.359 | = Kilograms |
| Hundred weight (long) | × 112 | = Pounds |
| | × 0.05 | = Ton (long) |
| | × 4 | = Quarters (Br.) |
| | × 50.8023 | = Kilograms |
| Inch | × $1.371 \times 10^{-5}$ | = Miles (nautical) |
| | × $1.5783 \times 10^{-5}$ | = Mile |
| | × $1.262 \times 10^{-3}$ | = Chain (gunter's) |
| | × $5.05 \times 10^{-3}$ | = Rod |
| | × 1/36 | = Yard |
| | × 1/12 | = Foot |
| | × 0.1262 | = Link (gunter's) |
| | × 72 | = Points (printer's) |
| | × 1000 | = Mils |
| | × 2.54 | = Centimeter |
| | × 25.4 | = Millimeters |
| | × $2.54 \times 10^8$ | = Angstrom Unit |
| | × 0.0254 | = Meter |
| | × $2.54 \times 10^{-5}$ | = Kilometer |
| Inch-pound | × 1/12 | = Foot-pound |
| | × 1.152 | = Kilogram-centimeters |
| Inch of mercury (32° F.) | × 0.03342 | = Atmosphere |
| | × 0.49116 | = Pound/sq. inch |
| | × 1.1329 | = Feet of water (39.1° F.) |
| | × 13.595 | = Inches of water (4° C.) |
| | × 70.727 | = Pounds/sq. foot |
| | × 345.3 | = Kilograms/sq. meter |
| | × $3.3864 \times 10^4$ | = Dynes/sq. centimeter |
| Inch of water (4° C.) | × 0.002458 | = Atmosphere |
| | × 0.0361 | = Pound/sq. inch |
| | × 0.0735 | = Inch of mercury |

| Unit | Multiply by | To obtain |
|---|---|---|
| Inch of water (4° C.) Cont'd. | × 0.57818 | = Ounce/sq. inch |
| | × 5.202 | = Pounds/sq. foot |
| | × 25.399 | = Kilograms/sq. meter |
| | × 2490.8 | = Dynes/sq. centimeter |
| Inch$^2$/second | × 6.4516 | = Centimeters$^2$/second |
| Joule (absolute) | × $2.778 \times 10^{-7}$ | = Kilowatt-hour |
| | × $3.725 \times 10^{-7}$ | = Horse-power-hour |
| | × $2.3889 \times 10^{-4}$ | = Kilogram-calorie (mean) |
| | × $2.778 \times 10^{-4}$ | = Watt-hour |
| | × $3.485 \times 10^{-4}$ | = Cubic foot-atmosphere |
| | × $9.480 \times 10^{-4}$ | = B.T.U. (mean) |
| | × $9.869 \times 10^{-3}$ | = Liter atmosphere |
| | × 0.1019 | = Kilogram-meter |
| | × 0.2388 | = Gram-calorie (mean) |
| | × 0.2389 | = Gram-calorie (15° C.) |
| | × 0.2392 | = Gram-calorie (20° C.) |
| | × 0.7375 | = Foot-pound |
| | × 1 | = Joule |
| | × 1 | = Watt-second |
| | × 23.730 | = Foot-poundals |
| | × $1.0197 \times 10^{4}$ | = Gram-centimeters |
| | × $1 \times 10^{7}$ | = Ergs |
| Karat (1 gold to 24 mixr.) | × 41.667 | = Milligrams/gram |
| Kilderkin (Br.) | × 18 | = Gallons (Br.) |
| | × 0.0818 | = Cubic meter |
| Kilogram | × $9.842 \times 10^{-4}$ | = Ton (long) |
| | × $1.1023 \times 10^{-3}$ | = Ton (short) |
| | × 0.01968 | = Hundredweight (long) |
| | × 0.022046 | = Hundredweight (short) |
| | × 0.07874 | = Quarter (Br.) |
| | × 2.2046 | = Pounds (av.) |
| | × 2.6792 | = Pounds (ap.) |
| | × 32.15 | = Ounces (ap.) |
| | × 35.2739 | = Ounces (av.) |
| | × 257.2 | = Dram (ap.) |
| | × 564.4 | = Dram (av.) |
| | × 643.01 | = Pennyweight |
| | × 771.6 | = Scruples |
| | × $1.543 \times 10^{4}$ | = Grains |
| | × 0.001 | = Ton (metric) |
| | × 1000 | = Grams |
| | × $10^{-6}$ | = Milligram |
| | × 980,665 | = Dynes |
| | × 1000 | = Cubic centimeters |
| | × 61.023 | = Cubic inches |
| | × 2.113 | = Pints (liq., U.S.) |

| | | |
|---|---|---|
| Kilogram Cont'd. | × 1.816 | = Pints (dry, U.S.) |
| | × 1.759 | = Pints (liq., Br.) |
| | × 1.514 | = Pints (dry, Br.) |
| | × 1.0566 | = Quarts (liq., U.S.) |
| | × 0.9081 | = Quart (dry, U.S.) |
| | × 0.8799 | = Quart (liq., Br.) |
| | × 0.7568 | = Quart (dry, Br.) |
| | × 0.26417 | = Gallon (liq., U.S.) |
| | × 0.2199 | = Gallon (Br.) |
| | × 0.1135 | = Peck (U.S.) |
| | × 0.10999 | = Peck (Br.) |
| | × 0.0353 | = Cubic foot |
| | × 0.02827 | = Bushel (U.S.) |
| | × 0.02746 | = Bushel (Br.) |
| | × 0.01 | = Hectoliter |
| | × $1.3079 \times 10^{-3}$ | = Cubic yard |
| | × 0.001 | = Cubic meter |
| Kilogram-calorie | × $1.1628 \times 10^{-3}$ | = Kilowatt-hours |
| | × $1.5593 \times 10^{-3}$ | = Horse-power-hours |
| | × 1.1628 | = Watt-hour |
| | × 3.9685 | = B.T.U. (mean) |
| | × 426.85 | = Kilogram-meters |
| | × 1000 | = Gram-calories |
| | × 3087.4 | = Foot-pounds |
| | × 4186 | = Joules |
| | × $4.268 \times 10^{7}$ | = Gram-centimeters |
| | × $4.186 \times 10^{10}$ | = Ergs |
| Kilogram-calorie/min. | × 51.43 | = Foot-pounds/sec. |
| | × 0.0935 | = Horse-power |
| | × 0.0697 | = Kilowatt |
| Kilogram-calorie/second | × 4.186 | = Kilowatts |
| Kilogram-centimeter sq. | × $2.373 \times 10^{-3}$ | = Pound-foot squared |
| | × 0.3417 | = Pound-inch squared |
| Kilogram-kilometer | × 9.302 | = B.T.U. |
| | × 2.344 | = Kilogram-calories |
| | × 9806.6 | = Joules |
| | × 1000 | = Kilogram-meters |
| | × $2.724 \times 10^{-3}$ | = Kilowatt-hour |
| | × $3.703 \times 10^{-3}$ | = Horse-power (metric) |
| | × 1.3698 | = Mile-pounds |
| | × 7233 | = Foot-pounds |
| Kilogram-meter | × $2.7235 \times 10^{-6}$ | = Kilowatt-hour |
| | × $3.653 \times 10^{-6}$ | = Horse-power-hour |
| | × $2.7235 \times 10^{-3}$ | = Watt-hour |
| | × $3.4177 \times 10^{-3}$ | = Cubic foot-atmosphere |
| | × $9.297 \times 10^{-3}$ | = B.T.U. (mean) |

| | | |
|---|---|---|
| Kilogram-meter Cont'd. | × 0.09678 | = Liter-atmosphere |
| | × 2.3427 | = Gram-calories (mean) |
| | × 7.233 | = Foot-pounds |
| | × 9.806 | = Joules (absolute) |
| | × 232.7 | = Foot-poundals |
| | × $1 \times 10^5$ | = Gram-centimeters |
| | × $9.8066 \times 10^7$ | = Ergs |
| | × $9.8066 \times 10^7$ | = Dyne-centimeters |
| Kilogram/cu. centimeter | × 36.127 | = Pounds/cubic inch |
| Kilogram/cu. meter | × $3.613 \times 10^{-5}$ | = Pound/cubic inch |
| | × 0.001 | = Gram/cubic centimeter |
| | × 0.0624 | = Pound/cubic foot |
| | × 1.685 | = Pounds/cubic yard |
| | × 0.001 | = Kilogram/liter |
| | × $7.524 \times 10^{-4}$ | = Ton (long)/cu. yard |
| | × $3.405 \times 10^{-10}$ | = Pound/mil foot |
| | × 0.001 | = Ton (metric)/cu. meter |
| | × $8.42 \times 10^{-4}$ | = Ton (short)/cu. yard |
| Kilogram/hectoliter | × 10 | = Kilogram/cubic meter |
| Kilogram/kilometer | × 1 | = Milligram/millimeter |
| | × 1 | = Gram/meter |
| | × $6.719 \times 10^{-4}$ | = Pound/foot |
| | × $2.015 \times 10^{-3}$ | = Pound/yard |
| | × 3.548 | = Pounds/mile |
| | × 0.392 | = Grain/inch |
| | × 9.805 | = Dynes/centimeter |
| | × $1.801 \times 10^{-3}$ | = Poundal/inch |
| Kilogram/meter | × 0.0559 | = Pound/inch |
| | × 0.671 | = Pound/foot |
| | × 2.015 | = Pound/yard |
| | × 3548 | = Pounds/mile |
| | × 391.9 | = Grains/inch |
| Kilogram/sq. centimeter | × 10 | = Meters of water |
| | × 32.808 | = Feet of water |
| | × 14.223 | = Pounds/sq. inch |
| | × 73.556 | = Centim. of merc. (0° C.) |
| | × 980.66 | = Dynes/sq. centimeter |
| | × 2048.2 | = Pounds/sq. foot |
| | × 0.9677 | = Atmosphere |
| | × 28.96 | = Inches of mercury |
| | × 735.5 | = Millimeters of mercury |
| | × 1.0241 | = Ton (short)/sq. foot |
| | × 0.9143 | = Ton (long)/sq. foot |
| Kilogram/sq. millimeter | × 0.7111 | = Ton (short)/sq. inch |
| | × $1 \times 10^6$ | = Kilogram/sq. meter |

| | | |
|---|---|---|
| Kilogram/sq. millimeter | $\times$ 9.806 $\times 10^{7}$ | = Dynes/sq. centimeter |
| Cont'd. | $\times$ 100 | = Kilograms/sq. centim. |
| Kilogram/sq. meter | $\times$ 9.678 $\times 10^{-5}$ | = Atmosphere |
| | $\times$ 1.422 $\times 10^{-3}$ | = Pound/sq. inch |
| | $\times$ 2.896 $\times 10^{-3}$ | = Inch of mercury |
| | $\times$ 3.281 $\times 10^{-3}$ | = Foot of water |
| | $\times$ 0.07355 | = Millimeter of mercury |
| | $\times$ 0.1 | = Gram/sq. centimeter |
| | $\times$ 0.2048 | = Pound/sq. foot |
| | $\times$ 98.066 | = Dynes/sq. centimeter |
| | $\times$ 0.001 | = Meter of water |
| | $\times$ 6.589 | = Poundals/sq. foot |
| | $\times$ 1.024 $\times 10^{-4}$ | = Ton (short)/sq. foot |
| | $\times$ 0.0001 | = Kilogram/sq. cent. |
| | $\times$ 9.143 $\times 10^{-5}$ | = Ton (long)/sq. foot |
| Kiloliter | $\times$ 1.308 | = Cubic yards |
| | $\times$ 35.316 | = Cubic feet |
| | $\times$ 264.18 | = Gallons (U.S.) |
| | $\times$ 1 | = Cubic meter |
| | $\times$ 1000 | = Liters |
| | $\times$ 219.98 | = Gallons (Br.) |
| Kilometer | $\times$ 0.5396 | = Mile (nautical) |
| | $\times$ 0.62137 | = Mile (statute) |
| | $\times$ 1093.6 | = Yards |
| | $\times$ 3280.8 | = Feet |
| | $\times$ 0.1 | = Myriameter |
| | $\times$ 1000 | = Meters |
| | $\times$ 1 $\times 10^{5}$ | = Centimeters |
| | $\times$ 39,370 | = Inches |
| | $\times$ 198.84 | = Rods |
| | $\times$ 49.71 | = Chains |
| Kilometer/hour | $\times$ 0.01666 | = Kilometer/minute |
| | $\times$ 0.2778 | = Meter/second |
| | $\times$ 0.5396 | = Knot |
| | $\times$ 0.6214 | = Mile/hour |
| | $\times$ 0.9113 | = Foot/second |
| | $\times$ 16.67 | = Meters/minute |
| | $\times$ 27.777 | = Centimeters/second |
| | $\times$ 54.68 | = Feet/minute |
| | $\times$ 0.0103 | = Mile/minute |
| Kilometer/hour/second | $\times$ 0.2777 | = Meter/second/second |
| | $\times$ 0.6214 | = Mile/hour/second |
| | $\times$ 0.9133 | = Foot/second/second |
| | $\times$ 27.778 | = Centimeters/sec./sec. |
| | $\times$ 0.0283 | = Gravity |

| | | |
|---|---|---|
| Kilometer/minute | × 0.6215 | = Mile/minute |
| | × 37.284 | = Miles/hour |
| | × 60 | = Kilometers/hour |
| | × 1666.7 | = Centimeters/second |
| | × 3280.8 | = Feet/minute |
| | × 54.68 | = Feet/second |
| | × 0.009 | = Knot |
| | × 1000 | = Meters/minute |
| | × 16.67 | = Meters/second |
| Kilowatt | × 0.23889 | = Kg.-cal. (mean)/sec. |
| | × 0.9483 | = B.T.U. (mean)/sec. |
| | × 1.341 | = Horse-power |
| | × 1.3597 | = Horse-power (metric) |
| | × 14.333 | = Kg.-cal. (mean)/min. |
| | × 56.896 | = B.T.U. (mean)/min. |
| | × 737.56 | = Foot-pounds/second |
| | × 1000 | = Watts |
| | × $4.4254 \times 10^4$ | = Foot-pounds/minute |
| | × $2.6552 \times 10^6$ | = Foot-pounds/hour |
| Kilowatt-hour | × 1.341 | = Horse-power-hours |
| | × 1000 | = Watt-hours |
| | × 3413 | = B.T.U. (mean) |
| | × $3.671 \times 10^5$ | = Kilogram-meters |
| | × $8.6 \times 10^5$ | = Gram-calories |
| | × $2.6552 \times 10^6$ | = Foot-pounds |
| | × $3.6 \times 10^6$ | = Joules (absolute) |
| | × 4828 | = Horse-power-second |
| | × 1.359 | = Horse-power (metric) |
| | × 503 | = Mile-pounds |
| Kilowatt-minute | × 56.92 | = B.T.U. |
| | × 14.34 | = Kilogram-calories |
| | × 44,256 | = Foot-pounds |
| | × $6 \times 10^4$ | = Joules |
| | × 6118.7 | = Kilogram-meters |
| | × 16.66 | = Watt-hours |
| Kilowatt-second | × 102 | = Kilogram-meter |
| | × 0.2778 | = Watt-hours |
| | × 0.239 | = Kilogram-calories |
| | × 737.6 | = Foot-Pounds |
| Knot | × 1 | = Nautical mile/hour |
| | × 1.1516 | = Mile/hour |
| | × 1.689 | = Feet/second |
| | × 1.853 | = Kilometers/hour |
| | × 51.48 | = Centimeters/second |
| | × 6080.2 | = Feet/hour |
| | × 101.3 | = Feet/minute |

| | | |
|---|---|---|
| Knot | × 0.0309 | = Km./minute |
| Cont'd. | × 30.89 | = Meter/minute |
| | × 0.5148 | = Meter/second |
| | × 0.0192 | = Mile/minute |
| Knot (Br. or U.S.) | × 1 | = Mile (nautical)/hour |
| Knot (Telegraph) (Br.) | × 6087 | = Feet |
| | × 2029 | = Yards |
| | × 1855.3 | = Meters |
| Last (Br.) | × 80 | = Bushels |
| | × 2.9095 | = Cubic meters |
| League (Statute) | × 3 | = Miles (Statute) |
| | × 4.828 | = Kilometers |
| | × 15,840 | = Feet |
| | × 5,280 | = Yards |
| League (nautical) | × 3 | = Miles (nautical) |
| | × 5.5597 | = Kilometers |
| Leap year | × 366 | = Days |
| | × 8784 | = Hours |
| | × 52.57 | = Weeks |
| | × 12.03 | = Average month |
| | × 1.0027 | = Civil year |
| | × 527,040 | = Minutes |
| | × $3.16224 \times 10^7$ | = Seconds |
| Ligne (Paris Line) | × 1/12 | = Pouce (Paris inch) |
| | × 0.2256 | = Centimeter |
| Line (British) | × 1/12 | = Inch |
| | × 0.2117 | = Centimeters |
| Link (Engineer's or | × 0.01 | = Chain (Engineer's) |
| Ramden's) | × 1 | = Foot |
| | × 30.48 | = Centimeter |
| Link (Surveyor's or | × $1.25 \times 10^{-4}$ | = Mile |
| Gunter's) | × 0.01 | = Chain (Gunter's) |
| | × 0.04 | = Rod |
| | × 0.22 | = Yard |
| | × 0.66 | = Foot |
| | × 7.92 | = Inches |
| | × 0.20117 | = Meter |
| Liter | × $1.308 \times 10^{-3}$ | = Cubic yard |
| | × 0.02749 | = Bushel (British) |
| | × 0.02838 | = Bushel (U.S.) |
| | × 0.21998 | = Gallon (British) |
| | × 0.26417 | = Gallon (U.S.) |
| | × 0.03532 | = Cubic foot |
| | × 0.1099 | = Peck (British) |
| | × 0.1135 | = Peck (U.S.) |
| | × 0.8799 | = Quart (liq., British) |

| | | |
|---|---|---|
| Liter Cont'd. | × 0.9081 | = Quart (dry, U.S.) |
| | × 1.0567 | = Quarts (liq., U.S.) |
| | × 1.7598 | = Pints (liq., British) |
| | × 1.8162 | = Pints (dry, U.S.) |
| | × 2.1134 | = Pints (liq., U.S.) |
| | × 7.039 | = Gills (British) |
| | × 8.4538 | = Gills (U.S.) |
| | × 33.8147 | = Ounces (fluid, U.S.) |
| | × 35.196 | = Ounces (fluid, Br.) |
| | × 61.025 | = Cubic inches |
| | × 270.52 | = Drams (fluid, U.S.) |
| | × 0.001 | = Cubic meter |
| | × 1 | = Cubic decimeter |
| | × 1000 | = Cubic centimeter |
| Liter-atmosphere | × $3.7745 \times 10^{-5}$ | = Horse-power-hour |
| | × 0.0353 | = Cubic foot-atmosphere |
| | × 0.09603 | = B.T.U. |
| | × 10.333 | = Kilogram-meters |
| | × 24.206 | = Gram-calories (mean) |
| | × 74.735 | = Foot-pounds |
| | × 101.328 | = Joules (absolute) |
| | × 2404.5 | = Foot-poundals |
| Liter/minute | × $5.885 \times 10^{-4}$ | = Cubic foot/second |
| | × $4.403 \times 10^{-3}$ | = Gallon/second (U.S.) |
| | × $3.66 \times 10^{-3}$ | = Gallon/second (Br.) |
| Liter/second | × 0.0785 | = Cubic yard/minute |
| | × 2.12 | = Cubic foot/minute |
| | × 15.85 | = Gallons/minute (U.S.) |
| | × 13.2 | = Gallons/minute (Br.) |
| Megameter | × $1 \times 10^{6}$ | = Meter |
| Megadyne/sq. meter | × 100 | = Dynes/sq. centimeter |
| Magnum | × 2 | = Quarts (wine) |
| Mercury column (1 inch high) | × 0.4912 | = Pound/sq. inch |
| | × 70.731 | = Pounds/sq. foot |
| | × 0.0334 | = Atmosphere |
| | × 1.133 | = Feet of water |
| | × 0.3453 | = Meter of water |
| | × 25.4 | = Millimeters of mercury |
| | × 345.4 | = Kilograms/sq. meter |
| Mercury column (1 m.m. high) | × 0.03937 | = Inch of mercury |
| | × 0.0446 | = Foot of water |
| | × 13.595 | = Millim. of water column |
| | × 0.001315 | = Atmosphere |
| | × 0.01934 | = Pound/sq. inch |
| | × 2.78468 | = Pounds/sq. foot |
| | × 13.595 | = Kilograms/sq. meter |

| | | |
|---|---|---|
| Mercury column | × 1333.2 | = Dynes/sq. centimeter |
| (1 m.m. high) Cont'd. | × 89.6 | = Poundals/sq. feet |
| Meter | × $5.3961 \times 10^{-4}$ | = Mile (nautical) |
| | × $6.2137 \times 10^{-4}$ | = Mile (statute) |
| | × $4.971 \times 10^{-3}$ | = Furlong |
| | × $4.971 \times 10^{-2}$ | = Chain (gunter's) |
| | × 0.1988 | = Rod |
| | × 0.54681 | = Fathom |
| | × 1.0936 | = Yards |
| | × 3.0784 | = Pied (French foot) |
| | × 3.2808 | = Feet (U.S., Fr.) |
| | × 4.971 | = Links (gunter's) |
| | × 39.37 | = Inches |
| | × $1 \times 10^{-6}$ | = Megameter |
| | × 0.001 | = Kilometer |
| | × 100 | = Centimeters |
| | × $1 \times 10^{9}$ | = Milli-microns |
| | × $1 \times 10^{9}$ | = Micro-millimeters |
| | × $1 \times 10^{10}$ | = Angstrom unit |
| | × $1 \times 10^{12}$ | = Millionth microns |
| Meter of water | × 999.97 | = Kilogram/sq. meter |
| | × 204.8 | = Pounds/sq. foot |
| | × 73.549 | = Millimeters of mercury |
| | × 3.2807 | = Foot of water |
| | × 1.4223 | = Pounds/sq. inch |
| | × 0.1024 | = Ton (short)/sq. foot |
| | × 0.09999 | = Kilo/sq. centimeter |
| | × 0.09677 | = Atmosphere |
| | × 0.09143 | = Ton (long)/sq. foot |
| | × 2.8956 | = Inch of mercury |
| Meter/minute | × 0.03728 | = Mile/hour |
| | × 0.05468 | = Foot/second |
| | × 0.06 | = Kilometer/hour |
| | × 1.6667 | = Centimeters/second |
| | × 3.281 | = Feet/minute |
| | × 0.0546 | = Feet/second |
| | × 0.001 | = Kilometer/minute |
| | × 0.0324 | = Knot |
| | × $6.21 \times 10^{-4}$ | = Mile/minute |
| Meter/second | × 1.942 | = Knot |
| | × 0.03728 | = Mile/minute |
| | × 0.06 | = Kilometer/minute |
| | × 2.2369 | = Miles/hour |
| | × 3.281 | = Feet/second |
| | × 196.8 | = Feet/minute |
| | × 3.6 | = Kilometer/hour |

| | | |
|---|---|---|
| Meter/second/second | × 2.237 | = Miles/hour/second |
| | × 3.2808 | = Feet/second/second |
| | × 3.6 | = Kilometers/hour/sec. |
| | × 100 | = Centimeters/second/sec. |
| | × 0.102 | = Gravity |
| Microgram | × $1 \times 10^{-6}$ | = Gram |
| | × 0.001 | = Milligram |
| Microliter | × $1 \times 10^{-6}$ | = Liter |
| Micromicron | × $1 \times 10^{-12}$ | = Meter |
| Micron | × $3.937 \times 10^{-5}$ | = Inch |
| | × 0.03937 | = Mil |
| | × 39.37 | = Millionths of an inch |
| | × $1 \times 10^{-6}$ | = Meter |
| | × $1 \times 10^{-4}$ | = Centimeter |
| | × 0.001 | = Millimeter |
| | × 1000 | = Milli-microns |
| | × 1000 | = Micro-millimeters |
| | × $1 \times 10^{4}$ | = Angstrom units |
| Mil | × 0.001 | = Inch |
| | × 0.00254 | = Centimeter |
| | × 0.0254 | = Millimeter |
| | × 25.4 | = Microns |
| Mil (angular) | × 0.00016 | = Circle |
| | × 0.0562 | = Degree |
| | × 0.0625 | = Grades |
| | × 3.375 | = Minutes |
| | × 202.5 | = Seconds |
| | × $9.817 \times 10^{-4}$ | = Radian |
| Mile (U.S. statute) | × 0.8683 | = Mile (nautical) |
| | × 8 | = Furlongs |
| | × 80 | = Chains (gunter's) |
| | × 320 | = Rods |
| | × 1760 | = Yards |
| | × 5280 | = Feet |
| | × 8000 | = Links (gunter's) |
| | × $6.336 \times 10^{4}$ | = Inches |
| | × 0.1609 | = Myriameters |
| | × 1.6093 | = Kilometers |
| Mile (nautical) | × 1/3 | = League |
| | × 1.1516 | = Miles (statute) |
| | × 2026.8 | = Yards |
| | × 6080.2 | = Feet |
| | × 1.8532 | = Kilometers |
| | × 72,962.5 | = Inches |
| | × 368.5 | = Rods |
| | × 92.12 | = Chains |

| | | |
|---|---|---|
| Mile/hour | × 0.447 | = Meter/second |
| | × 0.01666 | = Mile/minute |
| | × 0.8684 | = Knot |
| | × 1.4667 | = Feet/second |
| | × 1.6093 | = Kilometer/hour |
| | × 26.82 | = Meters/minute |
| | × 44.704 | = Centimeters/second |
| | × 88 | = Feet/minute |
| Mile/hour/minute | × 0.74507 | = Centimeter/sec./sec. |
| Mile/hour/second | × 0.44704 | = Meter/second/second |
| | × 1.467 | = Feet/second/second |
| | × 1.609 | = Kilometers/hour/sec. |
| | × 44.704 | = Centimeters/sec./sec. |
| | × 0.04559 | = Gravity |
| Mile/minute | × 52.104 | = Knot |
| | × 1.609 | = Kilometers/minute |
| | × 60 | = Miles/hour |
| | × 88 | = Feet/sec. |
| | × 2682.2 | = Centimeters/second |
| | × 26.82 | = Meters/second |
| | × 5280 | = Feet/minute |
| | × 96.5608 | = Kilometer/hour |
| Milligram | × $2.2046 \times 10^{-6}$ | = Pound (av.) |
| | × $2.679 \times 10^{-6}$ | = Pound (ap.) |
| | × $3.215 \times 10^{-5}$ | = Ounce (ap.) |
| | × $3.5274 \times 10^{-5}$ | = Ounce (av.) |
| | × $2.5721 \times 10^{-4}$ | = Dram (ap.) |
| | × $5.6438 \times 10^{-4}$ | = Dram (av.) |
| | × $6.4302 \times 10^{-4}$ | = Pennyweight |
| | × $7.7162 \times 10^{-4}$ | = Scruple |
| | × 0.015432 | = Grain |
| | × $1 \times 10^{-6}$ | = Kilogram |
| | × 0.001 | = Gram |
| | × 0.005 | = Carat (metric) |
| | × $9.842 \times 10^{-10}$ | = Ton (long) |
| | × $1 \times 10^{-9}$ | = Ton (metric) |
| | × $1.102 \times 10^{-9}$ | = Ton (short) |
| Milligram/assay ton | × 1 | = Ounce (Troy)/ 2000 pounds (av.) |
| | × 34.276 | = Milligrams/kilogram |
| Milligram/kilogram | × 0.002 | = Pound (av.)/ ton (2000 lbs.) |
| | × 0.02917 | = Milligram/assay ton |
| | × 0.032 | = Ounce (av.)/ ton (2000 lbs.) |
| | × 1 | = Gram/metric ton |

| | | |
|---|---|---|
| Milliliter | × $8.454 \times 10^{-3}$ | = Gill (U.S.) |
| | × 0.03382 | = Ounce (fluid, U.S.) |
| | × 0.03519 | = Ounce (fluid, Br.) |
| | × 0.06102 | = Cubic inch |
| | × 0.2705 | = Dram (fluid, U.S.) |
| | × 16.23 | = Minims (U.S.) |
| | × 0.001 | = Liter |
| Millimeter | × 0.03937 | = Inch |
| | × 39.37 | = Mils |
| | × 0.001 | = Meter |
| | × 1000 | = Microns |
| Millimeter of mercury (0° C.) | × $1.3158 \times 10^{-3}$ | = Atmosphere |
| | × 0.01933 | = Pound/sq. inch |
| | × 1.359 | = Grams/sq. centimeter |
| | × 2.7845 | = Pounds/sq. foot |
| | × 13.595 | = Kilograms/sq. meter |
| | × 1333.2 | = Dynes/sq. centimeter |
| | × 0.0446 | = Foot of water |
| | × 0.03937 | = Inch of mercury |
| | × 0.01359 | = Meter of water |
| | × $1.3923 \times 10^{-3}$ | = Ton (short)/sq. foot |
| | × $1.2431 \times 10^{-3}$ | = Ton (long)/sq. foot |
| Milli-micron or (micro-millimeter) | × $1 \times 10^{-9}$ | = Meter |
| | × $1 \times 10^{-7}$ | = Centimeter |
| | × 0.001 | = Micron |
| | × 10 | = Angstrom units |
| Millionth micron or (micro-micron) | × $1 \times 10^{-12}$ | = Meter |
| | × $1 \times 10^{-10}$ | = Centimeter |
| | × 0.01 | = Angstrom units |
| Miner's inch | × 1.5 | = Cubic feet/minute |
| Minim (Br.) | × 0.0592 | = Cubic centimeter |
| Minim (U.S.) (fluid) | × $1.6276 \times 10^{-5}$ | = Gallon (U.S.) |
| | × $1.3021 \times 10^{-4}$ | = Pint (liq., U.S.) |
| | × $5.2083 \times 10^{-4}$ | = Gill (U.S.) |
| | × 1/480 | = Ounce (fluid, U.S.) |
| | × 1/60 | = Dram (fluid, U.S.) |
| | × 0.0616 | = Milliliter |
| | × 0.0616 | = Cubic centimeter |
| | × 61.612 | = Cubic millimeter |
| | × $3.759 \times 10^{-3}$ | = Cubic inches |
| | × $6.161 \times 10^{-5}$ | = Liters |
| | × $6.510 \times 10^{-5}$ | = Quarts (liq.) |
| Minute (angle) | × $1.8519 \times 10^{-4}$ | = Quadrant |
| | × $2.9088 \times 10^{-4}$ | = Radian |
| | × 1/60 | = Degree |
| | × 60 | = Seconds |

| | | |
|---|---|---|
| Minute (angle) Cont'd. | × $4.63 \times 10^{-5}$ | = Revolution |
| | × 0.0185 | = Grades |
| | × 0.2963 | = Mils |
| Minute (time) | × $9.9206 \times 10^{-5}$ | = Week |
| | × $6.944 \times 10^{-4}$ | = Day |
| | × 0.01666 | = Hour |
| | × 60 | = Seconds |
| | × $2.28 \times 10^{-5}$ | = Average month |
| | × $1.902 \times 10^{-6}$ | = Civil year |
| | × $1.897 \times 10^{-6}$ | = Leap year |
| Myriagram | × 22.046 | = Pounds (av.) |
| | × 10 | = Kilograms |
| | × $1 \times 10^{4}$ | = Grams |
| Myriameter | × 6.2137 | = Miles |
| | × 10 | = Kilometers |
| | × $1 \times 10^{4}$ | = Meters |
| Noggin (Br.) | × 1/32 | = Gallon |
| | × 142.06 | = Cubic centimeters |
| Ounce (fluid, U.S.) | × 1/128 | = Gallon (U.S.) |
| | × 0.03125 | = Quart (U.S.) |
| | × 1/16 | = Pint (U.S.) |
| | × 1/4 | = Gill |
| | × 1.8047 | = Cubic inches |
| | × 8 | = Drams (fluid) |
| | × 480 | = Minims |
| | × 0.02957 | = Liter |
| | × 0.2957 | = Deciliter |
| | × 29.57 | = Milliliters |
| | × 29.57 | = Cubic centimeters |
| Ounce (fluid, Br.) | × 0.00625 | = Gallon |
| | × 8 | = Drachms (Br.) |
| | × 480 | = Minims |
| | × 28.413 | = Cubic centimeters |
| Ounce (av.) | × $2.7902 \times 10^{-5}$ | = Ton (long) |
| | × $3.125 \times 10^{-5}$ | = Ton (short) |
| | × $6.25 \times 10^{-4}$ | = Hundred weight (short) |
| | × 1/16 | = Pound (av.) |
| | × 0.07595 | = Pound (ap.) |
| | × 0.91145 | = Ounce (ap.) |
| | × 7.291 | = Drams (ap.) |
| | × 16 | = Drams (av.) |
| | × 18.229 | = Pennyweights |
| | × 21.875 | = Scruples |
| | × 437.5 | = Grains |
| | × $2.8349 \times 10^{-5}$ | = Ton (metric) |
| | × 28.35 | = Grams |

| | | |
|---|---|---|
| Ounce (av.) | × 28.35 | = Cubic centimeters |
| Cont'd. | × 1.73 | = Cubic inches |
| Ounce (ap.) | × $3.4285 \times 10^{-5}$ | = Ton (short) |
| | × 0.06857 | = Pound (av.) |
| | × 0.08333 | = Pound (ap.) |
| | × 1.0971 | = Ounces (av.) |
| | × 8 | = Drams (ap.) |
| | × 17.5543 | = Drams (av.) |
| | × 20 | = Pennyweights (Troy) |
| | × 24 | = Scruples |
| | × 480 | = Grains |
| | × 31.103 | = Grams |
| | × $3.061 \times 10^{-5}$ | = Ton (long) |
| | × $3.110 \times 10^{-5}$ | = Ton (metric) |
| Ounce (weight)/sq. inch | × 0.0625 | = Pound/sq. inch |
| | × 4309.2 | = Dynes/sq. centimeter |
| Ounce (av.)/ton (short) | × 31.25 | = Milligrams/kilogram |
| Ounce (av.)/ton (long) | × 27.902 | = Milligrams/kilogram |
| Parsec | × 19.2 | = Trillion miles |
| Pace | × $2^1/_2$ | = Feet |
| | × 30 | = Inches |
| | × 76.2 | = Centimeters |
| Palm (British) | × 3 | = Inches |
| | × 7.62 | = Centimeters |
| Parts/million | × 0.0584 | = Grains/Gal. (U.S.) |
| | × 0.07016 | = Grains/Gal. (Br.) |
| | × 8.345 | = Lbs./Million Gal. (U.S.) |
| | × 10.02 | = Lbs./Million Gal. (Br.) |
| Peck (U.S.) | × 0.25 | = Bushels |
| | × 8 | = Quarts (dry) |
| | × 16 | = Pints |
| | × 537.6 | = Cubic inches |
| | × 0.88095 | = Dekaliter |
| | × 8.8095 | = Liters |
| | × 0.3111 | = Cubic feet |
| | × 0.01152 | = Cubic yards |
| | × $8.8095 \times 10^{-3}$ | = Cubic meters |
| Peck (British) | × 2 | = Gallons |
| | × 554.6 | = Cubic inches |
| | × 9.092 | = Liters |
| Pennyweight | × $3.428 \times 10^{-3}$ | = Pound (av.) |
| | × $4.166 \times 10^{-3}$ | = Pound (ap.) |
| | × 0.05 | = Ounce (ap.) |
| | × 0.05486 | = Ounce (av.) |
| | × 0.8777 | = Dram (av.) |
| | × 24 | = Grains |

| | | |
|---|---|---|
| Pennyweight, Cont'd. | × 1.555 | = Grams |
| Perch | × 1 | = Rod |
| | × 16.5 | = Feet |
| | × 5.029 | = Meters |
| Perch (masonry) | × 24.75 | = Cubic feet |
| Pica (printing) | × 1/6 | = Inch |
| | × 12 | = Points |
| Pied (French foot) | × 0.1666 | = Toise (French) |
| | × 12 | = Inches |
| | × 0.3248 | = Meter |
| Pint (dry, U.S.) | × 0.0156 | = Bushel |
| | × 0.0625 | = Peck |
| | × 0.5 | = Quart |
| | × 33.6 | = Cubic inches |
| | × 0.5506 | = Liter |
| | × 550.6 | = Cubic centimeters |
| | × 1.214 | = Pounds (av.) |
| | × 0.5506 | = Kilogram |
| Pint (liquid, U.S.) | × $6.188 \times 10^{-4}$ | = Cubic yard |
| | × 0.01671 | = Cubic foot |
| | × 1/8 | = Gallon (U.S.) |
| | × 0.5 | = Quart (U.S.) |
| | × 0.8326 | = Pint (Br.) |
| | × 4 | = Gills (U.S.) |
| | × 16 | = Ounces (U.S.) |
| | × 28.875 | = Cubic inches |
| | × 128 | = Drams (fluid) |
| | × 7680 | = Minims |
| | × 0.4731 | = Liters |
| | × 473.2 | = Cubic centimeters |
| | × 1.043 | = Pounds (av.) |
| | × 0.4731 | = Kilogram |
| Pint (liquid, Br.) | × 0.125 | = Gallon (Br.) |
| | × 0.5 | = Quart |
| | × 1.201 | = Pints (U.S.) |
| | × 4 | = Gills (Br.) |
| | × 20 | = Ounces (fluid, Br.) |
| | × 0.5682 | = Liter |
| | × 568.2 | = Cubic centimeters |
| | × 1.252 | = Pounds (av.) |
| | × 0.5682 | = Kilogram |
| Pipe | × 2 | = Hogsheads (wine) |
| Point (printing) | × 0.013837 | = Inch |
| | × 1/12 | = Pica |
| Poise | × 1 | = Gram/centimeter/sec. |
| Poise centimeter$^3$/gram | × 1 | = Centimeter$^2$/second |

| | | |
|---|---|---|
| Poise foot³/pound | × 62.43 | = Centimeters²/second |
| Poise inch³/gram | × 16.387 | = Centimeter²/second |
| Pole | × 1 | = Rod |
| | × 5.5 | = Yards |
| | × 16.5 | = Feet |
| | × 5.0292 | = Meters |
| Pottle (Br.) | × 1/2 | = Gallon |
| | × 2.273 | = Cubic decimeter |
| Pouce (Paris inch) | × 1/12 | = Pied |
| | × 12 | = Lignes |
| | × 2.707 | = Centimeters |
| Pound (av.) (U.S. or Br.) | × 27.69 | = Cubic inches of water (4° C., 760 mm. pressure) |
| | × $4.4643 \times 10^{-4}$ | = Ton (long) |
| | × $5 \times 10^{-4}$ | = Ton (short) |
| | × $8.928 \times 10^{-3}$ | = Hundredweight (long) |
| | × 0.01 | = Hundredweight (short) |
| | × 1.21528 | = Pounds (ap.) |
| | × 14.583 | = Ounces (ap.) |
| | × 16 | = Ounces (av.) |
| | × 116.66 | = Drams (ap.) |
| | × 256 | = Drams (av.) |
| | × 291.66 | = Pennyweights |
| | × 350 | = Scruples |
| | × 7000 | = Grains |
| | × $4.5359 \times 10^{-4}$ | = Ton (metric) |
| | × 0.45359 | = Kilogram |
| | × 453.59 | = Grams |
| | × 453.59 | = Cubic centimeters |
| | × 0.9586 | = Pint (liq., U.S.) |
| | × 0.8237 | = Pint (dry, U.S.) |
| | × 0.79823 | = Pint (Br.) |
| | × 0.4793 | = Quart (liq., U.S.) |
| | × 0.4535 | = Liter |
| | × 0.4118 | = Quart (dry, U.S.) |
| | × 0.399 | = Quart (Br.) |
| | × 0.1198 | = Gallon (liq., U.S.) |
| | × 0.0997 | = Gallon (Br.) |
| | × 0.05148 | = Peck (U.S.) |
| | × 0.0498 | = Peck (Br.) |
| | × 0.016 | = Cubic foot |
| | × 0.01287 | = Bushel (U.S.) |
| | × 0.01247 | = Bushel (Br.) |
| | × 0.00453 | = Hectoliter |
| | × $5.932 \times 10^{-4}$ | = Cu. yard |
| | × $4.535 \times 10^{-4}$ | = Cu. meter |

| | | |
|---|---|---|
| Pound (ap.) (U.S. or Br.) | $\times 3.673 \times 10^{-4}$ | = Ton (long) |
| | $\times 4.1143 \times 10^{-4}$ | = Ton (short) |
| | × 0.8228 | = Pound (av.) |
| | × 12 | = Ounces (ap.) |
| | × 13.166 | = Ounces (av.) |
| | × 96 | = Drams (ap.) |
| | × 210.65 | = Drams (av.) |
| | × 240 | = Pennyweights |
| | × 288 | = Scruples |
| | × 5760 | = Grains |
| | $\times 3.7324 \times 10^{-4}$ | = Ton (metric) |
| | × 0.3732 | = Kilogram |
| | × 373.24 | = Grams |
| Pound/Bushel (Br.) | × 0.9689 | = Pound/Bushel (U.S.) |
| | × 0.7786 | = Pound/cubic foot |
| | × 1.247 | = Kilograms/hectoliter |
| | × 12.47 | = Kilograms/cubic meter |
| Pound/Bushel (U.S.) | × 1.032 | = Pounds/Bushel (Br.) |
| | × 0.8035 | = Pound/cubic foot |
| | × 1.287 | = Kilograms/hectoliter |
| | × 12.871 | = Kilograms/cubic meter |
| Pound/cubic foot | $\times 5.787 \times 10^{-4}$ | = Pound/cubic inch |
| | × 0.01602 | = Gram/cubic centimeter |
| | × 16.018 | = Kilograms/cubic meter |
| | × 4.051 | = Grains/cubic inch |
| | × 27 | = Pounds/cubic yard |
| | × 1.2444 | = Pounds/bushel (U.S.) |
| | × 1.2843 | = Pounds/bushel (Br.) |
| | × 0.13368 | = Pound/gallon (liq., U.S.) |
| | × 0.16054 | = Pound/gallon (Br.) |
| | × 0.0135 | = Ton (short)/cubic yard |
| | × 0.0120 | = Ton (long)/cubic yard |
| | × 0.01602 | = Ton (metric)/cu. meter |
| | × 0.01602 | = Kilogram/liter |
| | $\times 5.45 \times 10^{-9}$ | = Pound/mil foot |
| Pound/cubic inch | × 27.680 | = Grams/cubic centimeter |
| | $\times 2.768 \times 10^{4}$ | = Kilograms/cubic meter |
| | × 27.680 | = Kilogram/liter |
| | × 1728 | = Pound/cubic foot |
| | $\times 9.425 \times 10^{-6}$ | = Pound/mil foot |
| Pound/cubic yard | × 0.03704 | = Pound/cubic foot |
| | $\times 5.932 \times 10^{-4}$ | = Gram/cubic centimeter |
| | × 0.5932 | = Kilogram/cubic meter |
| | × 0.0005 | = Ton (short)/cubic yard |
| | $\times 5.932 \times 10^{-4}$ | = Ton (metric)/cu. meter |
| | $\times 4.464 \times 10^{-4}$ | = Ton (long)/cubic yard |

| | | |
|---|---|---|
| Pound-foot | $\times$ 1.3558 $\times 10^{7}$ | = Dyne-centimeters |
| Pound-foot squared | $\times$ 144 | = Pound-inches squared |
| | $\times$ 421.4 | = Kilogram-centimeters sq. |
| | $\times$ 4.214 $\times 10^{5}$ | = Gram-centimeters sq. |
| Pound/foot | $\times$ 1/12 | = Pound/inch |
| | $\times$ 3 | = Pounds/yard |
| | $\times$ 5280 | = Pounds/mile |
| | $\times$ 583.3 | = Grains/inch |
| | $\times$ 1.488 | = Kilograms/meter |
| | $\times$ 1488.1 | = Kilogram/kilometer |
| | $\times$ 14.88 | = Grams/centimeter |
| Pound/gallon (U.S.) | $\times$ 0.119826 | = Gram/cubic centimeter |
| | $\times$ 0.119826 | = Kilogram/liter |
| | $\times$ 1.2 | = Pounds/gallon |
| | $\times$ 7.4805 | = Pounds/cubic foot |
| Pound/gallon (Br.) | $\times$ 0.09977 | = Gram/cubic centimeter |
| | $\times$ 0.09977 | = Kilogram/liter |
| | $\times$ 0.8327 | = Pound/gallon (U.S.) |
| | $\times$ 6.229 | = Pounds/cubic foot |
| Pound/inch | $\times$ 7000 | = Grain/inch |
| | $\times$ 12 | = Pounds/foot |
| | $\times$ 17.857 | = Kilograms/meter |
| Pound-inch | $\times$ 1.1298 $\times 10^{6}$ | = Dyne-centimeters |
| Pound-inch squared | $\times$ 6.945 $\times 10^{-3}$ | = Pound-foot squared |
| | $\times$ 2.9264 | = Kilogram-centimeters sq. |
| | $\times$ 2926.4 | = Gram-centimeters sq. |
| Pound/mil foot | $\times$ 2.9369 $\times 10^{6}$ | = Grams/cubic centimeter |
| | $\times$ 2.9369 $\times 10^{9}$ | = Kilograms/cubic meter |
| | $\times$ 1.835 $\times 10^{8}$ | = Pound/cubic foot |
| | $\times$ 1.062 $\times 10^{5}$ | = Pound/cubic inch |
| Pound/mile | $\times$ 5.682 $\times 10^{-4}$ | = Pound/yard |
| | $\times$ 1.894 $\times 10^{-4}$ | = Pound/foot |
| | $\times$ 0.1105 | = Grain/inch |
| | $\times$ 0.2818 | = Kilogram/kilometer |
| | $\times$ 0.00282 | = Gram/centimeter |
| Pound water/minute | $\times$ 0.01603 | = Cubic foot/minute |
| | $\times$ 2.67 $\times 10^{-4}$ | = Cubic foot/second |
| Pound of water | $\times$ 0.01603 | = Cubic foot |
| | $\times$ 27.68 | = Cubic inches |
| | $\times$ 0.1198 | = Gallon (U.S.) |
| | $\times$ 0.09977 | = Gallon (Br.) |
| Pound/sq. foot | $\times$ 4.725 $\times 10^{-4}$ | = Atmosphere |
| | $\times$ 4.788 $\times 10^{-4}$ | = Bar |
| | $\times$ 6.944 $\times 10^{-3}$ | = Pound/sq. inch |
| | $\times$ 0.01601 | = Foot water (39.1° F.) |
| | $\times$ 0.3591 | = Millimeter of Hg. (0° C.) |

| | | |
|---|---|---|
| Pound/sq. foot Cont'd. | × 0.4882 | = Gram/sq. centimeter |
| | × 4.882 | = Kilograms/sq. meter |
| | × 478.8 | = Dynes/sq. centimeter |
| | × 32.171 | = Poundals/sq. foot |
| | × 0.01414 | = Inch of Hg. |
| | × $4.888 \times 10^{-3}$ | = Meter of water |
| Pound/sq. inch | × $5 \times 10^{-4}$ | = Ton (2000 lbs.)/sq. inch |
| | × 0.06804 | = Atmosphere |
| | × 0.0689 | = Bar |
| | × 0.0703 | = Kilogram/sq. centimeter |
| | × 2.036 | = Inches of mercury (32° F.) |
| | × 2.306 | = Feet of water (39.1° F.) |
| | × 5.1715 | = Centim. mercury (0° C.) |
| | × 27.673 | = Inches of water (4° C.) |
| | × 70.307 | = Grams/sq. centimeter |
| | × 703.07 | = Kilograms/sq. meter |
| | × $6.8947 \times 10^{4}$ | = Dynes/sq. centimeter |
| | × 144 | = Pounds/sq. foot |
| | × 0.703 | = Meter of water |
| | × 32.171 | = Poundals/sq. inch |
| Pound (wgt.) sec./sq. ft. | × 478.8 | = Poises |
| Pound/yard | × 1760 | = Pounds/mile |
| | × 1/3 | = Pound/foot |
| | × 0.02777 | = Pound/inch |
| | × 194.44 | = Grains/inch |
| | × 4.960 | = Grams/centimeter |
| | × 0.4960 | = Kilogram/meter |
| | × 496.05 | = Kilogram/kilometer |
| Pound (av.)/ton (short) | × 500 | = Milligrams/kilogram |
| Pound (av.)/ton (long) | × 446.43 | = Milligrams/kilogram |
| Pound weight | × 32.174 | = Poundals |
| | × 453.59 | = Grams weight |
| | × $4.448 \times 10^{5}$ | = Dynes |
| Poundal | × 0.03108 | = Pound weight |
| | × 14.098 | = Grams weight |
| | × $1.3825 \times 10^{4}$ | = Dynes |
| Poundal-foot | × $9.214 \times 10^{5}$ | = Dyne-centimeters |
| Poundal/inch | × 217.6 | = Grains/inch |
| | × 5.55 | = Grams/centimeter |
| | × 5443.1 | = Dynes/centimeter |
| Poundal/sq. foot | × 0.03108 | = Pound/sq. foot |
| | × 14.881 | = Dynes/sq. centimeter |
| | × 0.1517 | = Kilogram/sq. meter |
| | × 0.01116 | = Millimeter of mercury |
| Poundal/sq. inch | × 0.03108 | = Pound/sq. inch |

| | | |
|---|---|---|
| Poundal/sq. inch Cont'd. | × 21.853 | = Kilograms/sq. meter |
| | × 1.607 | = Millimeter of mercury |
| | × 2142.9 | = Dynes/sq. centimeter |
| Puncheon (Br.) | × 70 | = Gallons (Br.) |
| | × 84 | = Gallons (wine) |
| | × 0.3182 | = Cubic meters |
| Quadrant (angle) | × 1.5708 | = Radians |
| | × 90 | = Degrees |
| | × 5400 | = Minutes |
| | × $3.24 \times 10^5$ | = Seconds |
| | × 0.25 | = Revolution |
| Quart (U.S., dry) | × 1/32 | = Bushel |
| | × 0.03888 | = Cubic foot |
| | × 1/8 | = Peck |
| | × 2 | = Pints (dry) |
| | × 67.2 | = Cubic inches |
| | × 1.1013 | = Liters |
| | × 1101.3 | = Cubic centimeters |
| Quart (U.S., liquid) | × 0.0334 | = Cubic foot |
| | × 1/4 | = Gallon |
| | × 2 | = Pints |
| | × 8 | = Gills |
| | × 32 | = Ounces |
| | × 57.75 | = Cubic inches |
| | × 256 | = Drams |
| | × 0.9463 | = Liters |
| | × 946.3 | = Cubic centimeters |
| Quart (Br., liquid) | × 1/4 | = Gallon |
| | × 2 | = Pints |
| | × 1.1365 | = Liters |
| | × 1136.5 | = Cubic centimeters |
| Quarter (U.S., mass) | × 1/4 | = Ton (short) |
| | × 500 | = Pounds |
| | × 226.8 | = Kilograms |
| Quarter (U.S., mass) | × 1/4 | = Ton (long) |
| | × 560 | = Pounds |
| | × 254 | = Kilograms |
| Quarter (Br. capacity) | × 8 | = Bushels |
| | × 2.909 | = Hectoliters |
| Quarter (Br., linear) | × 1 | = Span |
| | × 1/4 | = Yard |
| | × 9 | = Inches |
| | × 22.86 | = Centimeters |
| Quarter (Br., mass) | × 1/4 | = Hundredweight (short) |
| | × 25 | = Pounds |
| | × 11.34 | = Kilograms |

| | | |
|---|---|---|
| Quarter (Br., mass) | × 1/4 | = Hundredweight (long) |
| | × 28 | = Pounds |
| | × 12.7 | = Kilograms |
| Quartern (Br., dry) | × 1/2 | = Gallon |
| | × 2273.1 | = Cubic centimeters |
| Quartern (Br., liquid) | × 1/32 | = Gallon |
| | × 142.07 | = Cubic centimeters |
| Quintal (metric) | × 1.9684 | = Hundredweights (long) |
| | × 220.46 | = Pounds |
| | × 100 | = Kilograms |
| | × $1 \times 10^5$ | = Grams |
| Quintal (U.S. or Br.) | × 100 | = Pounds |
| | × 112 | = Pounds |
| Quintal (Argentine) | × 101.28 | = Pounds |
| Quintal (Brazil) | × 129.54 | = Pounds |
| Quintal (Peru) | × 101.43 | = Pounds |
| Quintal (Chile) | × 101.41 | = Pounds |
| Quintal (Mexico) | × 101.47 | = Pounds |
| Quires | × 25 | = Sheets |
| Radian | × 0.15915 | = Circumference |
| | × 0.637 | = Quadrant |
| | × 57.2957 | = Degrees |
| | × 3437.7 | = Minutes |
| | × $2.0625 \times 10^5$ | = Seconds |
| Radian/centimeter | × 57.296 | = Degrees/centimeter |
| | × 145.5 | = Degrees/inch |
| | × 1746.4 | = Degrees/foot |
| | × 3437.7 | = Minutes/centimeter |
| Radian/second | × 0.1592 | = Revolution/second |
| | × 9.549 | = Revolution/minute |
| | × 57.296 | = Degrees/second |
| Radian/second/second | × 0.1592 | = Revolution/sec./sec. |
| | × 9.549 | = Revolutions/min./sec. |
| | × 572.96 | = Revolutions/min./min. |
| Ream | × 500 | = Sheets |
| Revolution | × 4 | = Quadrants |
| | × 6.2832 | = Radians |
| | × 360 | = Degrees |
| | × 21,600 | = Minutes |
| | × $1.296 \times 10^6$ | = Seconds |
| Revolution/day | × $7.2722 \times 10^{-5}$ | = Radian/second |
| Revolution/minute | × 0.016667 | = Revolution/second |
| | × 0.1047 | = Radian/second |
| | × 6 | = Degrees/second |
| Revolution/min./min. | × $2.778 \times 10^{-4}$ | = Revolution/sec./sec. |

| | | |
|---|---|---|
| Revolution/min./min. Cont'd. | × 0.001745 | = Radian/sec./sec. |
| | × 0.01667 | = Revolution/minute/sec. |
| Revolution/minute/sec. | × 0.1042 | = Radian/second/second |
| | × 60 | = Revolution/min./min. |
| | × 0.01667 | = Revolution/sec./sec. |
| Revolution/second | × 6.2832 | = Radians/second |
| | × 60 | = Revolution/minute |
| | × 360 | = Degrees/second |
| Revolution/sec./sec. | × 6.2832 | = Radians/sec./sec. |
| | × 60 | = Revolution/min./sec. |
| | × 3600 | = Revolution/min./min. |
| Rod (surveyor's) | × 0.002714 | = Mile (nautical) |
| | × 0.003125 | = Mile |
| | × 0.025 | = Furlong |
| | × 0.25 | = Chain (gunter's) |
| | × 1 | = Perch |
| | × 5.5 | = Yards |
| | × 16.5 | = Feet |
| | × 25 | = Links |
| | × 198 | = Inches |
| | × 5.0292 | = Meters |
| | × $5.029 \times 10^{-3}$ | = Kilometers |
| Rod (British, Volume) | × 1000 | = Cubic feet |
| | × 28.317 | = Cubic meters |
| Rood (British) | × 1/4 | = Acre |
| | × 40 | = Square perches |
| | × 1210 | = Square yards |
| | × 10.117 | = Ares |
| | × 10.117 | = Square dekameters |
| | × 1011.7 | = Square meters |
| Rope (British) | × 20 | = Feet |
| | × 6.096 | = Meters |
| Sack (British) | × 3 | = Bushels |
| | × 0.10911 | = Cubic meter |
| Scruples (ap.) | × $2.857 \times 10^{-3}$ | = Pound (av.) |
| | × $3.472 \times 10^{-3}$ | = Pound (ap.) |
| | × 0.04166 | = Ounce (ap.) |
| | × 0.0457 | = Ounce (av.) |
| | × 1/3 | = Dram (ap.) |
| | × 0.73142 | = Dram (av.) |
| | × 0.8333 | = Pennyweight |
| | × 20 | = Grains |
| | × 1.29597 | = Grams |
| Seam (British) | × 8 | = Bushels |
| | × 0.2909 | = Cubic meter |
| Second (angle) | × $4.848 \times 10^{-6}$ | = Radian |

| | | |
|---|---|---|
| Second (angle) Cont'd. | $\times 2.777 \times 10^{-4}$ | = Degree |
| | $\times$ 0.01666 | = Minute |
| | $\times 0.309 \times 10^{-5}$ | = Quadrant |
| | $\times 7.72 \times 10^{-7}$ | = Revolution |
| Second (time) | $\times 1.1574 \times 10^{-5}$ | = Day |
| | $\times 2.7778 \times 10^{-4}$ | = Hour |
| | $\times$ 0.01666 | = Minute |
| | $\times 1.653 \times 10^{-6}$ | = Week |
| | $\times 3.80 \times 10^{-7}$ | = Average month |
| | $\times 3.17 \times 10^{-8}$ | = Civil year |
| | $\times 3.162 \times 10^{-8}$ | = Leap year |
| Sign | $\times$ 30 | = Degrees |
| Skein | $\times$ 360 | = Feet |
| | $\times$ 109.7 | = Meters |
| Slug | $\times$ 1 | = Geepound |
| | $\times$ 32.174 | = Pounds |
| | $\times$ 14.594 | = Kilograms |
| Slug/cubic foot | $\times$ 0.5154 | = Gram/cubic centimeter |
| Span | $\times$ 1/8 | = Fathom |
| | $\times$ 1 | = Quarter (Br., linear) |
| | $\times$ 9 | = Inches |
| | $\times$ 22.86 | = Centimeters |
| Sphere | $\times$ 12.5664 | = Steradians |
| | $\times$ 2 | = Hemispheres |
| | $\times$ 8 | = Sph. rt. angle |
| Sph. right angle | $\times$ 0.25 | = Hemispheres |
| | $\times$ 0.125 | = Sphere |
| | $\times$ 1.571 | = Steradians |
| Square centimeter | $\times 2.47104 \times 10^{-7}$ | = Square chain |
| | $\times 3.9536 \times 10^{-6}$ | = Square rod |
| | $\times 1.1960 \times 10^{-4}$ | = Square yard |
| | $\times 1.0764 \times 10^{-3}$ | = Square foot |
| | $\times 2.471 \times 10^{-3}$ | = Square link |
| | $\times$ 0.155 | = Square inch |
| | $\times 1.55 \times 10^{5}$ | = Square mils |
| | $\times 1.9735 \times 10^{5}$ | = Circular mils |
| | $\times$ 127.32 | = Circular millimeters |
| | $\times 1 \times 10^{-4}$ | = Square meter |
| | $\times$ 0.01 | = Square decimeter |
| | $\times$ 100 | = Square millimeters |
| | $\times$ 0.1973 | = Circular inch |
| | $\times 2.47104 \times 10^{-8}$ | = Acres |
| | $\times 3.861 \times 10^{-11}$ | = Square miles |
| | $\times 1 \times 10^{-8}$ | = Hectare |
| Square centimeter-centimeter squared | $\times$ 0.02402 | = Square inch-inch squared |

| | | |
|---|---|---|
| Square chain (gunter's) | × $1.5625 \times 10^{-4}$ | = Square mile |
| | × 16 | = Square rods |
| | × 484 | = Square yard |
| | × 4356 | = Square feet |
| | × $1 \times 10^{4}$ | = Square links |
| | × $6.272 \times 10^{5}$ | = Square inches |
| | × 404.68 | = Square meters |
| | × 0.1 | = Acre |
| | × 16 | = Square poles |
| | × 16 | = Square perches |
| | × 4.046 | = Ares |
| | × 0.04046 | = Hectares |
| Square decimeter | × 15.5 | = Square inch |
| | × 0.01 | = Square meter |
| | × 100 | = Square centimeters |
| Square degree | × $3.0462 \times 10^{-4}$ | = Steradian |
| Square dekameter | × 0.02471 | = Acre (U.S.) |
| | × 119.6 | = Square yards |
| | × 1 | = Are |
| | × 100 | = Square meters |
| Square foot | × $3.587 \times 10^{-8}$ | = Square mile |
| | × $2.2956 \times 10^{-5}$ | = Acre |
| | × $2.2956 \times 10^{-4}$ | = Square chain |
| | × $3.673 \times 10^{-3}$ | = Square rod |
| | × 0.11111 | = Square yard |
| | × 2.2956 | = Square links |
| | × 144 | = Square inches |
| | × $9.2903 \times 10^{-4}$ | = Are |
| | × 0.092903 | = Square meter |
| | × 929.03 | = Square centimeters |
| | × $9.2903 \times 10^{-6}$ | = Hectares |
| | × 1.273 | = Circular feet |
| Square foot-foot sq. | × $2.074 \times 10^{4}$ | = Square inch-inch sq. |
| Square hectometer | × 2.4710 | = Acres |
| | × $1 \times 10^{4}$ | = Square meters |
| Square inch | × $1.5942 \times 10^{-6}$ | = Square chain |
| | × 0.00694 | = Square foot |
| | × $7.716 \times 10^{-4}$ | = Square yard |
| | × 0.01594 | = Square link |
| | × $1 \times 10^{-6}$ | = Square mils |
| | × $1.2732 \times 10^{6}$ | = Circular mils |
| | × $6.4516 \times 10^{-4}$ | = Square meter |
| | × 6.4516 | = Square centimeters |
| | × 645.16 | = Square millimeters |
| | × 1.2732 | = Circular inches |
| | × 8.2144 | = Circular centimeters |

| | | |
|---|---|---|
| Square inch Cont'd. | $\times\ 2.5507 \times 10^{-5}$ | = Square rods |
| | $\times\ 2.491 \times 10^{-10}$ | = Square miles |
| | $\times\ 6.4516 \times 10^{-8}$ | = Hectares |
| Square inch-inch sq. | $\times\ 4.823 \times 10^{-5}$ | = Square foot-foot sq. |
| | $\times$ 41.62 | = Square centimeter-centimeter squared |
| Square kilometers | $\times$ 0.3861 | = Square mile |
| | $\times$ 247.10 | = Acres |
| | $\times\ 1.196 \times 10^{6}$ | = Square yards |
| | $\times\ 1.0764 \times 10^{7}$ | = Square feet |
| | $\times\ 1 \times 10^{6}$ | = Square meters |
| | $\times$ 100 | = Hectares |
| Square link | $\times\ 1 \times 10^{-5}$ | = Acre |
| | $\times\ 1 \times 10^{-4}$ | = Square chain |
| | $\times\ 1.6 \times 10^{-3}$ | = Square rod |
| | $\times$ 0.0484 | = Square yard |
| | $\times$ 0.4356 | = Square foot |
| | $\times$ 62.7264 | = Square inches |
| | $\times$ 0.04046 | = Square meter |
| | $\times$ 404.6 | = Square centimeters |
| | $\times\ 1.5625 \times 10^{-8}$ | = Square mile |
| | $\times\ 4.0468 \times 10^{-6}$ | = Hectares |
| Square meter | $\times\ 3.861 \times 10^{-7}$ | = Square mile |
| | $\times\ 2.471 \times 10^{-4}$ | = Acre |
| | $\times\ 2.471 \times 10^{-3}$ | = Square chain (gunter's) |
| | $\times$ 0.03953 | = Square rod |
| | $\times$ 1.1959 | = Square yards |
| | $\times$ 10.7638 | = Square feet |
| | $\times$ 24.7104 | = Square links (gunter's) |
| | $\times$ 1550 | = Square inches |
| | $\times\ 1 \times 10^{-6}$ | = Square kilometer |
| | $\times\ 1 \times 10^{-4}$ | = Hectare |
| | $\times\ 1 \times 10^{-4}$ | = Square hectometer |
| | $\times$ 0.01 | = Are |
| | $\times$ 1 | = Centare |
| | $\times\ 1 \times 10^{4}$ | = Square centimeters |
| | $\times\ 1 \times 10^{6}$ | = Square millimeters |
| Square mil | $\times\ 1 \times 10^{-6}$ | = Square inch |
| | $\times$ 1.2732 | = Circular mils |
| | $\times\ 6.4516 \times 10^{-6}$ | = Square centimeter |
| | $\times\ 6.4516 \times 10^{-4}$ | = Square millimeter |
| Square mile | $\times$ 640 | = Acres |
| | $\times$ 6400 | = Square chains |
| | $\times\ 1.024 \times 10^{5}$ | = Square rods |
| | $\times\ 3.0976 \times 10^{6}$ | = Square yards |
| | $\times\ 2.7878 \times 10^{7}$ | = Square feet |

| | | |
|---|---|---|
| Square mile Cont'd. | × 2.58999 | = Square kilometers |
| | × 258.99 | = Hectares |
| | × $2.58999 \times 10^6$ | = Square meters |
| Square millimeter | × $1.55 \times 10^{-3}$ | = Square inch |
| | × 1550 | = Square mils |
| | × 1973.5 | = Circular mils |
| | × $1 \times 10^{-6}$ | = Square meter |
| | × 0.01 | = Square centimeter |
| | × 1.2732 | = Circular millimeters |
| Square perch | × 1/160 | = Acre |
| | × 30.25 | = Square yards |
| | × 25.293 | = Square meters |
| Square pole (Br.) | × 30.25 | = Square yards |
| Square rod | × $9.7656 \times 10^{-6}$ | = Square Mile |
| | × $6.25 \times 10^{-3}$ | = Acre |
| | × $6.25 \times 10^{-2}$ | = Square chain (gunter's) |
| | × 30.25 | = Square yards |
| | × 272.25 | = Square feet |
| | × 625 | = Square links (gunter's) |
| | × $3.9204 \times 10^4$ | = Square inches |
| | × $2.529 \times 10^{-3}$ | = Hectare |
| | × $2.529 \times 10^{-3}$ | = Square hectometer |
| | × 25.29 | = Square meters |
| | × 25.29 | = Centares |
| | × $9.765 \times 10^{-6}$ | = Square miles |
| | × $2.529 \times 10^5$ | = Square centimeter |
| Square yards | × $3.2283 \times 10^{-7}$ | = Square mile |
| | × $2.066 \times 10^{-4}$ | = Acre |
| | × $2.066 \times 10^{-3}$ | = Square chain |
| | × 0.03305 | = Square rod |
| | × 0.03305 | = Square perch |
| | × 9 | = Square feet |
| | × 20.661 | = Square link |
| | × 1296 | = Square inches |
| | × $8.361 \times 10^{-5}$ | = Hectare |
| | × $8.361 \times 10^{-3}$ | = Square dekameter |
| | × $8.361 \times 10^{-3}$ | = Are |
| | × 0.8361 | = Square meter |
| | × 0.008361 | = Are |
| | × 8361.3 | = Square centimeters |
| | × $8.264 \times 10^{-4}$ | = Rood (British) |
| Steradian | × 0.07958 | = Sphere |
| | × 0.15916 | = Hemisphere |
| | × 0.6366 | = Spherical right angle |
| | × 3282.8 | = Square degrees |

| | | |
|---|---|---|
| Stere | × 0.1 | = Dekastere |
| | × 1 | = Cubic meter |
| | × 10 | = Decisteres |
| | × 999.973 | = Liters |
| Stone (British) | × 14 | = Pounds (av.) |
| | × 6.35 | = Kilograms |
| Strike (British) | × 2 | = Bushels (dry) |
| | × 0.07274 | = Cubic meter |
| Toise (French) | × 6 | = Paris feet |
| | × 1.949 | = Meters |
| Ton (long) (U.S., Br.) | × 1.12 | = Tons (short) |
| | × 22.4 | = Hundredweights |
| | × 2240 | = Pounds (av.) |
| | × 2272.2 | = Pounds (ap.) |
| | × 35,840 | = Ounces (av.) |
| | × 1.016 | = Ton (metric) |
| | × 1016.4 | = Kilograms |
| | × $15.68 \times 10^6$ | = Grains |
| | × $1.016 \times 10^6$ | = Grams |
| Ton (metric) | × 0.9842 | = Ton (long) |
| | × 1.1023 | = Ton (short) |
| | × 22.046 | = Hundredweights (short) |
| | × 2204.6 | = Pounds (av.) |
| | × 2679.2 | = Pounds (ap.) |
| | × 35,273 | = Ounces (av.) |
| | × 1000 | = Kilograms |
| | × $1 \times 10^6$ | = Grams |
| | × 15,432,356 | = Grains |
| Ton (short) (U.S., Br.) | × 0.8928 | = Ton (long) |
| | × 20 | = Hundredweights (short) |
| | × 2000 | = Pounds (av.) |
| | × 2430.5 | = Pounds (ap.) |
| | × $2.9166 \times 10^4$ | = Ounces (ap.) |
| | × $3.20 \times 10^4$ | = Ounces (av.) |
| | × 0.90718 | = Ton (metric) |
| | × 907.18 | = Kilograms |
| | × $14 \times 10^6$ | = Grains |
| Tons of water (short) /24 hrs. | × 83.333 | = Pounds water/hour |
| | × 0.16643 | = Gallons/min. (U.S.) |
| | × 0.13861 | = Gallons/min. (Br.) |
| | × 1.3349 | = Cubic feet/hour |
| Tons of water (long) /24 hrs. | × 93.333 | = Pounds water/hour |
| | × 0.1864 | = Gallons/min. (U.S.) |
| | × 0.1552 | = Gallons/min. (Br.) |
| | × 1.495 | = Cubic feet/hour |
| Ton weight (short) | × $8.896 \times 10^8$ | = Dynes |

| | | |
|---|---|---|
| Ton weight (long) | × $9.964 \times 10^8$ | = Dynes |
| Township (U.S.) | × 36 | = Square miles |
| | × 23,040 | = Square yards |
| | × 93.24 | = Square kilometers |
| Ton (metric)/cu. meter | × 1 | = Kilogram/liter |
| | × 1685.5 | = Pounds/cu. yard |
| | × 62.428 | = Pounds/cu. foot |
| | × 0.0361 | = Pounds/cu. inch |
| | × 252.89 | = Grains/cu. inch |
| | × 0.001 | = Kilogram/cu. centimeter |
| | × 77.689 | = Pounds/bushel (U.S.) |
| | × 80.2 | = Pounds/bushel (Br.) |
| | × 8.345 | = Pounds/gallon (U.S.) |
| | × 10.02 | = Pounds/gallon (Br.) |
| | × 1000 | = Kilogram/cubic meter |
| | × 0.8427 | = Ton (short)/cubic yard |
| | × 0.752484 | = Ton (long)/cubic yard |
| Ton (long)/cubic yard | × 1.12 | = Tons (short)/cu. yard |
| | × 1.3289 | = Tons (metric)/cu. meter |
| | × 1.3289 | = Kilogram/liter |
| | × 82.963 | = Pounds/cu. foot |
| | × 103.24 | = Pounds/bushel (U.S.) |
| | × 106.5 | = Pounds/bushel (Br.) |
| | × 2240 | = Pounds/cubic yard |
| | × 1328.9 | = Kilogram/cubic meter |
| Ton (short)/cubic yard | × 1.1865 | = Tons (metric)/cu. meter |
| | × 1.1865 | = Kilogram/liter |
| | × 1186.5 | = Kilogram/cubic meter |
| | × 74.074 | = Pounds/cubic foot |
| | × 92.181 | = Pounds/bushel (U.S.) |
| | × 95.133 | = Pounds/bushel (Br.) |
| Ton (long)/sq. foot | × 2240 | = Pounds/sq. foot |
| | × 1.12 | = Ton (short)/sq. foot |
| | × 15.555 | = Pounds/sq. inch |
| | × 31.7 | = Inches of mercury |
| | × 35.881 | = Feet of water |
| | × 10.936 | = Meters of water |
| | × 10,936 | = Kilograms/sq. meter |
| | × $10.725 \times 10^5$ | = Dynes/sq. centimeter |
| | × 804.4 | = Millimeters of mercury |
| | × 1.0936 | = Kilogram/sq. centimeter |
| | × 1.0584 | = Atmospheres |
| Ton (long)/sq. inch | × 1.5749 | = Kilogram/sq. millimeter |
| | × 152.42 | = Atmospheres |
| | × $1.5444 \times 10^8$ | = Dynes/sq. centimeter |

| | | |
|---|---|---|
| Ton (long)/sq. inch | × 1.12 | = Tons (short)/sq. inch |
| Cont'd. | × 0.15749 | = Tons (metric)/sq. centim. |
| Ton (metric)/sq. centim. | × 7.111 | = Tons (short)/sq. inch |
| | × 1000 | = Kilograms/sq. centim. |
| | × 967.8 | = Atmospheres |
| Ton (short)/sq. foot | × 0.945 | = Atmospheres |
| | × 2000 | = Pounds/sq. foot |
| | × 28.276 | = Inches of mercury |
| | × 32.036 | = Feet of water |
| | × 13.889 | = Pounds/sq. inch |
| | × 9764.8 | = Kilograms/sq. meter |
| | × $9.576 \times 10^5$ | = Dynes/sq. centimeter |
| | × 9.764 | = Meters of water |
| | × 0.8928 | = Ton (long)/sq. foot |
| | × 0.9764 | = Kilogram/sq. centimeter |
| | × 718.2 | = Millimeter of mercury |
| Ton (short)/sq. inch | × 0.8928 | = Ton (long)/sq. inch |
| | × 0.1406 | = Ton (metric)/sq. centim. |
| | × 140.6 | = Kilogram/sq. centimeter |
| | × 1.406 | = Kilogram/sq. millimeter |
| | × 2000 | = Pounds/sq. inch |
| | × $1.406 \times 10^6$ | = Kilogram/sq. meter |
| | × $1.3789 \times 10^8$ | = Dynes/sq. centimeter |
| | × 136.1 | = Atmospheres |
| Tun | × 252 | = Gallons (wine) |
| Velocity of light | × $2.9986 \times 10^{10}$ | = Centimeters/second |
| Water column | × 0.4335 | = Pound/sq. inch |
| (1 foot high) | × 62.428 | = Pounds/sq. foot |
| | × 0.02787 | = Ton (long)/sq. foot |
| | × 0.02949 | = Atmospheres |
| | × 0.8826 | = Inch of Hg. |
| | × 22.418 | = Millimeter of Hg. |
| | × 0.3048 | = Meter of water |
| | × 304.8 | = Kilograms/sq. meter |
| Water column | × 1 | = Ton (metric)/sq. meter |
| (1 meter high) | × 3.2808 | = Feet of water |
| | × 73.55 | = Millimeters of Hg. |
| | × 2.895 | = Inches of mercury |
| | × 1.422 | = Pounds/sq. inch |
| | × 204.8 | = Pounds/sq. foot |
| | × 1000 | = Kilograms/sq. meter |
| | × 0.09677 | = Atmosphere |
| Watt (absolute) | × 0.001 | = Kilowatt |
| | × $1.341 \times 10^{-3}$ | = Horse-power |
| | × $1.3596 \times 10^{-3}$ | = Horse-power (metric) |
| | × 0.01433 | = Kg.-cal. (mean)/min. |

| | | |
|---|---|---|
| Watt (absolute) Cont'd. | × 0.0569 | = B.T.U. (mean)/min. |
| | × 0.7375 | = Foot-pound/sec. |
| | × 1 | = Joule/second |
| | × 44.254 | = Foot-pounds/min. |
| | × $1 \times 10^{7}$ | = Ergs/sec. |
| Watt-hour | × 0.001 | = Kilowatt-hour |
| | × $1.341 \times 10^{-3}$ | = Horse-power-hour |
| | × 0.86001 | = Kilogram-calorie (mean) |
| | × 3.413 | = B.T.U. (mean) |
| | × 367.1 | = Kilogram-meters |
| | × 860.1 | = Gram-calories (mean) |
| | × 2655.3 | = Foot-pounds |
| | × 3600 | = Joules |
| Week | × 168 | = Hours |
| | × $1.008 \times 10^{4}$ | = Minutes |
| | × $6.048 \times 10^{5}$ | = Seconds |
| | × 7 | = Days |
| | × 0.23 | = Average month |
| | × 0.01918 | = Civil year |
| | × 0.01913 | = Leap year |
| Wey (Br. capacity) | × 40 | = Bushels |
| Wey (Br. mass) | × 252 | = Pounds |
| Yard (U.S.) | × $5.6818 \times 10^{-4}$ | = Mile |
| | × $4.545 \times 10^{-3}$ | = Furlong |
| | × $4.545 \times 10^{-2}$ | = Chain (gunter's) |
| | × 0.1818 | = Rod |
| | × 3 | = Feet |
| | × 4.5454 | = Links (gunter's) |
| | × 36 | = Inches |
| | × 0.9144 | = Meter |
| | × 91.44 | = Centimeters |
| Yard (British) | × 0.1818 | = Pole (British) |
| | × 4 | = Quarters (Br., linear) |
| | × 0.91439 | = Meter |
| | × 91.43 | = Centimeters |

# Alphabetisches Verzeichnis

## Englisch – Deutsch

Die mit * gekennzeichneten Begriffe sind im Hauptteil dieses Buches unter dem mit Stern bezeichneten Wort erklärt. Die nicht gekennzeichneten Begriffe sind erklärt in: «Encyclopedia for Hydraulics, Soil and Foundation Engineering», by E. Vollmer, Elvesier Verlag, Amsterdam 1967.

**A**

*A-frame dam* · bewegliches Sperrwerk aus Stahlrahmen
– *-frame timber dam* · Kastenfangedamm
*abandoned dike, safety dike* · *Schlafdeich
*abandonment of water rights* · Verzicht auf Wasserrecht
*ablation* · *Ablation
*abnormal* · starke Abweichung, abnorm; Abweichung
*abrasion* · *Abrieb
*abrupt wave* · Schwallwelle, Sunkwelle
*absolute* · absolut, unabhängig
– *atmosphere* · Druck von 1 kg auf 1 qcm
– *density* · absolutes, spezifisches Gewicht; Dichte
– *humidity* · *absolute Feuchtigkeit
– *humidity of the air* · *absolute Luftfeuchtigkeit
– *maximum* · *oberster Grenzwert, absolutes Maximum
– *minimum* · *unterster Grenzwert, absolutes Minimum
– *pressure* · absoluter Druck
– *roughness* · *absolute Rauheit
– *saturation deficit* · *absoluter Sättigungsfehlbetrag
– *specific gravity* · absolutes, spezifisches Gewicht
– *temperature* · absolute Temperatur
– *velocity* · absolute Geschwindigkeit
– *zero* · absoluter Nullpunkt
*absorbed water* · *Haftwasser
*absorbing well* · *Senkbrunnen
*absorption* · *Absorption (Aufzehrung)
– *hygrometer* · Absorptionshygrometer
– *loss* · Absorption- und Sickerverlust
– *test* · Absorptionsversuch
*absorptive capacity* · *Regenhaltefähigkeit
– *terrace* · Terrasse zur Bewässerung
*abstraction* · Vorgang bei der Flußbildung
*abutment* · *Kämpfer
*abutment hinge* · *Kämpfergelenk
– *pier* · *Wehrpfeiler
– *sidewall* · *Wehrwange
*Abyssinian pump* · Abessinierpumpe
– *well* · *Abessinierbrunnen
– *driven well* · *Rammbrunnen
*acceleration* · *Beschleunigung
*accelerated erosion* · beschleunigte Erosion
*acceleration time* · *Anlaufzeit
*accidental errors* · *zufällige Fehler
*accretion* · Anlandung durch Wasser
*accrued depreciation* · auflaufende Abschreibung
*accumulated deficiency* · angesammelter Fehlbetrag
– *excess* · angesammelter Überschuß
*accuracy* · Genauigkeit, Maßhaltigkeit
*acid* · *Säure
– *soil* · säurehaltiger Boden
– *consumption* · *Säureverbrauch
– *sewage* · *saures Abwasser
*acidity* · *Azidität
*acidulons water* · säuerliches Wasser
*acoustic sounding* · akustische Messung; Echolot-Verfahren
*acre-foot* · Wasserschicht von 4047 $m^2 \times 0.305$ m = 1234 $m^3$
– *-inch* · Wasser- oder Bodenschicht von 4047 $m^2 \times 0{,}0254$ m = 102,8 $m^3$
– *inch day* · Bewässerungsmenge von 4047 $^2$m $\times$ 0,0254 m = 102,7 $m^3$ pro Tag oder 1,19 l/s
*activated sludge* · *belebter Schlamm
– *process* · *Belebungsverfahren
*active earth pressure* · *aktiver Erddruck
– *water* · *Aggressivwasser
– *waters* · *betonschädliche Wässer
– *equilibrium* · aktiver Rankine'scher Zustand
*actual amount of rainfall* · *Regensumme
– *dimension* · *Istmaß
– *volume of the cylinder* · *Ansaugmenge
*adhesion* · *Adhäsion
*adhesiveness* · *Haftfähigkeit (-festigkeit)

*adiabatic* · adiabatisch
*adjustment* · *Justieren
*adjudication of water rights* · richterliche Entscheidung über Wasserrecht
*adjusted value* · berichtigter Wert
*adjutage* · Auslaufrohr, Mundstück
*administration of water rights* · Verwaltung der Wasserrechte
*adolescent river* · jugendlicher Fluß
*adsorbet water* · Saugwasser, hygroskopisches Wasser
*adsorption* · *Adsorption
– *water* · Adsorptionswasser
*advection* · Advektion
*aeolian* · äolisch
– *deposit* · Ablagerung durch Wind; Windsediment
*aeration* · Belüftung
– *drainage* · *Durchlüftungsdränung
– *methods* · *Belüftungsverfahren
– *to cause precipitation* · *Belüftung des Wassers
– *zone* · mit Bodenluft gesättigte Zone
*aerator* · Belüfter
*aerobic* · *Aerob
*aerofilter* · Luftfilter
*aerohydrous* · in Poren eingeschlossene Flüssigkeit
*aerosphere* · Aerosphäre, Lufthülle
*affluent* · Nebenfluß, Zufluß
*afflux* · Hebung des Wasserspiegels durch Einschnürung; Unterschied des Wasserspiegels ober- und unterhalb eines Wehres
*afterbay* · Unterwasserkanal, Ableitungsstollen
*afterprecipitation* · Ausfällung
*aggradation* · *Verlandung
– · *Auflandung, Kolmation
– *, colmation* · *Aufschlickung
*aggrading river* · Fluß, dessen Sohle sich durch Anlandung erhöht
– *stream* · Fluß, dessen Sohle sich durch Anlandung erhöht
*aggregate* · *Zuschlagstoff
*aggressive carbon dioxide* · *aggressive Kohlensäure
*aggressivity* · *Aggressivität
*agitator* · Rührwerk; Belüfter
*aground* · gestrandet
*air-and-vacuum valve* · Druckregelierungsventil
– *bound* · durch Luftpolster unterbrochener Durchfluß in Rohrleitungen
– *breakwater* · pneumatischer Wellenbrecher
– *capacity* · *Lufthaltevermögen (Luftkapazität)
– *chamber* · *Windkessel
*air-chamber pump* · Pumpe mit Windkessel
– *displacement pump* · Druckluftwasserheber, Mammutpumpen
– *-dry* · *lufttrocken
– *entrainement* · Anreicherung des Wassers mit Luft
– *gap* · Luftraum
– *-lift pump, mammoth pump* · *Mammutpumpe
– *-line correction* · Meßseil Korrektur
– *lock* · *Luftschleuse
– *pipes* · *Luttenrohre
– *-relief valve* · Entlüftungsventil
– *siltometer* · Meßgerät zur Bestimmung der Kornverteilung
– *space ratio* · *Luftgehalt
– *valve* · automatisches Druckregulierungsventil
– *vent* · Entlüftungsschacht, Entlüftungsleitung
– *-void ratio* · Luftgehalt
*airometer* · Luftmesser
*alcove* · Bucht
*alfalfa gate* · Schieber
– *valve* · Rohrventil
*algae* · *Algen
– *control* · Algenbekämpfung
*algicide* · Algengift
*alkali* · Alkali
– *accumulation* · alkalische Anreicherung des Bodens
– *flat* · alkalisches Gebiet, Playa
– *soil* · alkalischer Boden
*alkaline* · alkalisch
– *water* · alkalisches Wasser
*alkalinity* · *Alkalität
*alkalization* · Alkalinisation
*all surface- and ground water* · *Gewässer
*allowable pile bearing load* · zulässige Pfahlbelastung
– *soil pressure* · zulässige Bodenpressung
*alluvial* · alluvial, angeschwemmt
– *clay* · *Klaiboden
– *cone* · Geschiebekern
– *deposit* · *Anlandung
– *fan* · Geschiebebank
– *plain* · durch Anlandung entstandene Fläche
– *river* · durch Geschiebeablagerungen entstandenes Flußbett
– *soil* · angeschwemmter Boden
– *terrace* · Terrasse entlang des Flußtales
*alluviation* · Anschwemmung von Geschiebe
*alluvium* · *Alluvium (Alluvion)
*alpine zone* · Alpenzone
*alternate depths* · wechselnde Tiefen

*alternating pipe supports* · *aufgelöste Rohrleitung
*altimeter* · Höhenmesser
*altitude* · *Kote
– *-control valve* · Ventil oder Schieber zur Kontrolle der Wasserspiegelhöhe
*alum* · *Alaun
*ambursen dam* · *Ambursenstaumauer
*american-standard fittings* · amerikanische Standard Fittings
– *turbine* · amerikanische Turbine
– *wheel* · amerikanische Turbine mit äußerer Beaufschlagung
*amorphous* · amorph, formlos
*amount of suspended material carried off by overland runoff* · *Schwebstoffabtrag
*amphidromic region* · über Tide-Hochwasser liegender Punkt oder Fläche
*amplitude* · *Amplitude
– *of tide* · Amplitude der Tide
*anabranch* · Inselformender Nebenarm
*anaclinal stream* · Fluß, dessen Gefälle entgegengesetzt dem Gefälle der Gesteinsformation verläuft
*anaerobic* · *Anaerob
*analysis* · *Analyse
*anchor buoy* · *Festmacheboje
– · *Ankerboje
– *gate* · durch Maueranker befestigtes Schleusentor
– *hinge* · *Ankergelenk
– *ice* · unter dem Wasserspiegel entstandenes Eis
– *pile(s)* · Ankerpfähle
*anchorage* · *Reede
*andesite* · *Andesit
*anemometer* · Anemometer
*aneroid (barometer)* · *Aneroid
*angle gate valve* · Winkelschieber
– *of current* · Anströmungswinkel
– *of external friction* · Winkel der äußeren Reibung
– *of incidence* · Einfallwinkel
– *of internal friction* · *Reibungswinkel
– *of jet* · *Erhebungswinkel (des Strahls)
– *of repose* · natürlich. Böschungswinkel
– *of slope* · *Böschungswinkel
– *valve* · *Eckventil
*angular retaining wall* · *Winkelstützmauer
*angularity* · Winkelabweichung des Anströmungswinkels vom 90°-Winkel
– *correction* · Korrektionsfaktor des Anströmungswinkels
*anhydrite* · *Anhydrit
*anhydrous* · wasserfrei, ohne Kristallisationswasser
*anicut* · Damm
*anisotropic-mass* · anisotroper Stoff

*annual balancing reservoir* · *Jahresspeicher
– *bed load transport* · *Geschiebefracht
– *depreciation* · jährliche Abschreibung
– *discharge* · *Jahreswasserfracht
– *flood* · höchstes jährliches Hochwasser
– *-flood-peak series* · Tabelle oder Abflußmengenlinie für ein Abflußjahr
– *inequality* · jahreszeitlicher Unterschied
– *load factor* · Jahresbelastungsfaktor
– *output capacity* · *Jahresarbeitsvermögen
– *variation* · jährliche Schwankung oder Abweichung
*annular drainage pattern* · Gebietsentwässerung durch ringförmig laufende Flüsse oder Bäche
*anomaly* · Anomalie
*anomalistic month* · anomalistischer Monat
*anomorphic zone* · Umgestaltungszone
*antecedent* · früher, vorher
– *moisture* · Bodenfeuchtigkeit vor der Regenperiode
– *precipitation* · vorausgegangener Regenniederschlag
– *stream* · Fluß, der trotz geographischer Veränderungen seinen Lauf nicht verändert hat
*anticlinal spring* · Antiklinalquelle, Schichtquelle
*anticyclone* · gegenläufiger Wirbelsturm
*antidune* · Gegenrippel
– *movement* · gegen die Strömungsrichtung wandernde Gegenrippeln
*antifreeze* · *Frostschutz
*aperiodic* · unregelmäßig
*apogean range* · Tidenhub, wenn Abstand Mond–Erde ein Maximum ist
– *tide* · Gezeiten, wenn Abstand Mond–Erde ein Maximum ist; Apogäum
*apogee* · Apogäum, Erdferne
*apparent cohesion* · scheinbare Kohesion
– *density* · scheinbares Raumgewicht
– *ground-water velocity* · scheinbare Grundwassergeschwindigkeit
– *specific gravity* · scheinbares spezifisches Gewicht
*approach* · Küstenzone
– *channel* · Zulaufstrecke
*appropriation of water rights* · Aneignung des Wasserrechts
*appropriator of water rights* · Aneigner des Wasserrechts
*approximate* · annähernd, ungefähr
*appurtenances* · Zubehör
*apron* · *Wehrboden
*aqueduct* · *Aquädukt

*aqueous metamorphism* · Gesteinsveränderung durch Wasser oder Feuchtigkeit
*aquiclude* · Verzögerungsschicht
*aquifer* · Grundwasserleiter, Grundwasserstockwerk
*aquifuge* · undurchlässige Gesteinsschicht
*arable land, crop land* · *landwirtschaftlich genutzte Fläche
*arcade* · *Arkade
*arch* · *Gewölbe
– *; beam* · *Bogen
– *dam* · *Gewölbestaumauer
– *gravity dam* · *Bogengewichtsmauer (Staumauer)
*archimedes' principle* · Archimedisches Prinzip
*archimedian screw* · Schneckenförderer, Schnecke
*arching* · Gewölbewirkung, Druckumlagerung
*archipelago* · Inselgruppe
*area* · Fläche
– *bare of ice* · *Eisblänke
– *curve* · Flächenkurve
– *evaporation* · *Gebietsverdunstung
– *of embankment* · *Böschungsfläche
– *of floating* · *Schwimmfläche
– *of influence* · Absenkungsbereich
*areometer* · *Aräometer (Senkwaage)
*argillite, argillaceous rocks* · *mildes Gebirge
*arid* · trocken; wasserarm
*arithmetic mean* · *einfaches arithmetisches Mittel
– *mean* · *arithmetisches Mittel
– *mean water level* · *Mittelwasserstand
*arroyo* · Graben, Bach
*arterial drainage* · *Dränabteilung
*artesian aquifer* · artesischer Grundwasserleiter
– *basin* · artesischer Grundwasserspeicher
– *capacity* · artesische Schüttung
– *discharge* · artesische Schüttung
– *flow* · artesischer Abfluß
– *flow area* · artesische Schüttungsfläche
– *flowing well* · artesischer Brunnen
– *head* · artesische Druckhöhe
– *leakage* · Verlust v. artesischem Wasser
– *pressure* · artesischer Druck
– *surface* · artesischer Druckwasserspiegel
– *spring* · artesische Quelle
– *waste* · Wasserverlust bei einem artesischen Brunnen
– *water* · *aufsteigendes Grundwasser
– *water* · *artesisches Wasser
– *water power* · artesische Wasserkraft
– *well* · *artesischer Brunnen
– *well capacity* · artesische Schüttung
*artifical ageing* · *künstliches Altern
*artifically created water resources* · *künstlicher Wasserhaushalt
– *grade, slope* · *künstliches Gefälle
*artifical lowering of ground-water level* · *Grundwasserabsenkung
– *lowering of ground-water level (test pumping)* · *Probeabsenkung
*artificial navigable waterway* · schiffbar gemachter Fluß, Schiffahrtskanal
– *nourishment* · künstliche Auflandung, Auffülung durch Baggergut
– *rainfall* · künstlicher Regen
– *rise of ground-water level* · *Grundwasserhebung
– *replenishment of ground water* · *Grundwassererhebung
– *soil stabilisation* · *Baugrundverbesserung
– *watercourse* · künstlicher Wasserlauf
*asbestos cement* · *Asbestzement
– *cement pipe* · *Asbestzementrohr
*ashlar* · Bruchstein; Bruchsteinmauer
*ashore* · an Land
*aspect* · in Richtung Gefälle
*asphalt* · *Asphalt
*asphaltic coarse gravel* · *Bitumenschotter (Asphaltschotter)
*asphaltic concrete* · *Asphaltbeton
– *gravel* · *Bitumenkies (Asphaltkies)
– *rock* · *Asphaltgesteine
– *sand* · *Bitumensand (Asphaltsand)
– *sand* · *Sandasphalt
*asphaltite; gilsonite* · *Asphaltite
*assessable land* · veranschlagbares Land
*aspirator* · Aspirator, Saugapparat
*assessment* · veranschlagter Preis
*assimilation* · *Assimilation
*association (ecology)* · Pflanzenassoziation durch Umweltsbedingungen
*asthenosphere* · Magmazone
*asymmetrical* · unsymmetrisch
*atmometer* · Verdunstungsmesser
*atmospheric moisture* · Luftfeuchtigkeit
– *water* · Wasseranteil in der Atmosphäre
– *precipitation* · *atmosphärischer Niederschlag
– *pressure* · *Luftdruck
*atropis maritima* · *Andel
*atoll* · Koralleninsel
*atomization* · Zerstäubung
*attached ground water* · an den Porenwänden haftendes Wasser
*Atterberg consistency limits* · *Atterbergsche Grenzen
*Atterberg's limits of soil* · *Zustandsgrenze
*attracting groin* · inklinante Buhne
*austausch* · Austausch

*autogenetic drainage* · Dränung durch Erosionsflächen
– *topography* · natürliche Bodengestaltung
*automatic gate* · selbsttätig wirkendes Schütz
– *recording gage* · *elektrischer Schreibpegel
– *spillway* · selbsttätiger Überfall
– *sprinkler* · automatischer Sprenger zur Feuerbekämpfung
– *station* · automatisch gesteuertes Wasserkraftwerk
– *valve* · automatisch gesteuertes Regulierventil
– *weir* · *selbsttätiges Wehr
*autotrophic* · *autotroph
*auxiliary power plant* · *Ergänzungskraftwerk
*available inflow* · *verfügbarer Zufluß
– *moisture capacity* · verfügbarer Feuchtigkeitsgehalt
– *oxygen* · im Wasser vorhandener Sauerstoff
– *supply* · *Wasserbereitstellung
– *water* · Wasser, das dem Boden ohne Schädigung des Pflanzenwuchses entnommen werden kann
*availability* · *Dargebot
– *factor* · Verfügbarkeitsfaktor
*avalanche* · Lawine
*average* · Durchschnitt, Mittel
– *annual flood* · mittleres, jährliches Hochwasser
– *annual working capacity* · *mittleres Jahresarbeitsvermögen
– *efficiency* · *Durchschnittswirkungsgrad
– *error* · mittlerer Fehler
– *ground-water velocity* · mittl. Grundwassergeschwindigkeit
– *inflow capacity* · *mittlerer erfaßbarer Zufluß
– *live* · durchschnittliche Lebensdauer
– *load duration (factor)* · *mittlere Belastungsdauer (Belastungsgrad)
– *rate of irrigation* · *mittlere Beregnungsdichte
– *stream flow* · durchschnittlicher Abfluß in einem Fluß
– *year* · Durchschnittsjahr
*avulsion* · Abschwemmen b. Deichbruch; Abschwemmen von Land
*avulsive cutoff* · natürlicher Durchstich
*axial-flow turbine* · Axialturbine
– *stream* · Fluß, dessen Achse dem tiefsten Taleinschnitt folgt
*axis* · Achse
– *of equilibrium* · Gleichgewichtsachse
*axis of floating* · *Schwimmachse
– *of rotation* · Drehachse

**B**

*bacilli* · *Bazillen
*backbeach* · zurückliegender Strand
*backblowing* · Spülung mit Druckwasser
*backfill* · hinterfüllen; Hinterfüllung
*backflow* · Rücklaufwasser
*backflow preventer* · Rückschlagklappe, Rückschlagventil
*back of levee* · landseitige Böschung eines Schutzdammes
*backshore* · zurückliegender Küstenstreifen
*backsiphonage* · rückläufig. Heberwirkung
*backslope* · flache Böschung
*backwash* · Rückspülwasser; Reflektionswasser
*backwater* · *Stau
– · *Rückstau
– *at bridge pier* · *Brückenstau, Pfeilerstau
– *curve* · *Staulinie
– *dike* · *Rückstaudeich
– *function* · Beziehung zwischen Staukurve und Wassertiefe
– *gate* · Rückstauklappe
– *mark* · *Staumarke
*bacteria* · *Bakterien
– · *Spaltpilze
*bacterial count* · *Keimzahl
*bacterilogical analysis* · *bakteriologische Untersuchung
*bacteriophages* · *Bakteriophagen
*badlands* · unfruchtbares Land
*baffle* · Leitblech, Prallwand, Stauscheibe
– *aerator* · Belüftung mittels Leitbleche
– *pier* · Schikanen, Störkörper
*baffling wind* · leichte, unstete Brise
*bag dam* · Grundschwelle aus Sand-, Kies- oder Betonsäcken
*baguio* · tropischer Wirbelsturm
*bai* · Sandstaubniederschlag
– *-u* · Regenzeit in Japan und China
*bail* · schöpfen, ausschöpfen
*balance* · *Waage
– *gate* · Klappenwehr
*balanced gate* · selbsttätig durch Wasser betätigte Stauklappe
– *valve* · Ausgleichsventil
*balancing of masses* · *Massenausgleichung
– *reservoir* · *Ausgleichsbecken
*ball joint* · Kugelgelenk
– *nozzle* · Düse mit Kugelregulierung
– *valve* · *Kugelventil
*balustrade* · *Brüstung

*band screen* · Bandrechen; Siebbandrechen
– *shoe* · Bandschloß
*banded-steel pipe* · durch Bänder verstärktes Stahlrohr
*bank* · *Bank
– , *shore* · *Ufer
– *line, shore line* · *Uferlinie
– *erosion* · Ufererosion
– *protection* · *Deckwerk
– *protection by fascines* · *Spreutlage
– *revetment* · Uferbefestigung
– *-run gravel* · Kiesbank
– *sill* · *Störschwelle
– *storage* · Vorlandspeicherung
*bankfull discharge* · Abfluß bei ufervollem Querschnitt
– *stage* · Wasserspiegel bei ufervollem Querschnitt
*banquette* · *Fußdeich (Rückfuß, Bankett)
*bar, unit of pressure* · *bar
– , *sand bar* · *Plate
– *draft* · Wassertiefe über Sandbank
– *port* · bedingt schiffbarer Tidehafen
– *rack* · Stabrechen
*barge* · *Kahn
*barograph* · Barograph
*barometer* · Barometer
*barometric altimeter* · Meßgerät zur barometrischen Höhenmessung
*barometrical height measurement* · *barometrische Höhenmessung
*barothermograph* · Barothermograph
*barrage* · *Stauschleuse
– , *impounding reservoir* · *Talsperre
*barrel* · Tonnengewölbe; Pumpenzylinder
*barrier* · Grundschwelle, Sandbank
– *bar* · Sandbank
– *beach* · der Küste vorgelagerte Sandbank
– *spring* · *Stauquelle
*barysphere* · Erzmantel
*basalt* · *Basalt
*bascule bridge* · *Klappbrücke
*base, subgrade* · *Sohle
– *course* · Unterschicht, Unterbau, Tragschicht
– *drainage* · *Sohlenentwässerung
– *exchange* · *Basenaustauscher
– *flow* · Abfluß aus Grundwasser und Seen; im Eis, Schnee- oder Gletscher zurückgehaltenes Wasser
– *flow depletion curve* · Normalabfluß–Abnahmekurve
*base level* · Bezugsebene; maximale Erosionstiefe; Gefälle oder Querschnitt eines Flusses, bei dem keine Sohlenumbildung mehr stattfindet
*base line* · Standlinie, Grundlinie
– *load* · *Grundlast
– *load power station* · *Grundlastkraftwerk
– *period* · Zeitabschnitt, für d. Normalabfluß durch Einzelregen überschritten wird
– *runoff* · Abflußmenge ohne Niederschläge
– *width of embankment* · *Böschungsgrundbreite
*basic data* · gemessene Grundwerte
– *hydrologic data* · hydrologische Grundwerte
– *-stage flood* · angenommenes, niedrigstes Hochwasser
*basin* · Becken; Einzugsgebiet, Bassin
– *irrigation* · *Beckenbewässerung
*basket dam* · Steinkastenwehr
*bathymeter* · Tiefenmesser
*bay* · Bai, Bucht
– , *capsill* · *Joch
– *harbor* · Buchthafen
– *ice* · Golfeis
*boyou* · *Altwasser (Altarm)
*bazin formula* · Formel von Bazin
– *roughness coefficient* · Rauhigkeitsbeiwert nach Bazin
*beach* · Strand, Küstenstreifen
– *accretion* · Küstenverlandung
– *drift* · Strandgut
– *erosion* · Küstenerosion
– *face* · Vorstrand
– *profile* · Küstenprofil
– *ridge* · *Nehrung
– *width* · Küstenbreite
*beacon* · *Blinkfeuer
– · *Leuchtfeuer
– · *Bakentonne
– *lights* · *Leitfeuer
– *tower* · *Bake
*bear-trap dam* · mit Hilfe des Wassers bewegtes Klappenwehr
– *weir, roof weir* · *Dachwehr
*Beaufort scale* · *Beaufort-Skala
*beaver-type dam* · Behelfsdamm
*Bebout wicket dam* · eine Art Wolf'sches Gehänge
*bed; base* · *Bett
– *-building stage* · *Bettbildender Wasserstand
– *groin* · stufenweise erhöhte Buhne
– *load, bed material* · *Geschiebe
*bed load* · *Schwerstoffe
– *load feeder* · Vorrichtung für die Sandzugabe bei Modellversuchen
– *load function* · Beziehung zwischen Wassermenge und Geschiebemenge

*bed load movement per unit of time* · *Geschiebebetrieb
– *load rate* · *Geschiebemenge
– *load sampler* · Geschiebefänger
– *load transportation* · *Geschiebeführung
– *material* · Art des Flußbettes
– *-material load* · Geschiebefracht
– *-material sampler* · Geschiebefangkorb, Geschiebefangkasten
– *ripple* · Bettrippel
– *rock* · hartes, festes Gestein, Felsgestein
– *slope* · *Sohlgefälle
– *wave* · wellenförmige Bettrippel
*bedding (geology)* · Stratifikation; Rohrbett
– *plane* · Sedimentationsschicht
– *value* · *Bettungsziffer, Bettungszahl
*bedrock* · gewachsener Fels
*beer* · *Bier
*behead* · köpfen
*beheaded stream* · gekappter Fluß
*bela* · Sandbank
*Belanger's critical flow* · kritischer Fließzustand nach Belanger
– *critical velocity* · kritische Geschwindigkeit nach Belanger
*bell and spigot joint* · *Muffenverbindung
– *and spigot pipe* · *Stahlmuffenrohr
*bellmouth* · Einlauftrompete
*bell-mouthed orifice* · Kurz-Venturirohr
*belt conveyor* · *Förderband
– *conveyor* · *Bandförderer
– *of soil-water* · Wasser der obersten Bodenschicht
– *of watertable fluctuation* · Schwankungsbereich des Grundwasserspiegels
– *of weathering* · Verwitterungszone
*bench* · flaches Ufer; Uferberme
– *flume* · in die Böschung eingelassene Rinne
– *gravel* · Geschiebebank
– *mark* · *Pegelfestpunkt
– *terrace* · Hangterrasse zur Verhinderung von Erosion
*bend* · Krümmung, Flußkrümmung
*bending* · *Biegung, biegen
– · *Durchbiegungen
*beneficial use of water* · wirtschaftliche Nutzung des Wassers
*benefits* · Nutzen
*benthal* · *Benthal
– *deposit* · Ablagerungen von Erosionsmaterial oder Abwasserabfall
*benthos* · *Benthos
*bentonite* · *Bentonit
*bentonitic clay* · Bentonitton
*Bentzel tube* · Bentzelrohr, dient zur Messung kleiner Wassergeschwindigkeiten

*berm* · *Berme
– · *Deichberme, Deichbankett
– *ditch* · Graben entlang einer Berme
*Bernoulli's theorem* · Bernoullische Energiegleichung
*B-horizon, subsoil* · *Übergangsboden
*Bertrand qualifying equation* · Bertrand'sche Gleichung
*bib valve* · Zapfenventil, Zapfhahn
*bifurcation* · *Flußspaltung
– *gate* · Verteilungsschütz
*bilge support* · *Kimmschlitten
*billow* · große Welle
*biochemical oxygen demand (B.O.D)* · *Biochemischer Sauerstoffbedarf (BSB)
*biochemical oxygen demand for «n» day's* · *$BSB_n$
*biological analysis* · *Biologische Wasseruntersuchung
– *association* · *Biozönose
– *filter, bacteria filter* · *Biologischer Körper
– *sewage treatment* · *Biologische Abwasserreinigung
*biota* · *Biotop
*bitumen* · *Bitumen
– *-coated chippings* · *Bitumensplitt
– *emulsion* · *Bitumenemulsionen
*bituminous* · *bituminös
– *burlap* · *Bitumengewebe
– *coal tar* · *Steinkohlenteer
– *motar* · *Bitumenmörtel
– *paper* · *Bitumenpappe
*black cultivation* · *Schwarzkultur
– *peat* · *Schwarztorf
*blank flange, blind flange* · *Blindflansch
*blanketing* · Decklagen verschiedenen Materials
*bleach sand* · *Bleichsand
*bleed* · entlüften, entleeren; sickern
*blind drain* · Dammfilter; mit Steinen gefüllter Graben; geschlossener Drängraben mit verdecktem Auslaß
– *flange* · Blindflansch
– *level* · horizontal verlegter Dränagetunnel mit Zu- und Ablaufschacht
– *rollers* · lange, hohe Wellen
*blinding* · *Einstechen oder Verstechen der Drängräben
*blizzard* · Schneesturm zusammen mit starkem Wind
*bloating sludge* · *Blähschlamm
*block* · Würfel; Block
– *-construction method* · *Blockbauweise
– *construction* · *Mauerwerksblock (Baublock)
*blocking ice* · *Eisversetzung
*blowing well* · luftausblasende Quelle

*blowoff* · Ablaß, Auslaß
– *valve* · Ablaßhahn, Auslaßhahn
*blown bitumen, oxidized bitumen* · *geblasene Bitumen
*bluff* · Cliff, Steilufer
*boat basin* · Bootshafen
*bog* · Moor, Sumpf
*boggy soil* · *Moorboden
– *rocks* · *schwimmendes Gebirge
*boil* · Quellen; Sprudel
*boiler* · *Druckspeicher
– *-feed, water* · unter Druck nachgefülltes Wasser bei Dampfkessel
– *scale* · Boilerablagerung
*boison* · Einzugsgebiet mit zum Mittelpunkt laufendem Entwässerungssystem
*bold* · Steilküste
*bollard, mooring post* · *Poller
*bolster(s)* · Sinkwalzen, Steinkästen
*bolson* · geschlossenes Endbecken
*boom* · mehrere, miteinander verbundene, schwimmende Baumstämme
*booster pump* · Pumpe zur Druckerhöhung in einer Wasserleitung
– *station* · Pumpstation zur Druckverstärkung
*Borda's mouthpiece* · Borda's Auslaßrohr
*border dike(s)* · Begrenzungsdeich für Bewässerungsgebiet
– *irrigation* · Stauberieselung mit Hilfe von parallel laufenden Begrenzungsdämmen
– *strip* · bewachsener Begrenzungsstreifen zur Verhinderung von Erosion
*bore* · *Bore
*bored well* · gebohrter Brunnen
*boring log* · *Bohrregister
– *material* · *Bohrmehl
– *sample* · Bohrprobe
*boron water* · Borwasser
*borrow pit* · Bodenentnahmeplatz oder Grube
*bossage* · *Bossen
*bottle silt sampler* · Schöpfgefäß in Form einer Flasche
*bottom* · Meeresgrund; Vorland eines Flusses
– *contraction* · Kontraktion des Überfallstrahls durch die Wehrkrone; Bodenkontraktion
– *ice* · Eis an der Flußsohle oder am Seeboden
– *of a race or spillway* · *Schußboden
– *outlet* · *Grundablaß
– *outlet* · *Tiefablaß
– *-set bed* · Ablagerungen vor dem Delta
*boulder* · *rolliges Gebirge
– *clay* · *Geschiebemergel
*boulder-formation in a mountain stream* · *Mure, Murgang
– *well* · Steigquelle
*Boulé dam* · Dammbalkenwehr
*bound water* · gebundenes Wasser
*boundary flow line, pierhead line* · *Streichlinie
– *layer* · *Grenzschicht
– *spring* · Schichtquelle
*Bourdon gage* · Druckmeßgerät nach Bourdon
*box culvert* · Durchlaß m. Rechteckprofil
– *dam* · Fangedamm
– *dock* · Schwimmdock in Kastenform
– *drain* · Kastendrän aus Beton, Backstein, Stein
– *gage* · Schwimmerpegel im Rohr oder Kasten
*Boydon turbine* · Boydonturbine
*bracing* · *Aussteifen
*brackish water* · *Brackwasser
– *water plant* · *Queller
– *water region* · *Brackwasserregion
*braided river* · besonders breiter, sich in mehrere Arme teilender Fluß
*branch* · Armatur, Verteiler
– *channel* · *Stichkanal
– *ditch* · *Stichgraben
– *or arterial drains* · *Sauger
– *or arterial drains* · *Saugdrän (Sauger)
*branch drain pipe* · *Einmündungsstück
– *pipe* · *Abzweigrohr
– *sewer* · Nebensammler
– *structure* · *Abzweigungsbauwerk
*breaker* · *Brandungswelle
– *line* · Brandungslinie
*breaking depth* · wenn Wellenhöhe gleich der Wassertiefe ist
– *load* · *Bruchbelastung
– *load, failure load* · *Bruchlast (eines Bauteiles)
– *of emulsions* · *Brechen v. Emulsionen
– *up of ice* · *Eisaufbruch
*breakwater* · *Wellenbrecher
*breakway point* · Anlaufwassermenge eines Wasserzählers
*breast wheel* · mittelschlächtiges Schaufelrad
*breathing well* · atmende Quelle
*breccia* · *Breccie, Brekzie
*bridge* · *Brücke
– *ferry* · *Brückenfähre
– *pier* · *Brückenpfeiler
*brink ice* · *Randeis
*brittle rocks* · *Gebräch-Gebirge
*broach* · Breitseite
*broad irrigation* · *Abwasserverregnung
– *irrigation* · *Berieselung
– *-base terrace* · breite Hangterrasse

*broad-crested measuring weir* · Meßwehr mit breiter Krone
– *-crested weir* · Wehr mit breiter Krone
*brook* · *Bach
– *clearing* · *Bachräumung
*brown-coal tar* · *Braunkohlenteer
*Brownian movement* · Brownsche Molekularbewegung
*brush dam* · Flechtwerksperre
– *matting* · Faschinen; Packwerk
– *paving* · Kolkschutz in Form von Spreutlagen
– *weir* · *Buschwehr
*bubble* · Luftblase
*bucket* · Eimer, Kübel; Schaufel; Kolben
– *conveyer* · *Becherwerk
– *dredge* · *Eimerketten-, Eimerbagger
– *pump* · Eimerkettenpumpe
*building code* · *Baupolizeiliche Bestimmungen
– *construction* · *Hochbau
– *material* · *Baustoff
– *hygiene* · *Bauhygiene
– *inspection* · *Bauaufsichtsbehörde
– *trade* · *Baufach
*bulb of pressure* · *Druckzwiebel
*bulk density* · Raumgewicht
– *specific gravity* · Raumgewicht
– *-loading hoister* · *Ladebrücke
*bulkhead* · *Bohlwerk, Bollwerk
– *, sheeting* · *Stülpwand
– *line* · wasserseitige Begrenzungslinie eines Fangedamms oder einer Spundwand
*bulking* · Auflockerung
*bull pump* · Dampfpumpe
*bulldozer, tractor* · *Raupenbagger
*bump joint* · Muffen-Verbindung
*bunding* · Stützmauer
*buoy* · *Boje
– · *Tonne
*buoyage* · *Betonnung
*buoyancy* · *statischer Auftrieb
– *pump* · Luftmischheber
*buried channel* · verschütteter Fluß
– *river* · zugeschwemmter, begrabener Fluß
*bury* · Einbautiefe
*butterfly gate* · *Drosselklappe
– *valve* · Drosselventil
*buttress dam* · *Pfeilerstaumauer
– *power station* · *Pfeilerkraftwerk
*by-channel* · Umlaufkanal
– *-pass* · Umlaufleitung
– *-pass channel* · *Trennrinne
– *-pass culvert, by-pass conduit* · *Umlauf
– *-pass gate* · Torklappe, Füllschütz
– *-pass valve* · Umleitungsventil

## C

*cable* · *Kabel
– *-crane* · *Kabelkran
– *-tool drilling* · Bohrung mit einer an einem Seil befestigten Schlagspitze
*cage screen* · *Geschiebekorb
*caission* · *Senkkasten
– *disease, decompression sickness* · *Senkkastenkrankheit
– *foundation* · *Brunnengründung
– *foundation* · *Druckluftgründung
– *foundation, pneumatic foundation work, pier foundation* · *Schachtgründung
*calcareous spring* · Quelle mit Kalziumkarbonat gesättigtem Wasser
*calcium aluminum sulphate* · *Calciumsulfoaluminat
– *bicarbonate* · *Calciumbicarbonat
– *carbonate* · *Calciumcarbonat
– *chloride* · *Calciumchlorid
– *-magnesium-carbonate content* · *Kalkgehalt
*calendar day* · *Tag
*caliber* · Kaliber
*calibration* · *Eichen
– *error* · *Fehlergrenzen, Eichfehlergrenzen
*caliche* · Ablagerung v. Kalziumkarbonat
*California bearing ratio (CBR)* · *California-Bearing-Ratio
– *pump* · Kalifornienpumpe
*calk* · Dichtung einer Fuge
*calm* · ungestörter, ruhiger Wasserspiegel
*canal* · *Kanal
– *aqueduct* · *Kanalbrücke
– *lock* · *Kanalschleuse
– *mouth* · *Kanalmündung
– *or pipe cross section* · *Kanal-(Leitungs-)Querschnitt
– *port* · *Kanalhafen
– *seepage loss* · Sickerverlust in einem Kanal
– *system* · Kanalnetz für Bewässerungsanlage
– *tunnel* · *Kanaltunnel
*canvas gate* · *Schürzenwehr
*canyon* · tiefe, breite Schlucht, Klamm
*capacity* · *Leistungsfähigkeit (Vollleistung) «Kraftwerk»
– *curve* · Speicherinhaltskurve
– *diagram* · *Leistungsganglinie
– *factor* · Kapazitätsfaktor
– *formula* · Abflußformel
– *of decomposition* · *Abbauleistung
– *level* · *Stauziel
*cape* · Kap
*capillarity* · *Kapillarität (Porensaugwirkung)

*capillary constant* · *Kapillarkonstante (Oberflächenspannung)
– *depression* · *Kapillardepression
– *force* · *Kapillarkraft
– *fringe* · *Kapillarsaum
– *fringe* · *Saugsaum (Saugraum, Kapillarsaum)
– *fringe* · *Saugraum (Saugsaum, Kapillarsaum)
– *fringe belt* · Kapillarsaumzone
– *head* · kapillare Druckhöhe
– *interstice* · Kapillarhohlraum
– *lift* · kapillare Steighöhe
– *migration* · Kapillarbewegung des Wassers
– *opening* · Kapillaröffnung
– *percolation* · kapillares Versickern
– *pressure* · *Kapillardruck
– *rise* · *kapillare Steighöhe
– *rise* · *Steighöhe
– *tube* · *Kapillarrohr
– *water* · *Porensaugwasser
– *water* · *Kapillarwasser
– *wave* · Kapillarwelle
– *zone* · Kapillarzone, Haftwasserzone
*caporit* · *Caporit
*captive float* · Zeltstoffzylinder mit Schwimmer zur Messung der Geschwindigkeit
*capstan* · *Spill
*carbonate balance* · *Kalk-Kohlensäure-Gleichgewicht
*carbonated spring* · Quelle mit Kohlensäure gesättigtem Wasser
*carp region* · *Barbenregion
*cascade* · *Sturztreppe
– · *Überfalltreppe
– · *Absturz
– *aerator* · Belüftung durch Abstürze
– *wheel* · oberschlächtiges Wasserrad
*casing, well casing* · *Mantelrohr
– *head* · Schlagkreuz
– *shoe* · Rohrschneide für Brunnenrohr
– *of wells* · *Verrohrung der Brunnen
*cast-in-place concrete pile* · *Ortpfahl
– *-iron pipe* · Gußrohr
*cat ice* · Hohleis
*cat's-paw* · kleine Stoßwelle
*catalysis* · *Katalyse
*catalyzer* · *Katalysator
*cataract* · großer Wasserfall
– *action* · Kolkung durch Stromschnelle
*catch basin* · Auffangbecken
*catchment area* · *Einzugsgebiet
*catchwork* · Bewässerungsanlage
*catenary curve* · Seilkurve
*caterpillar gate* · Caterpillar-Schütz
*caterpillar tractor* · *Raupe
*cathetometer* · Höhenmesser
*cathodic protection* · katodischer Schutz
*Cauchy's number* · Cauchy-Zahl
*causeway* · Dammstraße
*cavern flow* · Strömung in Kavernen u. Gesteinsspalten
– *power station* · *Höhlenkrafthaus (Kavernenkrafthaus)
– *water* · Kavernenwasser
*caving* · Böschungsrutsch
*cavitation* · *Kavitation
– *erosion* · *Kavitations-Verschleiß
– *number* · Kavitations-Zahl
*cay* · kleine Küsteninsel
*celerity* · *Schnelligkeit
– · Fortpflanzungsgeschwindigkeit (Wellen)
*cellular-expanded concrete* · *Porenbeton
*cement-lined pipe* · Guß-Stahl- oder Blechrohr mit Betonauskleidung
*cemented soil* · *verkitteter Boden
*center* · Mittelpunkt, Zentrum, Kern
– *line* · Mittellinie; Achse
– *of buoyancy* · Verdrängungsschwerpunkt
– *flotation* · Mittelpunkt der Schwimmebene
– *of gravity* · Massenmittelpunkt; Schwerpunkt
– *of pressure* · Angriffspunkt der Resultierenden aus mehreren Druckkräften
*central surface velocity* · Oberflächengeschwindigkeit in Flußmitte oder im Stromstrich
– *water supply* · *zentrale Wasserversorgung
*centrifuge* · Zentrifuge
*centrifugal force* · *Fliehkraft, Zentrifugalkraft
– *governor* · *Fliehkraftregler
– *pump* · *Kreiselpumpe
– *screw pump* · Zentrifugal-Propeller-bzw. Schraubenpumpe
*centrifuge moisture equivalent* · Schleuderfeuchtigkeit
*centrigrade* · Celsius
*centripetal drainage* · Mittelpunktdränung
– *pump* · Zentripetalpumpe
*ceramics* · *Steinzeug
*ceresit* · *Ceresit
*cesspool* · Abwassergrube
– *, gulley hole, cesspit* · *Schlammfang
– *system* · *Grubensystem
*c. g. s. system* · Zentimeter, Gramm, Sekunden-System
*chain of locks* · *Kuppelschleuse
– *of cascades* · *Abtreppung
– *of power plants* · *Kraftwerkskette
– *pump* · Kolbenkettenpumpe

*chain suspension bridge* · *Kettenbrücke
*chalybeate spring* · eisenhaltige Quelle
*chamber* · Kammer
– *lock* · *Kammerschleuse
– *valve* · *Gehäuseschieber
*change in water storage* · *Vorratsänderung
– *of state* · Zustandsänderung
– *of tide* · Wechsel von Ebbe und Flut
*channel* · Fluß, Kanal; Flußbett, Fahrrinne
– *accretion* · Flußverlandung
– *flow accretion* · Wasserzunahme eines Flusses durch Sickerwasser
– *axis* · Flußachse
– *im marsh* · *Ried
– *improvement* · Flußregelung
– *inflow* · direkter Zufluß in ein Flußnetz
– *line* · Stromstrich
– *loss* · Wasserverlust eines Flusses durch Versickerung
– *precipitation* · Niederschlag, der unmittelbar auf den Wasserspiegel von Seen oder Flüssen fällt
– *roughness* · Rauhigkeit natürlicher Gerinne
– *runoff* · Abfluß im Flußbett
– *span* · Brückenfeld üb. dem Fahrwasser
– *spring* · Grundwasseraustritt am Flußufer
– *storage* · Flußspeicherung
*chanoine wicket dam* · eine Art Wolf'sches Gehänge
*chapelet* · Eimerkettenbagger; Paternosterpumpe
*characteristic organisms* · *Leitorganismen
*charco* · Mulde, Teich; Oase
*charge* · beladen, belasten, Geschiebefracht
– *for conditional water service* · Kosten für zusätzliche Wasserversorgung
*check* · Kontrolleinrichtung; niedriger Damm
– *dam* · Grundwasserschwelle, Geschiebesperre
– *irrigation* · Beckenbewässerung mit Hilfe von niedrigen Dämmen
– *or furrow irrigation* · *Beetberieselung
– *valve* · Absperrventil, Absperrklappe
*chemical analysis* · chemische Analyse
– *gaging* · Geschwindigkeitsmessung nach der Konzentrationsmethode
– *oxygen demand* · *chemischer Sauerstoffbedarf
*chemically-pure water* · chemisch reines Wasser
*chemical sediment* · chemische Ausscheidungen von aufgelösten Feststoffen in einem Fluß
– *sewage treatment* · *chemische Klärung
*Chezy formula* · Formel von Chezy
*chinook* · Föhn
*chlamydobacteria* · *Chlamydobakterien
*chlorination* · *Chlorung
– *table* · *Chlordiagramm
*chlorine gas method* · *Chlorgasverfahren
*choppy sea* · kleine, kurze Wellen
*chronograph* · Zeitschreiber
*chute, race, spillway* · *Schußrinne
– · *Sohlübergang, Schußschwelle
– *spillway* · Sturzrinne
*chuted concrete* · *Gußbeton
*cienega* · Sumpfgebiet
*cipoletti measuring weir* · Meßwehr in Trapezform nach Cipolletti
*circular-casing pump* · Pumpe mit Ringgehäuse
*circulation* · *Zirkulation
*circumferential flow* · äußere Kreisströmung eines Rundbeckens
*cistern* · *Zisterne
– *well* · *Zisternenbrunnen
*city drainage* · *Stadtentwässerung
– *supply* · *Stadtversorgung
*civil engineering* · *Tiefbau
*clap sill* · Drempel, Schleusenschwelle
*clapotis* · *Kabelsee-Scholken
– · stehende Welle
*classification* · Klassifikation
*clastic(geology)* · ungleichmäßige Bruchsteine
– *deposit* · Geschiebeablagerung
*clay* · *Ton
– · *Klei
*claypan* · harte Lehm- oder Tonschicht
*clay pipes* · *Tonrohre
*clean river* · zur Trinkwasserentnahme geeigneter Fluß
– *up* · *Räumung, Grundräumung
– *water* · *Reinwasser (für Bewässerung)
– *water bacteria* · *Reinwasserbakterien
– *width; inside diameter* · *lichte Weite
*clearing* · *Rodung
*cliff* · *Kliff
– *spring* · Grundwasseraustritt an einem Kliff
*climate* · Klima
*climatic cycle* · klimatische Periode
– *province* · *Klimazone
– *variation* · klimatische Abweichung
– *year* · Klimajahr, Abflußjahr
*climatology* · Klimatologie
*climax* · Höhepunkt der Reifung
*clockwise turning turbine* · *rechtslaufende Turbinen

*close nipple* · kurzer Nippel m. Gewinde
– *pack ice* · geschlossenes Packeis
– *-coupled pump* · direkt gekuppelte Pumpe
– *basin* · geschlossener Teich innerhalb eines Einzugsgebietes
– *centrifugal pump* · Kreiselpumpe mit geschlossenem Laufrad
– *-conduit flow* · Strömung in Druckstollen und Druckrohrleitungen
– *-conduit spillway* · Schachtüberfall, Heberüberlauf
– *dike* · *geschlossener Deich
– *drainage* · Schacht- oder Seeentwässerung
– *impeller* · geschlossenes Laufrad
*closing dike* · Abschlußdeich mit Deichscharte
*cloud* · Wolke
– *-velocity gaging* · Geschwindigkeitsmessung mittels Farbstoff, Salzgeschwindigkeitsverfahren von Allen
*cloudburst* · Wolkenbruch
*co-range line* · Isoamplituden
*coagulant* · Flockungsmittel
*coagulation* · *Koagulation
– *, flocculation* · *Flockung
– *basin* · *Fällungsbecken
*coal wharf* · *Kohlenhafen
*coalescent debris cone* · Vereinigung von Ablagerungsflächen aus Gesteinstrümmern
*coarse crushed stone* · *Grobschlag (im Straßenbau)
– *rack* · Grobrechen mit 2,5 cm oder größerem Stababstand
– *sand* · *Grobsand
– *screen* · *Grobrechen
*coast* · Küste
*coastal current* · *Küstenströmung
– *port* · *Küstenhafen
– *plain* · Vorstrand
– *protection* · *Küstenschutz
– *region* · *Geest, Geestgebiet
– *region* · *Küstengebiet
*coastal settlement* · *Küstensenkung
– *waters* · *Küstengewässer
*coast line* · *Küstenlinie
*coating* · Anstrich
*cobble* · Pflasterstein
*cock* · *Hahn
*coefficient* · *Beiwert
– *of area* · Flächenkoeffizient
– *of discharge» runoff coefficient* · *Abflußbeiwert
– *of compressibility* · Zusammendrükkungsmodul, Steifezahl
– *of discharge for outlet* · *Ausflußzahl
*coefficient of earth pressure* · Erddruck-Beiwert, Erddruck-Koeffizient
– *of fineness* · Verhältnis der Schwebstoffanteile zur Trübung des Wassers
– *of friction* · *Reibungsverlustzahl
– *of hydraulic friction due to turbulence* · *Widerstandszahl
– *of hydraulic friction in pipes* · *Reibungszahl
– *of internal friction* · Koeffizient der inneren Reibung, Reibungsbeiwert
– *of kinematic viscosity* · Koeffizient der kinematischen Zähigkeit (Viskosität)
– *of permeability* · *Durchlässigkeitsbeiwert des Bodens
– *of plasticity* · *Bildsamkeit (Plastizitätszahl)
– *of regime* · Regime-Koeffizient
– *of relative permeability* · *Durchlässigkeitsgrundwert des Bodens
– *of roughness* · *Rauhigkeitsbeiwert
– *of shrinkage* · *Schwindmaß
– *of subgrade reaction* · Bettungsziffer nach Westergaard
– *of swell* · *Schwellmaß
– *of turbidity* · *Trübungsgrad
– *of variation* · Schwankungs- oder Abweichungsfaktor
– *of viscosity* · dynamische Zähigkeit (Viskosität)
– *of volume expansion* · *Raumausdehnungs-Koeffizient
– *of volume compressibility* · Zusammendrückungszahl, -modul, Steifezahl
*cofferdam* · *Kofferdamm
– · *Fangedamm
*cohesion* · *Kohäsion
*cohesionless soil* · nichtbindiger Boden
*cohesive soil* · *mittelschwerer bindiger Boden
– *soil* · *bindiger Boden
*coke-tray aerator* · Belüftung durch Koksfilter
*cold spring* · Kaltwasserquelle
– *wall* · Temperatur-Abfallzone
*coli bacterial count* · *Colikeimzahl
– *bacterial count of cold-blooded animals* · *Kaltblüter-Colibakterien
– *bacterial count of warm-blooded animals* · *Warmblüter-Colibakterien
– *titer* · *Colititer
*collar* · Schürze; Betonring
*collecting dug well* · *Sammelbrunnen
– *system* · Sammelsystem
*collection gallery* · *Sammelleitung (Sammelgalerie)
*colloidal soil* · kolloidaler Boden, Ton
*colloids* · Kolloide
*colluvial* · verwittertes Gestein und Erde

*colluvial deposit* · Gesteinsablagerung durch Erdrutsch
– *soil* · Bodenrückstand bei ausgewaschenem Boden; Hangboden
*colmatage* · Kolmation, Auflandung
*colmation, warping* · *Kolmation (Auflandende Bewässerung)
*colorimeter* · *Kolorimeter
*column* · *Stütze
*comber* · Sturzwelle; brandende Welle
*combination well* · Brunnenreihe
*combined grid operation* · *Verbundbetrieb
– *mole-tile drainage* · *kombinierte Maulwurfdränung
– *power grid* · *Verbundnetz
– *sewage* · Abwasser bei Mischsystem
– *sewer* · Abwasserleitung bei Mischsystem
– *sewer system* · *Mischverfahren
– *water* · chemisch gebundenes Wasser
– *water supply* · *Verbundwasserversorgung
*commercial port* · *Handelshafen
*comminuting screen* · Rechen mit Rechengutzerkleinerer, Rechenwolf
*comminution* · Zerkleinerung
*common law* · ungeschriebene Gesetze
– *sewer* · gemeinsame Abwasserleitung
*community water supply* · *Gruppenwasserversorgung
– *sewage treatment plant* · *Gruppenkläranlage
*compaction* · *Verdichtung
– *curve* · Proktorkurve
– *ratio* · *Verdichtungsverhältnis
– *test* · Proktorversuch
*compartment* · Kammer
*compensating error* · Kompensationsfehler
– *reservoir* · *Schwellbecken
*compensation line* · *Ausgleichslinie
*complete diversion* · Umleitung des Abflusses in ein anderes Entwässerungsgebiet
– *drainage* · *Vollentwässerung
*complex cover* · gemischte Deckschicht
*composite rock-fill dam* · Damm mit einseitiger Steinschüttung
– *pipeline* · *zusammenhängende Rohrleitung
– *unit hydrograph* · Tabelle der Gesamtabflußmenge mehrerer Einzugsgebiete
*compound alluvial fan* · Vereinigung mehrerer Geschiebebänke
– *cross section* · zusammengesetzter Querschnitt, kombinierter Querschnitt
– *hydrograph* · Regenwasserabflußkurve zwischen zwei Regenperioden
*compound meter* · zwei miteinander verbundene Meßeinrichtungen
– *pipe* · kombinierte Rohrleitung
– *pump* · direktwirkende Mehrzylinder-Dampfpumpe
– *tide* · aus verschiedenen Tideströmungen zusammengesetzte Strömung
– *tube* · aus verschiedenen Rohrquerschnitten oder Rohrdurchmessern zussammengesetztes Rohr
*compressed concrete* · *Stampfbeton
*compressibility* · Zusammendrückbarkeit
*compression curve* · Verdichtungskurve, -linie
– *index* · Verdichtungsbeiwert
– *pile* · *Druckpfahl
– *test* · *Kompressionsversuch
– *type hydrant* · Hydrant mit Druckverschluß
– *of water* · *Zusammendrückung des Wassers
*compressive force, thrust* · *Druckkraft
– *strength* · Zylinderdruckfestigkeit
– *stress* · *Druckbeanspruchung
*concave bank* · *einbuchtendes Ufer (konkaves Ufer)
*concentrated fall* · Ausnutzung der größten Fallhöhe an einem Fluß
*concentration* · Konzentration
– *factor* · Konzentrationsfaktor
– *time* · Fließzeit der längsten Zubringerleitung; wenn Niederschlag und Abfluß gleich sind
*concrete* · *Beton
– *aggregate* · *Betonzuschlag
– *-block footing* · *Blockfundament
– *-block foundation* · *Blockgründung
– *coating* · *Betonschutz
– *consistency* · *Betonsteife
– *core* · *Kernbeton
– *drain tile* · Dränrohr aus Beton
– *foundation* · *Betongründung
– *grades* · *Beton-Güteklassen
– *gravel* · *Betonkies
– *mixing plant* · *Betonfabrik
– *mixture* · *Betonmischung
– *of uniform grain-size material* · *Einkornbeton
– *pile* · *Betonpfahl
– *pipe* · *Betonrohr
– *placing* · *Betonförderung
– *pockets* · *Betonnester
– *pump* · *Betonpumpe
– *reinforcing steel* · *Betonstahl
– *strenght* · *Betonfestigkeit
*condensate* · *Kondensat
*condensating water* · *Tauwasser, Kondenswasser
*condensation* · Kondensation

*condensation nucleus* · Kondensationskern
*condensed time* · gekürzte Zeit, Zeitraffung
*conditioning, treatment* · *Aufbereitung
*conductivity* · Leitfähigkeit
*conduit* · Leitung, Rohr, Rinne
– *slope* · Sohlengefälle einer Rohrleitung oder eines Kanals
*cone friction* · *Kegelwiderstand
– *of depression* · *Senkungstrichter
–*of influence* · Senkungstrichter
– *shaped valve* · *Keilschieber
– *socket* · *Keilmuffe
– *valve* · Kegelventil
*confined aquifer* · eingeschlossener Grundwasserleiter
– *eddy* · *Kernwalze
– *ground air* · *gespannte Grundluft
– *ground water* · *abgeschirmtes Grundwasser
– *ground water* · *gespanntes Grundwasser
– *-water well* · artesischer Brunnen
*confining bed* · undurchlässige Schicht
– *stratum* · *Sohlschicht
*confluence* · Zusammenfluß
*confluent* · zusammenfließend
*conglomerate* · *Konglomerat
*conjugate depths* · Tiefen vor und hinter dem Wechselsprung
*connate water* · bei der Bildung der Gesteinsformation eingeschlossenes Wasser
*connecting canal* · *Verbindungskanal
– *dike* · *Anschlußdeich
*consecutive mean* · sich oft wiederholendes Mittel
*consequent lake* · durch die Bodengestalt entstandener See
– *stream* · durch die Bodengestalt geformter und kontrollierter Fluß
*conservation of energy* · Erhaltung der Energie
– *storage* · Wasservorratsspeicher
*consistency, fluidity* · *Konsistenz
*consolidated drained test* · Langsamversuch bei vollständiger Konsolidation (drainiert)
– *undrained test* · Schnellversuch, bei vollständiger Konsolidation (undrainiert)
*consolidation* · *Lagerungsdichte
– · *Konsolidation
– *coefficient* · Verdichtungskoeffizient
– *ratio* · Verdichtungsgrad
– *test* · Oedometer-Versuch
– *-time curve* · Zeit-Setzungs-Kurve
*constant load power station* · *Durchfahrkraftwerk
*constant spring* · Quelle mit konstanter Schüttung
*constriction* · Verengung, Einengung
*construction* · *Bau
– *crane* · *Baukran
– *drawing* · *Bauplan
– *equipment* · *Baumaschine
– *industry* · *Bauindustrie
– *joint* · *Arbeitsfuge (bei Beton)
– *ramp* · *Baurampe
– *time* · *Bauzeit
*consumptive use* · Wasserverbrauch durch Verdunstung und Transpiration
– *use of water* · den Vorrat aufzehrender Wasserverbrauch
*contact aerator* · *Tauchkörper
– *angle* · *Randwinkel
– *load* · *Geschiebebetrieb
– *pressure* · Sohlpressung, Kontaktdruck
– *spring* · *Schichtquelle
– *surface* · *Dichtschluß
*contaminant* · *Schmutzstoff
*contamination* · Verschmutzung
*container evaporation* · *Gefäßverdunstung
*contemporaneous erosion* · Erosion und gleichzeitige Sedimentation
*continental basin* · ein oder mehrere zusammengefaßte Einzugsgebiete
– *climate* · Kontinentalklima
– *evaporation* · *Landverdunstung
– *deposit(s)* · dem Fluß oder See durch Wind zugeführte Ablagerung
– *platform* · Kontinentalebene
– *slope* · Gefälle des Kontinentalhanges
– *shelf* · Kontinentalhang
– *talus* · Neigung des Kontinentalhanges
*continuity equation* · Kontinuitätsgleichung
*continous delivery* · kontinuierlicher Zufluß für Bewässerungsanlage
– *flow irrigation* · *Stauberieselung
– *-flow pump* · Verdrängerpumpe bei der die Fließrichtung innerhalb der Pumpe nicht geändert wird
– *interstice* · Hohlraum, der mit anderen Hohlräumen verbunden ist
– *power* · ständig verfügbare Wasserkraft
– *rain* · *Dauerniederschlag
– *-stave pipe* · Holzrohrleitung
– *storage* · *Durchlaufspeicherung
– *stream* · Fluß ohne zeitweise trockene Abschnitte
*contour* · Höhenschichtlinie
– *check* · Terrassenbauweise
– *interval* · Abstand der Höhenlinien
– *irrigation* · Querbewässerung
– *irrigation* · *natürlicher Wiesenbau
– *line* · *Höhenschichtlinie

*contour map* · Höhenplan
– *race* · dem Gelände folgender Wasserlauf
– *terrace* · Terrasse zur Verhinderung von Erosion an steilen Hängen
*contract bed* · Verzögerungsbecken
*contracted measuring weir* · Meßwehr mit Seitenkontraktion
– *-opening discharge measurement* · indirekte Abflußmengenmessung unter Berücksichtigung der Querschnittsform
*contracting reach* · Verengungsabschnitt
*contraction* · *Kontraktion
– *coefficient* · *Durchtrittsverlust (Eintrittsverlust)
– *coefficient* · *Einschnürungszahl
*contraction joint* · Dehnungsfuge
*control* · Regulierung; Kontrolle
– *float* · Kontrollschwimmer
– *flume* · Meßkanal
– *gate* · *Regulierschieber
– *meter* · Meßeinbau
*controlled storage* · Speicher mit Zu- u. Ablaufkontrolleinrichtungen
– *-strain test* · Versuch mit gesteuertem Verschiebungsweg
– *-stress test* · Versuch mit gesteuerter Spannungssteigerung
*controlling depth* · geringste Wassertiefe einer Wasserstraße, Kontrolltiefe
*convection* · Konvektion
– *cell* · Bereich der Konvektionsströmungen
– *current* · *Wärmeströmung
*convective precipitation* · durch Konvektionströmungen verursachter Niederschlag
*convergence* · Näherung; Konvergenz; Sinkströmung
*converging tube* · Verjüngungsstück einer Rohrleitung
*conversion* · Übergangsabschnitt
– *factor* · Umrechnungsfaktor
*convex bank* · konvexes Ufer
*conveyance* · Flußquerschnitts-Charakteristik nach B. A. Bakhmeteff
– *loss* · Wasserverlust in einer Leitung durch Versickerung, Verdunstung und Transpiration
*cooling water* · Kühlwasser
*coquina* · Muschelkalk
*coral* · Korallen; Korallenbänke; Riffkorallen
*corduroy road, log road* · *Knüppeldamm
*core* · *Dichtungskern
– *boring* · Kernbohrung
– *drill* · Bohrung, bei der Bohrkern als Probe verwendet wird
– *drilling* · *Kernbohrungen
*core ice* · *Kerneis
– *wall* · Dammkern aus Lehm, Beton oder Spundbohlen
*coriolis force* · *Corioliskraft
*Cornish pump* · Cornish-Pumpe
*corporation cock* · Hauptschieber
*corrasion* · Abrieb
*correction* · Korrektion
– *of systematic error* · *Korrektion systematischer Fehler
*correlation* · Korrelation
– *coefficient* · *Korrelationsbeiwert
*correlative water rights* · Recht zur Ausbeutung des Grundwassers
*corrosion* · *Korrosion
– *control* · Korrosionsschutz
*corrugation-method irrigation* · verbesserte Furchenbewässerung
*cosmic water* · kosmisches Wasser
*cotidal hour* · Zeitunterschied zwischen Meridiandurchgang des Mondes in Greenwich und dem folgenden Hochwasser
– *line* · Verbindungslinie von Punkten mit gleichem Zeitunterschied zwischen Meridiandurchgang und folgendem Hochwasser
*coulee* · Schlucht, Klamm
*Coulomb's theory* · *Coulombsche Theorie des Erddruckes
– *theorem* · *Reibungsgesetz von Coulomb
*counter current* · Gegenströmung
– *current method* · *Gegenstromprinzip
*coupling* · Kupplung
*cove* · Bucht
*cover* · *Überdeckung
*cows* · verspanntes Pfahlpaar
*crab hole* · durch Auswaschung in felsigem Flußbett entstandene Vertiefung; Gletschertopf
*cradle* · Rohrsattel
*crank-and-flywheel pump* · Dampfpumpe mit Schwungrad
*creek* · Bach; Priel, kurzer Nebenarm
*creep* · sickern
– *line* · Sickerweg
*creeping* · *Kriechen (der Baustoffe)
*crest, vertex* · *Scheitel
– · Dammkrone; Wellenkrone; HHW
– *control* · Dachwehr
– *gate* · *Eisschütz
– *gate* · Überlaufwehr
– *length* · Kronenlänge
– *of dike* · *Deichkrone
– *overflow* · *Kronenüberfall
– *stage* · Hochwasserspitze
– *-stage gage* · Pegel zur Messung des höchsten Hochwasserspiegels

*crest width* · *Kronenbreite
*crevasse* · Dammbruch; Spalte
*crib* · Blockhausbauweise
– *weir* · *Steinkastenwehr
*cripple* · Sumpf; Felsbank
*critical capillary height* · *kritische Haftwasserhöhe
– *circle* · *kritischer Gleitkreis
– *concentration* · kritische Konzentration
– *density* · kritische Dichte
– *depth* · *Grenztiefe
– *-depth discharge measurement* · indirekte Abflußmengenmessung unter Berücksichtigung der kritischen Fließgeschwindigkeit nach Reynolds oder Belanger
– *-depth flume* · Rinne zur Darstellung der Grenztiefe
– *flow* · kritische Geschwindigkeit nach Belanger oder Reynolds; kritischer Abfluß
– *gradient* · kritisches Gefälle
– *height* · kritische Böschungshöhe
– *moisture* · kritischer Wassergehalt
– *slope* · kritisches Gefälle
– *surface* · gefährliche Gleitfläche
– *tractive force* · *Grenzschleppspannung
– *velocity* · *Grenzgeschwindigkeit
– *void ratio* · kritische Porenziffer
*crop land* · landwirtschaftlich nutzbares Land
*cross* · Kreuzstück
– *sea* · unruhige See
– *section* · *Flußprofil
– *section* · *Querprofil
– *section* · *Querschnitt
– *section area* · Flußquerschnitt
*cross sill* · Schwelle
*crossing, crossover* · *Übergang
*crown* · Krone; Scheitel
– *drip* · von Bäumen oder Pflanzen fallende Tropfen
– *gate* · oberes Schleusentor, Obertor
*crushed gravel* · *Betonsplitt
– *sand* · *Brechsand
*cryology* · *Kryologie
*crystalline water* · *Kristallwasser
*cubic foot per second* · Kubikfuß pro Sekunde = 28,3 l/s
*Culmann's method* · *Culmannsche E-Linie
*cultivation by applying sand* · *Deckkultur
– *by burning* · *Brandkultur
– *by mixing moor and soil* · *Fehnkultur
– *by mixing with soil* · *Mischkultur
– *by ploughing* · *Kuhlverfahren
– *by steam ploughing* · *Tiefpflugkultur (Dampfpflugkultur)
*cultivation of land* · *Landeskultur
– *of peat bog* · *Deutsche Hochmoorkultur
*culturally-induced erosion* · durch Entforstung oder Kahlschlag verursachte Erosion
*culvert, aqueduct* · *Durchlaß
– *-flow discharge measurement* · indirekte Abflußmengenmessung unter Berücksichtigung der Druckdifferenz zwischen Zulauf- und Kontrollquerschnitt
*cumulative hydrograph* · *Summenganglinie
– *runoff* · Abflußsummenlinie
*cumulose deposit* · pflanzliche Ablagerung
*cunette* · Trockenwetterabflußrinne
*curb cock* · Anschlußschieber
*current* · fließend; Strömung
– *curve* · Geschwindigkeitsdiagramm eines Gezeitenstromes für eine Meßlotrechte
– *diagram* · Geschwindigkeitsdiagramm für Gezeitenstrom
– *difference* · Strömungsunterschied zwischen zwei Punkten bei Gezeitenströmen
– *ellipse* · Strömungsbild für kreisende Tideströmung während einer Periode
– *hour* · Zeitunterschied zwischen Meridiandurchgang des Mondes in Greenwich und folgendem Hochwasser
– *line* · Meßleine
– *meter* · *Meßflügel
– *-meter rating* · Eichung eines Meßflügels
– *meter measurement* · *Flügelmessung
– *pole* · schwimmender Stab zur Messung der Strömungsgeschwindigkeit
– *retard* · Verzögerung der Strömung
– *tables* · Gezeitentabellen
*curtain wall* · *Dichtungsschleier
*curvature factor* · Beiwert der Krümmungsverluste
*curve* · Kurve
– *of rainfall rate* · *Regenspendelinie
– *with steady decreasing radius* · *Lemniskate
*cusec* · Kubikfuß pro Sekunde = 28,3 l/s
*cusp* · Landspitze, Küstenhorn
*custom port* · *Zollhafen
*cut* · *Einschnitt (Abtrag)
– *-bank* · steiles Ufer
– *and fill* · *Anschnitt
– *-back asphaltic bitumen* · *Verschnitt-Bitumen
*cuticular transpiration* · Haut- oder Rindentranspiration bei Pflanzen
*cutoff* · Durchstich; Dammkern; Spundwand; Pfahlkopfabschnitt; halbmondförmige Flußanlandung

*cutoff ratio* · Kürzungsverhältnis bei Durchstichen
– *trench* · Damm-Entwässerungsgraben
– *wall, core wall* · *Herdmauer, Sporn
*cutwater* · Pfeilervorbau
*cycle* · Periode
– *of fluctuation* · Periode der Grundwasserspiegelschwankungen
– *per second* · *Hertz
*cyclic recovery* · zyklische Anhebung des Grundwasserspiegels
– *storage* · Speicherung für Jahresausgleich
*cyclone* · Wirbelsturm
*cyclonic precipitation* · durch Wirbelsturm verursachter Niederschlag
– *storm* · *zyklonaler Niederschlag
*cylinder gate* · *Zylinderschütze

**D**

*daily balancing reservoir* · *Tagesspeicher
– *flood peak* · höchster mittlerer Tagesabfluß
– *mean value* · *täglicher Hauptwert
*dam* · Staudamm; Wehr; Talsperre; Leitwerk, Grundschwelle, festes Wehr; eindämmen, sperren
– *, barrage* · *Stauanlage, Staubauwerk
– *, barrage* · *Sperrdamm, Staudamm
– *, barrage* · *Staumauer
– *construction material* · *Dammbaustoffe
– *construction in tidal marsh areas for reclamation of land* · *Schlickfänger
– *crest* · *Mauerkrone
– *drainage* · *Mauerentwässerung
– *heel* · oberwasserseitiger Dammfuß
– *site* · örtliche Lage eines Dammes oder einer Talsperre
– *toe* · Dammfuß, Fuß
– *toe protection* · *Fußsicherung
– *up of ground water* · *Grundwasserstau
– *wall* · *Stauwand
*dainade method* · *Danaide-Verfahren
*Darcy's law* · *Filtergesetz
– *law* · *Darcy'sches Gesetz
*Darcy-Weisbach formula* · Formel von Darcy-Weisbach
– *-Weisbach roughness coefficient* · Rauhigkeitsbeiwert nach Darcy-Weisbach
*data* · Meßwerte, Beobachtungswerte
*datum plane* · Höhenmarke, Meereshöhe, Normal Null
*day* · Tag
– *load* · *Taglast
– *load power station* · *Taglastwerk
*deacidification* · *Entsäuerung
*dead end* · blindes Endstück
– *storage* · Speichervolumen unterhalb des tiefsten Grundablasses
*dead storage space* · *Totraum
– *water* · Totwasser
*deadman* · teilweise im Wasser abgesunkener Baumstamm
*debacle* · Mitreißen von Schlamm- und Gesteinsmassen bei Wasserdurchbruch; Eisflut
*debris* · Geschiebe, Trümmergestein, Schwimmgut, Siebgut
– *basin* · Absetzbecken
– *cone* · Ablagerungsfläche von Gesteinstrümmern
– *dam* · *Geschiebesperre
– *flow* · Schutt- und Trümmerabfluß
– *law* · Gesetz zur Verhinderung von Ablagerungen in Flüssen bei der Erz- oder Goldgewinnung
*decalcification* · *biogene Entkalkung
*decay* · *Vermoderung
– *area* · Fläche mit ruhigem, ungestörtem Wasserspiegel
– *of waves* · das Auslaufen der Wellen
*deck* · Deck, Abdeckung
*decoloring* · *Entfärbung
*decomposition* · *Zersetzung, Humufizierung
– · *Verwesung
– *stages* · *Abbaustufen
*deep* · tief; Tiefen
– *cut power shovel* · *Tiefbagger
– *drilling* · *Tiefbohrungen
– *moor* · *tiefgründiges Moor
– *well pump, submersible pump* · *Tauchpumpe
– *-well pumping station* · *Tauchanordnung
– *percolation* · Versickerung in die Tiefe; Sickerwasser
– *percolation loss* · Verlust durch Versickerung in die Tiefe
– *-sea deposit* · Meeresablagerung
– *seepage* · Unterströmung
– *water* · tiefes Wasser
– *-water wave* · Welle in Wassertiefe > als $^1/_2$ Wellenlänge
– *-well pump* · Bohrlochpumpe
– *-well turbine pump* · Bohrloch-Propellerpumpe
*deficiency* · Mangel, Fehlbetrag
*deflation* · Auswehung
*deflection* · Querschnittsänderung in einem Kanal oder Rohr
*deflocculant* · Dispersionsmittel
*deformation* · Verformung
– *drag* · Zähigkeitswiderstand
*degassing* · *Entgasung
*degradation* · Vertiefung durch Erosion
*degreasing* · *Entfettung
*degree* · Grad

*degree of freedom* · *Freiheitsgrad
– *-days* · Unterschied zwischen mittlerer Tagestemperatur und 32° F, oder 0° C
– *of consolidation* · Grad der Setzung, Grad der Verdichtung
– *of transparency* · *Durchsichtigkeitsgrad
*dehydration* · Wasserentzug, Entwässerung
*delf* · Entwässerungsgraben
*delivery head* · *Förderdruck
– *box* · Zulaufwehr
*deliquescent* · flüssig werden
*delta* · *Delta
*deltaic deposit* · Ablagerung im Deltagebiet eines Flusses
*Delmag pile driving plant* · *Delmag-Ramme
*demand* · Bedarf
– *factor* · Bedarfsfaktor
– *of water, work or energy* · *Bedarf
*demineralization* · Entsalzung
*dendritic* · Haupt- und Nebenflüsse folgen dem Astsystes eines Baumes
*denitrifier* · *Denitrifikanten
*density* · *Dichte
– · *Raumgewicht
– *current* · Dichteströmung
– *-current bed* · durch Dichteströmungen verursachte Ablagerungen in Speicherbecken
– *flow* · Dichteströmung
– *of population* · *Bevölkerungsdichte
*dental* · Störkörper zur Energieumwandlung in einem Tosbecken
*dentated sill* · Zahnschwelle
– *end sill* · *Zahnschwelle
*denudation* · *Abtragung (Denudation)
*departure* · Abweichung
*dependable capacity* · zuverlässig verfügbare Kapazität
– *power* · verläßlich vorhandene elektrische Energie
*depletion* · Wasserentnahme bis zur Entleerung; Entnahmepreis pro $m^3$
– *curve* · zunehmender Abschnitt einer Abflußkurve
– *hydrograph* · Abflußkurve für Grundwasser u. Speicher während der Trokkenwetterperiode
*depopulated zone* · *Verödungszone
*deposit* · Ablagerung
*deposition* · *Ablagerung
– *in pipes* · *Anlagerung in Rohrleitungen
– · *Ablagerung in Rohrleitungen
*depreciation* · *Abschreibung
– *rate* · Abschreibungssatz
*depressed sewer* · Abwasser Düker

*depression* · *Depression
– *spring* · *Überlaufquelle
*–storage* · Speichervolumen in Geländemulden
*depth-area curve* · Niederschlagsdiagramm
*depth below working level of storage basin* · *Senkungstiefe
– *-duration curve* · Dauerlinie der Niederschläge
– *factor* · Korrektionfaktor bei stereoskopischer Tiefenmessung
– *-integration sampling* · Tiefenintegrationsmessung von Geschiebe u. Schwebstoffen
– *-integrating sediment sampler* · Fangkasten für Tiefenintegrationsmessung von Geschiebe und Schwebstoffen
– *of annual runoff* · *Jahresabflußhöhe
– *of drainage* · *Dräntiefe
– *of flotation* · Schwimmtiefe, Eintauchtiefe
– *of foundation* · *Gründungstiefe
– *of precipitation* · *Regenhöhe (Niederschlagshöhe)
– *of runoff* · Abflußtiefe $t = \frac{\text{Abflußmenge}}{\text{Einzugsgebiet}}$
– *of snowfall* · *Schneehöhe
– *of water* · *Wassertiefe
– *scale ratio* · Maßstabsverhältnis = $t_{Natur}/t_{Modell}$; t = Tiefe
*derived data* · ermittelter Wert
*derrick crane* · *Derrick
*desert* · Arktis, Antarktis; Wüste; Sandwüste
*desiccation* · Austrocknung
*design* · *Plan
– *analysis* · Entwurfs-Analyse
– *capacity* · *Ausbauwassermenge
– *capacity* · *Ausbaugröße
– *capacity ratio* · *Werkausbaugrad
– *flood* · Berechnungshochwassermenge
– *flood hydrograph* · Ganglinie der Berechnungshochwasser-Abflußmenge
– *head* · *Ausbaufallhöhe
– *head of turbine* · *Konstruktionsfallhöhe
– *inflow* · *Ausbauzufluß
– *speed of turbine* · *Konstruktionsdrehzahl
– *storm* · *Berechnungsregen
– *supply* · *Wasserbereithaltung
– *tables* · *Bemessungstafeln
– *wave* · dem Entwurf zugrunde gelegte Wellenmaße
*desilting area* · Sinkstoffablagerungsfläche
– *works* · *Kläranlage
– *works* · *Entsandungsanlage

*desinfection* · *Desinfektion
*destillation* · *Destillation
*detachment* · Loslösung
*detention dam* · Rückhaltedamm
– *period* · Rückhaltezeit
– *reservoir* · Rückhaltebecken
*detergents* · *Detergentien
*deterioration* · Abnützung, Verschlechterung
*detritus* · *Detritus
– *chamber* · Absetzbecken
*deuterium oxide* · schweres Wasser
*developed length* · Fluß- oder Rohrstrecke entlang der Achse
$\frac{\textit{developed length – direct length}}{\textit{direct length}}$ · *Flußentwicklung
*developed water* · aus dem Grundwasservorrat gewonnenes Wasser; durch wasserwirtschaftliche Maßnahmen ermöglichte Flußnutzung
*development reach* · *Ausbaustrecke
*deviation* · Abweichung
*deviator stress* · Spannungsunterschied, Spannungsabweichung
*dew* · *Tau
– *point* · *Taupunkt
– *-point depression* · Unterschied zwischen Kondensationspunkt u. vorherrschender Temperatur
– *-point hygrometer* · Taupunkt-Hygrometer
*dewater* · entleeren, trocken legen
*dewatering* · *Wasserhaltung
*diabase* · *Diabas
*diamond drill* · Diamantbohrer
*diaphragm, blanket* · *Abdichtung, Dichtung, Dichtungsschicht
– *filter method* · *Membranfilterverfahren
– *float* · Meßschirm
– *pump* · Membranpumpe
*diatom ooze* · Diatomeenschlamm
*diatomaceous earth* · Diatomeenerde
*difference between actual and relative gage height* · *Sollhöhenunterschied eines Pegels
– *between precipitation and surface runoff* · *Unterschiedshöhe
– *in water level* · *Fallhöhe des Wasserspiegels
*differential gage* · *Differenzpegel
– *intake* · Teilableitung über ein Rohr im Damm
– *meter* · Differential-Meßgerät
– *metering* · *Druckdifferenzmessung
– *plunger pump* · Differentialpumpe, Stufenkolbenpumpe
*differential surge chamber* · *Differential-Kammer-Wasserschloß
– *surge tank* · *Wasserschloß-Steigrohr
– *surge tank* · *Differentialwasserschloß, Steigrohrwasserschloß
*diffraction* · Wellenbeugung, Wellenbrechung
*diffused air aeration* · Belüftung mittels Luftzerstäuber
– *surface water* · unerfaßt abfließendes Oberflächenwasser
*diffuser* · Luftverteiler, Zerstäuber
*diffusing well* · Sickerschacht
*diffusion* · *Diffusion
– *aerator* · Belüftung mittels Luftzerstäuber
– *vane* · Leitwand, Leitschaufel
*digested sludge* · *Faulschlamm
*digester coils* · Heizleitung eines Faulbehälters
*digestion* · Faulung, Ausfaulung
– *chamber* · *Schlammfaulraum
– *plant* · *Faulanlagen
*digester gas* · *Faulgas
*dike* · *Deich
*a dike closed at its upstream end* · *offener Deich
*dike crest failure* · *Kappsturz, Kronenbruch
– *direct along the waterway* · *Schardeich
– *erected in a tidal marsh area for reclamation of land* · *Lahnung
– *failure* · *Deichbruch
– *failure* · *Strombruch
– *lock, drainage sluice* · *Siel
– *lock* · *Deichschleuse
– *-lock forebay* · *Vorbusen
– *-lock of beam construction* · *Balkensiel
– *opening with gate* · *Deichscharte
– *with brush revetment* · *Buschdeich
*dilatancy* · Volumenvergrößerung beim Abscheren
*dilution* · *Verdünnung
– *factor* · Verdünnungsfaktor
– *gaging* · Geschwindigkeitsmessung n. der Verdünnungsmethode
*diluvium* · Diluvium
*dimensional analysis* · *Dimensionierung
– *homogenity* · Dimensionsgleich
*dimensionless unit hydrograph* · dimensionslose Ganglinie der Niederschläge
*diminution zone* · *Verarmungszone
*dimple spring* · Muldenquelle
*diorite* · *Diorit
*dipper dredge* · schwimmender Löffelbagger
*direct-acting reciprocating pump* · direktwirkende Dampfpumpe

*direct bank protection* · Böschungsschutz durch Befestigung, Schutz des Böschungsfußes oder durch Dränung
– *-connected pump* · durch Elektromotor direkt angetriebene Pumpe
– *-fire pressure* · direkte Verwendung d. Wasserleitungsdruckes für Feuerlöschleitung
– *flood damage* · direkter Hochwasserschaden
– *-indirect pumping* · Wasser wird direkt in das mit Vorratsbehälter ausgerüstete Versorgungsnetz gepumpt
– *pumping* · Wasser wird direkt in die Versorgungsleitung gepumpt
– *runoff* · Abfluß über die Oberfläche oder unter der Oberfläche direkt in den Fluß
– *shear test* · direkter Scherversuch
*direction peg* · Richtungspfahl
– *peg line* · Verbindungslinie der Richtungspfähle
– *of ground-water flow* · *Fließrichtung (des Grundwassers)
– *of ground-water flow* · *Bewegungsrichtung des Grundwassers
*discharge* · *Abfluß
– · *Durchflußmenge (Q $m^3$/sec)
– *, rate of flow* · *Durchfluß
– *, rate of flow* · *Durchfluß (bei Wasserturbinen und Pumpen)
– *area* · Abflußquerschnitt
– *-area diagram* · *Abflußfläche bei Abflußbestimmungen
– *capacity* · *Abflußleistung
– *capacity of turbine* · *Schluckfähigkeit
– *coefficient* · Abflußkoeffizient
– *cross section* · *Durchflußquerschnitt
– *cross section* · *Abflußquerschnitt
– *curve, rating curve* · *Abflußkurve
– *hydrograph* · *Abflußganglinie
– *hydrograph* · *Wassermengenhöhenplan
– *hydrograph* · *Abflußsummenlinie
– *measurement* · *Wassermengenmessung (Wassermessung)
– *measurement* · *Abflußmessung
– *of excessive water* · *Überschußabfluß
– *pipe* · Druckleitung einer Pumpe; Abflußrohr
– *scale ratio* · Maßstabsverhältnis = $Q_{Natur}/Q_{Modell}$
– *table* · *Abflußtafel
– *valve* · Auslaßventil
– *velocity* · Filtergeschwindigkeit
– *volume* · *Massenstrom
– *volume* · *Volumenstrom
*discontinuous interstice* · einzelner Hohlraum
*discrepancy* · Abweichung
*disinfectant* · Desinfektionsmittel
*disinfection* · Desinfektion
*disintegration factor* · *Zerfallziffer
*disk friction* · Reibung am Turbinenlauf- und Leitrad
– *meter* · Scheibenwassermesser
– *screen* · Scheibenrechen
*dismembered stream* · vom Hauptfluß getrennter Nebenfluß
*dispersiod* · *Dispersoid
*dispersion* · *Dispersion
– *ratio* · Streuungsverhältnis
*displacement* · Wasserverdrängung
– *meter* · Meßverfahren mittels eines geeichten Behälters
– *periode* · Verdrängungszeit
– *pump* · Verdrängungspumpe
– *velocity* · Verdrängungsgeschwindigkeit
*dissection* · Zerklüftung
*dissimilation* · *Dissimilation
*dissociation* · *Dissoziation
*dissolved solits* · aufgelöste Feststoffe
*distance between furrows* · *Rückenbreite
*distant reservoir* · *Fernspeicher
– *water supply* · *Fernwasserversorgung
*distillation* · Destillierung
*distilled water* · destilliertes Wasser
*distorted model* · verzerrtes Modell
*distortion* · Verzerrung
*distributaries* · Verteilungsgräben, Verteiler, Nebenarme
*distributary stream* · bei Überflutung wirksamer Verteilergraben
*distribution frequency* · Verteilungsfrequenz
– *pipes* · *Feldleitung
– *pipes* · *Versorgungsleitungen
*distribution graph* · Verteilungskurve
– *reservoir* · Verteilungsbehälter, Ausgleichsbehälter
– *system* · Verteilungssystem; Verteilungsnetz
*distributor* · Verteiler
*district water meter* · *Bezirkswassermesser
– *water supply* · *Großraumwasserversorgung
*distrophic* · *Dystroph
*ditch* · Graben
– · *Beetgraben
– *building and ditch cleaning for reclamation of land* · *begrüppeln
– *check* · niedriger Damm in Bewässerungsgräben
– *impounding* · *Grabeneinstau
– *lining* · Grabenauskleidung
*diurnal* · täglich

*diurnal current* · Tideströmung mit einem Hoch- und einem Niedrigwasser in etwa 25 Stunden
– *force* · ganztäglich wechselnde Gezeitenkräfte
– *inequality* · Unterschied zwischen zwei Tiden eines Tages
– *type of tide* · ganztägige Gezeiten
*dive culvert* · Düker
*divergence* · Divergenz; Abweichung; aufsteigende Strömung
*diverging tube* · Erweiterungsstück einer Rohrleitung
*diversion* · *Umleitung
– *area* · der Teil der Zulauffläche, die im angrenzenden Einzugsgebiet liegt
– *canal* · *Fleet
– *canal* · *Triebwasserkanal
– *canal or diversion conduit* · *Beileitung, Überleitung
– *canal* · *Umgehungskanal
– *chamber* · Ableitungskammer
– *channel* · Umleitungskanal; Ableitungskanal
– *dam* · Leitwerk
– *ditch* · *Umleitungsgraben
– *gate* · Verteilerschütz
– *terrace* · Terrasse zur Ableitung des Wassers
– *trough* · *Leitmulde
– *tunnel, by-pass* · *Umlaufstollen
– *type river power plant* · *Kanalkraftwerk
– *weir* · *Überfallbauwerk
– *works* · Ableitungsbauwerk
*diversity factor* · Verbrauchsfaktor für verschiedene Strombezirke
*diverted flow* · *Trennstrom
*diverting weir* · Regenüberlauf
*divided section construction* · *aufgelöste Bauweise
– *section construction* · *halbaufgelöste Bauweise
*diving bell* · *Taucherglocke
– *lock* · *Tauchschleuse
– *overfall* · *tauchender Abfluß
*divining rod* · Wünschelrute
*division box* · Verteilerbauwerk
*divisor* · Teiler, Divisor
*Doble nozzle* · Doble-Düse
*dock* · *Dock
– *chamber* · *Dockkammer
– *entrance* · *Dockhaupt
– *gate* · *Dockverschluß
– *harbor* · *Dockhafen
– *harbor* · *geschlossener Hafen
– *harbor* · *Schleusenhafen
*dock wall, side wall* · *Dockwand
– *-yard* · *Werfthafen
*doldrums* · windstille Zone am Äquator
*dolomite* · *Dolomit
*dolphin* · *Dalben
*dome* · *Kappe
– *dam, cupola dam* · *Kuppelstaumauer
*domestic consumption* · häuslicher Wasserverbrauch
– *sewage* · häusliches Abwasser
– *use of water* · Wassernutzung für den häuslichen Verbrauch
*dominant discharge* · bestimmender Abfluß
*donkey pump* · Dampfpumpe
*double-action pump* · doppelt wirkende Kolbenpumpe
– *centrifugal pump* · Kreiselpumpe mit Zweikanalrad
– *-main system* · Schrägdränung mit zwei Hauptsammlern; Entwässerungsnetz mit zwei Hauptsammlern pro Straße
– *offset* · doppelte Rohrabzweigung
– *-suction impeller* · Zweikanalrad
– *-suction pump* · zweistuf. Kreiselpumpe
– *tide* · Gezeiten mit zwei Hochwasser u. zwei Niedrigwasser
*Douglas scale* · Seegang-Tabelle nach Douglas
*down pipe* · *Fallrohr
*downstream face* · *Luftseite
– *benefits* · durch Flußregulierung erzielter Nutzen unterhalb des Regulierungsabschnittes
*draft* · Tiefgang, Durchflußfläche
– *tube* · Unterwasserstollen, Ablaufstollen
– *-tube loss* · Reibungs- und Wirbelverlust im Ablaufstollen
*drag* · Sinkwiderstand; Schleppkraft
– *coefficient* · Widerstandsbeiwert, Widerstandszahl
*drain* · *Drän
– *, culvert* · *Dole
– *, gutter* · *Ablauf
– *pipe* · *Abflußrohr
– *pipe* · *Rohrdrän
– *pipe* · *Sickerrohr
– *pipe* · *Dränrohr
– *pipe impounding* · *Dränanstau
– *shaft* · *Dränschacht
– *spacing* · *Tafelbreite
– *spacing* · *Dränabstand
– *tile* · *Sickerleitung
*drainage* · *Ausdeichung
– · Dränung; Entwässerungsgebiet, Abfluß
– · *Beschleusung
– · *Dränung
– *area* · Einzugsgebiet, Niederschlagsgebiet
– *basin* · *Niederschlagsgebiet

*drainage canal* · Entwässerungskanal
– *coefficient* · Entwässerungsbeiwert
– *density* · Dichte des Entwässerungsnetzes
– *district* · Entwässerungsbezirk
– *ditch* · *Rand- oder Fanggraben
– *ditch* · *Rhinschlot
– *divide* · Wasserscheide für Entwässerungsgebiet
– *equilibrium* · Zustand, bei dem sich Niederschlag, Verbrauch und Verlust ausgleichen und der Grundwasserspiegel sich nicht ändert
– *gallery* · Entwässerungsstollen
– *sluice* · *Einlaßsiel, Einlaßschleuse
– *system* · *Entwässerungsnetz
– *system* · *Schmutzwassernetz
– *terrace* · Terrasse mit Entwässerungsgraben
– *water* · bei der Dränung anfallendes Wasser
– *water* · *Dränwasser
– *water rights* · Recht auf Abwasserabführung auf fremdes Gebiet
– *well* · *Entwässerungsschacht
– *well* · *Schlucker
– *well* · *Sickerschacht
*draught* · *Abladetiefe
*draw* · Senkung; kleiner Wasserlauf
– *-door weir* · Hubschütz
*drawdown* · Absenkung, Absenkziel; Wasserspiegelsenkung
– · *Schöpfhöhe
– *cone* · *Entnahmetrichter
– *curve* · Absenkungskurve
– *operation* · *Schwellbetrieb
– *shaft* · *Senkungsstollen (Senkungskanal)
*drawing* · *Zeichnung
– · Erdbewegung im Bergbau durch Spülverfahren
– *width of a well* · *Entnahmebreite
*draw-off quantity* · *Abarbeitung
*dredge* · *Bagger
*dredging* · *Baggerung
– *pump* · *Baggerpumpe
*drift* · Treibzeug; Stollen; Abtrieb; Treibeis
– *barrier* · Sperre für Schwimmstoffe
– *deposit* · Ablagerung von Gletschermaterial
*drill* · Bohrer, bohren
– *hole load test (vertical load)* · *Bohrloch (senkrechte Belastung)
– *hole load test (horizontal load)* · *Bohrloch (waagerechte Belastung)
*drilled pile* · *Bohrpfahl
– *or bored well* · *Bohrbrunnen
– *well* · Bohrbrunnen
*drilling chart* · *Bohrdiagramm
– *derrick* · *Bohrturm
– *platform* · *Bohrwagen
– *sample* · *Bohrprobe
– *spoon* · *Bohrlöffel
*drinking water* · *Trinkwasser
– *standards* · Qualitätsnormen f. Trinkwasser
*drip* · tropfen
*drive power* · *Antriebsleistung eines Pumpwerks
– *shoe* · Rohrspitze, Rohrschuh
*driven well* · Rammbrunnen
*driving* · Vortrieb
*drizzle* · *Sprühregen
*drop, fall, cascade* · *Fallstufe
– · Absturz; Wasserspiegelunterschied
– *-down curve* · Senkungslinie
– *-down function* · Beziehung zwischen Querschnitt und Wasserspiegelsenkung
– *-down section* · Flußlängsschnitt im Gefällsabschnitt
– *drain* · *Dränabsturz
– *hammer* · *Bär
– *inlet* · Absturzeinlaß
– *-inlet dam* · Staudamm mit Überlaufschacht
– *-inlet spillway* · Schachtüberfall
– *in the river bed* · *Sohlabsturz
– *manhole* · Schacht mit Absturzrampe
– *pile hammer* · *Freifallramme
– *pipe* · Ansaugrohr eines Tiefbrunnens
– *spillway* · vollkommener Überfall
– *wall* · *Abfallmauer
*dropping head* · Höhenverlust, Absenkung
*drought* · Trockenperiode, Dürre
*drowned* · überflutet, unter Wasser stehen
– *valley* · ein ins Meer verlängertes Tal
*drum filter* · *Trommelfilter
– *gate* · Trommelwehr
– *gate* · *Versenkwalze
– *gate* · *Trommelwehr
– *screen* · *Trommelrechen
*drumlin* · Drumlin, Schildrücken
*dry dock* · *Baudock
– *farming* · besonders tiefe Bearbeitung des Ackerbodens in besonders trockenen Gebieten
– *gate house, dry valve shaft* · *trockener Schieberschacht
– *harbor* · bei Niedrigwasser, trockener oder teilweise trockener Hafen
– *masonry wall* · *Trockenmauer
– *month* · *Dürremonate
– *residue* · *Trockenrückstand
– *spell* · Trockenperiode
– *suspended solids* · getrocknete Schwebstoffe

*dry unit weight* · *Trockenraumgewicht
– *wash* · Geschiebeablagerung in einem Flußbett, das die meiste Zeit des Jahres trocken liegt
– *-weather flow* · Trockenwetterabfluß
– *-weather flow, dry season flow* · *Trokkenwetterabfluß
– *weather-flow channel, cunette* · *Sohlrinne
– *-weather ford* · Furt mit Durchlaß für Normalabfluß
– *weight* · *Trockengewicht
– *well* · trockener Brunnen; trockener Schacht
– *year* · trockenes Jahr
*drying up* · *Austrocknung
*duct* · Rohr, Rinne, Kanal
– *tube* · *Ductube-Schlauch
*duff* · Vegetationsablagerung
*dug well* · *Schachtbrunnen
*dump energy* · *Abfallast
– *power* · überschüssige elektrische Energie
*dune* · *Düne
– *movement* · Geschiebebewegung in Riffelform
– *water* · *Dünenwasser
*dunes* · Dünen
*duplex pump* · Mehrzylinderpumpe
*duration* · Dauer
– *-area curve* · Dauer-Flächenlinie
– *curve* · Dauerlinie
– *-efficiency diagram* · *Leistungsdauerbild
– *of decrease* · *Unterschreitungsdauer
– *of increase* · *Überschreitungsdauer
– *of irrigation* · *Dauer einer Regengabe
– *of irrigation per day, month, year* · *Betriebsdauer
– *minimum* · erforderliche Mindestzeit zur Bildung stehender Wellen durch Wind
– *of ebb* · Dauer des Ebbestroms
– *of fall* · Dauer des Fallens des Meeresspiegels
– *of flood* · Dauer des Flutstroms
– *of rise* · Dauer des Steigens d. Meeresspiegels
– *of tide* · Gezeitendauer
*dust* · Staub
– *storm* · Sandsturm
*duty water* · *Pflichtwasser
– *of water* · erforderliche Wassermenge für Bewässerungszwecke
*dyke* · Deich
*dynamic head* · dynamische Druckhöhe
– *load* · *dynamische Belastungen
– *pressure* · *dynamischer Druck
– *pressure* · *Flüssigkeitsdruck
*dynamic similarity* · *dynamische Ähnlichkeit
– *suction head* · dynamische Saughöhe
– *suction lift* · dynamische Saughöhe
– *test* · *dynamische Untersuchung
– *viscosity* · *dynamische Zähigkeit
– *viscosity* · *dynamische Viskosität
*dyne* · Dyn, Zentimetergramm

## E

*earth, soil* · *Erde
– *dam* · *Erddamm
– *flow* · Erdbewegung bei Erdrutsch
– *load* · *Erdauflast
– *pressure* · *Erddruck
– *pressure (at rest)* · Ruhedruck
– *reservoir* · *Erdbecken
– *tank* · durch Erddamm erzielter Teich z. Versorgung d. Tiere mit Trinkwasser
– *-work* · *Erdarbeiten
*easement* · Benützungsrecht
*ebb* · *Ebbe
– *channel* · *Ebberinne
– *current* · *Ebbestrom
– *current* · *auslaufender Strom
– *dike* · *Ebbedeich
– *tide* · Ebbe
*ebbing-and-flowing springs* · *pulsende Quellen
*ebullition* · Siedepunkt, Aufsprudeln
*eccentricity* · Exzentrizität
– *ratio* · Exzentrizitätsverhältnis
*echo sounder* · *Echolot, Echograph
– *sounding* · Schallmessung
*economic depreciation* · wirtschaftspolitisch bedingte Abschreibung
– *ground-water yield* · wirtschaftliche Grundwasserentnahme
– *life* · wirtschaftliche Nutzungsdauer
*economizer* · *Ekonomiser
*eddy (roller)* · *Wasserwalze (Grundwalze, Deckwalze) Seitenwalze
– *basin* · *Walzenraum
– *conductivity* · Wirbelleitfähigkeit
– *current* · *Nehrstrom
– *diffusion* · Diffusion durch Wirbelbildung
– *loss* · Wirbelverlust
*eductor* · Vorrichtung zur Mischung von Luft und Wasser, Zerstäuber
*eelgrass* · Aalgras
*eel ladder, eel pass* · *Aalleiter, Aalpaß
*effective diameter* · wirksamer Korndurchmesser
– *force* · wirksamer Druck
– *grain size* · *wirksame Korngröße
– *ground-water velocity* · tatsächliche Fließgeschwindigkeit des Grundwassers
– *head* · *Turbinen-Fallhöhe

*effective porosity* · wirksame Porosität
– *precipitable water* · wirkliche Wasserdampfmenge, die der Luft entnommen werden kann
– *rainfall* · nutzbarer, oberirdischer Abfluß; der Bodenbewässerung dienender Niederschlag
– *size* · wirklicher Korndurchmesser
– *snow melt* · Schmelzwasserabfluß
– *sprinkler area* · *wirksame Beregnungsfläche
– *storage* · wirkliches Speichervolumen
– *stress* · wirksame Spannung
– *unit weight* · wirkliches Raumgewicht
– *velocity* · tatsächliche Fließgeschwindigkeit des Grundwassers
– *velocity of ground water* · *Bahngeschwindigkeit eines Grundwasserteilchens
– *void space* · *wirksamer Porengehalt
*effervescence* · Aufbrausen, Schäumen, Aufsprudeln
*efficiency* · *Wirkungsgrad
– *factor* · *Leistungsbeiwert
– *-load-range factor* · Wirkungsgrad des Belastungsbereichs
– *of a biological sewage treatment plant* · *Wirkungsgrad einer biologisch. Kläranlage
– *of a mechanical sewage treatment plant* · *Wirkungsgrad einer mechanischen Kläranlage
– *of pumping station* · *Wirkungsgrad (bei Schöpf- und Pumpwerken)
*efflorescence* · *Ausblühung
*effluent* · ausfließen; Ausfluß; Abfluß; Grundwasserausfluß
– *seepage* · Grundwasseraustritt
– *stream* · Rinne, deren Hauptwasser Grundwasser ist; Abfluß aus einem Stausee oder Fluß
– *weir* · Abflußwehr
*ejector* · Ejektor
– *, injector* · *Dampfstrahlpumpe
*Ekman current meter* · Meßflügel nach Ekman
*elastic* · *elastisch
– *limit* · *Elastizitätsgrenze
– *state of equilibrium* · elastisches Gleichgewicht
*elbow* · *Knie
– *draft tube* · gekrümmter Unterwasserstollen oder gekrümmter Ablaufstollen
– *meter* · Krümmermeßgerät
*electric well log* · Auftragung der Meßergebnisse bei Brunnenuntersuchungen mit Hilfe elektrischer Widerstandsmessungen
*electrical-analogy method* · elektrisches Analogie-Verfahren
– *sewage treatment method* · *elektrisches Klärverfahren
*electro-chemical gaging* · Geschwindigkeitsmessung nach dem Salzverdünnungsverfahren
– *-osmotic method* · *Elektro-Osmose-Verfahren
*electrolysis* · Elektrolyse, elektrolytisches Verfahren
*element* · *Element
*elevated ditch* · Graben in aufgehöhtem Gelände
– *storage* · als Wasserturm ausgebildeter Wasserspeicher
– *tank* · *Hochbehälter
– *tank* · *Wasserturm
*elevation* · *Aufriß
– *head* · statische Druckhöhe
*elevator pump* · Becherwerk
*elongation, expansion* · *Dehnung
*elutriation* · Schlämmung
*eluviation* · Auswaschung durch Sickerwasser
*eluvium* · Eluvium, Verwitterungsmasse
*embankment, dam* · *Damm
*embayment* · Einbuchtung; Abschnitt einer Flußkrümmung
*embouchure* · Flußmündung
*emergency outlet* · *Notauslaß
– *gate made up of stop logs* · *Notverschluß
*Emscher tank, Imhoff tank* · *Emscherbrunnen
*emulsion* · *Emulsion
*end contraction* · Seitenkontraktion
– *manhole* · Schacht am Anfang der Abwasserleitung
– *of flood current* · *Flutstromgrenze
– *of tidal influence* · *Flutgrenze
– *of tidal influence, tidal limit* · *Tidegrenze
– *sill* · *Endschwelle
*energy* · Energie
– *coefficient* · Energiekoeffizient
– *dissipation* · Energieumwandlung
– *dissipator* · *Energieverzehrer
– *dissipator, baffle piers, baffle walls* · *Prellkörper (Störkörper, Schikanen)
– *dissipator, baffle piers, baffle walls* · *Störkörper (Prellkörper, Schikanen)
– *gradient* · *Energiegefälle
– *gradient* · *Reibungsgefälle
– *head* · *Energiehöhe
– *line* · *Energielinie
– *loss* · Energieverlust
– *spectrum* · Energiespektrum

*engineering structure* · *Ingenieurbau
– *survey* · Untersuchung über Planung, Ausführung und Kosten eines Bauvorhabens
*englacial* · im Gletscherinnern vorkommend
– *load* · Geschiebe im Gletscherinnern
– *stream* · Fluß im Gletscherinnern
*enhydrous* · wässerig
*enlargement loss* · Verlust infolge Querschnittserweiterung
*entrance culvert* · Zulaufdurchlaß
– *head* · Druckhöhe im Eintrittsquerschnitt
– *head loss of a well* · *Eintrittswiderstand
– *loss* · *Eintrittsverlust ($h_e$, m)
– *section* · *Turbinen-Eintrittsquerschnitt
– *velocity* · *Eintrittsgeschwindigkeit
*envelope curve* · Umhüllungslinie, Einhüllende
*environment error* · *Fehler durch Umwelteinflüsse
*eolian* · Ablagerungen durch Wind (Dünen)
– *deposits* · äolische Ablagerung
*eolation* · Abrieb durch windbewegten Sand
*ephemeral stream* · Fluß, mit regenabhängigem Abfluß
*epilimnion* · *Epilimnion
*equal energy depths* · wechselnde Tiefen
*equalizer* · Ausgleichsrohrstück
*equalizing basin* · Ausgleichsbecken
– *reservoir* · Ausgleichsbehälter
– *tank* · *Gegenbehälter (Wasserbau)
*equation* · Gleichung
*equatorial currents* · Strömungen am Äquator; halbmonatlich auftretende Tideströmung
– *tide* · Gezeiten, wenn der Mond nahe dem Äquator ist (halbmonatlich)
*equilibrium* · Gleichgewichtszustand eines Flusses
*equinoctial rains* · Äquinoktialregen
– *tides* · Äquinoktialtide
*equipluve* · Isohyete
*equipotential line* · Äquipotentiallinie
*equivalent diameter* · äquivalenter Korndurchmesser, Aräometerversuch
– *discharges* · *gleichwertige Abflüsse
– *field moisture* · äquivalente Feldfeuchtigkeit
– *fluid* · äquivalente Flüssigkeit, zur Erzeugung des natürlichen Erddruckes
– *pipe* · hydraulisch gleichwertiges Rohr
– *water levels* · *gleichwertige Wasserstände
*erg* · Erg; Energieeinheit
*erodibility* · Erosionsempfindlichkeit
*erodible* · erosionsempfindlich
*erosion* · *Erosion
– *control* · Erosionsschutz
– *pavement* · Rückstand nach Abtragung der Bodenschicht durch Wasser u. Wind
– *surface* · Erosionsfläche
– *valleys* · *Erosionstäler
*erosive* · erodierend
– *velocity* · Grenzgeschwindigkeit, die bei Überschreitung Erosion verursacht
*error* · Fehler
– *theory* · *Fehlertheorie
*escapage* · allgemeiner Wasserverlust d. Regulierungseinrichtungen
*escape* · Entweichung, Ausfluß
*escarpment* · steile Böschung
*escherichia coli* · *Colibakterien (Bact. coli)
– *coli* · *Escherichia coli
*esker* · glaziale Kiesablagerung
*establishment of a port* · *Hafenzeit
*estimation of the water resources* · *Wasserbilanz
*estoppel of water rights* · Hinderung des Nachweises des Wasserrechts
*estuarine* · auf die Flußmündung bezogen
*estuary* · Flußmündung
*eutrophic* · *eutroph
*evapo-transpiration* · Verdunstung und Ausdünstung
*evaporation* · *Evaporation
– · *Verdunstung
– *area* · Verdunstungsfläche
– *discharge* · Verdunstungsabgabe
– *height* · *Verdunstungshöhe
– *opportunity* · relative Verdunstung
– *pan* · Verdunstungsschale
– *power* · Verdampfungskapazität
– *rate* · Verdunstungsmenge
– *rate* · *Verdunstungsgeschwindigkeit
– *residue* · *Abdampfrückstand
*evaporativity* · Verdunstungsvermögen
*evaporimeter* · *Evaporimeter (Verdunstungsmesser)
*excavation* · *Ausschachtung
– · *Abtrag, Aushub
– *material* · *Aushub
– *area* · *Aushubquerschnitt
– *pit* · *Baugrube
*exceedance interval* · Überschreitungsintervall
*excess head* · *Überstau
– *water* · *Überwasser
*excessive energy* · *Überschußenergie
– *precipitation* · Regenüberschuß
*exchange capacity* · Austauschkapazität
*exit loss* · Austrittsverlust
*expanding reach* · Erweiterungsabschnitt

*expansion* · *Ausdehnung
– *, extension, strain, stress* · *Dehnungen, Spannungen
– *flow* · Änderung der Strömung bei Erweiterung des Abflußquerschnittes
– *joint* · *Bewegungsfuge
– *joint* · Dehnungsfuge
– *joint* · *Trennfuge
– *joint* · *Raumfuge
*exploratory survey* · Untersuchung zur Erlangung allgemeiner Informationen
*exposure* · Ausgesetztsein
*exsiccation* · Trockenlegung
*extensometer* · *Dehnungsmesser
*extraordinary storm* · Wolkenbruch
*extratropical cyclone* · Wirbelsturm in Höhen über den Tropen
*extreme drawdown level* · *außergewöhnliches Absenkziel

**F**

*face to face groin* · *Rauschbuhne
*factor of decrease* · *Unterschreitungszahl
– *of increase* · *Überschreitungszahl
– *of river utilisation* · *Flußausnutzungsfaktor (möglicher, tatsächlicher)
*faeces* · *Fäkalien
*Fahrenheit* · Fahrenheit
*fairway* · Fahrrinne
*fall, jump* · *stürzen, springen
*fall* · Wasserfall; Spiegelgefälle
– *head, head* · *Fallhöhe
– *increaser* · Fallhöhenverstärker
– *line* · Fallinie
– *velocity* · Fallgeschwindigkeit
*Fargue's rules* · *Farguesche Regeln
*farm duty of water* · erforderliche Wassermenge f. landwirtschaftliche Betriebe
– *pond* · Teich
– *waterway* · Wassergraben innerhalb eines landwirtschaftlichen Betriebes
*fascine* · *Faschine
– *drain* · *Stangendrän
– *drain* · *Faschinendrän
– *filling, fagotting* · *Packwerk
– *foundation mat* · *Faschinengründung
– *mattress* · *Sinkstück
– *poles* · *Faschinenwurst
*fathom* · Längenmaß = 1,82 m; loten
*fathometer* · Tiefenmesser
*fault* · *Verwerfung
– *spring* · *Verwerfungsquelle
– *spring* · Spaltenquelle
– *-dam spring* · Barrierequelle, Stauquelle
*fecal bacteria* · *Fäkalbakterien
*feed, charge* · *beschicken
*feeder, beach* · Strandgebiet für natürliche Geschiebeentnahme
– *branch* · *Verteilgraben, Nebenzuleiter
*feeder channel* · *Speisegraben (Zubringer)
– *main* · *Hauptzuleiter
*fender* · *Fender
– *post* · *Streichpfahl
*fending groin* · deklinante Buhne
*fermentation* · *Gärung
*ferric hydroxide* · *Eisenhydroxyd
*ferrozation* · *Vereisenung des Wassers
*ferry* · *Fähre
*fertilizing irrigation* · *düngende Bewässerung
*fertilizing value* · *Dungwert
*fetch* · Strecke zwischen Wellenursprung und Brandungszone
*fidual limits* · *Standardabweichung, Vertrauensgrenzen
*field capacity* · Eigenfeuchtigkeit
– *-capacity zone* · Pufferzone
– *ditch* · Sauger, Bewässerungsgraben
– *duty of water* · erforderliche Wassermenge für Feldbewässerung
– *moisture* · Bodenfeuchte
– *moisture capacity* · Boden-Feuchtigkeitsgehalt
– *moisture deficiency* · Fehlbetrag an Bodenfeuchtigkeit
– *moisture equivalent* · minimale Bodenfeuchtigkeit
– *permeability coefficient* · spezifischer Durchlässigkeitsbeiwert
– *test* · Versuch an Ort und Stelle, Feldversuch
– *waste* · Wasserverlust beim Betrieb einer Bewässerungsanlage durch oberirdischen Abfluß
*figure scale* · *Ziffernskale
*filament, stream tube* · Stromfaden
*fill* · *Anschüttung, Auftrag
– · auffüllen; Füllmenge; Aufschüttung; Auffüllung
– · *Schüttung
*filler gate* · *Torschütze
*film flow* · laminare Strömung in dünner Schicht oder Fadenform
– *pressure* · Druck auf die Haftwasseroberfläche
*filter* · *Filter
– *bed* · Filterbett, Filterbeet
– *crib* · Kiesfilterkasten als Pumpensumpf
– *crop* · Bewachsung als Böschungsschutz
– *efficiency* · Wirkungsgrad eines Filters
– *fabrik* · *Filtergewebe
– *floor* · *Filterboden
– *layer* · *Dränschicht
– *layer* · *Filterschicht
– *loss* · *Filterwiderstand
– *material* · *Filtermasse

*filter pipe* · *Filterrohr (beim Brunnenbau)
– *run* · *Filterlaufzeit
– *sludge water* · *Filterschlammwasser
– *strip* · als Ablagerungsfilter wirkender bewachsener Landstreifen
*filtered-water reservoir* · Speicher für filtriertes Wasser
*filter washing water* · *Filterspülwasser
*filtering medium* · Filtermasse
*filtrate* · abfiltern, filtern; Filtrat
*filtration* · filtern, Filtrierung
– *rate* · *Filtriergeschwindigkeit
– *rate* · *Filtergeschwindigkeit (eines Grundwasserkörpers)
– *plant* · *Filteranlage
– *water* · *Seihwasser
*fine adjustment* · *Feinregelung
– *crack, hair crack* · *Haarriß
– *rack* · Feinrechen
– *screen* · Feinsieb
– *screen, trashrack* · *Feinrechen
– *sludge* · *Gyttja
*fines* · feiner Sand oder Kies; Schlamm
*fingers* · Einbauvorrichtung f. Senkstücke
*finished dimension* · *Ausbaumaß
*fire plug* · ältere Form von Hydrant
– *pressure* · Wasserdruck in einer Feuerlöschleitung
– *pump* · festeingebaute Feuerlöschpumpe
– *supply* · Wasser zur Feuerbekämpfung
– *system* · Rohrnetz nur zur Feuerbekämpfung
*firm power* · immer zur Verfügung stehende elektrische Energie
*firn* · Firnschnee
– *line* · Firngrenze
*firth* · Förde, Mündung
*fish mortality* · *Fischsterben
– *ladder, fish pass* · *Fischpaß
– *pond* · Fischteich
– *rise* · *Fischaufstand
– *screen* · Fischrechen, Fischsperre
– *-way* · Fischpaß, Fischaufzug, Fischleiter, Fischtreppe
*fishery harbor* · *Fischereihafen
*fissure spring* · *Spaltquelle
*fissure water* · Spaltwasser
*fittings* · *Armaturen
*fixed pipe support* · *Festpunkt (einer Rohrleitung)
– *term value* · *Terminwert
– *weir* · *festes Wehr
– *-bed model* · Modell mit fester Sohle
– *dam* · festes Wehr
– *ground water* · in kleinsten Poren haftendes Grundwasser
– *moisture* · gebundene Feuchtigkeit
*fjord* · Fjord

*flanch* · Flansch, Rohrflansch; erweitern
*flange* · Rand, Bord
– · *Flansch
*flanged joint* · Flanschverbindung
– *pipe* · *Flanschenrohr
*flank dike* · *Flankendeich
*flap gate* · *Stauklappe
– *gate* · Klappenwehr
– *gate* · *Klappenverschluß
– *gate valve* · *Flachschieber
– *valve* · Klappenventil
*flared outled* · Ausflußöffnung mit erweitertem Querschnitt
*flaring inlet* · trichter- oder trompetenförmiger Einlaß
*flash flood* · kurzzeitiges Hochwasser
– *point* · Flammpunkt
*flashboard* · vorübergehende Aufhöhung einer Dammkrone durch Bohlen
– *check gate* · Wehrklappe
*flashy stream* · Fluß mit rasch steigender und fallender Abflußmenge
*flat* · Ebene, Fläche
– *-crested measuring weir* · Meßwehr m. flacher Krone
– *rate* · Pauschalpreis pro Einheit
– *-top junction* · Anschlußstück in Abwasserleitungen mit flachem Scheitel
*flaw* · Windstoß
*flexible conduit* · biegsame Rohrleitung
– *joint* · bewegliche Verbindung
*flight of locks* · *Schleusentreppe
*flip bucket, ski jumb* · *Sprungschanze
*float* · Schwimmer
– *gage* · Schwimmerpegel
– *gaging* · Geschwindigkeitsmessung mit Schwimmer
– *into position* · *Einschwimmen
– *run* · Weg eines Schwimmers
– *switch* · ein durch ein Schwimmer betätigter elektrischer Schalter
– *tube* · schwimmend aufgehängte Abfluß- oder Überlaufleitung in einem Becken; Schwimmerschalter
– *valve* · Schwimmerventil
– *well* · Schwimmerpegel
*floating bog* · kleine, pflanzenbewachsene schwimmende Insel
– *bridge* · *Schiffsbrücke
– *caisson foundation* · *Schwimmkastengründung
– *cover* · schwimmende Abdeckung
– *dredge* · *Schwimmbagger
– *groin* · *Schiffsbuhne
– *ice* · *Treibeis
– *ice* · *Eisgang
– *lock gate* · *Ponton (Pontontore)
– *matter* · *Schwimmstoffe

*floating moor* · *schwimmendes Moor (Schwingmoor)
*floc* · Flocke
*flocculation* · Flockung, Ausflockung
– · *Ausfällung
– *agent* · Flockungsmittel
– *ratio* · Flockungsverhältnis
*flocculator* · Einrichtung zur Flockenbildung
*flocculent structure* · Flockenstruktur
*flock* · Flocke
*floe* · Eisplatte
– *berg* · kleiner Eisberg
– *ice* · Treibeis
*flood* · *Flut
– · *Überschwemmung
– *, 10-year (or other designated period)* · 10jähriges Hochwasser
– *absorption* · Hochwasser-Speichervermögen
– *axis* · Strömungsrichtung des Hochwassers
– *basin, flood plain* · *Überschwemmungsgebiet
– *benefits* · Nutzen aus Hochwasserschutz
– *coefficient* · Hochwasserabflußbeiwert
– *control* · Hochwasserschutz
– *current* · *auflaufender Strom
– *current* · *einlaufender Strom
– *current* · *Flutstrom
– *dam* · *Rückstaudamm
– *dike, closing dike* · *Flutdeich
– *event* · Hochwasserperiode
– *flow* · Hochwasserabfluß
– *gate* · Fluttor
– *gate* · *Hochwasserverschluß
– *gate* · *Spülschleuse
– *gate, stop gate* · *Wehrverschluß
– *hydrograph* · Hochwasser-Abflußkurve
– *irrigation* · *Überstauung
– *level* · Wasserstand bei Hochwasser
– *peak* · höchster Hochwasserabfluß; Hochwasserspitze
– *plain* · *Hochwassergebiet
– *plane* · Wasserstand bei Hochwasser
– *probability* · Hochwasser-Wahrscheinlichkeit
– *protection* · *Hochwasserschutz
– *routing* · Verfahren zur Ermittlung d. Fortpflanzung einer Hochwasserwelle
– *spreading* · Überflutung von Land zur Erhöhung der Brunnenleistung
– *stage* · Hochwasserstand
– *storage capacity* · Hochwassserspeichervermögen
– *strength* · größte Geschwindigkeit des Flutstromes
– *tide* · Flut
– *wave* · Hochwasserwelle
*flood-controll reservoir, detention reservoir* · *Hochwasserrückhalt
– *-controll storage* · Hochwasserschutzspeicher
– *-controll storage basin* · *Hochwasserschutzraum, Schutzraum
– *-controll works* · Hochwasserrückhaltebecken
– *-protection works* · Hochwasserschutzanlagen
– *-relief area* · *Hochwasserabflußgebiet
– *-relief canal* · *Entlastungskanal
– *-relief channel* · *Hochwasserkanal
– *-source area* · Hochwasserentstehungsgebiet
– *-water retarding structure* · Rückstaudeich
– *waves* · *Flutwellen
*floodway* · Hochwasserabflußquerschnitt
*flooring, slabbing, pavement* · *Belag
*floor of dry dock* · *Docksohle
– *of stilling basin, apron* · *Sturzbett, Sturzboden
*flooring plaster* · *Estrich
*floor recess* · *Sohlenfalz
– *upstream of a weir or barrage* · *Vorboden
*flotsam* · Seetrift, Strandgut
*flow* · *Fließen
– · fließen; Strömung; Abfluß; ableiten
– *bog* · schwimmendes Moor
– *curve* · Fließkurve
– *-duration curve* · *Abflußmengendauerlinie
– *-duration curve* · *Dauerlinie
– *demand* · benötigte Abflußmenge
– *failure* · Fließbruch, Rutschung
– *governor* · *Durchflußwächter
– *index* · Fließzahl-Index
– *into turbine* · *Turbinen-Wasserstrom
– *year* · *Abflußjahr
– *line* · Wasserspiegellinie; Stromlinie
– *-line aqueduct* · Freispiegel-Aquädukt
– *net* · *Strömungsbild
– *pressure* · *Fließdruck
– *rate, discharge rate* · *Förderung einer Pumpe, eines Pumpwerks
– *rate* · Abflußmenge
– *rate of turbine* · *Triebwasser
– *transition* · *Fließwechsel
– *-nozzle meter* · Venturirohr mit Düseneinsatz
– *-over-dam discharge measurement* · indirekte Abflußmengenmessung unter Berücksichtigung des Abflusses über Wehre
– *slide* · Erdrutsch, Fließrutschung
*flowage right(s)* · Recht zur Überflutung von Land

*flowing-through period* · Durchflußzeit
– *well* · Quellfassung
*fluid* · *Fluid
– · Flüssigkeit
– *mechanics* · *Strömungslehre
– *pressure* · *Druck (Flüssigkeitsdruck)
– *ton* · Handelsgewicht = 907,18 kg
*fluctuating water consumption* · *fluktuierende Wassermenge
*flume* · *Gerinne
*flush hydrant* · *Überflurhydrant
– *inlet* · Einlaß, der böschungsgleich abschneidet
*flushing* · Spülung
– *device* · *Spüleinrichtung
– *flume, scouring channel* · *Spülrinne
– *manhole* · Spülschacht
*fluoridation* · *Fluoridierung
*fluvial* · Fluvial; in Flüssen wachsend; von Flüssen herrührend
– *erosion* · Erosion, verursacht durch fließendes Wasser
– *sediment* · im Wasser mitgeführte Sinkstoffe
*fluviation* · ursächlich mit den Flüssen zusammenhängend
*fluvio-glacial* · Gletscherbach; Gletscherablagerung
– *stream* · Fluß, dessen Hauptwasser u. Schwerstoffe von Gletschern stammen
*fluvio-marine* · Marschland
– *-terrestrial* · bezogen auf Zusammenwirkung von Wasser und Land
*foam* · Schaum
– *concrete, aerated concrete* · *Gasbeton, Schaumbeton
– *line* · Schaumkamm-Linie
*fog* · *Nebel
– *drip* · abtropfen bei Nebel
*following wind* · der Wellenrichtung folgender Wind
*foot valve* · *Fußventil
– *-pound* · Arbeitseinheit = 0,138 mkg
*footing* · Fundament
*force* · Kraft
– *main* · Druckleitung
– *pump* · Kolbenpumpe als Druckpumpe
*forced convection* · erzwungene Konvektion
*ford* · Furt
– *in a lost river* · *Flußschwinde, Bachschwinde
*forebay* · *Dockvorhafen
– · *Vorschleuse
– *, head bay* · *Vorbecken
*forfeiture of water rights* · Verlust des Wasserrechts
*foreign water* · *Druckwasser
– *water* · *Schichtwasser
*foreign water* · *Fremdwasser
– *water canal* · *Überleitung (Beileitung)
*forerunners* · den Windwellen vorauseilende Schwallwellen
*foreshore* · *Vorland, Außendeichland
*forest influences* · Waldeinfluß
*form drag* · Formwiderstand
– *loss of head* · Formverlust
*formation* · Formation
– *of water of condensation* · *Schwitzwasserbildung
*forming of pack ice* · *Eisstoß
*fouling* · schleimige Ablagerung an Rohrleitungen
*foundation* · *Fundament, Gründung
– *base* · *Fundamentbasis
– *base of a dam* · *Mauersohle
– *drainage* · *Baugrundentwässerung
– *engineering* · *Grundbau
– *improvement by petrification* · *Versteinerungsgründung
– *load test* · *Probelastung, Baugrund
– *mattress* · Gründungsplatte, Gründungssohle, Unterbau
– *«soil»* · Baugrund
*fountain* · Quelle, Fontäne; Flußquelle
– *aerator* · Springbrunnen
– *flow* · Form des Wasseraustritts bei Quellen oder Springbrunnen
– *head* · hydrostatischer Druck einer Quelle
*four-way valve* · Vierwegehahn
*fourneyron wheel* · Fourneyron-Wasserrad
*fracture spring* · Spaltenquelle
*framed dam* · Grundschwelle mit Blockwand
*Francis turbine* · Francis-Turbine
– *wheel* · Francis-Wasserrad
*frazil ice* · Eisbrei
*free convection* · freie Konvektion
– *eddy* · in der Bewegung unbegrenzte Walze
– *flow* · freier Ausfluß, vollkommener Überfall
– *ground water* · *ungespanntes (freies) Grundwasser
– *measuring weir* · *Überfallwehr
– *jet turbine* · *Freistrahlturbine
– *of ice* · *Eisfrei
– *outlet* · freier Ausfluß
– *overfall* · *vollkommener Überfall
– *port* · *Freihafen
– *surface* · freier Wasserspiegel
– *-surface energy* · Oberflächenenergie
– *water* · Grundwasser
– *wave* · freie Welle
– *zone of a port* · *Freibezirk
– *-board* · Freibord

*freezing index* · Kennzahl der Gefriertage
*french drain* · Steindränung
*frequency* · *Häufigkeit
– *curve* · Häufigkeitskurve
– *diagram* · *Häufigkeitsfläche
– *of dry periods* · *Dürrehäufigkeit
– *of recurrence* · *Häufigkeitszahl
– *line* · *Häufigkeitslinie
*fresh sludge, raw sludge* · *Frischschlamm
– *-air inlet* · Belüftungsschacht
*freshet* · Hochwasser; Fluß; kurzzeitiges, mittleres Hochwasser
*friction* · *Reibung
– *head* · *Reibungsverlusthöhe
– *loss* · *Reibungshöhe (Reibungsdruckverlust)
– *slope* · Reibungsgefälle
*frictional resistance* · *Reibungswiderstand
*fringe ice* · Saumeis; Randeis
– *water* · *Saugsaumwasser
*front* · Vorderfront
– *of levee* · wasserseitige Böschung eines Schutzdammes
*frontal precipitation* · durch Vertikalbewegung von warmen Luftmassen verursachter Niederschlag
– *surface* · Vorderfront
*frost action* · Frostwirkung
– *boil* · Frostblähung; Frostaufbruch
– *box* · Frostschutzkasten
– *heave* · *Frostaufbruch (Straßenbau)
– *resistance* · *Frostbeständigkeit
– *-penetration depth* · *Frostgrenze, Frosttiefe
*Froude's number* · *Froude-Zahl
*fuel replacement energy* · Ersatz für Energie aus Brenn- oder Treibstoffen z. B. Wasserkraft
*fugitive water* · Sickerwasser
*full area drainage* · *Volldränung
– *meander* · volle Mäanderbildung
*Fuller curve* · *Fuller-Kurve
*furrow irrigation* · *Furchenbewässerung, Beetbewässerung

## G

*gabbro* · *Gabbro
*gabion* · Sinkkasten, Sinkkorb
*gage (gauge)* · Meßinstrument, Meßgerät; Pegel; messen
– *datum* · Pegelnullhöhe über Bezugshöhe
– *height* · Pegelhöhe
– *pressure* · der am Druckmeßgerät angezeigte Druck
– *sheet* · *Pegelbogen
*gage zero* · *Pegelnull
*gaging station* · Meßstation
– *station* · *Pegelstelle
*gal* · Gal, Einheit der Beschleunigung
*gale* · Sturm
*gallery* · Entwässerungsstollen; Stollen
*gallon* · Gallone: USA = 3,78 l, Imperial = 4,54 l
*gang of wells* · Brunnenreihe
*gas dome* · Gaskuppe
*gasket* · Dichtung aus Gummi, Stoff, Papier oder Metall
*gasoline separator* · *Benzinabscheider
*gate* · *Torverschluß
– *, valve* · *Schieber
– *chamber* · Schieberkammer
– *chamber* · *Torkammer
– *check* · Stauklappe
– *controlled canal* · *Torkanal
– *flap* · *Stauschild
– *house* · *Schieberhaus
– *lift* · Hubvorrichtung für ein Schütz
– *recess* · *Tornische, Torkammernische
– *shaft* · *Schieberturm
– *stem* · Schieberspindel
– *valve, sluice valve* · *Absperrschieber
– *-type hydrant* · Hydrant mit Absperrschieber
*gauge* · Pegel
*gaussian wave packet* · Wellengruppe
*Gay-Lussac's law* · *Gay-Lussacsches Gesetz
*gel* · Gel
*generating area* · Zone, aus der die vom Wind verursachten Wellen kommen
*generation of waves* · Entstehung natürlicher Wellen; Zone, in der Wellen entstehen
*geodesy* · *Geodäsie
*geodetic height* · *geodätische Höhe
*geoelectric measurements* · *Geoelektrik (elektrische Bodenerforschung)
– *test* · *geoelektrische Untersuchung
*geographical mile* · geographische Meile, Seemeile = 1,852 km
*geohydrology* · *Geohydrologie
*geoid* · *Geoid
*geologic erosion* · durch geologische Vorgänge verursachte Erosion
– *map* · geologische Karte
– *norm* · natürliche geologische Vorgänge
*geological survey* · geologische Untersuchungen
*geology* · *Geologie
*geometric mean* · geometrisches Mittel
– *similarity* · geometrische Ähnlichkeit
*geomorphology* · Geomorphologie
*geophysical method* · Verfahren der angewandten Geophysik
– *survey* · *geophysikalische Aufschlußarbeiten

*geophysics* · Geophysik
*geothermal step* · *geothermische Tiefenstufe
*geotome* · Gerät zur Messung der Bodenfeuchtigkeit
*German standard specifications* · *DIN (ursprünglich Abkürzung für «Deutsche Industrie-Norm», später «Das ist Norm»)
*geyser* · *Geiser
*Ghyben-Herzberg lens* · Brackwasserlinse im Grundwasser
*giant* · Düse
*gilsonite* · *Gilsonitasphalt
*gin* · mittels Winde angetriebene Pumpe
*gipsum* · *Gips
*Girard turbine* · Girard-Turbine
*glacial* · glaziale Erscheinungen
– *deposit* · Gletscherablagerung, Moräne
– *drift* · Gletscherablagerung
– *erosion* · Gletschererosion
– *lake* · Gletschersee
– *loam* · *Geschiebelehm
– *period* · *Eiszeit
– *stream* · Fluß, der sein Hauptwasser von schmelzendem Gletschereis bezieht
*glaciation* · geologische Tätigkeit der Gletscher
*glacier* · *Gletscher
– *burst* · Gletscherwasserausbruch
– *discharge* · *Gletscherabfluß
– *milk* · milchiges Gletscherwasser
– *silt* · Gletschersand-Anlandung
– *snow* · Gletscherschnee
*glacio-alluvial deposit* · Ablagerung eines Gletscherflusses
*glacioaqueous* · Erscheinungen beim Zusammenwirken von Gletschereis und Wasser
*glaciofluvial* · glazifluvial, Fluvioglazil
– *drift* · Gletscherflußablagerung
*glaciolacustrine* · Erscheinungen beim Zusammenwirken von Gletschern u. Seen
*glaciology* · Gletscherkunde
*glaciomarine* · Erscheinungen beim Zusammenwirken von Gletschern u. dem Meer
*glaciometer* · Gletscheruhr
*glacis* · Erdanschüttung
*glas* · *Glas
*glazed reinforced concrete* · *Glasstahlbeton
*glaze* · dünne Eisschicht
*glen* · enges Tal, Bergschlucht
*globe valve* · Rundschieber
*go devil* · Rohrräumer
*going value* · Marktwert, Tageswert
*gole* · Durchlaß; Graben; Tal
*gorge* · Schlucht, Klamm
*gouging* · Aussteifung
*governor* · *Regler
– · *Druckregler
*gradation* · einebnen; Bett-Stabilisierung; Kornverteilung
– · *Kornaufbau
*grade* · Neigung; Sohlenhöhe; Kronenhöhe; profilieren; abstufen
– *tunnel* · *Freispiegelstollen
– *of density, grade of porosity* · *Dichtigkeitsgrad (von Naturstein)
– *-stabilizing structure* · Grundschwelle, Geschiebesperre
*graded sediment* · Ablagerungen mit gleichem Korndurchmesser; Ablagerungen mit gleichmäßiger Kornverteilung
– *stream* · Fluß, der auf langen Strecken im natürlichen Gleichgewicht ist
– *terrace* · Terrasse mit Längsgefälle
*gradient* · Gefälle; Neigung
*grading curve* · *Sieblinie
*gradual buildup of ridges* · *schrittweiser Rückenbau
– *contraction* · allmähliche Kontraktion
*graduation* · Gradeinteilung
*grain* · Korn; Grain
– *port* · *Getreidehafen
– *shape* · *Kornform
– *size* · *Korngröße
– *skeleton* · *Korngerüst
– *-size distribution* · *Bodenkörnung
– *-size distribution* · *Kornverteilung
– *-size distribution* · *Kornzusammensetzung
– *-size fraction* · *Kornfraktion
– *-size limit* · *Korngrenze
*gram* · Gramm
*graniform* · Kornform; körnig
*granulate* · körnen, granulieren
*granule* · kleines Korn, Körnchen; Klumpen
*grapple dredge* · schwimmender Greifbagger
*gras protection* · *Berasung
*grassed waterway* · Gras bewachsener Abflußgraben
*grating* · Sieb
*graut shaft* · *Einpreßloch
*gravel* · *Kies
– *filter* · *Kiesfilter
– *-filter drain* · *Steindrän
– *-wall well* · *Kiesschüttungsbrunnen
*graving dock* · durch Ausbaggerung entstandenes Trockendock
*gravitation* · Massenanziehung
*gravitational potential* · Gravitationspotential
– *water* · Wasser, das unter dem Einfluß der Schwerkraft fließt

*gravity* · Erdanziehungskraft, Schwerkraft
– *dam* · *Gewichtsstaumauer
– *dam* · *Schwergewichtsmauer
*gravity spring* · der Schwerkraft folgende Quellschüttung
– *ground water* · Bodenwasser, das dem freien Fall unterliegt; vadoses Wasser
– *system* · Kanal- oder Rohrnetz ohne Pumpstation
– *water* · Wasser, das im freien Fall abfließt
– *water supply* · Gravitationsleitung
– *wave* · Gravitationswelle, Schwerewelle
– *waves* · *Oberflächenwellen
– *waves* · *Schwerewellen
*grease trap, grease seperator* · *Fettabscheider
– *trap* · *Fettfang
– *trap* · *Ölfang (Fettfang)
*Greenwich civil time* · überholte Bezeichnung für Weltzeit
– *mean time* · Weltzeit
*greve* · Graben
*grid* · Arbeitsgerüst
– *system* · *Raster
*gridiron system* · *Umlaufnetz (Wasserversorgung)
*grit* · Grieß, grobkörniges
– *chamber* · *Sandfang, Kiesfang
– *collector* · Räumer
*groin (groyn)* · *Buhne
– *bay* · *Buhnenkammer
– *field* · *Buhnenfeld
– *head* · *Buhnenkopf
– *pile* · *Buhnenpfahl
– *root* · *Buhnenwurzel
*gross available head* · Gesamtdruckhöhe; Gesamtfallhöhe
– *duty of water* · Gesamtwassermenge für allgemeinen Bedarf
– *head* · *Kraftwerksfallhöhe
*groove* · *Nut
– *, recess* · *Dammfalz
*ground air* · *Bodenluft
– *air* · *Grundluft
*ground cover* · Abdeckung durch Vegetation
– *frost* · Bodenfrost
– *ice, bottom ice* · *Grundeis
– *-key valve* · Unterflurschieber
– *-level storage* · ebenerdiger oder in den Boden eingelassener Wassertank
– *moraine* · Grundmoräne
– *peg* · *Sohlpfahl, Sohlbalken
– *-plan* · *Grundriß
– *sill* · *Sohlschwelle
– *sill* · *Grundschwelle

*ground sweat* · *Bodenschweiß
– *swell* · Grundwalze
– *swell* · *Grundsee
– *swell* · *Schwellen des Bodens
– *water* · *Grundwasser
*ground-water artery* · artesische Ader
– – – *bed* · *Grundwassersohle
– – – *capacity* · *Grundwassergehalt
– – – *cascade* · Grundwasserfall
– – – *dam* · Grundwasserstaudamm
– – – *decrement* · Grundwasserabnahme
– – – *depletion curve* · Grundwasser-Absenkungskurve
– – – *discharge* · *unterirdische Abflußspende
– – – *discharge area* · Grundwasserabflußquerschnitt
– – – *divide* · Grundwasserscheide
– – – *drain* · Grundwasserdränung
– – – *exchange* · *Grundwasserübertritt
– – – *flow* · *Grundwasserstrom
– – – *gage* · *Grundwasserpegel
– – – *height curve refered to sea-level datum* · *Grundwasserhöhenkurve (-gleiche)
– – – *hold* · *Grundwasserumsatzraum
– – – *hydrograph* · *Grundwasserganglinie
– – – *hydrology* · Grundwasser-Hydrologie
– – – *increment* · Grundwasseranreicherung
– – – *inventory* · Grundwasser-Bestandsaufnahme
– – – *irrigation* · Bewässerung mittels Grundwasser aus Brunnen
– – – *level* · Grundwasserstand, Grundwasserspiegel
– – – *level curve refered to ground elevation* · *Flurabstandskurve (-gleiche) beim Grundwasser
– – – *measurement station* · *Grundwassermeßstelle
– – – *mound* · Grundwasserhügel
– – – *movement* · *Grundwasserbewegung
– – – *piracy* · Grundwasserverwilderung
– – – *pond* · *Blänke des Grundwassers
– – – *pond* · *Grundwasserblänke
– – – *pressure area* · *Grundwasserdruckfläche
– – – *pressure head* · Druckhöhe des Grundwassers
– – – *province* · Gebiet mit gleichen Grundwasserverhältnissen
– – – *recession* · Grundwasser-Absenkung
– – – *reservoir* · *Grundwasserbecken
– – – *reservoir* · *Grundwasserspeicher (bei Wasserkraftanlagen)
– – – *ridge* · lokale Anhebung d. Grundwasserspiegels

*ground-water runoff* · Grundwasserabfluß
*– – – slope* · *Grundwassergefälle
*– – – storage* · Grundwasserspeicher
*– – – storage basin* · *Grundwasserspeicherraum
*– – – storage curve* · Grundwasservorratsdiagramm
*– – – surface* · *Grundwasseroberfläche
*– – – trench* · Grundwasserabflußrinne
*– – – turbulent flow* · turbulente Grundwasserströmung
*– – – velocity* · *Fließgeschwindigkeit des Grundwassers
*– – – velocity* · *Grundwassergeschwindigkeit
*– – – wave* · Grundwasserwelle
*group velocity* · Gruppengeschwindigkeit
*grouser* · Ankerpfahl
*grout* · Mörtel; Fugen vergießen
*growth* · *Bewuchs
*grubbing* · Rodung
*guaranty limit of error* · *Fehlergrenzen, Garantie
*guard gate* · Sicherheitstor an Schleusen
*guide bank* · Leitwand, Flügelwand
*– vane* · *Leitrad
*– wall* · *Leitwerk
*gulf* · Golf
*gully* · Schlucht
*– , gulley* · *Gully
*– control* · Erosionsschutz in einer Schlucht
*– erosion* · Erosion von tiefen Gräben oder Schluchten
*gust* · Sturmwind, Böe
*gut* · Engstelle; Rinne
*guttation* · zusätzlich zur Ausdünstung abgestoßenes Wasser
*gutter* · *Dachrinne

## H

*Haigh sounder* · Tiefenmeßgerät nach F. F. Haigh
*hail* · *Hagel
*hailstone* · Hagelkorn, Schloße
*hailstorm* · Hagelsturm
*half-raised pumping station* · *Mittelanordnung
*half-tide tidal harbor* · *Halbtidehafen
*– water level* · *Tidehalbwasser
*halophreatophyte* · alkalibeständ. Pflanze, die Wasserbedarf d. Grundwasser entnimmt
*halophyte* · halophile Pflanze (salzliebend)
*hanging valley* · ansteigendes Tal
*– valve* · Klappenventil
*harbor* · *Hafen
*harbor lights* · *Hafenfeuer
*– line* · Hafengrenze
*– mouth* · *Hafenmund
*– of refuge* · *Schutzhafen
*hard concrete* · *Hartbeton
*– flora* · *Hartflora
*– rock* · *Hartgestein
*– soil* · *harter Boden
*hardness* · *Härte
– · *Härte des Wassers
*hardplan, ortstein* · *Ortstein
*– spring* · Schichtquelle
*Hardy Cross method* · Hardy-Cross-Verfahren
*harmonic analysis* · mathematische Ermittlung einzelner Komponenten
*hauling-up slip, inclined plane* · *Aufschleppe
*Hazen-Williams formula* · Formel von Hazen-Williams
*– -Williams roughness coefficient* · Rauhigkeitsbeiwert nach Hazen-Williams
*head* · Druckhöhe; Energiehöhe; Zulaufeinrichtung; Oberwasser; Höhe
*– available* · *verfügbare Fallhöhe
*– bay* · *Vorkammer
*– flume* · Zulaufkanal; Rinne
*– gate* · *Oberhaupt
*– losses* · *Fließfallhöhen
*– or tail gate* · *Schleusenhaupt
*– race* · Zulaufleitung, Zulaufkanal
*– sea* · Gegensee
*– wall* · Stirnmauer, Stützmauer
*– works* · Einlaufbauwerk
*headbay* · Vorhafen
*header* · Kopfwand; Zubringer; Rohrverzweigung; Kopfstück
*heading* · Rohr- oder Kanalverzweigung; Tunnel- oder Stollenkopf
*– -up* · Aufstau
*headroom* · *lichte Höhe
*headwall* · Kopfwand, Flügelmauer
*headwater* · Oberlauf; Queraustritt; Oberwasser
*– , upland discharge* · *Oberwasser
*– control* · Kontrolleinrichtung für Speicherbecken und Hochwasserschutz
*– level* · *Stauspiegel
*– level* · *Oberwasserspiegel
*– rise* · *Stauerhöhung
*headward erosion* · Erosion am Oberlauf eines Flusses
*heat* · *Wärme
– · *Hitze
*heath* · *Heide
*heave* · das Wogen des Meeres; das Wogen eines Schiffes; die Bewegung eines schwimmenden Körpers durch Wellen; Aufbruch des Bodens

*heavy rain* · *Starkregen
– *rock* · *schwerer Fels
– *soil* · *schwerer Boden
– *water* · schweres Wasser
*heel* · krängen
– *post, quoin post, hinge post* · *Wendesäule
*height* · Höhe, Erhebung
– *of dam* · Dammhöhe
– *of negative pressure of groundwater* · *Unterdruck(höhe) des unterirdischen Wassers
– *of precipitation* · *Niederschlagshöhe
– *of significant wave* · bestimmende Wellenhöhe
*hen-cooping* · Uferbefestigung aus Baumstämmen und Steinen
*herringbone system* · Schrägdränung
*heterotrophe* · *Heterotroph
*high duty of water* · relativ kleine erforderliche Wassermenge für große Fläche
– *-head power plant* · *Hochdruckanlage
– *-level bridge* · *Hochbrücke
– *-level outlet* · *Hochablaß
– *-level railway* · *Hochbahn
– *lift lock* · *Schiffshebewerk
– *seas* · offenes Meer, Ozean
– *waves* · *Schlagwellen
– *-pressure gate* · Tiefschütz
– *-pressure pump, high-lift pump* · *Hochdruckpumpe
– *-rate trickling filter* · *hochbelasteter Tropfkörper
*HW: high water* · *Tidehochwasser
*high water* · Hochwasser
– *-water level* · *Hochwasserstand
*HW: high-water level* · *höchster Tidehochwasserstand
*high water line* · Hochwasserlinie, Wasserlinie
– *-water lunitidal interval* · Zeitunterschied zwischen Meridiandurchgang des Mondes u. dem folgenden Hochwasser
– *water mark* · Hochwassermarke
– *-water regulation* · *Hochwasserregegelung
– *-water training* · Hochwasserregelung
*higher critical velocity* · kritische Geschwindigkeit, bei der die Wirbel- oder Strudelbildung beginnt
– *high water* · höheres Hochwasser
– *low water* · höheres Niedrigwasser
*highest discharge* · *höchstes Hochwasser
– *high water level* · *höchster Hochwasserstand
– *high water level* · *allerhöchster Tidehochwasserstand
– *low water level* · *höchster Tideniedrigwasserstand
*highest low water level* · *allerhöchster Tideniedrigwasserstand
*hill* · Hügel
– *area between two furrows* · *Hangtafel
– *irrigation* · *Hangbau
*hillside overfall* · *Hangüberfall
*hinterland* · Binnenland
*histogram* · Ganglinien in der Vergangenheit; Darstellung der Häufigkeitsverteilung
*histograph* · Darstellung der Ganglinien in der Vergangenheit
*historical flood damage* · Hochwasserschäden der Vergangenheit
*hoarfrost* · *Reif
*hogback* · Kar, Öser
*holding ground* · Ankergrund
*holdover storage* · außergewöhnliches Absenkziel = eiserner Bestand
*hole* · Loch; schmale Wasserstraße
*hollow dam* · *Ambursenwehr
– *-jet valve* · Hohlstrahlschieber
– *quoin* · Säulennische
– *quoin* · *Wendenische
*hollow jet valve; Hovell, Bunger valve* · *Kegelstrahlschieber
*homogeneous* · *homogen
– *mass* · homogener Stoff
*honeycomb structure* · Wabenstruktur
*hook* · hakenförmige Landzunge
– *gate* · *Hakentor
– *gage* · Spitzentaster oder Stechpegel mit Hakennadel
*hooked crest gate* · *Hakenschütze
– *groin* · *Hakenbuhne
– *groin* · *Traverse (Zwischenbuhne)
*hopper bottom tank* · *Trichterbecken
– *dredge* · *Hopper- oder Schachtbagger
– *scow* · *Klappschute
*horizon* · örtlich begrenzte Zone (Formation); Abschnitt des Bodenprofils
– *, A.* · A-Horizont, Bodenkrume
– *, B.* · B-Horizont, Übergangsboden
– *, C.* · C-Horizont, Untergrund
*horizontal pump* · liegende Kolbenpumpe
– *shear* · *Horizontalschub
– *screw pump* · horizontale Propellerpumpe
– *well* · *Horizontalfilter-Brunnen
*horsepower* · Pferdestärke (PS)
*horseshoe conduit* · hufeisenförmiger Rohrquerschnitt
*hose* · Schlauch
*hot spring* · heiße Quelle
– *-wire-method* · *Hitzdraht-Verfahren
*house connection* · *Hausanschluß
– *treatment plant* · *Hauskläranlage
*humid* · feucht

*humic acid* · *Huminsäure
– *soil* · *stark humoser Boden
*humidity* · *Feuchtigkeitsgrad der Luft
– · *Luftfeuchtigkeit
*humus* · *Humus
– · *Rohhumus
*hurdle* · Pfahlzaun z. Geschiebeablagerung
*hurdy-gurdy wheel* · oberschlächtiges Wasserrad
*hurricane* · Orkan, Windsbraut
*hydrant* · *Hydrant
*hydraton* · *Hydraton
*hydraucone* · Stollen mit Strahlabweiser
*hydraulic action* · Arbeit des Wassers beim Spülverfahren
– *dredge* · Saugbagger
– *dredging* · *Spülbetrieb
– *elements* · hydraulische Größen
– *engineering* · *Wasserbau
– *elevator* · Einrichtung beim Spülverfahren
– *fill* · Aufschüttung im Spülverfahren
– *-fill dam* · Spüldamm
– *flow net* · Stromliniennetz
– *friction* · Reibung zwischen Wasser u. Wand oder Sohle
– *grade* · Drucklinie; Wasserspiegellinie
– *grade line* · Wasserspiegellinie; Gefälle der Drucklinie; Gefälle d. Energielinie
– *gradient* · *Spiegelgefälle
– *gradient* · *Druckgefälle
– *gradient* · *Senkungskurve
– *head* · Höhe der Wasserspiegellinie; Druckhöhe; Höhe der Drucklinie
– *jump* · *Wechselsprung
– *loss* · hydraulische Verluste
– *mean depth, hydraulic radius* · *hydraulische Querschnittstiefe, hydraulischer Radius)
– *model* · Modell im Wasserbau
– *permeability* · hydraulische Durchlässigkeit
– *profile* · Grundwasser-Spiegellinie; Wasserspiegellinie eines Flusses
– *ram* · Stoßheber
– *ram* · *hydraulischer Widder (Stoßheber, automat. Wasserhebemaschine)
– *ram* · *Stoßheber (Widder)
– *radius* · *Profilradius (hydraulischer Radius)
– *radius* · *hydraulischer Radius
– *sluicing* · Spülverfahren
– *structure* · Bauwerk im Wasserbau
– *turbine* · *Wasserturbine
– *valve* · hydraulischer Schieber
*hydraulics* · *Hydraulik
*hydro power plant* · *Wasserkraftanlage
– *-isobaths* · Linie, die Orte mit gleicher Grundwasser-Spiegelhöhe verbindet
*hydrobiology* · *Hydrobiologie
*hydroclastic* · hydroklastisch
*hydrodynamics* · *Hydrodynamik
*hydroelectric* · zur Wasserkraftgewinnung gehörig
– *-power use of water* · Wassernutzung zur Wasserkraftgewinnung
– *station* · Wasserkraftwerk
– *station* · *Kraftstufe
*hydrogeology* · *Hydrogeologie (Geohydrologie)
*hydrogen-ion concentration* · Wasserstoff-Ionenkonzentration
*hydrogenesis* · Wasserbildung im Boden durch Kondensation
*hydrograph* · *Ganglinie
– *for dry season* · *Trockenwetterganglinie
*hydrographer* · im Wasserwesen tätige Person
*hydrographic* · hydrographisch
– *datum* · hydrographische Höhe
– *features* · gewässerkundliche Merkmale
– *survey* · wasserwirtschaftliche Untersuchungen
*hydrography* · *Hydrographie
– · *Gewässerkunde
*hydroisopleth map* · Darstellung der Grundwasserganglinie
*hydrologic cycle* · *Wasserkreislauf
– *year* · *hydrologisches Jahr
– *storm* · Regensturm
*hydrology* · *Hydrologie
*hydrolysis* · *Hydrolyse
*hydromechanics* · *Hydromechanik
*hydrometeor* · Hydrometeore
*hydrometeorology* · *Hydrometeorologie
*hydrometer* · Aräometer, Hydrometer
– *analyse* · *Schlämmversuch
– *analysis* · *Schlämmanalyse
*hydrometric pendulum* · hydrometrisches Pendel, hydrometrische Kugel
*hydrometry* · *Hydrometrie
– · *Wassermeßwesen
*hydrophibic* · *hydrophil
– · *hydrophob
*hydrophyte* · Wasserpflanze
*hydropneumatic* · mit Wasser und Luft oder Gas zusammenwirkend
– *system* · mit Luftdruck gesteuertes Pumpenaggregat
*hydrosphere* · Hydrosphäre
*hydrostatic* · *Hydrostatik
– *balance* · hydrostatische Waage, Aräometer
– *head* · *Staudruck
– *head* · *hydrostatische Stauhöhe
– *joint* · mit Hilfe von Wasserdruck hergestellte konische Rohrverbindung

*hydrostatic level* · hydrostatische Spiegelhöhe
– *press* · hydrostatische Presse
– *pressure* · *Gesamtdruck
– *pressure* · *statischer Druck
– *pressure head* · *hydrostatische Druckhöhe
– *pressure ratio* · hydrostatisches Druckverhältnis
– *tube balance* · *Schlauchwaage
*hydrotasimeter* · elektrisches Wasserstandsmeßgerät
*hyetal coefficient* · Niederschlagsbeiwert
– *regions* · Niederschlagszonen
*hyetograph* · Niederschlagskarte, Niederschlagsmeßgerät
*hyetography* · die Lehre von der geographischen Verteilung der Niederschläge
*hyetology* · die Lehre von den Niederschlägen
*hygrograph* · schreibender Hygrometer
*hygrometer* · *Hygrometer, Hygrograph
– · *Feuchtigkeitsmesser
*hygroscopic coefficient* · Beiwert der Wasseranziehungsfähigkeit durch Molekularkräfte
– *moisture* · hygroskopische Feuchtigkeit
– *water* · hygroskopisches Wasser
– *water content* · hygroskopischer Wassergehalt
*hygroscopical water* · *hygroskopisches Wasser
*hygroscopicity* · *Hygroskopizität
– · Eigenschaft, Feuchtigkeit anzuziehen und aufzunehmen
*hypolimnion* · *Hypolimnion
*hypsometer* · Hypsometer, Höhenmesser
*hysteresis* · Hysteresis

# I

*ice* · Eis
– *blanket* · *Eisstand
– *cap* · Eisdecke
– *cover* · *Eisdecke
– *crystals* · Eiskristalle
– *fall* · gefrorener Wasserfall
– *field* · Eisfeld
– *fog* · Eisnebel
– *gate* · *Eisklappe
– *gorge* · Eisversetzung
– *guard* · *Eisbrecher (an Brücken)
– *pack* · Treibeis
– *pressure* · Eisdruck
– *push* · Eisstoß
– *reefing* · Eispressung
– *ridge* · *Eisdruck
– *slush* · *Eisbrei
– *storm* · Schneesturm
*iceberg* · Eisberg
*idling flow into turbine* · *Turbinen-Leerlaufwasserstrom
*igneous rock, primary rock* · *Erstarrungsgestein
*ignition point* · *Brennpunkt
– *residue* · *Glührückstand
*illuviation* · Absetzung von Stoffen vom A-Horizont im B-Horizont
*imbibition* · Einsaugung
*Imhoff cone* · Absetzglas nach Imhoff
– *glass* · *Absetzglas
– *tank* · *Imhoffbrunnen
*impact* · *Stoß
– *loss* · Stoßverlust
– *pressure* · elastischer Stoß
*impeller* · Laufrad
– *pump* · Kreiselpumpe
*impermeable confining bed* · undurchlässige Sohlschicht
– *layer above the ground-water level* · *Grundwasserdeckfläche
– *layer above the water table* · *Deckfläche eines Grundwasserleiters
– *rock* · wasserundurchlässiges Gestein
*impermeability* · Undurchlässigkeit
*impervious* · undurchlässig
– *bed* · undurchlässige Flußsohle
– *soil* · undurchlässiger Boden
*imperviousness coefficient* · Wasserundurchlässigkeitsbeiwert
*impound* · stauen; einstauen
*impounded area* · *Stauabteilung
*impounding dam* · *Staudamm
– *ditch drainage* · *Grabenstaudränung
– *drainage* · *Stauverschlußdränung
– *head* · *Stauhöhe
– *reservoir* · *Speicher, Speicherbecken
*impulse* · Impuls
– *pump* · hydraulischer Widder, Stoßheber
– *-reaction turbine* · Gleichdruck-Reaktionsturbine
– *turbine* · Gleichdruckturbine
*inch* · Längenmaß = 2,54 cm
*incipient erosion* · beginnende Erosion
*incised river* · Fluß, der sich durch Einschneiden in nachgiebiges Gestein gebildet hat
*inclination of slope* · *Böschungsneigung
*incline* · Rampe
*inclined drainage* · *Schrägdränung
– *plane* · geneigte Ebene
*included gas* · eingeschlossenes Gas
*incrustation* · *Inkrustation
– · *Kalk-Rost-Schutzschicht
– · *Verkrustung in Rohrleitungen
*incubation temperature* · *Bebrütungstemperatur
*index* · Index, Kennziffer; Anzeiger
– *number* · *Dauerzahl

*indicating gage* · Meßgerät mit Anzeige
*indication* · *Anzeige
– *error* · *Anzeige-Fehler
– *range, measuring range* · *Anzeigebereich
*indicator* · Anzeiger
– gage · Meßgerät m. Anzeigevorrichtung
– *post* · *Merkpfahl, Eichpfahl
*indirect bank protection* · Böschungsschutz durch Buhnen oder Leitwerke
– *discharge measurement* · indirekte Abflußmengenmessung
– *flood damage* · indirekter Hochwasserschaden
– *pumping* · Hochpumpen des Wassers in Vorratsbehälter, von dort Zufluß in d. Versorgungsnetz
*individual water supply system* · *Einzelwasser-Versorgung
*indole bacteria* · *Indolbildner
*induced recharge* · Einleitung von Flußwasser ins Grundwasser
*indurated soil* · verfestigter, erhärteter Boden
*induration* · Härtung, Verhärtung
*industrial and domestic water* · *Betriebswasser
– *consumption* · Wasserverbrauch der Industrie
– *port* · *Industriehafen
– *sewage* · *gewerbliches Abwasser
– *sewage* · *Industrieabwasser
*industrial wastes* · industrielles Abwasser
– *water supply* · *Brauchwasserversorgung
– *use of water* · Wassernutzung durch die Industrie
*inertia* · Trägheit, Beharrungsvermögen
*infiltrate* · durchtränken; eindringen; durchdringen
*infiltration* · *Infiltration
– · *Versickerung
– · *Versinkung
– *capacity* · Versickerungsvermögen
– *coefficient* · Sickerungsbeiwert
– *ditch* · Sickergraben
– *diversion* · Abzweigung von Flußwasser durch im Flußbett verlegte Rohrleitung
– *gallery* · *Sickergalerie
– *gallery* · *Stollen
– *gallery* · Sickerstollen
– *index* · Versickerungsindex
– *rate* · Infiltrationsmenge
– *slot* · *Sickerschlitz
– *tunnel* · Sickergalerie
– *volume* · Versickerungsmenge
– *water* · *Sinkwasser
– *water* · durchgesickertes Wasser
*infiltrometer* · Meßgerät zur Ermittlung des Unterschieds zwischen Regenmenge und Sickerwassermenge
*influence area* · Absenkungsbereich
– *value* · Einflußzahl
*influent* · Einlauf
– *seepage* · Versickerung
– *stream* · Fluß, der ein Teil seines Wassers ins Grundwasser abgibt
– *water* · in den Boden eingedrungenes Wasser
– *weir* · Zuflußwehr
*infusorian* · *Infusorien
*ingrown meander* · sich mit dem Fluß entwickelnder Mäander
*inherent moisture content of concrete aggregate* · *Eigenfeuchtigkeit der Zuschlagstoffe
*initial abstraction* · Anfangsrückhaltung
– *-abstraction retention* · Niederschlagsrückhaltevermögen eines Bodens ohne Abgabe von Oberflächenabflußwasser
– *consolidation* · Kurzzeitsetzung
– *detention* · Anfangsrückhaltevermögen
– *drainage* · *Vorentwässerung
– *loss* · Anfangsverlust
– *rain* · Anfangsregen
– *value* · *Anlaufwert
*injection concrete* · *Preßbeton
– *material* · Einpreßgut
*inland craft, barge* · *Binnenschiff
– *gage* · *Binnenpegel
– *harbor* · *Binnenhafen
– *lock, tide lock* · *Schutzschleuse (Sperrschleuse)
– *water* · *Binnenwasser
*inlet* · Einlaß, Einlauf, Priel, Bucht
– *, bay* · *Bai, Bucht
– · *Triebwassereinfang
– *chamber* · *Wieseneinlaß, Schleusenkopf
– *control* · Zuflußregelung
– *sill* · *Einlaufschwelle
– *structure* · *Einlaßbauwerk
– *time* · Fließzeit, vom Niederschlagsort zum Regenwasserkanal
– *well* · *Entwässerungsschacht*; Pumpensumpf
*inner berm* · *Binnenberme
– *dike* · *Binnendeich
– *dike* · *Schloßdeich, Kuverdeich
– *dike lock* · *Binnenvorsiel
– *slope* · *Binnenböschung (eines Deiches)
*inning* · Eindeichung, Landgewinnung
*inorganic matter* · anorganischer Stoff
*insanitary* · gesundheitsschädlich
*insequent* · unregelmäßig
– *stream* · Fluß mit wechselndem Lauf
*insert valve* · Einbauventil

*inshore current* · Strömung innerhalb d. Brandungszone
*insolation* · Sonnenbestrahlung
*inspection gallery* · *Kontrollgang (-stollen)
*inspirator* · Dampfstrahlpumpe
*installation* · *Installation
*instrument shelter (meteorology)* · Schutzgehäuse für Temperatur- und Feuchtigkeitsmeßgeräte
*instrumental error* · *Meßgeräte-Fehler
*insular* · insular; isoliert, abgesondert
– *power plant* · *Inselkraftwerk
– *shelf* · Schelf
– *slope* · Kontinentalabfall
– *wat* · *Inselwatt
*insulated stream* · ein von gesättigtem Untergrund isolierter Fluß
*intake* · Einlaß; Zufluß; Versickerung, Sickerwassermenge
– *area* · Versickerungsfläche eines Niederschlagsgebietes
– *pipe* · Einlauf- oder Zulaufrohr
– *structure* · *Triebwasserfassung
– *works* · Einlaufbauwerk
*intangible flood damage* · unersetzbarer Verlust durch Hochwasser, z. B. Menschenleben
*integrated curve* · *Inhaltslinie
*integration method* · Abflußmengenbestimmung nach dem Geschwindigkeits-Integrations-Verfahren
*intensity of irrigation* · *Regengabe, Einzelberegnungshöhe
– *of rainfall* · *Regenstärke
*inter-basin diversion* · Überleitung des Abflusses von einem Einzugsgebiet in ein anderes Einzugsgebiet
*intercepting channel* · Sammelgraben
– *ditch* · *Fanggraben
– *drain* · *Fangdrän, Kopfdrän
– *sewer* · Abwassersammler, Sammelkanal, Sammler
*interception* · *Interception
– *loss* · Rückhalt durch Vegetation
*interceptometer* · unter Bäumen oder Büschen aufgestellter Regenmesser
*interference* · *Interferenz (Wellenbewegung)
– *current* · *Störstrom
*interflow flow* · Dichteströmung
*interfluve* · zwischen zwei Flüssen liegendes Gebiet
*interior* · Binnenland
– *plain* · Fläche im Binnenland
*intermediate belt* · *Zwischenstreifen
– *belt* · Zone zwischen Wurzelbereich u. Kapillarsaum
– *ground water* · Wasser zwischen Wurzelbereich und Kapillarsaum
*intermediate principal plane* · mittlere Hauptebene
– *principal stress* · mittlere Hauptspannung
– *type of soil* · *mittelschwerer Boden
– *vadose water* · vadoses Wasser
– *water* · Haftwasser
– *well casing* · *Zwischenrohr (beim Brunnenbau)
*intermittent casing* · *Aufsatzrohr (beim Brunnenbau)
– *interrupted stream* · Fluß mit zeitweise unterbrochenem Abfluß
– *-periodic spring* · Quelle m. periodisch-intermittierender Schüttung
– *spring* · Quelle mit intermittierender Schüttung
– *stream* · Fluß, dessen Hauptwasser Niederschlagswasser ist
*internal corrosion* · *Innenkorrosion
– *friction* · innere Reibung
– *pressure* · *Innendruck
– *water* · internes Wasser
– *wave* · interne Welle
*interrupted stream, lost reach* · *Bachschwinde
– *water table* · Grundwasserspiegel mit Gefällwechsel
*interruption reach* · *Unterbrechungsbereich
*interstice* · Hohlraum, Pore
*interstitial water, pore water* · *Porenwasser
– *water* · in Hohlräumen und Spalten angelagertes Wasser
*intrapermafrost water* · Wasserlinsen in Dauerfrostboden
*intrenched meander* · von Felswänden begrenzte Mäanderbildung
*intrusion of water* · *Wasserandrang
*Intze tank* · *Intzebehälter
*inundation canal* · *Entlastungsgraben
*inversion of rainfall* · Umkehrungsregen
*invert* · Kanalsohle
*inverted capacity* · Schluckbrunnen-Kapazität
– *drainage well* · Entwässerungsbrunnen
– *siphon* · Dü(c)ker
– *well* · Sickerbrunnen
*inwardflow turbine* · Turbine mit äußerer Beaufschlagung
*ion* · *Ion
– *exchanger* · *Ionenaustauscher
*ionic concentration* · Ionen-Konzentration
*ionization* · Ionisation
*iron bacteria* · *Eisenbakterien
– *carbonate* · *Eisenkarbonat
– *pyrite, pyrite* · *Pyrit

*iron removal* · *Enteisenung
*irregular measuring weir* · unregelmäßiges Meßwehr
*irregularity of a river bed* · *Ungleichförmigkeit eines Wasserlaufs
*irrigable area* · bewässerungsfähiges Gebiet
– *land* · Land, das sich zur Bewässerung eignet
*irrigating head* · Bewässerungszulauf; Verteilerbauwerk für Bewässerungskanäle
–*stream* · Fluß, dessen Wasser teilweise und zeitweise zur Bewässerung verwendet wird
*irrigation* · *Bewässerung
– *and drainage regulation* · *Wasserregelung
– *area* · *Beregnungsgebiet
– *canal* · Bewässerungskanal
– *combined with cultivation* · *Kunstwiesenbau
– *distributaries* · *Verteilrinne (Vertikalrinne)
– *district* · Bewässerungsbezirk
– *ditch* · *Rieselrinne
– *efficiency* · Wirkungsgrad der Bewässerung
– *field* · *Rieselfeld
– *intensity per year* · *Jahres-Regengabe
– *requirement* · Bewässerungsbedarf
– *structure* · Bauteil der Bewässerungsanlage
– *use of water* · Wassernutzung zur Bewässerung
– *using drain pipes* · *Dränbewässerung
– *weir* · *Bewässerungswehr (Wässerwehr)
– *water* · Wasser, das zur künstlichen Bewässerung verwendet wird
*island* · Insel
*islet* · kleine Insel
*isobars* · *Isobaren
*isobath* · Linie, die Orte mit gleicher Wassertiefe verbindet
*isochion* · Isochione
*isochlor* · Isochlor
*isochrone* · Linien gleicher Fließzeiten
*isohalines* · Isohalinen
*isohyetal lines* · *Isohyeten
– *map* · *Regenkarte
*isopercental* · Orte mit gleicher prozentualer Niederschlagsmenge
*isopiestic line* · äquipotential Linie
– *map* · Karte der Äquipotential-Linien
*isopluvial line* · Isohyete
– map · Regenkarte
*isostatic* · in hydrostatischem Gleichgewicht
*isotherm* · Isotherme
*isotropic* · *isotrop
*isovel* · Linie, die Orte mit gleicher Windgeschwindigkeit verbindet
*isthmus* · Landenge, Isthmus

## J

*jack* · Bock, Bocksperrwerk
*jacketed pump* · Pumpe mit Heiz- bzw. Kühlmantel
*jacking* · Rohrtunnelvortrieb; heben
*jet height* · Strahlhöhe
– *pipe* · *Strahlrohr, Düsenrohr
– *pump* · *Wasserstrahlpumpe
– *regulator* · *Strahlregler
*jetsam* · über Bord geworfenes Sinkgut
*jetting* · Spülbohrung; Spülverfahren
– *process* · Spülverfahren beim Absenken eines Brunnens
*Jetty* · Leitwerk; Leitdamm; Pier, Mole
– *harbor* · Hafen, bestehend aus einer oder mehreren Molen
*joint* · *Fuge
– *compound* · Fugen-Vergußmasse
– *filler* · *Fugendichtung
– *filler* · *Fugenfüller
– *filler* · *Fugenvergußmasse
– *ribbon* · *Fugenband
– *spring* · Spaltquelle
– *sewage treatment plant* · *Sammelkläranlage
– *water supply system* · *Sammelwasserversorgung
*jolly balance* · Dichtewaage
*Jonval turbine* · Jonvalturbine
– *wheel* · Jonval-Wasserrad
*Joukowsky impact* · *Joukowsky-Stoß
*joule* · Wattsekunde = 0,1019 mkg
*jumbo* · *Jumbo
*junction* · *Einmündung
– · *Kreuzungsbauwerk
– *camber* · Sammelbecken
– *manhole* · Kreuzungsschacht
*juvenile water* · *juveniles Wasser

## K

*kame* · Gesteinsschuttablagerung im Moränengebiet
*kaplan turbine* · *Kaplanturbine
*kaolin* · Kaolin
*Kármán number* · Kármán-Zahl
– *street* · Kármánsche Wirbelstraße
*karst* · *Karst
*katamorphic zone* · Katazone
*kavitation number* · *Kavitations Zahl
*kelp* · Seetang
*Kelvin tube* · Kelvinrohr, dient zur Messung der Wassertiefe
*Kennedy's critical velocity* · kritische Geschwindigkeit nach Kennedy

*kettle hole* · Mulde, Kessel
*kieselgur* · *Kieselgur
*Kjellmann-Franki machine* · *Dränmaschine
*kilopond* · *Kilopond
*kind of peat* · *Torfarten
*kinds of soil* · *Bodenarten (als Baugrund)
*kinematic similarity* · kinematische Ähnlichkeit
– *viscosity* · kinematische Zähigkeit (Viskosität)
– *viscosity* · *kinematische Zähigkeit
*kinetic pressure* · *kinetischer Druck (Staudruck)
– *energy* · kinetische Energie
– *-flow factor* · Turbulenzgrad
– *friction coefficient* · Beiwert der kinetischen Reibung
*knoll* · niedriger Hügel auf dem Meeresgrund, Hügel
– *spring* · Hügelquelle
*knot* · Knoten = 1,85 km/h
*konvex bankline* · *ausbuchtendes Ufer (konvexes Ufer)
*kuroshio* · Kuroshio
*Kutter's formula* · *Kuttersche Formel
*Kutter roughness coefficient* · Rauhigkeitsbeiwert nach Kutter

## L

*Labrador current* · Labradorstrom
*lacour drop hammer* · *Lacourbär
*lacustrine* · dem See zugehörig; Ablagerung im See
– *deposit* · Seeablagerung
– *plain* · ausgetrocknetes Seebett
*ladder dredge* · schwimmender Eimerkettenbagger
*lag (time)* · Zeitabstand zwischen zwei zusammenhängenden Vorgängen
– *gravel* · grober Kies, Geschiebe
*lagoon* · *Haff
– *, haff* · *Lagune
*laid length* · Gesamtlänge einer verlegten Rohrleitung
*lake* · *See
– *bloom* · *Wasserblüte
– *regulation* · *Seeregulierung
– *retention* · *Seerückhalt
– *tapping* · *Seeanstich
*laminar boundary layer* · *laminare Grenzschicht, Laminarschicht
– *flow* · *laminares Fließen
– *velocity* · Geschwindigkeit bei laminarem Fließen
*lamp hole* · Lampenschacht
*land* · Land
– *drain* · Dräne
*land drainage* · Entwässerung, Dränung
– *leveling* · Planieren, Einebnen
– *subsidence* · Bodensetzung, Senkung
– *surface* · *Geländeoberfläche
– *use* · Landnutzung
*landing aids* · *Galerien
– *craft* · Landungsboot
– *place* · Anlegestelle
– *ships* · seetüchtige Landungsboote
– *vehicles* · Amphibienfahrzeuge
*landlocked* · von Land umschlossen
*landmark* · Markstein
*landslides* · *Erdrutsche
*landslide spring* · Quelle am Fuße eines Bergrutsches
*large interstice* · *Schwalglöcher
– *area irrigation* · * Landbewässerung (weiträumige)
– *reservoir* · *Großspeicher
– *reservoir* · *Mehrjahresspeicher (Überjahresspeicher)
*Larssen sheet pile* · *Larssenbohle
*lateral* · seitlich, seitlicher Zu- oder Abfluß
– *canal* · *Lateralkanal (Seitenkanal)
– *canal, cut, cutoff* · *Hangkanal
– *canal* · *Seitenkanal
– *check dam* · *Nebensperre
– *erosion* · Seitenerosion in Tälern
– *moraine* · Randmoräne
– *sewer* · Nebensammler
*launching depth* · *Ablauftiefe
– *slipway* · *Helling
*launder* · Rinne, Kanal
*lava* · *Lava
*Laval velocity* · *Laval Geschwindigkeit
*laws of similarity* · *Ähnlichkeitsgesetze
*lay-out* · *Lageplan
*layer between old and young peat* · *Grenzhorizont
– *-construction* · *Lagenschüttung
– *leveling* · *Schichtennivellement
– *of puddle clay* · *Lehmdichtung
*leaching* · auslaugen; Filterung
– *requirement* · Sickerbedarf
*lead joint* · mit Blei ausgegossene Rohrfuge
– *-line* · Meßleine
*leak* · lecken, undicht sein; Lecken
*leakage* · Lecken, Undichtigkeit
– *detector* · *Abhorchgerät
– *detector* · *Geophon
*lean mixed concrete* · *Magerbeton
*leaping weir* · Regenüberfall
*ledge* · Felsenriff
*lee* · Lee, Leeseite
*left bank* · linkes Ufer
– *-hand runner* · linksdrehendes Laufrad

*legal water level* · normale Hochwasserspiegelhöhe
*length* · Länge
– *of backwater influence* · *Stauweite
– *of dam* · Wehrbreite
– *of embankment* · *Böschungslänge
– *of run (irrigation)* · Fließweg; Laufzeit eines Regners
– *of scale* · *Skalenlänge
– *of slope* · *Senkungsweite
*lenz pump* · *Lenzpumpe
*leptomitus* · *Leptomitus
*leptospira* · *Leptospira
*levee* · Schutzdeich; Eindeichung
– *grade* · Neigung der Dammkrone; Kronenhöhe
– *ridge* · Erhöhung des Flußbettes und der Ufer
*leveed channel* · Fluß oder Kanal mit Hochwasserschutzdeich
*level* · *Nivellierinstrument
– · *Wasserwaage
– *of pressure head* · *Druckspiegel
– *surface* · *Niveaufläche
– *terrace* · Terrasse ohne Längsgefälle
*leveling rod* · *Nivellierlatte
*lift* · *Wasserhebung
– *bridge* · *Hubbrücke
– *lock* · Schleuse
– - *and lowering gate* · *Hubsenkschütze
– *of lock* · *Schleusenfallhöhe
– *pump* · Hubpumpe
*light day* · *Lichttag (6.00–22.00)
– *dust* · Staub, der die Sicht nur wenig behindert
– *rain* · leichter Regen
– *rock* · *leichter Fels
– *soil* · *leichter Boden
*lighthouse* · *Leuchtturm
*Lightship* · *Feuerschiff
*lime* · *Baukalk
– *water* · *Kalkwasser
*limit of backwash* · seeseitige Grenze des Rückspülwassers
*limits of oscillation* · Bereich der Änderung der Flußbreite
*limit of sensibility* · *Empfindlichkeit, Endempfindlichkeit
– *of uprush* · landseitige Grenze der Brandung
– *value, critical value* · *Grenzwert
*limnology* · *Limnologie
*line* · *. . . Linie
– *loss* · Leitungsverlust
– *manhole* · Schacht am Brechpunkt einer Abwasserleitung
– *scale* · *Strichskale
– *of influence* · *Einflußlinie
– *of maximum velocity* · *Stromstrich
*line of saturation* · Sättigungslinie
– *of seepage* · *Sickerlinie
– *of springs* · *Quellenband, Quellenlinie
*lineal shrinkage (soil mechanics)* · Schwindmaß
*linear expansion* · lineares Quellmaß
– *scatter of results* · *lineare Streuung
*lined canal* · Kanal mit Dichtungsbelag, Kanal mit Auskleidung
*lines of equal velocities* · *Isotachen
*lining* · *Auskleidung
*liquefaction* · Verflüssigung
*liquid* · Flüssigkeit
– *limit* · *Fließgrenze
*liquidity index* · Fließindex, Fließzahl
*list* · Schlagseite
*liter (litre)* · Liter
*lithology* · Lithologie, Gesteinskunde
*lithosphere* · geochemische Sphäre der Erde, Erdrinde
*litter* · Unkraut, vegetativer Unrat
*littoral* · *Litoral
– *current* · Küstenströmung parallel zur Küstenlinie
– *deposit* · Küstenablagerung
– *zone* · Küstenzone im Bereich zwischen NTnw und HThw
*lixiviation* · Auslaugung
*load* · *Belastung
– · Belastung, Transport; Last, Übermittlung; Geschiebefracht
– *curve* · Belastungsdiagramm
– *diagram* · *Belastungsganglinie
– *factor* · *Belastungsgrad
– *yield graph* · *Ausbeutelinie
*loader* · *Fahrlader
*loam* · *Baulehm
– · *Lehm
*local inflow* · örtlicher Zufluß
*locality of spring* · *Quellort
*lock* · *Schleuse
– *bay* · Schleusenkammer
– *chamber* · *Schleusenkammer
– *gate* · *Schleusentor
– *for barges* · *Schleppzugschleuse
– *sill* · Drempel
– *with hydroelectric plant* · *Staustufe
– *-bar pipe* · Rohr mit Rohrschloß
*lockage* · Schleusung
*loess* · *Löß
– *-loam* · *Lößlehm
*log booming* · *Flößen
– *chute, log sluice* · *Floßschleuse
– *line* · Meßleine
– *pass* · *Trift
– *weir* · Grundschwelle in Form einer Baumsperre
– *-way* · Floßrinne, Floßgasse
*long pipe* · Rohrleitung $L \geq 500\,D$

*long span pipe* · *Weitspannrohr
– *term balancing reservoir* · *Überjahresspeicher
– *tube* · Rohr L $\geq$ 3 D
– *wave* · Gezeitenwelle
– *-crested waves* · breite Welle, bezogen auf Wellenhöhe und Wellenlänge
*longitudinal axis* · Längsachse
– *drainage* · *Längsdränung
– *river profile pertaining to the water level, discharge etc.* · *wasser- oder energiewirtschaftlicher Längsschnitt (eines Flusses)
– *section* · *Längsschnitt
– *sill* · Längsschwelle
– *training wall, jetty* · *Leitdeich
– *training wall, jetty* · *Leitdamm
– *training wall* · *Parallelwerk
*longshore bar* · parallel zur Küste liegende Geschiebebank
– *current* · Strömung längs der Küste
*long-distance pipelines* · *Zubringerleitungen
– *-period force* · halbmonatliche Periode der Gezeitenkräfte
*loose apron* · Kolkschutz, Steinschüttung
– *-rock dam* · geschütteter Steindamm
*loss of head* · *Druckhöhenverlust
– *of head* · Verlusthöhe
– *-of-head gage* · Meßgerät für Filterverlust
– *of static head* · *Fallhöhenverluste
*losses within the distribution system* · *Rohrnetzverluste
*lost energy* · Energieverlust
– *head* · Verlust an Energiehöhe
– *river* · ausgetrockneter Fluß
*low duty of water* · bestimmte Wassermenge für kleine Fläche
*low heat cement* · *Zement mit geringer Abbindewärme)
– *head power station* · *Niederdruckanlage
– *island in marsh land* · *Hallig
– *level tank* · *Tiefbehälter
– *low lift pump* · *Niederdruckpumpe
– *moor, bog* · *Niedermoor
– *polder* · *Tiefpolder
– *-rate trickling filter* · *schwachbelasteter Tropfkörper
*LW: low water* · *Tideniedrigwasser
*low water datum* · Niedrigwasserstand (NW)
– *water level* · *Niedrigwasserstand
– *water line* · Niedrigwasserlinie
– *-water lunitidal interval* · Zeitunterschied zwischen Meridiandurchgang des Mondes und dem folgenden Niedrigwasser
*low-water regulation* · Niedrigwasserregulierung
– *-water training* · Niederwasserregelung
– *weir upstream of a power plant* · *Vorsperre
*lower critical velocity* · kritische Geschwindigkeit, bei der sich keine Wirbel oder Strudel mehr bilden
– *well casing* · *Brunnenkranz
– *high water* · niedrigster Tidehochwasserstand (NThw)
– *low water* · niedrigster Tideniedrigwasserstand (NTnw)
– *low water datum* · niedrigster Niedrigwasserstand (N.N.W.)
*lowering method* · *Absenkmethode
– *of the water level* · *Senkung
*lowest discharge* · *Niedrigwasser
– *high water level* · *allerniedrigster Tidehochwasserstand
– *high water level* · *niedrigster Tidehochwasserstand
– *low discharge* · *niedrigstes Niedrigwasser
– *low water level* · *allerniedrigster Tideniedrigwasserstand
*L.L.W.: lowest low water level* · *niedrigster Tideniedrigwasserstand
– *lowest low water level* · *niedrigster Niedrigwasserstand
*lowest operating level* · *Absenkziel
*lunar day* · Mond-Tag
*lye* · *Lauge
*lysimeter* · Lysimeter

## M

*macadam* · *Makadam
*machine-banded pipe* · Holzdaubenrohr, Daubenrohr
*Mach number* · *Mach-Zahl
*made land* · durch Auffüllung gewonnenes Land
*magmatic water* · magmatisches Wasser
*magnesium sulphate* · *Magnesiumsulfat
*main canal* · Hauptkanal
– *channel* · Hauptarm
– *collector drain* · *Sammler
– *dike* · *Hauptdeich
– *ditch* · *Hauptgraben
– *drain* · *Vorflutdrän
– *-line meter* · Wassermesser der Hauptleitung
– *load* · *Hauptlast
– *pipe* · *Stammleitung
– *sewer* · Hauptsammler, Stammkanal
– *tidal slough* · *Hauptfleet (Hauptbinnentief)
– *trench* · *Fleetgraben
*major principal plane* · größte Hauptebene

*major principal stress* · größte Hauptspannung
*manganese bacteria* · *Manganbakterien
– *removal* · *Entmanganung
*manhole* · *Einsteigschacht
– *, inspection pit* · *Mannloch
– *head* · Schachtdeckel
*manifold* · Rohrverzweigung
*Manning's formula* · Formel v. Manning
– *roughness coefficient* · Rauhigkeitsbeiwert nach Manning
*manometer* · *Manometer
*manometric head* · *manometrische Druckhöhe
– *head at the nozzle* · *Düsendruckhöhe
– *total lift* · *Gesamtförderhöhe
– *total lift* · *manometrische Förderhöhe
*mantle rock* · lockere Gesteinsschicht über Felsboden
*marble* · *Marmor
*marginal bund* · Uferbefestigung oberhalb eines Wehres
*marigram* · graphische Darstellung der Tidekurve
*marina* · Hafen für Sportboote
*marine deposit* · Meeresablagerung
– *railway* · Schiffsschleppe mit Eisenbahngleis
– *soil* · aus Seeablagerungen entstandener Boden
*maritime signals* · *Seezeichen
*marl* · *Mergel
*marly sand stone* · *Keupersandstein
*marsh* · Marsch
– *ditch* · *Schlot
*mass* · Masse
– *diagram* · *Summenlinie
– *discharge curve* · Ganglinie der Wassermengen
– *discharge diagram* · *Abfluß-Inhaltslinie
– *movement* · Massenbewegung, Erdrutsch
– *transport* · Massentransport bei nicht periodischen Wellen
*masonry check* · gemauerte Grundschwelle in Bewässerungsgräben
– *dam* · gemauerter Damm
– *or concrete dam* · *Sperrmauer, Staumauer
– *reservoir* · Speicher aus Mauerwerk
*mastic asphalt* · *Gußasphalt
– *asphalt* · *Mastix
*material for river training structures* *Flußbaustoffe
*mattress* · *Sinklage
*mature* · voll entwickelt, ausgereift
– *river* · Fluß voll entwickelt, mit schwachem Gefälle, Nebenflüsse mit stärkerem Gefälle
*mature shore line* · beständige Uferlinie
– *stream* · Fluß im Gleichgewichtszustand
– *valley* · voll entwickeltes Tal
*maximum* · *oberer Grenzwert. Maximum
– *available water* · Wasser, das die Pflanzen ohne Schaden abgeben können
– *computed flood* · höchstes, errechnetes Hochwasser
– *energy output* · *Arbeitsdargebot, Arbeitsvermögen, Energiedargebot
– *head-water level* · *Höchststau
– *known flood* · höchstes, bekanntes Hochwasser
– *possible flood* · mögliches, höchstes Hochwasser
– *probable flood* · wahrscheinliches, höchstes Hochwasser
– *probable precipitation* · maximal möglicher Niederschlag
– *stream flow* · maximaler Abfluß in einem Fluß
– *unit weight* · maximales Raumgewicht
– *well discharge* · *Brunnenhöchstergiebigkeit
*mean* · Mittel, Durchschnitt
– *annual precipitation* · mittlerer Jahresniederschlag
– *annual runoff* · Jahresmittel der Abflußmengen
– *depth* · mittlere Tiefe
– *depth of cross section* · *mittlere Querschnittstiefe
– *discharge* · *Mittelwasser
– *high value* · *mittlerer oberer Grenzwert
– *high water* · mittleres Hochwasser
– *higher high water (MHHW)* · mittlerer höchster Wasserstand des Tidehochwassers (MHThw)
– *high water level* · *mittlerer Hochwasserstand
*MHW: mean high water level* · *mittlerer Tidehochwasserstand
*mean higher low water level* · *mittlerer höchster Tideniedrigwasserstand
*MHHW: mean higher high water level* · *mittlerer höchst. Tidehochwasserstand
*mean high discharge* · *mittleres Hochwasser
– *low discharge* · *mittleres Niedrigwasser
– *low water* · mittleres Niedrigwasser
– *low water level* · *mittlerer Niedrigwasserstand
*MLW: mean low water level* · *mittlerer Tideniedrigwasserstand
*mean lower high water level* · *mittlerer niedrigster Tidehochwasserstand

*MLLW: mean lower low water level* · *mittlerer niedrigster Tideniedrigwasserstand
– *mean lower low water level* · mittlerer niedrigster Stand des Tideniedrigwassers (MNTnw)
*mean low value* · *mittlerer unterer Grenzwert
– *low water springs (MLWS)* · mittlerer Tideniedrigwasserstand (MTnw) bei Springflut
– *-monthly discharge* · Monatsmittel der Abflüsse
– *range of tide* · mittlerer Tidenhub
– *rise of tide* · mittlere Tidehöhe
– *sea level* · *Normal-Null
– *-square error* · mittlerer quadratischer Fehler
– *steepness* · mittlere Steilheit
– *surface velocity* · *mittlere Oberflächengeschwindigkeit
– *tide level* · *Tidemittelwasser
– *tide range* · mittlerer Tidenhub
– *value, arithmetic mean value* · *Mittelwert
– *velocity* · *Volumenstromdichte
– *-velocity curve* · Geschwindigkeitsdiagramm einer Meßlotrechten
– *velocity of cross section* · *mittlere Querschnittsgeschwindigkeit
– *-velocity position* · Meßpunkt d. mittleren Geschwindigkeit in einer Meßlotrechten oder Meßhorizontalen
– *water level* · Mittelwasserstand
– *-water training* · Mittelwasser-Regelung
*meander* · *Mäander
– *belt* · Windungsstrecke
– *length* · Bogenlänge des Mäanders
– *line* · Uferlinie
*ratio* · Mäanderverhältnis
– *width* · Mäanderbreite
*meandering* · Mäander
*measure* · *Maß
*measured capillarity* · *Kapillaritätswert (Porensaugwert)
*measurement, dimension* · *Abmessung
*measuring device* · *Meßüberfall
– *object* · *Meßgegenstand
– *tape* · *Bandmaß
– *range* · *Meßbereich
– *result* · *Meßergebnis
– *section* · *Abflußmeßstelle
– *unit* · *Meßgröße
– *unit of figure scale* · *Ziffernschritt
– *weir* · Meßwehr
*mechanical aeration* · mechan. Belüftung
– *aerator* · mechanischer Belüfter
– *analysis* · mechanische Analyse
*mechanical float gage* · *mechanischer Schwimmerschreibpegel
– *pipe joint* · bewegliche Rohrverbindung
– *rake* · *Rechenputzmaschine
– *sewage treatment, primary treatment* · *mechanische Abwasserklärung
– *soil test* · *mechanische Bodenuntersuchung
*mechanics* · Mechanik
*medial moraine* · Innenmoräne
*median* · Zentralwert, Durchschnitt
– *diameter* · mittlerer Durchmesser
– *stream flow* · mittlerer Abfluß in einem Fluß
– *value* · *Zentralwert, Median
*medium head power station* · *Mitteldruckanlage
*medicinal spring* · Heilquelle
*melt* · schmelzen; Schmelze
– *water* · Schmelzwasser
*meniscus* · *Meniskus
*mercury barometer* · Quecksilber-Barometer
– *gage* · Quecksilbermanometer
*mesh* · Masche
– *screen* · Maschensieb
*mesophilic bacteria* · *mesophile Bakterien
*mesophyte* · Pflanze mit normalem Wasserbedarf
*mesosaprobic organisms* · *Mesosaprobien
*metacenter* · *Metazentrum
– *height* · metazentrische Höhe
*metamorphic water* · bei Gesteinsumwandlung entstehendes Wasser
*meteor* · Meteor
*meteoric water* · Meteorwasser
*meteorograph* · Meteorograph
*meteorologic elements* · meteorologische Werte
*meteorological storm* · meteorologischer Niederschlag
– *tides* · meteorologische Tiden
*meteorologically homogeneous* · meteorologisch gleichartig
*meteorology* · *Meteorologie
*meter (metre)* · Meßgerät; Längenmaß
– *rate* · Wasserpreis pro gemessener Einheit
*metered system* · Verbrauch wird an allen Leitungen gemessen
*metonic cycle* · metonischer Zyklus
*metric system* · metrisches System
*microclimate* · Mikroklima
*micrometeorology* · Mikrometeorologie
*micron* · tausendstel Millimeter
*microorganisms* · *Kleinlebewesen
– *in sewage* · *Abwasserorganismen

*microscopic analysis* · mikroskopische Untersuchung
*middle gate* · *Mittelhaupt
– *gate* · *Zwischenhaupt
*migrate* · Wanderung der Vögel u. Fische
*mil* · tausendstel Zoll
*mile* · *Meile
*mildslope* · flaches Gefälle
*mill dam* · festes Wehr zur Ableitung des Wassers in einen Werkskanal
– *race* · *Werkkanal
*millibar* · Millibar
*mine water* · im Bergbau auftretendes Wasser
*mineral* · Mineral, Gestein
– *soil* · Boden mit hohem Mineralgehalt
– *spring* · *Mineralquelle
– *well* · *Mineralbrunnen
– *water* · mineralhaltiges Wasser
*mineralisation* · *Mineralisierung
*miner's inch* · Ausflußmenge aus einer Öffnung, Ø 2,54 cm
*minimum* · *unterer Grenzwert. Minimum
– *annual flood* · niedrigstes, jährliches Hochwasser
– *drawdown level* · *äußerstes Absenkziel
– *energy line* · Energielinie bei theoretischer Grenztiefe
– *flow* · Niedrigwasserabfluß
– *grade* · Mindestgefälle
– *load* · *Engpaßleistung
– *load capacity* · *Mindestleistungsfähigkeit «Kraftwerk»
– *storage level* · *Mindeststau(-höhe)
*mining use of water* · Wassernutzung in der Bergbauindustrie
*minor principal plane* · kleinste Hauptebene
– *principal stress* · kleinste Hauptspannung
– *watershed* · Teil eines Einzugsgebietes
*mist* · feiner, feuchter Nebelniederschlag
*mitered inlet* · Einlaß, der d. Böschungsneigung angepaßt ist
*mitering gate* · *Stemmtor
*mitre or miter post* · *Schlagsäule
*mixed current* · *Gemischströmung
– *current* · Ebbe- und Flutstrom
*mixed-flow pump* · halbaxiale Kreiselpumpe
– *-flow turbine* · Turbine m. wechselnder Beaufschlagung
– *type of tide* · Gezeiten mit einem Hoch- und einem Niedrigwasser in 12 1/2 oder 25 Stunden
*mixing lenght* · *Mischungsweg
– *ratio* · Luftfeuchtigkeitsverhältnis
– *water* · *Anmachwasser
*mixture of gravel and sand* · *Kiessand
– *of sand, reed and peat* · *Darg
*moat* · Wassergraben
*mobile water* · freies Grundwasser
*mode* · statistischer Tendenzwert
*moderate dust* · Staub, der die Sicht behindert
– *rain* · mäßiger Regen
*modified aeration* · modifizierte Belüftung
– *Parshall flume* · verbesserte Parshallrinne
– *velocity* · modifizierte Geschwindigkeit
*module* · Kontrolleinrichtung; Verhältniszahl; Modul, Kennziffer
*modulus of creeping* · *Kriechmodul
– *of elasticity* · Elastizitätsmodul
– *of elasticity, youg's modulus* · *Elastizitätsmodul
*Mohr circle* · Mohrscher Kreis
– *envelope* · Mohrsche Hüllkurve
*moisture adjustment* · Niederschlagskorrektur
– *content* · *Wassergehalt
– *density* · Feuchtigkeitsgrad
– *equivalent* · Schleuderfeuchtigkeit
– *-film cohesion* · Kohesion durch Feuchtigkeit
– *gradient* · Feuchtigkeitsgradient
– *index* · Feuchtigkeitszahl = $\frac{\text{Plastizitätszahl}}{\text{Konsistenzzahl—Ausrollgrenze}}$
– *penetration* · Eindringtiefe der Feuchtigkeit
– *tension* · Feuchtigkeitsspannung
*moist unit weight* · *Feuchtraumgewicht
*mole* · *Hafendamm
– · *Mole
– *, pier* · *Zunge
– *drain* · *Maulwurfdrän (Erddrän)
– *drainage* · *Schlitzdränung, Fräsrillendränung
– *drainage* · *Maulwurfdränung
– *plow* · *Drängrabenmaschine
– *plow* · *Maulwurfpflug
*moment* · *Moment
*momentum* · *Impuls (Bewegungsgröße)
– *principle* · *Impulssatz
*monitor* · Monitor
*monoclinal spring* · Schichtquelle
*monsoon* · Monsun
*monthly flood* · höchstes, monatliches Hochwasser
*moor, bog* · *Moor
– *drift* · *Moorverwehung
– *maps* · *Moorkarten
–*mapping* · *Mooraufnahmen

*mooring ring* · *Schiffsringe
*moor settling* · *Moorsackung
– *soil* · *Moorerde
*mooring* · Ankerplatz; Anker; Poller
– *berth* · *Liegeplatz
– *cable of a buoy* · *Bojenreep
– *cross* · *Haltekreuz
– *post, dolphin* · *Haltepfahl (Dalben)
*moraine* · Moräne
*most-advantageous section* · hydraulisch günstigster Querschnitt
*mountain creek but without bed load movement* · *Gießbach
– *loam* · *Berglehm, Gehängelehm
– *stream* · *Wildbach
– *stream* · *Gebirgsfluß
*mouth* · Mündung; Öffnung; Ein-, Ausgang
*movable bed* · bewegliche Flußsohle
– *-bed model* · Modell mit beweglicher Sohle
– *crest gate* · *Regulierüberfall
– *dam* · festes Wehr mit verschließbaren Öffnungen
– *pipe with sprinkler* · *Regnerflügel
– *sluice gate* · *Stechschütz
– *weir* · *bewegliches Wehr
– *weir* · fliegendes Wehr
– *weir top* · *Wehraufsatz
*movements of water* · *Bewegung des Wassers
*moving vane* · bewegliche Leitschaufeln
*muck, mud* · *Dy
*muck* · Schlick; Sprengschutt; ausgraben
– *soil* · durch Verwesung entstandener Boden
– *trench* · Schlickgraben
*mud* · *Schlamm
– *boil* · quellender Boden
– *dike* · *Schlickdeich
– *flat, tidal flats* · *Watt
– *flow* · Schlammwasserabfluß, Schlammablagerung
– *scow* · Kahn zum Transport von Baggergut
– *valve* · Schlammablaßventil
– *wave* · Schlammwelle
– *-balls* · zu Kugeln geballter Schlamm; Akkreszenz an Sandflächen
– *-cell dike* · Deich in Zellen- oder Kastenbauweise
*mulching* · Stroh- oder Laubabdeckung
*multiple arch dam* · *Gewölbereihenstaumauer
– *correlation* · mehrfache Korrelation
– *dom dam* · Pfeilerkuppel-Staumauer
– *outlets* · Auslaßverzweigung
– *-use reservoir* · Mehrzweck-Speicherbecken
*multistage pump* · mehrstufige Kreiselpumpe
*municipal use of water* · Wassernutzung der Städte und Gemeinden
*muskeg* · Sumpfland
*mycobacterium tuberculosis* · *Mycobacterium tuberculosis
*Myer's flood scale* · Hochwasserformel von Myer's

**N**

*nanoplankton* · *Nanoplankton
*nappe* · Überfallstrahl
– *aeration* · *Belüftung d. Überfallstrahls
*narrows* · Engstellen
*narrow-base terrace* · schmale Terrasse
*natural asphalt* · *Naturasphalte
– *drainage* · *natürliche Dränung
– *flow* · Abfluß in einem ungeregelten Fluß
– *frequency* · *Eigenfrequenz
– *gas* · *Erdgas
– *levee* · natürlicher, niedriger, mit dem Ufer gleichlaufender Nebendamm
– *load* · Geschiebefracht eines stabilen Flusses
– *lowering of the ground-water level* · *Grundwasserabsinken
– *navigable waterway* · natürliche Wasserstraße
– *or artificially createt flow of water; discharge, flood wave* · *Vorflut
– *raise of ground-water level* · *Grundwasseranstieg
– *rocks* · *Naturgestein
– *sand* · *natürlicher Sand
– *-strainer well* · Brunnen mit natürlichem Filter
– *subirrigation* · natürliche, unterirdische Bewässerung
– *system* · Hauptsammler in natürliche Vertiefungen verlegt
– *water* · natürliches Wasser
– *water table* · natürliches Grundwasser
– *watercourse* · natürlicher Wasserlauf
– *well* · natürlicher Brunnen
*nautical mile* · Seemeile = 1852 m
*navigable depth* · Schiffahrtstiefe
– *water* · schiffbares Wasser
– *waterway* · *Wasserstraße
*navigation canal* · *Schiffahrtskanal
– *channel, main channel* · *Fahrwasser
– *lock* · *Schiffsschleuse
– *lock, inland lock* · *Sperrschleuse
– *span* · Schiffahrtsöffnung
*neap* · Nippflut
– *tide* · Nipptide
*neck* · Landzunge, Wasserzunge
*needle* · *Nadel

*needle beam* · Nadellehne
– *dam* · Nadelwehr
– *support* · *Nadelbock
– *valve* · Nadelventil
– *weir* · *Nadelverschluß
– *weir* · *Nadelwehr
– *weir* · *Stabwehr
*negative acceleration* · *Verzögerung
– *artesian head* · negative, artesische Druckhöhe
– *confining bed* · undurchlässig. Flußbett
– *pressure, vacuum* · *Unterdruck
– *-pressure valve* · Unterdruckventil
– *surge* · *Öffnungssunk
– *surge* · *Sunk
*nekton* · *Nekton
*net available head* · *Nutzfallhöhe
– *available head* · vorhandene Druckhöhe
– *buoyancy* · positiver Auftrieb (schwimmender Körper)
– *capacity* · *Nutzleistung
– *duty of water* · am Bewässerungsort erforderliche Wassermenge
– *peak flow* · maximal Abfluß minus Anteil aus Grundwasser und Seen
– *rainfall* · Niederschlag minus Versickerung und Verdunstung
*network load* · *Netzbelastung
*neutral shore line* · neutrale Uferlinie
– *soil* · neutraler Boden
– *stress* · neutrale Spannung
*névé* · locker-körniger Firn
*night* · *Nacht
*nip* · niedrige Klippe
*Nipher shield (meteorology)* · Windschutztrichter für Regenmesser nach Nipher
*nipple* · Nippel, Verbindungsstück
*nitrates* · *Nitrate
*nitrites* · *Nitrite
*nitrobacteria* · *Nitrifikanten
*nivation* · Bildung von Karen
*nodal point* · Stagnationspunkt, neutraler Punkt
*nominal diameter* · *Nenndurchmesser
– *diameter* · *Nennweite
*nominal head* · *Nennfallhöhe (Konstruktionsfallhöhe)
– *pressure* · *Nenndruck
*nomograph* · Nomogramm
*nomography* · *Nomographie
*noncontributing area* · abflußloses Gebiet
*nonclogging impeller* · Laufrad einer Dickstoff-Schmutzwasser- od. Schlauchradpumpe
*non-diversion stream-flow plant* · *Staukraftanlage, Staukraftwerk
*noneroding velocity* · Fließgeschwindigkeit, bei der weder Kolkung noch Ablagerung stattfindet
*nonflowing well* · Brunnen, der ohne fremde Hilfe (Pumpe) nicht schüttet
*non-frontal precipitation* · durch Horizontalbewegung von warmen Luftmassen verursachter Niederschlag
*nongraded sediment* · Gesteinsschutt; Ablagerung mit gleichem Korndurchmesser
*nonsettleable solids* · Schwebstoffe
*nonsilting velocity* · Fließgeschwindigkeit bei der keine Ablagerung stattfindet
*nonuniform flow* · *ungleichförmige Bewegung
*normal* · Normalwert, Normale oder Senkrechte
– *depth* · Normaltiefe
– *drilling* · *Normalbohrungen
– *erosion* · normale Erosion
– *flow* · Normalabfluß; Mittelwasserabfluß
– *operation level* · *gewöhnliches Absenkziel
– *pressure* · Normalkraft; Normaldruck
– *-pressure surface* · Normaldruckspiegel
– *storage level* · *Normalstau
– *distribution, standard deviation* · *Normalverteilung, Standardabweichung
– *stress* · Normalspannung
– *velocity* · mittlere Geschwindigkeit b. mittlerer Wassertiefe
– *year* · *Regeljahr
*normally consolidated soil* · normal verdichteter Boden
*notch* · Ausschnitt, Kerbe, Öffnung
*notidal current* · von den Gezeitenströmen unabhängige Nebenströmungen
*novia* · Novia
*nozzle* · Mundstück; Düse; Abzweig
– *aerator* · Sprühdüse

## O

*obsequent* · dem Schichtengefälle entgegen fließend
– *stream* · einer früheren Fließrichtung entgegengesetzt fließender Fluß
*observation error* · Beobachtungsfehler
– *pipe* · *Beobachtungsrohr
*observed value* · *Meßwert
*ocean* · Ozean, Meer
– *current* · Meeresströmung
*oceanic climate* · Meeresklima
*oceanography* · Meereskunde
*odor control* · Geruchsbeseitigung
*off-peak power* · elektrische Energie, die zu Zeiten geringen Bedarfs zur Verfügung steht

*offset* · seitlich abgesetzt und parallel verlängerte Leitung; Abzweigung
*offshore* · Gebiet wasserwärts der Küstenlinie
– *area* · seewärts der Niedrigwasserlinie
– *currents* · Strömung wasserwärts der Brandungszone
– *terrace* · der Küste vorgelagerte Sandbank
– *water area* · *Außenwasser
– *wind* · wasserwärts gerichteter Wind
*offspring* · *Aufwuchs
*offtake* · Kanal- oder Flußverzweigung; Abzweigung
*ogee* · langgestreckte S-Kurve
*oil wharf* · *Ölhafen
*old* · alt
– *arm* · *Schlenke
– *branch, old bed* · *Altarm
– *river* · Fluß und Nebenflüsse voll entwickelt, mit schwachem Gefälle
– *stream* · Fluß, bei dem Hauptarm und Nebenflüsse gleiches Gefälle haben
– *valley* · vollentwickeltes Tal
*oligodynamic* · *oligodynamisch
– *effect* · *oligodynamische Wirkung
*oligosaprobic organisms* · *Oligosaprobien
*oligotroph* · *oligotroph
*onshore current* · gegen die Küste gerichtete Strömung
*ooze* · Sickerstrom; sickern; Marsch; Sumpf
*open air pumping station* · *Freiluftschöpfwerk
– *channel* · Freispiegelstollen
– *-channel constriction* · Fluß-Verengung
– *-channel drainage* · Dränung durch offene Gräben oder Kanäle
– *-channel flow* · Strömung mit freiem Spiegel
– *-ended well* · Brunnen ohne Filterboden
– *foundation method* · *offene Gründung
– *harbor* · *offener Hafen
– *joint* · *Hohlfuge
– *sea breakers* · *Sturzsee
– *-top culvert* · Doleneinlauf
– *well* · Schachtbrunnen
*opening of interference* · *Störöffnung
*operating capacity* · *Aufbrauch
– *capacity* · *erfaßbarer Zufluß
– *factor* · Betriebszeitfaktor
– *floor* · Kontrollraum
– *reservoir capacity* · *Nutzraum, Speichernutzraum
– *rule curve* · Speichernutzungs-Fahrplan
– *level of head water* · *Regelstau Normalstau(-höhe)
– *outlet, service outlet* · *Betriebsauslaß
*operating schedule* · *Fahrplan
– *waste* · Wasserverlust beim Betrieb einer Bewässerungsanlage
*opposing wind* · gegen die Wellenrichtung gerichteter Wind
*oppression reach, zero suppress* · *Unterdrückungsbereich
*optimum moisture content* · optimaler Feuchtigkeitsgehalt, optimaler Wassergehalt
*organic clay* · organischer Ton
– *deposit* · organische Ablagerung
– *matter* · organischer Stoff
– *peat* · *ganzpflanzige (= eigentliche Torfe)
– *silt* · organischer Schluff
– *soil* · organischer Boden
*orifice* · Venturi-Normalblende, Venturi-Kanal; Auslaßöffnung, Meßdüse
– *box* · Gehäuse für Meßeinrichtung
– *flow* · Wechsel von Druckrohrströmung zum Abfluß mit freiem Spiegel
– *meter* · Venturi-Normblende
– *plate* · Meßblende
– *with full contraction* · Venturi-Kanal mit Verengung d. Gesamtquerschnittes
– *with suppressed contraction* · Venturi-Kanal mit teilweiser Querschnittsverengung
*original interstice* · ursprünglicher Hohlraum
*orographic precipitation* · orographischer Niederschlag
– *rainfall* · *orographischer Niederschlag
*orohydrography* · Hydrographie der Gebirge
*orometer* · Federbarometer
*orthogonal* · orthogonal
*oscillating wave* · *Schwingungswelle
– *waves* · *Schwingungswellen
*oscillation* · Schwingung, Schwankung
*osmosis* · Osmose
*osmotic equivalent* · osmotisch gleichwertig
– *pressure* · osmotischer Druck
*outfall* · Abwassereinlauf; Ausfluß, Flußmündung
– *reach* · *Haltung (im Binnenvorfluter)
– *sewer* · Abwassereinlauf
*outflanking* · Kolkbildung durch Unter- oder Umspülung
*outer bay drain* · *Außenvorsiel
– *berm* · *Außenberme
– *dike* · *Außendeich
– *drain, tidal slough* · *Außenfleet (Außentief)
*outlet* · *Ablaßvorrichtung
– · Ausfluß; Grundablaß; Nebenarme
– · *Auslaß

*outlet* · *Ausmündungsstück
– *at intermediate level* · *Zwischenablaß
– *channel* · Ablaufkanal
– *control* · Abflußkontroll-Einrichtung
– *loss* · Verlust am Auslaß, Ablauf
– *pipe* · Auslaufrohr, Ablaufrohr
– *section* · *Turbinen-Austrittsquerschnitt
– *structure* · *Ausmündungsbauwerk
*output factor* · Endleistungsfaktor
*outside diameter* · *Außendurchmesser
– *pressure* · *Außendruck
– *slope* · *Außenböschung (bei Deichen)
*outward-flow turbine* · Turbine mit innerer Beaufschlagung
*outwash* · Gletscherablagerung
– *fan* · Endmoräne
– *plain* · Gletscherablagerung
*over irrigation* · Überbewässerung
*overbank flow* · Abfluß über die Ufer
*overchute* · Überführung einer Rinne üb. einen Kanal
*overburden* · Auflast; Abraum, Abhub
– *, overlay* · *Abraum
– · *Deckgebirge
– *dredge* · *Abraumbagger
*overcharge* · *Überlastung
*overconsolidated soil* · überverdichteter Boden
*over-development* · Überschreitung der wirtschaftlichen Leistungsfähigkeit eines Brunnens
*overfall* · *offener Überfall
– *dam* · Überfallwehr
– *edge* · *Überschlagkante
– *spillway* · Überlauf, Hochwasserentlastungsanlage
– *with a drowned nappe* · *Überfall (tauchform)
– *with a undulating nappe* · *Überfall (wellenform)
*overfalls* · durch Wind oder Gegenströmung verursachte Wellenbrechung
*overflow, overfall* · *Überfall
– · *Ausufern
– · *Überlauf
– *channel* · Überlaufkanal
– *head* · *Ausuferungshöhe
– *measurement* · *Überfallmessung
– *polder* · *Überlaufpolder
– *shaft* · *Überlaufschacht
– *siphon* · *Saugüberfall (Heberüberfall)
– *stand* · Überfallwand
– *standpipe* · Überlaufrohr
– *stream* · ein durch den Überlauf von Seen gespeister Fluß
– *tower* · Überlaufeinrichtung
*overflowed land* · überflutetes Land
*overland flow* · Oberflächenabfluß
*overland-flow hydrograph* · Ganglinie der Oberflächenabflußmengen
– *runoff* · Oberflächenabfluß
*overnight pond* · Nachtspeicher
*overpass* · *Wasserbrücke, Überleitung
*overpour head gate* · Überfallwehr
*overpumping* · wenn Fördermenge größer ist als Grundwasserzulauf
*overshot wheel* · oberschlächtiges Wasserrad
*oversplash* · die bei einem Wellenbrecher oder einem Längsbauwerk überspritzende Wassermenge
*overtop* · überlaufen
*overturning* · Dichteströmung in Seen
– · *kippen (eines Grundbauwerkes)
– *moment* · Kippmoment
*overwash* · die einen Damm oder Berme überspülende Wassermenge
*own use of water* · *Eigen-(Selbst-)Verbrauch
*oxbox* · beim Durchstich abgetrennte Flußkrümmung; Flußkrümmung
– *lake* · Altarm im Mäanderabschnitt eines Flusses
*oxidant* · Oxidationsmittel
*oxidation* · *Oxydation
*oxyde* · *Oxyd
*oxygen absorption from the air* · *Sauerstoffaufnahme aus der Luft
– *balance* · Sauerstoffausgleich
– *consumption* · *Sauerstoffverbrauch
– *content of water* · *Sauerstoffgehalt d. Wassers
– *deficiency* · *Sauerstoffdefizit
– *demand* · *Sauerstoffbedarf (mg/l, g/m³)
– · *Sauerstoffhaushalt
*oxygen depletion* · *Sauerstoffzehrung des Wassers
– *diagram* · *Sauerstofflinie
– *saturation* · *Sauerstoffsättigung
– *saturation index* · *Sauerstoffsättigungsindex
– *supersaturation* · *Sauerstoffübersättigung
*ozonation* · *Ozonisierung
*ozone* · *Ozon

# P

*pack ice* · *Packeis
*packer* · Dichtungsvorrichtung
*packing, washer* · *Dichtung
*paddle aerator* · Belüftung mittels Paddelrad
– *wheel* · Schaufelrad
– *-aeration wheel* · Paddelrad-Belüftung
*paleontology* · *Paläontologie
*palisade* · Palisade

*pan coefficient* · Verdunstungsbeiwert
– *formation* · undurchlässige Schicht
*pannier* · Sinkkorb
*pappy soil* · *breiiger Boden
*parabolic measuring weir* · Meßwehr in Form eines Paraboloids
*parallel main ditch* · *Beiläufer
*parameter* · Parameter
*parapet wall* · Brustmauer (Brustwehr)
*paratyphoid* · *Paratyphus B
– *bacteria* · *Paratyphus-Enteritis-Bakterien
*parent material* · Muttergestein
*Parshall flume* · Meßrinne nach Parshall
*partial area* · *Teilgebiet
– *capacity* · *Turbinen-Teilleistung
– *drainage* · *Teildränung, Bedarfsdränung
– *duration series* · Tabelle für Ganglinie der Wassermengen für eine Hochwasserperiode
– *efficiency* · *Teilwirkungsgrad
– *irrigation* · *anfeuchtende Bewässerung
– *movable irrigation system* · *teilbewegliche Beregnungsanlage
*particle size potence* · Kornpotenz
*partial vacuum* · Teilvakuum
*partially-suppressed contraction* · Teil-Kontraktion
*parts per million* · Mischungsverhältnis in Gewichtsanteilen $1 : 10^6$
*Pascal's law* · Gesetz von Pascal über Druckfortpflanzung
*pass* · Fahrrinne; Bucht; Einlaß, Durchgang; Engpaß, Engstelle
*passive earth pressure* · *Erdwiderstand
– *equilibrium* · passiver Rankine'scher Zustand
*paternoster pump* · Paternosterpumpe
*path line (absolute)* · *absolute Strombahn
– *line (relative)* · *relative Strombahn
*pathogenic bacteria* · *pathogene Keime
*paved-invert pipe* · Rohr m. Auskleidung
*paved slope* · *Böschungspflaster
*pavement pumping* · Plattenpumpen
*paving* · Pflasterung, Beton- od. Asphaltbelag
*peak* · Spitze
– *demand* · *Spitzenbedarf
– *discharge* · *Hochwasser (statistisch)
– *discharge* · maximale Abflußmenge
– *load* · *Spitzenlast
– *-load power station* · *Spitzenkraftwerk
– *load of power plant* · *Höchstleistungsfähigkeit «Kraftwerk»
– *-load station* · Spitzenkraftwerk
– *unit flow* · Spitze einer Ganglinie der Abflußmengen

*peat* · *Torf
– *bog* · Torfmoor
– *bog residue* · *Leegmoor
– *deposits, silt deposits* · *Mudden
– *drain* · *Torfdrän
– *drift* · *Mullwehe
– *formation* · *Vertorfung
– *profile, moor profile* · *Moorprofildarstellungen
– *soil* · Torferde
– *far* · *Torfteer
*pebbles* · Kieselsteine, Geröll
– *and boulder trap* · *Geröllfang
*pedalfer* · Pedalfer
*pedocal* · Kalkkrusten
*peg* · *Pflock
*pei* · Uferschutz, chinesische Bauart
*pelagial* · *Pelagial
*pellicular front* · Haftwasserfront
– *water* · *Benetzungswasser
– *zone* · Haftwasserzone
*Pelton turbine* · Peltonturbine
*pen* · Mole, Pier, Hafendamm
*pendant* · Pendant
*pendent wire* · Markierungsdraht
*peneplain* · Peneplain, ebene Fläche
*penetration resistance* · Eindringungswiderstand
– *resistance curve* · Eindringungswiderstandskurve
– *test, driving test* · *Rammsondierung
*peninsula* · Halbinsel
*penstock* · *Triebwasserleitung
– *pressure pipe* · *Falleitung
– *manifold* · *Verteilrohrleitung
– *Y branch* · *Hosenrohr
*per cent compaction* · Proctordichte
– *cent-saturation* · Sättigungsgrad
*perched ground water* · durch undurchlässige Schicht gehobenes Grundwasser
– *part of a polder* · *Fremdgebiet
– *spring* · erhöht liegende Quelle
– *stream* · ein durch eine ungesättigte Zone vom Grundwasser getrennt. Fluß
– *water table* · artesisch gespannter Grundwasserspiegel
– *subsurface stream* · über dem Grundwasserspiegel laufender Eindring-Wasserstrom
*percolating water* · Sickerwasser
*percolation* · Durchsickerung, Einsickerung; Versickerung, Sickerung
– *path* · Strombahn der Sickerströmung
– *rate* · Sickerwassermenge
*perennial* · perennierend, das ganze Jahr dauernd
– *interrupted stream* · Fluß mit jahreszeitlich unabhängigem, aber zeitweise unterbrochenem Abfluß

*perennial periodic spring* · Quelle mit jahreszeitlich unabhängiger Schüttungsperiode
– *spring* · Quelle mit jahreszeitlich unabhängiger Schüttung
– *stream* · Fluß mit jahreszeitlich unabhängigem Abfluß
*perfect fluid* · ideale Flüssigkeit
*perforated casing* · Mantelrohr mit Schlitzen
– *-casing well* · Brunnen, bei dem das Mantelrohr mit Schlitzen versehen ist
*perigean range* · Tidenhub, wenn Abstand Mond–Erde ein Minimum ist; Perigäum
– *tidal currents* · Tideströmung, wenn Abstand Mond–Erde ein Minimum ist; Perigäum
– *tide* · Gezeiten, wenn Abstand Mond–Erde ein Minimum ist; Perigäum
– *tide range* · Tidenhub, wenn Abstand Mond–Erde ein Minimum ist;
*perigee* · Perigäum, Erdnähe
*period* · Periode; Zeitabschnitt
– *of oscillation* · *Schwingungsdauer, Periode
– *of significant wave* · bestimmende Wellenperiode
*peripheral pump* · Seitenkanalpumpe
– *weir* · Abflußwehr an der Außenwand eines Rundbeckens
*permafrost* · Permafrost, Dauerfrost
*permanent current* · ständige Strömung
– *dam* · festes Wehr
– *elongation* · *Bruchdehnung (eines Probestabes)
– *irrigation system* · *ortsfeste Beregnungsanlage
– *load* · *ständige Energie
– *load* · *Dauerleistung
*permanent snow line* · *eigentliche Schneegrenze
– *stream* · Fluß mit ganzjährigem Abfluß
– *water* · beständiges Wasservorkommen
– *wilting coefficient* · Beiwert der permanenten Welkung
*permanently absorbed water* · über den Saugraum des Bodens, dem Grundwasser zugeführtes Wasser
*permeable confining bed* · durchlässige Sohlschicht
– *rock* · wasserdurchlässiges Gestein
*permeability* · *Wasserdurchlässigkeit
– · *Durchlässigkeit
– *coefficient* · Durchlässigkeitsbeiwert
*permeable* · wasserdurchlässig
*permeameter* · Gerät zur Messung der Wasserdurchlässigkeit eines Bodens

*permissible ground-bearing load* · *zulässige Baugrundbelastung
– *velocity* · zulässige Geschwindigkeit
*personal equation* · Korrekturgleichung für Ablesefehler
– *error* · *Fehler durch persönliche Einflüsse
*pervious bed* · durchlässige Flußsohle
*petrography* · *Petrographie (Gesteinskunde, Lehre der Festgesteine)
*petrology* · Petrologie, Wissenschaft der Gesteine
*Pettersson current meter* · Meßflügel nach Pettersson
*pH* · pH = Wasserstoffionenkonzentration
*pH-value* · *pH-Wert
*phase* · Phase
*phenol removal* · *Entphenolung
*phreatic* · Grundwasser; freies Grundw.
– *decline* · Absinken des Grundwasserspiegels
– *divide* · Grundwasserscheide
– *fluctuation* · Grundwasserspiegelschwankung
– *high* · höchste Grundwasserspiegelhöhe
– *line* · Grundwasser-Spiegellinie
– *low* · niedrigster Grundwasserspiegel
– rise · Erhöhung d. Grundwasserspiegels
– *water* · *freies Grundwasser
*phreatophyte* · Pflanze, die Wasserbedarf dem Grundwasser entnimmt
*physical analysis* · physikalische Analyse
– *life* · Lebensdauer
– *soil test* · *physikalische Bodenuntersuchung
*physiographic balance* · physiographischer Ausgleich
*phytometer* · Phytometer, Ausdünstungsmeßgerät
*piedmont* · Piedmont, Vorland
– *alluvial deposit* · Flußgeröllablagerung
*pier, quay* · *Höft, Kaizunge, Pier
– · *Kai
– *quay* · *Kaizunge
– · *Ladezunge (Kaizunge, Pier)
– , *wharf* · *Landebrücke
– · *Pfeiler
– · *Pier, Kaizunge, Höft
– *foundation* · *Pfeilergründung
– *head* · *Molenkopf
*pierhead line* · Linie für wasserwärtige Begrenzung von Einbauten am Fluß, Streichlinie
*pier wall* · *Kaimauer
*piestic interval* · Abstand zweier Äquipotentiallinien
*piezometer* · *Piezometer
*piezometric head* · Druckhöhe

*piezometric surface* · Standrohrspiegel
– *surface area* · *Druckfläche
*pilaster* · *Pilaster
*pile* · Pfahl
– *bearing capacity* · Tragfähigkeit eines Pfahles, Grenzbelastung
– *dike* · *Pfahlwand
– *driver* · *Ramme
– *driving hammer* · *Rammbär, Bär
– *extractor* · *Pfahlzieher
– *foundation* · *Pfahlgründung
– *foundation* · *Pilotengründung
– *grating* · *Pfahlrost
– *groin* · *Pfahlbuhne
– *loading test* · *Probebelastung, Pfähle und Spundbohlen
– *shoe* · *Pfahlschuh
– *up of ice* · *Eispressung
*piling* · Pfähle, Bohlen; Spundwand
*pillar* · *Wandpfeiler
– *sluice* · Ständerwehr
*pilot tunnel* · Versuchstunnel
– *valve* · *Walzenschieber
*pinnacle* · felsenartige Erhebung i. Wasser, Bergspitze, Gipfel
*pipe* · *Rohr
– *aerator* · *Rohrbelüfter
– *bend* · *Rohrbogen
– *bent* · *Krümmer (Bogenrohre)
– *cleaner* · *Rohrbürste
– *coil* · *Rohrschlange
– *cover* · *Rohrdeckung
– *cross section* · *Rohrquerschnitt
– *diameter* · Rohrdurchmesser
– *drain* · *Maulwurfrohrdrän
– *finder* · Suchinstrument für verlegte Metallrohre
– *fittings* · *Fitting
– *inspection by us of a mirror* · *Abspiegeln
– *irrigation* · *Rohrberieselung
– *joint* · *Rohrverbindung
– *length* · *Rohrlänge
– *offset* · Rohrstück in S-Form
– *supporting saddle* · *Rohrsattel
– *system* · *Leitungsnetz
– *trench* · *Rohrgraben
– *tunnel* · *Rohrstollen
*pipeline* · *Rohrleitung
– *network* · *Rohrnetz
*piping* · Abführung von Wasser in einem Rohr; Rohrnetz; Rohrverlegung
*piston pump* · *Kolbenpumpe
*pit-run gravel* · Mischung von Kies, Sand und Splitt
*pitch* · Dachneigung; Nietenabstand; Pech; Neigung
*pitched island* · befestigte Flußinsel
*pitometer* · Pitometer
*pitometer survey* · Geschwindigkeitsmessung mit Pitotrohr
*Pitot cylinder* · Pitot'sche Röhre, Staudüse
*pitot tube* · *Pitotrohr
– *tube* · *Staurohr
– *tube* · *Staudruckmesser (Pitotrohr)
– *tube head* · *Pitot Druck
*pitting* · Bildung von kleinen Mulden oder Gruben durch Kavitation; Oberflächenvertiefungen durch Korrosion
*plain* · ebene Fläche
*planation* · Verbreiterung und Einebnung von Tälern. Einebnung an der Erdoberfläche oder am Meeresboden
*planimeter* · *Planimeter
*plank* · *Bohle
*plankton* · *Plankton
*plant* · Betriebsanlage
– *consumption* · *Wasserverbrauch (der Pflanzen)
*plantation of gras* · *Ansoden
*plastic equilibrium* · plastisches Gleichgewicht
– *flow* · plastisches Fließen
– *limit* · *Ausrollgrenze
– *pipe* · Kunststoffrohr
– *soil* · plastischer Boden
– *state* · plastischer Bereich
*plasticity* · *Plastizität
– *index* · Plastizitätszahl
*plate screen* · Lochsieb
*plateau* · Plateau
*plattform of road surface* · *Fahrbahnrost
*playa* · Playa; Ablagerungsebenen in Flußmündungen oder an der Küste
– *deposit* · Ablagerungen in Playas
– *lake* · Endsee, Playa
*plexiglas, perspex* · *Plexiglas
*plough layer* · *Pflugsohle
*plumbing, piping and wiring* · *Hausleitungen
*plunging weir* · *Sturzwehr
*plowpan* · harte Schicht unter Pflugtiefe
*plug* · Stöpsel; einstecken; Verschluß; Stecker
– *cock* · Zapfhahn
– *valve* · Zapfen- oder Stopfenventil
*plum* · Gesteinsblock von 0,03 m$^3$ oder größer
*plumbing* · Rohrleitungen; Rohrlegerarbeit
*plunge point* · Brechpunkt einer Brandungswelle
– *pool* · Sturzbett
*plunger* · Kolben
– *pump* · Tauchkolbenpumpe, Verdräungerpumpe

*pluvial index* · Niederschlagsindex
– *period* · Regenperiode
*pluviograph* · theoretische Regenganglinie
*pluviometer* · Regenmesser
*pluviometric coefficient* · Niederschlagsbeiwert
*pneumatic ejector* · Luftejektor
*pneumatics* · Pneumatik
*pocket spring* · Schuttquelle
*point* · äußerste Spitze einer Landzunge
– *gage* · Spitzentaster, Stechpegel
– *-integrating sediment sampler* · Zeitintegrationsmessung von Schwebstoffen
– *rainfall* · an einer Station gemessene Regenmenge
– *of discontinuity* · *Trennpunkt
– *of disturbance* · *Störpunkt
– *of ignition* · *Flammpunkt
– *sediment sample* · Probeentnahme an einer Stelle
– *velocity* · *Geschwindigkeit in einem Punkt einer Meßlotrechten
*pointing* · *Ausfugen
*Poirée dam* · Nadelwehr
*poised river* · stabiler Fluß
– *stream* · Fluß im natürlichen Gleichgewichtszustand
*polariscope* · Polariskop
*polder* · *Groden
– *dike* · *Grodendeich
– · *Polder
– *dike* · *Polderdeich
– · *Koog, Groden
– *dike* · *Kuverdeich
– *dike* · *Qualmdeich
– *gage* · *Polderpegel
– *pumping station* · *Tiefgebietsschöpfwerk
*polluted water; industrial water* · *Brauchwasser
*pollution* · Verschmutzung, Verunreinigung
– *charge* · *Belastung eines Gewässers
– *coefficient* · *Schmutzbeiwert
– *load* · *Abwasserlast
*pollutional index* · Verschmutzungsgrad des Wassers
– *load* · *Schmutzstoffgehalt
*polygon* · *Polygon
*polysaprobic organisms* · *Polysaprobien
*polystrol* · *Polystrol
*Poncelet measuring flume* · *Poncelet-Überfall
– *wheel* · Poncelet-Rad
*pond* · Teich; Wasser in einem Teich sammeln
– *behind a dike* · *Binnentief
– *management* · Speicherunterhaltung
*pondage* · Wasserhaltung; Speicherung; Wasserfassungsvermögen
– *factor* · Speicherfaktor
*ponded stream* · Fluß mit gehobenem Flußabschnitt
*ponding* · *einstauen, Einstauung
*pontoon* · Ponton, Brückenkahn
– · *Landungsponton
– *gate* · *Schwimmtor
*pool* · Teich; Tümpel
– *spring* · Muldenquelle
*poor clay, silt* · *Schluff
*poppet valve* · stehend angeordnetes Ventil
*population equivalence* · *Einwohnergleichwert
– *intensity* · *Siedlungsdichte
*pore* · Pore
– *head* · *Porensaughöhe
– *water* · Porenwasser
– *water in calcareous mountain regions* · *Karstwasser
– *water pressure* · *Porenwasserdruck
*porosity* · *Porosität
*porous* · porös; durchlässig
*port* · Hafenanlagen
– *(side)* · *Backbord
*portable hydrant* · transportabl. Hydrant
– *irrigation system* · *vollbewegliche Beregnungsanlage
– *pipe line* · *fliegende Leitung
*portage* · Tragstrecke für Boote
*positive artesian head* · positive, artesische Druckhöhe
– *confining bed* · undurchlässige Schicht
– *pressure* · *Überdruck (atü)
– *surge* · *Schwall
– *surge* · *Öffnungsschwall
– *surge* · *Spülschwall
*possible precipitation* · mögliche Niederschlagshöhe
*pot hole* · Gletschertopf
*potable water* · trinkbares Wasser
*potamography* · Potamographie, Flußbeschreibung
*potamology* · *Potamologie
*potassium permanganate consumption* · *Kaliumpermanganatverbrauch
*potential* · Potential; elektrisches Potential; Gravitationspotential; elektrisches Potential
– *drop* · Potentialdifferenz
– *energy* · potentielle Energie
– *gradient* · hydrostatisches Gefälle
– *ground-water yield* · größtmögliche Grundwasserentnahme
– *head* · Spiegelhöhe
– *hydro energy* · *potentielle Wasserkraft (Rohwasserkraft)

*pound* · Krafteinheit
*power* · Kraft
– *capacity of stream* · Wasserkraftpotential eines Flusses
– *factor* · Leistungsfaktor des Stromnetzes
– *head* · Energiehöhe einer Pumpe; Druckhöhe einer Wasserkraftanlage
– *plant, power house* · *Krafthaus
– *plant* · *Kraftwerk
– *pump* · durch fremde Kraft angetriebene Pumpe
– *shovel* · *Löffelbagger
– *site* · örtliche Lage einer Wasserkraftanlage
– *station located in a diversion cannel* · *Stauumleitungskraftanlage
– *station with diversion canal* · *Umleitungskraftanlage, -kraftwerk
– *station with storage basin* · *Speicherkraftwerk
– *storage* · Speicherung zur Energieerzeugung
*pram* · *Prahm
*pre-aeration of sewage* · *Vorbelüftung des Abwassers
*precipice* · Abgrund
*precipitable water* · in der Luft enthaltene Wasserdampfmenge
*precipitant, coagulant* · *Fällmittel
*precipitate* · Niederschlag; fällen, ausfällen; niederschlagen
*precipitation* · *Niederschlag (atmosphärischer)
– · *Fällung
– *caused by fog* · *Nebelniederschlag
– *deficiency* · Niederschlagsfehlbetrag
– *mass curve* · Niederschlags-Summenlinie
– *of atmospheric moisture* · *Beschlag
– *oscillations* · Niederschlagsschwankungen
– *quotient* · *N-S-Quotient
*precision* · Präzision, Genauigkeit
*preconsolidation* · Vorverdichtung
*prefabricated cable duct stone* · *Kabelkanal-Formstein
*preliminary* · vorläufig
– *design* · *Vorentwurf
– *settling tank* · *Vorklärbecken
*premises sewage treatment-plant* · *Kleinkläranlage
*prepared gravel* · gewaschener u. gesiebter Kies
*pressure* · Druckkraft; allgemein wird darunter der Druck über Normaldruck verstanden
– *bulb* · Druckzwiebel
– *chamber, surge chamber* · *Druckwasserschloß
*pressure connection* · Verbindungsdruck
– *conduit* · *Druckschacht
– *control tank* · *Druckwindkessel
– *drop* · Druckabfall
– *energy* · Druckenergie
– *gage* · Druckmeßgerät
– *gradient* · *Drucklinie
– *head* · *Druckhöhe
– *hose* · *Druckschlauch
– *intensity* · Druckintensität
– *curve momentum* · Kurve der Stützkraft
– *pipe, penstock* · *Druckleitung
– *potential* · Druckpotential
– *-reducing valve* · Überdruckventil
– *-regulating valve* · Druckregulierungsventil
– *relief cone* · Druckentlastungskern
– *-relief valve* · Überdruckventil
– *ridge* · Eispressung
– *sounder* · Druckmeßgerät
– *strainer* · auswechselbare Filter in Druckleitung
– *-surface contour* · Druckhöhenlinie
– *surface map* · Darstellung der Spiegelhöhen für einen Grundwasserstrom mit gespanntem Grundwasser
– *tank* · Druckbehälter
*pre-stressed concrete pipe* · Spannbetonrohr
*pressure tunnel, penstock* · *Druckstollen
– *zone* · Wasserversorgungsbereich mit konstantem Wasserdruck
*Price current meter* · Meßflügel nach Price
*primary consolidation* · Konsolidationssetzung, primärer Zeiteffekt
*primary eddy* · *Primärwalze
*primary energy* · aus der Wasserkraftnutzung erzeugte, immer zur Verfügung stehende elektrische Energie
– *interstice* · primärer Hohlraum
– *openings* · primäre Hohlräume
– *soil* · durch Verwitterung und Umbildung entstandener Boden primärer Lagerstätte
*prime* · erste Füllung vor Inbetriebnahme
– *-filtrate* · *Erstfiltrat
*priming* · Erstfüllung eines Beckens, Kanals oder einer Pumpe; Zündung
– *valve* · Füllhahn an einer Pumpe
*primitive water* · urzeitliches Wasser
*principle force* · *Hauptkräfte
*principal moment* · *Hauptmoment
– *moment of inertia* · *Hauptträgheitsmoment
– *plane* · Hauptebene
– *stress* · *Hauptspannung
*priority of use of water* · Vorrecht zur Wassernutzung

*private use of water* · Wassernutzung für private Zwecke
– *water* · privates Wasser
– *water supply* · *Eigenwasserversorgung
*probability* · Wahrscheinlichkeit
– *curve* · Wahrscheinlichkeitskurve
*probable error* · wahrscheinlicher Fehler
*prodorite pipes* · *Prodoriterohr
*profile* · Profil; Längsschnitt; Längsschnitt eines Flusses oder Rohrleitung
*profound* · *Profundal
*proglacial deposit* · Drumlins
– *lake* · dem Gletscher vorgelagerter See
*progressive failure* · fortschreitend. Bruch
– *wave* · fortschreitende Welle
*projecting inlet* · vorstehendes Einlaßbauwerk
*promontory* · Landspitze, Kap
*propagate* · fortpflanzen; vermehren
*propagation of error* · *Fehlerfortpflanzung
*propeller pump* · axiale Kreiselpumpe
– *turbine* · Propellerturbine
– *-type impeller* · Laufrad einer axialen Kreiselpumpe
*proportional weir* · Wehr, bei dem Wassermenge direkt proportional der Wasserhöhe über Wehrkrone ist
*protective coating* · *Betonanstrich
– *filter* · Stufenfilter
– *seeding* · *Ansaat
*prototype* · Prototyp, Naturausführung
*psychoda* · *Psychoda alternata
*psychrometer* · *Psychrometer
*psychrophilic bacteria* · *psychrophile Bakterien
*public use of water* · Wassernutzung für allgemeine Zwecke
– *water* · Wasser z. allgemeinen Nutzung
– *water supply* · *öffentliche Wasserversorgung
*puddle* · mit Lehmschlag dicht machen; Dichtung aus Lehm und Sand; Lache, Pfütze
*puddled core* · Dammkern aus Lehm
– *soil* · trockener Schlamm
*pull tow* · Schleppschiff
*pulsation* · *innere Wellen
*pulsometer* · kolbenlose Dampfdruckpumpe
*pumice* · *Bims
– *concrete* · *Bimsbeton
– *gravel* · *Bimskies
– *sand* · *Bimssand
*pump* · *Pumpe
– *, U.* · Kolbenpumpe mit Ventilen im Kolben
*pump characteristic curve* · Leistungskurve einer Pumpe
– *efficiency* · Wirkungsgrad einer Pumpe
– *pit* · Pumpenschacht
– *primer* · selbsttätige Fülleinrichtung einer Pumpe
– *rod* · Kolbenstange
– *rods* · Pumpengestänge
– *setting* · Baulänge der Druck- oder Saugleitung einer Pumpe
– *stage* · Anzahl der Laufräder einer Kreiselpumpe
– *strainer* · *Saugkorb
– *stroke* · Hub, Kolbenspiel
– *valve* · Pumpenventil
*pumpage* · Fördermenge einer Pumpe in Liter oder m³ pro Tag, Monat oder Jahr
*pumped concrete* · *Pumpbeton
– *storage* · Pumpspeicherung
– *-storage plant* · *Pumpspeicherwerk
– *-storage reservoir* · Pumpspeicher
*pumping capacity* · *Schöpfvermögen
– *capacity* · Förderleistung
– *head* · Förderhöhe einer Pumpe
– *level* · *Beharrungszustand bei der Grundwasserentnahme
– *level* · *Saugwasserspiegel
– *line* · Druckleitung einer Pumpe
– *station* · *Schöpfwerk
– *station* · *Pumpstation
– *station* · *Busenschöpfwerk
– *station with a siphon* · *Heberanordnung
– *test* · *Pumpversuch
*purification of water, water conditioning* · *Wasserreinigung
*push tow* · Schubschiff
*putrefaction* · *Fäulnis
*pycnometer* · Pyknometer
*pyrheliometer* · Pyrometer

# Q

*quagmire* · Sumpfland, Moorboden
*quality of snow* · Schneequalität
*quarry stone, quarry rock* · *Bruchstein
– *-stone wall* · *Bruchsteinmauerwerk
– *water* · in Gesteinsschichten vorkommendes Wasser
*quartering* · Vierteilen
*quartz* · *Quarz
*quay* · Kai, Uferstraße
– *road* · *Kaistraße
*quadratic scatter of results* · *quadratische Streuung
*quick* · fließend, beweglich; schnell
– *-opening valve* · Schnellschlußventil
– *test* · Schnellversuch
– *water* · schnell fließendes Wasser
*quicklime* · ungelöschter Kalk

*quicksand* · Schwimmsand, Fließsand
*quoin post* · Ständer

## R

*race* · Rinne, Gerinne, Zulaufkanal, Ablaufkanal; starke Strömung; starke Meeresströmung
*rack* · Rechen
*radial drainage pattern* · Gebietsentwässerung durch strahlenförmig laufende Flüsse oder Bäche
– *flow* · radiale Strömung
– *gate* · *Segmentschütze
– *-inward flow* · Rundbeckenzufluß von der Außenwand, Abfluß in der Mitte des Beckens
– *-outward flow* · Rundbeckenzufluß in der Mitte, Abfluß an der Außenwand
– *system* · *Radialnetz
– *well* · radial angeordnete Horizontalbrunnen-Reihe
*radian* · Winkeleinheit
*radiator* · *Radiator
*radio current meter* · Strömungsmesser, bei dem Meßergebnisse durch Radiowellen übertragen werden
– *-active spring* · radioaktive Quelle
*raft* · *Floßfeder
*rain* · *Regen
– *-day* · Regentag
– *-fed stream* · Fluß, dessen Hauptwasser Regenwasser ist
– *gage* · *Regenmesser
– *gage* · *Niederschlagsmesser
– *maker* · Regenmacher
– *pillar* · Regenpfeiler
– *print* · Eindruck eines Regentropfens an der Oberfläche des Bodens
– *storm* · Regensturm
*rainfall* · Regen, Regenmenge
– *area* · Niederschlagsfläche
– *-distribution coefficient* · Regenverteilungsbeiwert
– *duration* · *Regendauer
– *effectiveness* · Einfluß des Regens auf Pflanzenwuchs
– *excess* · Regenüberschuß
– *frequency* · *Regenhäufigkeit
– *hydrograph* · *Regenhöhenganglinie
– *index* · Niederschlagsindex
– *infiltration* · Versickerung; Unterschied zwischen Regenmenge und Oberflächenabfluß einschließlich sonstiger Verluste
– *intensity curve* · Regendichte- und Regendauerkurve
– *intensity-duration diagram* · *Regenstärkelinie
– *penetration* · Eindringtiefe des Regens
– *per sec.* · *Regenleistung
*rainfall per second per area* · *Regenspende
– *province* · Gebiet mit gleicher Niederschlagsverteilung
– *rate* · Niederschlagsmenge
*rainwash* · durch Regen verursachter Erdrutsch; fortschwemmen durch Regenwasser
*raised beach* · Stranderhöhung
– *moor, bog* · *Hochmoor
*ramp, approach ramp* · *Rampe
*range* · Bereich; Gebirgskette; Farm, Gut; Kette von Dörfern
– *of jet* · Strahllänge
– *of tide* · *Tidehub
*rapids* · *Stromschnelle
*rapid or fast filter* · *Schnellfilter
*rate* · Menge; Maß; Preisermittlung
– *-making* · Ermittlung des Grundpreises
– *of annual depletion* · Anzahl der Entleerungen in einem Jahr
– *-of-flow controller* · automatischer Wassermengenregler
– *-of-flow recorder* · Wassermengen-Meßgerät
– *of inflow* · *Zufluß
– *of irrigation* · *Beregnungsdichte (i mm/min)
– *of outflow* · *Ausfluß
*rated capacity* · *Turbinen-Nennleistung
– *effective head* · *Turbinen-Nennfallhöhe
– *flow of turbine* · *Turbinen-Nennwasserstrom
– *output* · *Nennleistung
– *speed* · *Turbinen-Nenndrehzahl
*rating* · Eichung; Kalibrieren; Standards
– *curve* · Abflußkurve
– *curve* · *Füllungskurve
– *flume* · Meßkanal; Eichrinne
– *loop* · *Hochwasserschleife
– *table* · Tabelle; Abflußtabelle
– *of current meter* · Meßflügel-Eichung
*ratio* · Verhältniszahl, Quotient
– *of dilution* · *Verdünnungsverhältnis
– *of pressure increase* · *Drucksteigerungsverhältnis
– *of river development* · *Flußausbaugrad
– *of river discharge availability* · *Flußverfügbarkeit
– *of river discharge obtainable* · *Flußerfaßbarkeit
– *of river discharge utilisation* · *Flußnutzung
– *of space charge* · *Raumbeschickung
– *of space load* · *Raumbelastung
*rational formula* · rationale Formel
– *method* · Methode zur Berechnung des wahrscheinlichen Hochwasserabflusses

*rational runoff formula* · Formel zur Ermittlung des Oberflächenabflusses
*ravine* · Schlucht
*reach* · Flußabschnitt; Abschnitt; Abschnitt mit gleichbleibenden hydraulischen Verhältnissen
– · *Haltung
*reaction* · Reaktion, Gegenwirkung
– *turbine* · *Reaktionsturbine (Überdruckturbine)
– *wheel* · Reaktions-Wasserrad
*ready mixed concrete* · *Transportbeton
*real density* · wirkliches spezifisches Gewicht
– *fluid* · *wirkliche Flüssigkeit
– *specific gravity* · wirkliches spezifisches Gewicht
*reasonable use of water* · angemessene Wassernutzung
*Réaumur* · Réaumur
*receiving stream* · *Vorfluter
*recession* · abnehmender Abschnitt einer Ganglinie
– *curve* · Kurve der Abflußmenge aus Talzufluß und Rückhaltewasser aus dem Fluß, ohne Niederschlags- und sonstiges Wasser
*recharge* · Grundwasser-Anreicherung
– *basin* · Grundwasser-Anreicherungsbecken
– *ground water* · Grundwasseranreicherung
– *of ground-water storage expressed in mm of height* · *Rücklage
– *well* · Brunnen für die Grundwasseranreicherung
*reciprocating pump* · doppelseitig wirkende Kolbenpumpe
*reclaim* · Zurückgewinnung
*reclamation* · *Neulandgewinnung
– · Besserung, Urbarmachung, Zurückgewinnung
*recorder* · Meßschreiber
*recording gage* · *Schreibpegel
– *rain gage* · selbstschreibender Regenmesser
– *pressure gage* · *Druckluftpegel
– *pressure gage* · *Druckluftschreiber
– *rain gage* · *Niederschlagsschreiber
*recovery cycle* · Grundwasser-Ausgleichsperiode
*rectangular drainage pattern* · Gebietsentwässerung durch rechtwinklig laufende Flüsse oder Bäche
– *measuring weir* · Rechteck-Meßwehr
*rectilinear tidal current* · geradlinige Gezeitenströmungsänderung
*recuperation basin* · *Sparbecken
– *chamber* · *Sparkammer
*recuperation lock* · *Speicherschleuse
– *lock* · *Sparschleuse
*recurrence interval* · Zeitabstand der Wiederkehrung
*red mud* · roter Schlamm
– *water* · rostbraunes Wasser
*reducer, adapter* · *Übergangsstück
*reducing tee* · T-Reduzierstück
– *valve* · Reduzierventil
*reduction of water storage expressed in mm of height* · *Aufbrauch
*reef* · *Riff
*reference gage of Amsterdam* · *Amsterdamer Pegel
*reflected wave* · reflektierte Welle
*reflection* · Reflexion
– *time* · *Reflexionszeit
*reuflx valve* · Rückschlagventil, Rückschlagklappe
*refracted wave* · gebogene Welle
*refraction* · Brechung
– *coefficient* · Brechungsbeiwert
*refuse, waste* · Abfallstoffe (Abfälle)
– · *Müll
– *incineration* · *Müllverbrennung
*regelation* · Zusammenfrieren
*regeneration curve* · Regenerationskurve eines Brunnens
*regimen* · stabiler Zustand eines Flusses; Flußcharakteristik
*register* · Register; registrieren
*regolith* · lockere Gesteins- und Erdschicht über festem Gestein
*regulated flow* · geregelter Abfluß
*regulation (stream flow)* · Abflußregulierung eines Flusses
*regulator* · Regulator; Regulierungsbauwerk
*reinforced concrete* · *Stahlbeton
*rejuvenated stream* · verjüngter Fluß
– *water* · verjüngtes Wasser
*rejuvenation* · Verjüngung; wieder aktiv werden
*related curve* · *Bezugskurve
*relation* · Beziehung
*relative consistency* · relative Konsistenz
– *density* · *relative Dichte
– *error* · *relativer Fehler
– *humidity* · relative Feuchtigkeit
– *humidity of air* · *relative Luftfeuchtigkeit
– *roughness* · *relative Rauhigkeit
– *saturation deficit of the air* · *relativer Sättigungsfehlbetrag (relatives Sättigungsdefizit) der Luft
– *scatter of results* · *relative Streuung
– *velocity* · relative Geschwindigkeit
*reliability of measurement* · *Meßunsicherheit

*reliction* · Rückgang des Wassers
*relief* · Relief
– *map* · Relief, Geländemodell
– *sewer* · Entlastungskanal, Entlastungsleitung
– *-sluice, sluice gate* · *Notauslaß (bei künstlichen Wasserläufen)
*remolded soil* · gestörter Boden
*remolding index* · Störungsziffer
– *sensitivity* · Grad der Sensitivität
*remote gage* · *Fernpegel
*repelling groin* · *Schöpfbuhne
*replacement (geology)* · Metasomatose
– *of fertilizer* · *Ersatzdüngung
*replenishment of ground-water* · *Grundwasseranreicherung
*regulating reservoir* · Regulierungsspeicher
*resequent stream* · einer früheren Flußbildung zeitlich nachfolgende Flußbildung
*reservoir* · Behälter, Becken, Speicher
– *capacity* · *Speicherraum
– *, direct connected with power station* · *Nahspeicher, Werkspeicher
– *inflow hydrograph* · Ganglinie der Speicherzuflußmengen
– *lining* · Speicherdichtung, Speicherauskleidung
– *silting* · Speicherverlandung
– *site* · örtliche Lage eines Speicherbeckens
– *stripping* · Abraumbeseitigung im Speicherbecken
*resident* · *Anlieger
*residual asphalt* · *Bitumenlösungen
– *asphalt* · *destillierte Bitumen
– *error* · Restfehler
– *mass curve* · Niederschlagsrückstandsdiagramm
– *mass diagram* · Rückstands-Massendiagramm
– *soil* · durch Verwitterung und Umbildung entstandener, residueller Boden
*resistance to drilling* · *Bohrfähigkeit eines Gesteins
– *to removal* · *Lösungsfestigkeit
*restricted-orifice surge tank* · Ausgleichstank mit verjüngter Ausflußöffnung
– *part of catchment area* · *Wasserschutzgebiet
*resurgent water* · magmatisches Wasser
*retained storage volume* · *Speichermenge, Rückhalt
*retaining wall* · *Stützmauer
*retarding basin* · *Rückhaltebecken
– *reservoir* · Rückhaltebecken
*retention* · *Retention
*reticulated bars* · kreuzweise angelandete Sandbänke
*retreat velocity* · Abflußgeschwindigkeit
*retrogression* · Vertiefung des Flußbettes; Absenkung des Wasserspiegels
– *of level* · Senkung d. Wasserspiegellinie
*return flow* · nach einer Abzweigung dem Fluß oder Vorfluter wieder zugeführtes Wasser
– *offset* · Rohrschleife zur Rückführung der Rohrleitung in die alte Rohrachse
– *period* · Zeitabschnitt, in der sich ein Ereignis wiederholen kann
– *seepage* · *Qualmwasser
– *water* · zum Ursprung zurückfließendes Wasser
*reverse flow* · Strömung, entgegengesetzt der normalen Fließrichtung
*reversed stream* · Fluß, dessen Fließrichtung durch Naturvorgänge umgekehrt wurde
*reversing reservoir* · *Umkehrbecken
*revetment* · *Uferdeckwerk
*revetment wall* · *Futtermauer
*revived* · Fähigkeit eines Flusses, sein Bett nach zeitweiliger Erhöhung wieder auf frühere Tiefe einzugraben
*revolutions per minute of sprinkler* · *Drehzahl des Regners
*revolving screen* · Trommel-Sieb
– *vanes* · rotierende Leitschaufeln
*Reynold's critical velocity* · kritische Geschwindigkeit nach Reynolds
– *number* · *Reynolds-Zahl
*ria* · schmale Bucht
*rice grass* · *Reisgras
*ridge* · Grat; Erhöhung, Kamm
– *-and-furrow air diffusion* · Diffusion durch Einbau von Luftverteilerrohre
*ridging* · Errichtung niedriger Dämme
*riffle* · felsiges Flußbett
*rift valley* · Schlucht, Klamme
– *valleys* · *Verwerfungstäler
*right bank* · rechtes Ufer
– *-hand runner* · rechtsdrehendes Laufrad
– *of access* · Zugangsrecht
– *-of-way* · Wegerecht, Benutzungsrecht für Straßen oder Land
*rigid conduit* · steifes Leitungsrohr
*rill* · Bächlein
– *erosion* · Erosion von Rinnen
– *wash* · in Erosionsrinnen vom Wasser mitgeführter Boden
*rime* · Rauhfrost, Reif
*ring dike* · *Ringdeich
– *nozzle* · Ringdüse
*rip* · Störung des Wasserspiegels
– *current* · Rückströmung
*riparian* · Uferanlieger
– *land* · Ufergelände
– *water rights* · Wasserrecht d. Uferanlieg.

*ripple* · Kräuseln des Wassers; kleine Welle; felsiges Flußbett; Bettrippel
– *mark* · Riffelform
*riprap* · *Steinschüttung (Steinwurf)
*rips* · kurze, niedrige Wellen
*rise* · steigen des Wasserspiegel; Stich
*riser* · *Steigleitungen
– · Schacht, Steigleitung
*rise of dike elevation* · *Aufkaden, Aufkasten
*river* · Fluß, Strom
– *basin* · *Flußgebiet
– *basin* · Einzugsgebiet eine Flusses
– *bed* · *Gewässerbett
– *bed regulation* · *Flußbettregelung
– *bend* · *Flußkrümmung
– *bottom* · *Gewässersohle
– *breathing* · schwanken d. Wasserspiegels
– *canalization* · *Flußkanalisierung
– *canalization* · *Kanalisierung
– *course development* · *Laufentwicklung
– *cross section* · *Flußquerschnitt
– *cut-off* · *Durchstich
– *drift* · Ablagerungen im Oberlauf eines Flusses
– *forecasting* · Abflußvorhersage
– *gage* · Flußpegel
– *hydrology map* · *wasser- oder energiewirtschaftlicher Höhenplan (eines Flusses)
– *piracy* · Flußverwilderung
– *polder* · *Flußpolder
– *pollution* · *Flußverunreinigung
– *port* · *Flußhafen
– *power plant* · *Laufkraftwerk
– *power stations* · *Flußkraftwerke
– *pumping station* · *Flußschöpfwerk
– *sand* · *Flußsand
– *sleeve* · Überwurfstück für Rohrstoß
– *stage* · Wasserspiegelhöhe in einem Fluß
– *system* · Flußnetz
– *terrace* · terrassenförmiges Vorland
– *training* · *Flußbau
– *training* · *Flußregelung
– *training* · *Flußkorrektion
– *training structures* · *Flußbauwerke
– *training* · *Gehängebau
*river valley* · Flußtal
– *wash* · Anlandungen im Flußbett
– *water intake* · *Flußwassererfassung
*riveted-steel pipe* · genietetes Stahlrohr
*road bridge, highway bridge* · *Straßenbrücke
*roadstead* · Reede
*rock* · *festes Gebirge
– · Gestein, Felsen
– *bed* · *Felsboden
– *-fill dam* · Steindamm mit Dichtungsbelag oder Dichtungskern
*rock-filled crib dam* · Steinkastenwehr
– *flour* · Steinmehl
– *-flowage zone* · Zone der Tiefen- und Ganggesteine
– *formation* · Gesteinsformation
– *-fracture zone* · Bodengesteinzone
– *-weed* · auf Fels wachsender Tang
*rod* · Längenmaß von 5,03 m
– *float* · Stangenschwimmer
*rodded end* · Rundstabeinlage am Ende eines Rohres aus Wellblech
*roiliness* · Trübung
*rolled-earth dam* · in Schichten geschütteter und verdichteter Erddamm
*roller* · nach einem Sturm auflaufende Wellen; Wasserwirbel, Strudel; Straßenwalze
– *-bearing gate* · Rollschütze
– *gate* · *Walze
– *gate* · *Rollschütze
– *gate* · *Walzenwehr
– *-way face* · Überfallbett aus Geröll
*rolling dam* · Walzenwehr
– *-up-curtain weir* · *Klappstau
– *-up-curtain weir* · *Rolladenwehr
*rollway* · Überfall bei einem Damm oder Talsperre
– *-weir gate* · Dachwehr
*roof water* · vom Dach abgeführtes Wasser
*root* · Wurzel, Dammwurzel
– *zone* · Wurzelzone
*rotary current* · Kreisströmung
– *drilling* · Rotationsbohrung
– *process* · Absenken eines Brunnens durch Bohrung
– *pump* · Spiralgehäusepumpe
– *tidal current* · kreisende Gezeitenströmung
– *valve* · Drehschieber
*rotating irrigation* · *Bewässerung im Umlauf (Rotation)
– *sprinkler* · *Drehstrahlregner
– *sprinkler gun* · *Regenkanone
– *time* · *Umlaufdauer
*rotation* · Rotation; Bewässerung, bei der die Wassermenge den Benutzern abwechselnd zugeleitet wird
*rotor* · Rotor, Läufer
*rotting of peat* · *Vermullen des Moores
*rough-log training wall* · Ufersicherung aus Holzstämmen
*roughness* · *Rauhigkeit
– *coefficient* · Rauhigkeitsbeiwert
*round-headed bultress dam* · *Pfeilerkopfmauer
*rounded-crest measuring weir* · Meßwehr mit runder Krone
*roundness of particles* · Kornrundheit

*routing (hydraulics)* · Verfahren zur Ermittlung wasserwirtschaftlicher Kennlinien und Kurven
*rubble* · Steinschutt; Geröll
– *dam* · Steindamm mit unvergossenen Fugen
– *drift* · Gesteinsablagerung
– *mound* · geschütteter Steindamm
*run* · kleiner Fluß; Weg der Fische zum Laichplatz; ein Versuch, fließen; ausfließen; Rohrstrang
*runnel* · Flüßchen
*runner* · *Laufrad
*runoff* · oberirdischer Abfluß
– *capacity* · *Abflußvermögen eines Gebietes
– *coefficient* · Oberflächenabflußbeiwert
– *cycle* · Teilkreislauf des Wassers
– *detention* · *Verzögerung des Regenwasserabflusses
– *distribution curve* · Abflußverteilungskurve
– *percentage* · Oberflächenabfluß, ausgedrückt in Prozent der Niederschlagsmenge
– *per unit area* · *Abflußspende
– *per unit of area* · *Regenwasserabflußspende
– *per unit of time* · *Regenwasserabfluß
– *rate* · Abflußmenge
– *rate* · *Abflußhöhe
– *ratio* · *Abflußverhältnis
– *volume* · Oberflächen-Abflußmenge
*rupture point; change of slope* · *Brechpunkt
*rush* · *Bülte (Kaupe)
*rust* · *Rost

## S

*sacrificed reach* · *Opferstrecke
*saddle* · Sattel, Senkung, Sattelbogen
– *-back* · Sattel
*safe bearing capacity* · zulässige Tragfähigkeit
– *yield* · verläßliches Wasserdargebot
*safety factor* · *Sicherheitsgrad
– *gate* · *Sicherheitstor
– *valves* · Sicherheitsventil
*salina* · Salzwassergebiet
*saline contamination* · durch Salzwasser verunreinigt
– *soil* · salzhaltiger Boden
– *spring* · Salzwasserquelle
*salinity* · Salzhaltigkeit
*salmen region* · *Äschenregion
*salmonella* · *Salmonella
– *typhosa* · *Salmonella typhosa
*salt balance* · Mineralien- und Salzausgleich
*salt dilution method* · *Salzverdünnungs-Verfahren
– *index* · Salz-Kennzahl
– *marsh* · Brackwasser Marsch
– *method* · Salzverdünnungs-Verfahren
– *-velocity-method* · *Salzgeschwindigkeits-Verfahren von Allen
– *-water intrusion* · Salzwasser-Eindringung
– *-water system* · Salzwasserleitung für Feuerbekämpfung
– *-water underrun* · bodennahe Salzwasserströmung im Tidefluß
*saltation* · rollende und springende Fortbewegungsart bei Geschiebe
– *load* · rollend u. springend fortbewegtes Geschiebe
*sample* · *Probe
*sampling* · *Probenahme
– *spoon* · Probeentnahmelöffel, Schappe
*San Dimas flume* · Meßrinne f. Schwimmstoffe und Sand führendes Wasser
*sand* · *Bausand
– · *Sand
– *fine* · feiner Sand
– *fine, very* · sehr feiner Sand, Mehlsand
– *medium* · mittelfeiner Sand
– *bar* · Sandbank
– *ejector* · Sandejektor
– *gate* · Sandklappe
– *roughness* · *Sandrauheit
– *spit* · Sandzunge
– *trap* · Sandfang
– *wave* · Bettrippel
*sandbag* · Sandsack
*sandboil* · Quellenmund, Geiser
*sanding* · Sand-Ablagerung
*standstone* · *Sandstein
*sanitary engineering* · *Siedlungswasserbau
– *engineering* · *Abwasserwesen
– *engineering policy* · *Siedlungswasserwirtschaft
– *sewage* · Schmutzwasser, Abwasser
– *sewer* · Schmutzwasserkanal, Schmutzwasserleitung, Abwasserleitung
– *survey* · Untersuchung über allgemeine Gesundheitsfragen
*saprobic classification* · *Saprobienstufen
*saprobic organisms* · *Saprobien
– *system* · *Saprobiensystem
*sar region* · *Bleiregion (Brassenregion)
*saturated air* · gesättigte Luft
– *liquid* · gesättigte Flüssigkeit
– *rock* · gesättigtes Gestein
– *soil* · *wasserhaltender Boden
– *unit weight* · Raumgewicht gesättigten Bodens
*saturation* · Sättigung

*saturation curve* · Sättigungskurve
– *deficit* · Sättigungsfehlbetrag
– *line* · obere Begrenzungslinie der Sickerströmung
– *of the air* · *Sättigung der Luft mit Feuchtigkeit
– *zone* · Sättigungszone
*saucisse* · Senkfaschine
*sausage dam* · Grundschwelle aus Drahtschotterwalzen
*savanna* · Steppe
*sawbuck* · Gebirgskette
*scab lands* · Flächen mit dünner Erdschicht über dem Gestein
*scalar quantity* · *Skalargröße
*scale* · *Maßstab
– · Maßstab; Kesselstein; abblättern; Kesselstein entfernen
– *constant* · *Skalenkonstante
– *division* · *Teilstrichabstand
– *effect* · Unterschied zwischen Modell- und Naturergebnissen
– *gradation* · *Skalenteil
– *ratio* · Maßstabsverhältnis = $\frac{\text{Natur}}{\text{Modell}} = \frac{N}{M}$
*scarp* · steile Böschung; abböschen
– *beach* · steile Böschung an der Küste
*scatter of results* · *Streuung
*scheme* · Schema, Entwurf
– *of development* · *Ausbauart
*schyzomycetes* · *Schizomyceten
*Scoby's formula* · Formel von Scoby
*scoop wheel* · Schlauchrad-, Kanalradpumpe
*scour* · *Kolk
– · *Auskolkung (Kolk)
– *protection* · *Kolkabwehr
*scouring sluice* · Geschiebeablauf in einem Damm
– *velocity* · Geschwindigkeit bei der Geschiebebewegung beginnt
*scourway* · Erosionsrinne
*scow, barge* · *Schute
– *factor* · Ladungsfaktor eines Kahns oder Leichters
– *measurement* · Volumenbestimmung bei der Anzahl der Kahnladungen
*scraper* · *Iltis
*screen* · Rechen; Sieb
– *analysis* · Siebanalyse
– *heating* · *Rechenheizung
*screened well* · Brunnen mit Filterkorb
*screening* · sieben, Siebung
– *flume* · *Schwemmrinne (für Rechengut)
– *plant* · *Siebanlage
*screenings* · *Rechengut
*screenings* · *Siebgut (Siebschlamm)
– *dewatering* · Wasserentzug beim Rechengut
*screw impeller* · Laufrad einer Schraubenpumpe
– *pump* · *Schraubenpumpe
*screwed pipe* · Rohr mit Schraubenkupplung
*scum* · Schaumschicht
– *collector* · Schwimmschlamm-Sammler
*scummer* · Räumer, Abräumwehr
*S-curve hydrograph* · Niederschlagssummenlinie
*sea* · Ozean, Meer, Seegang
– *buoy* · Boje
– *conditions, U.S. naval hydrographic office scale* · Seegang
– *dike* · *Seedeich
– *gage* · *Außenpegel
– *level* · *Meereshöhe
– *-level datum* · Meereshöhe
– *-water, salt-water* · *Meerwasser
– *port* · *Seehafen
– *wall* · Küstenschutz-Bauwerk, Ufermauer
– *-cost harbor* · Seehafen
*sealer* · *Leimwasser
*sealing beam* · *Dichtungsbalken
– *shield* · *Dichtungsschild
– *material* · *Dichtungsbahn
– *material* · *Abdichtungsstoff
– *off, packing* · *Abdichtung
– *strip* · *Federblech
– *strips* · *Dichtungsstreifen
*seam water* · *Gerinnegrundwasser
*seamark* · Seezeichen
*seamless pipe* · *nahtloses Rohr
*seamount* · Meereshügel
*seaplane port* · *Wasserflughafen
*season* · Jahreszeit; Periode
*seashore* · Strand; Küstenstrand
*seasonal depletion* · jahreszeitliche Entleerung
– *recovery* · jahreszeitliche Anhebung d. Grundwasserspiegels
– *storage* · Speicherwasser aus jahreszeitlichem Überschuß
*seavalley* · Meerestal
*seaway* · Vorwärtsbewegung eines Schiffes; Groß-Schiffahrtsstraße
*seaweed* · Seetang
*seawall* · Ufermauer
*second-foot* · Wassermenge von 28,3 (l/s)
– *-foot day* · Wassermengenabfluß von 2445 $m^3$/Tag
– *-foot per square mile* · = $\frac{Q}{F} = \frac{28{,}3 \text{ l/s}}{2{,}59 \text{ km}^2}$

*secondary consolidation* · Langzeitsetzung, sekunderer Zeiteffekt
– *digestion tank* · *Nachfaulraum
– *eddy* · *Sekundärwalze
– *energy* · *unständige Energie
– *interstice* · sekundärer Hohlraum
– *openings* · sekundäre Hohlräume
– *pollution* · *Sekundärverunreinigung
– *power* · nicht immer zur Verfügung stehende elektrische Energie
– *sedimendation tank or basin* · *Nachklärbecken
– *soil* · durch Verwitterung entstandener Boden; sekundäre Lagerstätten
– *trunk sewer* · *Achterkanal
*section* · *Profil
– · Querschnitt, Längsschnitt, eine Quadratmeile
*sectional conveyor* · *Bandstraße
*sector gate* · *Sektorwehr
*secular cycle* · langjährige Periode
*sedentary* · am Lagerort entstandener Boden
– *soil* · durch Verwitterung und Umbildung am Ort entstandener Boden
*sediment* · Schwebstoffe, Sinkstoffe
– · *Sediment
– *abrasion* · *Geschiebeabrieb
– *charge* · Verhältnis zwischen Geschiebemenge und Wassermenge
– *concentration* · Geschiebekonzentration
– *discharge* · Geschiebefracht
– *discharge curve* · Ganglinie der Geschiebemenge, bezogen auf Wasserstand
– *hydrograph* · Ganglinie der Geschiebemenge, bezogen auf die Zeit
– *repellent* · *Geschiebeabweiser
– *runoff* · Geschiebefracht
– *runoff curve* · Geschiebemengenlinie
– *sample* · Geschiebeprobe
– *sphericity* · Verhältnis der Kornoberfläche zur Oberfläche eines kugelförmigen Teilchens
– *water* · Gemisch aus Wasser, Sinkstoffen und Geschiebe
*sedimentary rock* · Sedimentgesteine
*sedimentation* · *Sedimentation
– *basin* · *Absetzanlage
– *basin, settling basin* · *Ablagerungsbecken
– *diameter* · Korndurchmesser
– *tank* · Absetzbecken
*seep* · *Sickern
– · *Drängewasser
– *water* · *Kuverwasser
– *water* · *Körwasser (Druck-, Kuver-, Qualm- oder Truhwasser)
– *water* · Sickerwasser
*seepage* · *Sickerung
– , *underflow* · *Unterläufigkeit
– , *underflow* · *uferfiltriertes Grundwasser
– *boil* · Sickerwasseraustritt
– *drain* · *Schweißgraben
– *flow* · *Sickerströmung
– *force* · Sickerwasserdruck
– *line* · Sickerlinie
– *loss* · Sickerverlust
– *pit* · Sickerschacht
– *spring* · Sickerwasser-Quelle
– *velocity* · Sickergeschwindigkeit
– *water* · *Sickerwasser
*seiche* · *Seiches
*seismic test* · *seismische Untersuchung
– *waves* · *seismische Wellen
*selective cultur media* · *Selektivnährböden
*self-cleansing velocity* · zulässige Mindestgeschwindigkeit in Abwasserleitungen
– *consumption of plant* · *Eigenbedarf
– *-docking dock* · teilbares Schwimmdock
– *-mulching soil* · zerfallener Boden
– *-purification* · *Selbstreinigung
*semiarid* · halbtrocken
*semicircumferential flow* · am Zulauf geteilte und am Ablauf wieder vereinigte Kreiselströmung in einem Rundbecken
*semidiurnal* · halbtäglich
– *force* · halbtäglich wechselnde Gezeitenkräfte
– *tide* · halbtäglich wechselnde Tide
*semifluid* · zähflüssig
*semihumid* · halbfeucht
*semiperched* · halbgespannt
– *ground water* · halbgespanntes Grundwasser
– *water table* · artesisch halbgespannter Grundwasserspiegel
*semipermanent snow line* · *zeitweilige Schneegrenze
*semirigid model* · Modell mit festen und beweglichen Teilen
*semi-automatic weir* · *halbselbsttätiges Wehr
– *-bolson* · durchflossenes Endbecken
– *-hydraulic-fill dam* · teilweise hydraulisch geschütteter Damm
– *hydraulic lime* · *hydraulisch erhärtender Kalk
– *-solid soil* · *halbfester Boden
*senile* · Erreichung des Endzustandes
– *river* · greisenhafter Fluß
– *stream* · durch Gefällsunterschied bedingter, langsam fließender Fluß
*sensitivity* · *Empfindlichkeit

*sensitivity of figure scale* · *Ziffernskale-Empfindlichkeit
– *of measuring instruments* · *Empfindlichkeit, Längenmeßgeräte
– *of line scale* · *Strichskale-Empfindlichkeit
*separate sewer* · Schmutzwasserleitung beim Trennsystem
– *sewage system* · *Trennverfahren
*separation* · Ablösung, Abscheidung, Beginn der Kavitation
– *area* · *Trennfläche
– *of flow* · *Ablösung
*separator, interceptor* · *Abscheider (Grundstücksentwässerung)
*septic tank* · *Faulgrube
– *sewage* · *fauliges Abwasser
*series* · Reihe, Anzahl
– *of wells, well field* · *Brunnenreihe
*service* · Versorgung
– *age* · Betriebsalter
– *district* · *Versorgungszone (Druckzone)
– *life* · Nutzungsdauer, Haltbarkeit
– *meter* · Wasserzähler
– *reservoir* · Behälter für Wasserversorgung
– *pipes* · *Anschlußleitungen
– *pipes* · *Stockwerksleitungen
– *pipes* · *Verbrauchsleitungen (Grundstücksleitungen)
– *pressure* · *Versorgungsdruck
– *reservoir* · *Stundenspeicher
– *water* · *Nutzwasser
*seston* · *Seston
*settleable solids* · Sinkstoffe
*settlement* · *Sackung
– · *Setzung
*settling basin* · *Sickerbecken
– *basin* · Absetzbecken
– *reservoir* · Absetzbecken
– *efficiency* · *Absetzwirkung
– *method, settling process* · *Absetzverfahren
– *pond* · *Bachkläranlage
– *solids* · *absetzbare Stoffe
– *solids* · *Sinkstoffe
– *tank, settling basin* · *Absetzbecken
– *velocity* · *Sinkgeschwindigkeit (m/h)
*sewage* · Abwasser, Schmutzwasser
– *, waste water* · *Schmutzwasser
– *, waste water* · *Abwasser
– *aeration* · *Abwasserbelüftung
– *analysis* · *Abwasseruntersuchung
– *bacteria* · *Abwasserbakterien
– *chlorination* · *Abwasserchlorung
– *composition* · Abwasser-Zusammensetzung
– *condition* · *Abwasserbeschaffenheit

*sewage discharge* · *Schmutzwasserabfluß
– *discharge per unit area* · *Schmutzwasserabflußspende
– *disposal* · *Abwasserbeseitigung
– *district* · *Abwassergenossenschaft
– *district* · *Entwässerungsverband
– *economy* · *Abwassermengenwert
– *facilities* · Einrichtungen für die Abwasserbehandlung
– *fish pond* · *Abwasserfischteich
– *flow rate per head* · *Schmutzwasseranfall
– *fungus* · *Abwasserpilze
– *gas* · *Abwassergase
– *grease* · *Abwasserfett
– *outlet area* · *Abwasserzone
– *pond* · *Abwasserteich
– *pump* · *Abwasserpumpe
– *purification* · *Abwasserreinhaltung
– *sample* · *Abwasserprobe
– *screen* · *Abwasserrechen
– *treatment* · *Abwasserklärung
– *treatment* · *Abwasserreinigung
– *treatment plant* · *Klärwerk
– *works* · Kläranlage, Klärwerk
*sewer* · Abwasserleitung, Abwasserkanal
– *arch* · gewölbter Abwasserkanal
– *district* · Abwasserverband; Abwasserbezirk
– *flushing device* · Kanalspüler
– *pipe* · *Entwässerungsleitung
– *rod* · Holz- oder Metallstange zum Freimachen von Abwasserrohren
– *slime* · *Sielhaut
*sewerage* · *Kanalisation
– *system* · Entwässerungsnetz
*shaft lock, navigation lock* · *Schachtschleuse
– *, manhole* · *Schacht
– *spillway* · *Absturzschacht
– *spillway* · Schachtüberfall mit Ringeinlauf
– *surge tank* · *Schachtwasserschloß
*shaking test* · Schüttelversuch
*shale tar* · *Schieferteer
*shallow basin* · *Flachbecken
– *moor* · *flachgründiges Moor
– *well* · *Flachbrunnen
– *water* · niedriges Wasser, seichtes W.
– *-water deposit* · Ablagerungen im Kontinental-Schelf
– *-water wave* · Welle in niedrigem Wasser
*shear* · Schubspannung
– · *Flüssigkeitsreibung, innere Reibung
– *failure* · *Grundbruch
– *gate* · Gleitschütze
– *strength* · Scherfestigkeit
– *stress* · Scherspannung

*shear velocity* · *Schubspannungsgeschwindigkeit
*shearing strength, shear strength* · *Scherfestigkeit
*sheep's-foot roller* · Walze zur Bodenverdichtung
*sheet* · Tafel, Fläche
– *erosion* · Flächenerosion
– *flood* · Flächenhochwasser
– *flow* · Schichtenströmung
– *ice* · Randeis
– *movement* · flächenförmige Geschiebebewegung
– *piling* · *Bohlwand (Bohlwerk, Bollwerk)
– *piling* · *Spundwand
– *piling steel* · *Spundwandstahl
*shelf ice* · Eisplatte
*shell auger* · *Schappe
– *limestone; shell rock* · *Muschelkalk, Muschelkalkstein
*shifling control* · Kontrollquerschnitt
*shingle* · grober Kies; Überlappung beim Verlegen von Sinkmatten
*ship channel* · *Fahrrinne
*shoal* · *Barre
*shoaling* · Anlandung, Auflandung
– *coefficient* · Tiefenfaktor
*shooting weir* · *Schußwehr
*shore* · Strand, Küste
– *current* · Küstenströmung
– *drift* · Ablagerungen entlang der Küste
– *erosion* · Küstenerosion
– *line* · Uferlinie, Küstenlinie
– *span* · Endfeld; Feld
– *terrace* · terrassenförmige Küste
*shoreface* · Strandhalde
*shoreward mass transport* · Wasserbewegung in d. Brandungszone in Richtung der Küste
*short-circuiting* · Durchflußzeit in einem Becken, kleiner als Aufenthaltszeit; Kurzschlußströmung
– *-crested wave* · Welle, bei der die Kronenlänge gleich der Wellenlänge ist
– *nipple* · kurzer Nippel mit Gewindeenden
– *pipe* · kurzes Rohrstück
*shot drill* · Kugelbohrer
*shoulder ditch* · Graben entlang der Böschungskrone
*shove* · schieben, stoßen
*shovel* · *Schwanenhals
– · *Sohlkelle, Hohlkelle
– *, dipper* · *Löffel
*shower* · *Schauer
– *(meteorology)* · Regenschauer, Platzregen
*shrinkage* · *Schwinden des Bodens
*shrinkage index* · Schwindindex
– *limit* · *Schrumpfgrenze
– *ratio* · Schrumpfzahl
*shrunk joint* · Schrumpfverbindung
*shut-off valve, stop valve* · *Absperrventil
*shutter* · Verschlußklappe
– *weir* · Klappenwehr
*siamese joint* · Verbindungsstück mit mehreren Zugängen u. einem Abgang
*sickerwasser* · Sickerwasser
*side contraction* · Seitenkontraktion
– *eddy* · *Seitenwalze
– *erosion* · *Seitenerosion
– *pond* · Sparbecken
– *slope* · Böschungsneigung
– *underflow* · *Umläufigkeit
– *wall* · Seitenmauer, Seitenwand
– *weir* · *Streichwehr
– *-channel spillway* · Streichwehr
– *-water depth* · Wassertiefe, gemessen an der Außenwand
*sierra* · Hügelkette
*sieve, screen* · *Sieb
– *analysis* · *Siebanalyse
– *diameter* · Siebdurchmesser
– *test* · *Siebversuch
*significiant* · bedeutsam
*sill* · Schwelle; Drempel, Grundschwelle; Zahnschwelle
– · *Drempel
*silo, warehouse* · *Speicher
*silicate* · *Silikate
*silicated water-bound surfacing* · *Avantfluat
*silicic acid* · *Kieselsäure
*silt* · *Schlick
– *, poor clay* · *Silt, Schluff
– *basin* · Sandfang
– *basin for storm sewers* · *Regenwasserbecken
– *charge* · Verhältnis zwischen Durchflußmenge und Geschiebe- und Schwebstoffmenge
– *factor* · Geschiebefaktor
– *sampler* · Schwebstoffsammler, Geschiebefangkasten
– *-source area* · Erosionsgebiet
*silting* · Auflandung, Anlandung, Verlandung
– *basin* · Absetzbecken, Sandfang
– *basin, retarding reservoir* · *Verlandungsschutzraum
– *basin* · *Geschiebefang
*similitude* · Ähnlichkeit zwischen Modell und Natur
*simple surge tank* · einfaches Wasserschloß
*single centrifugal pump* · Kreiselpumpe mit Einkanalrad

*single-action pump* · einfach wirkende Kolbenpumpe
– *-grained structure* · Einzelkornstruktur
– *-stage pump* · einstufige Kreiselpumpe
– *-suction impeller* · Einkanalrad
– *-suction pump* · einstufige Kreiselpumpe
*sink* · Niederung; Gesteinsspalte; Abzugsloch
– *hole* · rohrförmige Öffnung im Boden
– *shaft* · *Schluckschacht, -bohrung, -bekken
*sinking fascine* · *Senkfaschine
– *pump* · *Abteufpumpe
*sinuosity* · Krümmungslänge dividiert d. Länge des Luftweges zweier Punkte einer Flußkrümmung
*siphon* · Saugheber, Heber, Dü(c)ker
– *, sag pipe* · *Düker
– *piping* · *Heberleitung
– *spillway* · *Heberüberlauf
– *weir* · *Heberwehr
*site* · Lage, Gegend, Platz
– *layout of construction facilities* · *Baustelleneinrichtung
*size* · Maß, Menge; Ermittlung d. Größe; nach der Größe ordnen
*sketch* · *Skizze
*skew* · schiefer Winkel
*skewness* · Schiefe; Schiefekoeffizient
*skimming* · abräumen; abschöpfen
– *weir* · Wehr mit verstellbarer Kronenhöhe zur Abführung v. Schwimmstoffen
*skin friction* · Mantelreibung, Wandreibung
– *of water* · Wasseroberfläche
*slab and buttress dam* · *Plattenreihen-Staumauer
*slack water* · Fließgeschwindigkeit beim Kentern; schwache Strömung
– *-water navigation* · Schiffahrt mit Hilfe von Schleusen
*slake* · löschen
*slaked lime* · *gelöschter Kalk
*slaking* · im Wasser auflösen
*slant* · schräg oder seitwärts anschließen
*sleek* · ölig, glatt
*sleet* · *Graupeln
*sleeve* · Überwurfstück, Muffe
*Slichter method* · Messung der Fließgeschwindigkeit des Grundwassers nach Slichter
*slickens* · Ablagerung von Schlick; Schlick
*slide, chute* · *Rutschbahn
*sliding* · *Geländebruch
– · *Gleiten (des Bauwerkes)
– *gate* · *Schiebetor
– *gate* · Gleitschütze
– *resistance* · *Gleitwiderstand
– *-panel weir* · Dammbalkenwehr
*sliding surface* · *Gleitfläche
– *wedge* · *Gleitkeil
*sling psychrometer* · Feuchtigkeitsmesser mit Drehvorrichtung
*slip* · Helling; Anlegeplatz; Verlust; rutschen, gleiten
– *dock* · Naßdock mit Lenzeinrichtung und Rampe
– *joint* · Stülpverbindung, Steckverbindung
– *-off slope* · sehr flache, meist unterströmige Böschungsneigung einer Buhne
*slipway* · *Schlipp (auch Slip)
– · *Slip
*slip gravel, stone chips* · *Splitt
*slope* · *Böschung
– *, inclination* · *Neigung (im Bauwesen)
– · *Gefälle
– *-area discharge measurement* · indirekte Abflußmengenmessung unter Berücksichtigung der Strickler- oder Manning-Formel
– *-discharge curve* · Gefälle-Abfluß-Diagramm
– *failure* · *Böschungsbruch
– *gage* · Gerät zur Messung des Wasserspiegelgefälles
– *line* · *Fallinie
– *of foreshore* · Strandgefälle
– *of hydraulic grade line* · *Energiefallhöhe
– *protection* · *Böschungsschutz
– *scale ratio* · Verhältnis zwischen Spiegelgefälle in Natur und Modell
– *wash* · Erosion an Hängen durch Oberflächenabfluß
*sloping gage* · *Schrägpegel
– *wave* · Sunkwelle
*slough* · Priel; sumpfige Fläche; Sumpf; Erdrutsch
*sloughing* · rutschen; ablösen, trennen
*slow filter* · *Langsamfilter
*sludge* · Schlamm
– *collector* · Räumer
– *concentration* · Schlamm-Konzentration
– *conditioning* · Schlammbehandlung
– *dewatering* · *Schlammentwässerung
– *digestion* · *Schlammfaulung
– *grain* · *Schlämmkorn
– *digestion period* · *Faulzeit
– *pump* · *Kanalradpumpe
– *pump* · *Schlammpumpe
– *scraper* · *Schlammausräumer
– *seperator* · *Schlammabscheider
*sludger* · Schlammpumpe
*sludging* · einschlemmen
*sluggish stream* · Fluß mit langsam ansteigendem Hochwasser

*sluice* · *Grundlauf
– · Ablaß; Grundablaß, Auslaß; Schußrinne; spülen, Spülrinne
– *flow* · Abflußzustand, bei dem die Einschnürung am Stolleneingang eine Vollbenetzung des Stollens verhindert; Ablaufmenge
– *gate* · *Leerschuß
– *gate* · Grundablaß, Schütze
– *gate* · *Schütze
– *gate, tilting gate, bear-trap gate* · *Tafelwehr
– *gate* · *Schützenwehr
– *gate heating* · *Schützenheizung
– *ground* · Spülrinne; spülen
– *pillar* · *Grießständer
*sluiceway* · Ablauföffnung in einem Damm; künstlich. Kanal; Dammauslaß
*sluicing* · Spülverfahren
*slump* · Erdrutsch
*slurry* · Matsch
*slush* · Schneematsch, einschlemmen
– *ice* · mit Eis versetztes Wasser
*small reservoir* · *Kleinspeicher
*smooth movement* · Geschiebebewegung ohne Riffelbildung
– *nozzle* · sich allmählich verjüngende Düse
*snag* · ins Flußbett abgesunkene Baumstümpfe oder Äste
*snagging, screening* · *Krautung, Krauträumung
*snow* · *Schnee
– *balance* · Schneewaage
– *broth* · Schneematsch
– *cover* · *Schneedecke
– *course* · Abgrenzung eines Schneemeßbereiches
– *density* · *Schneedichte
– *drift* · Schneewehe
– *-fed stream* · Fluß, dessen Hauptwasser Schmelzwasser ist
– *field* · Schneefeld über der orographischen Schneegrenze; Schneefeld
– *line* · *Schneegrenze
– *load* · *Schneelast
– *melt* · Schmelzwasser
– *mushrooms* · Schneepilz
– *pack* · Permaschnee
– *pellets* · Hagelkörner
– *residuum* · Schneerückstand
– *sample* · Schneeprobe
– *sampler* · Schneemeßgerät in Form einer Zinkblechröhre
– *sampling* · Schneemessung
– *scale* · Schneemeßstab
– *stake* · Schneemeßlatte
– *storage* · Schnee- und Eisspeicherung
– *survey* · Ermittlungen über Schneefall
*snow trap* · Schneefang
– *tremor* · Schneesetzung
*snowbin* · Meßkasten für Schneemessung
*snowboard* · Schneemeßbrett
*snowfall* · Schneefall
*socket, sleeve of a pipe* · *Muffe
– *pipe* · Muffenrohr
*sod, turf* · *Rasenkrume
*sodium content* · Sodiumgehalt
*soft soil* · *weicher Boden
– *water* · weiches Wasser
*soil* · *Boden
– *absorption test* · Versuch zur Ermittlung d. Wasseraufnahmefähigkeit eines Bodens
– *aeration* · *Bodenbelüftung
– *binder* · Bindeerde, Bodenbinder
– *classification* · Bodeneinteilung und Korndurchmesser-Tabellen
– *colloids* · Bodenkolloide
– *compaction* · *Bodenverdichtung
– *compacting machine* · *Bodenverdichter
– *conditioning irrigation* · *bodenreinigende Bewässerung
– *consistency* · Verformungseigenschaft des Bodens
– *creep* · Kriechen des Bodens
– *discharge* · durch Kapillarwasser gespeiste Verdunstung
– *erosion* · Bodenerosion
– *evaporation* · *Bodenverdunstung
– *filter* · *Bodenfilter
– *-forming factors* · bodenbildende Faktoren
– *-forming hardpan* · *Orterde, Branderde
– *horizon* · *Bodenhorizont, Bodenband
– *indicating plants* · *bodenanzeigende Pflanzen
– *investigation* · *Baugrunduntersuchung
– *investigation* · *Bodenuntersuchung
– *investigation charts* · *bodenkundliche Karten
– *mechanics* · *Bodenmechanik
– *moisture* · *Bodenfeuchte
– *petrifacation* · *Bodenversteinerung
– *physics* · *Bodenphysik
– *pipe* · gußeisernes Muffenrohr
– *porosity* · Porosität eines Bodens
– *pressure* · *Bodendruck
– *pressure* · Bodenpressung
– *priming* · Sättigung des Bodens bis zur Wasserabgabe
– *profile* · *Bodenprofil
– *sample* · *Bodenprobe
– *sampling* · *Probeentnahme
– *saturation* · Bodensättigung
– *-saving dam* · niedriger Staudamm, um Abwaschung des Bodens zu verhindern

*soil-saving dike* · niedriger Erddamm zum Schutze der Bewässerungsfläche
– *separate* · Gruppe von Einzelkörnern gleicher Größenordnung
– *series* · Anzahl gleichartiger Bodenschichten
– *stabilization* · *Bodenverfestigung
– *strata, layer* · *Bodenschicht
– *structure* · *Bodengefüge (Bodenstruktur)
– *structure* · *Gefüge des Bodens
– *structure* · *Struktur (Lagerungsform des Bodens)
– *survey* · Bodenuntersuchung
– *suspension* · *Bodenaufschwemmung
– *suspension* · Bodensuspension
– *tank* · Blechbehälter mit Bodenprobe, Lysimeter
– *temperature* · *Bodentemperatur
– *texture* · *Bodentextur
– *type* · Bodenart
– *volume* · *Bodenraum
– *water* · Bodenwasser
– *-water belt* · Wurzel-Zone
– *-water percentage* · Wassergehalt; Wassergewicht, bezogen auf das Trokkengewicht des Bodens
– *-water table* · Bodenwasserspiegel
*solar day* · Sonnen-Tag
*solid matter* · *Feststoffe
*solifluction* · Erdfließen, allmähliche Bodensenkung, Solifluktion
*solitary wave* · Einzelwasserwelle ohne Wellental
*solubility coefficient* · Löslichkeitsfaktor
*soluble* · löslich, auflösbar
*solute* · gelöste Mittel
*solution* · Auflösung; Lösung
– *groove* · vom Wasser ausgehöhlte Rillen in steilen Felswänden
– *openings* · Lösungs-Hohlräume
*solvent* · Lösungsmittel
*sorting* · Entmischung, Sortierung
– *coefficient* · Mischungskoeffizient
*sound* · Wasserstraße zwischen Festland und vorgelagerten Inseln; Lotung, Tiefenmessung
– · *peilen, loten
– · *Schall
*sounding* · Lotung; Untersuchung
– · *Sondierungen
– *apparatus, soil penetrometer* · *Sonde (Baugrund)
– *line* · Lotleine
– *pipe* · *Peilrohr (beim Brunnenbau)
– *wire* · Meßkabel
– *rod* · Meßstab
*source* · Wasservorkommen, Quelle
– *of errors* · *Fehlerquellen

*spacing of sprinkler* · *Regnerabstand
*span* · *Spannweite
– · *Stützweite
*spar buoy* · *Spitztonne
*special casting* · gußeiserne Formstücke
*specific absorption* · spezifisches Absorptionsvermögen
– *area of soil layer* · *spezifische Oberfläche (des Bodens)
– *capacity (of a well)* · spezifische Schüttung eines Brunnens
– *current energy* · *spezifische Strömungsarbeit
– *discharge* · Abfluß pro Flächeneinheit
– *energy* · aus mittlerer Wassertiefe und mittlerer Fließgeschwindigkeit eines Flusses ermittelte Energie
– *gravity, specific weight* · *Reinwichte, Artgewicht
– *head* · Höhe der Energielinie
– *heat* · spezifische Wärme, Wärmekapazität
– *humidity* · *spezifische Feuchtigkeit
– *level* · spezifische Wasserspiegelhöhe
– *loss of head* · *spezifischer Druckverlust
– *retention* · Wasserrückhaltevermögen des Bodens
– *speed* · spezifische Drehzahl, U/min.
– *surface* · spezifische Oberfläche
– *water demand* · *spezifischer Wasserbedarf für den Bereich einer zentralen Wasserversorgung
– *water supply* · *spezifische Wasserförderung für den Bereich einer zentralen Wasserversorgung
– *weight* · *spezifisches Gewicht
– *well capacity* · spezifische Schüttung eines Brunnens
– *yield* · Verhältnis der Wasseraufnahme und Wasserabgabe eines Bodens
– *yield of pore space* · *nutzbarer Hohlraumgehalt bei der Grundwasserspeicherung
*specimen* · Probe, Versuchsstück
*speed* · Geschwindigkeit
– *by full load* · *Vollastdrehzahl
– *coefficient* · Geschwindigkeitsverhältnis
– *under no load* · *Leerlaufdrehzahl
– *under transition loading* · *Durchgangsdrehzahl
*sphaerotilus* · *Sphaerotilus
*spherical valve, globe valve* · *Kugelschieber
*spigot* · gerades Rohrende; Zapfen, Hahn
*spill* · überströmen; ablaufen, auslaufen
– *board* · *Staubalken
*spillover* · Niederschlag an der Windschattenseite

*spillway* · Überfallbauwerk, Überlauf, Hochwasserentlastungsanlage
– *channel* · Überlaufrinne, Überlaufkanal
– *dam* · *Abfallwand
– *face* · *Wehrrücken
– *floor* · *Abfallboden
– *lip* · Überfallrand, Überfallippe
– *overflow* · *Entlastungsanlage
– *shaft* · *Entlastungsschacht
– *shaft* · *Entlastungsturm
– *tunnel* · Auslaßstollen
*spiral-flow air diffusion* · durch Spiralströmung erzeugte Diffusion
– *tank* · *Umwälzbecken (Abwassertechnik)
– *-riveted pipe* · spiralförmiges genietetes Rohr
– *wheel* · Turbine mit spiralförmig angeordneten Schaufeln
*spirillum* · *Spirillum
*spirochete* · *Spirochaeta
*spit* · Geschiebebank
*splash erosion* · Erosion durch Aufplatschen der Regentropfen auf den Boden
*split gravel* · *Schotter
*spoil* · überschüssiger Aushub
*spoilbank* · seitlich gelagerter Grabenaushub
*spouting velocity* · Ausflußgeschwindigkeit unter Vernachlässigung der Reibung
*spray* · Zerstäuber, Flüssigkeitsstaub
*spreader* · Vorrichtung zur Verteilung von Wasser
*spreading* · Überflutung zum Zwecke der Speicherung als Grundwasser, Ausbreitung
*spring* · *Quelle
– · *Grundwasseraustritt
– *bubbling* · sprudeln
– *discharge* · *Quellschüttung
– *-fed intermittent stream* · Fluß, dessen Hauptwasser Quellwasser ist
– *line* · Schichtenlinie für Grundwasseraustritte; Kämpferlinie
– *protectorat, well protectorat* · *Quellschutzgebiet
– *range* · Tidenhub bei Springflut
– *system* · *Quellsystem
– *tidal currents* · Strömung bei Springflut
– *tide* · *Springtide (Gezeitenerscheinung)
– *tide range* · Tidenhub bei Springflut
*springing line* · Kämpferlinie
*sprinkle* · Sprühregen
*sprinkler* · *Regner
– *area* · *Beregnungsfläche (eines Regners)
– *capacity* · *Regnerergiebigkeit, Düsenergiebigkeit
*sprinkling installation* · *Sprinkleranlage
*sprinkler irrigation* · *Beregnung
– *irrigation* · *Feldberegnung
– *nozzle* · *Düse
– *pipe* · *Düsenflügel
– *reach* · *Wurfweite eines Regners
– *spacing* · *Vorschub des Regners
*spud* · Haltepfahl, Ankerpfahl
– *rope* · Haltepfahlseil, Ankerpfahlseil
*spur* · Buhne
– *terrace* · kurze Terrasse
*squall* · Windstoß, oft mit Regenschauer, Schnee oder Hagel
*square check irrigation* · Beckenbewässerung in Form v. quadratischen Feldern
– *-edged inlet* · quadratischer Einlaufquerschnitt
*squeegee* · Gummischrubber
*stability* · Stabilität; Stabilität der Flußsohle
– · *Standsicherheit
– *against sliding* · *Gleitsicherheit
– *factor* · Stabilitätsfaktor
– *of flotation* · Widerstand gegen Krängung
*stabilized grade* · Sohlengefälle, das nicht zur Kolkung oder Anlandung neigt
– *channel* · Fluß oder Kanal mit gleichbleibendem Querschnitt
*staff or rod gage* · *Lattenpegel
– *gage* · *Mahlpeil
*stage* · Wasserspiegelhöhe
– *aeration* · Schlammbelüftung in Stufen
– *-discharge relation* · Abflußkurve
*staggered bars screen* · *Beruhigungsrechen
*stagnation pressure* · Staudruck
*stainless steel* · *nichtrostender Stahl
*stair* · *Treppe
*stake dam* · Flechtzaun
*standard* · Eichmaß, Normung
– · *Norm
– *deviation* · *Standardabweichung
*stand-by plant* · Reservekraftwerk
*standard error* · Normalfehler
– *fall diameter* · Standard-Sinkdurchmesser
– *fall velocity* · mittlere Sinkgeschwindigkeit
– *orifice* · Venturi-Normblende
– *sedimentation diameter* · Standard-Korndurchmesser
– *short tube* · kurzes Rohr
– *rain gage* · genormter Regenmesser
*standardization* · Standardisierung
*standing level* · Wasserspiegelhöhe eines Brunnens
– *or stationary waves* · *stehende (oder stationäre) Wellen
*standpipe* · *Standrohr

*standpipe* · Druckausgleichsrohr; Wasservorratsbehälter; Standrohr
– *level* · *Standrohrspiegelhöhe
– *manhole* · Rohrschacht
*stanner* · Geröllbank, Kies
*starboard* · *Steuerbord
*state of decomposition* · *Zersetzungszustand
– *of failure* · *Bruchzustand
*static* · stationär, im Gleichgewicht
– *friction coefficient* · Beiwert der statischen Reibung
– *head* · statische Druckhöhe; Wasserspiegelhöhe
– *level* · ungestörter Grundwasserspiegel
– *suction head; lifting height* · *Förderhöhe
– *suction lift* · statische Saughöhe
*statics* · *Statik
*station* · Standort; Station; Meßstrecke
*stationary tidal wave* · stehende Gezeitenwelle
– *wave* · stehende Welle
*stator* · Stütze, Ständer, Gehäuse
*statistical main values* · *statistische Hauptzahlen
*statute mile* · Landmeile
*stauwerk gate* · Untergewichts- oder Obergewichtsklappe
*steady flow* · *stationäre Bewegung
– *nonuniform flow* · stationäre, ungleichförmige Bewegung
– *uniform flow* · stationäre, gleichförmige Bewegung
*steam* · Dampf, Dunst
– *power* · Dampfkraft
– *pump* · *Dampfpumpe
– *turbine* · Dampfturbine
*steel pipe* · *Stahlrohr
*steep slope* · steiles Gefälle
*steining* · Einbringung der Brunnenwandung
*stem* · stemmen, dichten; Spindel
– *bank* · *Buhnenschaft
– *discharge* · *Stammabfluß
– *flow* · Regenabfluß über den Pflanzenstiel in den Boden
*step* · Stufe im Küstenprofil
– *aeration* · abschnittsweise Schlammbelüftung
– *by step drainage* · *schrittweise Dränung
*steppe* · Steppe
*stepped gage* · *Staffelpegel
– *gage* · *Treppenpegel
*sterilization* · *Entkeimung
– *of sewage* · *Abwasserentkeimung
*stern* · Heck
*sticky limit* · Klebegrenze
*stiff soil* · *steifer Boden
*still* · Destillierapparat
– *water* · stilles Wasser, totes Wasser
– *water level* · Wasserspiegelhöhe bei ungestörtem Wasserspiegel
*stilling basin* · *Toskammer
– *basin* · *Tosbecken
*stilling well* · Brunnen mit Beruhigungsschacht
*stock fertilizing* · *Vorratsdüngung
*stockwater development* · Grundwassererfassung
*Stokes' law* · Stokes'sches Gesetz
*stomatal transpiration* · Verdunstung üb. pflanzliche Gewebe
*stones, rocks* · *Steine
*stone facing* · *Steinpackung
– *filled trench* · *Sickergraben, (Rigole, Sauggraben)
*Stoney gate* · Stoney Schütz
*stop gate* · *Segmenttor
– *log, flashboard* · *Dammbalken
– *log* · *Dammbalkenverschluß
– *plank* · Dammbalken
– *valve* · *Absperrorgan
– *log weir* · *Dammbalkenwehr
*storage* · Speicher, Speichernutzraum
*part of the storage basin above the operation level* · *Eindeichung
*storage capacity marker* · *Eichpfahl
– *capacity ratio* · *Speicherausbaugrad
– *coefficient* · Rückhaltefaktor
– *cycle* · Speicherperiode
– *equation* · Grundsatz, wonach Zufluß und Abfluß bei nicht veränderlichem Speichervolumen gleich sein sollen
– *gallery* · Grundwasserstollen
– *plant* · Speicherkraftwerk
– *ratio* · Speicherverhältnis = $\frac{\text{Beckennutzinhalt}}{\text{Zuflußmenge}}$
– *reserve* · *Speicherreserve
– *shaft* · *Sammelschacht
– *space* · *Stauraum
– *tank* · *Wasserbehälter (Speicherbehälter)
– *volume* · *Speicherinhalt
*storm* · Sturm, von Regen, Schnee, Hagel usw. begleitet; Unwetter
– *center* · Sturmzentrum
– *distribution pattern* · Art der Niederschlagsverteilung auf ein Gebiet
– *drain* · Regenwasserleitung
– *flow* · Regenabfluß
– *lane* · Windgasse
– *overflow* · *Regenauslaß
– *overflow* · *Regenüberlauf
– *rainfall* · Regensturm

*storm runoff* · Oberflächenabfluß direkt im Anschluß an Niederschlag
– *seepage* · durch Regen verursachte Sickerströmung
– *sewage* · Regenwasser
– *sewer* · *Regenwasserleitung
– *surge* · durch Sturm verursachte Brandung
– *tide* · *Sturmflut
– *water* · Regenwasser
– *-water channel* · Regenwasserentlastungskanal
– *-water system* · *Regenwassernetz
*straight-flow pump* · Rohrpumpe mit axialem Durchfluß
*strain* · Dehnung, Formänderung
– *gage* · *Dehnungsmeßstreifen
*strainer* · Seiher, Filter
– *head* · Siebeinsatz
– *well* · Brunnen mit Filterrohr
*strait* · Meerenge
*strand* · Strand, Küste
*stratum (geology)* · Schicht, Lage
*stream* · Strom, Fluß, Bach, Meeresstrom
– *bank* · Flußufer
– *bed* · Flußsohle
– *-bed erosion* · Flußbetterosion
– *degradation* · Flußbettvertiefung
– *enclosure* · Rohrkanal
– *flow* · Abfluß in einem Fluß
– *-flow deficiency* · Fehlbetrag der Zuflußleistung
– *-flow depletion* · Abflußverlust
– *-flow plant* · Flußkraftwerk
– *-flow record* · Abflußtabellen
– *-flow routing* · Verfahren zur Ermittlung der Abflußmenge eines Flusses
– *-flow wave* · Füllschwall
– *function* · Stromfunktion
– *gaging* · Geschwindigkeitsmessungen in einem Fluß oder Kanal
– *gradient* · Wasserspiegelgefälle eines Flusses
– *load* · Schwerstoffracht
– *terrace* · terrassenförmiges Vorland
– *traction* · Geschiebebewegung im Fluß
– *tube* · *Stromfaden
– *underflow* · Grundwasserströmung unter Flußsohle
*streaming, shooting* · *strömen, schießen
*streamline* · *Stromlinie
*streams adjustment* · natürliche Veränderung eines Flusses
*street wash* · abwaschen der Straße durch Überflutung
*stress* · Spannung
– *analysis* · *Spannungsnachweis
*striking length* · *Streichlänge
*strip* · Bewässerungsfeld
*strip irrigation* · Längsbewässerung
– *of bituminous burlap* · *Bitumenband
*stripping* · abräumen
– · *ausschalen (Betonbau)
– *time* · *Ausschalfrist (Betonbau)
*stroboscope* · Stroboskop
*stroke* · *Hub
*Strouhals' number* · *Strouhals' Zahl
*structural engineering* · *Baustatik
*structure* · Bauwerk; Bauart; Gefüge; Gesteinsstruktur
*strum* · Seiher, Filter
*subaqueous* · in oder unter Wasser befindlich
*subaqueous pump* · *Unterwasserpumpe
*subartesian well* · subartesischer Brunnen
*subbase* · Unterbau
*subcapillary interstice* · kleinster Kapillarhohlraum
– *openings* · kleinste Kapillaröffnung
*subcritical flow* · laminares Fließen
*subdrain* · Entwässerungsrohr zur Grundwasserableitung an Bauwerken
*subgrade* · Unterbau
– *surface* · Rohplanum
*subhumid* · arid (Klima)
*subirrigation* · unterirdische Bewässerung
*sublimation* · Sublimation
*submain sewer* · Sammelgraben
*submarine bank* · See- oder Meereshügel
– *canyon* · Meeresschlucht
*submeander* · nachträgliche Mäanderbildung
*submerged crib* · unter dem Mittelwasserspiegel eines Flusses errichtetes Einlaufbauwerk
– *measuring weir* · Meßwehr mit unvollkommenem Überfall
– *orifice* · Venturi-Kanal mit Abfluß unter dem Unterwasserspiegel
– *outlet* · Auslaß unter Wasserspiegel
– *overfall* · *unvollkommener Überfall
– *pipe* · im Flußbett oder im Boden verlegte Rohrleitung
– *power station* · *Unterwasserkraftwerk
– *screen* · *Grundrechen
– *spillway* · unvollkommener Überfall
– *tube* · Rohr, dessen beide Enden unter Wasser liegen
– *unit weight* · Raumgewicht unter Wasser
– *weir* · *Grundwehr
– *weir with screen* · *Grundrechenwehr
*submergence* · unter Wasser setzen; unvollkommener Überfall; Faktor a/h bei unvollkommenem Überfall; überstauen, einstauen
*subnormal pressure* · Druck, geringer als der Normaldruck

*subpnormal pressure surface* · Wasserspiegel einer Wassersäule, die unter einem Druck steht, der geringer ist als der Normaldruck
*subpermafrost water* · Wasser unter dem Dauerfrostboden
*subsequent* · nachträglich, folgend, Folgeerscheinung
– *stream* · Fluß, der einer bestimmten Gesteinsformation folgt
*subsidence velocity* · Sinkgeschwindigkeit
*subsoil* · *Untergrund
– *drain* · Untergrund Drän
– *drainage* · Untergrund Dränung
*subsurface* · *Baugrund
– *air* · Bodenluft
– *drainage check* · Kontrollvorrichtung bei Dränung
– *float* · Tiefenschwimmer
– *flow* · unterirdische Strömung, Grundwasserabfluß
– *ice* · im Boden entstehendes Eis
– *irrigation* · *Untergrundbewässerung
– *irrigation using drain pipes* · *Untergrund-Rohrbewässerung
– *roller* · *Grundwalze
– *runoff* · unterirdischer Abfluß
– *spring* · *Grundquelle
– *velocity* · Fließgeschwindigkeit unter der Oberfläche
– *water* · *Bodenwasser
*subterranean* · unterirdisch
– *stream* · *unterirdischer Wasserlauf
– *water* · *unterirdisches Wasser
*subvariable spring* · Quelle mit unterschiedlicher Schüttung
*subwatershed* · Gebiet innerhalb einer Wasserscheide
*suction head* · *Saughöhe
– *head* · *vakuummetrische Saughöhe
– *head of turbine* · *Turbinen-Saughöhe
– *pipe* · *Saugleitung
– *pipe* · *Saugerohr
– *pit* · *Pumpenschacht
– *pump* · Entlüftepumpe
– *scour* · Ufererosion durch Schwall- u. Sunkwellen und durch Brandung
– *wave* · Füllschwall
*sudd (arabic)* · treibende Insel im Weißen Nil; Erddamm, Fangedamm
*sudden contraction* · plötzliche Querschnittseinengung
*sulfur bacteria* · *Schwefelwasserstoffbildner
– *bacteria* · *Schwefelbakterien
– *spring* · Schwefelquelle
*sullage* · Schlamm
*sum of runoff per unit of time* · *Regenwasserabflußsumme
*summation discharge* · *Abflußsumme
– *of sewage discharge* · *Schmutzwasserabflußsumme
*summer dike* · *Sommerdeich
– *half year* · *Sommerhalbjahr
– *polder* · *Sommerpolder
*summit reach* · *Scheitelhaltung
*sump* · *Pumpensumpf
*supercooled* · unterkühlt
– *rain* · *Eisregen
*supercritical flow* · turbulentes Fließen, strömender oder schießender Abfluß
*superimpose* · überlagert
*supernatant* · auf der Oberfläche schwimmend
*superpermafrost water* · Wasser über dem Dauerfrostboden
*superposed drainage* · überlagerte Dränung
*supersaturation* · Übersättigung
*supplemental irrigation* · zusätzliche Bewässerung
– *water* · Wasser, das zusätzlich zum Niederschlag zur Bewässerung aufgebracht wird
*supplementary power station* · *Aushilfskraftwerk
*supply installation* · *Versorgungsanlagen
– *lines* · Versorgungsleitungen
– *pipe* · *Zuleitung
– *system* · *Versorgungsnetz
*suppressed contraction* · ohne Seitenkontraktion
– *measuring weir* · Meßwehr ohne Seitenkontraktion
– *weir* · Wehr ohne Seitenkontraktion
*surcharge storage* · Speichervolumen zwischen normalem Stauziel und Kronenhöhe des Überfalls
*surf* · Brandungswelle; Brandung; brandende Welle
– *beat* · kleine Welle i. der Brandungszone
– *zone* · Brandungszone
*surface area of thread of stream* · *Stromröhre
– *aeration* · Oberflächenbelüftung
– *charge* · *Oberflächenbeschickung
– *cultivation for irrigation* · *Wiesenbau
– *curve* · Wasserspiegellinie, Drucklinie
– *detention* · Oberflächenrückhaltung
– *drag* · Mantelreibung, Wandreibung
– *drainage* · *Oberflächenentwässerung
– *erosion, soil erosion* · *Bodenerosion
– *evaporation* · Oberflächenverdunstung
– *-fed intermittent stream* · Fluß, dessen Hauptwasser Oberflächenwasser (Schmelzwasser) ist
– *float* · Oberflächenschwimmer
– *flow* · oberirdischer Abfluß

*surface gravity wave* · Oberflächenwellen
– *irrigation* · oberirdische Bewässerung
– *irrigation* · *Rückenbau
– *of floating* · *Schwimmebene
– *of the earth, earth crust* · *Erdoberfläche
– *pressure* · Oberflächendruck
– *profile* · Längsschnitt eines Flusses
– *runoff* · *oberirdischer Abfluß
– *runoff* · *Tagwasser
– *soil* · *Bodenkrume (Mutterboden)
– *soil* · Humus
– *soil, humus* · *Mutterboden (Humus)
– *slope* · Spiegelgefälle
– *tension* · Oberflächenspannung
– *velocity* · *Oberflächengeschwindigkeit
– *water* · *Oberflächenwasser
– *-water drain* · Drängraben für oberirdisches Wasser
– *-water inlet* · Einlaß für Oberflächenwasser
– *-water irrigation* · Bewässerung mittels Flußwasser
*surge* · Schwall, horizontale Schwingungen des Wasserspiegels, Wasserhammer; Brandungswellen
– *chamber, surge tank* · *Wasserschloß
– *shaft* · *Steigraum, Steigschacht, Steigrohr
– *tank* · *Kammerwasserschloß
– *tank* · Wasserschloß
– *suppressor* · Druckausgleichregelung
*survey* · Vermessung; Untersuchung, Prüfung
*surveyor's rod* · *Meßlatte
*suspended-frame weir* · senkrecht verschiebliche Wehrfalle
*suspended ground water* · *schwebendes Grundwasser
– *height* · *Freihängemaß
– *load* · Schwebstoffracht
– *load charge* · *Schwebstofführung
– *matter* · Schwebstoffe
– *sediment* · Schwebstoffe
– *solids* · *Schwebstoffe
– *water* · Haftwasser
*suspendoids* · Schwebstoffe
*suspension* · *Suspension
*Sutro measuring weir* · Meßwehr nach Sutro, Wassermenge ist direkt proportional der Wasserhöhe über Wehrkrone
*swale* · mit Gras bewachsene, feuchte Vertiefung; breiter, aber nicht tiefer Graben
*swallow holes* · *Schlucklöcher
*swallowed subsurface water* · Schluckwasser im Untergrund
*swamp* · Sumpf, Marschland
*swash channel* · Plantschrinne
*sweat* · Wasserabsonderung in Tropfenform
*swell* · leichter Wellengang; Volumenzunahme durch Schüttung
– · *Dünung
– *ratio* · *Quellmaß (von Holz)
*swelling* · *quellen, Quellung
*swinging sprinkler* · *Schwenkregner
*swirl* · wirbeln, sich drehen, Wirbelbewegung
*sympathetic retrogression* · Absenkung d. Wasserspiegels eines Hauptflusses als Folge der Absenkung des Wasserspiegels eines Nebenflusses
*sympiezometer* · zwei, in entgegengesetzter Richtung angeordnete Pitotrohre
*synclinal spring* · Muldenquelle
*synodical month* · synodischer Monat
*synoptic meteorology* · synoptische Meteorologie
– *weather chart* · Wetterkarte
*synthetic unit hydrograph* · Synthese einer Niederschlagsganglinie
*system* · System; Anordnung
– *load factor* · Belastungsfaktor des Stromnetzes
*systematic errors* · *systematische Fehler

# T

*table* · Tabelle; Oberfläche, Wasserspiegel
– *of rainfall frequency* · *Regenreihe
*tableland* · Plateau
*tacheometer, tachymeter* · *Tachymeter
*tail bay* · Unterhafen
– *gate* · *Unterhaupt
– *race* · Ablaufleitung, Ablaufkanal
– *water* · *Unterwasser
– *water gage* · *Unterpegel
– *water level* · *Unterwasserspiegel
*tainter gate, radial gate* · *Segmentwehr
– *gate* · Segmentverschluß
*take* · gefrieren (Fluß)
*talus* · Anlandung von Geröll am Fuß steiler Böschungen
– *spring* · Überfallquelle
*tangential flow* · tangential Strömung
*tank* · *Behälter
*tape gage* · *Bandmaßpegel
*tapered aeration* · wechselnde Belüftung
*tapping machine* · Maschine zum Anstechen von Rohrleitungen
– *of a spring* · *Quellfassung
*tar* · *Teer
*T-branch* · *T-Stück
*tarn* · Bergsee
*tarungar* · Wehr mit Sohlenbefestigung
*technology* · *Technologie
*tectonic valleys* · *tektonische Täler
*tee* · T-Stück

*telltale* · Wasserspiegelanzeiger; Überlaufrohr
*temperature* · *Temperatur
*temporarily absorbed water* · *Porenwinkelwasser
– *absorbed water* · *Häutchenwasser (Filmwasser)
*temporary dam* · Behelfssperrwerk
– *dike protection* · *Strohbestickung
– *structure* · provisorisches Bauwerk
– *weirs* · *Behelfswehre
*tensile strength* · *Zugfestigkeit
*tensimeter* · Gasdruckmesser; Bodenfeuchtigkeitsmeßgerät
*tension* · Zug, Spannung
– *-free void space* · *spannungsfreier Porengehalt
– *pile* · *Zugpfahl
*terminal capacity* · *Klemmennutzleistung
– *moraine* · *Endmoräne
– *velocity* · Fallgeschwindigkeit am Ende des Fallweges
*terrace* · Terrasse; schmaler Damm, erhöhter Weg
– *channel* · Terrassenkanal
– *height* · Terrassenhöhe
– *interval* · Terrasseninterval
– *outlet channel* · Terrassenablaufkanal
– *ridge* · Terrassen-Kamm
– *spring* · Terrassen-Quelle
– *system* · terrassenförmige Abstufung
– *width* · Terrassenbreite
*terrestrial* · terrestrisch
*terrigenous* · von d. Erdkruste stammend
*territorial waters* · *Küstenmeer
*test cube* · *Probewürfel
– *load* · *Probebelastung
– *pits* · *Schürfgruben
– *well* · *Versuchsbrunnen
*tested well capacity* · durch Versuch ermittelte Brunnenschüttung
*texture* · Struktur, Gefüge
*thalweg* · *Talweg
*thawing* · auftauen, schmelzen
*theoretical discharge* · theoretischer Abfluß
– *pump displacement* · theoretische Pumpenleistung
– *velocity* · theoretische Fließgeschwindigkeit
*thermal convection storm* · *konvektiver Niederschlag
– *spring, geyser* · *Thermalquelle
– *stratification* · Wasserschichten mit verschiedener Temperatur
– *well* · *Thermalbrunnen
*thermocline, metalimnion* · *Metalimnion
– *, metalimnion* · *Sprungschicht (Metalimnion)
*thermograph* · Temperaturschreiber
*thermometer* · Temperaturmeßgerät
*thermo-osmosis* · Thermo-Osmose
*thermophilic bacteria* · *thermophile Bakterien
*thermophone* · Tiefen- und Temperaturmeßgerät
*thickness of boundary layer* · *Grenzschichtdicke
*Thiessen polygon* · Thiessen Polygon
*thixotropy* · Thixotropie
*thixotropic suspension* · *thixotrope Suspensionen
*Thornthwaite moisture index* · Feuchtigkeitsindex nach Thornthwaite
*thread of stream* · Streichlinie
*threading* · Einbau eines Verjüngungs- oder Bogenstücks in eine Abflußleitung
*throttle surge chamber* · *Drosselwasserschloß
– *valve* · Drosselklappe, Drosselventil
*thunderstorm* · Gewittersturm
*tidal* · Ebbe, Flut oder Gezeiten betreffend
– *area* · *Tidegebiet
– *current* · *Tideströmung
– *day* · Gezeitentag
– *flats, tidal marsh* · *Marsch, Marschgebiet
– *flood interval* · Zeitunterschied zwisch. Meridiandurchgang des Mondes u. Flut
– *flood strength* · maximale Strömungsgeschwindigkeit bei Flut
– *harbor* · *Tidehafen
– *harbor* · *Fluthafen, auch Tidehafen
– *inlet* · Gezeitenbucht, Priel
– *interval* · Gezeiteninterval
– *marsh* · Polder, Koog
– *outlet* · Gezeitenauslaß
– *phenomenon* · *Tideerscheinung
– *polder* · *Tidepolder
– *pool* · Flutmulde, Polder
– *power* · *Flutkraft
– *power station* · *Gezeitenkraftwerk
– *prism* · Gezeiten-Volumen
– *pumping station* · *Tideschöpfwerk
– *river* · *Gezeitenfluß
– *river* · *Tidefluß
– *slough* · *Seetief
– *slough* · *Flutrinne
– *slough* · *Priel, Balje, Ley, Loch, Seegat, Tief
– *slough enlargement* · *Mahlbusen
– *slough* · *Binnenfleet (Binnentief)
– *slough* · *Balje, Ley, Loch, Priel, Seegat, Tief
– *slough* · *Ley, Balje, Priel, Seegat, Tief
– *slough* · *Loch, Balje, Ley, Priel, Seegat, Tief

*tidal slough* · *Grüppe
– *slough siphon* · *Hebersiel
– *slough outlet* · *Seegat (Tief)
– *stand* · Tide im Zustand des Kenterns, Kenterpunkt
– *stream* · Tidefluß
– *period* · Gezeitenperiode
– *river* · Tidefluß
– *table(s)* · Gezeitentafeln
– *water* · Gezeitenwasser
– *water level* · Tide-Wasserstände
– *wave* · *Gezeitenwelle
– *wave, bore* · *Sturzwelle (Bore, Mascaret)
– *waves* · *Ebbe- und Flutwellen
*tide* · *Gezeiten
– · *Tide, Gezeit
– *curve* · *Tidekurve
– *epoch* · an einer Hochwassermarke mit Datum ablesbarer Zeitabschnitt
– *gage* · *Flutmesser
– *gate* · Fluttor, Gezeitentor
– *generator* · Tideeinrichtung im Modell
– *land* · Watt, Marsch
– *land, marsh land* · *Heller
– *lock* · *Seeschleuse
– *lock* · *Dockschleuse
– *records* · Gezeitentabellen
– *station* · Gezeitenmeßstation
– *wave* · Tidewelle
*tidelands* · Watt, Marsch
*tight manhole cover* · Schachtdeckel ohne Entlüftungsöffnungen
*tile drain* · Dränrohr
– *drainage* · Rohrdränung
– *underdrainage* · Dränung
*till (geology)* · glazialer Geschiebelehm
*tilted model* · in Fließrichtung geneigtes Modell
*tilting dam* · Stauwerk mit Dachwehr
– *gate* · Dachwehr
– *or removable sluice pillar* · *Losständer
*timber dam* · Packwerk
– *dam* · *Blockwandwehr
– *fender* · *Reibehölzer
– *flume* · *Floßgasse
– *line* · Baumgrenze
*time* · Zeit; Zeiteinheit
– *factor* · Zeitfaktor
– *-integration sampling* · Geschiebefang im Zeitintegrationsverfahren
– *lag* · Verzögerung, Zeitabstand
– *of flow* · Fließzeit, Laufzeit einer Hochwasserwelle
– *of passage* · *Durchflußzeit
– *scale ratio* · Verhältnis zwischen Natur- und Modell-Zeiten
– *table for reservoir operation* · *Wasserhaushaltsfahrplan
*titration* · titrieren
*toe of dike* · *Deichfuß
*TOK-joint ribbon* · *TOK-Band
*tool for laying drain pipes* · *Legehaken
*tombolo* · Geschiebebank
*tongue* · Landzunge
*top contraction* · Scheitelkontraktion
– *layer of moor* · *Bunkerde
– *of dam* · Dammkrone
– *soil* · *Ackerkrume
*topographic map* · topographische Karte
– *survey* · *topographische Aufnahme
*topography* · Topographie
*topping* · erhöhen von Dämmen
*tornado* · Tornado, Wirbelsturm, Gewittersturm, Trombe
*torpedo sinker* · an der Meßleine befestigtes Gewicht
*torr* · *Torr
*torsional shear test* · Torsions- und Scherversuch
*tortuosity* · Windung $= \frac{\text{Fahrwasserlänge}}{\text{Flußlänge}}$
*total capacity* · *Ausbauleistung (eines Kraftwerks)
– *discharge head* · *geodätisch. Förderhöhe
– *dynamic head* · gesamte, dynamische Druckhöhe
– *dynamic discharge head* · Gesamtdruckhöhe einer Pumpe
– *energy* · *Rohenergie
– *efficiency* · *Gesamtwirkungsgrad
– *evaporation* · Gesamtverdunstung
– *hardness* · *Gesamthärte
– *head* · *Gesamtfallhöhe
– *head difference* · *Rohfallhöhe (der Ausbaustrecke)
– *inflow* · *Gesamtzufluß
– *internal reflection* · innere Gesamtreflexion
– *pumping head* · Gesamtförderhöhe einer Pumpe
– *runoff* · Oberflächenabflußmenge in einem längeren Zeitabschnitt; Oberflächenabfluß plus Grundwasserabfluß
– *sensitivity* · *Empfindlichkeit, Gesamtempfindlichkeit
– *slope of diversion canal* · *Umleitungsfallhöhe
– *solids* · Gesamtheit der gelösten und ungelösten Mineralien im Wasser
– *specific water demand* · *spezifischer Gesamtwasserbedarf eines Gebietes
– *storage* · maximales Speichervermögen
– *stress* · wirksame, plus neutrale Spannung
– *suspended load* · *Schwebstoffracht
– *well capacity* · *Quellergiebigkeit

*totalizer, rain collector* · *Niederschlagssammler
*tow path* · *Leinpfad
*tower crib* · Wasserentnahme-Bauwerk
*towhead* · bewachsene Sandbank
*town drainage* · *Ortsentwässerung
*towing* · *Schleppschiffahrt
– *path* · *Treidelweg
*toxic water* · giftiges Wasser
*trace* · nicht meßbare Menge; nicht meßbare Niederschlagsmenge; Meßwerte
– *of precipitation* · nicht meßbarer Niederschlag
– *of rain* · nicht meßbare Regenmenge
*traction* · rollende und springende Geschiebebewegung
*tractive force* · Schleppspannung
*train of barrages* · *Staffelflußausbau
*training wall* · Leitdamm, Leitwerk
*transformation line* · *Wendelinie
*transformed flow net* · begrenztes Stromliniennetz
*transit* · *Theodolit
*transition* · Übergang
– *moor* · *Übergangsmoor
– *zone, change of cross section* · *Querschnittwechsel
– *zone* · Temperatur-Übergangszone
*transitional water* · Wasser im Übergangsbereich der Wassertiefe von $^1/_2$ bis $^1/_{25}$ der Wellenlänge
– *water wave* · Welle im Bereich der Wassertiefe $\leq$ der halben Wellenlänge
*translatory waves* · *Übertragungswellen
– *waves* · Ausbreitungswelle
*transmissibility coefficient* · Ableitungsfaktor
*transmission coeffficient* · Durchlässigkeitsfaktor
– *constant* · Wasserfortleitungs-Konstante
*transparency* · *Durchsichtigkeit
*transpiration* · *Pflanzenverdunstung (Transpiration)
– *ratio* · Verdunstungsverhältnis
*transport capacity* · Schwebstofftransportfähigkeit eines Flusses in m³/Zeit
– *competency* · Schwebstofftransportfähigkeit eines Flusses
– *concentration* · Geschiebe-Konzentration
*transportation* · Bodenbewegung durch Wasser, Wind oder Schwerkraft
*transported soil* · durch Verwitterung entstandener und anschließend fortbewegter Boden
*transporting erosive velocity* · Geschwindigkeit, bei der Erosion und Geschiebebewegung, aber keine Ablagerung stattfindet
*transposition of storm* · Übertragung einer Niederschlagsmenge von einem Abschnitt auf einen anderen Abschnitt
*transverse bar* · rechtwinklig ans Ufer anschließende Sand- od. Geschiebebank
– *drainage* · *Querdränung
*trap* · Abscheider
– *-efficiency coefficient* · Wirkungsgrad eines Sandfanges
*trapezoidal shaped roller gate* · *Rollkeilschütze
*trash* · grobes Rechengut
– *board* · *Tauchwand
– *bord, rack* · *Krautfang
– *gate* · Schmutzablaß
– *rack, screen* · *Rechen
– *screen* · *Schwimmstoffablenker
– *screen* · grobes Sieb
*travel time* · *Laufzeit (einer Druckänderung)
*travelling crane mounted on the weir bridge* · *Wehrkran
– *screen* · *Meßschirm
– *wave* · Schwall- oder Sunkwelle
*traverse* · *Polygonzug
*tray aerator* · Belüfter aus mehreren Lochblechen bestehend
*treated water* · aufbereitetes Wasser
*tree groin* · über den ganzen Flußquerschnitt errichtete Sperre aus Bäumen
*trellis drainage pattern* · Gebietsentwässerung durch gitterförm. laufende Flüsse und Bäche
*tremie* · Trichter für Betoneinbringung
*trench* · Rohrgraben, Baugrube; Graben, Furche
*trench; berm ditch* · *Rigole
– *sheeting, trench piling* · *Kanaldiele
*trenching machine (bucket type)* · *Grabenbagger
*trend* · Tendenz
*trestle* · *Pfahljoch
*trial pile driving* · *Proberammung
*triangular measuring weir* · Dreiecks-Meßwehr, Thomson-Wehr
– *shaped dam* · *Grunddreieck
– *weir, V-notch weir* · *Dreiecküberfallwehr
*triaxial compression cell* · *Dreiaxial-Druck-Gerät
– *shear test* · Triaxialversuch
*tributary* · Zufluß, Nebenfluß
*trickling filter* · *Tropfkörper (hochbelastet oder schwachbelastet)
*Trinidad épuré* · *Trinidad-Epuré
*trochoid* · sich um eine Achse drehend, radförmig
*trophogeneous layer* · *trophogene Schicht
*tropholytic layer* · *tropholytische Schicht

*tropic currents* · halbmonatlich auftretende Gezeitenströmung
– *inequalities* · mittlerer Unterschied zwischen zwei Hoch- u. zwei Niedrigwasser der tropischen Gezeitenströme
– *month* · tropischer Monat
– *tide* · halbmonatlich auftretende tropische Gezeiten
– *velocity* · Geschwindigkeit der tropischen Gezeitenströme
– *cyclone* · tropischer Wirbelsturm
*trough* · Wellenlänge; Tal; Trog; Rinne
– *bridge* · *Trogbrücke
– *-type lift lock* · *Trogschleuse
*trout region* · *Forellenregion
*true cohesion* · wirkliche Kohesion
– *value* · wirklicher Wert
*truncated landform* · verstümmelte, abflußlose Senken
*trunk main* · *Hauptsammler
– *sewer* · Hauptsammler
– *system* · Hauptsammlernetz
*truss bridge* · *Fachwerkbrücke
*tsunami* · Tsunamis, seismische Meereswellen
*tube* · Rohr, Pitotrohr
– *turbine* · *Rohrturbine
*tubercle bacilli* · *Tuberkelbazillen
– *bacteria* · *Tuberkelbakterien
*tuberculation* · Rostknollenbildung
*tubercule* · Rostknolle
*tubular spring* · Röhrenquelle
– *well* · *Rohrbrunnen
*tuff* · *Traß
*tug boat* · *Schlepper
*tumble gate* · *Klapptor
*tundra* · Tundra
*tunnel* · *Tunnel
– *lining* · Tunnelauskleidung, Ausmauerung
*turbidity* · Trübung
– *current* · Trübungsströmung
*turbine (hydraulic)* · Turbine
– *capacity* · *Turbinen-Leistung
– *efficiency* · *Turbinen-Wirkungsgrad
– *flow* · *Turbinen-Durchfluß
– *meter* · hydrometrischer Flügel
– *pump* · Kreiselpumpe mit Leitrad
*turbulence* · Turbulenz
*turbulent boundary layer* · *turbulente Grenzschicht
– *flow* · *turbulentes Fließen
– *shear* · *turbulente Schubspannung
– *velocity* · Geschwindigkeit bei turbulentem Fließen
*turned joint* · Steckverbindung
*turning basin* · *Wendebecken
– *lock gate* · *Drehtor
*turnout* · Verteiler-Bauwerk
*turn of the tide* · *Kentern
*tussock* · Grasbüschel, Schilfgrasbüschel
*twaddell* · Hydrometer
*twin lock* · *Parallelschleuse
– *lock* · *Zwillingsschleuse
*two-stage dam* · Stufenwehr
*types of soil* · *Bodentypen
*type of tide* · Art der Tide
*typical cross section* · *Regelquerschnitt
*typhoid bacteria* · *Typhusbakterien

**U**

*ultimate bearing capacity* · Bruchlast
– *stress* · *Bruchgrenze
– *wilting point* · äußerster Welkenpunkt
*unaccounted for water* · Wasser, mit dem wirtschaftlich nicht gerechnet wird
*unconfined ground water* · freies Grundwasser
*unconformity (geology)* · unterbrochene Schichtenbildung
– *spring* · Verwerfungsquelle
*uncontrolled storage* · Wasserspeicherung ohne Kontrolleinrichtungen
*underground hydrant* · *Unterflurhydrant
– *power station* · *Kavernenkrafthaus
*under-consolidated soil* · Boden, dessen Konsolidation noch nicht abgeschlossen ist
*undercut-slope bank* · Ufererosion
*undercutting* · unterspülen
*underflow* · Grundwasserströmung; Sickerwasserströmung; Strömung unter Eis; Grundwasserabfluß
– *conduit* · Grundwasser führende Schicht unter einem Flußbett
*underground utilities* · Untergrundinstallationen
– *watercourse* · Grundwasserbett
*undershot head gate* · unterströmtes Obertor
– *wheel* · unterschlächtiges Wasserrad
*undertow* · bodennahe Rückströmung im Küstengebiet
*underwater plants* · *Kraut, Weichflora
*undisturbed sample* · ungestörte Probe
– *soil sample* · *ungestörte Bodenprobe
*undulation* · wellenförmiges Ansteigen u. Abfallen des Wassers
*uniform channel* · Kanal mit regelmäßigem Querschnitt und Gefälle
– *flow* · *gleichförmige Bewegung
*uniformity coefficient* · *Gleichförmigkeitsgrad
*unit* · Einheit
– *hydrograph* · Ganglinie der Abflußmenge, U-H-Verfahren
– *-hydrograph duration* · Dauerlinie der Abflußmengen

*unit-hydrograph method* · Methode zur Berechnung der Ganglinie der Abflußmengen
– *power* · Krafteinheit
– *-rainfall duration* · Dauerlinie der Niederschlagsmengen
– *speed* · Maßeinheit der Umdrehungsgeschwindigkeit
– *weight of water* · Raumgewicht des Wassers
*universal time* · Weltzeit
*unreasonable use of water* · unangemessene Wassernutzung
*unsaturated layer above ground water* · *Grundwasserschirmfläche
*unsorted* · unsortierte Gesteinstrümmer
*unsteady flow* · *instationäre Bewegung
– *nonuniform flow* · instationäre, ungleichförmige Bewegung
*untreated water* · *Rohwasser
*unutilized flow* · *Freiwasser
*unwater* · Feldentwässerung; Entwässerung einer Baugrube
*uplift* · *Auftrieb
– · Sohlwasserdruck, Auftrieb; vulkanische Bodenerhebung
*uprush* · Brandung
*upstream face* · *Wasserseite
– *gage* · *Oberpegel
*upwelling* · Grundwasser-Ausbruch
*use of water* · Wassernutzung
*useful absorptive capacity* · *größt. nutzbares Regenhaltevermögen
– *length of lock chamber* · *nutzbare Kammerlänge
– *storage* · Speichernutzraum
– *void space* · *nutzbarer Porengehalt
*utilization factor* · Nutzungsfaktor
– *of refuse* · *Müllverwertung
– *of sewage* · *Abwasserverwertung
– *of sludge* · *Schlammverwertung
– *ratio of power plant* · *Werksnutzung (-grad)
*utilized inflow* · *genutzter Zufluß
*not utilized head* · *Freihang
*U-tube* · *Kanalwaage

## V

*V-flume* · Rinne in V-Form
*vacuum* · Vakuum
– *breaker* · Rückschlagventil
– *filter* · *Saugfilter
– *distilled aspalt* · *Hochvakuumbitumen
– *pump* · *Vakuumpumpe
*vados* · *Vadose
– *water* · *vadoses Wasser
– *-water discharge* · Abfluß aus dem Bereich des offenen Kapillarwassers
*valley* · Tal
*valley development* · *Talentwicklung
– *fill* · Ablagerungen im Tal
– *spring* · *Überfallquelle
– *storage* · Speichervolumen einer Talsperre, Flußspeichervolumen
–*train (geology)* · Ablagerung von Gletschergeröll entlang des Flußlaufes
*value* · Wert; bewerten; Größe
– *above the index number* · *überschrittener Wert
– *below the index number* · *unterschrittener Wert
– *of scale interval* · *Skalenwert
*valve* · *Ventil
– *key* · Schieberschlüssel mit Spindel
– *stem* · Ventilspindel, Schieberspindel
– *tower* · Schieberhaus
– *well* · *Ventilbrunnen
*vane pump* · *Flügelpumpe
– *shear test* · Flügelsondenversuch
– *test apparatus* · *Flügelsonde
– *-wheel water meter* · *Flügelradwasserzähler
*vapor* · Dampf
– *blanket* · Verdunstungsschicht
– *concentration* · absolute Feuchtigkeit
– *density* · Gas- oder Dampfdichte
– *pressure* · Dampfdruck; Wasserdampfgehalt der Luft
– *-pressure deficit* · Dampfdruckfehlbetrag
*vaporimeter* · Dampfmesser
*vaporization* · Verdampfung, Sublimierung
*variability* · Veränderlichkeit
*variable-grade channel* · Fluß oder Kanal mit veränderlichem Sohlgefälle
– *spring* · Quelle mit unterschiedlicher Schüttung
*variance* · Streuung
*varied flow* · stationäre, ungleichförmige Strömung
*varved clay* · jahreszeitliche Ablagerung von Ton- oder Lehmschichten
*vault* · gewölbte Kammer, gewölbter Schacht
*vectofluviometer* · Vektor-Regenmesser
– *quantity* · *Vektorgröße
*vegetal discharge* · vegetatives Verdunstungswasser
*vegetated channel* · Kanal oder Fluß mit Pflanzenwuchs
*velocity* · Geschwindigkeit
– *area* · *Geschwindigkeitsfläche
– *-area method* · Abflußmengenbestimmung mittels Geschwindigkeitsmessungen u. Aufnahme des Durchflußprofils
– *coefficient* · *Geschwindigkeitsbeiwert
– *diagram* · *Geschwindigkeitsdiagramm für fließendes Wasser

*velocity-distance value* · *Abstandsgeschwindigkeit der Grundwasserteilchen
– *gradient* · Geschwindigkeitsgefälle
– *head* · *Geschwindigkeitshöhe
– *-head coefficient* · Geschwindigkeitsausgleichsbeiwert
– *measurement using floats* · *Schwimmermessung
– *meter* · Geschwindigkeitsmesser
– *of approach* · Anströmungsgeschwindigkeit
– *of flow* · *Durchflußgeschwindigkeit
– *of flow* · *Fließgeschwindigkeit
– *of passage* · *Klärgeschwindigkeit
– *of retreat* · Geschwindigkeitsabfall unterhalb eines Abflußhindernisses
– *of sound* · *Schallgeschwindigkeit
– *profile* · Geschwindigkeitskurve
– *-rod correction* · Korrektionsfaktor der gemessenen Geschwindigkeit
*vena contracta* · Strahleinschnürung
*vent* · Entlüftungsrohr, Dunstrohr
– *pipe* · Entlüftungsrohr einer Wasserkraftanlage
*ventilate* · *entlüften
*ventilated manhole cover* · Schachtdeckel mit Entlüftungsöffnung
*ventilation valve* · *Entlüftungsventil
*venturi flume, Parshall flume* · *Venturikanalmesser
– *meter* · Venturimeter, Venturirohr
– *tube* · *Venturirohr
*verification* · Kontrolle zur Nachprüfung der Naturähnlichkeit eines Modells
*verkhovodka* · von oben in den Boden eindringendes Wasser
*vernier* · *Ablesevorrichtungen
– · *Nonius
*vertical* · vertikal
– *lift lock gate* · *Hubtor
– *line for measurement* · *Meßlotrechte
– *mean velocity* · *mittlere Geschwindigkeit des Wassers in einer Meßlotrechten
– *pump* · stehende Kolbenpumpe
– *screw pump* · vertikale Schraubenpumpe
– *velocity curve* · Geschwindigkeitsdiagramm in einer Meßlotrechten
*vessels* · *Wasserfahrzeuge
*viaduct* · *Viadukt
*vibration* · *flattern
– *system* · *Schwingungssystem
*virus* · *Viren
*viscosimeter* · Viskosimeter
*viscosity* · *Viskosität
*viscous* · dickflüssig, zähflüssig; verformbar
*visibility* · Sichtbarkeit, Sichtigkeit
– *depth* · *Sichttiefe
– *scales* · Tabelle der Sichtbarkeit
*vitrified clay pipe* · *Steinzeugrohr
– *tile* · Steinzeugrohr
*vitrify* · verglasen
*void* · Pore, Hohlraum
*void ratio* · *Porenziffer
– *ratio* · *Porengehalt
*void space, interstice* · *Hohlräume im Untergrund
– *space* · *Porenvolumen
*volatile* · flüchtig
– *solids* · flüchtig werdende Feststoffe
*volcanic ash* · Vulkanasche
– *rock* · *Ergußgestein
– *spring* · vulkanische Quelle
– *water* · durch Wasserdampf aus dem Erdinnern angereichertes, jugendliches Wasser
*volcanism* · Vulkanismus
*volume of interstices, void space* · *Hohlraumgehalt, Porengehalt
– *of water* · *Wassermenge
*volumetric shrinkage* · Schrumpfmaß
*volute pump* · Kreiselpumpe mit Spiralgehäuse
*vortex* · Strudel; Wirbel

## W

*wakefield piling* · aus drei Bohlen gefertigte Spundbohle mit Nut und Feder
*walking* · seitliche Vorwärtsbewegung eines Schwimmbaggers
*wall* · *Mauer
– *friction* · Wandreibung, Mantelreibung
– *pillar* · *Mauerpfeiler
– *thickness of pipe* · *Wanddicke
*walk board* · *Gangbord
*warehouse* · *Lagerhaus
*warm spring* · warme Quelle
– *water supply* · *Warmwasserversorgung
*warming up irrigation* · *erwärmende Bewässerung
*warning stage* · Wasserstand nahe der Hochwassermarke
*warp* · Flußkrümmung; abgesetzter Schlamm
*warping* · Auflandung, Kolmatierung
*wash* · spülen, schwemmen, branden; Überschwemmungsgebiet; Anlandung; Schluchtgraben
– *boring* · Spülbohrung
– *drill* · Spülbohrer
– *drilling* · Spülbohrung
– *load* · Schwimmstoffe, Schwebstoffe
– *-out* · *Auswaschung
– *water* · Spülwasser für Filter
*washed gravel* · gewaschener Kies
*waste* · Abfall, Verlust
– *disposal* · *Abfallbeseitigung
– *gate* · Ablaufschütz

*waste pipe* · Abflußrohr; Ausflußrohr
– *water* · überschüssiges Wasser; Abwasser, Schmutzwasser
– *weir* · Schmutzüberfall
*wasteway* · Abflußkanal, Abflußrinne
*water* · *Wasser
– *analysis* · *Wasseruntersuchung
– *available for consumptive use* · *Wasserdargebot
– *-bearing layers* · *Grundwasserstockwerke
– *-bearing stratum* · *Grundwasserleiter
– *-borne disease* · durch Bakterien im Wasser verursachte Krankheit
– *break* · Schwelle, Absturz
– *catch* · Wasserfassung
– *charger* · Fülleinrichtung
– *-code for water rights* · Gesetz über das Wasserrecht
– *column* · Wassersäule
– *compensation* · Wasserausgleich
– *conditioning* · Behandlung des Wassers
– *conservation* · Erhaltung und Nutzung des Wassers
– *control* · Konservierung und Regulierung des Wassers
– *correction* · Verbesserung des Wassers
– *course* · *Wasserlauf
– *course* · Fluß, Kanal, Rinne
– *cushion* · Wasserpolster
– *demand* · *Wasserbedarf
– *-demand curve* · Wasserbedarfsdiagramm
– *density* · *Dichte des Wassers
– *derived from a drainage basin* · *Eigenwasser
– *-disposal system* · Entwässerungssystem
– *distributing pipe* · Verteilungsleitung
– *district* · Verband f. Wasserversorgung; Wasserbezirk
– *economy* · *Feuchtigkeitsumsatz
– *equivalent (of snow)* · Wasserwert des Schnees
– *gage* · Druckanzeiger
– *gate* · Auslaß; Überlaufschütz
– *gap* · Engstelle im Flußtal
– *hammer* · *Druckstoß
– *hammer* · Wasserhammer
– *-hammer arrester* · Vorrichtung gegen Wasserhammer
– *-heating installation* · *Warmwasserbereitungsanlage
– *-holding capacity* · *Wasserhaltevermögen
– *-holding capacity* · *Wasserfassungsvermögen
– *-holding capacity* · *Wasseraufnahmefähigkeit
– *hole* · Teich; Quelle

*water inch* · Abflußmenge von 8,0 l/min. aus einer Öffnung Ø 2,54 cm
– *level* · *Wasserstand
– *level* · *Grundwasserspiegel
– *-level duration curve* · *Wasserstandsdauerlinie
– *-level gage* · *Pegel
– *-level gradient, water-level slope* · *Wasserspiegelgefälle
– *-level line* · *Spiegellinie
– *-level observation* · *Wasserstandsbeobachtung
– *-level recorder* · Pegel, Schreibpegel
– *line* · Wasserlinie
– *loss* · *Wasserverlust im Sinne der Wasserstatistik
– *main* · *Hauptleitungen
– *main* · *Hauptverteilungsleitung
– *meter* · *Wassermesser
– *meter* · *Wasserzähler
– *-meter load factor* · Nutzungsfaktor eines Wassermessers
– *metering* · Wassermessung
– *of compaction* · verdichtetes Wasser
– *of condensation* · *Kondenswasser
– *of cristallization* · Kristallisationswasser
– *of dilation* · durch Ausdehnung freigewordenes Wasser
– *of imbibition* · Einsaugwasser
– *of infiltration* · Sickerwasser
– *of saturation* · Sättigungswasser
– *of supersaturation* · über den normalen Sättigungsgrad hinaus vorhandenes Wasser im Boden
– *phone* · Prüfgerät für Druckrohre
– *pipe* · *Wasserleitung
– *plane* · Wasseroberfläche
– *pocket* · ein m. Wasser gefüllter Raum; ein mit Wasser gefüllter Kolk im Flußbett
– *power* · *Wasserkraft
– *-power plant* · Wasserkraftwerk, Wasserkraftanlage
– *pressure* · *Wasserdruck
– *quality* · Wasserqualität
– *-power right(s)* · Nutzungsrecht zur Wasserkraftgewinnung
– *rate* · Wassergeld, Wassergebühr
– *-rolled* · vom Wasser abgerundet
– *requirement* · Wasserbedarf
– *reserve* · Grundwasser-Reserve
– *resources* · *Wasserreserve
– *resources* · Wasservorkommen
– *recources policy* · *Wasserwirtschaft
– *rights, water code* · *Wassergesetz
– *-right value* · Preis für Wassernutzung oder für Nutzungsrecht
– *seal* · *Siphon, Syphon

*water seal* · *Geruchsverschluß
– *seal, trap* · *Wasserverschluß
– *softening* · *Enthärtung
– *spreading* · Bewässerung zum Zwecke d. Speicherung; Bewässerung außerhalb der Wachstumsperiode
– *-stage transmitter* · elektrischer Schreibpegel
– *standard* · Qualitätsnormen für Wasser
– *statistics* · *Wasserstatistik
– *storage below the operating level* · *eiserner Bestand
– *stratification* · *Wasserschichtung
*waters suitable as public swimming grounds* · *Badegewässer
*water supply* · *Wasserversorgung
– *-supply facilities* · Einrichtungen für die Wasserversorgung
– *supply for fire fighting* · *Löschwasservorrat (Löschwasserreserve)
– *-supply source* · Wasservorkommen, Fluß- oder Grundwasser
– *-supply system* · Wasserversorgungsnetz
– *surface* · *Wasserspiegel
– *surface slope line* · *Senkungslinie
– *table* · *Grundwasserstand
– *-table contour* · Wasserspiegel-Höhenlinie
– *-table gradient* · Gefälle des Grundwasserspiegels
– *-table isobath* · Linie, die Orte mit gleicher Grundwassertiefe verbindet
– *-table map* · Grundwasserschichtlinien-Karte
– *-table outcrop* · Grundwasseraustritt
– *-table profile* · Grundwasserprofil
– *-table slope* · Spiegelgefälle des Grundwassers
– *-table spring* · Überlaufquelle
– *-table stream* · Grundwasserstrom in Höhe des Grundwasserspiegels
– *-table well* · unter den Grundwasserspiegel abgesenkter Brunnen
– *-table well* · *Quellsee, Quellteich, Quellsumpf
– *-tank indicator* · Wasserstandsanzeiger
– *tapping* · *Wasserfassung
– *tower* · Hochbehälter
– *tunnel* · Wassertunnel; Stollen
– *use* · Wassernutzung
– *useful for plants* · *pflanzennutzbares Wasser
– *useful for plant fertilization* · *pflanzenbiologisch nutzbares Wasser
– *utilization* · *Wasserhaushalt (Wassermengenwirtschaft)
– *utilization scheme* · *Wasserhaushaltsplan
– *vapor* · *Wrasen
*water vapor* · Wasserdampf
– *vein* · Grundwasserader
– *, very shallow* · Wassertiefe $< 1/25$ der Wellenlänge
– *-waste survey* · Ermittlung der Wasserverluste
– *wave* · Wasserwelle, Wasserwoge
– *well* · Brunnen
– *wheel* · *Wasserrad
– *wing* · Flügelmauer
– *year* · Abflußjahr
– *yield* · Gesamtwasserdargebot eines Einzugsgebietes
*watercourse bed* · Flußbett
*waterfall* · Wasserfall
*waterlogged* · wasserdurchtränkt; wassergesättigt
– *soil* · ständig wasserdurchtränkter Boden
*watermark* · Hochwassermarke
*waterproof* · wasserdicht; imprägnieren
*watershed* · *Wasserscheide
– *leakage* · Wasserverlust durch unterirdischen Abfluß in ein anderes Abflußgebiet
– *management* · Unterhaltung des Einzugsgebietes
– *planning* · wasserwirtschaftliche Planung für ein Einzugsgebiet
– *sanitation* · Sanierung d. Wassers einer Wasserscheide oder eines Flusses
*watersoaked* · durchnäßt
*waterspout* · Abtraufe; Strahlrohr
*water-work- or energy balance* · *Ausgleich
*waterway* · Wasserstraße; Schiffahrtsrinne, Schiffahrtskanal
*waterworn* · vom Wasser abgeschliffen
*wattle* · Flechtwerk
*wave* · Welle
– *age* · Verhältnis Wellengeschwindigkeit zu Windgeschwindigkeit
– *base* · ungestörte Tiefe unter Wellental
– *-built terrace* · Terrassenbildung durch Anlandung beim Auflaufen der Wellen
– *climate* · Wellenverhältnisse
– *crest* · *Wellenberg
– *-cut terrace* · Terrassenbildung durch Abtragung beim Wellenangriff
– *direction* · *Wellenrichtung
– *group* · Wellengruppe
– *height* · *Wellenhöhe
– *hindcast* · nachträgliche Berechnung d. Wellenformen
– *impact* · *Wellenstoß
– *length* · *Wellenlänge
– *of translation* · eine Welle, bei der die einzelnen Wasserteilchen in Fließrichtung der Welle bewegt werden

*wave period* · *Wellenperiode
– *propagation* · *Schwingungen, Ausbreitung
– *propagation* · *Fortschritts- oder Wandergeschwindigkeit
– *recorder* · Wellenmeßgerät
– *staff* · Wellenmeßstab
– *steepness* · Wellensteilheit
– *train* · *begleitende Wellen
– *train* · Wellenzug
– *trough* · *Wellental
– *variability* · Unterschied der Wellenlängen und Wellenhöhen in einem Wellenzug
– *velocity* · *Wellenschnelligkeit (in offenen Gerinnen)
– *velocity of a pressure wave* · *Wellenschnelligkeit in Rohrleitungen
– *wash* · Küsten- oder Uferangriff durch Brandung oder Wellenangriff
*wear and tear, corrosion* · *Abnutzung
*weather* · Wetter
– *bureau standard pan* · genormte Verdunstungsschale
– *map* · Wetterkarte
– *shore* · Wetterseite
*weathered surface* · *Verwitterungshaut
*weathering* · *Verwitterung
*Weber's number* · *Weber-Zahl
*wedge* · *Keil
*weediness* · *Verkrautung
*week-second-foot* · Abflußmenge von 28,3 l/s für Abflußdauer von einer Woche = 17 115,8 $m^3$
*weekly balancing reservoir* · Wochenspeicher
*weep hole* · Entwässerungsöffnung in einem Bauwerk
*weeper* · Dränöffnung in einer Stützmauer
*weeping rock* · Tropfstein
*weight of suspended sediment per $m^3$ water* · *Schwebstoffbelastung
*weighted mean* · *gewogenes arithmetisch. Mittel
– *monthly mean precipitation* · gewogener, mittlerer Monatsniederschlag
*weighting* · statistische Methode
*weir* · Talsperre, Staudamm, Staumauer; bewegliche Stauwerke, bewegl. Wehre; Meßwehre
– *body* · *Wehrkörper
– *box* · einem Wehr vorgeschaltetes Zulaufbecken
– *bridge, weir walk* · *Wehrbrücke, Wehrsteg
– *coefficient, contraction coefficient* · *Überfallbeiwert
– *crest* · *Wehrkrone
*weir crest* · *Fachbaum
– *head* · *Überfallhöhe
– *notch* · Ausschnitt an einem Wehr
– *sill* · *Wehrschwelle
– *top* · *Wehrwaage
*welded-steel tube, welded-steel pipe* · *geschweißtes Stahlrohr
*well* · *Brunnen
– · Brunnen, Quellfassung; Entwässerungsbrunnen
– *brick* · *Brunnenziegel
– *capacity* · Brunnenschüttung
– *capacity* · *Brunnenleistung
– *casing* · *Brunnenrohr
– *casing* · *Bohrrohr
– *casing* · *Sumpfrohr (b. Brunnenbau)
– *casing* · Verrohrung eines Brunnens
– *curb* · Brunneneinfassung
– *drainage* · Brunnendränung
– *drainage* · *Versenken des Wassers
– *drilling* · *Brunnenbohrung
– *facilities* · *Brunnenausrüstung
– *field* · Brunnenreihe, Brunnenfeld
– *hydrograph* · Ganglinie der Wasserstände eines Brunnens
– *intake* · geschlitztes Brunnenrohr
– *interference* · gegenseitige Beeinflussung von Brunnen
– *log* · Schichtlinienplan, aufgestellt während des Brunnenbaues
– *mouth* · Brunnenöffnung
– *point* · mit Schlützen versehenes Bohrrohr
– *-point method* · Wasserabsenkung mittels Brunnen mit Rohr Ø unter 6,35 cm
– *-point system* · Grundwasserabsenkungsanlage mittels Brunnen
– *record* · Brunnen-Protokoll
– *screen* · Filterrohr
– *section* · Brunnenquerschnitt
– *shooting* · Brunnensprengung zur Erhöhung der Schüttung
– *-sorted* · gleichmäßige Kornverteilung
– *top* · *Brunnenkopf
– *whistle* · *Brunnenpfeife (Rangscher Spiegelmesser)
*wellhole* · Absturzschacht
*Westphal balance* · Westphal Waage
*wet bulb thermometer* · Verdunstungsmesser, Flüssigkeitsmesser
– *dock* · Werfthafen, Dockanlage
– *gate chamber* · *nasser Schieberschacht
– *spot* · *Naßgalle
– *unit weight* · *Frischgewicht
– *unit weight* · Naßgewicht
– *well* · Brunnen
*wetted perimeter* · *benetzter Umfang
*wetting* · Durchnässung
– *heat* · *Benetzungswärme

*wetting index* · *Befeuchtungszahl
*wetness index* · Verhältniszahl zwischen Jahresabflußmittel und langjährigem Abflußmittel
*wharf* · Kai, Landungsteg, Landebrücke
– *service road* · *Ladestraße
*wheel* · Wasserrad, Laufrad
– *pit* · Schacht für Wasserrad
*whirlpool (vortex)* · *Strudel
*whistling buoy* · *Heultonne
*white coal* · weiße Kohle
– *peat* · *Weißtorf
*whitecap* · Wellenschaum
*wholesome water* · genießbares Wasser
*wicker fence, wattle work* · *Flechtzaun, Flechtwerk
*wicket dam* · bewegliches Sperrwerk
*width constriction* · Einengung
– *of bank* · *Böschungsbreite
– *of river bed* · *Bettbreite
*wild-flooting method* · Überstauung
– *running river* · *Flußverwilderung
*wilting coefficient* · Welkungsbeiwert
– *point* · Welkenpunkt
– *range* · Welkungsbereich
*winch* · *Winde
– · *Windwerk
*wind* · Wind
– *break* · *Anemostat
– *-blown sand* · *Flugsand
– *current* · durch Wind verursachte Strömung
– *dew* · Taubildung durch Mischung kalter und warmer Luftmassen
– *direction* · Richtung aus der der Wind kommt
– *erosion* · Winderosion
– *pump* · vom Wind angetriebene Pumpe
– *tide* · durch Wind verursachte Wasserspiegelbewegungen
– *waves* · durch Wind verursachte Wellen
*windbreak* · Windschutz
*windward* · Richtung, aus der der Wind kommt
*wing dam* · *Flügeldam (bei Stauanlagen)
– *screen* · Flügelrechen
– *wall* · *Böschungsflügel
– *wall* · *Flügelmauer
– *wall core* · *Flügeldichtung
*winter balancing reservoir* · *Winterspeicher
*winter dike* · *Winterdeich
– *harbor* · *Winterhafen
– *irrigation* · Winterbewässerung
*wire dam* · Steinkastenwehr
– *mesh fascine* · *Drahtwalze
– *-to-water efficiency* · Wirkungsgrad einer elektrisch angetriebenen Pumpe
– *-weight gage* · Wasserspiegelmessung mit Seil und Gewicht
*Woltman current meter* · *hydrometrisch. Flügel (Woltmanscher)
*wood tar* · *Holzteer
*wooden box drain* · *Holzkastendrän
– *construction, timber construction* · *Holzbau
*work* · Arbeit
*working capacity of storage basin* · *Speicherarbeitsvermögen
– *or service pressure* · *Betriebsdruck
*wrought-iron pipe* · Rohr aus Schmiedeeisen
*wrought pipe* · geschweißtes Rohr

## X

*xerophyte* · Trocken- oder Wüstenpflanzen

## Y

*year* · Jahr
*yield* · Wasserdargebot; Abflußmenge; übergeben, aufgeben
– *, n-years dependable* · verläßliches Wasserdargebot über n-Jahre
– *of spring* · *Quellgut
– *point (metal)* · *Fließgrenze
– *of a well* · *Ergiebigkeit
– *of a well* · *Brunnenergiebigkeit
*young river* · junger Fluß
– *valley* · junges Tal
*youthful valley* · jugendliches Tal

## Z

*zeolite* · Zeolithe
*zero index moisture* · Niederschlag (Verdunstung + Ausdünstung) = O
– *moisture index* · Nullfeuchtigkeitsindex
– *point of gage* · *Pegelnullpunkt
*zone* · Zone
– *of iron hydroxide deposit* · *Verockerungszone
*zoogloea* · *Zoogloeen

# Literaturverzeichnis

1) Addison, Herbert; A Treatise on Applied Hydraulic, Fourth Edition, 1959
2) Davis, Calvin, Victor; Handbook of Applied Hydraulic's, Second Edition, 1952
3) Deutsche Normen DIN 4015 (Entwurf), Erd- und Grundbau, Febr. 1953
4) Deutsche Normen DIN 4044, Hydromechanik im Wasserbau, Jan. 1963
5) Deutsche Normen DIN 4045, Abwassertechnik, Sept. 1955
6) Deutsche Normen DIN 4046, Wasserversorgung, April 1960
7) Deutsche Normen DIN 4047, Landwirtschaftl. Wasserbau, Sept. 1955
8) Deutsche Normen DIN 4048, Wasserkraft und Stauanlagen, Mai 1957
9) Deutsche Normen DIN 4049/1, Gewässerkunde, März 1954
10) Deutsche Normen DIN 4049/2, Gewässerkunde, April 1960
11) Deutsche Normen DIN 4054/1, Strom-, Fluß- u. Kanalbau, Okt. 1947
12) Deutsche Normen DIN 4054/2, Strom-, Fluß- u. Kanalbau, Okt. 1947
13) Deutsche Normen DIN 4323, Wasserturbinen, Dez. 1957
14) Deutsche Normen DIN 5492 (Entwurf), Formelzeichen der Strömungslehre, April 1963
15) Deutsche Normen DIN 19201, Durchflußmeßtechnik, Juli 1954
16) Deutsche Normen DIN 19206, Steckblenden, März 1958
17) Deutsche Normen DIN 24261 (Entwurf), Pumpen, Jan. 1960
18) Deutsche Normen DIN 45661, Schwingungsmeßgeräte, Sept. 1962
19) Dronkers, J. J.; Tidal Computations in Rivers and Coastal Waters, 1964
20) Frommhold, H.; Begriffe und Begriffsbestimmungen aus dem Bauwesen, 1963
21) Gaboury, J. A. M.; Tables of Conversion Factors, Weights and Measures, 1949
22) Glossary of Hydrologic Terms used in Asia and the Far East Flood Control Series, No. 10, Bangkok, 1956, United Nations Economic Comission
23) Glossary of Terms and Definitions in Soil Mechanics, ASCE-Manual SM – 4
24) Graf, Huber, Krauth; Das kleine Baulexikon der Bautechnik, 1956
25) Illustrated Technical Dictionary Permanent International Association of Navigation Congresses. Chapter I, II, V, VII, VIII, X, XII.
26) King, Horace Williams; Handbook of Hydraulics, Fourth Edition 1954
27) King, Horace Williams; Ernest F. Brater; Handbook of Hydraulics, 1963
28) Letter Symbols and Glossary for Hydraulics with Special Reference to Irrigation; ASCE Manuals and Reports on Engineering Practice – No. 11
29) Linsley, Ray K. Jr.; Kohler, Max, A.; Paulhus, Joseph, L. H.; Applied Hydrology, 1949
30) Mosonyi, E.; Wasserkraftwerke, Band II, 1959
31) Nomenclature for Hydraulics; ASCE and Report on Engineering Practice – No. 43

32) Press, H.; Binnenwasserstraßen und Binnenhäfen, 1956
33) Press, H.; Seewasserstraßen und Seehäfen, 1962
34) Technical Terms in English, French, German, Swedish, Portuguese and Spanish; International Society of Soil Mechanics and Foundation Engineering; Printed by Berichtshaus, Zürich, 1954
35) Terzaghi, K.; Peck, Ralph B.; Bodenmechanik in der Baupraxis, 1960
36) Thesaurus of Engineering Terms, Engineers Joint Council, 1964
37) Thurston, Albert, Peter; Molesworth's Handbook of Engineering Formulae and Data, Thirty-Fourth Edition, 1951
38) Visser, A. D.; Elsevier's Dictionary of Soil Mechanics, 1965
39) Wiegel, R. L.; Waves, Tides, Currents and Beaches, Glossary of Terms and List of Standard Symbols, Council and Wave Research, The Engineering Foundation.

# Encyclopaedia of Hydraulics, Soil and Foundation Engineering

compiled by E. Vollmer

Hydraulic Research Engineer

Stuttgart, Germany

1967, $5 \times 7^{1}/_{2}$", viii + 400 pages, 49 illus., 16 tables, DM 56,—

For a precise and accurate understanding of American and English literature in hydraulic engineering and soil and foundation engineering, this encyclopaedia is an essential reference work. The terms gathered here have been taken from original British and American sources. Their definitions stem, as far as possible, from official glossaries and standardization committees. Many terms give further information, sometimes with illustrations and tables. The extensive table containing conversion factors of units used in hydraulics, soil mechanics and foundation engineering will be of particular value. Standard abbreviations used in these fields have also been given and explained in the appendixes.

Descriptive leaflets as well as copies of the encyclopaedia can be obtained through your local technical bookseller.

ELSEVIER PUBLISHING COMPANY

Amsterdam · London · New York